해커스공무원

노신 형사정책

단원별 기출문제집

해커스공무원

노 신

약력

고려대학교 법과대학 법학과 졸업
제주대학교 법학전문대학원 졸업
변호사

현 | 해커스공무원 형사정책 · 교정학 강의
현 | 해커스경찰 범죄학 강의

저서

해커스공무원 노신 형사정책 기본서
해커스공무원 노신 형사정책 단원별 기출문제집
해커스공무원 노신 형사정책 법령집
해커스공무원 노신 형사정책 핵심요약집
해커스공무원 노신 형사정책 실전동형모의고사
해커스공무원 노신 교정학 기본서
해커스공무원 노신 교정학 단원별 기출문제집
해커스공무원 노신 교정학 법령집
해커스공무원 노신 교정학 핵심요약집
해커스공무원 노신 교정학 실전동형모의고사
해커스경찰 노신 범죄학 기본서
해커스경찰 노신 범죄학 단원별 기출 + 실전문제집

단기 합격을 위한
해커스공무원 커리큘럼

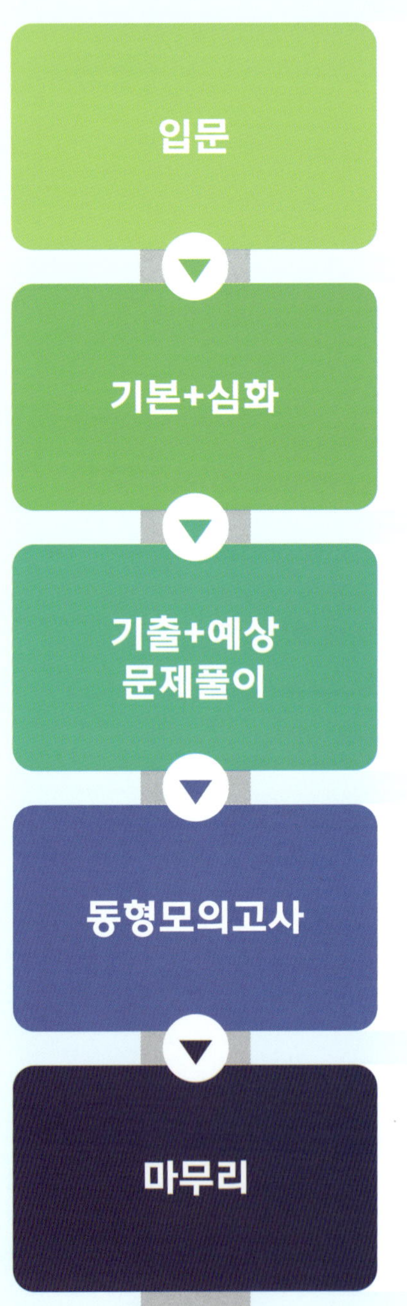

탄탄한 기본기와 핵심 개념 완성!

누구나 이해하기 쉬운 개념 설명과 풍부한 예시로 부담없이 쌩기초 다지기

TIP 베이스가 있다면 **기본 단계**부터!

필수 개념 학습으로 이론 완성!

반드시 알아야 할 기본 개념과 문제풀이 전략을 학습하고
심화 개념 학습으로 고득점을 위한 응용력 다지기

문제풀이로 집중 학습하고 실력 업그레이드!

기출문제의 유형과 출제 의도를 이해하고 최신 출제 경향을 반영한
예상문제를 풀어보며 본인의 취약영역을 파악 및 보완하기

동형모의고사로 실전력 강화!

실제 시험과 같은 형태의 실전모의고사를 풀어보며 실전감각 극대화

시험 직전 실전 시뮬레이션!

각 과목별 시험에 출제되는 내용들을 최종 점검하며 실전 완성

* 커리큘럼 및 세부 일정은 상이할 수 있으며,
자세한 사항은 해커스공무원 사이트에서 확인하세요.

단계별 교재 확인 및
수강신청은 여기서!

gosi.Hackers.com

공무원 시험의 해답
형사정책 시험 합격을 위한 필독서

방대한 공무원 형사정책의 효율적인 학습을 위해 누적된 기출문제를 분석·분류하여, 학습의 범위와 방향을 명확히 하고 문제해결 능력을 기를 수 있는 기출문제집을 만들었습니다.

형사정책 학습에 기본이 되는 기출문제를 효과적으로 학습할 수 있도록 다음과 같은 특징을 가지고 있습니다.

첫째, 출제 경향을 분석하여 엄선한 기출문제를 36개의 KEYWORD로 분류하여 수록하였습니다.

둘째, 문제풀이 과정에서 이론까지 복습할 수 있도록 상세한 해설을 수록하였습니다.

셋째, 다회독을 위한 다양한 학습장치를 제공합니다.

최소한의 시간으로 최대한의 학습 효과를 낼 수 있는 다음의 학습 방법을 추천합니다.

첫째, 기본서와의 연계학습을 통해 각 단원에 맞는 기본 이론을 확인하고 쉽게 암기할 수 있습니다.

둘째, 정답이 아닌 선택지까지 모두 학습함으로써 다채로운 문제 유형에 대처할 수 있는 능력을 기를 수 있습니다.

셋째, 반복 회독학습을 통해 출제유형에 익숙해지고, 자주 출제되는 개념을 스스로 확인할 수 있습니다.

더불어, 공무원 시험 전문 사이트인 해커스공무원(gosi.Hackers.com)에서 교재 학습 중 궁금한 점을 나누고 다양한 무료 학습 자료를 함께 이용하여 학습 효과를 극대화할 수 있습니다.

부디 ≪해커스공무원 노신 형사정책 단원별 기출문제집≫과 함께 공무원 형사정책 시험의 고득점을 달성하고 합격을 향해 한걸음 더 나아가시기를 바랍니다.

노신

차례

I 총설

II 범죄원인론

III 범죄대책론

IV 소년형사정책론

이 책의 활용법

문제해결 능력 향상을 위한 단계별 구성

총설

KEYWORD 01 | 형사정책의 의의

★
001 □□□ **다음 중 형사정책의 의의에 대한 설명으로 옳은 것으로만 고른 것은?** 2012년 보호직 7급

ㄱ. 좁은 의미의 국가작용으로서의 형사정책은 범죄방지를 간접적 · 종속적 목적으로 하는 활동을 의미한다.
ㄴ. "최선의 사회정책이 가장 좋은 형사정책이다."라는 말은 넓은 의미의 국가작용으로서의 형사정책을 의미한다.
ㄷ. "범죄학은 영토를 가지지 않은 제왕의 학문이다."라고 한 셀린(Sellin)의 말은 넓은 의미의 형사정책학의 특징을 잘 표현한다.
ㄹ. "형법은 형사정책의 뛰어 넘을 수 없는 한계이다."라고 한 리스트(Liszt)의 말은 형법에 대한 형사정책의 우위성을 강조한 말이다.

① ㄱ, ㄷ ② ㄱ, ㄹ
③ ㄴ, ㄷ ④ ㄴ, ㄹ

STEP 1 기출문제로 문제해결 능력 키우기

공무원 형사정책 기출문제 중 재출제 가능성이 높은 문제들을 엄선하여 학습 흐름에 따라 KEYWORD별로 배치하고, 세 단계의 중요도(★)를 함께 수록하였습니다. 이를 통해 각 단원에서 자주 출제되는 KEYWORD를 미리 파악하여 최신 출제경향에 적극적으로 대비가 가능합니다.

▼

벌금형 제도

3년 이하의 징역이나 금고 또는 500만 원 이하의 벌금의 형을 선고할 경우 양형의 조건(「형법」 제51조)을 참작하여 정상에 참작할 만한 사유가 있는 때에는 1년 이상 5년 이하의 기간 형의 집행을 유예할 수 있고(「형법」 제62조 제1항), 형을 '병과'할 경우(둘 이상이 형을 함께 선고할 경우) 그 형의 일부에 대하여 집행을 유예할 수 있으므로(「형법」 제62조 제2항), 하나의 형 중 일부에 대해서 집행유예를 선고할 수는 없다.

> **제62조 【집행유예의 요건】** ① 3년 이하의 징역이나 금고 또는 500만 원 이하의 벌금의 형을 선고할 경우에 제51조의 사항을 참작하여 그 정상에 참작할 만한 사유가 있는 때에는 1년 이상 5년 이하의 기간 형의 집행을 유예할 수 있다. 다만, 금고 이상의 형을 선고한 판결이 확정된 때부터 그 집행을 종료하거나 면제된 후 3년까지의 기간에 범한 죄에 대하여 형을 선고하는 경우에는 그러하지 아니하다.
> ② 형을 병과할 경우에는 그 형의 일부에 대하여 집행을 유예할 수 있다.

(선지분석)

① 「형사소송법」 제477조 제1항 · 제2항

> **제477조 【재산형 등의 집행】** ① 벌금, 과료, 몰수, 추징, 과태료, 소송비용, 비용배상 또는 가납의 재판은 검사의 명령에 의하여 집행한다.
> ② 전항의 명령은 집행력 있는 채무명의와 동일한 효력이 있다.

③ 「형법」 제69조 제2항
④ 대판 2013.9.12. 2012도2349

관련 판례

【대판 2013.9.12. 2012도2349】 벌금형에 따르는 노역장유치는 실질적으로 자유형과 동일한 것으로서 그 집행에 대하여는 자유형의 집행에 관한 규정이 준용된다(「형사소송법」 제492조). 구금되지 아니한 당사자에 대하여 형의 집행기관인 검사는 그 형의 집행을 위하여 당사자를 소환할 수 있고, 당사자가 소환에 응하지 아니한 때에는 형집행장을 발부하여 구인할 수 있다(「형사소송법」 제473조). 「형사소송법」 제475조는 이 경우 형집행장의 집행에 관하여 「형사소송법」 제1편 제9장에서 정하는 피고인의 구속에 관한 규정을 준용한다고 규정하고 있고, 여기서 '피고인의 구속에 관한 규정'은 '피고인의 구속영장의 집행에 관한 규정'을 의미한다고 할 것이므로, 형집행장의 집행에 관하여는 구속의 사유에 관한 「형사소송법」 제70조나 구속이유의 고지에 관한 「형사소송법」 제72조가 준용되지 아니한다.

답 ②

STEP 2 상세한 해설을 통해 기출지문 정복하기

교재에 수록된 모든 문제마다 출제포인트를 명시하여, 문제가 묻고 있는 이론과 본인이 취약한 부분을 한눈에 파악할 수 있습니다. 또한 정답인 지문뿐만 아니라 오답인 지문들에도 상세한 해설을 수록하여, 오답 지문들의 원인과 함정요인까지 확인하며 꼼꼼한 학습이 가능합니다.

정답의 근거와 오답의 원인, 관련 이론까지 짚어주는 정답 및 해설

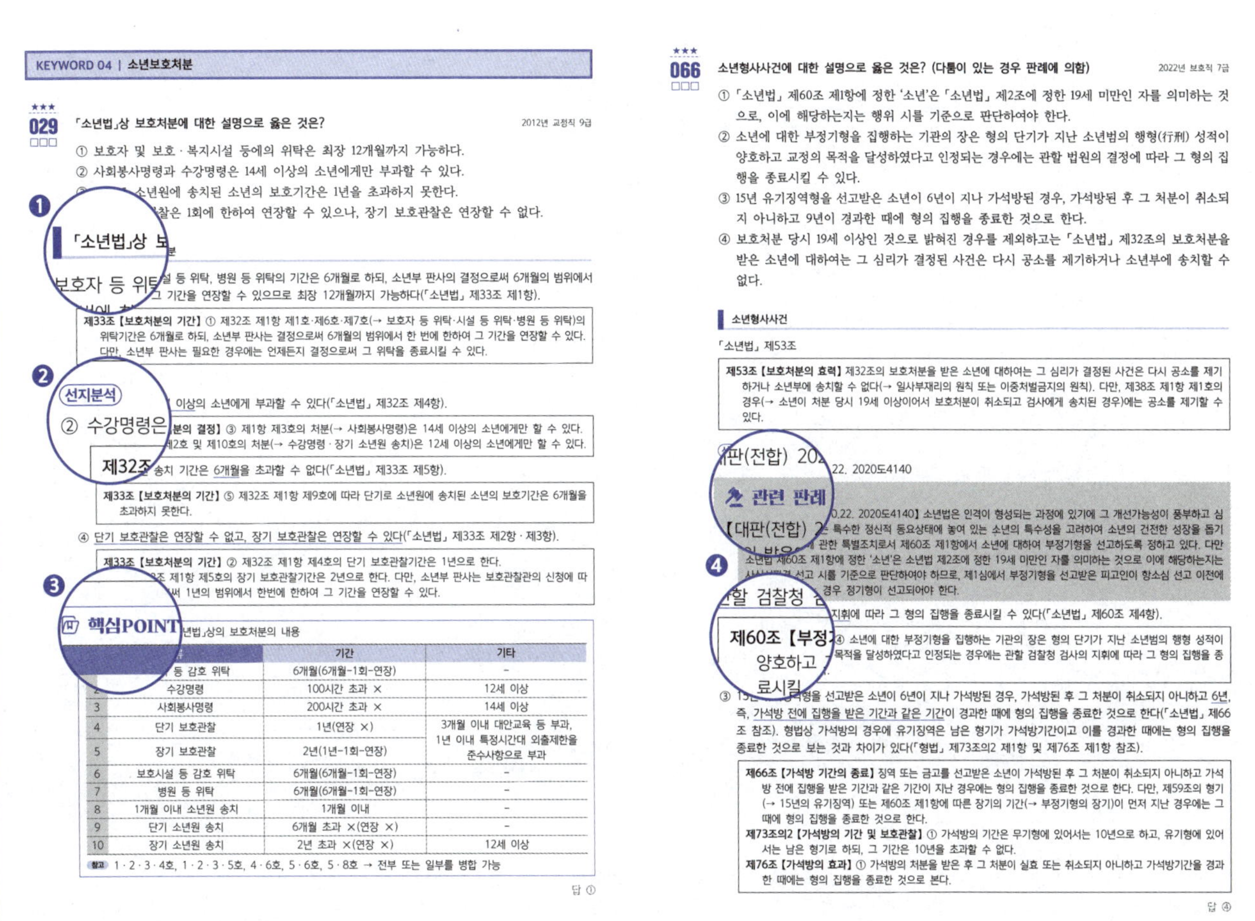

KEYWORD 04 | 소년보호처분

★★★
029 「소년법」상 보호처분에 대한 설명으로 옳은 것은? 2012년 교정직 9급

① 보호자 및 보호·복지시설 등에의 위탁은 최장 12개월까지 가능하다.
② 사회봉사명령과 수강명령은 14세 이상의 소년에게만 부과할 수 있다.
③ … 소년원에 송치된 소년의 보호기간은 1년을 초과하지 못한다.
④ …찰은 1회에 한하여 연장할 수 있으나, 장기 보호관찰은 연장할 수 없다.

❶ 「소년법」상 보…

보호자 등 위탁…설 등 위탁, 병원 등 위탁의 기간은 6개월로 하되, 소년부 판사의 결정으로써 6개월의 범위에서 …그 기간을 연장할 수 있으므로 최장 12개월까지 가능하다(「소년법」 제33조 제1항).

> **제33조 【보호처분의 기간】** ① 제32조 제1항 제1호·제6호·제7호(→ 보호자 등 위탁·시설 등 위탁·병원 등 위탁)의 위탁기간은 6개월로 하되, 소년부 판사는 결정으로써 6개월의 범위에서 한 번에 한하여 그 기간을 연장할 수 있다. 다만, 소년부 판사는 필요한 경우에는 언제든지 결정으로써 그 위탁을 종료시킬 수 있다.

❷ 선지분석

② 수강명령은 … 이상의 소년에게 부과할 수 있다(「소년법」 제32조 제4항).

> **제32조 【…분의 결정】** ③ 제1항 제3호의 처분(→ 사회봉사명령)은 14세 이상의 소년에게만 할 수 있다. … 제2호 및 제10호의 처분(→ 수강명령·장기 소년원 송치)은 12세 이상의 소년에게만 할 수 있다.

… 송치 기간은 6개월을 초과할 수 없다(「소년법」 제33조 제5항).

> **제33조 【보호처분의 기간】** ⑤ 제32조 제1항 제9호에 따라 단기로 소년원에 송치된 소년의 보호기간은 6개월을 초과하지 못한다.

④ 단기 보호관찰은 연장할 수 없고, 장기 보호관찰은 연장할 수 있다(「소년법」 제33조 제2항·제3항).

> **제33조 【보호처분의 기간】** ② 제32조 제1항 제4호의 단기 보호관찰기간은 1년으로 한다. … 조 제1항 제5호의 장기 보호관찰기간은 2년으로 한다. 다만, 소년부 판사는 보호관찰관의 신청에 따라 …써 1년의 범위에서 한번에 한하여 그 기간을 연장할 수 있다.

❸ 핵심POINT …년법」상의 보호처분의 내용

	종류	기간	기타
	… 등 감호 위탁	6개월(6개월-1회-연장)	-
	수강명령	100시간 초과 ×	12세 이상
3	사회봉사명령	200시간 초과 ×	14세 이상
4	단기 보호관찰	1년(연장 ×)	3개월 이내 대안교육 등 부과, 1년 이내 특정시간대 외출제한을 준수사항으로 부과
5	장기 보호관찰	2년(1년-1회-연장)	
6	보호시설 등 감호 위탁	6개월(6개월-1회-연장)	-
7	병원 등 위탁	6개월(6개월-1회-연장)	-
8	1개월 이내 소년원 송치	1개월 이내	-
9	단기 소년원 송치	6개월 초과 ×(연장 ×)	-
10	장기 소년원 송치	2년 초과 ×(연장 ×)	12세 이상

참고 1·2·3·4호, 1·2·3·5호, 4·6호, 5·6호, 5·8호 → 전부 또는 일부를 병합 가능

답 ①

★★★
066 소년형사사건에 대한 설명으로 옳은 것은? (다툼이 있는 경우 판례에 의함) 2022년 보호직 7급

① 「소년법」 제60조 제1항에 정한 '소년'은 「소년법」 제2조에 정한 19세 미만인 자를 의미하는 것으로, 이에 해당하는지는 행위 시를 기준으로 판단하여야 한다.
② 소년에 대한 부정기형을 집행하는 기관의 장은 형의 단기가 지난 소년범의 행형(行刑) 성적이 양호하고 교정의 목적을 달성하였다고 인정되는 경우에는 관할 법원의 결정에 따라 그 형의 집행을 종료시킬 수 있다.
③ 15년 유기징역형을 선고받은 소년이 6년이 지나 가석방된 경우, 가석방된 후 그 처분이 취소되지 아니하고 9년이 경과한 때에 형의 집행을 종료한 것으로 한다.
④ 보호처분 당시 19세 이상인 것으로 밝혀진 경우를 제외하고는 「소년법」 제32조의 보호처분을 받은 소년에 대하여는 그 심리가 결정된 사건은 다시 공소를 제기하거나 소년부에 송치할 수 없다.

소년형사사건

「소년법」 제53조

> **제53조 【보호처분의 효력】** 제32조의 보호처분을 받은 소년에 대하여는 그 심리가 결정된 사건은 다시 공소를 제기하거나 소년부에 송치할 수 없다(→ 일사부재리의 원칙 또는 이중처벌금지의 원칙). 다만, 제38조 제1항 제1호의 경우(→ 소년이 처분 당시 19세 이상이어서 보호처분이 취소되고 검사에게 송치된 경우)에는 공소를 제기할 수 있다.

① …판(전합) 20…22. 2020도4140

❹ 관련 판례

【대판(전합) 2…0.22. 2020도4140】 소년법은 인격이 형성되는 과정에 있기에 그 개선가능성이 풍부하고 심…는 특수한 정신적 동요상태에 놓여 있는 소년의 특수성을 고려하여 소년의 건전한 성장을 돕기…에 관한 특별조치로서 제60조 제1항에서 소년에 대하여 부정기형을 선고하도록 정하고 있다. 다만 소년법 제60조 제1항에 정한 '소년'은 소년법 제2조에 정한 19세 미만인 자를 의미하는 것으로 이에 해당하는지는 …선고 시를 기준으로 판단하여야 하므로, 제1심에서 부정기형을 선고받은 피고인이 항소심 선고 이전에 … 경우 정기형이 선고되어야 한다.

② … 관할 검찰청 검… 지휘에 따라 그 형의 집행을 종료시킬 수 있다(「소년법」 제60조 제4항).

> **제60조 【부정…】** ④ 소년에 대한 부정기형을 집행하는 기관의 장은 형의 단기가 지난 소년범의 행형 성적이 양호하고 …목적을 달성하였다고 인정되는 경우에는 관할 검찰청 검사의 지휘에 따라 그 형의 집행을 종료시킬 …

③ 15년 …형을 선고받은 소년이 6년이 지나 가석방된 경우, 가석방된 후 그 처분이 취소되지 아니하고 6년, 즉, 가석방 전에 집행을 받은 기간과 같은 기간이 경과한 때에 형의 집행을 종료한 것으로 한다(「소년법」 제66조 참조). 형법상 가석방의 경우에 유기징역은 남은 형기가 가석방기간이고 이를 경과한 때에는 형의 집행을 종료한 것으로 보는 것과 차이가 있다(「형법」 제73조의2 제1항 및 제76조 제1항 참조).

> **제66조 【가석방 기간의 종료】** 징역 또는 금고를 선고받은 소년이 가석방된 후 그 처분이 취소되지 아니하고 가석방 전에 집행을 받은 기간과 같은 기간이 지난 경우에는 형의 집행을 종료한 것으로 한다. 다만, 제59조의 형기(→ 15년의 유기징역) 또는 제60조 제1항에 따른 장기의 기간(→ 부정기형의 장기)이 먼저 지난 경우에는 그 때에 형의 집행을 종료한 것으로 한다.
> **제73조의2 【가석방의 기간 및 보호관찰】** ① 가석방의 기간은 무기형에 있어서는 10년으로 하고, 유기형에 있어서는 남은 형기로 하되, 그 기간은 10년을 초과할 수 없다.
> **제76조 【가석방의 효과】** ① 가석방의 처분을 받은 후 그 처분이 실효 또는 취소되지 아니하고 가석방기간을 경과한 때에는 형의 집행을 종료한 것으로 본다.

답 ④

❶ 문항별 출제 포인트

문항마다 문제의 핵심이 되는 출제 포인트를 명시하여, 각 문제가 묻고 있는 이론을 한눈에 파악할 수 있습니다.

❷ 선지분석

정답인 선지뿐만 아니라 오답인 선지에 대해서도 상세한 설명을 수록하여, 다양한 선지 유형을 빈틈없이 학습할 수 있습니다.

❸ 핵심POINT

문제와 관련된 핵심 이론 또는 알아두면 좋을 배경이론 등을 수록하여, 하나의 개념을 다양한 시각에서 폭넓게 학습할 수 있습니다.

❹ 관련 법령 및 판례

문제풀이에 필요한 관련 법령 및 판례를 상세히 수록하여, 법령의 심도 있는 학습이 가능합니다.

I

총설

I 총설

KEYWORD 01 | 형사정책의 의의

001 다음 중 형사정책의 의의에 대한 설명으로 옳은 것으로만 고른 것은? 2012년 보호직 7급

ㄱ. 좁은 의미의 국가작용으로서의 형사정책은 범죄방지를 간접적 · 종속적 목적으로 하는 활동을 의미한다.
ㄴ. "최선의 사회정책이 가장 좋은 형사정책이다."라는 말은 넓은 의미의 국가작용으로서의 형사정책을 의미한다.
ㄷ. "범죄학은 영토를 가지지 않은 제왕의 학문이다."라고 한 셀린(Sellin)의 말은 넓은 의미의 형사정책학의 특징을 잘 표현한다.
ㄹ. "형법은 형사정책의 뛰어 넘을 수 없는 한계이다."라고 한 리스트(Liszt)의 말은 형법에 대한 형사정책의 우위성을 강조한 말이다.

① ㄱ, ㄷ
② ㄱ, ㄹ
③ ㄴ, ㄷ
④ ㄴ, ㄹ

형사정책의 의의

ㄴ. 넓은 의미(광의)의 형사정책에 대한 리스트(Liszt)의 표현이다.
ㄷ. 형사정책의 종합과학성에 대한 표현으로서, 넓은 의미(광의)의 형사정책을 대상으로 한다.

선지분석

ㄱ. 좁은 의미(협의)의 형사정책이란 범죄자와 범죄위험이 있는 자를 대상으로 형벌 또는 이와 유사한 수단으로 직접 범죄방지를 목적으로 하는 국가의 입법 · 사법 · 행정 활동을 의미한다.
ㄹ. 형사정책은 범죄에 대한 효과적 대책수립을 목적으로 하지만 정책적 필요성이 형법의 원칙을 넘을 수는 없다는 것, 즉 법을 통하지 않은 형사정책은 불가능하다는 표현으로, 형사정책에 대한 형법의 우위성을 강조한 것이다.

답 ③

002 형사정책(학)에 대한 설명으로 옳지 않은 것은? 2014년 보호직 7급

① 형사정책은 초기에는 형사입법정책이라는 좁은 의미로 사용되었으나, 점차 범죄의 실태와 원인을 규명하여 이를 방지하려는 일반대책의 개념으로 확대되었다.
② 좁은 의미의 형사정책학은 범죄와 범죄자, 사회적 일탈행위 및 이에 대한 통제방법을 연구하는 경험과학 또는 규범학이 아닌 사실학의 총체를 말한다.
③ 형사정책학은 법학은 물론 심리학, 사회학 등 다양한 주변 학문영역의 성과를 기초로 하나, 단순한 종합과학이 아니라 범죄방지를 위한 체계적인 대책수립을 목표로 하는 독립과학이다.
④ 형사정책학은 기존 형벌체계가 과연 범죄대책으로서 유효한가에 대한 검증을 함으로써 형법규정의 개정방향을 선도한다는 점에서 형법학과 형사정책학은 상호의존성을 가진다.

형사정책(학)

협의의 형사정책은 범죄자와 범죄위험이 있는 자를 대상으로 형벌 또는 이와 유사한 수단으로 범죄방지를 직접적 목적으로 하는 국가의 입법 · 사법 · 행정 활동을 의미하는데, 형사정책은 범죄의 현상과 원인에 대해 실증적 · 인과적 연구를 지향한다는 점에서 경험과학적 특성을 지니며(사실학적 특성), 동시에 범죄현상에 기초하여 바람직한 범죄대책을 연구대상으로 포함하므로 규범학적 특성도 지닌다(정책학적 특성).

선지분석

① 형사정책(criminal policy)이라는 용어는 1800년에 포이어바흐(Feu-erbach)가 『코란형법서설』에서 처음 사용하였는바, 초기에는 단지 형사입법에서 국가의 예지(叡智), 즉 형사입법정책이라는 좁은 의미로만 사용되었으나, 점차 범죄의 실태와 원인을 규명하여 이를 방지하려는 대책 일반을 의미하는 것으로 사용하게 되었다.

③ 형사정책은 인간과 사회에 관한 모든 방면의 지식이 총동원되어야만 효율적인 결과를 얻을 수 있는 종합과학적 특성을 갖는다. 초기의 형사정책은 독립과학성이 부정되었으나, 1930년대 이후에는 형사정책이 고유한 학문성을 가지고 있다고 보아 독립과학성을 인정하는 것이 일반적이다.

④ 형사정책은 전체 형법학의 실천원리로서 기능하며, 현존하는 범죄방지수단의 유효성을 분석하여 보다 바람직한 범죄대책을 수립하기 위한 정책과학이다.

답 ②

KEYWORD 02 | 고전주의학파와 실증주의학파

003 범죄원인론 중 고전주의학파에 대한 설명으로 옳은 것만을 모두 고르면? 2019년 교정직 9급

ㄱ. 인간은 자유의사를 가진 합리적인 존재이다.
ㄴ. 인간은 처벌에 대한 두려움 때문에 범죄를 선택하는 것이 억제된다.
ㄷ. 범죄는 주로 생물학적 · 심리학적 · 환경적 원인에 의해 일어난다.
ㄹ. 범죄를 효과적으로 제지하기 위해서는 처벌이 엄격 · 확실하고, 집행이 신속해야 한다.
ㅁ. 인간에 대한 과학적 분석을 통해 범죄원인을 규명하고자 하였다.

① ㄱ, ㄴ, ㄷ
② ㄱ, ㄴ, ㄹ
③ ㄴ, ㄷ, ㄹ
④ ㄷ, ㄹ, ㅁ

고전주의학파

ㄱ. 고전주의학파는 인간의 자유의지(자유의사)가 존재한다고 주장한다.
ㄴ. 고전주의학파는 인간의 의지가 행위를 통제함에 영향을 주기 위해서는 처벌이 필요하다고 주장한다(억제이론).
ㄹ. 고전주의학파에서는 범죄예방을 위한 형벌의 요소로서 확실성, 엄중성, 신속성이 필요하다고 주장한다.

선지분석

ㄷ. 범죄는 개인적 · 사회적 원인(소질 · 환경) 등에 의하여 발생한다고 보는 실증주의학파의 주장이다.
ㅁ. 실증주의학파는 관찰과 검증 등의 과학적 방법을 동원하여 범죄원인을 규명하려고 하였다.

답 ②

004 베까리아(C. Beccaria)의 형사사법제도 개혁에 대한 주장으로 옳지 않은 것만을 모두 고르면?

2019년 교정직 7급

> ㄱ. 형벌은 성문의 법률에 의해 규정되어야 하고, 법조문은 누구나 알 수 있게 쉬운 말로 작성되어야 한다.
> ㄴ. 범죄는 사회에 대한 침해이며, 침해의 정도와 형벌 간에는 적절한 비례관계가 유지되어야 한다.
> ㄷ. 처벌의 공정성과 확실성이 요구되며, 범죄행위와 처벌 간의 시간적 근접성은 중요하지 않다.
> ㄹ. 형벌의 목적은 범죄예방을 통한 사회안전의 확보가 아니라 범죄자에 대한 엄중한 처벌에 있다.

① ㄱ, ㄴ　　② ㄱ, ㄹ
③ ㄴ, ㄷ　　④ ㄷ, ㄹ

베까리아(C. Beccaria)의 형사사법제도 개혁

ㄷ. 베까리아(C. Beccaria)는 형벌집행의 3요소로서 형벌의 확실성, 엄중성, 신속성(범죄와 처벌 간의 시간적 근접성)을 주장한다.
ㄹ. 베까리아(C. Beccaria)는 형벌의 목적이 일반예방을 통한 사회안전의 확보에 있다고 주장하며, 범죄를 처벌하는 것보다 예방하는 것이 중요함을 강조하였다.

선지분석

ㄱ. 베까리아(C. Beccaria)는 죄형법정주의를 강조하고, 일반예방의 전제조건으로서 법조문은 누구나 알 수 있는 말로 작성되어야 한다고 주장한다.
ㄴ. 베까리아(C. Beccaria)는 범죄의 중대성을 사회에 미친 해악에 따라 판단하여야 하고, 범죄와 형벌 사이에는 비례성이 있어야 한다고 주장한다(죄형균형론).

답 ④

005 베카리아(Beccaria)의 주장으로 옳지 않은 것은?

2024년 보호직 9급

① 형벌의 목적은 범죄를 억제하는 것이다.
② 범죄를 억제하는 효과를 높이기 위해서는 처벌의 신속성뿐만 아니라 처벌의 확실성도 필요하다.
③ 형벌이 그 목적을 달성하기 위해서는 형벌로 인한 고통이 범죄로부터 얻는 이익을 약간 넘어서는 정도가 되어야 한다.
④ 인도주의의 실천을 위하여 사형제도는 폐지되어야 하고 사면제도가 활용되어야 한다.

베카리아(Beccaria)의 주장

베카리아는 사형제도의 폐지를 주장하였으나, 사면제도는 범죄자의 요행심을 불러일으킴으로써 법에 대한 존중심을 훼손하는 결과를 가져온다는 점에서 기본적으로 반대하는 입장이다.

선지분석

① 베카리아의 주장에 의하면, 형벌의 목적은 일반예방을 통한 사회안전의 확보, 즉 불법으로부터 범죄자를 격리하고 형벌집행을 통하여 범죄경향을 가진 다른 사람에 대하여 위협적(위하적) 효과를 거두는 것에 있다(범죄 억제).
② 베카리아는 형벌집행의 3요소로서 형벌의 확실성(Certainty), 엄중성(Severity), 신속성(Swiftness)을 주장한다.
③ 베카리아는 범죄와 형벌 사이에는 비례성이 있어야 한다고 보면서(죄형균형론). 형벌의 목적을 달성하기 위해서는 형벌의 고통이 범죄의 이익을 약간 넘어서는 정도가 되어야 한다고 주장한다.

답 ④

006 억제이론(Deterrence Theory)에 대한 설명으로 옳지 않은 것은?

2012년 교정직 9급

① 억제이론의 기초가 되는 것은 인간의 공리주의적 합리성이다.
② 형벌의 특수적 억제효과란 범죄를 저지른 사람에 대한 처벌이 일반시민들로 하여금 처벌에 대한 두려움을 불러 일으켜서 결과적으로 범죄가 억제되는 효과를 말한다.
③ 범죄자에 대한 처벌의 억제효과는 범죄자의 자기통제력 수준에 따라 달라질 수 있다.
④ 처벌의 신속성, 확실성, 엄격성의 효과를 강조한다.

억제이론

형벌의 특수억제효과란 범죄자를 처벌함으로써 당해 범죄자에게 범죄로 인한 비용(손실)을 자각시켜 다시 범죄로 나아가는 것을 억제할 것이라는 주장이다.

선지분석

①, ③, ④ 억제이론(Deterrence Theory)은 인간의 공리주의적 합리성에 대한 고전학파의 주장을 전제로 하여 형벌집행이 범죄 이후에 신속할수록(신속성), 형벌이 확실하게 집행될수록(확실성), 형벌의 정도가 엄격할수록(엄격성, 엄중성) 사람들이 형벌에 대한 두려움을 느끼고 범죄를 자제한다는 입장이다.

답 ②

007 고전학파 범죄이론에 대한 설명으로 옳지 않은 것은?

2021년 보호직 7급

① 사회계약설에 입각한 성문형법전의 제정이 필요하다고 주장하였다.
② 파놉티콘(Panopticon) 교도소를 구상하여 이상적인 교도행정을 추구하였다.
③ 인간의 합리적인 이성을 신뢰하지 않고 범죄원인을 개인의 소질과 환경에 있다고 하는 결정론을 주장하였다.
④ 심리에 미치는 강제로서 형벌을 부과해야 한다고 하는 심리강제설을 주장하였다.

고전학파 범죄이론

고전학파가 아닌 실증학파의 주장에 해당한다. 실증학파에서는 인간의 사고나 판단은 이미 결정된 행위과정을 정당화하는 것에 불과하므로, 자신의 사고나 판단에 따라 자유롭게 행위를 선택할 수 없다고 주장한다. 따라서 범죄행위를 유발하는 영향요인과 정상적인 행위의 인과요인은 서로 다르며, 범죄는 개인의 의지에 의한 규범침해(자유의사론, 비결정론)가 아니라, 과학적으로 분석가능한 개인적 · 사회적 원인(소질과 환경) 등에 의하여 발생(결정론)한다고 본다.

선지분석

① 고전학파는 인간과 사회의 관계는 계약관계로서, 사회는 개인을 처벌할 권리가 있으며, 이는 형벌집행을 전담하는 국가기구에 위임될 수 있음을 전제로 하면서, 형법전이나 금지행위에 대한 처벌체계가 구성되어야 한다고 주장한다(죄형법정주의).
② 고전학파의 일원인 벤담(Bentham)은 최소비용으로 최대의 감시효과를 거둘 수 있는 새로운 감옥 형태로서 파놉티콘형 교도소를 제안하였다.
④ 포이어바흐(Feuerbach)에 의하면, 국가는 시민의 자유보장에 그 목적이 있으므로 법률위반에 대해 물리적 강제를 가해서는 안 되고, 범죄의 쾌락보다 형벌의 고통이 크다는 점을 알게 하는 심리강제로 위법행위와 고통을 결부하여 범죄를 방지해야 한다고 본다(위하, 일반예방).

답 ③

일상활동이론(routine activities theory)의 범죄발생 요소에 해당하지 않는 것은? 2021년 보호직 7급

① 동기화된 범죄자(motivated offenders)
② 비범죄적 대안의 부재(absence of non-criminal alternatives)
③ 적절한 대상(suitable targets)
④ 보호의 부재(absence of capable guardians)

일상활동이론

코헨(Cohen)과 펠슨(Felson)의 일상활동이론(일상생활이론)에 의하면, 일상활동의 구조적 변화가 ㉠ 동기를 지닌 범죄자(①), ㉡ 합당한 표적(③), ㉢ 보호능력의 부재(④)라는 세 가지 요소에 시간적 · 공간적인 영향을 미쳐서 범죄가 발생한다고 본다.

답 ②

다음 범죄학 이론에 대한 설명으로 옳지 않은 것은? 2024년 교정직 9급

> 범죄가 발생하기 위해서는 최소한 범죄성향을 갖고 그 성향을 행동으로 표현할 능력을 가진 동기화된 범죄자(motivated offender)가 존재해야 한다. 이러한 범죄자에게 적당한 범행대상(suitable target)이 되는 어떤 사람이나 물체가 존재하고, 범죄를 예방할 수 있는 감시의 부재(absence of guardianship)가 같은 시간과 공간에서 만날 때 범죄가 발생한다.

① 코헨(L. Cohen)과 펠슨(M. Felson)의 견해이다.
② 합리적 선택이론을 기반으로 한 신고전주의 범죄학 이론에 속한다.
③ 동기화된 범죄자로부터 범행대상을 보호할 수 있는 수단인 가족, 친구, 이웃 등의 부재는 감시의 부재에 해당한다.
④ 범죄예방의 중점을 환경이나 상황적 요인보다는 범죄자의 성향이나 동기의 감소에 둔다.

일상활동이론

일상활동이론은 '범죄예방에 있어 범죄기회(환경이나 상황)의 감소에 중점을 두는 범죄기회이론'에 속한다.

선지분석

① 코헨과 펠슨이 주장한 일상활동이론(일상생활이론)의 내용이다.
② 일상활동이론은 고전주의 · 억제이론 · 합리적 선택이론 등 현대적 고전주의(신고전주의)에 기초하여 범죄인의 교정 · 교화보다 범죄기회를 사전에 차단하는 것이 중요하다고 본다.
③ 일상활동의 세 가지 요소 중 보호능력의 부재(감시자의 부재)에 대한 설명이다.

답 ④

억제이론에 대한 설명으로 옳은 것은? 2025년 교정직 9급

① 인간은 자유의지를 가지고 합리적인 판단에 따라 행동한다고 가정한다.
② 처벌의 엄중성은 처벌받을 가능성을 의미한다.
③ 처벌의 확실성은 강한 처벌을 통한 범죄억제를 의미한다.
④ 처벌의 신속성은 초기 고전주의 범죄학자들이 범죄억제에 있어 가장 강조한 핵심 요소이다.

억제이론

억제이론은 인간의 공리주의적 합리성에 대한 고전학파의 주장(자유의지론)을 전제로 한다.

(선지분석)

② 처벌의 '확실성'에 대한 설명이다.
③ 처벌의 '엄중성'에 대한 설명이다.
④ 고전주의에서 범죄억제의 요소로서 가장 강조한 것은 처벌의 '확실성'이다.

답 ①

★★★ 011 □□□

학자와 그의 주장이 옳게 연결된 것은? 2013년 교정직 9급

① 리스트(Liszt) - 죄는 범죄인을 제외한 모든 사람에게 있다.
② 케틀레(Quetelet) - 사회 환경은 범죄의 배양기이며, 범죄자는 미생물에 해당할 뿐이므로 벌해야 할 것은 범죄자가 아니라 사회이다.
③ 타르드(Tarde) - 모든 사회현상이 모방이듯이 범죄행위도 모방으로 이루어진다.
④ 라카사뉴(Lacassagne) - 사회는 범죄를 예비하고, 범죄자는 그것을 실천하는 도구에 불과하다.

범죄원인 관련 학자 및 그의 주장

타르드(Tarde)가 모방의 법칙(모방이론)에서 주장한 내용이다.

(선지분석)

① 타르드(Tarde)가 극단적 환경결정론의 입장에서 범죄의 사회적 원인을 강조하기 위해 주장한 내용이다.
② 라카사뉴(Lacassagne)가 범죄원인이 사회와 환경에 있음을 강조하기 위해 주장한 내용이다.
④ 케틀레(Quetelet)가 범죄원인의 사회성을 주장한 내용이다.

답 ③

★ 012 □□□

수형자의 재사회화 목적에 대한 설명으로 옳지 않은 것은? 2012년 교정직 7급

① 범죄원인을 개인적 차원보다는 사회적 원인에서 찾고자 할 때 유용하다.
② 자유박탈에 의한 자유의 교육이라는 모순을 안고 있다.
③ 국가형벌권을 자의적으로 확장할 위험성을 안고 있다.
④ 범죄자가 사회규범에 적응하도록 강제로 교육하는 것은 인간의 존엄에 반한다는 비판이 있다.

수형자의 재사회화 목적

수형자의 재사회화 목적(교화 · 개선)은 실증주의이론(목적형주의 · 교육형주의)으로부터 비롯되었는데, 실증주의에서는 범죄의 원인을 개인적 차원(소질)뿐만 아니라 사회적 원인(환경)에도 있다고 보았다.

(선지분석)

② 자유박탈에 의한 형벌집행과 교화 · 개선시켜 사회복귀를 지향하는 것의 상호 모순관계가 지적된다.
③ 재사회화를 위해서는 교화 · 개선될 때까지 국가형벌권이 계속 행사될 위험성이 있다고 지적된다.
④ 범죄자를 교화 · 개선의 대상으로 보는 것은 인간의 주체성 및 존엄성을 무시하는 것이라는 지적이 있다.

답 ①

013 다음 설명 중 옳지 않은 것은? 2014년 보호직 7급

① 롬브로조(Lombroso)는 범죄인류학적 입장에서 범죄인을 분류하였으나, 페리(Ferri)는 롬브로조가 생물학적 범죄원인에 집중한 나머지 범죄인의 사회적 영향을 무시한다고 비판하고 범죄사회학적 요인을 고려하여 범죄인을 분류하였다.
② 가로팔로(Garofalo)는 생물학적 요소에 사회심리학적 요소를 덧붙여 범죄인을 자연범과 법정범으로 구분하고, 과실범은 처벌하지 말 것을 주장하였다.
③ 아샤펜부르크(Aschaffenburg)는 개인적 요인과 환경적 요인을 결합하여 범죄인으로부터 생겨나는 법적 위험성을 기준으로 범죄인을 분류하였다.
④ 리스트(Liszt)는 형벌의 목적을 개선, 위하, 무해화로 나누고 선천적으로 범죄성향이 있으나 개선이 가능한 자에 대해서는 개선을 위한 형벌을 부과해야 한다고 하면서, 이러한 자에 대해서는 단기자유형이 효과적이라고 주장하였다.

범죄원인 관련 학자 및 그의 주장

리스트(Liszt)는 범죄성향이 있으나 개선이 불가능한 상태에 이르지 않은 자에게는 개선을 위한 형벌이 부과되어야 하나, 단기자유형은 불합리한 결과를 초래할 수 있으므로 피해야 한다고 주장한다.

선지분석

① 롬브로조(Lombroso)는 범죄인류학적 입장에서 범죄인을 생래적 범죄인, 정신병(또는 정신박약)에 의한 범죄인, 격정 범죄인, 기회 범죄인(가범죄인 · 준범죄인 · 상습범죄인 등), 잠재적 범죄인으로 분류하였으나, 페리(Ferri)는 범죄인류학적 입장에 기초하면서도 사회적 환경을 중시하여 기회 범죄인을 가장 중시하였다.
② 가로팔로(Garofalo)는 범죄원인으로서 인류학적 요소 중에서도 심리학적 측면을 중시하여, 범죄인을 자연범 · 법정범 · 과실범으로 구분하였다.
③ 아샤펜부르크(Aschaffenburg)는 범죄원인의 개인적 요소와 환경적 요소를 결합하여, 범죄인의 법적 위험성을 기준으로 범죄인 7분법을 제시한다(우발 · 격정 · 기회 · 예모 · 누범 · 관습 · 직업범죄인).

답 ④

014 범죄에 관하여 고전주의학파와 실증주의학파로 나눌 때, 다음 설명 중 동일한 학파의 주장으로만 옳게 고른 것은? 2015년 교정직 7급

ㄱ. 효과적인 범죄예방은 형벌을 통해 사람들이 범죄를 포기하게 만드는 것이다.
ㄴ. 법 · 제도적 문제 대신에 범죄인의 개선 자체에 중점을 둔 교정이 있어야 범죄예방이 가능하다.
ㄷ. 형이상학적인 설명보다는 체계화된 인과관계 검증 과정과 과거 경험이 더 중요하다.
ㄹ. 형벌은 계몽주의, 공리주의에 사상적 기초를 두고 이루어져야 한다.
ㅁ. 인간은 기본적으로 자유의지를 가진 합리적 · 이성적 존재이다.

① ㄱ, ㄴ, ㅁ
② ㄱ, ㄹ, ㅁ
③ ㄴ, ㄷ, ㄹ
④ ㄴ, ㄷ, ㅁ

고전주의학파와 실증주의학파

ㄱ, ㄹ, ㅁ은 고전주의학파의 주장, ㄴ, ㄷ은 실증주의학파의 주장이다.
ㄱ. 고전주의학파의 전제로서 억제이론에 대한 설명이다.
ㄹ. 고전주의학파는 18세기 계몽주의, 공리주의가 사상적 기초이다.
ㅁ. 고전주의학파의 자유의지론의 내용이다.

(선지분석)

ㄴ. 형벌제도와 법제도의 개혁에 중점을 두었던 고전주의학파와 달리 실증주의학파는 범죄행위에 대한 설명 및 범죄자의 교화·개선을 통한 범죄예방에 중점을 두었다.
ㄷ. 실증주의학파는 범죄문제에 있어서 과학적·객관적 방법에 의한 실증적 문제해결을 중시한다.

답 ②

★★ **015** □□□

다음 중 <보기 1>에 제시된 설명과 <보기 2>에 제시된 학자를 옳게 연결한 것은? 2018년 교정직 9급

<보기 1>

ㄱ. 감옥개량의 선구자로 인도적인 감옥개혁을 주장하였다.
ㄴ. 『범죄와 형벌』을 집필하고 죄형법정주의를 강조하였다.
ㄷ. 파놉티콘(Panopticon)이라는 감옥형태를 구상하였다.
ㄹ. 범죄포화의 법칙을 주장하였다.

<보기 2>

A. 베까리아(Beccaria) B. 하워드(Howard)
C. 벤담(Bentham) D. 페리(Ferri)

	ㄱ	ㄴ	ㄷ	ㄹ
①	A	B	C	D
②	C	A	B	D
③	B	A	C	D
④	B	A	D	C

고전주의학파와 실증주의학파

ㄱ - B. 하워드(Howard)는 감옥개량운동의 선구자로서 『감옥상태론』을 저술하여 당시 감옥의 폐해를 고발하고 인도적 감옥개혁을 주장하였다.
ㄴ - A. 베까리아(Beccaria)는 『범죄와 형벌』에서 사회계약론에 입각한 형법 원리와 범죄통제를 주장하면서, 비인간적인 형벌·사형·고문의 폐지, 형벌의 목적사상(일반예방사상), 죄형법정주의를 강조한다.
ㄷ - C. 벤담(Bentham)은 최소비용으로 최대의 감시효과를 거둘 수 있는 새로운 감옥 형태로 파놉티콘형 교도소를 제안하였다.
ㄹ - D. 페리(Ferri)는 범죄의 사회적 원인을 중시하여 일정한 개인적·사회적 환경에서는 그에 따르는 일정량의 범죄가 있는 것이 원칙이고 그 수가 절대적으로 증감할 수 없다는 내용의 범죄포화의 법칙을 주장하였다.

답 ③

016 범죄 문제에 대한 고전주의학파의 특징에 대비되는 실증주의학파의 특징으로 옳지 않은 것은?

2018년 교정직 7급

① 범죄행위를 연구하는 데 있어서 경험적이고 과학적인 접근을 강조한다.
② 범죄행위는 인간이 통제할 수 없는 영향력에 의해서 결정된다고 주장한다.
③ 범죄행위의 사회적 책임보다는 위법행위를 한 개인의 책임을 강조한다.
④ 범죄행위를 유발하는 범죄원인을 제거하는 것이 범죄통제에 효과적이라고 본다.

실증주의학파

결정론을 취하여 범죄행위에 대한 개인의 도덕적 책임을 부정하고 이를 대신하는 사회적 책임을 제시한다.

(선지분석)

① 실증주의 철학과 자연과학(진화론, 인류학 등)이 발전함에 따라 인문분야에서도 과학적 · 객관적인 방법에 의해 실증적으로 문제를 해결해야 한다는 요구가 야기되어 실증주의학파가 등장하게 되었다.
② 범죄행위를 비롯한 사람들의 행위는 본인들이 통제할 수 없는 어떤 영향(소질 · 환경)들에 의해 결정된다고 본다.
④ 범죄방지를 위해서는 범죄자의 개인적 원인에 대한 조치를 취하는 동시에 범죄를 발생시킨 사회의 제(諸) 사정을 연구하여 그 근원을 제거해야 한다고 본다.

답 ③

017 범죄인류학파(이탈리아 실증주의학파)에 대한 설명으로 옳지 않은 것은?

2018년 보호직 7급

① 롬브로조(Lombroso)는 자유의지에 따라 이성적으로 행동하는 인간을 전제로 하여 범죄의 원인을 자연과학적 방법으로 분석하였다.
② 페리(Ferri)는 범죄포화의 법칙을 주장하였으며 사회적 · 경제적 · 정치적 요소도 범죄의 원인이라고 주장하였다.
③ 가로팔로(Garofalo)는 범죄의 원인으로 심리적 측면을 중시하여 이타적 정서가 미발달한 사람일수록 범죄를 저지르는 경향이 있다고 하였다.
④ 생래적 범죄인에 대한 대책으로 롬브로조(Lombroso)는 사형을 찬성하였지만 페리(Ferri)는 사형을 반대하였다.

범죄인류학파

자유의지에 따라 이성적으로 행동하는 인간을 전제로 하는 것은 고전주의학파의 기본입장이다.

(선지분석)

② 페리(Ferri)는 범죄의 사회적 원인을 중시하면서, 일정한 개인적 · 사회적 환경에서는 그에 따르는 일정량의 범죄가 있는 것이 원칙이고 그 수가 절대적으로 증감할 수 없다는 내용의 범죄포화의 법칙을 주장하였다.
③ 가로팔로(Garofalo)는 범죄원인으로서 인류학적 요소 중에서도 심리학적 측면을 중시하여, 정상인은 이타적인 정서(연민과 성실의 정)를 기본적으로 가지고 있으나 범죄자는 이러한 정서가 결핍되어 있다고 본다(심리적 · 도덕적 변종).
④ 롬브로조(Lombroso)에 따르면, 생래적 범죄인은 예방이나 교정이 불가능하기 때문에 초범이라도 무기형(영구격리)을 과해야 하고, 잔혹한 누범자에 대해서는 사형(도태처분)도 인정한다. 페리(Ferri)는 롬브로조(Lombroso)와는 달리 생래적 범죄인에 대해서는 사형을 부정하고 무기격리할 것을 주장한다.

답 ①

018 □□□ **다음 설명에 해당하는 학자는?** 2020년 교정직 9급

- 범죄는 정상(normal)이라고 주장한다.
- 규범이 붕괴되어 사회 통제 또는 조절 기능이 상실된 상태를 아노미로 규정한다.
- 머튼(R. Merton)이 주창한 아노미이론의 토대가 된다.

① 뒤르켐(E. Durkheim)
② 베까리아(C. Beccaria)
③ 케틀레(A. Quetelet)
④ 서덜랜드(E. Sutherland)

뒤르켐(E. Durkheim)

뒤르켐(E. Durkheim)은 범죄란 모든 사회에 불가피하게 나타나는 현상으로 병리적인 것이 아니라 정상적인 현상이라고 보았고(범죄정상설, 첫 번째 지문), 사회의 도덕적 권위가 무너져 사회구성원들이 지향적인 삶의 기준을 상실한 무규범 상태로서 사회통합의 결여를 아노미(Anomie)라고 규정지었다(두 번째 지문). 머튼(R. Merton)은 뒤르켐(Durkheim)의 아노미 개념을 도입하여, 미국 사회에서 사회적으로 수용 가능한 목표와 합법적인 수단 간의 불일치를 의미하는 것으로 사용하였다(아노미이론, 세 번째 지문).

답 ①

019 □□□ **뒤르켐(E. Durkheim)의 이론에 대한 설명으로 옳지 않은 것은?** 2024년 보호직 7급

① 자살 유형을 아노미적 자살, 이기적 자살, 이타적 자살, 운명적 자살로 구분하였다.
② 급격한 경제성장기보다 급격한 경제침체기에 아노미적 자살의 빈도가 더 높다고 주장하였다.
③ 범죄는 이에 대한 제재와 비난을 통하여 사회의 공동의식을 사람들이 체험할 수 있도록 함으로써 사회의 유지 존속에 중요한 역할을 담당한다고 하였다.
④ 객관적 범죄개념은 존재하지 않으며, 특정 사회에서 형벌의 집행 대상으로 정의된 행위가 바로 범죄라고 보았다.

뒤르켐의 이론

뒤르켐(Durkheim)은 아노미적 자살의 예로서 '불경기와 호경기 때 모두 급격한 경제침체 또는 성장으로 자살률이 높음'을 들었는데, 이 시기에는 목표와 수단 간의 괴리를 더 많이 경험하게 되어 스트레스가 증가하게 되고, 높은 스트레스는 자살률로 나타나게 된다고 한다.

선지분석

① 뒤르켐(Durkheim)은 자살이 단지 개인적 문제(자살은 인간의 왜곡된 이성의 결과)라는 견해를 비판하고, 사회의 문화구조적 모순에서 비롯된 것으로 본다(급격한 정치 · 경제 · 기술적 사회변동이 자살의 원인). 또한 자살 유형을 아노미적 자살(예 사회비관으로 인한 자살 등)과 이기적 자살(예 사업실패로 인한 자살 등), 이타적 자살(예 자살 테러 등)과 운명적 자살(예 연예인의 자살 등)로 구분하였다.
③ 뒤르켐(Durkheim)은 범죄의 순기능을 인정하여 범죄에 대한 제재와 비난을 통하여 사람들이 사회의 공동의식을 체험할 수 있도록 함으로써 사회의 유지존속에 있어 중요한 역할을 담당하므로, 범죄는 건전한 사회의 통합적 구성요소가 된다고 주장한다(범죄필요설, 범죄기능설).
④ 뒤르켐(Durkheim)은 모든 사회와 시대에 공통적으로 적용될 수 있는 범죄개념은 존재하지 않으며, 특정 사회에서 형벌의 집행대상으로 정의된 행위가 범죄가 된다고 보았다(절대적 범죄개념의 부정).

답 ②

020 범죄원인과 관련하여 실증주의학파에 대한 설명으로 옳지 않은 것은? 2021년 교정직 9급

① 페리(Ferri)는 범죄자의 통제 밖에 있는 힘이 범죄성의 원인이므로 범죄자에게 그들의 행위에 대해 개인적으로나 도덕적으로 책임을 물어서는 안 된다고 주장했다.
② 범죄의 연구에 있어서 체계적이고 객관적인 방법을 추구하여야 한다고 하였다.
③ 인간은 자신의 행동을 합리적, 경제적으로 계산하여 결정하기 때문에 자의적이고 불명확한 법률은 이러한 합리적 계산을 불가능하게 하여 범죄억제에 좋지 않다고 보았다.
④ 범죄는 개인의 의지에 의해 선택한 규범침해가 아니라, 과학적으로 분석가능한 개인적 · 사회적 원인에 의해 발생하는 것이라 하였다.

실증주의학파

지문의 내용은 고전주의학파의 주장 내용이다. 고전주의학파에서는 인간은 합리적 존재로서 자유의지를 갖고 있어 자신의 행동을 선택한다고 보며, 죄형법정주의를 강조한다.

선지분석

① 페리(E. Ferri)는 사회적 책임론과 결정론을 주장하며, 자유의사에 기한 규범의 선택가능성은 환상에 불과하다고 보고, 철저한 결정론을 취하여 도덕적 책임을 부정하고 이에 대신하는 사회적 책임을 제시하였다.
② 실증주의학파는 범죄행위를 연구하는 데 있어서 경험적이고 과학적인 접근을 강조하여, 과학적 분석을 통해 범죄원인을 규명하고자 하였다.
④ 실증주의학파는 범죄행위를 유발하는 영향요인과 정상적인 행위의 인과요인은 서로 다르다고 보아, 범죄는 개인의 의지에 의한 규범침해(자유의사론, 비결정론)가 아니라, 과학적으로 분석가능한 개인적 · 사회적 원인 등에 의하여 발생(결정론)한다고 주장하였다.

답 ③

021 형법학과 형사정책에 대한 설명으로 옳지 않은 것은? 2022년 보호직 7급

① 19세기 말 리스트(Liszt)는 '형법에서의 목적사상'을 주장하여 형이상학적 형법학이 아니라 현실과 연계된 새로운 형사정책 사상을 강조하였다.
② 형법학과 형사정책학은 상호의존적이며 동시에 상호제약적인 성격을 가지며, 리스트(Liszt)는 '형법은 형사정책의 극복할 수 없는 한계'라고 주장하였다.
③ 포이에르바흐(Feuerbach)는 형사정책을 '입법을 지도하는 국가적 예지'로 이해하고, 형사정책은 정책적 목적을 유지하기 위한 형법의 보조수단으로서 의미가 있다고 주장하였다.
④ 공리주의적 형벌목적을 강조한 벤담(Bentham)에 의하면, 형벌은 특별예방목적에 의해 정당화될 수 있고, 사회방위는 형벌의 부수적 목적에 지나지 않는다.

형법학과 형사정책

벤담(Bentham)은 공리주의적 형벌관의 입장에서 형벌은 일반예방목적에 의해 정당화되며, 개선목적(또는 사회방위목적)은 부차적 목적에 불과하다고 주장하였다.

선지분석

①, ② 리스트(Liszt)는 형법의 목적사항을 주장하면서 형벌의 부과 기준은 행위가 아니고 행위자라는 입장에서 반사회적 위험성을 기준으로 범죄자의 특성에 맞게 형벌을 개별화(특별예방)할 것을 강조하였다. 또한 그는 형법은 형사정책의 뛰어넘을 수 없는 한계라고 주장하였는데, 이는 형사정책이 범죄에 대한 효과적 대책수립을 목적으로 하지만, 정책적 필요성이 형법의 원칙을 넘을 수는 없다는 내용이다.

③ 포이어바흐(P. Feuerbach)는 형사정책이라는 용어를 처음 사용하였는데, 이때에는 단지 형사입법에서 국가의 예지(叡智), 즉 형사입법정책이라는 좁은 의미로만 사용되었다(형법의 보조수단).

답 ④

022 범죄학에 관한 고전주의와 실증주의에 대한 설명으로 옳지 않은 것은? 2024년 교정직 9급

① 고전주의는 형벌이 범죄결과의 정도에 상응하여야 한다고 주장한 반면, 실증주의는 부정기형과 사회 내 처우를 중요시하였다.

② 고전주의는 인간은 누구나 자유의지를 지닌 존재이기 때문에 평등하고, 범죄인이나 비범죄인은 본질적으로 다르지 않다고 인식하였다.

③ 19세기의 과학적 증거로 현상을 논증하려는 학문 사조는 실증주의 범죄학의 등장에 영향을 끼쳤다.

④ 실증주의는 적법절차모델(Due Process Model)에 바탕을 둔 합리적 형사사법제도 구축에 크게 기여하였다.

고전주의와 실증주의

적법절차에 기초한 합리적 형사사법제도 구축에 기여하였다는 것은 '고전주의'에 대한 평가이다.

선지분석

① 고전주의는 응보형, 죄형균형론, 정기형을 주장하나, 실증주의는 부정기형, 사회 내 처우를 중요시한다고 구분할 수 있다.

② 고전주의는 자유의지론을 기초로, 범죄인과 비범죄인은 본질적으로 다르지 않다고 본다.

③ 19세기와 20세기 초의 실증주의 철학은 범죄연구에도 큰 영향을 미쳤다. 또한 자연과학이 발전(진화론, 인류학 등)함에 따라 인문분야에서도 과학적 · 객관적인 방법에 의해 실증적으로 문제를 해결해야 한다는 요구가 야기되었다. 이러한 배경에서 실증주의 범죄학이 등장하게 되었다.

답 ④

023 다음 설명과 형사정책학의 연구대상이 옳게 연결된 것은? 2016년 보호직 7급

ㄱ. 형법 해석과 죄형법정주의에 의한 형법의 보장적 기능의 기준이 된다.
ㄴ. 범죄행위뿐만 아니라 그 자체가 범죄로 되지 아니하는 알코올 중독, 자살기도, 가출 등과 같은 행위도 연구의 대상이 된다.
ㄷ. 사회유해성 내지 법익을 침해하는 반사회적 행위를 의미하며, 범죄화와 비범죄화의 기준이 된다.
ㄹ. 범죄 가운데 시간과 문화를 초월하여 인정되는 범죄행위가 존재한다고 보고, 이는 형법상 금지 여부와 상관없이 그 자체의 반윤리성 · 반사회성으로 인해 비난받는 범죄행위이다.

A. 실질적 범죄개념　　B. 자연적 범죄개념
C. 형식적 범죄개념　　D. 사회적 일탈행위

	ㄱ	ㄴ	ㄷ	ㄹ
①	A	B	C	D
②	A	D	C	B
③	C	B	A	D
④	C	D	A	B

형사정책학의 연구대상

ㄱ - C. 형식적 범죄개념은 범죄를 구성요건에 해당되는 위법 · 유책한 행위로 규정한다(형법상 범죄개념). 범죄개념의 명확성을 기할 수 있다.
ㄴ - D. 사회적 일탈행위란 흔히 공동체나 사회에서 보편적으로 인정되는 규범에 의해 승인되지 않는 행위를 의미한다(사회학적 범죄개념). 일탈행위의 범위는 형법상의 범죄개념보다 넓어서 공동체에서 통용되는 모든 규범에 대한 침해가 포함된다.
ㄷ - A. 실질적 범죄개념은 사회유해성과 법익침해성을 기준으로 하는 반사회적 행위로서, 실정형법을 초월하여 타당할 수 있는 신범죄화와 비범죄화의 실질적 기준을 제시하기 위한 개념이다(범죄학의 범죄개념).
ㄹ - B. 자연적 범죄개념은 시간과 공간을 초월하여 타당하고 일정한 국가의 법질서와 무관한 절대적 범죄개념을 말한다(살인, 폭력, 절도, 강간 등). 가로팔로(Garofalo)는 시간과 문화를 초월하여 인정되는 범죄가 존재한다고 보고 이를 자연범이라고 하였다.

답 ④

024 형사정책에 대한 설명으로 옳지 않은 것은? 2020년 보호직 7급

① 형사정책을 시행함에 있어서도 죄형법정주의는 중요한 의미를 가진다.
② 형사정책을 시행함에 있어서는 공식적인 통계에 나타나지 않는 범죄도 고려의 대상이 된다.
③ 형사정책의 기본원칙으로 법치주의가 요구되는 점에서 형식적 의미의 범죄가 아닌 것은 형사정책의 대상에서 제외된다.
④ 형사정책은 사회학, 통계학 등 다양한 주변 학문의 성과를 기초로 범죄 현상을 분석함으로써 일반적인 범죄방지책을 제시한다.

형사정책

형사정책의 대상으로 실질적 범죄개념을 포함하여야 하는 이유는 범죄개념에는 시간적 · 공간적 상대성과 가변성이 있기 때문이다. 이를 기준으로 현행법상 처벌되지 않은 반사회적 행위를 신범죄화하거나, 사회변화에 따라 처벌할 필요가 없는 행위를 비범죄화하게 되는 것이다. 따라서 형식적 범죄개념과 실질적 범죄개념 모두 형사정책의 대상이 된다.

(선지분석)

① 형사정책은 범죄에 대한 효과적 대책수립을 목적으로 하지만, 정책적 필요성이 형법의 원칙(죄형법정주의 등)을 넘을 수는 없다. 즉, 법을 통하지 않은 형사정책은 불가능하다는 것이다[형법은 형사정책의 뛰어넘을 수 없는 한계: 리스트(Liszt)].

② 공식적인 통계에 나타나지 않는 범죄(암수범죄)는 범죄통계의 커다란 맹점이라 할 수 있으므로, 이에 대한 정확한 이해를 통해 범죄의 실태를 올바르게 파악하고 범죄대책을 수립하여야 한다.

④ 형사정책은 인간과 사회에 관한 모든 방면의 지식이 총동원되어야만 효율적인 결과를 얻을 수 있는 종합과학적 특성을 갖는다.

답 ③

025 범죄에 대한 설명으로 옳지 않은 것은? 2015년 교정직 9급

① 비범죄화란 지금까지 형법에 범죄로 규정되어 있던 것을 폐지하여 범죄 목록에서 삭제하거나 형사처벌의 범위를 축소하는 것으로 그 대상 범죄로는 단순도박죄, 낙태죄 등이 제시된다.

② 형식적 의미의 범죄는 법 규정과 관계없이 반사회적인 법익침해 행위이고, 실질적 의미의 범죄는 형법상 범죄 구성요건으로 규정된 행위이다.

③ 신범죄화(신규 범죄화)란 지금까지 존재하지 않던 새로운 형벌 구성요건을 창설하는 것으로 환경범죄, 경제범죄, 컴퓨터 범죄 등이 여기에 해당한다.

④ 암수범죄(숨은 범죄)는 실제로 범죄가 발생하였으나 범죄 통계에 나타나지 않는 범죄를 의미한다.

범죄

형식적 범죄개념은 범죄를 구성요건에 해당되는 위법 · 유책한 행위로 규정한다(형법상 범죄개념). 반면에 실질적 범죄개념은 사회유해성과 법익침해성을 기준으로 하는 반사회적 행위로서, 실정형법을 초월하여 타당할 수 있는 신범죄화와 비범죄화의 실질적 기준을 제시하기 위한 개념이다(범죄학의 범죄개념).

(선지분석)

① 비범죄화(decriminalization)란 형법의 보충성과 공식적 사회통제기능의 부담가중을 고려하여 일정한 범죄유형을 형벌에 의한 통제로부터 제외시키는 경향을 말한다. 비범죄화는 주로 개인적 법익이 아니라 사회적 법익을 침해하는 범죄, 피해자 없는 범죄에 대해서 주장된다(예 비영리적 공연음란죄, 음화판매죄, 간통죄, 성매매, 낙태죄, 단순도박죄, 동성애, 경미한 마약사용 등).

③ 신범죄화(신규 범죄화)란 산업화 · 도시화 등 사회구조의 변화에 따라 종래 예상치 못했던 행위에 대해 형법이 관여하게 되는 경향을 말한다(예 환경범죄, 교통범죄, 경제범죄, 컴퓨터범죄 등).

④ 암수범죄(숨은 범죄)란 실제로 범죄가 발생하였음에도 수사기관에 아예 인지되지 않았거나, 인지되기는 하였으나 해결되지 않아 공식적인 범죄통계에는 나타나지 않는 범죄의 총체를 의미한다.

답 ②

비범죄화에 대한 설명으로 옳은 것은?

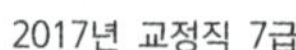
2017년 교정직 7급

① 검사의 기소유예 처분은 비범죄화와 관계가 없다.
② 형법의 탈도덕화 관점에서 비범죄화 대상으로 뇌물죄가 있다.
③ 비범죄화는 형사처벌의 완화가 아니라 폐지를 목표로 한다.
④ 비범죄화는 형법의 보충성 요청을 강화시켜주는 수단이 되기도 한다.

비범죄화

사회의 다원화와 가치의 다양화에 의해 형법의 탈윤리화(최후 수단성 · 보충성)가 요청됨에 따라 비범죄화가 논의된다.

선지분석

① 기소유예 처분은 사실상 비범죄화 중 수사상 비범죄화에 속한다고 볼 수 있다.
② 뇌물죄는 국가적 법익에 대한 죄에 속하여 공무원의 직무집행의 공정과 직무행위의 불가매수성을 그 보호법익으로 하므로(판례), 비범죄화와는 거리가 있다.
③ 비범죄화는 형사처벌의 완화를 목표로 한다.

핵심POINT 비범죄화의 유형

구분		내용
법률상 비범죄화		입법작용이나 헌법재판소의 위헌결정과 같은 판결에 의해 형벌법규가 무효화됨으로써 이루어지는 비범죄화
사실상 비범죄화		형사사법의 공식적 통제권한에는 변함이 없으면서도 일정한 행위양태에 대해 형사사법체계의 점진적 활동축소로 이루어지는 비범죄화
사실상 비범죄화	수사상 비범죄화	수사기관(경찰 · 검찰)이 형벌법규가 존재함에도 불구하고 사실상 수사하지 아니하는 경우의 비범죄화(기소유예 등)
사실상 비범죄화	재판상 비범죄화	재판주체(법원)가 더 이상 범죄로 판단하지 않아 재판을 종결하는 경우의 비범죄화

답 ④

비범죄화(decriminalization)에 대한 설명으로 옳지 않은 것은?

2023년 교정직 9급

① 비범죄화의 예시로 혼인빙자간음죄가 있다.
② 형사사법 절차에서 형사처벌의 범위를 축소하는 것을 의미한다.
③ 형사사법기관의 자원을 보다 효율적으로 활용하자는 차원에서 경미범죄에 대한 비범죄화의 필요성이 주장된다.
④ 비범죄화의 유형 중에서 사실상 비범죄화는 범죄였던 행위를 법률의 폐지 또는 변경으로 더 이상 범죄로 보지 않는 경우를 말한다.

비범죄화

사실상의 비범죄화는 형사사법의 공식적 통제권한에는 변함이 없으면서도 일정한 행위양태에 대해 형사사법체계의 점진적 활동 축소로 이루어지는 비범죄화를 의미한다. 지문의 내용은 '법률상 비범죄화'에 대한 설명이다.

선지분석

① 비범죄화의 예로서 비영리적 공연음란죄, 음화판매죄, 간통죄, 혼인빙자간음죄, 성매매, 낙태죄, 단순도박죄, 동성애, 경미한 마약 사용 등을 들 수 있다.
② 비범죄화란 형법의 보충성과 공식적 사회통제 기능의 부담가중을 고려하여 일정한 범죄 유형을 형벌에 의한 통제로부터 제외시키는 경향을 말한다.
③ 형사사법기관의 과중한 업무부담의 해소, 과잉범죄화에 대한 반성 및 형사사법경제를 이유로 비범죄화가 요구된다.

답 ④

028 비범죄화에 대한 설명으로 옳지 않은 것은? 2023년 보호직 7급

① 비범죄화는 형법의 보충적 성격을 강조한다.
② 비범죄화는 형사처벌에 의한 낙인의 부정적 효과를 감소시킨다.
③ 「형법」상 간통죄의 폐지는 비범죄화의 예라고 할 수 없다.
④ 피해자 없는 범죄는 비범죄화의 주요 대상으로 논의된다.

비범죄화

간통죄(구 형법 제241조)는 2015.2.6. 헌법재판소에서 위헌 결정되었고, 이에 따라 2016.1.6. 형법에서 삭제되었다. 이는 '법률상의 비범죄화'에 해당한다.

선지분석

① 비범죄화는 사회의 다원화와 가치의 다양화에 의해 형법의 탈윤리화(최후수단성 · 보충성)가 요청됨을 근거로 한다.
② 경미범죄의 처벌로 인한 낙인효과의 심각성에 대한 반성으로 비범죄화가 대두된다.
④ 비범죄화는 개인적 법익 또는 국가적 법익이 아니라 주로 사회적 법익을 침해하는 범죄, 피해자 없는 범죄에 대해서 주장된다.

답 ③

029 암수범죄에 대한 설명으로 옳지 않은 것은? 2018년 보호직 7급

① 암수범죄란 실제로 발생하였지만 범죄통계에 포착되지 않은 범죄를 말한다.
② 신고에 따른 불편, 수사기관 출두의 번거로움, 보복의 두려움은 절대적 암수범죄의 발생원인이다.
③ 수사기관의 낮은 검거율과 채증력, 법집행기관의 자의적 판단은 상대적 암수범죄의 발생원인이다.
④ 설문조사는 정치범죄, 가정범죄 등 내밀한 관계 및 조직관계에서 일어나는 범죄의 암수를 밝히는 데에 적합하다.

암수범죄

설문조사(간접적 관찰)는 조사대상자의 정직성에 따라 그 결과의 타당성 여부가 달라질 수 있다는 단점이 있으므로 지문에서 제시된 범죄유형의 조사에는 적합하지 않을 수 있다.

선지분석

① 암수범죄(숨은 범죄)란 실제로 범죄가 발생하였음에도 수사기관에 아예 인지되지 않았거나, 인지되기는 하였으나 해결되지 않아 공식적인 범죄통계에는 나타나지 않는 범죄의 총체를 의미한다.
② 절대적 암수범죄란 실제로 범하여졌지만 인지하지 못하는 범죄의 경우로서, 피해자의 개인적 사정이나 신고에 따른 불편 · 불이익, 피해자나 제3자의 제한된 고소 · 고발행위 등에 그 원인이 있다고 한다.
③ 상대적 암수범죄란 수사기관에 인지는 되었으나 해결되지 못한 범죄의 경우로서, 수사기관의 검거율, 기소편의주의와 같은 법 집행기관의 자의 또는 재량 등에 그 원인이 있다고 한다.

답 ④

030 암수범죄(숨은범죄)에 대한 설명으로 옳지 않은 것은? 2021년 보호직 7급

① 수사기관에 의하여 인지되었으나 해결되지 않은 경우를 상대적 암수범죄라고 한다.
② 케틀레(Quetelet) 정비례 법칙에 의하면, 공식적 범죄통계상의 범죄현상이 실세 범죄현상을 징표한다고 보기는 어렵다.
③ 피해자가 특정되지 않거나 간접적 피해자만 존재하는 경우, 암수범죄가 발생하기 쉽다.
④ 낙인이론이나 비판범죄학에 의하면 범죄화의 차별적 선별성을 암수범죄의 원인으로 설명한다.

암수범죄

케틀레(Quetelet)는 암수범죄의 문제와 관련하여 '공식적으로 인지된 범죄(공식범죄통계)와 암수범죄 사이에는 변함없는 고정관계가 존재한다'라고 보아 공식통계에 나타난 범죄현상이 실제의 범죄현상을 징표할 수 있다고 하였다(정비례의 법칙).

선지분석

① 상대적 암수범죄는 수사기관에 인지는 되었으나 해결되지 않은(범죄자를 검거하지 못한) 범죄를 말한다. 반면에 절대적 암수범죄란 수사기관에 아예 인지되지 않은 범죄를 말한다.
③ 범죄의 피해자가 특정되지 않거나 간접적 피해자만 존재하는 경우를 피해자 없는 범죄라고 하는데, 피해자 없는 범죄는 대부분 암수범죄가 된다고 한다.
④ 낙인이론과 비판범죄학에서는 '선별적 형사소추'의 문제를 암수범죄의 가장 큰 원인으로 제시하고 있다. 이는 통제기관(형사사법기관)이 일정한 의도를 가지고 특정 집단의 사람들만을 범죄인으로 만든다는 이론을 토대로 한다. 즉, 법 집행 과정에서 집행 주체인 경찰 · 검찰 · 법원 등의 편견이나 가치관에 따라 범죄자를 차별적으로 취급함으로써 암수범죄가 발생한다는 것이다.

답 ②

031 암수범죄에 대한 설명으로 옳지 않은 것은? 2024년 보호직 9급

① 피해자의 개인적 사정이나 신고에 따른 불편 · 불이익뿐만 아니라 수사기관의 자유재량도 암수범죄의 원인이 된다.
② 암수조사의 방법 중 '자기 보고식 조사'는 중범죄보다는 경미한 범죄의 현상을 파악하는 데에 유용하다.
③ 암수조사의 방법 중 '피해자 조사'는 암수범죄에 대한 직접적 관찰방법에 해당한다.
④ 암수범죄는 피해자와 가해자의 구별이 어려운 범죄에 비교적 많이 존재한다.

암수범죄

피해자 조사는 암수범죄의 조사방법 중 '간접적 관찰(설문조사)'에 해당한다.

선지분석

① 피해자의 개인적 사정이나 신고에 따른 불편 · 불이익은 절대적 암수범죄의 원인이고, 수사기관의 자유재량은 상대적 암수범죄의 원인이다.
② 자기보고조사(행위자 조사)는 주로 경미한 범죄의 현상을 파악하는 데 이용되는데, 중범죄나 사회적으로 금기시하는 범죄(예 살인, 강간 등) 또는 직업적으로 행하는 범죄(예 화이트칼라 범죄 등) 등을 조사하는 데는 부적합하다는 단점이 지적된다.
④ 피해자와 가해자의 구별이 어려운 범죄를 피해자 없는 범죄라고 하는데, 이로 인해 특별히 피해를 입은 자가 없고 잘 적발되지도 않아 대부분 암수범죄가 된다고 하며, 특히 절대적 암수범죄와 관련이 깊다고 한다.

답 ③

032 암수범죄(暗數犯罪)에 대한 설명으로 옳은 것만을 모두 고르면?

2024년 교정직 9급

ㄱ. 암수범죄로 인한 문제는 범죄통계학이 도입된 초기부터 케틀레(A. Quételet) 등에 의해 지적되었다.
ㄴ. 절대적 암수범죄란 수사기관에 의해서 인지는 되었으나 해결되지 않은 범죄를 의미하는 것으로, 완전범죄가 대표적이다.
ㄷ. 상대적 암수범죄는 마약범죄와 같이 피해자와 가해자의 구별이 어려운 범죄에서 많이 발생한다.
ㄹ. 암수범죄는 자기보고식조사, 피해자조사 등의 설문조사방법을 통해 간접적으로 관찰할 수 있다.

① ㄱ, ㄴ
② ㄱ, ㄹ
③ ㄴ, ㄷ
④ ㄷ, ㄹ

암수범죄

ㄱ. 범죄통계학파에 속하는 케틀레(A. Quételet)는 암수범죄의 문제를 지적하면서 공식적으로 인지된 범죄와 암수범죄 사이에는 변함없는 고정관계가 존재한다고 보아 공식통계에 나타난 범죄현상이 실제의 범죄현상을 징표할 수 있다고 하였다(정비례의 법칙).
ㄹ. 암수범죄의 조사방법은 크게 직접적 관찰과 간접적 관찰로 나눌 수 있고, 간접적 관찰(설문조사)에는 자기보고조사, 피해자조사, 정보제공자조사 등이 속한다.

선지분석

ㄴ. 절대적 암수범죄는 '인지되지 못한 범죄'를 의미한다. 인지는 되었으나 해결되지 않은 범죄란 상대적 암수범죄를 의미한다.
ㄷ. 피해자와 가해자의 구별이 어려운 범죄인 이른바 피해자 없는 범죄는 '절대적 암수범죄'와 관련이 깊다.

답 ②

033 암수범죄에 대한 설명으로 옳지 않은 것은?

2024년 보호직 7급

① 절대적 암수범죄는 실제로 발생하였으나 수사기관이 인지하지 못하여 범죄통계에 반영되지 못한 범죄를 말한다.
② 상대적 암수범죄의 발생은 수사기관의 검거율과 채증력의 정도뿐만 아니라 법집행과정에서 경찰, 검찰, 법관 등의 개인적 편견에 따른 차별적 취급과도 관련이 있다.
③ 수사기관에 의해서 인지는 되었으나 해결되지 않은 범죄는 암수범죄 개념에서 제외된다.
④ 암수범죄의 조사방법으로 활용되는 피해자조사는 실제 범죄의 피해자가 범죄의 피해 경험을 보고하게 하는 것을 말한다.

암수범죄

수사기관에 의해서 인지는 되었으나 해결되지 않은 범죄를 상대적 암수범죄라고 하며, 암수범죄는 기본적으로 절대적 암수범죄와 상대적 암수범죄로 구분할 수 있다.

선지분석

① 절대적 암수범죄는 실제로 범하였지만 누구도(또는 수사기관이) 인지하지 못하는 범죄를 말한다.
② 상대적 암수범죄는 수사기관이 인지하였으나 해결되지 못한 범죄를 말한다. 이는 수사기관의 검거율과 채증력의 정도 외에 법 집행 과정에서 집행 주체인 경찰 · 검찰 · 법원 등의 편견이나 가치관에 따라 범죄자를 차별적으로 취급함으로써 암수범죄가 발생한다는 선별적 형사소추와도 관련이 있다고 한다.
④ 피해자조사는 피해자에게 자신이 당한 범죄를 진술하게 함으로써 암수범죄를 조사하는 방법을 말한다.

답 ③

034 □□□

피해자학에서의 피해자 유형에 대한 설명으로 옳지 않은 것은? 2024년 보호직 7급

① 레클리스(W. Reckless)는 피해자 도발을 기준으로 '가해자 - 피해자 모델'과 '피해자 - 가해자 - 피해자 모델'로 구분하였다.
② 헨티히(H. Hentig)는 사회구조적 요인을 기초로 하여 피해자 유형을 구분하고자 하였으며, 피해자를 크게 '일반적 피해자 유형'과 '심리적 피해자 유형'으로 구분하였다.
③ 멘델존(B. Mendelsohn)은 피해자가 범죄행위에 어떠한 역할을 하는지 파악하기 위해 피해자 유책의 개념을 제시하였고, 피해자를 책임 정도에 따라 구분하였다.
④ 엘렌베르거(H. Ellenberger)는 개인의 심리학적 특성을 기준으로 하여 피해자의 유형을 피해자가 되기 쉬운 특성을 지닌 '잠재적 피해자성'과 그렇지 아니한 '일반적 피해자성'으로 구분하였다.

피해자 유형

헨티히(Hentig)는 '피해자의 특성을 기준'으로 일반적 유형과 심리적 유형으로 분류하였다.

(선지분석)
① 레클리스(Reckless)는 피해자의 도발 여부를 기준으로 순수한 피해자(가해자 - 피해자 모델)와 도발한 피해자(피해자 - 가해자 - 피해자 모델)로 분류하였다.
③ 멘델존(Mendelsohn)은 범죄발생에 있어서 피해자의 유책성 정도를 기준으로 피해자를 분류하였다.
④ 엘렌베르거(Ellenberger)는 피해자를 심리학적 기준에 따라 잠재적 피해자와 일반적 피해자로 분류하였다.

답 ②

035 □□□

「형사소송법」상 피해자등 진술권에 대한 설명으로 옳지 않은 것은? 2021년 보호직 7급

① 범죄로 인한 피해자등의 신청으로 그 피해자등을 증인으로 신문하는 경우, 신청인이 출석통지를 받고도 정당한 이유 없이 출석하지 아니한 때에는 그 신청을 철회한 것으로 본다.
② 법원은 범죄로 인한 피해자를 증인으로 신문하는 경우 당해 피해자 · 법정대리인 또는 검사의 신청에 따라 피해자의 사생활의 비밀이나 신변보호를 위하여 필요하다고 인정하는 때에는 결정으로 심리를 공개하지 아니할 수 있다.
③ 법원은 동일한 범죄사실에서 피해자등의 증인신문을 신청한 그 피해자등이 여러 명이라도 진술할 자의 수를 제한할 수 없다.
④ 법원이 범죄로 인한 피해자의 신청에 의하여 신문할 증인의 신문방식은 재판장이 정하는 바에 의한다.

피해자등 진술권

「형사소송법」 제294조의2 제3항

제294조의2 【피해자등의 진술권】 ③ 법원은 동일한 범죄사실에서 제1항의 규정에 의한 신청인이 여러 명인 경우에는 진술할 자의 수를 제한할 수 있다.

선지분석

① 「형사소송법」 제294조의2 제1항 · 제4항

> **제294조의2 【피해자등의 진술권】** ① 법원은 범죄로 인한 피해자 또는 그 법정대리인(피해자가 사망한 경우에는 배우자 · 직계친족 · 형제자매를 포함한다. 이하 이 조에서 "피해자등"이라 한다)의 신청이 있는 때에는 그 피해자등을 증인으로 신문하여야 한다. 다만, 다음 각 호의 어느 하나에 해당하는 경우에는 그러하지 아니하다.
> 1. 삭제
> 2. 피해자등 이미 당해 사건에 관하여 공판절차에서 충분히 진술하여 다시 진술할 필요가 없다고 인정되는 경우
> 3. 피해자등의 진술로 인하여 공판절차가 현저하게 지연될 우려가 있는 경우
>
> ④ 제1항의 규정에 의한 신청인이 출석통지를 받고도 정당한 이유없이 출석하지 아니한 때에는 그 신청을 철회한 것으로 본다.

② 「형사소송법」 제294조의3 제1항

> **제294조의3 【피해자 진술의 비공개】** ① 법원은 범죄로 인한 피해자를 증인으로 신문하는 경우 당해 피해자 · 법정대리인 또는 검사의 신청에 따라 피해자의 사생활의 비밀이나 신변보호를 위하여 필요하다고 인정하는 때에는 결정으로 심리를 공개하지 아니할 수 있다.

④ 「형사소송법」 제161조의2 제4항

> **제161조의2 【증인신문의 방식】** ④ 법원이 직권으로 신문할 증인이나 범죄로 인한 피해자의 신청에 의하여 신문할 증인의 신문방식은 재판장이 정하는 바에 의한다.

답 ③

★★★

036 □□□

형사절차상 피해자에 대한 설명으로 옳지 않은 것은?

2014년 보호직 7급

① 범죄로 인해 인적 또는 물적 피해를 받은 자가 가해자의 불명 또는 무자력의 사유로 인하여 피해의 전부 또는 일부를 배상받지 못하는 경우 국가는 피해자 또는 유족에게 범죄피해 구조금을 지급한다.

② 제1심 또는 제2심 형사공판절차에서 일정한 범죄에 관하여 유죄판결을 선고할 경우, 법원은 범죄행위로 인하여 발생한 직접적인 물적 피해, 치료비 손해 및 위자료의 배상을 명할 수 있다.

③ 범죄로 인한 피해자는 고소할 수 있고, 고소는 제1심 판결 선고 전까지 취소할 수 있다.

④ 법원은 범죄피해자의 신청이 있는 때에는, 당해 사건에 관하여 공판절차에서 충분히 진술하여 다시 진술할 필요가 없거나 공판절차가 현저하게 지연될 우려가 있는 경우를 제외하고는 피해자를 증인으로 신문하여야 한다.

형사절차상 피해자

구조대상 범죄피해는 사망 · 장해 · 중상해의 인적 피해를 입은 것을 말하며(「범죄피해자 보호법」 제3조 제1항 제4호), 가해자의 불명 또는 무자력의 사유를 필요로 하지 않는다(「범죄피해자 보호법」 제16조).

> **제3조 【정의】** ① 이 법에서 사용하는 용어의 뜻은 다음과 같다.
> 4. "구조대상 범죄피해"란 대한민국의 영역 안에서 또는 대한민국의 영역 밖에 있는 대한민국의 선박이나 항공기 안에서 행하여진 사람의 생명 또는 신체를 해치는 죄(→ 대인범죄)에 해당하는 행위(「형법」 제9조, 제10조 제1항, 제12조, 제22조 제1항에 따라 처벌되지 아니하는 행위를 포함하며, 같은 법 제20조 또는 제21조 제1항에 따라 처벌되지 아니하는 행위 및 과실에 의한 행위는 제외한다)로 인하여 사망하거나 장해 또는 중상해를 입은 것을 말한다.
>
> **제16조 【구조금의 지급요건】** 국가는 구조대상 범죄피해를 받은 사람(이하 "구조피해자"라 한다)이 다음 각 호의 어느 하나에 해당하면 구조피해자 또는 그 유족에게 범죄피해 구조금(이하 "구조금"이라 한다)을 지급한다(→ 가해자의 불명 또는 무자력, 피해자의 생계 곤란을 불요).
> 1. 구조피해자가 피해의 전부 또는 일부를 배상받지 못하는 경우
> 2. 자기 또는 타인의 형사사건의 수사 또는 재판에서 고소 · 고발 등 수사단서를 제공하거나 진술, 증언 또는 자료 제출을 하다가 구조피해자가 된 경우

(선지분석)

② 「소송촉진 등에 관한 특례법」 제25조 제1항

> **제25조 【배상명령】** ① 제1심 또는 제2심의 형사공판 절차에서 다음 각 호(생략)의 죄 중 어느 하나에 관하여 유죄판결을 선고할 경우, 법원은 직권에 의하여 또는 피해자나 그 상속인의 신청에 의하여 피고사건의 범죄행위로 인하여 발생한 직접적인 물적 피해, 치료비 손해 및 위자료의 배상을 명할 수 있다.

③ 「형사소송법」 제223조, 제232조 제1항

> **제223조 【고소권자】** 범죄로 인한 피해자는 고소할 수 있다.
> **제232조 【고소의 취소】** ① 고소는 제1심 판결선고 전까지 취소할 수 있다.

④ 「형사소송법」 제294조의2 제1항

> **제294조의2 【피해자등의 진술권】** ① 법원은 범죄로 인한 피해자 또는 그 법정대리인(피해자가 사망한 경우에는 배우자 · 직계친족 · 형제자매를 포함한다. 이하 이 조에서 "피해자등"이라 한다)의 신청이 있는 때에는 그 피해자등을 증인으로 신문하여야 한다. 다만, 다음 각 호의 어느 하나에 해당하는 경우에는 그러하지 아니하다.
> 1. 삭제
> 2. 피해자등 이미 당해 사건에 관하여 공판절차에서 충분히 진술하여 다시 진술할 필요가 없다고 인정되는 경우
> 3. 피해자등의 진술로 인하여 공판절차가 현저하게 지연될 우려가 있는 경우

답 ①

037 ☐☐☐ **피해자학 또는 범죄피해자에 대한 설명으로 옳지 않은 것은?** 2014년 교정직 7급

① 멘델존(Mendelsohn)은 피해자학의 아버지로 불리며 범죄피해자의 유책성 정도에 따라 피해자를 유형화하였다.

② 「범죄피해자 보호법」에서는 대인범죄 피해자와 재산범죄 피해자를 모두 범죄피해 구조대상으로 본다.

③ 마약 복용, 매춘 등의 행위는 '피해자 없는 범죄'에 해당한다.

④ 정당방위(「형법」 제21조 제1항)에 해당하여 처벌되지 않는 행위 및 과실에 의한 행위로 인한 피해는 범죄피해 구조대상에서 제외된다.

피해자학 또는 범죄피해자

사람의 생명 또는 신체를 해치는 죄(→ 대인범죄)에 해당하는 행위로 인하여 사망하거나 장해 또는 중상해를 입은 것만을 구조대상 범죄피해로 한정한다.

(선지분석)

① 멘델존(Mendelsohn)은 피해자가 피해상태에 무의식적으로 순응하는 개인적 능력인 피해수용성이라는 개념을 도구로 하여, 범죄피해자가 범죄에 대해 책임이 있는 정도를 분류하였다.

③ 피해자 없는 범죄(victimless crime)란 법익침해 내지 그 위험성을 수반하지 않는 범죄, 즉 보호법익이 명백하지 않은 범죄를 의미한다. 이는 법에 의해 금지되어 있으나, 동의에 의한 범죄이거나, 가해자와 피해자의 대립구도가 명확하지 않거나, 개인적 법익을 침해하지 않는다는 특성이 있다(예 동의낙태죄, 성매매, 도박죄, 간통죄, 동성애, 경미한 마약사용, 공연음란죄 등).

④ 정당행위 · 정당방위 · 과실에 의한 행위는 구조대상 범죄피해에서 제외하도록 규정되어 있다(「범죄피해자 보호법」 제3조 제1항 제4호).

주의 형사미성년자 · 심신상실자 · 강요된 행위 · 긴급피난의 경우는 포함하지만, 정당행위 · 정당방위 · 과실에 의한 행위는 제외한다.

답 ②

038 「범죄피해자 보호법」상 범죄피해자를 위한 지원에 대한 설명으로 옳지 않은 것은? 2016년 보호직 7급

① 국가 또는 지방자치단체는 법무부장관에게 등록한 범죄피해자 지원법인의 건전한 육성과 발전을 위하여 등록법인에 보조금을 교부할 수 있다.
② 범죄피해 구조금 지급에 관한 사항을 심의 · 결정하기 위하여 각 지방검찰청에 범죄피해구조심의회를 둔다.
③ 검사는 피의자와 범죄피해자 사이에 범죄피해자가 입은 피해를 실질적으로 회복하는 데 필요하다고 인정되더라도 당사자의 신청이 없으면 수사 중인 형사사건을 형사조정에 회부할 수 없다.
④ 국가는 구조피해자나 유족이 해당 구조대상 범죄피해를 원인으로 하여 손해배상을 받았으면 그 범위에서 구조금을 지급하지 아니한다.

범죄피해자를 위한 지원

직권으로 수사 중인 형사사건을 형사조정에 회부할 수 있다(「범죄피해자 보호법」 제41조 제1항).

> **제41조 【형사조정 회부】** ① 검사는 피의자와 범죄피해자(이하 "당사자"라 한다) 사이에 형사분쟁을 공정하고 원만하게 해결하여 범죄피해자가 입은 피해를 실질적으로 회복하는 데 필요하다고 인정하면 당사자의 신청 또는 직권으로 수사 중인 형사사건을 형사조정에 회부할 수 있다.

선지분석

① 「범죄피해자 보호법」 제34조 제1항

> **제34조 【보조금】** ① 국가 또는 지방자치단체는 제33조에 따라 등록한 범죄피해자 지원법인(이하 "등록법인"이라 한다)의 건전한 육성과 발전을 위하여 필요한 경우에는 예산의 범위에서 등록법인에 운영 또는 사업에 필요한 경비를 보조할 수 있다.

② 「범죄피해자 보호법」 제24조 제1항

> **제24조 【범죄피해구조심의회 등】** ① 구조금 지급에 관한 사항을 심의 · 결정하기 위하여 각 지방검찰청에 범죄피해구조심의회를 두고 법무부에 범죄피해구조본부심의회를 둔다.

④ 「범죄피해자 보호법」 제21조 제1항

> **제21조 【손해배상과의 관계】** ① 국가는 구조피해자나 유족이 해당 구조대상 범죄피해를 원인으로 하여 손해배상을 받았으면 그 범위에서 구조금을 지급하지 아니한다.

답 ③

039 「범죄피해자 보호법」상 구조금 지급에 대한 설명으로 옳지 않은 것은? 2017년 교정직 9급 변형

① 범죄행위 당시 구조피해자와 가해자의 사이가 4촌 이내의 친족관계가 있는 경우 구조금을 지급하지 아니한다. 다만, 구조금을 지급하지 아니하는 것이 사회통념에 위배된다고 인정할 만한 특별한 사정이 있는 경우에는 구조금의 전부 또는 일부를 지급할 수 있다.
② 구조금은 유족구조금, 장해구조금 및 중상해구조금으로 구분하며, 일시금으로 지급한다. 다만, 범죄피해자보호기금의 재원이 부족하여 범죄피해구조심의회가 구조금의 분할 지급을 결정한 경우에는 분할하여 지급할 수 있다.
③ 구조피해자의 사망 당시 구조피해자의 수입으로 생계를 유지하고 있지 않은 구조피해자의 자녀, 부모, 손자 · 손녀, 조부모 및 형제자매도 유족구조금의 지급대상인 유족에 해당한다.
④ 국가는 구조피해자나 유족이 해당 구조대상 범죄피해를 원인으로 하여 손해배상을 받았으면 그 범위에서 구조금을 지급하지 아니한다.

「범죄피해자 보호법」상 구조금

구조금은 일시금으로 지급함이 원칙이나, 다만 구조피해자 또는 그 유족이 구조금을 관리할 능력이 부족하다고 인정되는 경우로서 구조피해자나 그 유족이 구조금의 분할 지급을 청구하여 범죄피해구조심의회가 구조금의 분할 지급을 결정한 경우, 범죄피해구조심의회가 직권으로 구조금의 분할 지급을 결정한 경우에는 구조금을 분할하여 지급할 수 있다(「범죄피해자 보호법」 제17조 제1항 · 제4항). 지문의 경우는 구조금 분할지급의 사유에 해당하지 않는다.

> **제17조 【구조금의 종류 등】** ① 구조금은 유족구조금 · 장해구조금 및 중상해구조금으로 구분한다.
> ④ 구조금은 일시금으로 지급한다. 다만, 구조피해자 또는 그 유족이 연령, 장애, 질병이나 그 밖에 대통령령으로 정하는 사유로 구조금을 관리할 능력이 부족하다고 인정되는 경우로서 다음 각 호의 어느 하나에 해당하는 경우에는 대통령령으로 정하는 바에 따라 구조금을 분할하여 지급할 수 있다. <신설 2024.9.20.>
> 1. 구조피해자나 그 유족이 구조금의 분할 지급을 청구하여 제24조 제1항에 따른 범죄피해구조심의회가 구조금의 분할 지급을 결정한 경우
> 2. 제24조 제1항에 따른 범죄피해구조심의회가 직권으로 구조금의 분할 지급을 결정한 경우

(선지분석)

① 「범죄피해자 보호법」 제19조 제1항 · 제7항

> **제19조 【구조금을 지급하지 아니할 수 있는 경우】** ① 범죄행위 당시 구조피해자와 가해자 사이에 다음 각 호의 어느 하나에 해당하는 친족관계가 있는 경우에는 구조금을 지급하지 아니한다.
> 1. 부부(사실상의 혼인관계를 포함한다)
> 2. 직계혈족
> 3. 4촌 이내의 친족
> 4. 동거친족
>
> ⑦ 제1항부터 제6항까지의 규정에도 불구하고 구조금의 실질적인 수혜자가 가해자로 귀착될 우려가 없는 경우 등 구조금을 지급하지 아니하는 것이 사회통념에 위배된다고 인정할 만한 특별한 사정이 있는 경우에는 구조금의 전부 또는 일부를 지급할 수 있다.

③ 「범죄피해자 보호법」 제18조 제1항 제3호

> **제18조 【유족의 범위 및 순위】** ① 유족구조금이나 제17조 제3항 단서에 따라 유족에게 지급하는 장해구조금 또는 중상해구조금(이하 "유족구조금등"이라 한다)을 지급받을 수 있는 유족은 다음 각 호의 어느 하나에 해당하는 사람으로 한다.
> 1. 배우자(사실상 혼인관계를 포함한다) 및 구조피해자의 사망 당시 구조피해자의 수입으로 생계를 유지하고 있는 구조피해자의 자녀
> 2. 구조피해자의 사망 당시 구조피해자의 수입으로 생계를 유지하고 있는 구조피해자의 부모, 손자 · 손녀, 조부모 및 형제자매
> 3. 제1호 및 제2호에 해당하지 아니하는 구조피해자의 자녀, 부모, 손자 · 손녀, 조부모 및 형제자매

④ 「범죄피해자 보호법」 제21조 제1항

> **제21조 【손해배상과의 관계】** ① 국가는 구조피해자나 유족이 해당 구조대상 범죄피해를 원인으로 하여 손해배상을 받았으면 그 범위에서 구조금을 지급하지 아니한다.

답 ②

040 범죄피해자에 대한 설명으로 옳지 않은 것은? 2018년 보호직 7급

① 멘델존(Mendelsohn)은 범죄발생에 있어 귀책성의 정도에 따라 피해자를 구분하였고, 엘렌베르거(Ellenberger)는 심리학적 기준에 따라 피해자를 분류하였다.

② 「범죄피해자 보호법」상 범죄피해자의 개념에는 타인의 범죄행위로 피해를 당한 사람의 배우자는 포함되지 않는다.

③ 피해자는 공판절차에서 증인으로 신문을 받는 경우 자신과 신뢰관계에 있는 자의 동석을 신청할 수 있다.

④ 회복적 사법은 범죄피해자의 피해회복을 통하여 사회적 화합을 성취하고 이를 통하여 가해자에게도 사회복귀의 기회와 가능성을 높여주기 위한 프로그램이다.

범죄피해자

타인의 범죄행위로 피해를 당한 사람의 배우자도 범죄피해자에 포함된다(「범죄피해자 보호법」 제3조 제1항 제1호).

> **제3조 【정의】** ① 이 법에서 사용하는 용어의 뜻은 다음과 같다.
> 1. '범죄피해자'란 타인의 범죄행위로 피해를 당한 사람과 그 배우자(사실상의 혼인관계를 포함한다), 직계친족 및 형제자매를 말한다.

선지분석

① 멘델존(Mendelsohn)은 범죄발생에 있어 피해자의 유책성 정도를 기준으로 책임이 없는 피해자, 책임이 조금 있는 피해자, 가해자와 동등한 책임의 피해자, 가해자보다 더 유책한 피해자, 가장 유책한 피해자로 분류하였다. 반면 엘렌베르거(Ellenberger)는 『범죄자와 그 피해자의 심리적 관계』라는 논문에서 '피해원인'의 개념을 제시하여 피해자를 일반적 피해자와 잠재적 피해자로 분류하였다.

③ 법원이 피해자를 증인으로 신문하는 경우 피해자는 자신과 신뢰관계에 있는 사람의 동석을 신청할 수 있고, 법원은 부득이한 경우가 아니면 동석하게 하여야 한다(「형사소송법」 제163조의2 제1항).

> **제163조의2 【신뢰관계에 있는 자의 동석】** ① 법원은 범죄로 인한 피해자를 증인으로 신문하는 경우 증인의 연령, 심신의 상태, 그 밖의 사정을 고려하여 증인이 현저하게 불안 또는 긴장을 느낄 우려가 있다고 인정하는 때에는 직권 또는 피해자 · 법정대리인 · 검사의 신청에 따라 피해자와 신뢰관계에 있는 자를 동석하게 할 수 있다.

④ 회복적 사법은 피해자의 피해회복을 통하여 사회적 화합을 성취하는 것이 중요하다고 보며(범죄예방 및 통제에서 비처벌적 방식을 주장), 가해자에게 사회복귀의 기회와 가능성을 열어주고 재범을 방지하며, 낙인의 부정적 효과를 감소시키는 것을 지향한다.

답 ②

★★★
041 □□□

「범죄피해자 보호법」상 범죄피해 구조제도에 대한 설명으로 옳은 것은? (다툼이 있는 경우 판례에 의함)

2021년 보호직 7급 변형

① 사실혼 관계에 있는 배우자는 구조금을 받을 수 있는 유족에 포함되지 않는다.

② 유족구조금은 범죄행위로 인한 손실 또는 손해를 전보하기 위하여 지급된다는 점에서 불법행위로 인한 소극적 손해의 배상과 같은 종류의 금원에 해당하지 않는다.

③ 구조피해자 또는 그 유족이 외국인인 때에는 해당 국가의 상호보증이 있는 경우에만 구조금 지급대상이 된다.

④ 범죄피해자 구조청구권의 대상이 되는 범죄피해에 해외에서 발생한 범죄피해의 경우를 포함하고 있지 아니한 것은 평등원칙에 위배되지 아니한다.

범죄피해 구조제도

헌재 2011.12.29. 2009헌마354

> **관련 판례**
>
> 【헌재 2011.12.29. 2009헌마354】 범죄피해자 구조청구권을 인정하는 이유는 크게 국가의 범죄방지책임 또는 범죄로부터 국민을 보호할 국가의 보호의무를 다하지 못하였다는 것과 그 범죄피해자들에 대한 최소한의 구제가 필요하다는 데 있다. (중략) 범죄피해자 구조청구권의 대상이 되는 범죄피해에 해외에서 발생한 범죄피해의 경우를 포함하고 있지 아니한 것이 현저하게 불합리한 자의적인 차별이라고 볼 수 없어 평등원칙에 위배되지 아니한다.

(선지분석)

① 사실혼 관계인 배우자도 구조금을 지급받을 수 있는 유족에 포함된다(「범죄피해자 보호법」 제18조 제1항 제1호 참조).

> **제18조 【유족의 범위 및 순위】** ① 유족구조금이나 제17조 제3항 단서에 따라 유족에게 지급하는 장해구조금 또는 중상해구조금(이하 "유족구조금등"이라 한다)을 지급받을 수 있는 유족은 다음 각 호의 어느 하나에 해당하는 사람으로 한다.
> 1. 배우자(사실상 혼인관계를 포함한다) 및 구조피해자의 사망 당시 구조피해자의 수입으로 생계를 유지하고 있는 구조피해자의 자녀

② 대판 2017.11.9. 2017다228083

> **관련 판례**
>
> 【대판 2017.11.9. 2017다228083】「범죄피해자 보호법」에 의한 범죄피해 구조금 중 위 법 제17조 제2항의 유족구조금은 사람의 생명 또는 신체를 해치는 죄에 해당하는 행위로 인하여 사망한 피해자 또는 그 유족들에 대한 손실보상을 목적으로 하는 것으로서, 위 범죄행위로 인한 손실 또는 손해를 전보하기 위하여 지급된다는 점에서 불법행위로 인한 소극적 손해의 배상과 같은 종류의 금원이라고 봄이 타당하다. (중략) 따라서 구조대상 범죄피해를 받은 구조피해자가 사망한 경우, 사망한 구조피해자의 유족들이 「국가배상법」에 의하여 국가 또는 지방자치단체로부터 사망한 구조피해자의 소극적 손해에 대한 손해배상금을 지급받았다면 지구심의회는 유족들에게 같은 종류의 급여인 유족구조금에서 그 상당액을 공제한 잔액만을 지급하면 되고, 유족들이 지구심의회로부터 「범죄피해자 보호법」 소정의 유족구조금을 지급받았다면 국가 또는 지방자치단체는 유족들에게 사망한 구조피해자의 소극적 손해액에서 유족들이 지급받은 유족구조금 상당액을 공제한 잔액만을 지급하면 된다고 봄이 타당하다.

③ 구조피해자 또는 그 유족이 외국인인 때에는 해당 국가의 상호보증이 있는 경우 외에도 해당 외국인이 구조대상 범죄피해 발생 당시 대한민국 국민의 배우자이거나 대한민국 국민과 혼인관계(사실상의 혼인관계를 포함)에서 출생한 자녀를 양육하고 있는 자로서 체류자격(영주자격, 장기체류자격)을 가지고 있는 경우에는 구조금 지급대상이 될 수 있다(「범죄피해자 보호법」 제23조).

> **제23조 【외국인에 대한 구조】** 구조피해자 또는 그 유족이 외국인인 때에는 다음 각 호의 어느 하나에 해당하는 경우에만 이 법을 적용한다.
> 1. 해당 국가의 상호 보증이 있는 경우
> 2. 해당 외국인이 구조대상 범죄피해 발생 당시 대한민국 국민의 배우자이거나 대한민국 국민과 혼인관계(사실상의 혼인관계를 포함한다)에서 출생한 자녀를 양육하고 있는 자로서 다음 각 목의 어느 하나에 해당하는 체류자격을 가지고 있는 경우
>   가. 「출입국관리법」 제10조 제2호의 영주자격
>   나. 「출입국관리법」 제10조의2 제1항 제2호의 장기체류자격으로서 법무부령으로 정하는 체류자격

답 ④

★★
042

범죄피해자와 관련한 현행 제도에 대한 설명으로 옳지 않은 것은? (단, 다툼이 있는 경우 판례에 의함)

2020년 보호직 7급

① 「소송촉진 등에 관한 특례법」 제25조 제1항에 따른 배상명령은 피고사건의 범죄행위로 발생한 직접적인 물적 피해, 치료비 손해와 위자료에 대하여 피고인에게 배상을 명함으로써 간편하고 신속하게 피해자의 피해회복을 도모하고자 하는 제도이다.

② 「범죄피해자 보호법」은 피해자와 피의자 사이의 합의가 이루어졌더라도 기소유예처분의 사유에 해당함이 명백한 경우 형사조정에 회부하지 못하도록 하고 있다.

③ 「범죄피해자 보호법」상 범죄피해자란 타인의 범죄행위로 피해를 당한 사람과 그 법률상 · 사실상 배우자, 직계친족 및 형제자매를 말한다.

④ 「성폭력범죄의 처벌 등에 관한 특례법」에 따르면 검사는 성폭력범죄 피해자에게 변호사가 없는 경우 국선변호사를 선정하여 형사절차에서 피해자의 권익을 보호할 수 있다.

범죄피해자 관련 제도

기소유예처분의 사유에 해당하는 경우에는 형사조정에 회부할 수 있다(「범죄피해자 보호법」 제41조 제2항 제3호).

> **제41조【형사조정 회부】** ② 형사조정에 회부할 수 있는 형사사건의 구체적인 범위는 대통령령으로 정한다. 다만, 다음 각 호의 어느 하나에 해당하는 경우에는 형사조정에 회부하여서는 아니 된다.
> 1. 피의자가 도주하거나 증거를 인멸할 염려가 있는 경우
> 2. 공소시효의 완성이 임박한 경우
> 3. 불기소처분의 사유에 해당함이 명백한 경우(다만, 기소유예처분의 사유에 해당하는 경우는 제외한다)

선지분석

① 「소송촉진 등에 관한 특례법」 제25조 제1항

> **제25조【배상명령】** ① 제1심 또는 제2심의 형사공판 절차에서 다음 각 호(생략)의 죄 중 어느 하나에 관하여 유죄판결을 선고할 경우, 법원은 직권에 의하여 또는 피해자나 그 상속인(이하 "피해자"라 한다)의 신청에 의하여 피고사건의 범죄행위로 인하여 발생한 직접적인 물적(物的) 피해, 치료비 손해 및 위자료의 배상을 명할 수 있다.

③ 「범죄피해자 보호법」 제3조 제1항 제1호

> **제3조【정의】** ① 이 법에서 사용하는 용어의 뜻은 다음과 같다.
> 1. "범죄피해자"란 타인의 범죄행위로 피해를 당한 사람과 그 배우자(사실상의 혼인관계를 포함한다), 직계친족 및 형제자매를 말한다.

④ 「성폭력범죄의 처벌 등에 관한 특례법」 제27조 제6항

> **제27조【성폭력범죄 피해자에 대한 변호사 선임의 특례】** ⑥ 검사는 피해자에게 변호사가 없는 경우 국선변호사를 선정하여 형사절차에서 피해자의 권익을 보호할 수 있다. 다만, 19세미만피해자등(→ 19세 미만인 피해자나 신체적인 또는 정신적인 장애로 사물을 변별하거나 의사를 결정할 능력이 미약한 피해자)에게 변호사가 없는 경우에는 국선변호사를 선정하여야 한다. <개정 2023.7.11.>

답 ②

043 **범죄의 피해자에 대한 설명으로 옳지 않은 것은?** 2022년 교정직 7급

① 「형법」에 의하면 피해의 정도뿐만 아니라 가해자와 피해자의 관계도 양형에 고려된다.

② 피해자는 제2심 공판절차에서는 사건이 계속된 법원에 「소송촉진 등에 관한 특례법」에 따른 피해배상을 신청할 수 없다.

③ 레크리스(Reckless)는 피해자의 도발을 기준으로 '가해자 - 피해자 모델'과 '피해자 - 가해자 - 피해자 모델'로 구분하고 있다.

④ 「범죄피해자보호기금법」에 의하면 「형사소송법」에 따라 집행된 벌금의 일부도 범죄피해자보호기금에 납입된다.

범죄피해자

피해자는 제1심 또는 제2심의 형사공판 절차에서 피해배상을 신청할 수 있다(「소송촉진 등에 관한 특례법」 제25조 제1항 참조).

> **제25조【배상명령】** ① 제1심 또는 제2심의 형사공판 절차에서 다음 각 호(생략)의 죄 중 어느 하나에 관하여 유죄판결을 선고할 경우, 법원은 직권에 의하여 또는 피해자나 그 상속인(이하 "피해자"라 한다)의 신청에 의하여 피고사건의 범죄행위로 인하여 발생한 직접적인 물적 피해, 치료비 손해 및 위자료의 배상을 명할 수 있다.

(선지분석)

①「형법」제51조 참조

> **제51조【양형의 조건】** 형을 정함에 있어서는 다음 사항을 참작하여야 한다.
> 1. 범인의 연령, 성행, 지능과 환경
> 2. 피해자에 대한 관계
> 3. 범행의 동기, 수단과 결과
> 4. 범행후의 정황

③ 레크리스(Reckless)는 피해자의 도발 여부를 기준으로 순수한 피해자(가해자 - 피해자 모델)와 도발한 피해자(피해자 - 가해자 - 피해자 모델)로 구분한다.

④「범죄피해자보호기금법」제4조 제2항

> **제4조【기금의 조성】** ② 정부는「형사소송법」제477조 제1항에 따라 집행된 벌금에 100분의 6 이상의 범위에서 대통령령으로 정한 비율을 곱한 금액을 기금에 납입하여야 한다.

답 ②

★★★
044

「범죄피해자 보호법」상 범죄피해의 구조에 대한 설명으로 옳지 않은 것은? 2023년 보호직 7급

① 범죄피해 구조금을 받을 권리는 그 구조결정이 해당 신청인에게 송달된 날부터 2년간 행사하지 아니하면 시효로 인하여 소멸된다.

② 구조대상 범죄피해를 받은 사람이 해당 범죄피해의 발생 또는 증대에 가공한 부적절한 행위를 한 때에는 범죄피해 구조금의 일부를 지급하지 아니한다.

③ 범죄피해구조심의회에서 범죄피해 구조금 지급신청을 일부기각하면 신청인은 결정의 정본이 송달된 날부터 2주일 이내에 그 범죄피해구조심의회를 거쳐 범죄피해구조본부심의회에 재심을 신청할 수 있다.

④ 범죄피해 구조금을 받은 사람이 거짓이나 그 밖의 부정한 방법으로 범죄피해 구조금을 받은 경우, 국가는 범죄피해구조심의회 또는 범죄피해구조본부심의회의 결정을 거쳐 그가 받은 범죄피해 구조금의 전부를 환수해야 한다.

범죄피해의 구조

구조금의 '전부 또는 일부'를 환수'할 수 있다'(「범죄피해자 보호법」 제30조 제1항 제1호).

> **제30조【구조금의 환수】** ① 국가는 이 법에 따라 구조금을 받은 사람이 다음 각 호의 어느 하나에 해당하면 지구심의회 또는 본부심의회의 결정을 거쳐 그가 받은 구조금의 전부 또는 일부를 환수할 수 있다.
> 1. 거짓이나 그 밖의 부정한 방법으로 구조금을 받은 경우
> 2. 구조금을 받은 후 제19조(→ 구조금을 지급하지 아니할 수 있는 경우)에 규정된 사유가 발견된 경우
> 3. 구조금이 잘못 지급된 경우

(선지분석)

①「범죄피해자 보호법」제31조

②「범죄피해자 보호법」제19조 제4항 제2호

> **제19조【구조금을 지급하지 아니할 수 있는 경우】** ④ 구조피해자가 다음 각 호의 어느 하나에 해당하는 행위를 한 때에는 구조금의 일부를 지급하지 아니한다.
> 1. 폭행·협박 또는 모욕 등 해당 범죄행위를 유발하는 행위
> 2. 해당 범죄피해의 발생 또는 증대에 가공한 부주의한 행위 또는 부적절한 행위

③「범죄피해자 보호법」제27조 제1항

> **제27조【재심신청】** ① 지구심의회에서 구조금 지급신청을 기각(일부기각된 경우를 포함한다) 또는 각하하면 신청인은 결정의 정본이 송달된 날부터 2주일 이내에 그 지구심의회를 거쳐 본부심의회에 재심을 신청할 수 있다.

답 ④

「스토킹범죄의 처벌 등에 관한 법률」상 조치에 대한 설명으로 옳지 않은 것은? 2024년 보호직 9급

① 사법경찰관리는 진행 중인 스토킹행위에 대하여 신고를 받은 경우, 즉시 현장에 나가 '스토킹행위자와 스토킹행위의 상대방의 분리 및 범죄수사' 조치를 하여야 한다.

② 사법경찰관은, 스토킹행위 신고와 관련하여 스토킹행위가 지속적 또는 반복적으로 행하여질 우려가 있고 스토킹범죄의 예방을 위하여 긴급을 요하는 경우, 직권으로 스토킹행위자에게 '스토킹행위의 상대방으로부터 100미터 이내의 접근 금지' 조치를 할 수 있다.

③ 법원은 스토킹범죄의 피해자 보호를 위하여 필요하다고 인정하는 경우, 결정으로 스토킹행위자에게 '피해자의 주거로부터 100미터 이내의 접근 금지' 조치를 할 수 있다.

④ 사법경찰관은 스토킹범죄의 원활한 조사 · 심리를 위하여 필요하다고 인정하는 경우, 직권으로 스토킹행위자에게 '국가경찰관서의 유치장 또는 구치소에의 유치' 조치를 할 수 있다.

스토킹범죄의 처벌 등에 관한 법률

국가경찰관서의 유치장 또는 구치소에의 유치는 '법원'이 스토킹범죄의 원활한 조사 · 심리 또는 피해자 보호를 위하여 필요하다고 인정하는 경우에는 결정으로 스토킹행위자에게 할 수 있는 '잠정조치' 중 하나이다(「스토킹범죄의 처벌 등에 관한 법률」 제9조 제1항 참조).

선지분석

① 「스토킹범죄의 처벌 등에 관한 법률」 제3조 제2호

> **제3조 【스토킹행위 신고 등에 대한 응급조치】** 사법경찰관리는 진행 중인 스토킹행위에 대하여 신고를 받은 경우 즉시 현장에 나가 다음 각 호의 조치를 하여야 한다.
> 1. 스토킹행위의 제지, 향후 스토킹행위의 중단 통보 및 스토킹행위를 지속적 또는 반복적으로 할 경우 처벌 서면경고
> 2. 스토킹행위자와 피해자등의 분리 및 범죄수사
> 3. 피해자등에 대한 긴급응급조치 및 잠정조치 요청의 절차 등 안내
> 4. 스토킹 피해 관련 상담소 또는 보호시설로의 피해자등 인도(피해자등이 동의한 경우만 해당한다)

② 「스토킹범죄의 처벌 등에 관한 법률」 제4조 제1항 제1호

> **제4조 【긴급응급조치】** ① 사법경찰관은 스토킹행위 신고와 관련하여 스토킹행위가 지속적 또는 반복적으로 행하여질 우려가 있고 스토킹범죄의 예방을 위하여 긴급을 요하는 경우 스토킹행위자에게 직권으로 또는 스토킹행위의 상대방이나 그 법정대리인 또는 스토킹행위를 신고한 사람의 요청에 의하여 다음 각 호에 따른 조치를 할 수 있다.
> 1. 스토킹행위의 상대방등이나 그 주거등으로부터 100미터 이내의 접근 금지
> 2. 스토킹행위의 상대방등에 대한 「전기통신기본법」 제2조 제1호의 전기통신을 이용한 접근 금지

③ 「스토킹범죄의 처벌 등에 관한 법률」 제9조 제1항 제2호

> **제9조 【스토킹행위자에 대한 잠정조치】** ① 법원은 스토킹범죄의 원활한 조사 · 심리 또는 피해자 보호를 위하여 필요하다고 인정하는 경우에는 결정으로 스토킹행위자에게 다음 각 호의 어느 하나에 해당하는 조치(이하 "잠정조치"라 한다)를 할 수 있다.
> 1. 피해자에 대한 스토킹범죄 중단에 관한 서면 경고
> 2. 피해자 또는 그의 동거인, 가족이나 그 주거등으로부터 100미터 이내의 접근 금지
> 3. 피해자 또는 그의 동거인, 가족에 대한 「전기통신기본법」 제2조 제1호의 전기통신을 이용한 접근 금지
> 3의2. 「전자장치 부착 등에 관한 법률」 제2조 제4호의 위치추적 전자장치(이하 "전자장치"라 한다)의 부착
> 4. 국가경찰관서의 유치장 또는 구치소에의 유치

답 ④

046 □□□

「스토킹범죄의 처벌 등에 관한 법률」에 대한 설명으로 옳지 않은 것은? (다툼이 있는 경우 판례에 의함)

2024년 보호직 7급

① 검사는 기간이 만료된 접근금지 잠정조치를 청구했을 때와 동일한 스토킹범죄사실과 스토킹범죄 재발 우려를 이유로 다시 새로운 잠정조치를 청구할 수 있다.

② 법원이 기존에 내려진 잠정조치 결정 당시 스토킹범죄사실과 동일한 스토킹범죄사실만을 이유로 한 새로운 접근금지 잠정조치 결정을 하는 경우 각 2개월의 범위에서 두 차례에 한정해서만 추가로 가능하다.

③ 행위자가 전화를 걸어 피해자의 휴대전화에 벨소리가 울리게 하거나 부재중 전화 문구 등이 표시되도록 하여 피해자에게 불안감이나 공포심을 일으키는 행위는 스토킹행위에 해당한다.

④ 상대방을 따라다니는 행위가 객관적 · 일반적으로 볼 때 이를 인식한 상대방에게 불안감 또는 공포심을 일으키기에 충분한 정도라고 평가되더라도 현실적으로 상대방이 불안감 내지 공포심을 갖게 되지 않는 경우에는 스토킹행위에 해당하지 않는다.

「스토킹범죄의 처벌 등에 관한 법률」

대판 2023.9.27. 2023도6411

관련 판례

【대판 2023.9.27. 2023도6411】 구 스토킹범죄의 처벌 등에 관한 법률 제2조 제1호 각 목의 행위가 객관적 · 일반적으로 볼 때 이를 인식한 상대방으로 하여금 불안감 또는 공포심을 일으키기에 충분한 정도라고 평가되는 경우, 현실적으로 상대방이 불안감 내지 공포심을 갖게 되었는지 여부와 관계없이 '스토킹행위'에 해당하는지 여부(적극) / 이때 구 스토킹범죄의 처벌 등에 관한 법률 제2조 제1호 각 목의 행위가 객관적 · 일반적으로 볼 때 상대방으로 하여금 불안감 또는 공포심을 일으키기에 충분한 정도인지를 판단하는 방법 - 스토킹행위를 전제로 하는 스토킹범죄는 행위자의 어떠한 행위를 매개로 이를 인식한 상대방에게 불안감 또는 공포심을 일으킴으로써 그의 자유로운 의사결정의 자유 및 생활형성의 자유와 평온이 침해되는 것을 막고 이를 보호법익으로 하는 위험범이라고 볼 수 있으므로, 구 스토킹범죄의 처벌 등에 관한 법률(2023.7.11. 법률 제19518호로 개정되기 전의 것, 이하 '구 스토킹처벌법'이라 한다) 제2조 제1호 각 목의 행위가 객관적 · 일반적으로 볼 때 이를 인식한 상대방으로 하여금 불안감 또는 공포심을 일으키기에 충분한 정도라고 평가될 수 있다면 현실적으로 상대방이 불안감 내지 공포심을 갖게 되었는지 여부와 관계없이 '스토킹행위'에 해당하고, 나아가 그와 같은 일련의 스토킹행위가 지속되거나 반복되면 '스토킹범죄'가 성립한다. 이때 구 스토킹처벌법 제2조 제1호 각 목의 행위가 객관적 · 일반적으로 볼 때 상대방으로 하여금 불안감 또는 공포심을 일으키기에 충분한 정도인지는 행위자와 상대방의 관계 · 지위 · 성향, 행위에 이르게 된 경위, 행위 태양, 행위자와 상대방의 언동, 주변의 상황 등 행위 전후의 여러 사정을 종합하여 객관적으로 판단하여야 한다.

선지분석

①, ② 대판 2023.2.23. 자 2022모2092 결정

관련 판례

【대판 2023.2.23. 자 2022모2092 결정】 기간이 정하여져 있으나 연장이 가능한 접근금지 잠정조치 결정의 경우, 그 기간의 연장결정 없이 기간이 만료된 후 해당 잠정조치 기간을 연장하는 결정을 할 수 있는지 여부(원칙적 소극) / 검사는 기간이 만료된 접근금지 잠정조치를 청구했을 때와 동일한 스토킹범죄사실과 스토킹범죄 재발 우려를 이유로 스토킹범죄의 처벌 등에 관한 법률 제8조 제1항에 의하여 다시 새로운 잠정조치를 청구할 수 있는지 여부(적극) / 법원이 기존에 내려진 잠정조치 결정 당시 스토킹범죄사실과 동일한 스토킹범죄사실만을 이유로 한 새로운 접근금지 잠정조치 결정을 하는 경우, 잠정조치 결정을 할 수 있는 횟수 - 스토킹범죄의 처벌 등에 관한 법률(이하 '스토킹처벌법'이라고 한다)의 입법 목적, 스토킹처벌법의 규정 체계, 스토킹행위와 스토킹범죄의 특성, 스토킹처벌법 규정 내용 등을 종합하면, 스토킹처벌법상 잠정조치에 관한 규정은 다음과 같이 해석된다. ① 기간이 정하여져 있으나 연장이 가능한 접근금지 잠정조치(스토킹처벌법 제9조 제1항 제2호의 100m 이내 접근금지, 제3호의 전기통신을 이용한 접근금지) 결정은 특별한 사정이 없는 한 그 기간의 연장결정 없이 기간이 만료되면 효력을 상실하고, 그 이후에는 해당 잠정조치 기간을 연장하는 결정을 할 수 없다. ② 그러나 검사는 기간이 만료된 접근금지 잠정조치를 청구했을 때와 동일한 스토킹범죄사실과 스토킹범죄 재발 우려를 이유로 제8조 제1항에 의하여 다시 새로운 잠정조치를 청구할 수 있고, 법원도 제9조 제1항에 의하여 피해자 보호 등을 위하여 필요하다고 인정하면 다시 새로운 접근금지 잠정조치 결정을 할 수 있다. 다만 접근금지 잠정조치 기간 연장과의 균형을 위해 기존에 내려진 잠정조치 결정 당시 스토킹범죄사실과 동일한 스토킹범죄사실만을 이유로 한 새로운 접근금지 잠정조치 결정은

각 2개월의 범위에서 두 차례에 한정해서만 추가로 가능하다(→ 종래에는 제2회 및 제3호에 따른 잠정조치에 대하여 두 차례에 한정하여 각 2개월의 범위에서 연장할 수 있다고 규정되어 있다가, 2023. 7. 11. 두 차례에 한정하여 각 3개월의 범위에서 연장할 수 있다고 개정됨). 법원은 스토킹범죄가 재발할 우려가 있고, 피해자 보호를 위하여 새로운 잠정조치를 명할 필요가 있는지 구체적으로 심리·판단하여야 한다.

③ 대판 2023.5.18. 2022도12037

관련 판례

【대판 2023.5.18. 2022도12037】 [1] 전화를 걸어 상대방의 휴대전화에 벨소리가 울리게 하거나 부재중 전화 문구 등이 표시되도록 하여 상대방에게 불안감이나 공포심을 일으키는 행위가 실제 전화통화가 이루어졌는지와 상관없이 스토킹범죄의 처벌 등에 관한 법률 제2조 제1호 (다)목에서 정한 스토킹행위에 해당하는지 여부(적극) - 스토킹범죄의 처벌 등에 관한 법률(이하 '스토킹처벌법'이라 한다)의 문언, 입법 목적 등을 종합하면, 피고인이 전화를 걸어 피해자의 휴대전화에 벨소리가 울리게 하거나 부재중 전화 문구 등이 표시되도록 하여 상대방에게 불안감이나 공포심을 일으키는 행위는 실제 전화통화가 이루어졌는지와 상관없이 스토킹처벌법 제2조 제1호 (다)목에서 정한 스토킹행위에 해당한다.

[2] 상대방의 의사에 반하여 정당한 이유 없이 전화를 걸어 상대방과 전화통화를 하여 말을 도달하게 한 경우, 전화통화 내용이 불안감 또는 공포심을 일으키는 것이었음이 밝혀지지 않더라도 스토킹범죄의 처벌 등에 관한 법률 제2조 제1호 (다)목 스토킹행위에 해당할 수 있는지 여부(한정 적극) / 상대방과 전화통화 당시 아무런 말을 하지 않아 '말을 도달하게 하는 행위'에 해당하지 않더라도 위 조항 스토킹행위에 해당할 수 있는지 여부(한정 적극) - 피고인이 피해자의 의사에 반하여 정당한 이유 없이 전화를 걸어 피해자와 전화통화를 하여 말을 도달하게 한 행위는, 전화통화 내용이 불안감 또는 공포심을 일으키는 것이었음이 밝혀지지 않더라도, 피고인과 피해자의 관계, 지위, 성향, 행위 전후의 여러 사정을 종합하여 전화통화 행위가 피해자의 불안감 또는 공포심을 일으키는 것으로 평가되면, 스토킹범죄의 처벌 등에 관한 법률 제2조 제1호 (다)목 스토킹행위에 해당하게 된다. 설령 피고인이 피해자와의 전화통화 당시 아무런 말을 하지 않아 '말을 도달하게 하는 행위'에 해당하지 않더라도 피해자의 수신 전 전화 벨소리가 울리게 하거나 발신자 전화번호가 표시되도록 한 것까지 포함하여 피해자에게 불안감이나 공포심을 일으킨 것으로 평가된다면 '음향, 글 등을 도달하게 하는 행위'에 해당하므로 마찬가지로 위 조항 스토킹행위에 해당한다.

답 ④

047 「스토킹범죄의 처벌 등에 관한 법률」의 내용에 대한 설명으로 옳지 않은 것은? 2023년 보호직 7급

① 스토킹행위가 지속적 또는 반복적으로 이루어진 경우가 아니라면 스토킹범죄에 해당하지 않는다.

② 법원이 스토킹범죄를 저지른 사람에 대하여 형의 선고를 유예하는 경우에는 200시간의 범위에서 재범 예방에 필요한 수강명령을 병과할 수 있다.

③ 상대방의 의사에 반하여 정당한 이유 없이 상대방 또는 그의 동거인, 가족을 따라다님으로써 상대방에게 불안감을 일으켰다면 스토킹행위에 해당한다.

④ 법원이 스토킹범죄를 저지른 사람에 대하여 벌금형의 선고와 함께 120시간의 스토킹 치료프로그램의 이수를 명한 경우 그 이수명령은 형 확정일부터 6개월 이내에 집행한다.

스토킹범죄의 처벌 등에 관한 법률

선고유예의 경우에는 수강명령을 병과할 수 없다(「스토킹범죄의 처벌 등에 관한 법률」 제19조 제1항).

제19조 【형벌과 수강명령 등의 병과】 ① 법원은 스토킹범죄를 저지른 사람에 대하여 유죄판결(선고유예는 제외한다)을 선고하거나 약식명령을 고지하는 경우에는 200시간의 범위에서 다음 각 호의 구분에 따라 재범 예방에 필요한 수강명령(「보호관찰 등에 관한 법률」에 따른 수강명령을 말한다. 이하 같다) 또는 스토킹 치료프로그램의 이수명령(이하 "이수명령"이라 한다)을 병과할 수 있다.
1. 수강명령: 형의 집행을 유예할 경우에 그 집행유예기간 내에서 병과
2. 이수명령: 벌금형 또는 징역형의 실형을 선고하거나 약식명령을 고지할 경우에 병과

(선지분석)

① "스토킹범죄"란 지속적 또는 반복적으로 스토킹행위를 하는 것을 말한다(「스토킹범죄의 처벌 등에 관한 법률」 제2조 제2호).

③ 「스토킹범죄의 처벌 등에 관한 법률」 제2조 제1호 가목

> **제2조 【정의】** 이 법에서 사용하는 용어의 뜻은 다음과 같다.
> 1. "스토킹행위"란 상대방의 의사에 반(反)하여 정당한 이유 없이 다음 각 목의 어느 하나에 해당하는 행위를 하여 상대방에게 불안감 또는 공포심을 일으키는 것을 말한다.
>   가. 상대방 또는 그의 동거인, 가족(이하 "상대방등"이라 한다)에게 접근하거나 따라다니거나 진로를 막아서는 행위

④ 「스토킹범죄의 처벌 등에 관한 법률」 제19조 제4항 제2호

> **제19조 【형벌과 수강명령 등의 병과】** ④ 제1항에 따른 수강명령 또는 이수명령은 다음 각 호의 구분에 따라 각각 집행한다.
> 1. 형의 집행을 유예할 경우: 그 집행유예기간 내
> 2. 벌금형을 선고하거나 약식명령을 고지할 경우: 형 확정일부터 6개월 이내
> 3. 징역형의 실형을 선고할 경우: 형기 내

답 ②

KEYWORD 05 | 회복적 사법

★★★

048 **다음 중 형사사법정책의 새로운 방향으로서 회복적 사법(resto-rative justice)에 대한 설명으로 옳지 않은 것은 모두 몇 개인가?** 2012년 교정직 9급

> - 회복적 사법의 핵심가치는 피해자, 가해자 욕구뿐만 아니라 지역사회 욕구까지 반영하는 것이다.
> - 범죄를 개인 대 국가의 갈등으로 인식한다.
> - 회복적 사법은 범죄가 발생하는 여건 · 환경에 관심을 둔다.
> - 회복적 사법은 범죄로 인한 손해의 복구를 위해 중재, 협상, 화합의 방법을 강조한다.
> - 범죄자의 교화개선이라는 교정의 이념을 실현시키기 위해 등장했으며 피해자 권리운동의 발전과는 관련이 없다.

① 1개 ② 2개

③ 3개 ④ 4개

회복적 사법

회복적 사법이란 범죄로 인한 피해자와 가해자 그 밖의 관련자 및 지역사회가 함께 범죄로 인한 피해를 치유하고 해결하는 데에 적극적으로 참여하는 사회재통합을 추구하는 절차를 의미한다. 이는 종래의 응징적 · 강제적 · 사후대응적 사법제도에 대한 반성에서 유래하며, 범죄를 인간관계의 침해로 보는 입장이다.

- 범죄를 개인 대 국가의 갈등으로 인식하는 입장은 전통적 · 응징적 사법의 태도이다.
- 회복적 사법은 범죄자의 처벌에 중점을 두는 것이 아니라 피해자의 피해회복을 통한 사회적 화합의 성취를 중요시하는 입장으로서 연혁적으로 피해자 권리운동의 발전과 연계되어 있다고 본다.

답 ②

049 회복적 사법에 대한 설명으로 옳지 않은 것은? 2012년 보호직 7급

① 범죄피해자의 피해회복을 통하여 사회적 화합을 성취하고자 한다.
② 브레이스웨이트의 재통합적 수치이론(Reintegrative Shaming Theory)은 회복적 사법의 기본적 이론 틀이다.
③ 유엔에서 분류한 회복적 사법의 세 가지 분류는 대면개념(encounter conception), 해체적 수치개념(disintegrative shaming conception), 변환개념(transformative conception)이다.
④ 회복적 사법의 목표는 사회복귀와 더불어 재범의 감소에 있다.

회복적 사법

유엔(UN)은 회복적 사법의 개념을 대면 · 회복 · 변환개념으로 분류한다.

선지분석

① 회복적 사법에서는 가해자의 처벌만이 능사가 아니라, 피해자의 피해회복을 통하여 사회적 화합을 성취하는 것이 중요하다고 본다.
② 재통합적 수치는 범죄자의 잘못을 비난하고 이들을 관습적인 생활에 재통합시키려는 노력이 뒤따르는 형태의 사회적 반응양식을 뜻한다. 지역사회가 범죄자의 재통합을 도와준다는 의미에서 재통합적 수치이론과 회복적 사법이론은 같은 입장이다.
④ 회복적 사법은 가해자에게 사회복귀의 기회와 가능성을 열어주고, 재범을 방지하는 것을 목표로 한다.

핵심POINT 유엔(UN)의 회복적 사법개념 분류

대면 개념	범죄의 피해자와 가해자가 함께 만나 범죄에 대하여 이야기를 하고, 이를 시정하기 위하여 어떠한 일을 하여야 하는가에 대해서 토론하는 것
회복 개념	범죄로부터 받은 피해를 회복하는 데에 중점을 두는 것 예 피해자의 공판절차 참여, 법원의 피해회복적 조치 등
변환 개념	가장 넓은 의미의 회복적 사법으로서 범죄원인의 구조적 · 개인적 불의를 시정을 통해 변화를 가져오는 것 예 빈곤문제나 차별적 교육제도의 개선 등

답 ③

050 회복적 사법(restorative justice)에 대한 설명으로 옳지 않은 것은? 2015년 교정직 7급

① 가해자에 대한 강한 공식적 처벌과 피해의 회복을 강조한다.
② 회복적 사법은 공식적인 형사사법이 가해자에게 부여하는 오명효과를 줄이는 대안이 될 수 있다.
③ 회복적 사법의 시각에서 보면 범죄행동은 법을 위반한 것일 뿐만 아니라 피해자와 지역사회에 해를 끼친 것이다.
④ 회복적 사법 프로그램으로는 피해자-가해자 중재, 가족회합 등이 있다.

회복적 사법

회복적 사법에서는 가해자의 처벌만이 능사가 아니라, 피해자의 피해회복을 통하여 사회적 화합을 성취하는 것이 중요하다고 본다.

(선지분석)

② 회복적 사법은 낙인효과를 배제하여 가해자에게 사회복귀의 기회와 가능성을 열어주고, 재범을 방지함을 목표로 한다.

③ 회복적 사법은 범죄를 인간관계의 침해로 본다.

④ 회복적 사법의 유형 중 내부 프로그램(형사사법제도 안에서 행해지는 경우)으로는 피해자와 가해자의 조정(중재)이 있으며, 외부 프로그램(형사사법제도 밖에서 행해지는 경우)에는 지역공동체와 가족그룹 간의 협의, 원탁양형, 평화조성 서클, 회복적 보호관찰, 지역사회위원회 등이 있다.

답 ①

051 회복적 사법(restorative justice)을 지지할 수 있는 이론으로 옳지 않은 것은? 2021년 보호직 7급

① 코헨과 펠슨(Cohen & Felson)의 일상활동이론(routine activities theory)

② 레머트(Lemert)의 낙인이론(labeling theory)

③ 퀴니와 페핀스키(Quinney & Pepinsky)의 평화구축범죄학(peace-making criminology)

④ 브레이스웨이트(Braithwaite)의 재통합적 수치심부여이론(reintegrative shaming theory)

회복적 사법

코헨(Cohen)과 펠슨(Felson)의 일상활동이론은 일상생활이나 생활양식의 일정한 유형이 범죄를 유발하는 데 적합한 사람이 그렇지 않은 사람보다 범죄피해자가 되기 쉽다고 보아, 일상활동의 구조적 변화가 ㉠ 동기를 지닌 범죄자, ㉡ 합당한 표적, ㉢ 보호능력의 부재라는 세 가지 요소에 시간적 · 공간적인 영향을 미쳐서 범죄가 발생한다고 주장한다. 이는 범죄로 인한 피해자와 가해자, 그 밖의 관련자 및 지역사회가 함께 범죄로 인한 피해를 치유하고 해결하는 데에 적극적으로 참여하여 사회재통합을 추구하는 절차를 의미하는 회복적 사법과는 관련이 없다.

(선지분석)

② 회복적 사법은 가해자에게 사회복귀의 기회와 가능성을 열어주고 재범을 방지하며, 낙인의 부정적 효과를 감소시키는 것을 목표로 하므로, 낙인이론과 관련지을 수 있다.

③ 퀴니(Quinney)와 페핀스키(Pepinsky)는 평화롭고 정의로운 사회의 실현에 범죄학의 목표가 있다고 보고, 경험적 연구보다는 종교적 · 철학적인 영감에 관심을 가졌다(평화구축범죄학). 이들은 중재, 갈등의 해결, 화해, 고통의 완화 및 범죄를 줄이려는 노력 등으로 범죄자를 지역사회 공동체에 재통합시킬 것을 주장한다.

④ 브레이스웨이트(Braithwaite)는 낙인이론에서 일탈적 정체성을 갖는 조건의 구체화와 관련하여 범죄자에 대해 지역사회가 어떤 식으로 반응하는지에 따라 재범율이 달라진다고 하였다. 범죄자에게 지역사회가 완전히 관계를 끊고 해체적인 수치를 준다면 그는 자신을 더욱 범죄자로 생각하고 재범을 할 가능성이 높을 것이지만, 반대로 지역사회와 범죄자와의 관계를 범죄가 발생하기 전의 상태와 같이 유지하면서 재통합적으로 수치를 줄 때 범죄자는 사회로 복귀할 가능성이 높다고 보았다. 즉, 재통합적으로 수치를 부여하는 사회는 해체적으로 수치를 부여하는 사회에 비해 재범율이 낮다고 주장한다(재통합적 수치심부여이론). 이는 범죄자의 사회재통합을 주요 주제로 하는 점에서 회복적 사법과 연관된다고 볼 수 있다.

답 ①

052 회복적 사법에 대한 설명 중 가장 적절하지 않은 것은? 2022년 경찰 간부

① 최초의 공식적인 회복적 사법 프로그램은 미국 오하이오주에서 도입된 피해자-가해자 화해프로그램(victim-offender mediation)이다.
② 가족집단회합모델(family group conference)은 뉴질랜드 마오리족의 전통에서 유래하였다.
③ 써클모델(circle)은 아메리칸 인디언과 캐나다 원주민들에 의해 사용되던 것으로 범죄상황을 정리하여 피해자와 가해자를 공동체 내로 재통합하려는 시도이다.
④ 미국에서 시행된 가장 대규모의 회복적 사법제도는 버몬트주의 배상적 보호관찰 프로그램이다.

회복적 사법

최초의 공식적인 회복적 사법 프로그램은 캐나다 온타리오주 키치너시에서 도입된 피해자-가해자 화해프로그램이다.

선지분석

②, ③, ④ 회복적 사법의 연혁에 대한 옳은 설명이다.

답 ①

053 회복적 사법(restorative justice)에 대한 설명으로 옳지 않은 것은? 2020년 교정직 9급

① 경쟁적 · 개인주의적 가치를 권장한다.
② 형사절차상 피해자의 능동적 참여와 감정적 치유를 추구한다.
③ 가족집단회합(family group conference)은 피해자와 가해자 및 양 당사자의 가족까지 만나 피해회복에 대해 논의하는 회복적 사법 프로그램 중 하나이다.
④ 사건의 처리과정이나 결과에 대한 보다 많은 정보를 피해자에게 제공해 줄 수 있다.

회복적 사법

회복적 사법에서는 가해자의 처벌만이 능사가 아니라 피해자의 피해회복을 통하여 사회적 화합을 성취하는 것이 중요하다고 보므로 경쟁적 · 개인주의적 가치를 권장한다고 보기 어렵다.

선지분석

②, ③, ④ 회복적 사법이란 범죄로 인한 피해자와 가해자, 그 밖의 관련자 및 지역사회가 함께 범죄로 인한 피해를 치유하고 해결하는 데에 적극적으로 참여하여 사회재통합을 추구하는 절차를 의미한다.

답 ①

★★★

054 □□□

회복적 사법에 대한 설명으로 옳지 않은 것은? 2023년 교정직 9급

① 처벌적이지 않고 인본주의적인 전략이다.

② 구금 위주 형벌정책의 대안으로 제시되고 있다.

③ 사적 잘못(private wrong)보다는 공익에 초점을 맞춘다는 비판을 받는다.

④ 범죄를 개인과 국가 간의 갈등으로 보기보다 개인 간의 갈등으로 인식한다.

회복적 사법

범죄란 공익을 침해하는 행위라고 보는 입장에서는 범죄를 인간관계의 침해라고 보는 회복적 사법에 대하여 '공익보다 사적 잘못에 초점을 맞춘다'는 비판이 제기된다.

선지분석

① 회복적 사법(Restortive Justice)이란 범죄로 인한 피해자와 가해자, 그 밖의 관련자 및 지역사회가 함께 범죄로 인한 피해를 치유하고 해결하는 데에 적극적으로 참여하여 사회재통합을 추구하는 절차를 의미하는데, 종래의 응징적 사법이 범죄자의 처벌에 중점을 둔 것과 달리 범죄로 인한 피해의 회복과 사회재통합을 추구하는 점에서 인간 중심적 사고에 따른 인류 사회의 존엄, 가치를 중시하는 인본주의의 입장으로 해석된다.

② 회복적 사법은 가해자의 처벌만이 능사가 아니라, 피해자의 피해회복을 통하여 사회적 화합을 성취하는 것이 중요하며(범죄예방 및 통제에서 비처벌적 방식을 주장), 가해자에게 사회복귀의 기회와 가능성을 열어주고 재범을 방지하며, 낙인의 부정적 효과를 감소시킬 수 있다는 점에서 구금 위주 형벌정책의 대안으로 제시될 수 있다.

④ 회복적 사법은 범죄를 개인과 국가 간의 갈등(공익을 침해)으로 보기보다 개인 간의 갈등(인간관계의 침해)으로 인식한다.

답 ③

055 □□□

회복적 사법에 대한 설명으로 옳지 않은 것은? 2023년 보호직 7급

① 범죄로 인한 피해에는 지역사회가 겪는 피해가 포함된다.

② 시민에게 갈등과 사회문제의 해결에 참여하는 기회를 제공함으로써 공동체 의식을 강화하는 것을 목표로 한다.

③ 지역사회 내에서 범죄자와 그 피해자의 재통합을 추구한다.

④ 가해자는 배상과 교화의 대상으로서 책임을 수용하기보다는 비난을 수용하여야 한다.

회복적 사법

응보적 사법에서는 가해자를 처벌의 대상으로만 보아 가해자는 그에 대한 비난을 수용하여야 한다고 보지만, 회복적 사법에서는 가해자를 '배상과 교화의 대상'으로서 보아 가해자는 그에 대한 '책임(피해배상의 책임, 사회복귀의 노력)을 수용'하여야 한다고 본다.

선지분석

① 회복적 사법의 입장에서는 범죄의 피해는 피해자에게 끼친 피해 외에 지역사회에 끼친 피해도 포함된다.

②, ③ 회복적 사법은 범죄로 인한 피해자와 가해자, 그 밖의 관련자 및 지역사회가 함께 범죄로 인한 피해를 치유하고 해결하는 데에 적극적으로 참여하여 사회재통합을 추구하는 절차를 의미한다.

답 ④

056 「범죄피해자 보호법」상 형사조정에 대한 설명으로 옳은 것은?

2018년 보호직 7급

① 공소시효의 완성이 임박한 형사사건이라도 형사조정에 회부할 수 있다.
② 형사조정위원회는 2명 이상의 형사조정위원으로 구성한다.
③ 형사조정위원회는 형사조정의 결과에 이해관계가 있는 사람의 신청이 없는 한 직권으로 이해관계인을 형사조정에 참여하게 할 수 없다.
④ 기소유예처분의 사유에 해당하는 형사사건은 형사조정에 회부할 수 없다.

「범죄피해자 보호법」상 형사조정

「범죄피해자 보호법」 제42조 제2항

선지분석

① 공소시효의 완성이 임박한 경우에는 형사조정에 회부하여서는 아니 된다(「범죄피해자 보호법」 제41조 제2항 제2호).

> **제41조 【형사조정 회부】** ② 형사조정에 회부할 수 있는 형사사건의 구체적인 범위는 대통령령으로 정한다. 다만, 다음 각 호의 어느 하나에 해당하는 경우에는 형사조정에 회부하여서는 아니 된다.
> 1. 피의자가 도주하거나 증거를 인멸할 염려가 있는 경우
> 2. 공소시효의 완성이 임박한 경우
> 3. 불기소처분의 사유에 해당함이 명백한 경우(다만, 기소유예처분의 사유에 해당하는 경우는 제외한다)

③ 신청 또는 직권으로 이해관계인을 참여하게 할 수 있다(「범죄피해자 보호법」 제43조 제3항).

> **제43조 【형사조정의 절차】** ③ 형사조정위원회는 필요하다고 인정하면 형사조정의 결과에 이해관계가 있는 사람의 신청 또는 직권으로 이해관계인을 형사조정에 참여하게 할 수 있다.

④ 불기소처분의 사유에 해당함이 명백한 경우에는 형사조정에 회부하여서는 아니 되나, 기소유예 처분의 사유에 해당하는 경우에는 형사조정에 회부할 수 있다(「범죄피해자 보호법」 제41조 제2항 제3호).

답 ②

057 범죄피해자 보호법령상 형사조정 대상 사건으로서 형사조정에 회부할 수 있는 경우로 옳은 것은?

2021년 교정직 9급

① 피의자가 도주할 염려가 있는 경우
② 기소유예처분의 사유에 해당하는 경우
③ 공소시효의 완성이 임박한 경우
④ 피의자가 증거를 인멸할 염려가 있는 경우

형사조정 대상 사건

불기소처분의 사유에 해당함이 명백한 경우에는 형사조정에 회부하여서는 아니 되나, 기소유예처분의 사유에 해당하는 경우는 형사조정에 회부할 수 있다(「범죄피해자 보호법」 제41조 제2항 제3호 참조).

선지분석

①, ③, ④ 「범죄피해자 보호법」 제41조 제2항

> **제41조 【형사조정 회부】** ② 형사조정에 회부할 수 있는 형사사건의 구체적인 범위는 대통령령으로 정한다. 다만, 다음 각 호의 어느 하나에 해당하는 경우에는 형사조정에 회부하여서는 아니 된다.
> 1. 피의자가 도주하거나 증거를 인멸할 염려가 있는 경우
> 2. 공소시효의 완성이 임박한 경우
> 3. 불기소처분의 사유에 해당함이 명백한 경우(다만, 기소유예처분의 사유에 해당하는 경우는 제외한다)

답 ②

058 범죄피해자 보호법령상 형사조정에 대한 설명으로 옳지 않은 것은?

2021년 보호직 7급

① 피의자가 도주하거나 증거를 인멸할 염려가 있는 경우에는 형사조정에 회부하여서는 아니 된다.
② 각 형사조정사건에 대한 형사조정위원회(개별 조정위원회)는 3명 이내의 조정위원으로 구성한다.
③ 검사는 형사조정이 성립되지 아니하였다는 사정을 피의자에게 불리하게 고려하여서는 아니 된다.
④ 형사조정에 회부하는 것이 분쟁해결에 적합하다고 판단되는 경우에는 당사자의 동의가 없어도 조정절차를 개시할 수 있다.

형사조정

「범죄피해자 보호법 시행령」 제52조 제1항

> **제52조【형사조정절차의 개시】** ① 형사조정절차를 개시하기 위해서는 당사자의 동의가 있어야 한다.

선지분석

①「범죄피해자 보호법」 제41조 제2항 제1호

> **제41조【형사조정 회부】** ② 형사조정에 회부할 수 있는 형사사건의 구체적인 범위는 대통령령으로 정한다. 다만, 다음 각 호의 어느 하나에 해당하는 경우에는 형사조정에 회부하여서는 아니 된다.
> 1. 피의자가 도주하거나 증거를 인멸할 염려가 있는 경우
> 2. 공소시효의 완성이 임박한 경우
> 3. 불기소처분의 사유에 해당함이 명백한 경우(다만, 기소유예처분의 사유에 해당하는 경우는 제외한다)

②「범죄피해자 보호법 시행령」 제48조 제1항

> **제48조【형사조정위원회의 구성 · 운영 등】** ① 법 제42조에 따른 형사조정위원회(이하 "형사조정위원회"라 한다)의 위원장은 대외적으로 형사조정위원회를 대표하고 형사조정위원회의 업무를 총괄하며, 법 제42조에 따른 형사조정위원(이하 "형사조정위원"이라 한다) 중에서 3명 이내의 형사조정위원을 지정하여 각 형사조정사건에 대한 형사조정위원회를 구성한다.

③「범죄피해자 보호법」 제45조 제4항

> **제45조【형사조정절차의 종료】** ④ 검사는 형사사건을 수사하고 처리할 때 형사조정 결과를 고려할 수 있다. 다만, 형사조정이 성립되지 아니하였다는 사정을 피의자에게 불리하게 고려하여서는 아니 된다.

답 ④

059 「범죄피해자 보호법」상 형사조정에 대한 설명으로 옳지 않은 것은?

2023년 보호직 · 교정직 7급

① 검사는 피의자와 범죄피해자 사이에 형사분쟁을 공정하고 원만하게 해결하여 범죄피해자가 입은 피해를 실질적으로 회복하는 데 필요하다고 인정하면 직권으로 수사 중인 형사사건을 형사조정에 회부할 수 있다.
② 형사조정위원회는 필요하다고 인정하면 직권으로 형사조정의 결과에 이해관계가 있는 사람을 형사조정에 참여하게 할 수 있다.
③ 검사는 형사사건을 수사하고 처리할 때 형사조정이 성립되지 아니하였다는 사정을 피의자에게 불리하게 고려하여서는 아니 된다.
④ 검사는 기소유예처분 사유에 해당함이 명백한 형사사건을 형사조정에 회부하여서는 아니 된다.

형사조정

기소유예처분의 사유에 해당하는 경우는 형사조정에 회부할 수 있다(범죄피해자 보호법 제41조 제2항 제3호).

> **제41조 【형사조정 회부】** ② 형사조정에 회부할 수 있는 형사사건의 구체적인 범위는 대통령령으로 정한다. 다만, 다음 각 호의 어느 하나에 해당하는 경우에는 형사조정에 회부하여서는 아니 된다.
> 1. 피의자가 도주하거나 증거를 인멸할 염려가 있는 경우
> 2. 공소시효의 완성이 임박한 경우
> 3. 불기소처분의 사유에 해당함이 명백한 경우(다만, 기소유예처분의 사유에 해당하는 경우는 제외한다)

선지분석

① 「범죄피해자 보호법」 제41조 제1항
② 「범죄피해자 보호법」 제43조 제3항
③ 「범죄피해자 보호법」 제45조 제4항

답 ④

★★★
060 □□□ 다음 교정 처우 이념에 대한 설명으로 옳지 않은 것은? 2025년 교정직 9급

> 소년보호사건의 경우 판사가 소년의 품행을 교정하고 피해자를 보호하는 데 필요하다고 인정하면 소년에게 피해 변상 등 피해자와의 화해를 권고할 수 있고, 화해가 잘 이루어진 경우에는 이를 보호처분 결정에 고려할 수 있다.

① 공식적인 형사사법 체계가 가해자에게 부여하는 낙인효과를 줄일 수 있다.
② 범죄의 정황, 가해자와 피해자 등 사건과 관련된 사안에 대해 개별적으로 고려할 수 있다.
③ 강력범죄자보다는 소년 범죄자에게 적합하기 때문에 사회적 무질서를 바로잡는 것과는 무관하다.
④ 가해자로 하여금 자신의 행동에 대한 원인과 결과를 직시하게 하고 행위에 대한 진정한 책임을 갖게 한다.

회복적 사법

회복적 사법은 강력범죄자보다는 소년 범죄자에게 적합하다고 평가되나, 범죄로 인한 피해자와 가해자, 그 밖의 관련자 및 지역사회가 함께 범죄로 인한 피해를 치유하고 해결하는 데에 적극적으로 참여하여 사회재통합을 추구하는 절차를 의미하므로, 사회적 무질서를 바로잡는 것과 무관하다고 보기는 어려우며 오히려 사회적 무질서 문제의 해소에 적합하다고 평가할 수 있다.

선지분석

①, ②, ④ 문제에서 제시된 내용은 「소년법」상 화해권고제도이다(동법 제25조의3). 화해권고제도는 「범죄피해자 보호법」상 형사조정제도(동법 제41조 이하), 회복적 경찰활동(경찰수사규칙 제82조), 「소송촉진 등에 관한 특례법」상의 배상명령신청제도(동법 제25조 제2항) 및 형사소송에서의 화해제도(동법 제36조) 등과 함께 회복적 사법에 관련된 제도로 평가된다.

답 ③

★★★
061 □□□

다음 ㄱ~ㄹ에 해당하는 범죄학 연구방법을 옳게 연결한 것은? 2012년 보호직 7급

ㄱ. 인류학자들이 즐겨 사용하는 연구방법이다. 조사대상자들과 인간적인 교감을 형성하면서 연구를 진행해야 하기 때문에 많은 시간이 소요된다.
ㄴ. 집단의 등가성 확보, 사전과 사후조사, 대상집단과 통제집단이라는 세 가지 전제조건을 특징으로 하고, 연구의 내적 타당성에 영향을 미치는 요인들을 통제하는 데 유리한 연구방법이다.
ㄷ. 기술적 연구나 추론적 연구를 위한 양적 자료를 수집하고 인과성 문제를 다루기 위한 연구방법이며, 설문지, 면접, 전화접촉 등을 활용한다.
ㄹ. 미시범죄학적인 연구방법이며 하나 또는 몇 개의 대상에 대한 깊이 있는 정밀조사를 목표로 한다. 전형적인 대상이 아니면 다른 상황에 일반화할 수 없다는 단점이 있다. 대표적인 연구로는 서덜랜드(Sutherland)의 『전문절도범(professional thief)』이 있다.

	ㄱ	ㄴ	ㄷ	ㄹ
①	실험연구	조사연구	사례연구	참여관찰
②	참여관찰	실험연구	조사연구	사례연구
③	사례연구	실험연구	참여관찰	조사연구
④	조사연구	참여관찰	사례연구	실험연구

범죄학 연구방법

ㄱ. 연구자가 직접 범죄자 집단에 들어가 함께 생활하면서 그들의 생활을 관찰하는 참여관찰(참여적 관찰)에 대한 설명이다.
ㄴ. 표본조사(표본집단조사)에서 대상집단과 통제집단을 비교하는 방법으로 실험연구를 행하기도 한다.
ㄷ. 조사연구(설문조사)란 특정 집단을 대상으로 면접이나 설문을 통해 자료를 수집하는 연구방법이다(양적 연구방법). 이는 매우 광범위한 자료로서 직접적 관찰이 어려운 자료를 간접적으로 수집하는 데에 적합한 방법으로 평가된다.
ㄹ. 범죄자 개인에 대하여 그 인격 · 환경 등의 측면을 종합적으로 분석하고 각 요소 간의 상호관련을 밝힘으로써 범죄의 원인을 해명하고 이를 기초로 당해 범죄자의 치료 · 처우를 행하는 사례연구(개별조사)에 대한 설명이다.

답 ②

★★★

062 □□□

형사정책의 연구방법에 대한 설명으로 옳지 않은 것은? 2014년 교정직 7급

① 공식범죄통계는 범죄현상을 분석하는 데 기본적인 수단으로 활용되고 있으며, 다양한 숨은 범죄를 포함한 객관적인 범죄상황을 정확히 나타내는 장점이 있다.
② (준)실험적 연구는 새로 도입한 형사사법제도의 효과를 검증하는 데 유용하게 활용된다.
③ 표본조사방법은 특정한 범죄자 모집단의 일부를 표본으로 선정하여 그들에 대한 조사결과를 그 표본이 추출된 모집단에 유추 적용하는 방법이다.
④ 추행조사방법은 일정한 범죄자 또는 비범죄자들에 대해 시간적 간격을 두고 추적 · 조사하여 그들의 특성과 사회적 조건의 변화를 관찰함으로써 범죄와의 상호 연결 관계를 파악할 수 있다.

형사정책의 연구방법

공식범죄통계는 현실적으로 발생한 범죄량과 통계상에 나타난 범죄량과의 사이에는 상당한 차이가 있어 객관적인 범죄 상황을 정확히 나타내 주지 못한다는 비판(암수범죄의 문제)을 받는다.

선지분석

② 실험적 연구는 설정된 가정을 검증하기 위하여 제한된 조건하에서 반복적으로 이루어지는 관찰을 의미하는데, 보통 새로운 형사제도의 효율성을 미리 점검하는 데 많이 이용되며, 암수범죄의 조사방법으로도 활용될 수 있다.

③ 표본조사방법에서는 일반적으로 범죄인군에 해당하는 실험집단과 대비되는 정상인군에 해당하는 통제집단(대조집단)을 선정하여 비교(수평적 비교방법)하는 방법을 사용한다. 이를 통하여 나온 결과를 전체 범죄자에게 유추 적용해서 전체 상황을 파악하게 된다.

④ 추행조사방법(follow-up study, 추적조사)이란 일정수의 범죄자(또는 비범죄자)들을 일정기간 직접 접촉하면서 그들의 인격이나 사회적 조건의 변화를 기록·분석하거나, 기록 등을 통하여 범죄경과를 추급하는 연구방법이다(수직적 비교방법).

답 ①

063 다음에서 설명하는 형사정책의 연구방법으로 옳은 것은? 2016년 보호직 7급

> 청소년들의 약물남용실태를 조사하기 위하여 매 2년마다 청소년 유해환경조사를 실시하고 있다. 이 조사는 매 조사연도에 3,000명의 청소년들을 새롭게 표본으로 선정하여 설문지를 통해 지난 1년 동안 어떤 약물을, 얼마나 복용하였는지를 질문하고 있다.

① 자기보고식 조사

② 범죄피해조사

③ 추행조사

④ 참여관찰조사

형사정책 연구방법

암수범죄에 대한 조사방법 중 하나로서 자기보고식 조사란 일정한 집단을 대상으로 개개인의 범죄·비행을 스스로 보고하게 함으로써 암수범죄를 측정하는 방법이다(행위자조사).

선지분석

② 범죄피해조사란 피해자에게 자신이 당한 범죄를 진술하게 함으로써 암수범죄를 조사하는 방법이다(피해자조사).

③ 추행조사(추적조사)란 일정수의 범죄자(또는 비범죄자)들을 일정기간 직접 접촉하면서 그들의 인격이나 사회적 조건의 변화를 기록·분석하거나, 기록 등을 통하여 범죄경과를 추급하는 연구 방법이다(수직적 비교방법).

④ 참여관찰조사란 연구자가 직접 범죄자 집단에 들어가 함께 생활하면서 그들의 생활을 관찰하는 조사방법이다.

답 ①

064 □□□ 형사정책학의 연구방법에 대한 설명으로 옳지 않은 것은? 2018년 보호직 7급

① 참여적 관찰법은 체포되지 않은 범죄자들의 일상을 관찰할 수 있게 한다.
② 범죄통계는 범죄의 일반적인 경향과 특징을 파악할 수 있게 한다.
③ 범죄율과 범죄시계는 인구변화율을 반영하여 범죄의 심각성을 인식할 수 있게 한다.
④ 피해자조사는 암수범죄의 조사방법으로서 많이 활용되는 방법이다.

형사정책 연구방법

범죄율이란 인구 10만명당 범죄발생 건수를 계산한 것을 말하는데(범죄수/인구×100,000), 인구변동에 관계없이 인구대비 범죄발생 건수를 비교할 수 있다는 점에서 유용한 자료이지만, 중요범죄와 상대적으로 가벼운 범죄가 동등한 범죄로 취급되어 통계화되며 암수범죄를 포함하지 못한다.
범죄시계란 매 시간마다 범죄발생 현황을 표시한 것으로, 범죄의 종류별 발생빈도를 시간단위로 분석하며 종류별 사건의 수를 시간으로 나눈 수치로 표시하는 것인데, 일반인들에게 범죄 경보 기능을 하나, 인구성장률을 반영하지 않고 있으며 시간을 고정적인 비교단위로 사용하는 문제점이 있어서 통계적 가치는 없다고 할 수 있다.

(선지분석)

① 서덜랜드(Sutherland)의 '자유로운 상태에 있는 범죄자의 연구'라는 표현처럼, 참여적 관찰법은 체포되지 않은 범죄자들의 일상을 관찰할 수 있다.
② 범죄통계는 사회의 대량현상으로서의 범죄에 대한 수량적 연구를 통해 범죄에 대한 일정한 경향을 파악할 수 있다(양적 연구방법).
④ 피해자조사는 피해자에게 자신이 당한 범죄를 진술하게 함으로써 암수범죄를 조사하는 방법으로, 현재 암수범죄의 조사방법으로 가장 많이 활용되며 가장 오래된 방법이자 가장 신뢰할 수 있다.

답 ③

065 □□□ 연구방법론에 대한 설명으로 옳지 않은 것은? 2023년 교정직 7급

① 실험연구는 연구결과의 외적 타당성을 확보하기에 유용한 연구방법이다.
② 범죄피해조사는 연구대상자로 하여금 범죄피해 경험을 스스로 보고하게 하는 연구방법으로 암수범죄(Dunkelfeld)를 파악하는 데 용이하다.
③ 사례연구는 연구대상자에 대한 깊이 있는 정밀조사를 목표로 하며, 서덜랜드(Sutherland)의 전문절도범(the professional thief) 연구가 대표적이다.
④ 참여관찰법은 연구자가 스스로 범죄집단에 참여함으로써 연구대상을 관찰하여 자료를 수집하는 연구방법이다.

연구방법론

실험연구는 연구자가 필요한 조건을 통제하여 '내적 타당성을 확보하는 것이 용이'하다는 장점이 있다.

(선지분석)

② 범죄피해조사(피해자 조사)는 피해자에게 자신이 당한 범죄를 진술하게 함으로써 암수범죄를 조사하는 방법으로, 현재 암수범죄의 조사방법으로 가장 많이 활용되는 방법이다.
③ 사례연구(개별조사)는 조사 대상자에 대한 개별적 사례조사나 과거사를 조사하는 것도 포함되며[서덜랜드(Sutherland)의 직업절도범 연구], 조사 대상자에 대해 가장 깊이 있는 이해를 할 수 있으며, 이를 기초로 장래 대책(치료 · 처우)을 수립하는 것이 용이하다는 장점이 있다.
④ 참여적 관찰이란 연구자가 직접 범죄자 집단에 들어가 함께 생활하면서 그들의 생활을 관찰하는 조사방법을 말한다.

답 ①

066 교정학 및 형사정책의 연구방법에 대한 설명으로 옳은 것은? 2019년 교정직 7급

① 범죄(공식)통계표 분석방법은 범죄와 범죄자의 상호 연계관계를 해명하는 데 유용하며, 숨은 범죄를 발견할 수 있다.
② 참여관찰방법은 조사대상에 대한 생생한 실증자료를 얻을 수 있고, 연구결과를 객관화할 수 있다.
③ 실험적 연구방법은 어떤 가설의 타당성을 검증하거나 새로운 사실을 관찰하는 데 유용하며, 인간을 대상으로 하는 연구를 쉽게 할 수 있다.
④ 사례조사방법은 범죄자의 일기, 편지 등 개인의 정보 획득을 바탕으로 대상자의 인격 및 환경의 여러 측면을 분석하고, 그 각각의 상호 연계관계를 밝힐 수 있다.

교정학 및 형사정책의 연구방법

사례조사(개별조사)는 범죄자 개인에 대하여 그 인격 · 환경 등의 측면을 종합적으로 분석하고 각 요소 간의 상호관련을 밝힘으로써 범죄의 원인을 해명하고 이를 기초로 당해 범죄자의 치료 · 처우를 행하는 방법이다.

선지분석

① 범죄통계는 범죄와 범죄자에 대한 다각적인 분석 결과를 집계한 것으로서 범죄현상에 대한 대량적 관찰을 가능하게 하는 방법이다. 이는 사회의 대량현상으로서 범죄에 대한 수량적 연구를 통해 범죄의 일정한 경향을 파악할 수 있다는 장점이 있으나, 현실적으로 발생한 범죄량과 통계상 범죄량 사이에 상당한 차이가 있어 객관적인 범죄상황을 정확히 나타내지 못한다는 단점이 지적된다(암수범죄의 문제).
② 참여적 관찰이란 연구자가 직접 범죄자 집단에 들어가 함께 생활하면서 그들의 생활을 관찰하는 연구방법이다. 이에 대해서는 조사가 소규모로 진행되기 때문에 연구결과를 일반화(객관화)하기 어렵다.
③ 실험적 방법은 설정된 가설을 검증하기 위하여 제한된 조건에서 반복적으로 이루어지는 관찰을 의미한다. 이에 대해서는 인간을 대상으로 하므로 실험조건 및 대상의 확보가 쉽지 않다는 단점이 지적된다.

답 ④

067 교정학 연구방법 중 실험연구에 대한 설명으로 옳지 않은 것은? 2020년 교정직 7급

① 인과관계 검증과정을 통제하여 가설을 검증하는 데 유용한 방법이다.
② 실험집단과 통제집단에 대한 사전검사와 사후검사를 통해 종속변수에 미치는 처치의 효과를 검증한다.
③ 집단의 유사성을 확보하기 위해 무작위 할당방법이 주로 활용된다.
④ 외적 타당도에 영향을 미치는 요인들을 통제하는 데 가장 유리한 연구방법이다.

실험연구

실험연구에 의한 표본집단조사는 연구의 내적 타당성에 영향을 미치는 요인들을 통제하는 데 유리한 연구방법이다.

선지분석

① 실험연구는 설정된 가정을 검증하기 위하여 제한된 조건하에서 반복적으로 이루어지는 관찰을 의미한다.
② 실험연구에 의한 표본집단조사는 범죄인군에 해당하는 실험집단과 이와 대비되는 정상인군에 해당하는 통제집단(대조집단)을 선정하여 비교(사전 · 사후조사)하는 방법을 사용한다.
③ 무작위 할당은 실험적 연구에서 집단의 유사성(동질성)을 확보하고 인과관계를 명확하게 밝히기 위해서 사용된다. 일정한 조건에 해당하는 대상자들이 실험집단과 통제집단에 고르게 분포하도록 하여 결과에 영향을 미칠 수 있는 다른 요인들을 통제하는 것이다(우연한 사건의 영향을 예방).

답 ④

068 형사정책학의 연구방법론에 대한 설명으로 옳지 않은 것은? 2020년 보호직 7급

① 일반적으로 범죄율이라 함은 범죄통계와 관련하여 인구 100,000명당 범죄발생건수의 비율을 말한다.
② 자기보고식조사란 일정한 집단을 대상으로 개개인의 범죄 또는 비행을 스스로 보고하게 함으로써 암수를 측정하는 방법이다.
③ 개별적 사례조사방법이란 연구자가 직접 범죄자 집단에 들어가 함께 생활하면서 그들의 생활을 관찰하는 조사방법을 말한다.
④ 범죄통계에는 필연적으로 암수가 발생하는바, 암수를 조사하는 방법으로는 참여적 관찰, 비참여적 관찰, 인위적 관찰방법 등이 있다.

형사정책학의 연구방법론

개별적 사례조사(개별조사, 직접관찰, 사례연구)는 범죄자 개인에 대하여 그 인격 · 환경 등의 측면을 종합적으로 분석하고 각 요소 간의 상호관련을 밝힘으로써 범죄의 원인을 해명하고 이를 기초로 당해 범죄자의 치료 · 처우를 행하는 방법이다. 연구자가 직접 범죄자 집단에 들어가 함께 생활하면서 그들의 생활을 관찰하는 조사방법은 참여적 관찰이다.

(선지분석)

① 범죄수를 인구수로 나누고 100,000을 곱한 결과를 범죄율이라고 한다. 범죄율은 인구변동에 관계 없이 인구대비 범죄발생 건수를 비교할 수 있다는 장점이 있다.
② 자기보고조사(행위자 조사)는 암수범죄에 대한 조사방법 중 간접적 관찰(설문조사)의 한 방법이다.
④ 암수범죄의 조사방법은 크게 직접적 관찰과 간접적 관찰(설문조사)로 나눌 수 있고, 직접적 관찰은 자연적 관찰(참여적 관찰, 비참여적 관찰), 인위적 관찰(실험)로 나누며, 간접적 관찰은 자기보고조사, 피해자 조사, 정보제공자 조사로 나눌 수 있다.

답 ③

069 형사정책학의 연구대상과 연구방법에 대한 설명으로 옳지 않은 것은? 2022년 보호직 7급

① 범죄학이나 사회학에서 말하는 일탈행위의 개념은 형법에서 말하는 범죄개념보다 더 넓다.
② 사회에 새롭게 등장한 법익침해행위를 형법전에 편입해야 할 필요성을 인정함에 사용되는 범죄개념은 형식적 범죄개념이다.
③ 헌법재판소의 위헌결정으로 폐지된 간통죄와 같이 기존 형법전의 범죄를 삭제해야 할 필요성을 인정함에 사용되는 범죄개념은 실질적 범죄개념이다.
④ 공식적 범죄통계를 이용하는 연구방법은 두 변수 사이의 2차원 관계 수준의 연구를 넘어서기 어렵다는 비판이 가능하다.

형사정책학의 연구대상과 연구방법

실질적 범죄개념이란 사회유해성과 법익침해성을 기준으로 하는 반사회적 행위로서, 실정형법을 초월하여 타당할 수 있는 신범죄화와 비범죄화의 실질적 기준을 제시하기 위한 개념이다. 이를 기준으로 현행법상 처벌되지 않은 반사회적 행위를 신범죄화하거나(사회에 새롭게 등장한 법익침해행위를 형법전에 편입), 사회 변화에 따라 처벌할 필요가 없는 행위를 비범죄화하게(헌법재판소의 위헌결정으로 폐지된 간통죄와 같이 기존 형법전의 범죄를 삭제) 되는 것이다.

(선지분석)

① 일탈행위란 흔히 공동체나 사회에서 보편적으로 인정되는 규범에 의해 승인되지 않는 행위를 의미한다. 이는 형법상의 범죄개념보다 넓어서 공동체에서 통용되는 모든 규범에 대한 침해가 포함된다.
④ 공식범죄통계 연구에 대해서는 두 변수 사이의 2차원 관계를 넘어서는 다변량 관계를 연구할 수 없다는 한계가 있다는 비판이 제기된다.

답 ②

070 범죄측정에 대한 설명으로 옳은 것은?

2023년 보호직 7급

① 참여관찰 연구는 조사자의 주관적 편견이 개입할 수 있고, 시간과 비용이 많이 들며 연구결과의 일반화가 어렵다.
② 인구대비 범죄발생건수를 의미하는 범죄율(crime rate)은 각 범죄의 가치를 서로 다르게 평가한다.
③ 자기보고식 조사(self-report survey)는 경미한 범죄보다는 살인 등 중대한 범죄를 측정하는 데 사용된다.
④ 피해 조사(victimization survey)는 개인적 보고에 기반하는 점에서 조사의 객관성과 정확성을 확보할 수 있다.

범죄측정

참여적 관찰에 대해서는 조사가 소규모로 진행되기 때문에 연구결과를 일반화할 수 없다는 점, 조사방법의 성격상 많은 시간과 비용이 소요된다는 점, 객관성을 유지하지 못한 채 조사 대상자들에게 동화되거나 반대로 이들을 혐오하는 감정을 가질 수 있다는 점 등이 문제점으로 지적된다.

선지분석

② 범죄율에 대해서는 '중대범죄와 상대적으로 가벼운 범죄가 동등한 범죄로 취급되어 통계화된다'는 점에 대한 비판이 제기된다.
③ 자기보고조사(행위자조사)에 대해서는 '중범죄나 사회적으로 금기시하는 범죄'(예 살인, 강간 등) 또는 직업적으로 행하는 범죄(예 화이트칼라 범죄) 등을 조사하는 데는 '부적합'하다는 단점이 지적된다.
④ 피해자 조사는 피해자에게 자신이 당한 범죄를 진술하게 함으로써 암수범죄를 조사하는 방법을 말하는데, 피해자가 '과장된 보고'를 할 수 있고, 조사자 · 피조사자의 태도에 의해 '조사결과가 왜곡'될 수 있으며, '조사결과의 신뢰성에 대한 문제' 등으로 인하여 조사결과의 객관성과 정확성을 확보하기 어렵다는 비판이 제기된다.

답 ①

071 교정학의 연구에 대한 설명으로 옳지 않은 것은?

2024년 교정직 7급

① 실험연구에서 실험집단과 통제집단을 무작위 할당하는 이유는 두 집단 간 통계적 등가성을 확보하기 위함이다.
② 참여관찰법은 연구자가 조사대상의 활동에 참여함으로써 조사대상에 대한 생생한 실증자료를 얻을 수 있다.
③ 공식범죄통계는 발생한 모든 범죄를 집계하기 때문에 전체 범죄실태가 정확히 파악될 수 있다.
④ 피해자조사는 공식범죄통계자료의 한계를 극복하고 범죄예방대책을 마련하기 위한 자료로 활용될 수 있다.

교정학의 연구방법

범죄통계란 범죄와 범죄자에 대한 다각적인 분석 결과를 집계한 것으로서 범죄현상에 대한 대량적 관찰을 가능하게 하는 연구방법인데, 현실적으로 발생한 범죄량과 통계상 나타난 범죄량과의 사이에는 상당한 차이가 있어 객관적인 범죄상황을 정확히 나타내 주지 못한다는 비판이 제기된다(암수범죄의 문제).

(선지분석)

① 지문에서 실험연구라는 표현은 실험연구와 표본집단조사연구를 결합한 연구방법을 의미한다. 표본집단조사연구는 일반적으로 범죄인군에 해당하는 실험집단과 이와 대비되는 정상인군에 해당하는 통제집단(대조집단)을 선정하여 비교(수평적 비교방법)하는 방법을 사용하는데, 집단의 등가성 확보(무작위 할당방법을 주로 활용), 사전과 사후조사, 대상집단과 통제집단이라는 세 가지 전제조건을 특징으로 한다.

② 참여적 관찰이란 연구자가 직접 범죄자 집단에 들어가 함께 생활하면서 그들의 생활을 관찰하는 조사방법을 말한다(현장조사). 참여적 관찰은 체포되지 않은 범죄자들의 일상을 관찰할 수 있다는 장점이 있다.

④ 피해자조사는 피해자에게 자신이 당한 범죄를 진술하게 함으로써 암수범죄를 조사하는 방법을 말한다. 이는 피해자를 직접 조사함으로써 정확한 범죄현상의 파악이 가능하며, 범죄예방(피해의 축소, 범행기회의 제거)에 유용한 자료를 제공하는 등의 장점이 있다.

답 ③

072 형사정책 연구 방법에 대한 설명으로 옳은 것은? 2025년 보호직 9급

① 실험연구는 실험 지역의 모든 변수를 통제하기 때문에, 일상적 환경에서도 완벽한 인과관계 검증이 가능하다.

② 참여관찰연구는 연구자가 연구 대상 집단에 직접 참여하여 관찰하기 때문에, 연구 대상의 상호작용을 심층적으로 파악하기에 용이하다.

③ 설문조사는 조사 대상자의 태도 · 인식의 변화를 관찰할 수 없다.

④ 추적조사는 인위적으로 설정된 실험 환경에서 범죄 기회를 제공하고, 참가자의 반응을 기록하는 방법이다.

형사정책 연구 방법

참여적 관찰은 체포되지 않은 범죄자들의 일상을 관찰할 수 있다는 점에서 연구 대상의 상호작용을 심층적으로 파악하기에 용이하다고 평가된다.

(선지분석)

① 실험연구는 모든 변수를 통제하기 때문에 외부 요인의 영향을 피할 수 있어 내적 타당성을 확보하는 것이 용이하나, 대상자가 소규모이므로 결과를 일반화하기 어렵다는 점에서 '일상적 환경에서도 완벽한 인과관계 검증이 가능하지 않다'(실제 환경에 적용하기 어려움)는 단점이 있다.

③ 설문조사는 특정 집단을 대상으로 면접이나 설문을 통해 자료를 수집하는 연구방법으로, 그 과정에서 '조사 대상자의 태도 · 인식의 변화를 관찰할 수 있다'고 평가된다.

④ 추적조사(추행조사)는 일정 수의 범죄자(또는 비범죄자)들을 일정기간 동안 직접 접촉하면서 그들의 인격이나 사회적 조건의 변화를 기록 · 분석하거나, 기록 등을 통하여 범죄경과를 추급하는 연구방법이다. 지문의 내용은 '실험연구'에 대한 설명이다.

답 ②

MEMO

II

범죄원인론

범죄원인론

KEYWORD 01 | 미시적 범죄이론

001 생물학적 범죄원인론에 대한 설명으로 옳지 않은 것은? 2016년 보호직 7급

① 랑게(Lange)는 일란성 쌍둥이가 이란성 쌍둥이에 비해 쌍둥이가 함께 범죄를 저지를 가능성이 높다고 하였다.
② 허칭스(Hutchings)와 메드닉(Mednick)의 연구결과에 의하면 입양아는 생부와 양부 둘 중 한 편만 범죄인인 경우가 생부와 양부 모두가 범죄인인 경우보다 범죄인이 될 가능성이 낮다고 하였다.
③ 크레취머(Kretschmer)는 사람의 체형 중 비만형이 범죄확률이 높은데 특히 절도범이 많다고 하였다.
④ 제이콥스(Jacobs)에 의하면 XYY형의 사람은 남성성을 나타내는 염색체 이상으로 신장이 크고 지능이 낮으며, 정상인들에 비하여 수용시설에 구금되는 비율이 높다고 하였다.

생물학적 범죄원인론

비만형은 범죄의 확률이 적으나, 범죄를 저지른다면 주로 사기범이 많고 폭력범도 종종 있다고 한다.

선지분석

① 랑게(Lange)는 범죄란 개인이 타고난 유전적 소질에 의해 저질러지는 것이라고 주장하면서, 30쌍의 쌍둥이를 대상으로 연구를 하였는데 일란성의 경우는 13쌍 중에서 10쌍이 범죄를 저질렀으며, 이란성의 경우는 17쌍 중에 2쌍만이 범죄를 저지른 것으로 나타났다.
② 허칭스와 메드닉(Hutchings & Mednick)에 의하면, 생부와 양부 그리고 입양아 본인의 범죄기록을 모두 조사한 결과, 생부와 양부 둘 중 한 쪽만 범죄를 저질렀을 때에는 양쪽 모두 범죄자인 경우보다 입양아에 대한 영향력이 약하며, 양부의 범죄성은 생부의 범죄성보다 영향력이 약하다고 본다.
④ XYY형은 초남성형이라고도 하며, 신장이 크고, 지능이 낮으며, 성적으로 조숙하여 조발성 범죄자(평균 초범연령이 13~14세)가 많으며, 일반인에 비해 수용시설에 구금되는 정도가 높다는 특징이 있다고 한다.

답 ③

002 범죄와 생물학적 특성 연구에 대한 학자들의 주장으로 옳지 않은 것은? 2021년 교정직 9급

① 덕데일(Dugdale)은 범죄는 유전의 결과라는 견해를 밝힌 대표적인 학자이다.
② 랑게(Lange)는 일란성 쌍생아가 이란성 쌍생아보다 유사한 행동경향을 보인다고 하였다.
③ 달가드(Dalgard)와 크링그렌(Kringlen)은 쌍생아 연구에서 환경적 요인이 고려될 때도 유전적 요인의 중요성은 변함없다고 하였다.
④ 허칭스(Hutchings)와 메드닉(Mednick)은 입양아 연구에서 양부모보다 생부모의 범죄성이 아이의 범죄성에 더 큰 영향을 준다고 하였다.

생물학적 범죄원인론

달가드와 크링글렌(Dalgard & Kringlen)은 쌍생아 연구에서 유전적 요인 이외에 환경적 요인을 함께 고려하여 연구하였는데, 일란성 쌍생아들이 다소 높은 범죄일치율을 보인 것을 유전적 요인이 아닌 양육과정상의 유사성에 기인한다고 하였다. 또한 실제 양육과정별로 분석을 하였을 때에는 일란성 쌍생아의 일치율은 이란성 쌍생아의 일치율과 큰 차이가 없었다고 하면서, 결국 "범죄발생에서 유전적 요소의 중요성이란 존재하지 않는다."라고 주장하였다.

(선지분석)

① 덕데일(R. Dugdale)은 쥬크家 연구를 통해 부모와 자식의 범죄성은 상관관계가 매우 높다고 주장하였다(범죄성의 유전을 긍정).

② 랑게(J. Lange)는 범죄란 개인이 타고난 유전적 소질에 의해 저질러지는 것이라고 주장하면서, 일란성 쌍생아들이 이란성 쌍생아들보다 범죄일치율이 현저히 높다고 주장하였다.

④ 허칭스와 메드닉(B. Hutchings & S. Mednick)은 생부와 양부 그리고 입양아 본인의 범죄기록을 모두 조사한 결과 생부와 양부 둘 중 한 쪽만 범죄를 저질렀을 때에는 양쪽 모두 범죄자인 경우보다 입양아에 대한 영향력이 약하며, 양부의 범죄성은 생부의 범죄성보다 영향력이 약하다고 본다.

답 ③

003 생물학적 범죄이론에 관한 내용으로 가장 적절한 것은? 2022년 경행 경채

① 셀던(Sheldon)은 인간의 체형을 중배엽형(mesomorph), 내배엽형(endomorph), 외배엽형(ectomorph)으로 구분하고, 이 중 외배엽형은 활동적이고, 공격적이며, 폭력적 면모를 가진다고 주장하였다.

② 고링(Goring)은 수형자와 일반사회인에 대한 비교 연구를 통해 유전보다는 환경의 역할이 결정적이라고 주장하였다.

③ 초남성(supermale)으로 불리는 XXY 성염색체를 가진 남성은 보통 남성보다 공격성이 더 강한 것으로 알려져 있다.

④ 범죄성 유전에 대한 가계도 연구는 쥬크(Juke)가(家)와 칼리카크(Kallikak)가(家)에 대한 연구가 대표적이다.

생물학적 범죄이론

범죄인 가계 연구로 덕데일(R. Dugdale)의 쥬크가(家) 연구, 고다드(H. Goddard)의 칼리카크가(家) 연구 등에서는 부모와 자식의 범죄성은 상관관계가 매우 높다고 주장한다(범죄성의 유전을 긍정).

(선지분석)

① 셀던(Sheldon)은 중배엽형이 활동적이고, 공격적이며, 폭력적 면모를 가진다고 주장한다.

② 고링(Goring)은 롬브로조(Lombroso)의 연구(생래적 범죄인론)를 방법론에 있어 비과학적인 것으로 간주하였으며, 범죄행위란 신체적 변이형태와 관계된 것이 아니라, 유전학적 열등성에 의한 것이라고 주장하였다. 고링(Goring)은 롬통계를 통하여 유전적 소질과 환경의 영향을 동시에 고려하고 객관적으로 상호 비교하였으며, 범죄성은 유전에 의해 전수되는 것이라고 주장하였다.

③ 초남성(supermale)은 성염색체 이상 중 Y염색체가 증가한 경우(XYY형)로서 신장이 크고 지능이 낮으며, 성적으로 조숙하여 조발성 범죄자(평균 초범연령이 13~14세)가 많고, 공격성이 강하여 성범죄, 방화죄, 살인 등의 강력범죄를 저지를 확률이 높다고 한다.

답 ④

해커스공무원 노신 형사정책 단원별 기출문제집

004 생물학적 범죄이론에 대한 설명으로 옳지 않은 것은? 2023년 보호직 7급

① 입양아 연구는 쌍생아 연구를 보충하여 범죄에 대한 유전의 영향을 조사할 수 있지만, 입양 환경의 유사성을 보장할 수 없기 때문에 연구결과를 일반화하기 어렵다.
② 가계연구는 범죄에 대한 유전과 환경의 영향을 분리할 수 없는 단점을 갖는다.
③ 롬브로조(Lombroso)는 격세유전이라는 생물학적 퇴행성에 근거하여 생래성 범죄인을 설명하였다.
④ 셸던(Sheldon)은 크고 근육질의 체형을 가진 자를 외배엽형(ectomorph)으로 분류하고 비행행위에 더 많이 관여하는 경향이 있다고 주장하였다.

생물학적 범죄이론

셀던은 비행소년과 체형의 관계를 연구하여, 체형 분류에 따라 비행소년들의 신체적 특징을 조사하였는데, 비행소년의 평균체형은 '중배엽형'이 많이 나타났다고 한다.

선지분석

① 입양아 연구에 대해서는 입양기관이 연결하는 입양가정은 대개 중산층 이상인 경우가 많기 때문에 연구의 표본이 모집단에 실재하는 다양한 환경을 대표하지 못하는 경우가 있어 환경의 영향을 일반화하기 어렵다고 평가된다.
② 범죄인 가계 연구는 범죄성의 유전 여부에 대한 연구를 하였으나, 환경의 영향을 해명하지 못하였다는 비판을 받는다.
③ 롬브로조의 생래적 범죄인설에 대한 내용이다.

답 ④

005 생물학적 범죄원인론에 대한 설명으로 옳지 않은 것은? 2025년 보호직 9급

① 랑게(Lange)는 생물학적 부모의 유전적 영향과 입양 부모의 환경적 영향이 상호작용할 때 범죄에 가장 큰 영향을 주는 것을 확인하였다.
② 후튼(Hooton)은 범죄자는 일반인보다 신체적 열등성을 가진다고 주장하였고, 신체적 특징에 따라 범죄유형을 제시하였다.
③ 크레취머(Kretschmer)는 체형과 성격유형, 범죄 잠재성은 높은 상관관계가 있다고 주장하였다.
④ 제이콥스(Jacobs)와 동료들은 수용자 집단의 XYY 염색체 비율이 정상집단의 비율보다 높은 것을 확인하였다.

생물학적 범죄원인론

랑게(랑에)는 '쌍생아 연구(쌍둥이 연구)'를 한 학자이다. 지문의 내용은 입양아 연구(양자 연구)와 관련한 설명이다.

선지분석

② 후튼은 범죄의 원인은 생물학적(신체적) 열등성에 있고, 열등성의 근본적인 원인은 유전이라고 봄으로써 범죄인 가계를 인정하였다.
③ 크레취머 등이 연구한 체형이론은 일정한 체격형은 그와 병행하는 성격과 기질을 나타내며, 다시 거기에 상응하는 정신병질 및 정신병이 존재한다고 하여 범죄와 관련을 가진다고 하는 입장이다.
④ 제이콥스와 스트롱(Jacobs & Strong)은 성염색체의 형태·구성·개수 등의 이상이 성격적 결함을 초래하고 나아가 범죄성향과 연관된다는 연구를 하였다. 이들은 정신병자들 중 XYY형으로 파악된 사람의 비율이 일반인의 경우에 비해 매우 높았고, 또한 XYY형은 일반인에 비해 수용시설에 구금되는 정도가 높다는 특징이 있다고 주장하였다.

답 ①

006 여성범죄에 대한 설명으로 옳지 않은 것은? 2016년 보호직 7급

① 여성범죄는 우발적이거나 상황적인 경우가 많고 경미한 범행을 반복해서 자주 저지르는 성향이 있다.
② 폴락(Pollak)은 여성이 남성 못지않게 범죄행위를 저지르지만, 은폐 또는 편견적 선처에 의해 통계상 적게 나타나는 것일 뿐이라고 지적하였다.
③ 신여성범죄자(new female criminals) 개념은 여성의 사회적 역할변화와 그에 따른 여성범죄율의 변화와의 관계에 초점을 맞추어 등장하였다.
④ 롬브로조(Lombroso)는 범죄여성은 신체적으로는 다른 여성과 구별되는 특징이 없지만, 감정적으로는 다른 여성과 구별되는 특징이 있다고 설명하였다.

여성범죄

롬브로조(Lombroso)에 의하면, 여성범죄인은 신체적 · 감정적으로 남성에 가까운 특성이 있다고 한다(남성성 가설).

선지분석

① 일반적으로 여성범죄는 수동적인 특성을 가지고 있다고 주장된다.
② 폴락(Pollak)은 여성범죄의 특징이 은폐성이므로, 여성범죄가 남성범죄보다 비율이 낮은 것은 은폐성으로 인하여 통계상에 잘 나타나지 않기 때문이고 범죄적 성향은 남성에 못지않다고 한다(암수범죄의 문제).
③ 아들러(Adler)는 여성의 사회적 역할이 변하고 생활형태가 남성의 생활상과 유사해지면서 여성의 범죄활동도 남성과 동일화되어 간다고 주장한다(신여성범죄론).

답 ④

007 프로이드(Freud)의 정신분석학적 범죄이론에 대한 설명으로 옳지 않은 것은? 2024년 보호직 9급

① 일탈행위의 원인은 유아기의 발달단계와 관련이 있다.
② 인간의 무의식은 에고(ego)와 슈퍼에고(superego)로 구분된다.
③ 이드(id)는 생물학적 충동, 심리적 욕구, 본능적 욕망 등을 요소로 하는 것이다.
④ 슈퍼에고는 도덕적 원칙을 따르고 이드의 충동을 억제한다.

프로이드의 정신분석학적 범죄이론

프로이드는 성격구조의 기본 토대에서 '의식의 개념은 에고(ego)'로, '무의식의 개념은 이드(id)와 슈퍼에고(superego)'로 나누어 설명하였다.

선지분석

① 프로이드는 유아기의 어린아이들이 부모와의 관계를 성공적으로 형성하지 못하면, 특히 슈퍼에고(superego)가 강한 경우에 콤플렉스를 갖게 되며(오이디푸스 콤플렉스, 엘렉트라 콤플렉스), 이로 인해 무의식적인 죄의식을 갖게 되고, 이러한 죄의식을 에고(ego)가 적절히 조절하지 못하면 각자의 성격에 중요한 영향을 미쳐 향후 행동에 심각한 영향을 미친다고 보았다. 또한 성심리의 단계적 발달이 인성형성에 중요한 역할을 한다고 보면서, 각 단계별로 필요한 욕구가 충족되지 못하면 긴장이 야기되고 이러한 긴장이 사회적으로 수용되지 못할 때 범죄적 적응이 유발될 수 있다고 주장하였고, 인간의 성심리의 발달단계를 성적 쾌감을 느끼는 신체부위의 변화에 따라 구순기(Oral Stage), 항문기(Anal Stage), 남근기(Phallic Stage), 잠복기(Latent Stage), 생식기(Genital Stage) 순으로 제시하였다.
③ 프로이드는 이드(id)란 생물학적 · 심리학적 충동의 커다란 축적체로서, 모든 행동의 밑바탕에 놓여 있는 충동을 의미한다고 본다. 이는 무의식의 세계에 자리 잡고 있으면서, 쾌락추구의 원칙에 따라 행동한다.
④ 슈퍼에고(superego)는 자아비판과 양심의 힘으로서, 욕구(이드)에 대한 죄의식을 느끼게 하며 도덕원칙에 따른다.

답 ②

008 슈나이더(Schneider)의 정신병질에 대한 10가지 분류에 관해 기술한 것이다. 가장 적절하지 않은 것은?

2022년 경찰 간부

① 의지박약성 - 모든 환경에 저항을 상실하여 우왕좌왕하고, 지능이 낮은 성격적 특징을 가지고 있으며, 인내심과 저항력이 빈약하다. 상습범, 누범에서 이러한 정신병질이 많이 발견된다.
② 기분이변성 - 기분 동요가 많아서 예측이 곤란하고, 폭발성과 유사하나 정도가 낮은 특징을 가지고 있다. 방화범, 상해범에서 이러한 정신병질이 많이 발견된다.
③ 무력성 - 심신의 부조화 상태를 호소하여 타인의 동정을 바라고 신경질적인 특징을 보이나, 범죄와의 관련성은 적다.
④ 발양성 - 자신의 운명과 능력에 대해 과도하게 비관적이며, 경솔하고 불안정한 특징을 보인다. 현실가능성이 없는 약속을 남발하기도 한다. 상습사기범과 무전취식자 등에서 이러한 정신병질이 많이 발견된다.

슈나이더(Schneider)의 정신병질 분류 10가지

발양성은 낙천적 태도, 경솔 및 불안정, 비판 · 감정제어 능력의 결여 등을 특징으로 하며, 상습범 · 누범 중에 많고 무전취식 등의 가벼운 절도 · 모욕 · 사기죄와 관련이 있다. 자신의 운명과 능력에 대해 과도하게 비관적이라는 특징은 우울성에 대한 것이고, 현실가능성이 없는 약속을 남발한다는 특징은 과장성(자기현시성)에 대한 것이다.

선지분석

① 의지박약성은 저항력(인내심) 상실, 저지능을 성격의 특징으로 하며, 청소년비행과 관련이 있고 누범의 60% 정도를 차지한다.
② 기분이변성은 기분 동요가 많아 예측 곤란함을 특징으로 하며, 방화 · 도벽 · 음주광 · 격정범으로 상해 · 모욕 · 규율위반을 할 수 있고, 정신병질자의 50%로 가장 많다.
③ 무력성은 심신부조화 상태, 타인의 관심 호소, 신경증 등을 그 특성으로 하며, 범죄와 관련은 적다.

답 ④

009 심리학적 범죄이론에 대한 내용으로 가장 적절하지 않은 것은?

2022년 경찰 간부

① 심리학적 범죄이론에는 범죄자의 정신을 중심으로 범죄의 원인을 규명하려는 '정신분석이론', 범죄자의 행위가 과거의 학습경험을 통해 발달한다고 파악하는 '행동이론', 범죄자의 개인적 추론 과정이 행동에 미치는 영향을 바탕으로 범죄원인을 밝히고자 하는 '인지이론', 각 개인의 성격적 결함에서 비행성을 찾으려는 '인성(성격)이론' 등이 있다.
② 아이젠크(Eysenck)는 신경계적 특징과 범죄행동 및 성격특성 간의 관련성을 정신병적 경향성(Psychoticism), 외향성(Extroversion), 신경증(Neuroticism) 등 성격의 3가지 차원에서 설명하였다.
③ 헤어(Hare)는 사이코패스에 대한 표준화된 진단표(PCL-R)를 개발하였으며, 오늘날 사이코패스 검사 도구로 광범위하게 사용되고 있다.
④ 슈나이더(Schneider)는 대부분의 범죄자가 정신병질자이므로 정신치료에 초점을 맞추어야 한다고 주장하였다.

심리학적 범죄이론

정신병질자는 정신병 환자와 근본적으로 다르므로, 정신치료보다는 성격교정에 중심을 두어야 한다고 본다.

(선지분석)

① 심리학적 범죄이론은 범죄인의 행동 및 정신적 과정에 대한 과학적 연구로서 지문과 같은 이론들이 이 분야에 해당한다.

② 아이젠크(H. Eysenck)는 범죄행동과 성격특성 간의 관련성을 정신병적 경향성(Psychoticism), 외향성(Extraversion), 신경증(Neuroticism) 등의 세 가지 차원에서 설명하면서, 범죄인 대부분이 외향적 성격을 갖는 것으로 주장한다. 즉, 외향적 사람은 내성적 사람에 비해 규범합치적 행동성향이 불안정하므로, 잘못된 방향으로 행동한다는 것이다.

③ 사이코패스(Psychopath)란 일반적으로 반사회적 인격장애를 지닌 사람을 말하는데, 헤어(R. Hare)는 사이코패스의 진단방법으로 PCL-R을 개발하였다.

답 ④

010 심리학적 범죄이론에 대한 설명으로 옳지 않은 것은? 2023년 보호직 7급

① 프로이트(Freud) 이론에 의하면, 성 심리의 단계적 발전 중에 필요한 욕구가 충족되지 못함으로써 야기된 긴장이 사회적으로 수용되지 못할 때 범죄행위를 유발하는 것으로 설명할 수 있다.

② 아이젠크(Eysenck)는 저지능이 저조한 학업성취를 가져오고, 학업에서의 실패와 무능은 비행 및 범죄와 높은 관련성을 갖는다고 하였다.

③ 고다드(Goddard)는 적어도 비행청소년의 50 %가 정신적 결함을 갖고 있다고 하였다.

④ 콜버그(Kohlberg)의 도덕발달이론에 의하면, 인간의 도덕발달과정은 전관습적(pre-conventional), 관습적(conventional), 후관습적(post-conventional)이라는 3개의 수준으로 구분되고, 각 수준은 2개의 단계로 나뉜다.

심리학적 범죄이론

아이젠크(Eysenck)는 범죄행동과 성격특성 간의 관련성을 정신병적 경향성(Psychoticism), 외향성(Extraversion), 신경증(Neuroticism) 등의 세 가지 차원에서 설명하면서, 범죄인 대부분이 외향적 성격을 갖는 것으로 주장한다. 저지능(지능발달에 결함이 있는 경우)과 범죄의 관련성을 주장한 사람으로는 '고다드'(Goddard)가 대표적이다.

(선지분석)

① 프로이드(Freud)는 성심리의 단계적 발달이 인성형성에 중요한 역할을 한다고 보면서, 각 단계별로 필요한 욕구가 충족되지 못하면 긴장이 야기되고 이러한 긴장이 사회적으로 수용되지 못할 때 범죄적 적응이 유발될 수 있다고 주장하였다.

③ 고다드(Goddard)는 범죄 · 비행의 원인 가운데 가장 중요(약 50% 정도)한 것이 정신박약이라고 하면서, 정신박약자는 특별한 억제조건이 주어지지 않는 한 범죄자가 된다고 보았다.

④ 콜버그(Kohlberg)는 도덕성의 발달단계를 ㉠ 관습적 수준 이전 단계(1단계: 타율적 도덕성 준수, 2단계: 이익형평성 고려), ㉡ 관습적 수준 단계(3단계: 타인의 기대 부응, 4단계: 사회 시스템 고려), ㉢ 관습적 수준 이상 단계(5단계: 개인의 권리 및 사회계약 인식, 6단계: 보편적 윤리원칙 고려)로 구분하였다. 그는 대부분의 성인들은 3 · 4단계 정도의 도덕적 수준이 발달하기 때문에 사회의 규범을 준수하고 범죄를 하지 않지만, 1 · 2단계의 도덕적 수준을 가진 사람들은 일탈과 범죄를 행한다고 주장한다(도덕발달이론).

답 ②

011 행태이론(behavior theory)에 대한 설명으로 옳지 않은 것은? 2023년 보호직 7급

① 버제스(Burgess)와 에이커스(Akers)의 차별적 강화이론에 의하면, 범죄행동은 고전적 조건형성의 원리에 따라 학습된다.
② 범죄행위는 어떤 행위에 대한 보상 혹은 처벌의 경험에 따라 학습된 것이다.
③ 행태이론은 범죄의 원인을 설명하면서 개인의 인지능력을 과소평가한다.
④ 반두라(Bandura)는 직접적인 자극이나 상호작용이 없어도 미디어 등을 통해 간접적으로 범죄학습이 이루어질 수 있다는 이론적 근거를 제시하였다.

행태이론

버제스와 에이커스는 차별적 접촉이론을 수정 · 보완하면서 '스키너(Skinner)의 조작적 조건형성 개념'을 결합한 차별적 강화이론을 주장하였다. 고전적 조건형성 개념은 파블로프(Pavolv)가 자극과 반응을 통한 학습의 원리로 제시한 것이다.

선지분석

② 행태이론의 주장자 중 하나인 스키너(Skinner)는 아동이 성장기에 한 행동에 대하여 칭찬 · 보상이 주어지면 그 행동이 강화되지만, 처벌 · 제재를 받으면 그러한 행동을 억제하게 된다고 주장한다.
③ 스키너의 이론은 '인간의 행동이 내적 요인(인지능력)보다 외적 자극(칭찬 · 보상과 처벌 · 제재 등)에 의하여 영향을 받는다'는 점을 전제로 한다.
④ 반두라(Bandura)가 보보인형 실험을 통해 주장한 것이다.

답 ①

012 사이코패스에 대한 설명으로 옳지 않은 것은? 2023년 보호직 7급

① 감정, 정서적 측면에서 타인에 대한 공감능력이 부족하며 죄의식이나 후회의 감정이 결여되어 있다.
② 헤어(Hare)의 사이코패스 체크리스트 수정본(PCL-R)은 0 ~ 2점의 3점 척도로 평가되는 총 25개 문항으로 구성된다.
③ 모든 사이코패스가 형사사법제도 안에서 범죄행위가 드러나는 형태로 걸러지는 것은 아니다.
④ 공감, 양심, 대인관계의 능력 등에 대한 전통적 치료프로그램의 효과를 거의 기대하기 어렵다.

사이코패스

PCL-R은 '총 20개 문항'으로 구성되어 있으며, 0~2점의 3점 척도로 평가한다.

선지분석

① 사이코패스는 ㉠ 현실파악의 의지와 능력이 결여되어 있고, ㉡ 폭발적이며 특정사안에 광적으로 집착하나 일상적으로는 무기력하며, ㉢ 타인의 고통에 대한 공감능력이 결여되어 있고, ㉣ 죄책감이 결여되어 있으며, ㉤ 교활하며 상습적 거짓말로 자신을 합리화하는 특징이 있다고 한다.
③ 사이코패스는 계산적인 행동과 표정과 말투로 사회에서 능숙히 섞여 지내고 환경에 따라 발현되는 정도가 달라서 범죄를 저질렀을 때만 일반인과 구분할 수 있다는 특징을 가진다. 따라서 범죄행위를 저지르지 않은 채 살아가는 사이코패스도 존재한다.
④ 사이코패스는 자신이 잘못된 행동을 하고 있음을 자각하지 못하고, 스스로 인정하지도 않는 경우가 많아서, 공감, 양심, 대인관계 등을 전제로 하는 기존의 치료프로그램으로는 효과를 보기 어렵다고 한다.

답 ②

013 □□□

화이트칼라범죄에 대한 설명으로 옳지 않은 것은?

2018년 보호직 7급

① 서덜랜드(Sutherland)에 따르면 사회적 지위가 높은 사람이 그 직업 활동과 관련하여 행하는 범죄로 정의된다.

② 범죄로 인한 피해의 규모가 크기 때문에 행위자는 죄의식이 크고 일반인은 범죄의 유해성을 심각하게 생각하는 것이 특징이다.

③ 범죄행위의 적발이 용이하지 않고 증거수집에 어려움이 있다.

④ 암수범죄의 비율이 높고 선별적 형사소추가 문제되는 범죄 유형이다.

화이트칼라범죄

화이트칼라범죄는 전통적인 범죄에 비하여 범죄피해가 크고 그 결과로서 범죄로 인한 이익도 크기 때문에 그만큼 행위자의 입장에서 범죄유혹을 받기 쉽고 죄의식이 약하며 피해자의 피해의식도 약하다고 한다.

(선지분석)

① 화이트칼라범죄(white collar crime)는 사회 · 경제적 지위가 높은 사람들이 그 직업상 저지르는 범죄를 말한다. 근래에 들어 화이트칼라범죄의 개념은 더욱 확대되어 하류계층보다 사회적 지위가 높고 비교적 존경받는 사람들이 자신의 직업수행 과정에서 행하는 직업적 범죄라고 정의하는 것이 보통이다.

③ 화이트칼라범죄는 업무활동에 섞여서 일어나기 때문에 적발이 용이하지 않을 뿐만 아니라 증거수집도 어렵다.

④ 화이트칼라범죄는 암수범죄의 비율이 높고 선별적 형사소추가 가장 문제되는 범죄유형이기도 하다.

답 ②

014 □□□

화이트칼라범죄(White-collar Crime)에 대한 설명으로 옳지 않은 것은?

2022년 교정직 7급

① 화이트칼라범죄는 경제적 · 사회적 제도에 대한 불신감을 조장하여 공중의 도덕심을 감소시키고 나아가 기업과 정부에 대한 신뢰를 훼손시킨다.

② 화이트칼라범죄의 폐해가 심각한 것은 청소년비행과 기타 하류계층 범인성의 표본이나 본보기가 된다는 사실이다.

③ 오늘날 화이트칼라범죄의 존재와 현실을 부정하는 사람은 없으나, 대체로 초기 서덜랜드(Sutherland)의 정의보다는 그 의미를 좁게 해석하여 개념과 적용범위를 엄격하게 적용하려는 경향이 있다.

④ 화이트칼라범죄는 피해규모가 큰 반면 법률의 허점을 교묘히 이용하거나 권력과 결탁하여 조직적으로 은밀히 이뤄지기 때문에 암수범죄가 많다.

화이트칼라범죄

서덜랜드가 최초로 정의한 화이트칼라범죄는 사회 · 경제적 지위가 높은 사람들이 그 직업상 저지르는 범죄를 의미하였는데, 근래에 들어 화이트칼라범죄의 개념은 더욱 확대되어 하류계층보다 사회적 지위가 높고 비교적 존경받는 사람들이 자신의 직업수행 과정에서 행하는 직업적 범죄라고 정의하는 것이 일반적이다.

(선지분석)

① 서덜랜드는 다른 범죄가 사회제도 · 조직에 그다지 큰 영향을 미치지 아니하는 것과 달리, 화이트칼라범죄는 신뢰를 파괴하고 불신을 초래하며 대규모의 사회 해체를 유발하며 사회적 도덕을 저하시킨다고 주장한다.

② 화이트칼라범죄는 모범을 보여야 할 사회지도층이 저지르는 범죄로서 청소년이나 하위계층에 부정적 영향을 미치게 된다고 한다.

④ 화이트칼라범죄는 암수범죄의 비율이 높고 선별적 형사소추가 가장 문제되는 범죄 유형이라고 한다.

답 ③

015

아바딘스키(Abadinsky)가 제시한 조직범죄의 특성에 대한 설명으로 옳지 않은 것은? 2023년 보호직 7급

① 정치적 목적이나 이해관계가 개입되지 않는 점에서 비이념적이다.
② 내부 구성원이 따라야 할 규칙을 갖고 있고, 이를 위반한 경우에는 상응한 응징이 뒤따른다.
③ 조직의 활동이나 구성원의 참여가 일정 정도 영속적이다.
④ 조직의 지속적 확장을 위하여, 조직구성원이 제한되지 않고 배타적이지 않다.

조직범죄의 특성

조직의 구성원은 제한되고 배타적이라고 한다.

선지분석

①, ②, ③ 아바딘스키(Abadinsky)는 조직범죄의 특성에 대하여 ㉠ 조직적 위계질서의 지속(계층적 성격, 수직적 권력구조가 존재), ㉡ 임무와 역할의 전문화 · 분업화, ㉢ 무력사용이나 위협 등 폭력 행사 및 면책유지를 위한 공무원 매수(뇌물), ㉣ 구성원이 따라야 할 규칙의 존재 및 위반시 상응하는 응징(②), ㉤ 용역에 대한 대중적 수요(특정 지역이나 사업을 독점), ㉥ 비이념성(정치적 목적이나 이해관계가 개입되지 않고 경제적 이익 추구를 목적)(①), ㉦ 구성원의 제한(배타성), ㉧ 활동 · 참여의 영속성(③) 등이라고 제시하였다.

답 ④

KEYWORD 02 | 범죄의 거시환경적 원인

016

환경과 범죄원인에 대한 설명으로 옳지 않은 것은? 2016년 보호직 7급

① 물가와 범죄의 관계에 대한 경험적 연구는 주로 곡물류 가격과 범죄의 관계를 대상으로 하였다.
② 계절과 범죄의 관계에 대한 연구에 의하면 성범죄와 폭력범죄는 추울 때보다 더울 때에 더 많이 발생한다고 알려져 있다.
③ 범죄인자 접촉빈도와 범죄발생과의 관계에 대한 이론인 습관성가설은 마약범죄 발생의 원인규명에 주로 활용되었다.
④ 엑스너(Exner)는 전쟁을 진행 단계별로 나누어 전쟁과 범죄의 관련성을 설명하였다.

환경과 범죄

습관성가설은 매스컴과 범죄의 상관성과 관련하여, 매스컴의 폭력장면에 끊임없이 노출되다 보면 자기도 모르게 폭력에 길들여질 개연성이 높다는 이론이다(장기효과이론 · 간접효과설).

선지분석

① 물가변동과 범죄의 관계에 대하여, 마이어(Mayer)는 최초로 곡물가격과 절도의 상관관계(정비례관계)를 증명하였다.
② 생명 · 신체에 대한 폭력범은 겨울에 적고 여름에 많으며, 성범죄는 저온에서 고온으로 이행하는 시기인 봄부터 증가하여 여름에 가장 많고, 겨울에 들어서면서 다시 낮아진다고 한다.
④ 엑스너(Exner)는 전쟁단계를 감격기, 의무이행기, 피폐기, 붕괴기, 전후기로 구분하고 각 단계에서 전쟁과 범죄의 관계를 설명하고자 하였다.

답 ③

017 사회 · 문화적 환경과 범죄에 대한 설명으로 옳지 않은 것은? 2022년 보호직 7급

① 체스니-린드(Chesney-Lind)는 여성범죄자가 남성범죄자보다 더 엄격하게 처벌받으며, 특히 성(性)과 관련된 범죄에서는 더욱 그렇다고 주장하였다.

② 스토우퍼(Stouffer), 머튼(Merton) 등은 상대적 빈곤론을 주장하면서 범죄발생에 있어 빈곤의 영향은 단지 빈곤계층에 국한된 현상이 아니라고 지적하였다.

③ 매스컴과 범죄에 대하여 '카타르시스 가설'과 '억제가설'은 매스컴의 역기능성을 강조하는 이론이다.

④ 서덜랜드(Sutherland)는 화이트칼라 범죄를 직업활동과 관련하여 존경과 높은 지위를 가지고 있는 사람이 저지르는 범죄라고 정의했다.

환경과 범죄

카타르시스 가설은 매스컴에서 등장하는 범죄 또는 그 범죄자에 대한 처벌은 일반인들에게 카타르시스의 역할을 하여 오히려 범죄를 억제하는 기능을 한다는 이론이고, 억제 가설은 매스컴을 통해 범죄에 대한 적개심을 불러일으킬 수 있고, 범죄의 충격적 장면은 잠재적 범죄충동을 억제 · 해소하는 기회가 될 수 있다는 이론으로서, 모두 매스컴과 범죄발생의 상관성을 부정하는 입장(범죄억제 기능)에 해당한다.

선지분석

① 체스니-린드(Chesney-Lind)는 소년사법체계에서 소녀가 소년보다 더 가혹하게 취급되며, 이는 사법체계가 소녀가 전통적 성역할 기대를 저버린 것으로 보아 그 처리절차에서 성차별을 하기 때문이라고 주장한다.

② 케틀레(Quetelet), 스토우퍼(Stouffer), 머튼(Merton), 토비(Toby) 등은 상대적 빈곤 연구를 통해 범죄발생에 있어서 빈곤의 영향은 단지 하류계층에 국한된 현상이 아니라, 어떤 계층이든지 느낄 수 있는 것이므로 광범위한 사회계층에 작용하는 문제라고 주장한다(상대적 결핍감이 범죄원인이라는 주장).

④ 서덜랜드는 화이트칼라 범죄(White-collar Crime)를 사회 · 경제적 지위가 높은 사람들이 그 직업상 저지르는 범죄라고 정의하였다.

답 ③

018 다음 중 사회해체이론에 대한 설명으로 옳지 않은 것만을 모두 고른 것은? 2014년 보호직 7급

ㄱ. 개별적으로 누가 거주하든지 관계없이 지역의 특성과 범죄발생 간에는 중요한 연관성이 있다고 본다.
ㄴ. 쇼우(Shaw)와 맥케이(Mckay)는 도심과 인접하면서 주거지역에서 상업지역으로 바뀐 이른바 전이지역(transitional zone)의 범죄발생률이 지속적으로 높다고 지적하였다.
ㄷ. 버식(Bursik)과 웹(Webb)은 지역사회가 주민들에게 공통된 가치체계를 실현하지 못하고 지역주민들이 공통적으로 겪는 문제를 해결할 수 없는 상태를 사회해체라고 정의하고, 그 원인을 주민의 비이동성과 동질성으로 보았다.
ㄹ. 버식(Bursik)과 웹(Webb)은 사회해체지역에서는 공식적인 행동지배규범(movement-governing rules)이 결핍되어 있으므로 비공식적 감시와 지역주민에 의한 직접적인 통제가 커진다고 주장하였다.
ㅁ. 사회해체지역에서는 전통적인 사회통제기관들이 규제력을 상실하면서 반가치를 옹호하는 하위문화가 형성되나, 주민이동이 많아지면서 이러한 문화는 계승되지 않고 점차 줄어들면서 범죄율이 낮아진다고 본다.

① ㄱ, ㄴ, ㄷ
② ㄴ, ㄷ, ㄹ
③ ㄴ, ㄹ, ㅁ
④ ㄷ, ㄹ, ㅁ

사회해체이론

ㄷ, ㄹ. 버식과 웹(Bursik & Webb)은 사회해체의 원인으로 주민이동과 주민이질성에 의한 비공식적 감시기능의 약화, 행동지배율의 결핍, 직접통제의 부재 등을 주장한다.
ㅁ. 전통적 사회통제기관들이 규제력을 상실하면 반사회적 가치를 옹호하는 범죄하위문화가 형성되고 계속적으로 주민들 간에 계승됨으로써, 해당 지역에는 높은 범죄율이 유지된다고 한다(문화전달이론).

선지분석

ㄱ. 사회해체이론에 의하면 일단 높은 범죄율을 보였던 지역에서는 구성원의 변화에도 불구하고 그러한 경향이 지속된다. 반면에 해당 지역이 안정된 후에는 구성원의 변화가 진행되더라도 전 단계와 별반 차이 없는 범죄율을 보인다.
ㄴ. 쇼우와 맥케이(Shaw & Mckay)는 변이지역 내에서 구성원의 인종·국적이 바뀌었으나 계속 높은 범죄율을 보인다는 사실을 통해, 지역의 특성과 범죄발생과는 중요한 연관이 있음을 주장한다.

답 ④

019 사회해체이론(social disorganization theory)에 대한 설명으로 옳지 않은 것은? 2020년 보호직 7급

① 화이트칼라 범죄 등 기업범죄를 설명하는 데에 유용하다.
② 범죄는 개인적인 차이에 의한 것이라기보다는 환경적 요인들을 범죄의 근원적 원인으로 본다.
③ 지역사회의 생태학적 변화가 범죄의 발생에 중요한 역할을 한다고 보는 것이다.
④ 범죄의 발생이 비공식적인 감시기능의 약화에서 비롯되는 것으로 설명하기도 한다.

사회해체이론

사회해체이론에 따르면, 범죄는 사회해체의 진행 과정에서 반사회적 행위가 일반화되어 나타난다고 한다. 따라서 사회해체이론은 화이트칼라 범죄 등 기업범죄에 대한 설명에는 적합하지 않다.

선지분석

②, ③ 사회해체란 틈새지역의 사회적 환경(예 사회변동 · 이민증대 · 계층 간의 갈등, 윤리의식의 저하 등)으로 인해 종래의 사회구조가 붕괴됨에 따라, 규범이 개인에게 미치는 영향력이 감소하여 사람들의 반사회적 태도(예 비행, 범죄)가 증가하는 상태를 말한다(내적 · 외적 사회통제의 약화).
④ 버식(Bursik)은 사회해체의 원인으로 주민의 이동성과 이질성에 의한 비공식적 감시 기능의 약화, 행동지배율의 결핍, 직접통제의 부재 등을 주장한다.

답 ①

020 다음 글에서 설명하는 이론은? 2023년 보호직 7급

> 공동체의 사회통제에 대한 노력이 무뎌질 때 범죄율은 상승하고 지역의 응집력은 약해진다. 이에 지역사회 범죄를 줄이기 위해서는 이웃 간의 유대 강화와 같은 비공식적 사회통제가 중요하며, 특히 주민들의 사회적 참여는 비공식적 사회통제와 밀접하게 관련되어 있다.

① 샘슨(Sampson)의 집합효율성(collective efficacy)
② 쇼(Shaw)와 맥케이(Mckay)의 사회해체(social disorganization)
③ 머튼(Merton)의 긴장(strain)
④ 뒤르켐(Durkheim)의 아노미(anomie)

집합효율성

지역사회의 구성원들이 상호신뢰 또는 연대하여 무질서나 사회문제를 해결하기 위하여 적극적으로 개입 · 참여하는 것을 집합효율성이라고 한다(비공식적 사회통제의 결합). 샘슨(Sampson)은 지역사회의 범죄율의 차이는 지역사회의 구성원들이 범죄문제를 공공의 적으로 인식하고 이를 해결하기 위해 적극적으로 참여하는 것에 기인하며, 집합효율성이 높은 지역은 범죄가 감소하나, 비공식적 사회통제가 제대로 되지 않고 지역사회의 응집력이 약해지면 범죄는 증가한다고 주장한다. 집합효율성이론은 기존의 경찰중심 범죄예방 전략의 한계를 극복할 수 있는 방안을 제시하고 있다(지역사회 범죄예방에 대한 시민참여의 필요성을 설명).

답 ①

021 사회해체이론에 대한 설명으로 옳지 않은 것은?

2024년 보호직 9급

① 범죄를 예방하기 위해서는 도시의 지역사회를 재조직함으로써 사회통제력을 증가시키는 것이 중요하다.

② 버제스(Burgess)의 동심원 이론에 따르면, 도시 중심부로부터 멀어질수록 범죄 발생률이 높아진다.

③ 쇼우(Shaw)와 맥케이(McKay)는 사회해체가 높은 범죄율과 상관관계가 있다고 보았다.

④ 버제스의 동심원 이론은 소위 변이지역(zone in transition)의 범죄율이 거주민들의 국적이나 인종의 변화에도 불구하고 지속해서 높다는 것을 보여 준다.

사회해체이론

버제스(Burgess)의 동심원 이론에 따르면, '도시 중심부에 가까워질수록 범죄 발생률이 높아진다'고 하며, 특히 제2지대인 변이지역(퇴화과도 지역)에 범죄가 집중적으로 발생하였다고 한다.

선지분석

① 사회해체이론은 범죄대책으로서 개별 범죄자에 대한 처우보다 도시의 지역사회를 재조직화하여 사회통제력을 증가시킬 것을 주장한다.

③ 쇼우(Shaw)와 맥케이(McKay)는 버제스(E. W. Burgess)의 연구결과 중 변이지역에서 범죄율이 가장 높은 현상에 주목하여 그 이유를 분석하였는데, 변이지역은 문화적 이질성이 매우 높고, 빠른 속도의 사회변화가 발생하여 사회해체를 초래하게 되고, 이러한 사회해체는 나아가 범죄 및 비행으로 연결된다고 주장하였다.

④ 변이지역 내에서 구성원의 인종 · 국적이 바뀌었음에도 불구하고 계속적으로 높은 범죄율을 보인다는 사실을 통해, 지역의 특성과 범죄발생과는 중요한 연관이 있다고 보았다.

답 ②

022 학습이론(Learning Theory)에 대한 설명으로 옳은 것은?

2014년 보호직 7급

① 버제스(Burgess)와 에이커스(Akers)에 따르면 범죄행위를 학습하는 과정은 과거에 이러한 행위를 하였을 때에 주위로부터 칭찬, 인정, 더 나은 대우를 받는 등의 보상이 있었기 때문이다.

② 타르드(Tarde)의 모방의 법칙에 따르면 학습의 방향은 대개 우월한 사람이 열등한 사람을 모방하는 방향으로 진행된다.

③ 서덜랜드(Sutherland)에 따르면 범죄자와 비범죄자의 차이는 접촉유형의 차이가 아니라 학습과정의 차이에서 발생한다.

④ 글레이저(Glaser)에 따르면 범죄를 학습하는 과정에 있어서는 누구와 자신을 동일시하는지 또는 자기의 행동을 평가하는 준거집단의 성격이 어떠한지보다는 직접적인 대면접촉이 더욱 중요하게 작용한다.

학습이론

버제스와 에이커스(Burgess & Akers)에 의하면, 범죄행위는 그것을 강화하고 두드러지게 하는 사회 외적 분위기 또는 사람들과의 사회적 상호작용을 통해 학습된다고 한다.

선지분석

② 타르드(Tarde)의 모방의 법칙 중 방향의 법칙에 의하면, 모방은 사회적 지위가 우월한 사람을 중심으로 이루어진다. 즉, 범죄는 상층계급으로부터 하층계급으로, 도시에서 농촌으로 모방이 이루어진다.

③ 서덜랜드(Sutherland)는 범죄자와 접촉을 통해 범죄를 배우는 과정은 다른 모든 행위의 학습과정과 같다고 한다(소위 9가지 명제).

④ 글레이저(Glaser)는 동일시라는 개념을 사용하여 문화전달의 주체를 직접 접촉하는 사람뿐만 아니라 멀리 떨어져 있는 준거 집단 · 준거인까지 확장함으로써 문화전달의 범위를 보다 탄력적이고 광범위하게 보았다(매스미디어의 중요성을 강조, 간접적 접촉의 문제 해결).

답 ①

023 다음의 설명과 관련 있는 범죄이론가로 옳은 것은? 2016년 교정직 9급

- 범죄는 의사소통을 통한 타인과의 상호작용 과정에서 학습된다.
- 범죄학습에서 중요한 사항은 친밀한 사적 집단 사이에서 이루어진다.
- 차별적 교제의 양상은 빈도, 지속성, 우선성, 강도의 측면에서 다양하다.

① 뒤르켐(Durkheim)

② 롬브로조(Lombroso)

③ 서덜랜드(Sutherland)

④ 레머트(Lemert)

차별적 접촉이론

문제에서 제시된 설명은 서덜랜드(Sutherland)의 차별적 접촉이론에서 범죄학습이 이루어지는 과정(9가지 명제)에 대한 내용 중 일부이다.

핵심POINT 서덜랜드(Sutherland)의 범죄학습의 과정

㉠ 범죄행동은 학습된다.
㉡ 범죄행동은 타인과 상호작용 속에서 의사소통과정을 통해 학습된다.
㉢ 범죄학습의 주요부분은 친밀한 관계를 맺고 있는 개인집단 안에서 일어난다.
㉣ 범죄학습내용은 범죄기술 외에 범죄동기 · 충동 · 합리화 방법 · 태도 등을 포함한다.
㉤ 범죄동기 · 충동의 구체적 방향은 법규범에 대한 긍정적 · 부정적 정의로부터 정해진다.
㉥ 어떤 사람이 범죄자가 되는 것은 법률위반에 대한 긍정적 정의가 부정적 정의를 압도하기 때문이다(차별적 접촉).
㉦ 차별접촉은 빈도 · 기간 · 순위 · 강도에 따라 달라진다.
㉧ 범죄자와 접촉을 통해 범죄를 배우는 과정은 다른 모든 행위의 학습 과정과 같다.
㉨ 범죄행동은 사회의 일반적 욕구와 가치관의 표현이지만 그것만으로 범죄를 설명하는 것은 한계가 있다.

답 ③

024 서덜랜드(Sutherland)의 차별적 접촉이론에 대한 설명으로 옳은 것은?

2018년 교정직 7급

① 범죄행위의 학습과정과 정상행위의 학습과정은 동일하다.
② 범죄행위는 유전적인 요인뿐만 아니라 태도, 동기, 범행 수법의 학습 결과이다.
③ 법에 대한 개인의 태도는 개인이 처한 경제적 위치와 차별 경험에서 비롯된다.
④ 타인과 직접 접촉이 아닌 매체를 통한 특정 인물의 동일시에 의해서도 범죄행위는 학습된다.

서덜랜드(Sutherland)의 차별적 접촉이론

범죄자와 접촉을 통해 범죄를 배우는 과정은 다른 모든 행위의 학습과정과 같다고 본다.

선지분석

② 차별적 접촉이론을 비롯한 학습이론에서는 범죄를 비정상성의 결과로 파악하는 생물학적 · 심리학적 범죄이론을 거부하면서 준법적인 의식이나 행동들과 마찬가지로 범죄도 사회생활상 습득된 행위패턴이라고 주장한다. 따라서 범죄행위에 유전적인 요인이 있다고 보지 않는다.
③ 범죄동기 · 충동의 구체적 방향은 법규범에 대한 긍정적 · 부정적 정의로부터 정해지며, 어떤 사람이 범죄자가 되는 것은 법률 위반에 대한 긍정적 정의가 부정적 정의를 압도하기 때문이라고 본다(차별적 접촉).
④ 서덜랜드(Sutherland)에 의하면 범죄학습의 주요 부분은 친밀한 관계를 맺고 있는 개인집단 안에서 일어난다고 하는바, 범죄 학습이 매스미디어와 같은 비개인적 접촉 수단에 의해 영향을 받음을 간과한다는 비판을 받는다.

답 ①

025 서덜랜드(Sutherland)의 차별접촉이론(differential association theory)의 9가지 명제로 옳지 않은 것은?

2021년 교정직 7급

① 범죄행위의 학습은 다른 사람들과의 의사소통과정을 통하여 이루어진다.
② 법 위반에 대한 비우호적 정의에 비해 우호적 정의를 더 많이 학습한 사람은 비행을 하게 된다.
③ 범죄행위가 학습될 때 범죄의 기술, 동기, 충동, 합리화, 태도 등도 함께 학습된다.
④ 금전적 욕구, 좌절 등 범죄의 욕구와 가치관이 범죄행위와 비범죄행위를 구별해 주는 변수가 된다.

차별접촉이론

'범죄행동은 사회의 일반적 욕구와 가치관의 표현이지만 그것만으로 범죄를 설명하는 것은 한계가 있다'고 주장하므로, 금전적 욕구나 좌절 등 범죄의 욕구와 가치관이 범죄행위와 비범죄행위를 구별하는 변수가 될 수 없다.

선지분석

①, ②, ③ 차별적 접촉이론에서 서덜랜드(Sutherland)는 범죄학습이 이루어지는 과정을 선지와 같이 설명한다(9가지 명제).

답 ④

★★★
026 □□□

학습이론에 대한 설명으로 옳지 않은 것은? 2021년 보호직 7급

① 타르드(Tarde)는 인간은 다른 사람들과 접촉하면서 관념을 학습하며, 행위는 자신이 학습한 관념으로부터 유래한다고 주장하였다.

② 서덜랜드(Sutherland)의 차별적 접촉이론(differential association theory)은 범죄자도 정상인과 다름없는 성격과 사고방식을 갖는다고 보는 데에서 출발한다.

③ 글래저(Glaser)의 차별적 동일시이론(differential identification theory)은 자신과 동일시하려는 대상이나 자신의 행동을 평가하는 준거집단의 성격보다는 직접적인 대면접촉이 범죄학습 과정에서 더욱 중요하게 작용한다고 본다.

④ 조작적 조건화의 논리를 반영한 사회적 학습이론은 사회적 상호작용과 더불어 물리적 만족감(굶주림, 갈망, 성적욕구 등의 해소)과 같은 비사회적 사항에 의해서도 범죄행위가 학습될 수 있다고 본다.

학습이론

글래저(Glaser)는 차별적 동일시이론에서, 범죄는 행위자가 단순히 범죄적인 가치에 '접촉'됨으로써 발생되는 것이 아니라, 스스로 그것을 자기 것으로 동일시하는 단계로까지 나아가야 발생된다고 주장한다. 글래저는 동일시라는 개념을 사용하여 문화 전달의 주체를 직접 접촉하는 사람(직접적 대면접촉)뿐만 아니라 멀리 떨어져 있는 준거집단·준거인까지 확장(간접적 접촉까지 포함)함으로써 문화전달의 범위를 보다 탄력적이고 광범위하게 보았다.

선지분석

① 타르드(Tarde)에 의하면 인간은 타인과 접촉하면서 관념을 학습하며, 행위는 자기가 학습한 관념으로부터 유래한다. 따라서 사람은 태어날 때는 정상이지만, 이후 범죄가 생활방식인 환경에서 양육됨으로써 범죄자가 된다고 주장한다.

② 서덜랜드(Sutherland)의 차별적 접촉이론에 의하면, 범죄란 개인이 타인과 접촉하는 과정에서 서로 다르게 타인을 접촉하면서 상대방의 행동을 학습하는 결과로 발생하게 된다고 파악한다. 이는 범죄자는 정상인과 다르다는 주장을 배척하면서, 범죄자도 정상인과 차이가 없는 성격과 사고방식을 갖는다는 점을 전제로 한다.

④ 버제스와 에이커스(E. W. Burgess & L. Akers)는 차별적 강화이론(사회학습이론)에서, 최초 범행은 모방에 기인하지만 그 후에는 자신의 범행에 보상이 따르면 범죄성향을 강화시키고 처벌이 뒤따르면 범죄성향을 약화시킨다고 주장한다(조작적 조건화의 논리로 범죄의 과정 설명). 그러면서 사회적 상호작용과 함께 비사회적 사항(예 굶주림·성욕의 해소 등)에 의해서도 범죄행위가 학습될 수 있다고 본다.

답 ③

027 차별적 접촉이론, 차별적 동일시이론 및 차별적 강화이론에 대한 설명으로 옳지 않은 것은?

2018년 보호직 7급

① 서덜랜드(Sutherland)의 차별적 접촉이론은 범죄자의 학습과정과 비범죄자의 학습과정에 차이가 있다는 데에서 출발한다.

② 서덜랜드(Sutherland)의 차별적 접촉이론에 따르면 범죄행위는 타인과의 의사소통을 통한 상호작용으로 학습된다.

③ 글래저(Glaser)의 차별적 동일시이론에 따르면 범죄자와의 직접적인 접촉이 없이도 범죄행위의 학습이 가능하다.

④ 버제스(Burgess)와 에이커스(Akers)의 차별적 강화이론도 차별적 접촉이론과 마찬가지로 범죄행위의 학습에 기초하고 있다.

차별적 접촉이론, 차별적 동일시이론, 차별적 강화이론

서덜랜드(Sutherland)의 차별적 접촉이론에서는 범죄자와 접촉을 통해 범죄를 배우는 과정은 다른 모든 행위의 학습과정과 같다고 한다. 즉, 범죄자와 비범죄자의 차이는 학습과정의 차이가 아니라 접촉유형의 차이라고 본다.

선지분석

② 서덜랜드(Sutherland)의 차별적 접촉이론에서는 범죄행동은 타인과 상호작용 속에서 의사소통과정을 통해 학습된다고 한다.

③ 글래저(Glaser)의 차별적 동일시이론은 동일시라는 개념을 사용하여 문화 전달의 주체를 직접 접촉하는 사람뿐만 아니라 멀리 떨어져 있는 준거집단 · 준거인까지 확장함으로써 문화 전달의 범위를 보다 탄력적이고 광범위하게 보았다(매스미디어의 중요성 강조, 간접적 접촉의 문제 해결).

④ 버제스와 에이커스(Burgess & Akers)에 의하면, 범죄행위는 그것을 강화하고 두드러지게 하는 사회 외적 분위기 또는 사람들과의 사회적 상호작용을 통해 학습된다고 한다(차별적 강화이론, 사회학습이론).

답 ①

028 서덜랜드(Sutherland)의 차별적 접촉이론에 대한 설명으로 옳지 않은 것은?

2022년 보호직 7급

① 차별접촉은 빈도, 기간, 우선순위, 그리고 강도(强度) 등에 의하여 차이가 발생한다고 주장한다.

② 범죄학습이 신문 · 영화 등 비대면적인 접촉수단으로부터도 큰 영향을 받는다는 점을 간과하고 있다.

③ 범죄원인으로는 접촉의 경험이 가장 큰 역할을 한다고 보아, 나쁜 친구들을 사귀면 범죄를 저지를 것이라는 단순한 등식을 제시했다.

④ 범죄인과 가장 접촉이 많은 경찰 · 법관 · 형집행관들이 범죄인이 될 확률이 높지 않다는 비판이 있다.

차별적 접촉이론

단순히 나쁜 친구들을 사귀면 범죄를 저지르는 것이 아니라, 법률 위반에 대한 긍정적 정의가 부정적 정의를 압도하는 경우에 범죄를 학습하여 저지르게 된다고 본다(차별적 접촉).

선지분석

① 서덜랜드(Sutherland)가 주장한 범죄학습이 이루어지는 과정에 대한 9가지 명제 중 하나이다.

② 차별적 접촉이론에 대해서는 범죄학습이 매스미디어와 같은 비개인적 접촉 수단에 의해 영향을 받음을 간과하였다는 비판이 제기된다.

④ 차별적 접촉이론에 대한 비판 중 하나인 이질적 반응의 문제이다.

답 ③

★★★

029 □□□ **통제이론에 대한 설명으로 옳은 것은?** 2020년 보호직 7급

① 나이(Nye)는 범죄통제방법 중 비공식적인 직접통제가 가장 효율적인 방법이라고 주장하였다.

② 레크리스(Reckless)는 외부적 통제요소와 내부적 통제요소 중 어느 한 가지만 제대로 작동되어도 범죄는 방지될 수 있다고 보았다.

③ 맛차(Matza)와 사이크스(Sykes)가 주장한 중화기술 중 "가해의 부정"은 자신의 행위로 피해를 입은 사람은 그러한 피해를 입어도 마땅하다고 합리화하는 기술이다.

④ 통제이론은 "개인이 왜 범죄로 나아가지 않게 되는가"의 측면이 아니라 "개인이 왜 범죄를 하게 되는가"의 측면에 초점을 맞춘다.

통제이론

레크리스(Reckless)는 모든 사람들에게 범죄로 이끄는 범죄유발요인과 범죄를 억제하는 범죄억제요인이 부여되어 있지만, 범죄억제요인이 더 강할 경우 범죄로 나아가지 않는다고 한다. 범죄유발요인은 다시 압력 · 유인 · 배출로 나뉘고, 범죄억제요인은 외부적 억제요소 · 내부적 억제요소로 나뉘는데, "범죄억제요인 가운데 어느 하나라도 제대로 작용하면 범죄를 예방할 수 있다"라고 하며, 특히 내부적 억제요인을 강조하였다.

선지분석

① 나이(Nye)는 청소년의 비행을 예방하는 사회통제의 유형을 분류하였고, 사회통제의 유형 중 가장 효율적인 방법은 비공식적 간접 통제의 방법이라고 보았다.

③ 맛차(Matza)와 사이크스(Sykes)의 중화기술이론에 의하면, 가해의 부정은 자신의 범행에 의한 손해를 사회통제기관과 달리 평가하여 매우 가볍게 여기는 것이다. 지문의 내용은 중화기술의 유형 중 피해자의 부정에 해당한다.

④ 통제이론(Control Theory)은 기존의 범죄이론의 입장과 달리, 범죄연구의 초점을 '개인이 왜 범죄를 행하게 되는가'의 측면이 아니라 '개인이 왜 범죄로 나아가지 않게 되는가'의 측면에 맞추는 이론이다.

답 ②

030 □□□ **사이크스(Sykes)와 맛차(Matza)의 표류이론 중 다음에 해당하는 중화기술로 옳은 것은?** 2012년 보호직 7급

> 말썽을 부려 부모로부터 꾸중을 듣게 되자 오히려 꾸짖는 부모에게 "아버지가 내게 해준게 뭐가 있는데?"라며 항변하고, 오히려 자신의 잘못된 행동은 모두 부모의 무능 탓으로 돌리고 있다.

① 책임의 부정(denial of responsibility)

② 손상의 부정(denial of injury)

③ 비난자에 대한 비난(condemnation of the condemners)

④ 피해자의 부정(denial of victim)

사이크스(Sykes)와 맛차(Matza)의 중화기술 유형

문제에서 제시된 지문은 중화기술의 유형 중 비난자에 대한 비난에 해당한다. 이 유형에서는 사회통제기관들은 부패한 자들로 자기를 심판할 자격이 없다고 하면서 그들의 위선을 비난한다(예 경찰 · 법관은 부패하였고, 선생은 촌지의 노예이며, 부모는 자기의 무능을 자식에게 분풀이하는 사람이라고 하여 죄책감 · 수치심을 억누르는 것 등).

핵심POINT 사이크스(Sykes)와 맛차(Matza)의 중화기술 유형

비난자에 대한 비난	사회통제기관들은 부패한 자들로 자기를 심판할 자격이 없다고 하면서 그들의 위선을 비난하는 것 예 경찰 · 법관은 부패하였고, 선생은 촌지의 노예이며, 부모는 자기의 무능을 자식에게 분풀이하는 사람이라고 하여 죄책감 · 수치심을 억누르는 것 등
피해자의 부정	피해자는 응당 당해야 마땅할 일을 당했을 뿐이라고 자신의 비행을 정당화하는 것 예 선생을 구타하면서 학생들에게 불공평하기 때문에 당연하다고 하는 것, 상점에서 절도를 하면서 주인이 정직하지 못하다고 하는 것 등
보다 높은 충성심에 호소	자신의 비행을 인정하면서도 의리 · 조직을 위해 어쩔 수 없었다고 하여 「형법」의 요구보다는 자신이 속한 집단의 연대성이 더 중요하다고 하는 것(고도의 상위가치에 호소) 예 차량절도를 하면서 규범에 어긋나지만 친구 간의 의리상 어쩔 수 없다고 하는 것, 시위현장에서 폭력의 사용은 위법하지만 자유 · 평등을 위한 것이라고 하는 것 등
가해의 부정	자신의 범행에 의한 손해를 사회통제기관과 달리 평가하여 매우 가볍게 여기는 것 예 절도는 물건을 잠시 빌리는 것이고, 마약복용은 타인에게 피해를 주지 않는다고 하며, 방화 시 보험회사가 피해보상을 해줄 것이라고 하는 것 등
책임의 부정	범죄 · 비행에 대한 자신의 책임을 인정하지 않고 오히려 자신을 사회상황의 피해자로 여기는 것 예 비행의 책임을 열악한 가정환경, 빈약한 부모훈육, 빈곤 등의 외부적 요인으로 전가하여 합리화하는 것

답 ③

★★★

031 □□□ **허쉬(Hirschi)의 사회통제이론의 네 가지 유대에 대한 설명으로 옳지 않은 것은?** 2013년 교정직 7급

① 애착(attachment) – 애정과 정서적 관심을 통하여 개인이 사회와 맺고 있는 유대관계가 강하면 비행이나 범죄를 저지를 가능성이 낮다.

② 전념(commitment) – 규범적인 생활에 집착하고 많은 관심을 지닌 사람은 그렇지 않은 사람들에 비해 잃을 것이 많기 때문에 비행이나 범죄를 저지를 가능성이 낮다.

③ 참여(involvement) – 사회생활에 대하여 참여가 높으면 그만큼 일탈행위의 기회가 증가됨으로써 비행이나 범죄를 저지를 가능성이 높다.

④ 신념(belief) – 규범에 대한 믿음이 약할수록 비행이나 범죄를 저지를 가능성이 높다.

허쉬(Hirschi)의 사회통제이론

참여란 행위적 측면에서 개인이 사회와 맺고 있는 유대의 형태이다. 일상적 행위에 참여가 높을수록 비행의 가능성이 적고, 게으른 자에게 악이 번창하듯이 참여가 낮으면 일탈의 기회가 증가되어 비행의 가능성이 높다.

선지분석

① 애착이란 애정과 정서적 관심을 통하여 개인이 사회와 맺고 있는 유대관계이다. 특히 부모 · 교사 · 친구 등에 대한 애착이 비행통제에 큰 영향을 미친다.

② 전념이란 규범준수에 따른 사회적 보상에 얼마나 관심을 갖는가에 관한 것이다. 규범적인 생활에 많은 관심을 두었던 사람은 그렇지 않은 사람에 비해 잃을 것이 많기 때문에 비행이나 범죄를 자제한다.

④ 신념이란 관습적인 규범의 내면화를 통하여 개인이 사회와 맺고 있는 유대의 형태로서, 내적 통제의 다른 표현이다. 법과 사회 규범의 타당성에 대한 믿음이 강하면 비행에 빠지지 않는다.

답 ③

032 다음 중 허쉬(Hirschi)의 사회유대이론의 요소에 대한 설명을 옳게 연결한 것은? 2014년 교정직 9급

ㄱ. 부자지간의 정, 친구 사이의 우정, 가족끼리의 사랑, 학교 선생님에 대한 존경 등 다른 사람과 맺는 감성과 관심을 의미한다.
ㄴ. 미래를 위해 교육에 투자하고 저축하는 것처럼 관습적 활동에 소비하는 시간과 에너지, 노력 등을 의미한다.
ㄷ. 학교, 여가, 가정에서 많은 시간을 보내게 되면 범죄행위의 유혹에서 멀어진다는 것을 의미한다.
ㄹ. 관습적인 규범의 내면화를 통하여 개인이 사회와 맺고 있는 유대의 형태로 관습적인 도덕적 가치에 대한 믿음을 의미한다.

	ㄱ	ㄴ	ㄷ	ㄹ
①	애착	전념	참여	신념
②	애착	전념	신념	참여
③	전념	애착	신념	참여
④	전념	참여	애착	신념

허쉬(Hirschi)의 사회유대이론

ㄱ. 애착에 대한 설명이다.
ㄴ. 전념에 대한 설명이다.
ㄷ. 참여에 대한 설명이다.
ㄹ. 신념에 대한 설명이다.

핵심POINT 허쉬(Hirschi)의 사회유대이론의 요소

허쉬(Hirschi)는 개인의 생래적인 범죄성향을 통제하는 수단을 개인이 일상적으로 가족·학교·동료 등 사회와 맺고 있는 유대(연대)라고 보아, 개인이 사회와 유대관계를 맺는 방법을 다음과 같이 제시한다.

구분	내용
애착	· 애정과 정서적 관심을 통하여 개인이 사회와 맺고 있는 유대관계로, 특히 부모·교사·친구 등에 대한 애착이 비행통제에 큰 영향을 미침 · 허쉬(Hirschi)는 애착에 의한 사회유대가 가장 중요한 요소라고 봄 예 자식이 비행을 저지르다가도 부모가 실망할 것을 우려해서 중지하는 것 등
전념(수행)	· 규범준수에 따른 사회적 보상에 얼마나 관심을 갖는가에 관한 것 · 규범적인 생활에 많은 관심을 두었던 사람은 그렇지 않은 사람에 비해 잃을 것이 많기 때문에 비행이나 범죄를 저지를 가능성이 낮음 예 소년들이 미래를 생각해서 공부에 전념하는 것은 비행에 빠지면 자신에게 큰 손실이 있으리라고 판단하기 때문임
참여	· 행위적 측면에서 개인이 사회와 맺고 있는 유대의 형태 · 일상적 행위에 참여가 높을수록 비행의 가능성이 적고, '게으른 자에게 악이 번창하듯이' 참여가 낮으면 일탈의 기회가 증가되어 비행의 가능성이 높음 예 학교수업을 태만하고 거리를 배회하는 소년들에서 비행의 정도가 높은 것 등
신념(믿음)	· 관습적인 규범의 내면화를 통하여 개인이 사회와 맺고 있는 유대의 형태로서, 내적 통제의 다른 표현 · 법과 사회규범의 타당성에 대한 믿음이 강하면 비행에 빠지지 않음 예 음주운전은 안 된다는 믿음을 가진 사람이 그렇지 않은 사람보다 음주운전을 자제하는 것 등

답 ①

033 다음 사례를 적절히 설명할 수 있는 이론과 그 이론을 주장한 학자로 옳은 것은? 2015년 교정직 9급

> A 회사에 근무하는 甲은 신입직원 환영회에서 여직원들에게 인기를 독차지한 乙이 자신이 근무하는 부서로 발령을 받자 다른 남자 동료 직원과 함께 乙을 집단으로 따돌렸다. 甲은 乙이 오히려 부서의 단합을 저해한 원인을 제공하고 있다고 비난하였다.

① 허쉬(Hirschi)의 사회통제이론
② 클로워드(Cloward)와 오린(Ohlin)의 차별적 기회구조이론
③ 사이크스(Sykes)와 맛차(Matza)의 중화기술이론
④ 베커(Becker)의 낙인이론

사이크스(Sykes)와 맛차(Matza)의 중화기술이론

중화기술이론에서는 사람들이 내면화되어 있는 규범의식 · 가치관이 중화(neutralization), 즉 마비되면서 비행에 나아가게 된다고 본다. 그 유형으로 ㉠ 비난자에 대한 비난, ㉡ 피해자의 부정, ㉢ 보다 높은 충성심에의 호소, ㉣ 가해의 부정, ㉤ 책임의 부정을 제시한다. 사례에서 甲은 집단따돌림의 피해자인 乙이 응당 당해야 마땅한 일을 당했을 뿐이라고 하면서 자신의 비행을 정당화하는 이른바 피해자의 부정에 해당한다.

답 ③

034 맛차(Matza)의 표류이론(Drift Theory)에 대한 설명으로 옳지 않은 것은? 2015년 교정직 7급

① 비행청소년들은 비행의 죄책감을 모면하기 위해 다양한 중화의 기술을 구사한다.
② 비행이론은 표류를 가능하게 하는, 즉 사회통제를 느슨하게 만드는 조건을 설명해야 한다고 주장하였다.
③ 대부분의 비행청소년들은 합법적인 영역에서 오랜 시간을 보낸다.
④ 비행청소년들은 비행 가치를 받아들여 비행이 나쁘지 않다고 생각하기 때문에 비행을 한다.

맛차(Matza)의 표류이론(Drift Theory)

비행청소년들도 전통적 가치 · 문화를 인정하므로 비행이 나쁘다는 것을 인정하지만, 차별적 접촉을 통해 규범을 중화(비행을 정당화)시키는 기술 · 방법, 즉 중화기술을 습득한 자들은 사회 속에서 표류하여 범죄 · 일탈행위의 영역으로 들어가게 된다는 것이다.

선지분석

① 중화기술의 유형에는 비난자에 대한 비난, 피해자의 부정, 보다 높은 충성심에의 호소, 가해의 부정, 책임의 부정 등이 있다.
② 대부분의 비행청소년들은 사회통제가 느슨한 상태에서 합법과 위법의 사이를 표류하는 표류자일 뿐이라고 보아, 중요한 것은 청소년들을 표류하게 하는 여건, 즉 사회통제가 느슨하게 되는 조건이 무엇인지를 밝히는 것이라고 하였다.
③ 비행청소년도 대부분의 경우에는 규범에 순응하지만 특별한 경우에 한하여 위법행위에 빠져들게 된다고 본다.

답 ④

035 다음 사례에 해당하는 중화의 기술을 옳게 연결한 것은? 2018년 교정직 9급

ㄱ. 친구의 물건을 훔치면서 잠시 빌린 것이라고 주장하는 경우
ㄴ. 술에 취해서 자기도 모르는 사이에 저지른 범행이라고 주장하는 경우

	ㄱ	ㄴ
①	가해(손상)의 부정	책임의 부정
②	가해(손상)의 부정	비난자에 대한 비난
③	책임의 부정	비난자에 대한 비난
④	피해자의 부정	충성심에 대한 호소

사이크스(Sykes)와 맛차(Matza)의 중화기술이론

중화기술의 유형 중에서 친구의 물건을 훔치면서 잠시 빌린 것이라고 주장하는 경우(ㄱ)는 가해의 부정, 술에 취해서 자기도 모르는 사이에 저지른 범행이라고 주장하는 경우(ㄴ)는 책임의 부정으로 볼 수 있다.

답 ①

036 사이크스(Sykes)와 맛차(Matza)는 청소년들이 표류상태에 빠지는 과정에서 '중화(neutralization)기술'을 습득함으로써 자신의 비행을 합리화한다고 하였다. 다음 중 <보기 1>의 중화기술의 유형과 <보기 2>의 구체적인 사례를 옳게 연결한 것은? 2018년 보호직 7급

<보기 1>

ㄱ. 책임의 부정(denial of responsibility)
ㄴ. 가해의 부정(denial of injury)
ㄷ. 피해(자)의 부정(denial of victim)
ㄹ. 비난자에 대한 비난(condemnation of the condemners)

<보기 2>

A. 甲은 경찰, 검사, 판사는 부패한 공무원들이기 때문에 자신의 비행을 비난할 자격이 없다고 합리화한다.
B. 乙은 자신이 비행을 범한 것은 열악한 가정환경과 빈곤, 불합리한 사회적 환경 탓이라고 합리화한다.
C. 丙은 마약을 사용하면서 마약은 누구에게도 피해를 주지 않는다고 합리화한다.
D. 점원 丁은 점주의 물건을 훔치면서 점주가 평소 직원들을 부당하게 대우하여 노동을 착취해왔기 때문에 그의 물건을 가져가는 것은 당연하다고 합리화한다.

	ㄱ	ㄴ	ㄷ	ㄹ
①	B	A	D	C
②	B	C	D	A
③	B	D	C	A
④	D	C	B	A

사이크스(Sykes)와 맛차(Matza)의 중화기술이론

사이크스(Sykes)와 맛차(Matza)가 제시하는 중화(neutralization)기술 이론에는 비난자에 대한 비난, 피해자의 부정, 보다 높은 충성심에의 호소, 가해의 부정, 책임의 부정이 있다.

A - ㄹ. 비난자에 대한 비난이란 사회통제기관들은 부패한 자들로 자기를 심판할 자격이 없다고 하면서 그들의 위선을 비난하는 것이다.

B - ㄱ. 책임의 부정은 범죄 · 비행에 대한 자신의 책임을 인정하지 않고 오히려 자신을 사회상황의 피해자로 여기는 것이다.

C - ㄴ. 가해의 부정은 자신의 범행에 의한 손해를 사회통제기관과 달리 평가하여 매우 가볍게 여기는 것이다.

D - ㄷ. 피해자의 부정이란 피해자는 응당 당해야 마땅할 일을 당했을 뿐이라고 자신의 비행을 정당화하는 것이다.

답 ②

037 허쉬(Hirschi)의 사회유대이론에 대한 설명으로 옳은 것은?

2017년 교정직 7급

① 모든 사람을 잠재적 법위반자라고 가정한다.
② 인간의 자유의지와 도덕적 책임감을 강조한다.
③ 범죄율을 이웃공동체의 생태학적 특징과 결부시킨다.
④ 범죄행위는 다른 사람들과의 상호작용으로 학습된다.

허쉬(Hirschi)의 사회유대이론

허쉬(Hirschi)의 사회유대이론(사회통제이론)을 비롯한 통제이론에서는 범죄행위의 동기는 인간본성의 일부이므로 사회 속의 개인은 모두 잠재적 범죄인이기 때문에 범죄이론은 그러한 개인이 왜 범죄행위에 실패하게 되는가를 설명해야 한다고 주장한다.

(선지분석)

② 인간의 자유의지와 도덕적 책임감 강조는 고전주의의 특징이다.
③ 범죄생태학이론에서는 도시에서 범죄가 집중적으로 발생하는 특정지역(변이지역)이 전통적 사회통제를 약화시키는 생태학적 조건이 두드러진 지역으로서 사회통제가 범죄를 억제하는 데에 역부족인 공간이라고 주장한다.
④ 서덜랜드(Sutherland)의 차별적 접촉이론 등의 학습이론에서 기본적으로 취하는 관점이다.

답 ①

038 통제이론에 대한 설명으로 옳지 않은 것은?

2020년 교정직 7급

① 라이스(A. Reiss) - 소년비행의 원인을 낮은 자기통제력에서 찾았다.
② 레크리스(W. Reckless) - 청소년이 범죄환경의 압력을 극복한 것은 강한 자아상 때문이다.
③ 허쉬(T. Hirschi) - 범죄행위의 시작이 사회와의 유대약화에 있다고 보았다.
④ 애그뉴(R. Agnew) - 범죄는 사회적으로 용인된 기술을 학습하여 얻은 자기합리화의 결과이다.

통제이론

애그뉴(R. Agnew)는 사회에서 스트레스와 긴장을 경험하는 개인이 범죄를 저지르기 쉬운 이유를 설명하고자 하였다(긴장의 개인적 영향). 목표달성의 실패, 기대와 성취 사이의 괴리, 긍정적 자극의 소멸, 부정적 자극의 발생을 범죄원인으로 제시하고, 경험한 긴장의 강도가 강하고 횟수가 거듭될수록 개인은 충격을 많이 받으며 범죄에 빠질 가능성이 높다고 본다(일반긴장이론).

선지분석

① 라이스(A. Reiss)는 범죄와 개인의 자기통제력의 관계를 처음으로 지적하여, 소년비행의 원인을 개인통제력의 미비와 사회통제력의 부족에서 파악하였다.

② 레크리스(W. Reckless)는 모든 사람들에게는 범죄로 이끄는 범죄유발요인과 범죄를 억제하는 범죄억제요인이 부여되어 있지만, 범죄억제요인이 더 강할 경우 범죄로 나아가지 않는다고 하였다(봉쇄이론). 자기관념(자아관념, self-concept)이란 소년이 자기 자신에 대해서 갖는 인식을 말하며, 좋은 자기관념은 비행에 대한 절연체라고 하였다(자기관념이론).

③ 허쉬(T. Hirschi)는 사회유대의 약화를 비행의 원인으로 본다(사회유대이론).

답 ④

★★★

039 □□□

허쉬(Hirschi)의 사회유대이론에 대한 설명으로 옳지 않은 것은? 2020년 보호직 7급

① '신념(belief)'은 지역사회가 청소년의 초기 비행행동에 대해 과잉반응하지 않고 꼬리표를 붙이지 않는 것을 말한다.

② '애착(attachment)'은 개인이 다른 사람과 맺는 감성과 관심으로, 이를 통해서 청소년은 범죄를 스스로 억누르게 되는 것을 말한다.

③ '관여 또는 전념(commitment)'은 관습적 활동에 소비하는 시간 · 에너지 · 노력 등으로, 시간과 노력을 투자할수록 비행을 저지름으로써 잃게 되는 손실이 커져 비행을 저지르지 않는 것을 말한다.

④ '참여(involvement)'는 관습적 활동 또는 일상적 활동에 열중하는 것으로, 참여가 높을수록 범죄에 빠질 기회와 시간이 적어져 범죄를 저지를 가능성이 감소되는 것을 말한다.

사회유대이론

신념(믿음)이란 관습적인 규범의 내면화를 통하여 개인이 사회와 맺고 있는 유대의 형태로서, 내적 통제의 다른 표현이다. 이에 의하면 법과 사회규범의 타당성에 대한 믿음이 강하면 비행에 빠지지 않는다고 한다. 지문의 내용은 낙인이론에서 일차적 일탈에 대한 비범죄화와 관련된 설명이다.

선지분석

② 애착이란 애정과 정서적 관심을 통해 개인이 사회와 맺고 있는 유대관계로, 특히 부모 · 교사 · 친구 등에 대한 애착이 큰 영향을 미친다고 한다. 허쉬(Hirschi)는 애착에 의한 사회유대가 가장 중요한 요소라고 보았다.

③ 전념(관여, 수행)이란 규범 준수에 따른 사회적 보상에 얼마나 관심을 갖는가에 관한 것으로, 규범적인 생활에 많은 관심을 두었던 사람은 그렇지 않은 사람에 비해 잃을 것이 많기 때문에 비행이나 범죄를 저지를 가능성이 낮다고 한다.

④ 참여란 행위적 측면에서 개인이 사회와 맺고 있는 유대의 형태로서, 일상적 행위에 참여가 높을수록 비행의 가능성이 적고, '게으른 자에게 악이 번창하듯이' 참여가 낮으면 일탈의 기회가 증가되어 비행의 가능성이 높아진다고 한다.

답 ①

040 ☐☐☐

학자들과 그들의 주장을 연결한 것으로 옳지 않은 것은? 2021년 교정직 7급

① 갓프레드슨과 허쉬(Gottfredson & Hirschi) - 모든 범죄의 원인은 '낮은 자기통제력' 때문이며, 이러한 '자기통제력'은 아동기에 형성된다.

② 코헨(Cohen) - 합법적 수단이 이용가능하지 않을 때 비합법적 수단에 호소하게 되지만, 이러한 합법적 및 비합법적 수단이 모두 이용가능하지 않을 때 이중의 실패자(double failures)가 된다.

③ 샘슨(Sampson) - 지역사회의 구성원들이 범죄문제를 공공의 적으로 인식하고 이를 해결하기 위하여 적극적으로 참여하는 것이 범죄문제 해결의 열쇠가 된다.

④ 레크리스(Reckless) - 범죄다발지역에 살면서 범죄적 집단과 접촉하더라도 비행행위에 가담하지 않는 청소년들은 '좋은 자아개념'을 가지고 있기 때문이다.

범죄원인론

클로워드와 오린(R. Cloward & L. Ohlin)은 아노미이론(머튼)과 차별적 접촉이론(서덜랜드)을 통합하여 성공을 위한 목표로의 수단에는 합법적 · 비합법적 기회구조가 있음을 전제로 하여 차별적 기회이론을 제시하면서, 합법적 기회와 비합법적 기회가 모두 결여된 경우를 이중실패자라고 규정하였다. 코헨(Cohen)은 비행하위문화이론의 주장자이다.

선지분석

① 갓프레드슨과 허쉬(Gottfredson & Hirschi)는 범죄의 일반적 원인을 범죄발생의 기회와 낮은 자기통제력이라고 보며(자기통제력이 작용할 수 있는 전제로서 범죄발생의 기회를 제시), 어렸을 때 부정적으로 형성된 자기통제력이라는 내적 성향 요소가 이후 청소년기나 성인기에서 문제행동의 원인이 된다고 주장하였다(범죄일반이론).

③ 샘슨(Sampson)은 지역사회의 구성원들이 무질서나 사회문제를 해결하기 위하여 적극적으로 개입 · 참여하는 것을 집합효율성이라고 하면서, 이러한 집합효율성이 높은 지역은 범죄가 감소하나, 비공식적 사회통제가 제대로 되지 않고 지역사회의 응집력이 약해지면 범죄는 증가한다고 주장한다(집합효율성이론).

④ 레크리스(Reckless)에 의하면, 자기관념(자아관념, self-concept)이란 소년이 자기 자신에 대해서 갖는 인식을 말하며, 좋은 자기관념은 비행에 대한 절연체라고 한다(자기관념이론).

답 ②

041 ☐☐☐

갓프레드슨(Gottfredson)과 허쉬(Hirschi)의 자기통제이론에 대한 설명으로 가장 적절하지 않은 것은? 2022년 경찰 간부

① 갓프레드슨과 허쉬는 성인기 사회유대의 정도가 한 개인의 자기통제능력을 변화시킬 수 있다고 주장한다.

② 갓프레드슨과 허쉬는 자기통제능력의 상대적 수준이 부모의 양육방법으로부터 큰 영향을 받는다고 주장한다.

③ 갓프레드슨과 허쉬는 어린 시절 형성된 자기통제능력의 결핍이 모든 범죄의 원인이라고 주장한다.

④ 범죄를 설명함에 있어 청소년기에 경험하는 다양한 환경적 영향요인을 충분히 고려하지 않는다는 비판이 제기되어 왔다.

자기통제이론

갓프레드슨(Gottfredson)과 허쉬(Hirschi)는 범죄일반이론(낮은 자기통제이론)에서 어렸을 때 부정적으로 형성된 자기통제력이라는 내적 성향 요소가 이후 청소년기나 성인기의 문제행동의 원인이 된다고 주장한다.

선지분석

② 갓프레드슨(Gottfredson)과 허쉬(Hirschi)는 낮은 자기통제의 형성에 가장 많은 영향을 끼치는 것은 부모의 잘못된 자녀양육이라고 주장한다.
③ 갓프레드슨(Gottfredson)과 허쉬(Hirschi)는 모든 범죄행위의 원인을 낮은 자기통제력에 있다고 주장한다.
④ 갓프레드슨(Gottfredson)과 허쉬(Hirschi)는 어린 시절에 형성된 자기통제력이 이후 환경이나 제도의 영향을 받지 않고 일생동안 유지된다고 주장하였는데, 이에 대해서는 성장기에 경험하는 다양한 환경의 영향을 고려하지 않았다는 비판이 제기된다.

답 ①

042 사회학적 범죄원인론 중 통제이론을 주장한 학자만을 모두 고르면? 2022년 교정직 9급

ㄱ. 서덜랜드(Sutherland)	ㄴ. 나이(Nye)
ㄷ. 애그뉴(Agnew)	ㄹ. 라이스(Reiss)
ㅁ. 베커(Becker)	

① ㄱ, ㄷ
② ㄴ, ㄹ
③ ㄴ, ㄷ, ㄹ
④ ㄷ, ㄹ, ㅁ

통제이론

ㄴ. 나이(Nye)는 라이스(Reiss)의 견해를 발전시켜 청소년의 비행을 예방하는 사회통제의 유형을 분류하였고, 사회통제의 유형 중 가장 효율적인 방법은 비공식적 간접 통제의 방법이라고 보았다.
ㄹ. 라이스(Reiss)는 통제이론의 입장에서 범죄와 개인의 자기통제력의 관계를 처음으로 지적하여, 소년비행의 원인을 개인통제력의 미비와 사회통제력의 부족에서 파악하였다.

선지분석

ㄱ. 서덜랜드(Sutherland)는 범죄를 정상적인 사람들의 정상적인 학습행위의 산물로 파악하는 학습이론 중 차별적 접촉이론을 주장하였다.
ㄷ. 애그뉴(Agnew)는 사회에서 스트레스와 긴장을 경험하는 개인이 범죄를 저지르기 쉬운 이유를 설명하고자 하는 일반긴장이론을 주장하였다.
ㅁ. 베커(Becker)는 낙인이론의 주장자이다.

답 ②

043 갓프레드슨(Gottfredson)과 허쉬(Hirschi)의 낮은 자기통제(low self-control)에 대한 설명으로 옳지 않은 것은?

2023년 보호직 7급

① 폭력범죄부터 화이트칼라범죄에 이르기까지 모든 범죄를 낮은 자기통제의 결과로 이해한다.
② 순간적인 쾌락과 즉각적 만족에 대한 욕구가 장기적 관심보다 클 때 범죄가 발생한다.
③ 비효율적 육아와 부적절한 사회화보다는 학습이나 문화전이와 같은 실증적 근원에서 낮은 자기통제의 원인을 찾는다.
④ 자기통제가 결여된 자도 범죄기회가 주어지지 않는 한 범죄를 저지르지 않는다.

자기통제

갓프레드슨(Gottfredson)과 허쉬(Hirschi)는 어렸을 때 부정적으로 형성된 자기통제력이라는 내적 성향 요소가 이후 청소년기나 성인기의 문제행동의 원인이 된다고 주장하며, 낮은 자기통제의 형성에 가장 많은 영향을 끼치는 것은 '부모의 잘못된 자녀양육'이라고 본다.

(선지분석)

①, ②, ④ 갓프레드슨(Gottfredson)과 허쉬(Hirschi)는 모든 유형의 범죄행위와 범죄유사행위를 설명할 수 있는 범죄의 일반적 원인을 범죄발생의 기회와 낮은 자기통제력이라고 본다(자기통제력이 작용할 수 있는 전제로서 범죄발생의 기회를 제시).

답 ③

044 중화기술이론의 사례에서 '책임의 부정'에 해당하는 것은?

2022년 교정직 7급

① 기초수급자로 지정받지 못한 채 어렵게 살고 있던 중에 배가 고파서 편의점에서 빵과 우유를 훔쳤다고 주장하는 사람
② 성매수를 했지만 성인끼리 합의하여 성매매를 한 것이기 때문에 누구도 법적 책임을 질 필요가 없다고 주장하는 사람
③ 부정한 행위로 인하여 사회적 비난을 받는 사람의 차량을 파손하고 사회정의를 실현한 것이라고 주장하는 사람
④ 교통범칙금을 부과하는 경찰관에게 단속실적 때문에 함정단속을 한 것이 아니냐고 따지는 운전자

중화기술이론

책임의 부정이란 범죄·비행에 대한 자신의 책임을 인정하지 않고 오히려 자신을 사회상황의 피해자로 여기는 것이다(예 비행의 책임을 열악한 가정환경·빈약한 부모훈육·빈곤 등의 외부적 요인으로 전가하여 합리화하는 것 등).

(선지분석)

② 가해의 부정(자신의 범행에 의한 손해를 사회통제기관과 달리 평가하여 매우 가볍게 여기는 것)에 해당한다.
③ 피해자의 부정(피해자는 응당 당해야 마땅할 일을 당했을 뿐이라고 자신의 비행을 정당화하는 것)에 해당한다.
④ 비난자에 대한 비난(사회통제기관들은 부패한 자들로 자기를 심판할 자격이 없다고 하면서 그들의 위선을 비난하는 것)에 해당한다.

답 ①

★★★
045

□□□

범죄이론에 대한 설명으로 옳지 않은 것은?

2024년 보호직 9급

① 에이커스(Akers)의 사회학습이론에 따르면, 비행이나 일탈은 사회 구성원 간의 상호작용을 통해 학습된다.

② 라이스(Reiss)와 나이(Nye)의 내적 · 외적 통제이론에 따르면, 애정 · 인정 · 안전감 및 새로운 경험에 대한 청소년의 욕구가 가족 내에서 충족될수록 범죄를 저지를 확률이 낮아진다.

③ 허쉬(Hirschi)의 사회유대이론에 따르면, 모든 사람은 잠재적 범죄자로서 자신의 행위로 인해 주변인과의 관계가 악화하는 것을 두려워하기 때문에 범죄를 저지르게 된다.

④ 사이크스(Sykes)와 맛차(Matza)의 중화(기술)이론에 따르면, 자신의 비행에 대하여 책임이 없다고 합리화하는 것도 중화기술의 하나에 해당한다.

범죄이론 종합

허쉬(Hirschi)는 사회유대이론에서, 모든 사람은 잠재적 범죄자라고 전제하면서 개인의 생래적인 범죄성향을 통제하는 수단을 개인이 일상적으로 가족 · 학교 · 동료 등 사회와 맺고 있는 유대(연대)라고 보아, 이러한 '사회유대의 약화'가 범죄의 원인이라고 주장한다. 가족 · 학교 · 동료 등과 같은 사회집단에 밀접하게 연대되어 있는 사람은 여간해서 비행행위를 하지 않는다는 것이다.

선지분석

① 에이커스(Akers)는 사회학습이론에서, 범죄행위는 그것을 강화하고 두드러지게 하는 사회 외적 분위기 또는 사람들과의 사회적 상호작용을 통해 학습된다고 주장한다.

② 라이스(Reiss)는 소년비행의 원인을 개인통제력의 미비와 사회통제력의 부족에서 파악하였고, 나이(Nye)는 라이스(A. Reiss)의 견해를 발전시켜 청소년의 비행을 예방하는 사회통제의 유형을 분류하면서 사회통제의 유형 중 가장 효율적인 방법은 가정 · 학교에서 이루어지는 비공식적 간접 통제의 방법이라고 보았다(개인 및 사회통제이론).

④ 사이크스(Sykes)와 맛차(Matza)가 제시하는 중화기술의 유형 중 책임의 부정에 대한 설명이다.

답 ③

★★★
046

□□□

통제이론에 대한 설명으로 옳지 않은 것은?

2024년 보호직 7급

① 라이스(A. Reiss)는 개인적 통제 및 사회적 통제의 실패가 범죄의 원인이라고 보고, 가족 등 일차집단의 역할수행에 주목하였다.

② 레클리스(W. Reckless)는 대부분의 사람이 수많은 압력과 유인에도 불구하고 범행에 가담하지 않고 순응 상태를 유지하는 이유 중의 하나를 사회화 과정에서 형성되는 내적(자기) 통제에서 찾았다.

③ 나이(F. Nye)는 가정이나 학교에서 소년에게 자신의 행위가 주위 사람에게 실망과 고통을 줄 것이라고 인식시키는 것이 소년비행을 예방할 수 있는 가장 효율적인 방법이라고 하였다.

④ 허쉬(T. Hirschi)는 전념(commitment)은 참여(involvement)의 결과물로 장래의 목표성취와 추구에 관한 관심과 열망이 강한 경우 범죄나 비행이 감소한다고 하였다.

통제이론

허쉬(Hirschi)의 사회유대이론에서 사회유대의 요소 중 전념은 규범 준수에 따른 사회적 보상에 얼마나 관심을 갖는가에 관한 것이고, 참여는 행위적 측면에서 개인이 사회와 맺고 있는 유대로서 일상적 행위에 참여가 높을수록 비행의 가능성이 적다고 본다. 따라서 '참여는 전념의 결과물'이라고 할 수 있다.

(선지분석)

① 라이스(Reiss)는 소년비행의 원인을 개인통제력의 미비와 사회통제력의 부족에서 파악하였다.
② 레클리스(Reckless)는 봉쇄이론에서 모든 사람들에게는 범죄로 이끄는 범죄유발요인과 범죄를 억제하는 범죄억제요인이 부여되어 있지만, 범죄억제요인이 더 강할 경우 범죄로 나아가지 않는다고 하고, 범죄억제요인은 다시 외부적 억제요인과 내부적 억제요인으로 나누어, 건강한 개인이 사회의 규범 · 도덕을 내면화함으로써 내부적으로 형성한 범죄 차단에 관한 요인들인 내부적 억제요인을 강조하였다.
③ 나이(Nye)는 청소년의 비행을 예방하는 사회통제의 유형을 분류하였는데, 국가기관이 아닌 가정이나 학교에서 이루어지는 '비공식 통제'의 방법을 통하여 소년들이 주위의 기대 등을 의식해서 비행을 자제하는 '간접 통제'가 가장 효율적이라고 주장하였다(비공식적 간접 통제).

답 ④

047 사이크스(Sykes)와 맛차(Matza)의 중화기술 중 '비난자의 비난'에 해당하는 것은? 2025년 보호직 9급

① 자신의 행동으로 인해 타인이 직접적인 피해를 입지 않았다고 주장한다.
② 사회지도층 역시 부패하거나 범죄를 저지르기 때문에, 자신의 범죄 행위가 특별히 비난받을 이유가 없다고 주장한다.
③ 자신의 행위로 인해 피해자가 발생할 가능성을 인정하면서도, 그 피해자는 마땅히 그런 대우를 받을 만한 사람이라고 주장한다.
④ 범죄자는 자신의 행동이 본인의 책임이 아니라 외부 요인에 의해 발생했다고 주장한다.

사이크스(Sykes)와 맛차(Matza)의 중화기술

중화기술 중 비난자에 대한 비난에 해당한다. 비난자에 대한 비난이란 사회통제기관들은 부패한 자들로 자기를 심판할 자격이 없다고 하면서 그들의 위선을 비난하는 것이다.

(선지분석)

① 중화기술 중 '가해의 부정'에 해당한다. 가해의 부정이란 자신의 범행에 의한 손해를 사회통제기관과 달리 평가하여 매우 가볍게 여기는 것이다.
③ 중화기술 중 '피해자의 부정'에 해당한다. 피해자의 부정이란 피해자는 응당 당해야 마땅할 일을 당했을 뿐이라고 자신의 비행을 정당화하는 것이다.
④ 중화기술 중 '책임의 부정'에 해당한다. 책임의 부정이란 범죄 · 비행에 대한 자신의 책임을 인정하지 않고 오히려 자신을 사회상황의 피해자로 여기는 것이다.

답 ②

★★★
048 □□□

다음 중 머튼(Merton)의 아노미이론에 대한 설명으로 옳은 것으로만 고른 것은? 2012년 보호직 7급

ㄱ. 동조형(conformity)은 안정적인 사회에서 가장 보편적인 행위유형으로서 문화적인 목표와 제도화된 수단을 부분적으로만 수용할 때 나타난다.
ㄴ. 혁신형(innovation)은 문화적인 목표에 집착하여 부당한 수단을 통해서라도 성공을 달성하려는 행위유형으로 이욕적 범죄가 대표적이다.
ㄷ. 의례형(ritualism)은 문화적 성공의 목표에는 관심이 없으면서도 제도화된 수단은 지키려는 유형으로 출세를 위한 경쟁을 포기한 하위직원들 사이에서 발견된다.
ㄹ. 은둔형(retreatism)은 사회의 문화적 목표와 제도화된 수단을 모두 수용하지만 사회로부터 소외된 도피적인 유형을 말한다.
ㅁ. 혁명형(rebellion)은 기존의 사회가 수용하는 목표와 제도화된 수단을 모두 거부하고 체제의 전복 등을 통해 새로운 것으로 대체하려는 유형이다.

① ㄱ, ㄴ, ㄷ
② ㄱ, ㄹ, ㅁ
③ ㄴ, ㄷ, ㄹ
④ ㄴ, ㄷ, ㅁ

머튼(Merton)의 아노미이론

머튼의 아노미이론에 대한 설명으로 옳은 것은 ㄴ, ㄷ, ㅁ이다.

선지분석

ㄱ. 아노미이론의 반응양식(적응유형) 중 동조형은 정상적인 기회구조에 접근할 수는 없지만, 문화적 목표도 승인하고 제도화된 수단도 승인하는 경우이다. 금전적 성공이 문화적 목표로 강조되고 근면 · 검약 · 교육 등이 제도화된 수단으로 인정되는 경우, 비록 본인은 충분한 교육기회가 없더라도 주어진 조건 내에서 돈을 벌고자 하는 태도를 예로 들 수 있다. 이는 문화적인 목표와 제도화된 수단을 부분적으로만 수용하는 것이 아니라 전면적으로 수용하는 태도이다.
ㄹ. 은둔형은 문화적 목표와 사회적으로 승인된 수단 모두를 부정하여 사회활동을 거부하는 경우이다. 정신병자, 빈민층, 부랑자, 방랑자, 폭력배, 만성적 알코올중독자 및 마약상습자 등의 경우를 예로 들 수 있다.

답 ④

049 머튼(Merton)이 주장한 아노미이론에서 문화적 목표는 수용하지만 제도화된 수단은 거부하는 적응유형으로 옳은 것은?

2014년 교정직 9급

① 동조형(conformity)
② 혁신형(innovation)
③ 의례형(ritualism)
④ 반역형(rebellion)

머튼(Merton)의 아노미이론

문제에 제시된 적응유형은 혁신형(개혁형)에 대한 내용이다.

핵심POINT 머튼(Merton)의 아노미이론

머튼(Merton)은 대부분의 전통적 범죄는 하류계층에 의해 실행됨을 설명하고자 하며, 개인의 반응양식의 차이는 개인의 속성이 아니라 사회의 문화구조에 의한 것이라고 보았다. 개인의 반응양식은 문화적 목표와 제도화된 수단에 따라 각각 수용과 거부의 조합을 기준으로, 다섯 가지의 형태로 나타난다.

반응양식	문화적 목표	제도화된 수단	행위유형
동조(순응)	+	+	대부분의 정상인
혁신(개혁)	+	–	전통적 재산범죄자
의례(의식주의)	–	+	하층관료, 샐러리맨
은둔(도피, 퇴행)	–	–	약물중독자, 부랑자
반항(혁명)	±	±	반역자, 혁명가

참고 '+'는 수용, '–'는 거부, '±'는 이전의 가치는 거부하고 새로운 가치는 수용하는 것

답 ②

050 머튼(Merton)의 아노미이론에서 제시한 개인의 적응방식 중 다음의 사례에서 찾을 수 없는 유형으로 옳은 것은?

2014년 보호직 7급

- 비록 자신은 충분한 교육을 받지 못했지만 주어진 조건 내에서 돈을 많이 벌려고 노력하는 자
- 정상적인 방법으로는 부자가 될 수 없다고 판단하고 사기, 횡령 등을 행하는 자
- 사업이 수차례 실패로 끝나자 자신의 신세를 한탄하면서 부랑생활을 하는 자
- 환경보호를 이유로 공공기관이 시행하는 댐건설현장에서 공사 중단을 요구하며 시위를 하는 자

① 혁신형(innovation)
② 회피형(retreatism)
③ 의례형(ritualism)
④ 반역형(rebellion)

머튼(Merton)의 아노미이론

· 비록 자신은 충분한 교육을 받지 못했지만 주어진 조건 내에서 돈을 많이 벌려고 노력하는 자
 ⇨ 머튼(Merton)의 아노미이론에서 제시하는 개인의 적응방식 중 정상적인 기회구조에 접근할 수는 없지만, 문화적 목표도 승인하고 제도화된 수단도 승인하는 경우로서 동조형에 해당한다.
· 정상적인 방법으로는 부자가 될 수 없다고 판단하고 사기, 횡령 등을 행하는 자
 ⇨ 문화적 목표는 승인하지만 제도화된 수단은 부정하는 경우로서, 범죄자들의 전형적인 반응양식인 혁신형에 해당한다.
· 사업이 수차례 실패로 끝나자 자신의 신세를 한탄하면서 부랑생활을 하는 자
 ⇨ 문화적 목표와 사회적으로 승인된 수단 모두를 부정하여 사회활동을 거부하는 경우로서 은둔형(회피형)에 해당한다.
· 환경보호를 이유로 공공기관이 시행하는 댐건설현장에서 공사 중단을 요구하며 시위를 하는 자
 ⇨ 문화적 목표와 사회적으로 승인된 수단 모두를 부정하는 동시에 기존 사회질서를 다른 사회질서로 대체할 것을 요구하는 경우인 반역형(혁명형)에 해당한다.

답 ③

★★★ **051** □□□

머튼(Merton)이 제시한 아노미 상황에서의 적응양식 중에서 기존 사회체제를 거부하는 혁명가(A)와 알코올 중독자(B)에 해당하는 유형을 옳게 연결한 것은? 2018년 교정직 9급

적응양식의 유형	문화적 목표	제도화된 수단
ㄱ	+	+
ㄴ	+	-
ㄷ	-	+
ㄹ	-	-
ㅁ	±	±

※ +는 수용, -는 거부, ±는 제3의 대안을 추구하는 것을 의미

	A	B
①	ㄹ	ㄷ
②	ㄴ	ㅁ
③	ㅁ	ㄹ
④	ㅁ	ㄷ

머튼(Merton)의 아노미이론

머튼(Merton)의 아노미이론에 의한 개인의 반응양식(적응양식) 중에서 ㄱ은 동조형(순응형), ㄴ은 혁신형(개혁형), ㄷ은 의례형(의식주의), ㄹ은 은둔형(도피형), ㅁ은 반역형(혁명형)에 해당한다. 문제에서 제시된 기존 사회체제를 거부하는 혁명가(A)는 반역형(혁명형)에 해당하고(ㅁ), 알코올 중독자(B)는 은둔형(도피형)에 해당한다(ㄹ).

답 ③

052 머튼(Merton)의 아노미이론에 대한 설명으로 옳지 않은 것은? 2020년 보호직 7급

① '순응(conformity)'은 문화적 목표와 제도화된 수단을 모두 승인하는 적응방식으로 반사회적인 행위유형이 아니다.

② '혁신(innovation)'은 문화적 목표는 승인하지만 제도화된 수단을 부정하는 적응방식으로 마약 밀매, 강도, 절도 등이 이에 해당한다.

③ '퇴행(retreatism)'은 문화적 목표와 제도화된 수단을 모두 부정하고 사회활동을 거부하는 적응방식으로 만성적 알코올 중독자, 약물 중독자, 부랑자 등이 이에 해당한다.

④ '의식주의(ritualism)'는 문화적 목표와 제도화된 수단을 모두 부정하고 기존의 사회질서를 다른 사회질서로 대체할 것을 요구하는 적응방식으로 혁명을 시도하는 경우 등이 이에 해당한다.

아노미이론

개인의 반응양식(적응유형) 중 의식주의(의례형)은 문화적 목표를 부인하고 제도화된 수단은 승인하는 것으로서, 수단이 자신의 목표가 되는 경우를 말한다. 지문의 내용은 반항형(혁명형)에 대한 설명이다.

선지분석

① 머튼(R. Merton)의 아노미이론에서 개인의 반응양식(적응유형) 중 순응형(동조형)은 문화적 목표도 승인하고 제도화된 수단도 승인하는 경우를 말하는데, 머튼(Merton)은 반응양식 중 동조만이 정상적인 사람들의 반응양식이며, 그 외에는 모두 반사회적 적응양식이라고 본다.

② 개인의 반응양식(적응유형) 중 혁신형(개혁형)은 문화적 목표는 승인하지만 제도화된 수단은 부정하는 경우로서, 범죄자들의 전형적인 반응양식이다. 머튼(Merton)은 대부분의 범죄가 비합법적인 수단을 통하여 자신들이 원하는 목표를 달성하려고 한다는 점에서 이러한 반응양식에 해당한다고 본다.

③ 개인의 반응양식(적응유형) 중 퇴행형(은둔형, 도피형)에 대한 옳은 설명이다.

답 ④

053 머튼(R. Merton)의 아노미(긴장)이론에 대한 설명으로 옳지 않은 것은? 2024년 교정직 7급

① 사람들이 추구하는 목표는 선천적인 것이 아니며, 문화적 전통과 같은 사회환경에 의해 형성된다고 보았다.

② 사회적으로 인정되는 목표를 달성하기 위한 수단은 공평하게 주어지지 않는다고 보았다.

③ 개인적 수준의 긴장은 목표 달성의 실패, 긍정적 가치를 갖는 자극의 상실, 부정적 자극으로부터 발생한다고 보았다.

④ 개인의 목표는 다양하지만, 경제적 성공에만 집중하고 다른 목표를 경시한다는 비판을 받았다.

머튼의 아노미이론

지문의 내용은 '애그뉴가 주장한 일반긴장이론'의 내용이다. 애그뉴(Agnew)는 머튼의 아노미이론을 수정하고 미시적으로 계승하여 사회에서 스트레스와 긴장을 경험하는 개인이 범죄를 저지르기 쉬운 이유를 설명하고자 하였다(긴장의 개인적 영향, 미시적 범죄이론). 그는 목표달성의 실패(또는 기대와 성취 사이의 괴리), 긍정적 자극의 소멸, 부정적 자극의 발생을 긴장의 원인으로 보아 범죄원인으로 제시하였다.

선지분석

① 머튼(Merton)의 주장에 따르면, 사람들의 욕구(목표)는 생래적이거나 이기적 동기에 의한 것이 아니라, 사회의 관습이나 문화적 전통과 같은 사회환경에 의해 형성된다(공통가치설, 가치공유설).

② 머튼(Merton)의 주장에 따르면, 문화적 목표를 달성하기 위한 수단의 확보기회가 계층에 따라 차별적이어서 사회적 긴장관계가 형성된다.

④ 머튼(Merton)의 아노미이론에 대해서는, 어느 사회에서나 문화적 목표에 대해서 기본적인 합의가 있다는 공통가치설을 지나치게 강조하고 있다는 비판이 제기된다(다양성의 무시).

답 ③

054 범죄이론에 대한 설명으로 옳지 않은 것은? 2016년 보호직 7급

① 서덜랜드(Sutherland)에 의하면 범죄행동은 학습되며 범죄자와 비범죄자의 차이는 학습과정의 차이가 아니라 접촉유형의 차이라고 한다.

② 글래저(Glaser)에 의하면 범죄는 행위자가 단순히 범죄적 가치와 접촉함으로써 발생하는 것이 아니라, 행위자 스스로 그것을 자기 것으로 동일시하는 단계로까지 나가야 발생한다고 한다.

③ 사이크스(Sykes)와 맛차(Matza)에 의하면 비행소년들이 범죄자와 접촉하는 과정에서 전통의 규범을 중화시키는 기술을 습득하게 된다고 한다.

④ 머튼(Merton)에 의하면 반응양식 중 혁신(innovation)은 문화적 목표는 부정하지만 제도화된 수단은 승인하는 형태라고 한다.

범죄이론

혁신형(개혁형)은 문화적 목표는 승인하지만 제도화된 수단은 부정하는 경우로서, 범죄자들의 전형적인 반응양식이다. 대부분의 범죄가 비합법적인 수단을 통하여 자신들이 원하는 목표를 달성하려고 한다는 점에서 이러한 반응양식에 해당하며, 머튼(Merton)이 가장 관심 깊게 다룬 유형이다.

선지분석

① 서덜랜드(Sutherland)는 범죄란 개인이 타인과 접촉하는 과정에서 서로 다르게 타인을 접촉하면서 상대방의 행동을 학습하는 결과로서 생기게 된다고 파악한다(차별적 접촉이론).

② 글래저(Glaser)는 사람은 누구나 자신을 누군가와 동일시하려는 경향이 있으며, 자신의 범행행동을 수용할 수 있다고 생각되는 실재의 인간이나 관념상의 인간에게 자신을 동일시하는 경우 범죄를 저지른다고 본다(차별적 동일시이론).

③ 사이크스와 맛차(Sykes & Matza)에 의하면 비행소년들도 전통적 가치 · 문화를 인정하지만, 그들이 차별적 접촉에서 배우는 것은 규범을 중화(비행을 정당화)시키는 기술 · 방법이며, 중화기술을 습득한 자들은 사회 속에서 표류하여 범죄 · 일탈행위의 영역으로 들어가게 된다고 한다.

답 ④

055 다음에서 설명하는 이론을 주장한 학자는? 2023년 교정직 9급

> • 아메리칸 드림이라는 문화사조는 경제제도가 다른 사회제도들을 지배하는 '제도적 힘의 불균형' 상태를 초래함
> • 아메리칸 드림과 같은 문화사조와 경제제도의 지배는 서로 상호작용을 하면서 미국의 심각한 범죄문제를 일으킴

① 머튼(Merton)

② 코헨과 펠슨(Cohen & Felson)

③ 코니쉬와 클라크(Cornish & Clarke)

④ 메스너와 로젠펠드(Messner & Rosenfeld)

제도적 아노미이론

제도적 아노미이론을 주장한 메스너와 로젠펠드(Messner & Rosenfeld)는 머튼(R. Merton)의 아노미이론에 동의하면서 범죄 · 비행을 미국 사회의 문화적 · 제도적 영향의 결과로 본다. 이에 의하면 문화와 제도에 있어서 경제적 욕망(아메리칸 드림)의 지배는 가족 · 교회 · 학교 등에서 시행하는 비공식적 사회통제를 약화시키고(제도적 힘의 불균형) 이는 미국 사회의 높은 범죄율로 연결된다는 것이다.

(선지분석)

① 머튼(Merton)은 아노미이론의 주장자이다.
② 코헨과 펠슨(Cohen & Felson)은 일상활동이론의 주장자이다.
③ 코니쉬와 클라크(Cornish & Clarke)는 합리적 선택이론의 주장자이다.

답 ④

056 다음 중 애그뉴(Agnew)의 일반긴장이론(General Strain Theory)에 대한 설명으로 옳은 것만을 모두 고른 것은? 2017년 교정직 9급

ㄱ. 머튼(Merton)의 아노미이론(Anomie Theory)에 그 이론적 뿌리를 두고 있다.
ㄴ. 거시적 수준의 범죄이론으로 분류된다.
ㄷ. 범죄발생의 원인으로 목표달성의 실패, 기대와 성취 사이의 괴리, 긍정적 자극의 소멸, 부정적 자극의 발생을 제시했다.
ㄹ. 긴장을 경험하는 모든 사람이 범죄를 저지른다거나 범죄에 의존하게 되는 것은 아니다.

① ㄱ, ㄹ
② ㄱ, ㄴ, ㄷ
③ ㄱ, ㄷ, ㄹ
④ ㄱ, ㄴ, ㄷ, ㄹ

애그뉴(Agnew)의 일반긴장이론

ㄱ, ㄷ. 애그뉴(Agnew)는 머튼(Merton)의 아노미이론을 계승하면서도 사회에서 스트레스와 긴장을 경험하는 개인이 범죄를 저지르기 쉬운 이유를 설명하고자 하였다(일반긴장이론, General Strain Theory). 이는 긴장의 개인적 영향에 관한 설명으로서 미시적 범죄이론으로 분류된다.
ㄹ. 경험한 긴장의 강도가 강하고 횟수가 거듭될수록 개인은 충격을 많이 받으며 범죄에 빠질 가능성이 높다고 보는 것이므로, 긴장을 경험하는 모든 사람이 범죄를 저지른다거나 범죄에 의존하게 되는 것은 아니다.

(선지분석)

ㄴ. 미시적 범죄이론으로 분류된다.

답 ③

057 머튼(Merton)의 아노미이론에 대한 설명으로 옳지 않은 것은? 2022년 교정직 9급

① 부(富)의 성취는 미국사회에 널리 퍼진 문화적 목표이다.
② 목표달성을 위한 합법적 수단에 대한 접근은 하류계층에게 더 제한되어 있다.
③ 합법적 수단이 제한된 하류계층 사람들은 비합법적인 수단을 통해서라도 목표를 달성하려고 한다.
④ 하류계층뿐만 아니라 상류계층의 범죄를 설명하는 데 유용하다.

머튼(Merton)의 아노미이론

아노미이론은 근래에 증가하는 중산층이나 상류층의 범죄를 설명하는 데에는 한계를 나타냄으로써 범죄원인의 일반이론으로 보기는 힘들다는 비판을 받는다.

(선지분석)

① 아노미이론에서는 사람들의 욕구(목표)는 생래적이거나 이기적 동기에 의한 것이 아니라, 사회의 관습이나 문화적 전통과 같은 사회환경에 의해 형성된다고 보면서(공통가치설), 미국과 같은 자본주의사회에서는 부의 성취가 구성원들의 공통적 목표(문화적 목표)라고 본다.

② 아노미이론에서는 문화적 목표를 달성하기 위한 합법적 수단의 확보기회가 계층에 따라 차별적이어서 사회적 긴장(아노미)이 발생한다고 본다.

③ 아노미이론에서는 문화적 목표를 달성하기 위한 합법적인 수단에 접근할 수 있는 가능성은 개인의 능력이나 사회적 계층에 따라 각기 다른 상태에 두고 있고, 수단에 접근할 기회가 제한된 사람들(하위계층)은 목표의 달성을 위하여 수단의 합법성 여부를 무시한 행동(범죄)으로 나아간다고 본다.

답 ④

KEYWORD 06 | 갈등이론

★★

058 □□□

범죄 및 범죄원인에 대한 설명으로 옳지 않은 것은? 2012년 교정직 7급

① 비결정론은 법률적 질서를 자유의사에 따른 합의의 산물로 보고 법에서 금지하는 행위를 하거나 의무를 태만히 하는 행위 모두를 범죄로 규정하며, 범죄의 원인에 따라 책임소재를 가리고 그에 상응하는 처벌을 부과해야 한다는 견해이다.

② 결정론에 따르면 인간의 사고나 판단은 이미 결정된 행위과정을 정당화하는 것에 불과하므로 자신의 사고나 판단에 따라 자유롭게 행위를 선택할 수 없다고 본다.

③ 미시적 환경론과 거시적 환경론은 개인의 소질보다는 각자가 처해있는 상황을 주요한 범죄발생 원인으로 고려한다는 점에서 유사하다.

④ 갈등이론에 의하면 법률은 사회구성원들이 함께 나누고 있는 가치관이나 규범을 종합한 것으로서, 법률의 성립과 존속은 일정한 가치나 규범의 공유를 상징한다.

범죄 및 범죄원인

갈등이론에서는 법을 사회구성원의 합의의 산물로 보는 전통적 관점을 배척하고 법의 기원을 선별적인 과정으로 본다. 즉, 사회의 다양한 집단들 중에서 자신들의 정치적·경제적 힘을 주장할 수 있는 집단이 자신들의 이익과 기득권을 보호하기 위한 수단으로 만들어 낸 것이 법률이라는 것이다. 지문의 내용은 이른바 합의론의 입장이다.

(선지분석)

① 비결정론은 고전주의학파의 주장이다(자유의사론, 책임주의, 응보형주의).

② 결정론은 실증주의학파의 주장이다(자유의사의 부정).

③ 범죄의 원인을 환경적 요인에서 구하는 입장으로서, 그 범위를 좁게 또는 넓게 보는가에 따라 구분된다.

답 ④

059 학자와 그 이론에 대한 설명으로 옳게 연결되지 않은 것은? 2015년 교정직 9급

① 롬브로조(Lombroso) - 범죄의 원인을 생물학적으로 분석하여 격세유전과 생래적 범죄인설을 주장하였다.

② 페리(Ferri) - 범죄의 원인을 인류학적 요인, 물리적 요인, 사회적 요인으로 구분하고 이 세 가지 요인이 존재하는 사회에는 이에 상응하는 일정량의 범죄가 발생한다는 범죄포화의 법칙을 주장하였다.

③ 셀린(Sellin) - 동일한 문화 안에서 사회변화에 의하여 갈등이 생기는 경우를 일차적 문화갈등이라 보고, 상이한 문화 안에서 갈등이 생기는 경우를 이차적 문화갈등으로 보았다.

④ 머튼(Merton) - 아노미 상황에서 개인의 적응 방식을 동조형(conformity), 혁신형(innovation), 의례형(ritualism), 도피형(retreatism), 반역형(rebellion)으로 구분하였다.

셀린(Sellin)의 문화갈등이론

셀린(Sellin)은 이질적 문화의 충돌에 의한 문화갈등을 일차적 문화갈등으로, 동일문화 안에서 사회변화에 의한 문화갈등을 이차적 문화갈등으로 보았다.

선지분석

① 롬브로조(Lombroso)는 정신병원과 형무소에서 정신병과 범죄에 대한 생물학적 원인을 조사하여 수용자들의 두개골에 현저한 생물학적 퇴행성 혹은 격세유전적 특성이 있음을 발견하고, 이를 토대로 생래적 범죄인론을 주장하였다.

② 페리(Ferri)는 마르크스의 유물사관, 스펜서의 발전사관, 다윈의 진화론 등의 영향을 받아 범죄원인으로 인류학적 요소, 물리적 요소, 사회적 요소의 세 가지를 열거하면서, 특히 범죄의 사회적 원인을 중시한다. 또한 일정한 개인적 · 사회적 환경에서는 그에 따르는 일정량의 범죄가 있는 것이 원칙이고 그 수가 절대적으로 증감할 수 없다는 내용의 범죄포화의 법칙을 주장하였다.

④ 머튼(Merton)은 개인의 반응양식은 문화적 목표와 제도화된 수단에 따라 각각 수용과 거부의 조합을 기준으로, 다섯 가지의 형태(동조형, 혁신형, 의례형, 도피형, 반역형)로 나타난다고 하였다. 개인의 반응양식(적응양식) 중 동조형만이 정상적인 사람들의 반응양식이며, 그 외에는 모두 반사회적 적응양식이라고 본다.

답 ③

060 갈등이론에 대한 설명으로 옳지 않은 것은? 2022년 보호직 7급

① 셀린(Sellin)은 이민 집단의 경우처럼 특정 문화집단의 구성원이 다른 문화의 영역으로 이동할 때에 발생할 수 있는 갈등을 이차적 문화갈등으로 보았다.

② 볼드(Vold)는 이해관계의 갈등에 기초한 집단갈등론을 주장하였으며, 특히 집단 간의 이익갈등이 가장 첨예한 상태로 대립하는 영역으로 입법정책 부문을 지적하였다.

③ 터크(Turk)는 사회를 통제할 수 있는 권력 또는 권위의 개념을 범죄원인과 대책 분야에 적용시키고자 하였다.

④ 퀴니(Quinney)는 노동자계급의 범죄를 자본주의 체제에 대한 적응범죄와 대항범죄로 구분하였다.

갈등이론

셀린(Sellin)은 문화갈등이론을 주장하면서, 일정한 문화지역에 속하는 규범이 다른 지역에 이입됨으로써 행위규범 간의 충돌이 생기는 경우를 일차적 문화갈등이라고 하였다(문화적 관습의 갈등으로서의 문화갈등).

선지분석

② 볼드(Vold)는 집단갈등이론을 주장하면서, 집단 간에 갈등이 발생하는 이유는 여러 집단들이 추구하는 이익과 목적이 중첩되고 서로 잠식하며 경쟁적이 되기 때문이라고 보았다. 그는 법의 제정, 위반, 집행의 모든 측면을 정치적 이익갈등의 차원에서 조명하여, 특히 집단 간의 이익갈등이 가장 첨예한 상태로 대립하는 영역으로 입법 정책 부문을 지적하였다.

③ 터크(Turk)는 권력갈등이론을 주장하면서, 집단 간에 발생하는 갈등의 원인은 사회를 통제할 수 있는 권위를 추구하는 데에 있다고 본다. 그리고 사회의 권위 구조를 집단의 문화규범 · 행동양식을 타인에게 강제할 수 있는 권위를 가진 지배집단과 그렇지 못한 피지배집단으로 구분하였다.

④ 퀴니(Quinney)는 자본주의 사회의 범죄의 유형을 자본가 계급의 범죄(지배와 억압의 범죄)와 노동자 계급의 범죄(적응과 저항의 범죄)로 분류하고, 노동자 계급의 범죄는 다시 적응의 범죄와 저항의 범죄로 구분하였다.

답 ①

061 **범죄를 바라보는 관점에 대한 설명으로 옳지 않은 것은?** 2025년 보호직 9급

① 합의론적 관점에 따르면, 범죄를 규정하기 위해서는 대다수 구성원의 동의가 있어야 한다고 본다.

② 갈등론적 관점에 따르면, 범죄는 지배계층의 이익을 보호하도록 설계된 정치적 개념으로 본다.

③ 상호작용론적 관점에 따르면, 범죄의 정의는 지배적인 도덕적 가치를 반영한다고 본다.

④ 상호작용론적 관점과 합의론적 관점 모두에 따르면, 법은 모든 시민에게 동등하게 적용된다고 본다.

범죄를 바라보는 관점

합의론적 관점에 따르면 법은 모든 시민에게 동등(평등)하게 적용된다고 보나, '상호작용론적 관점'(낙인이론 등)에서는 갈등론의 영향을 받아 '지배계층이 그들의 우월적 지위를 공고하게 하기 위해 사회적 약자계층의 일상적이고 평범한 행위에 대하여 비행의 낙인을 부여'하여 탄압하며, 비행은 사회계층 간 갈등 · 경쟁의 산물이라고 본다.

선지분석

① 합의론적 관점에서는 한 사회의 법률은 사회구성원들에 의해 일반적으로 합의된 행위규범을 반영하는 것으로 그 사회의 가치 · 신념의 주류를 대변하는 것이고, 범죄는 이러한 법률의 위반으로 사회 전체의 일반적 합의에 모순된 행위로 규정된다.

② 갈등론적 관점에서는 사회의 다양한 집단들 중에서 자신들의 정치적 · 경제적 힘을 주장할 수 있는 집단이 자신들의 이익과 기득권을 보호하기 위한 수단으로 만들어 낸 것이 법률이라고 본다.

③ 상호작용론적 관점에 따르면 사회적 · 법적 권력을 가진 소위 도덕적 십자군(도덕적 기획가)의 기준에 의해 범죄에 대한 정의가 결정 · 변경된다. 이에 의하면 범죄는 그 자체로 악한 행동 또는 반도덕적 행동이 아니라 사회가 그렇게 규정한 행동이다.

답 ④

KEYWORD 07 | 범죄적 하위문화이론(문화적 비행이론)

062 다음 ㄱ, ㄴ에 들어갈 용어가 옳게 연결된 것은? 2016년 보호직 7급

> • 뒤르껭(Durkheim)에 의하면 (ㄱ)는 현재의 사회구조가 구성원 개인의 욕구나 욕망에 대한 통제력을 유지할 수 없을 때 발생한다고 보았으며, 머튼(Merton)에 의하면 문화적 목표와 이를 달성하기 위한 제도적 수단 사이에 간극이 있고 구조적 긴장이 생길 경우에 발생한다고 보았다.
> • 밀러(Miller)에 의하면 (ㄴ)는 중산층과 상관없이 고유의 전통과 역사를 가진 독자적 문화로 보았으며, 코헨(Cohen)에 의하면 중산층의 보편적인 문화에 대항하고 반항하기 위해서 형성되는 것이라고 보았다.

	ㄱ	ㄴ
①	아노미	저항문화
②	아노미	하위문화
③	사회해체	저항문화
④	사회해체	하위문화

아노미와 하위문화이론

ㄱ. 뒤르껭(Durkheim)에 의하면 아노미란 사회구성원에 대한 도덕적 규제가 제대로 되지 않는 상태, 즉 사회의 도덕적 권위가 무너져 사회구성원들이 지향적인 삶의 기준을 상실한 무규범상태로서 사회통합의 결여를 말한다. 반면 머튼(Merton)은 뒤르껭(Durkheim)의 아노미(anomie)개념을 도입하여, 미국사회에서 사회적으로 수용가능한 목표와 합법적인 수단 간의 불일치를 의미하는 것으로 사용한다.

ㄴ. 밀러(Miller)에 의하면 하위문화는 사회의 주류문화에 대하여 다른 가치를 가지는 문화로 파악된다. 따라서 범죄 및 일탈은 병리적인 행위도, 중산층 규범에 대항하는 반작용도 아니며, 단지 자기가 소속된 해당 문화에 충실한 행위일 뿐이라는 것이다. 반면 코헨(Cohen)은 중산층 문화에 적응하지 못한 하류계층의 소년들이 그들의 좌절감을 해소하고 자신들의 삶에 의미를 부여하기 위해서 다른 하류계층 소년들과 함께 주류문화의 가치체계와 전혀 다른 문화(비행하위문화)를 구성하여 중류계층의 거부에 대한 해결책을 찾는다고 본다.

답 ②

063 밀러(Miller)의 하류계층 문화이론(lower class culture theory)에 대한 설명으로 옳지 않은 것은? 2023년 보호직 · 교정직 7급

① 밀러는 하류계층의 문화를 고유의 전통과 역사를 가진 독자적 문화로 보았다.
② 하류계층의 여섯 가지 주요한 관심의 초점은 사고치기(trouble), 강인함(toughness), 영악함(smartness), 흥분추구(excitement), 운명(fate), 자율성(autonomy)이다.
③ 중류계층의 관점에서 볼 때, 하류계층 문화는 중류계층 문화의 가치와 갈등을 초래하여 범죄적 · 일탈적 행위로 간주된다.
④ 범죄와 비행은 중류계층에 대한 저항으로서 하류계층 문화 자체에서 발생한다.

하류계층 문화이론

'코헨(Cohen)의 비행하위문화이론'의 내용이다.

선지분석

① 밀러(Miller)는 하류계층에게는 그들만의 독자적인 문화규범이 존재한다고 보았다.
② 밀러는 하류계층에게 독자적인 문화규범이 생기는 이유로 그들의 관심의 초점이 중류계층과 다르기 때문이라고 보면서, 관심의 초점의 내용으로 사고치기(말썽), 자율성, 운명, 흥분, 영악함(교활), 강인함을 제시하였다.
③ 밀러는 하류계층이 자신들의 독자적인 문화규범에 따라 행동하는 것이 중류계층 문화의 법규범에 위반됨으로써 범죄가 발생한다고 본다.

답 ④

★★

064 하층계급의 높은 범죄율을 설명하는 이론으로 가장 옳지 않은 것은? 2012년 교정직 9급

① 머튼(Merton)의 아노미이론
② 사회해체이론
③ 허쉬(Hirschi)의 사회유대이론
④ 일탈하위문화이론

하층계급의 높은 범죄율을 설명하는 이론

허쉬(Hirschi)의 사회유대이론(사회통제이론)에서는 개인적 통제보다 사회적 통제를 강조하여 사회유대의 약화를 비행의 원인으로 본다. 가족 · 학교 · 동료 등과 같은 사회집단에 밀접하게 연대되어 있는 사람은 여간해서 비행행위를 하지 않는다고 하면서, 애착 · 전념 · 참여 · 신념을 사회유대의 요소로 본다.

선지분석

① 머튼(Merton)의 아노미이론은 현대사회가 사회구성원들에게 공통의 목표(예 부의 획득, 좋은 학교에 입학 등)를 강조하면서도 이를 달성하기 위한 합법적인 수단에 접근할 수 있는 가능성은 개인의 능력이나 사회적 계층에 따라 각기 다른 상태에 두고 있고, 수단에 접근할 기회가 제한된 사람들은 목표의 달성을 위하여 수단의 합법성 여부를 무시한 행동(범죄)으로 나아간다는 입장이다. 이는 범죄가 사회구조적 문제로 인해 발생함을 강조하여 하위계층의 범죄율이 높은 이유를 설명하는 이론이다.
② 사회해체이론에 의하면 틈새지역(변이지역, 퇴화과도지역)에서는 사회해체가 발생하여 전통적 사회통제기관들이 규제력을 상실하면 반사회적 가치를 옹호하는 범죄하위문화가 형성되고 계속 주민들 간에 계승됨으로써, 해당 지역에는 높은 범죄율이 유지된다고 한다.
④ 일탈하위문화이론(범죄적 하위문화이론)에서는 사회의 여러 하위문화 중에서 규범의 준수를 경시하거나 반사회적 행동양식을 옹호하는 범죄적 하위문화가 존재하며, 이러한 환경에서 생활하는 사람들은 범죄적 하위문화의 영향으로 인하여 범죄행위에 빠져든다고 본다.

답 ③

★★
065 □□□

코헨(Cohen)이 주장한 비행하위문화의 특징에 해당하지 않는 것은? 2021년 보호직 7급

① 자율성(autonomy): 다른 사람의 간섭을 받기 싫어하는 태도나 자기 마음대로 행동하려는 태도로서 일종의 방종을 의미한다.

② 악의성(malice): 중산층의 문화나 상징에 대한 적대적 표출로서 다른 사람에게 불편을 주는 행동, 사회에서 금지하는 행동을 하는 것을 즐긴다.

③ 부정성(negativism): 기존의 지배문화, 인습적 가치에 반대되는 행동을 추구하며, 기존 어른들의 문화를 부정하는 성향을 갖는다.

④ 비합리성(non-utilitarianism): 합리성의 추구라는 중산층 가치에 반대되는 것으로 합리적 계산에 의한 이익에 따라서 행동하는 것이 아니라 스릴과 흥미 등에 따른 행동을 추구한다.

비행하위문화의 특징

밀러(Miller)가 하위계층문화이론에서 주장한 하위계층의 관심의 초점(중심가치) 중 자율성에 대한 설명이다.

핵심POINT 밀러(Miller) - 하위계층의 관심의 초점(중심가치)

머튼(Merton)은 대부분의 전통적 범죄는 하류계층에 의해 실행됨을 설명하고자 하며, 개인의 반응양식의 차이는 개인의 속성이 아니라 사회의 문화구조에 의한 것이라고 보았다. 개인의 반응양식은 문화적 목표와 제도화된 수단에 따라 각각 수용과 거부의 조합을 기준으로, 다섯 가지의 형태로 나타난다.

말썽(사고치기)	· 하층계급은 유난히 사고를 유발하고, 이를 원활히 처리하는 데에 많은 관심을 갖고 있음 · 사고를 저지르고 경찰에 체포되거나 피해자에게 배상하는 것은 어리석은 것이며, 이를 교묘히 피해가는 것이 주위의 주목을 끌고 높은 평가를 받게 됨
자율성(독자성)	경찰 · 선생 · 부모 등의 권위로부터 벗어나려 하고, 그들의 간섭을 받는 것을 혐오하므로, 사회의 권위 있는 기구들에 대한 경멸적 태도를 취하게 됨
숙명(운명주의)	· 미래가 자기의 노력보다는 통제할 수 없는 운명에 달려 있다고 믿음 · 범죄를 저지르고 체포된 경우, 반성하기보다는 운이 없었다고 판단하기도 함
흥분(자극)	· 스릴과 위험한 일을 추구하여 권태감을 해소하는 것 · 하층계급의 거주지역에서는 도박 · 싸움 · 음주 · 성적 일탈이 많이 발생
교활(기만)	지적인 총명함이 아니라, 도박 · 사기 · 탈법 등과 같이 기만적인 방법으로 다른 사람을 속일 수 있는 능력
강인(억셈)	· 감성적이며 부드러운 것을 거부하고, 육체적인 힘이나 싸움능력을 중시하며 두려움을 나타내지 않음 · 이는 여성가장기구에 대한 반작용으로 볼 수 있음

핵심POINT 비행하위문화의 특징

코헨(Cohen)은 비행하위문화이론에서 비행청소년들이 갖는 비행하위문화의 특징에 대하여 다음과 같이 주장한다.

다면성(변덕)	하류계층 소년들은 여러 방면의 재주 · 잡기 · 융통성을 중요시함
단기쾌락주의	미래의 성공을 위해 현재의 욕구를 억제하지 못하고 당장의 쾌락을 추구하는 경향을 띰(폭주족 등)
반항성(부정성)	하류계층의 소년들은 사회의 지배적 가치체계를 무조건 거부하고, 사회의 중심문화와 반대방향으로 하위문화의 가치 · 규범을 형성함
집단자율성	하류계층 소년들은 기존 사회에서 인정받지 못하는 것에 대한 반작용으로, 내적으로 강한 단결력과 외적으로 적대감을 나타냄
비공리성(비합리성)	합리적 계산을 통한 범죄의 이익보다는 타인에게 피해를 입히고 동료로부터 얻는 명예 · 지위 때문에 범죄행위를 함
악의성	타인에게 불편을 주고 금기를 파괴하는 행위를 강조함

답 ①

★★★
066 □□□

문화적 비행이론(cultural deviance theory)에 대한 설명으로 옳지 않은 것은? 2020년 보호직 7급

① 밀러(Miller)는 권위적 존재로부터 벗어나고 다른 사람으로부터 간섭을 받는 것을 혐오하는 자율성(autonomy)이 하위계층의 주된 관심 중 하나라고 한다.

② 코헨(Cohen)은 비행하위문화가 비합리성을 추구하기 때문에 공리성, 합리성을 중요시하는 중심문화와 구별된다고 한다.

③ 코헨(Cohen)의 비행하위문화이론은 중산계층이나 상류계층 출신이 저지르는 비행이나 범죄를 설명하지 못하는 한계가 있다.

④ 클로워드(Cloward)와 오린(Ohlin)의 범죄적 하위문화는 합법적인 기회구조와 비합법적인 기회구조 모두가 차단된 상황에서 폭력을 수용한 경우에 나타나는 하위문화이다.

문화적 비행이론

클로워드와 오린(R. Cloward & L. Ohlin)의 차별적 기회구조이론에서는 비행하위문화의 기본형태를 범죄적 하위문화 · 갈등적 하위문화 · 도피적 하위문화로 구별한다. 여기서 합법적인 기회구조와 비합법적인 기회구조 모두가 차단된 상황에서 폭력을 수용한 경우에 나타나는 하위문화는 갈등적 하위문화이다. 범죄적 하위문화는 비합법적 기회구조가 많은 지역에서 형성되는 하위문화로서, 범죄적 가치와 지식이 체계적으로 전승된다는 특징이 있다.

선지분석

① 밀러(W. Miller)의 하위계층문화이론에 의하면, 하층계급에 독특한 문화규범이 생기는 이유는 그들의 관심의 초점(중심가치)이 일반인(중류계층)과 다르기 때문이라고 하면서, 관심의 초점으로 말썽(사고치기), 자율성(독자성), 숙명(운명주의), 흥분(자극), 교활(기만), 강인(억셈)을 제시한다.

② 코헨(A. Cohen)의 비행하위문화이론에 의하면, 비행하위문화는 중류계층의 가치와 규범에 대한 반동적 성격을 지닌다고 하면서, 비행하위문화의 특성으로 다면성(변덕), 단기쾌락주의, 반항성(부정성), 집단자율성, 비공리성(비합리성), 악의성을 제시한다.

③ 코헨(A. Cohen)의 비행하위문화이론은 범죄적 하위문화이론(문화적 비행이론)의 범주에 속하므로, 하위계층의 사람들이 범죄적 하위문화의 영향으로 인하여 범죄로 나아간다는 입장을 전제로 한다. 따라서 중산층 · 상류층 출신 사람들이 저지르는 비행이나 범죄는 설명하지 못한다는 한계를 갖는다.

답 ④

코헨(A. Cohen)이 주장한 비행하위문화(delinquent subculture)에 대한 설명으로 옳지 않은 것은? 2024년 보호직 7급

① 부정성(negativism)은 사회의 지배적 가치체계에 대해 무조건 거부반응을 보이는 것이다.

② 운명주의(fatalism)는 하층계급의 구성원들이 자신의 미래가 스스로의 노력보다는 운명에 달려 있다고 믿는 것이다.

③ 악의성(maliciousness)은 다른 사람이 고통을 당하는 모습에서 쾌감을 느끼는 속성을 의미한다.

④ 비공리성(non-utilitarianism)은 범죄행위로부터 얻는 물질적 이익보다 동료들로부터 얻는 신망과 영웅적 지위 때문에 범죄를 저지른다는 것이다.

코헨이 제시한 비행하위문화의 특성

코헨(A. Cohen)은 비행하위문화의 특성으로 다면성, 단기쾌락주의, 반항성(부정성), 집단자율성, 비공리성(비합리성), 악의성을 제시하였다. 지문의 운명주의(fatalism)는 '밀러(Miller)'가 하위계층문화이론에서 '하위계층의 관심의 초점(중심가치)'으로 제시하는 것들 중 하나이다. 밀러는 관심의 초점으로 말썽(사고치기), 자율성(독자성), 숙명(운명주의), 흥분(자극), 교활(기만), 강인(억셈)을 제시하였다.

답 ②

068 다음 설명 중 옳지 않은 것은?

2014년 보호직 7급

① 라까사뉴(Lacassagne)는 사회는 범죄의 배양기이고 범죄자는 그 미생물에 해당한다고 하여 범죄원인은 결국 사회와 환경에 있다는 점을 강조하였다.

② 셀린(Sellin)은 동일한 문화 안에서의 사회변화에 의한 갈등을 1차적 문화갈등이라고 하고, 이질적 문화 간의 충돌에 의한 갈등을 2차적 갈등이라고 설명하였다.

③ 뒤르껭(Durkheim)은 집단적 비승인이 존재하는 한 범죄는 모든 사회에 어쩔 수 없이 나타나는 현상으로 병리적이기보다는 정상적인 현상이라고 주장하였다.

④ 코헨(Cohen)은 중산층 문화에 적응하지 못한 하위계층 출신 소년들이 자신을 궁지에 빠뜨린 문화나 가치체계와는 정반대의 비행하위문화를 형성한다고 보았다.

셀린(Sellin)의 문화갈등이론

셀린(Sellin)의 문화갈등이론에서 1차적 문화갈등은 이질적 문화의 충돌에 의한 문화갈등의 경우를 말하고, 2차적 문화갈등은 동일문화 안에서 사회변화에 의해 문화갈등이 생기는 경우를 말한다.

선지분석

① 라까사뉴(Lacassagne)는 롬브로조(Lombroso)의 생물학적 결정론을 반대하여 범죄의 환경적 요인을 강조하면서 "사회는 범죄의 배양기이고 범죄자는 그 미생물에 해당된다. 처벌해야 하는 것은 범죄자가 아니라 사회이다."라고 하여, 범죄원인은 사회와 환경에 있다고 본다.

③ 뒤르껭(Durkheim)에 의하면 범죄는 모든 사회에 불가피하게 나타나는 현상으로서, 병리적인 것이 아니라 정상적인 현상에 속한다. 범죄가 없다는 것은 사회구성원에 대한 규제가 완벽하다는 의미이며, 이는 사회발전에 필요한 비판과 저항이 없기 때문에 사회는 발전하지 못하고 정체에 빠져드는 병리적 상태이다(범죄정상설).

④ 코헨(Cohen)은 중산층 문화에 적응하지 못한 하류계층의 소년들이 좌절감을 해소하고 삶에 의미를 부여하기 위해서 다른 하류계층 소년들과 함께 주류문화와 전혀 다른 문화(비행하위문화)를 구성하여 중류계층의 거부에 대한 해결책을 찾는다고 보았다.

답 ②

069 범죄이론에 대한 설명으로 옳지 않은 것은?

2016년 교정직 9급

① 코헨(Cohen)의 비행하위문화이론 - 하류계층의 비행은 중류계층의 가치와 규범에 대한 저항이다.

② 베까리아(Beccaria)의 고전주의 범죄학 - 범죄를 처벌하는 것보다 범죄를 예방하는 것이 더욱 바람직하다.

③ 코헨과 펠슨(Cohen & Felson)의 일상활동이론 - 일상활동의 구조적 변화가 동기부여된 범죄자, 적절한 범행대상 및 보호의 부재라는 세 가지 요소에 대해 시간적 · 공간적으로 영향을 미친다.

④ 브레이스웨이트(Braithwaite)의 재통합적 수치심부여이론 - 사회구조적 결핍은 대안적 가치로써 높은 수준의 폭력을 수반하는 거리의 규범(code of the street)을 채택하게 하고, 결국 이것이 높은 수준의 폭력을 양산한다.

범죄이론

브레이스웨이트(Braithwaite)는 낙인이론에서 일탈적 정체성을 갖는 조건의 구체화와 관련하여 범죄자에 대해 지역사회가 어떤 식으로 반응하는지에 따라 재범율이 달라진다고 하였다. 범죄자에게 지역사회가 완전히 관계를 끊고 해체적인 수치를 준다면 그는 자신을 더욱 범죄자로 생각하고 재범을 할 가능성이 높을 것이지만, 반대로 지역사회와 범죄자와의 관계를 범죄가 발생하기 전의 상태와 같이 유지하면서 재통합적으로 수치를 줄 때 범죄자는 사회로 복귀할 가능성이 높다고 보았다. 즉, 재통합적으로 수치를 부여하는 사회는 해체적으로 수치를 부여하는 사회에 비해 재범율이 낮다고 주장한다. 반면, 지문의 내용은 앤더슨(Anderson)의 거리규범이론에 관한 설명이다.

(선지분석)

① 코헨(Cohen)은 중산층 문화에 적응하지 못한 하류계층의 소년들이 좌절감을 해소하고 삶에 의미를 부여하기 위해서 다른 하류계층 소년들과 함께 주류문화와 전혀 다른 문화(비행하위문화)를 구성하여 중류계층의 거부에 대한 해결책을 찾는다고 하면서, 결국 비행하위문화는 중류계층의 가치와 규범에 대한 반동적 성격을 지닌다고 본다.

② 베까리아(Beccaria)는 형벌의 목적이 일반예방을 통한 사회안전의 확보에 있다고 보면서, 범죄를 처벌하는 것보다 예방하는 것이 더욱 중요하며, 처벌은 범죄예방에 도움이 된다고 판단될 때에 정당화된다고 주장한다.

③ 코헨과 펠슨(Cohen & Felson)은 범죄자가 아니라 범행의 조건을 특정화하여, 사회에서 발생하는 범죄는 ㉠ 범행 동기를 지닌 범죄자, ㉡ 적절한 범행대상, ㉢ 범행을 막을 수 있는 사람(감시자)의 부존재 등에 의해 결정된다고 주장한다(범죄기회이론).

답 ④

II

070 범죄원인에 관한 학자들의 주장으로 옳지 않은 것은? 2019년 교정직 7급

① 샘슨(R. J. Sampson)과 라웁(J. H. Laub) - 어려서 문제행동을 보인 아동은 부모와의 유대가 약화되고, 학교에 적응하지 못하며, 성인이 되어서도 범죄를 저지르게 되므로, 후에 사회와의 유대가 회복되더라도 비행을 중단하지 않고 생애지속적인 범죄자로 남게 된다.

② 클라우드(R. A. Cloward)와 올린(L. E. Ohlin) - 하류계층 청소년들이 합법적 수단에 의한 목표달성이 제한될 때 비합법적 수단에 호소하게 되는 경우에도, 비행의 특성은 불법행위에 대한 기회에 영향을 미치는 지역사회의 특성에 따라 달라진다.

③ 머튼(R. K. Merton) - 문화적으로 규정된 목표는 사회의 모든 구성원이 공유하고 있으나 이들 목표를 성취하기 위한 수단은 주로 사회경제적인 계층에 따라 차등적으로 분배되며, 이와 같은 목표와 수단의 괴리가 범죄의 원인으로 작용한다.

④ 글레이저(D. Glaser) - 범죄의 학습에 있어서는 직접적인 대면접촉보다 자신의 범죄적 행동을 지지해 줄 것 같은 실존 또는 가상의 인물과 자신을 동일시하는가가 더욱 중요하게 작용한다.

범죄원인

샘슨과 라웁(Sampson & Laub)은 청소년기에 비행을 저지른 아이들도 사회유대(또는 사회자본)의 약화 혹은 강화에 따라 비행청소년으로 발전하기도 하고, 비행을 중단하여 정상인으로 되돌아가기도 한다고 주장한다.

(선지분석)

② 클라우드와 올린(Cloward & Ohlin)의 차별적 기회구조이론에 대한 내용이다.

③ 머튼(Merton)의 아노미이론에 대한 내용이다.

④ 글레이저(Glaser)의 차별적 동일시이론에 대한 내용이다.

답 ①

071 다음 개념을 모두 포괄하는 범죄이론은?

2022년 보호직 7급

- 울프강(Wolfgang)의 폭력사용의 정당화
- 코헨(Cohen)의 지위좌절
- 밀러(Miller)의 주요 관심(focal concerns)

① 갈등이론
② 환경범죄이론
③ 하위문화이론
④ 정신분석이론

하위문화이론

울프강(Wolfgang)의 폭력하위문화이론, 코헨(Cohen)의 비행하위문화이론, 밀러(Miller)의 하위계층문화이론은 범죄적 하위문화이론으로 분류된다.

답 ③

072 클라워드(Cloward)와 올린(Ohlin)의 차별기회이론(differential opportunity theory)에 대한 설명으로 옳지 않은 것은?

2023년 교정직 9급

① 합법적 수단뿐만 아니라 비합법적 수단에 대해서도 차별기회를 고려하였다.
② 도피 하위문화는 마약 소비 행태가 두드러지게 나타나는 갱에서 주로 발견된다.
③ 머튼의 아노미이론과 서덜랜드의 차별접촉이론으로 하위문화 형성을 설명하였다.
④ 비행 하위문화를 갈등 하위문화(conflict subculture), 폭력 하위문화(violent subculture), 도피 하위문화(retreatist subculture)로 구분하였다.

차별기회이론

비행 하위문화의 형태를 '범죄 하위문화', '갈등 하위문화', '도피 하위문화'로 구분하였다.

(선지분석)

① 머튼(Merton)의 아노미이론은 비합법적인 수단에 대한 접근가능성을 간과하였다고 비판하면서, 실제 비행하위문화의 성격은 비합법적인 기회가 어떻게 분포되었는가에 따라 다르며 연관된 비행행위의 종류도 다르다고 주장하였다.
② 비행 하위문화 중 도피 하위문화는 문화적 목표를 추구하는 데 필요한 합법적 수단을 이용하기 어렵고 불법적인 기회도 없는 상황에서 형성되는 하위문화로서, 약물중독자 · 정신장애자 · 알코올중독자 등이 자포자기하여 퇴행적 생활로 도피하는 것을 예로 든다.
③ 아노미이론(Merton)과 차별접촉이론(Sutherland)을 통합하여, 성공을 위한 목표로의 수단에는 합법적 · 비합법적 기회구조가 있음을 전제로 하여 차별기회이론을 주장하였다.

답 ④

073 클로워드(Cloward)와 올린(Ohlin)의 차별기회이론(differential opportunity theory)에 대한 설명으로 옳지 않은 것은? 2025년 보호직 9급

① 불법적 수단에 접근할 수 있는 기회가 각 사회계층 · 지역별로 상이하게 분포한다고 보았다.
② 머튼(Merton)의 아노미이론(긴장이론)과 서덜랜드(Sutherland)의 차별접촉이론으로 하위문화 형성을 설명하였다.
③ 범죄하위문화(criminal subculture)는 주거가 불안정하고 물리적으로 쇠퇴한 해체지역에서 주로 생겨나며, 폭력과 같은 즉흥적인 범죄가 두드러지는 특징이 있다.
④ 도피하위문화(retreatist subculture)의 구성원을 '이중 실패자'로 묘사하기도 하며, 마약 중독 등의 도피적 행동에 집중하는 경향이 있다.

클로워드(Cloward)와 올린(Ohlin)의 차별기회이론(differential opportunity theory)

'갈등적 하위문화'에 대한 설명이다. 갈등적 하위문화는 성인들의 범죄가 조직화되지 않아 소년들이 비합법적인 수단에 접근할 수 없는 지역에서 형성되는 하위문화이다. 비합법적인 수단을 가르쳐 주는 성공적인 범죄집단은 없지만, 범죄가 없는 것도 아니어서, 최소한의 통제도 이루어지지 않는 사회해체 속에서 대체로 개인적 · 비조직적 · 경미한 범죄(과시적 폭력범죄)만 발생하므로, 범죄적 하위문화는 형성되지 못한다.

선지분석

① 클로워드와 올린은 목표달성을 위한 불법적 수단에 대한 차별적 접근의 개념을 제시하면서, 합법적 수단뿐만 아니라 불법적 수단에 대해서도 기회의 차별을 고려해야 한다고 주장한다.
② 클로워드와 올린은 아노미이론(Merton)과 차별적 접촉이론(Sutherland)을 통합하여, 성공을 위한 목표로의 수단에는 합법적 · 비합법적 기회구조가 있음을 전제로 하여 차별적 기회이론을 제시한다.
④ 도피적 하위문화는 문화적 목표를 추구하는 데 필요한 합법적 수단을 이용하기 어렵고 불법적인 기회도 없는 상황에서 형성되는 하위문화이다. 대표적 예로는 약물중독자 · 정신장애자 · 알코올중독자 등이 자포자기하여 퇴행적 생활로 도피하는 것을 든다. 일반적으로 이중실패자는 도피적 하위문화에 적응하여 반사회적인 행위를 하는 사람들을 지칭한다.

답 ③

★ 074 낙인이론에 대한 설명으로 옳지 않은 것은? 2012년 보호직 7급

① 낙인이론을 형성하는 기본개념으로 상징적 상호작용론, 악의 극화, 충족적 자기예언의 성취 등을 들 수 있다.
② 형사사법기관의 역할에 대해 회의적이며, 공식적 낙인은 사회적 약자에게 차별적으로 부여될 가능성이 높다고 본다.
③ 낙인이론은 주로 2차적인 일탈보다는 개인적 · 사회적 원인들로부터 야기되는 1차적인 일탈을 설명하는 것이 핵심이다.
④ 낙인이론에 입각한 범죄대응 정책으로는 전환제도(diversion), 비시설화, 비범죄화 그리고 적정절차(due process) 등을 들 수 있다.

낙인이론

낙인이론에서는 일탈을 개인의 심리구조나 사회적 역할수행에 거의 영향을 주지 않는 1차적 일탈과 사회가 규범위반으로 규정하는 2차적 일탈로 구별하고, 특히 2차적 일탈을 중시한다.

선지분석

① 낙인이론은 일탈자로 낙인찍힌 자와 이러한 낙인을 찍는 자의 상호작용을 중시하고, 사회에서 범죄자로 규정되는 과정은 일탈강화의 악순환으로 작용하며, 2차적 일탈은 일탈자라는 사회적 낙인이 스스로를 일탈자로 자아규정하게 함으로써 발생하기도 한다고 본다.
② 범죄는 어느 곳에나 골고루 편재되어 있음에도 일부만 처벌되는 것은 결국 사법기관이 범죄자를 선별하여 범죄자로 낙인을 찍기 때문이라고 본다.
④ 낙인이론의 형사정책적 목적은 비범죄화(Decriminalization) · 비형벌화(Depenalization) · 전환(Diversion) · 비시설처우(Deinstitu-tionalization)이다(4D원칙). 여기에 법의 적정절차(Due process)를 덧붙여 5D원칙이라고도 한다.

답 ③

★★★ 075 다음 중 낙인이론이 주장하는 형사정책적 결론에 부합하는 것만을 모두 고른 것은? 2014년 보호직 7급

ㄱ. 기존 「형법」의 범죄목록 중에서 사회변화로 인하여 더 이상 사회위해성이 없는 행위로 평가되는 것은 범죄목록에서 삭제해야 한다.
ㄴ. 가능한 한 범죄에 대한 공식적 반작용은 비공식적 반작용으로, 중한 공식적 반작용은 경한 공식적 반작용으로 대체되어야 한다.
ㄷ. 가능한 한 범죄자를 자유로운 공동체 내에 머물게 하여 자유로운 상태에서 그를 처우하여야 한다.
ㄹ. 범죄자의 재사회화가 성공적으로 이루어진 후에는 그의 사회적 지위를 되돌려주는 탈낙인화가 뒤따라야 한다.

① ㄱ, ㄷ
② ㄴ, ㄹ
③ ㄱ, ㄴ, ㄷ
④ ㄱ, ㄴ, ㄷ, ㄹ

낙인이론이 주장하는 형사정책적 결론

낙인이론의 형사정책적 목적은 비범죄화, 비형벌화, 전환, 비시설처우(탈제도화)이다(4D원칙). 여기에 법의 적정절차(Due process)를 덧붙여 5D원칙이라고도 한다.

ㄱ. 비범죄화(Decriminalization)에 대한 주장이다.
ㄴ. 전환(Diversion)에 대한 주장이다.
ㄷ. 비시설처우(탈시설화, Deinstitutionalization)에 대한 주장이다.
ㄹ. 다른 견해에 따르면 비범죄화, 전환, 탈시설수용화, 탈낙인화(이미 행해진 사회통제적 낙인은 재사회화가 성과 있게 이루어진 후에는 피낙인자에게 그의 사회적 지위를 되돌려주어야 한다는 것, Destigmatization)가 낙인이론의 형사정책적 결론으로 주장되기도 한다.

답 ④

076 **전과자 A는 교도소에서 배운 미용기술로 미용실을 개업하여 어엿한 사회인으로 돌아오고, 범죄와의 고리를 끊었다. 다음 중 이 사례를 설명할 수 있는 것으로 가장 옳지 않은 것은?** 2014년 교정직 7급

① 허쉬(Hirschi)의 사회유대
② 샘슨(Sampson)과 라웁(Laub)의 사회자본
③ 베커(Becker)의 일탈자로서의 지위
④ 머튼(Merton)의 제도화된 수단

베커(Becker)의 일탈자로서의 지위

베커(Becker)에 의하면, 범죄자로 낙인을 찍는 것은 사회적 지위와 같은 효과를 낳게 하여, 사회생활에 가장 직접적이고 중요한 주지위(master status)의 작용을 하며, 범죄자라는 사회적 낙인은 일반인들에게 어떤 보조지위도 무력화시킬 만큼 영향력을 가지고 있고, 온갖 편견 · 질시 · 냉대의 원인이 된다. 결국 당사자는 자포자기상태에 이르게 되고 사회가 규정한 대로 행동하게 되는 결과를 가져온다는 것이다. 이는 단순한 규범위반자가 상습적 일탈행위자로 변화되는 과정을 설명하는 것으로, 사안에서 전과자 A가 어엿한 사회인으로 돌아오고, 범죄와의 고리를 끊게 되는 것과는 거리가 멀다.

(선지분석)

① 허쉬(Hirschi)의 사회유대이론(사회통제이론)에서는 개인적 통제보다 사회적 통제를 강조하여 사회유대의 약화를 비행의 원인으로 본다. 가족 · 학교 · 동료 등과 같은 사회집단에 밀접하게 연대되어 있는 사람은 여간해서 비행행위를 하지 않는다고 하면서, 애착 · 전념 · 참여 · 신념을 사회유대의 요소로 본다. 문제에서 전과자 A가 사회유대의 강화를 통해 범죄와의 고리를 끊게 되었다면 허쉬(Hirschi)의 사회유대이론으로 설명할 수 있을 것이다.

② 샘슨과 라웁(Sampson & Laub)은 범죄자도 긍정적인 사회유대를 맺게 된다면 범죄나 일탈행동으로부터 벗어날 수 있다는 관점을 제시한다. 사람들이 주요 변이 과정을 겪을 때 그들은 새로운 환경에 적응하게 되는데, 이러한 새로운 환경은 그들의 행동 궤적에 중요한 변화를 가져올 수 있다고 하면서, 구조적 배경 요인들(예 사회계급, 가족구조 등)은 유아기와 청소년기의 사회통제 과정에 영향을 미친다고 본다. 약한 사회통제에 노출되었던 아이들은 청소년기에 비행을 저지르는 성향이 있고, 이러한 비행에의 관여는 다시 어른이 된 후에도 범죄행동을 저지르는 방향으로 나아가게 한다. 하지만 결혼이나 취업과 같은 성인 시기의 변이는 새로운 사회유대를 형성(사회자본의 형성)하고 비공식적 통제를 가하는 이러한 사회적 결속으로 인해 범죄행동의 가능성은 줄어들 수 있다는 것이다. 문제에서 전과자 A가 긍정적인 사회 유대(사회자본)를 형성함으로써 어엿한 사회인으로 복귀하였다고 볼 수 있을 것이다.

④ 머튼(Merton)의 아노미이론에서는 문화적 목표를 달성할 수 있는 제도화된 수단(합법적인 수단)이 차별적으로 주어짐에 따라 사회적 긴장관계(아노미)가 형성되어 일탈행위로 이어지게 된다고 본다. 문제에서 전과자 A가 교도소에서 배운 미용기술로 미용실을 개업할 수 있게 되어 제도화된 수단을 통해 문화적 목표를 달성할 수 있게 된다면 더 이상 일탈행위로 나아가지 않을 것이라고 볼 수 있다.

답 ③

077 낙인이론(Labeling Theory)에 대한 설명으로 옳지 않은 것은?

2015년 교정직 7급

① 레머트(Lemert)는 1차적 일탈에 대한 부정적 사회반응이 2차적 일탈을 만들어 낸다고 하였다.
② 베커(Becker)는 일탈자의 지위는 다른 대부분의 지위보다도 더 중요한 지위가 된다고 하였다.
③ 중요한 정책으로는 다이버전(diversion), 비범죄화(decriminalization), 탈시설화(deinstitutionalization) 등이 있다.
④ 사회 내 처우의 문제점을 지적하면서 시설 내 처우의 필요성을 강조하였다.

낙인이론

낙인이론에서는 시설 내 처우에 따른 악풍감염의 방지 및 사회 내 처우의 필요성을 주장하였다.

선지분석

① 레머트(Lemert)는 일탈을 개인의 심리구조나 사회적 역할수행에 거의 영향을 주지 않는 1차적 일탈과 사회가 규범위반으로 규정하는 2차적 일탈로 구별하고, 특히 2차적 일탈을 중시하였다.
② 베커(Becker)에 의하면 범죄자로 낙인을 찍는 것은 사회적 지위와 같은 효과를 낳게 하여, 사회생활에 가장 직접적이고 중요한 주지위(master status)의 작용을 한다.
③ 낙인이론의 형사정책적 목적은 비범죄화, 비형벌화, 전환, 비시설처우(탈시설화)이다(4D 원칙). 여기에 법의 적정절차를 덧붙여 5D 원칙이라고도 한다.

답 ④

078 낙인이론에 대한 설명으로 옳지 않은 것은?

2019년 교정직 9급

① 탄넨바움(F. Tannenbaum)은 공공에 의해 부여된 범죄자라는 꼬리표에 비행소년 스스로가 자신을 동일시하고 그에 부합하는 역할을 수행하게 되는 과정을 '악의 극화(dramatization of evil)'라고 하였다.
② 슈어(E. Schur)는 사람에게 범죄적 낙인이 일단 적용되면, 그 낙인이 다른 사회적 지위나 신분을 압도하게 되므로 일탈자로서의 신분이 그 사람의 '주지위(master status)'로 인식된다고 하였다.
③ 레머트(E. Lemert)는 1차적 일탈에 대하여 부여된 사회적 낙인으로 인해 일탈적 자아개념이 형성되고, 이 자아개념이 직접 범죄를 유발하는 요인으로 작용하여 2차적 일탈이 발생된다고 하였다.
④ 베커(H. Becker)는 금지된 행동에 대한 사회적 반응이 2차적 일탈을 부추길 뿐 아니라 사회집단이 만든 규율을 특정인이 위반한 경우 '이방인(outsider)'으로 낙인찍음으로써 일탈을 창조한다고 하였다.

낙인이론

베커(Becker)는 범죄자로 낙인을 찍히는 것이 사회적 지위와 같은 효과를 낳게 하여 사회생활에 가장 직접적이고 중요한 주지위(master status)의 작용을 한다고 주장한다. 슈어(Schur)는 자아낙인을 주장하였다.

선지분석

① 탄넨바움(Tannenbaum)은 사회에서 범죄자로 규정되는 과정이 일탈 강화의 악순환으로 작용하여 오히려 범죄로 비난받는 특성을 자극하여 강화시켜 준다고 주장하며, 이를 악의 극화(dramatization of evil)라고 하였다.
③ 레머트(Lemert)는 1차적 일탈과 2차적 일탈을 구별하면서, 2차적 일탈은 1차적 일탈에 대한 제재를 공격·방어하기 위한 동기에서 발생하거나, 일탈자라는 사회적 낙인이 스스로를 일탈자로 자아규정하게 함으로써 발생한다고 주장한다.
④ 베커(Becker)는 사회집단이 일탈을 규정하는 규칙을 정하고 특정인에게 적용하여 국외자(이방인, outsider)로 낙인찍음으로써 일탈을 조장한다고 주장한다.

답 ②

079 범죄원인론에 대한 설명으로 옳지 않은 것은?

2018년 교정직 7급

① 낙인이론은 범죄행위에 대한 처벌의 부정적 효과에 주목한다.
② 통제이론은 모든 인간이 범죄를 저지를 수 있는 동기를 가지고 있다고 가정한다.
③ 일반긴장이론은 계층에 따라서 범죄율이 달라지는 이유를 설명하는 데 유용하다.
④ 사회해체론은 지역사회의 안정성, 주민의 전 · 출입, 지역사회의 통제력에 주목한다.

범죄원인론

애그뉴(Agnew)의 일반긴장이론은 머튼(Merton)의 이론과 같이 하층계급의 범죄에 국한한 것이 아니라, 사회의 모든 계층의 범죄에 대한 일반론적인 설명을 제공하고자 한다.

(선지분석)

① 낙인이론이 관심을 두는 것은 범죄행위가 아니라 범죄행위에 대한 통제기관의 반작용이다. 범죄는 어느 곳에나 골고루 편재되어 있음에도 일부만 처벌되는 것은 결국 사법기관이 범죄자를 선별하여 범죄자로 낙인을 찍기 때문이라는 것이다(형사사법기관의 역할에 대한 회의적 입장).
② 통제이론(Control Theory)은 기존의 범죄이론의 입장과 달리, 범죄연구의 초점을 개인이 왜 범죄를 행하게 되는가의 측면이 아니라 개인이 왜 범죄로 나아가지 않게 되는가의 측면에 맞추는 이론이다(관점의 전환). 범죄행위의 동기는 인간본성의 일부이므로 사회 속의 개인은 모두 잠재적 범죄인이기 때문에 범죄이론은 그러한 개인이 왜 범죄행위에 실패하게 되는가를 설명해야 한다고 주장한다.
④ 사회해체이론은 범죄의 발생을 전통적 사회조직의 붕괴로 인한 규범의식의 변화, 사회통제력의 약화 및 반사회적 행위의 보편화에서 기인하는 것으로 본다.

답 ③

080 낙인이론에 대한 설명으로 옳지 않은 것은?

2018년 보호직 7급

① 낙인이론은 범죄행위에 대하여 행해지는 부정적인 사회적 반응이 범죄의 원인이라고 보며 이를 통해 1차적 일탈과 2차적 일탈의 근본원인을 설명한다.
② 탄넨바움(Tannenbaum)에 따르면, 청소년의 사소한 비행에 대한 사회의 부정적 반응이 그 청소년으로 하여금 자신을 부정적인 사람으로 인식하게 한다.
③ 레머트(Lemert)에 따르면, 1차적 일탈에 대한 사회적 반응이 2차적 일탈을 저지르게 한다.
④ 베커(Becker)에 따르면, 일탈자라는 낙인은 그 사람의 사회적 지위와 타인과의 상호작용에 부정적인 영향을 미친다.

낙인이론

낙인이론은 초범(1차적 일탈)의 경우에 대한 설명이 부족하다는 비판을 받는다.

(선지분석)

② 탄넨바움(Tannenbaum)에 따르면, 사회에서 범죄자로 규정되는 과정은 일탈 강화의 악순환으로 작용하여 오히려 범죄로 비난받는 특성을 자극하여 강화시켜 준다(악의 극화).
③ 레머트(Lemert)는 1차적 일탈자를 2차적 일탈자로 악화시킴에 따른 공식반응이 미치는 낙인효과를 지적한다.
④ 베커(Becker)에 따르면, 범죄자로 낙인을 찍는 것은 사회적 지위와 같은 효과를 낳게 하여 사회생활에 가장 직접적이고 중요한 주지위(master status)의 작용을 한다.

답 ①

081 범죄원인론의 내용과 이론에 대한 설명으로 옳은 것만을 모두 고르면?

2024년 보호직 7급

> ㄱ. 서덜랜드(E. Sutherland)의 차별적 교제이론(differential association theory)에 따르면 범죄행위는 학습되며, 법 위반에 대한 우호적 정의(definition)가 비우호적 정의보다 클 때 개인은 비행을 저지르게 된다.
> ㄴ. 베커(H. S. Becker)의 낙인이론에 따르면 일탈자라는 낙인은 그 사람의 지위를 대변하는 주 지위(master status)가 되기 때문에 다른 사람들과의 원활한 상호작용에 부정적인 영향을 미치는 장애요인이 된다.
> ㄷ. 머튼(R. Merton)의 아노미이론에 따르면 아노미 상태에 있는 개인의 적응방식 중 혁신형(innovation)은 범죄자들의 전형적인 적응방식으로, 문화적 목표는 수용하지만 제도화된 수단은 거부하는 형태이다.
> ㄹ. 타르드(G. Tarde)의 학습이론에 따르면 "사람들이 왜 범죄를 저지르는가?"에 대한 질문보다는 "왜 누군가는 규범에 순응하며 합법적인 행동을 하는가?"라는 질문이 중요하다.

① ㄴ, ㄷ　　② ㄱ, ㄴ, ㄷ
③ ㄱ, ㄴ, ㄹ　　④ ㄱ, ㄷ, ㄹ

범죄원인론

ㄱ. 서덜랜드(Sutherland)의 차별적 접촉이론(차별적 교제이론)에서 제시되는 범죄학습이 이루어지는 과정에 대한 9가지 명제 중 일부의 내용이다.
ㄴ. 베커(Becker)는 범죄자로 낙인을 찍히는 것이 사회적 지위와 같은 효과를 낳게 하여 사회생활에 가장 직접적이고 중요한 '주지위(Master Status)'의 작용을 한다고 보았다.
ㄷ. 머튼(Merton)의 아노미이론에서 제시하는 개인의 반응양식(적응방식) 중 혁신형(개혁형)은 문화적 목표는 승인하지만 제도화된 수단은 부정하는 경우로서, 범죄자들의 전형적인 반응양식이다. 대부분의 범죄가 비합법적인 수단을 통하여 자신들이 원하는 목표를 달성하려고 한다는 점에서 이러한 반응양식에 해당하며, 머튼이 가장 관심 깊게 다룬 유형이다.

(선지분석)

ㄹ. 타르드(Tarde)의 초기학습이론(모방이론)에 의하면 인간은 태어날 때는 모두 정상이지만, 이후 범죄가 생활방식의 하나인 분위기에서 양육되어 범죄자가 된다고 보아, 범죄행위는 모방의 결과라고 주장한다. 지문의 내용은 통제이론(Control Theory)에 관한 설명이다. 통제이론은 기존의 범죄이론의 입장과 달리, 범죄연구의 초점을 '개인이 왜 범죄를 행하게 되는가'의 측면이 아니라 '개인이 왜 범죄로 나아가지 않게 되는가'의 측면에 맞추는 이론이다(관점의 전환).

답 ②

082 낙인이론에 대한 설명으로 옳은 것만을 모두 고르면?

2020년 교정직 9급

> ㄱ. 일탈 · 범죄행위에 대한 공식적 · 비공식적 통제기관의 반응(reaction)과 이에 대해 일탈 · 범죄행위자 스스로가 정의(definition)하는 자기관념에 주목한다.
> ㄴ. 비공식적 통제기관의 낙인, 공식적 통제기관의 처벌이 2차 일탈 · 범죄의 중요한 동기로 작용한다고 본다.
> ㄷ. 범죄행동은 보상에 의해 강화되고 부정적 반응이나 처벌에 의해 중단된다고 설명한다.
> ㄹ. 형사정책상 의도하는 바는 비범죄화, 탈시설화 등이다.

① ㄴ, ㄹ　　② ㄱ, ㄴ, ㄷ
③ ㄱ, ㄴ, ㄹ　　④ ㄴ, ㄷ, ㄹ

낙인이론

ㄱ. 낙인이론에서는 범죄란 일정한 행위속성의 결과가 아니고, 통제기관에 의해 범죄로 규정된다고 본다. 또한 2차적 일탈은 1차적 일탈에 대한 제재를 공격 · 방어하기 위한 동기에서 발생하거나, 일탈자라는 사회적 낙인이 스스로를 일탈자로 자아규정하게 함으로써 발생하기도 한다고 본다.

ㄴ. 낙인이론에서는 일탈에 대한 사회적 반응을 사회구성원의 반응(비공식적 통제기관의 낙인)과 사법기관의 공식반응(공식적 통제기관의 처벌)으로 나누기도 한다.

ㄹ. 낙인이론의 형사정책적 목표는 비범죄화, 비형벌화, 전환(다이버전), 비시설처우(탈시설화) 등이다(4D정책).

(선지분석)

ㄷ. 낙인이론에서는 범죄행동(1차적 일탈)에 대한 통제기관의 반응(처벌)로 인하여 또 다른 범죄(2차적 일탈)로 나아가게 된다고 본다. 범죄행동은 보상에 의해 강화되고 부정적 반응이나 처벌에 의해 중단된다고 설명하는 이론은 버제스와 에이커스(R. Burgess & R. Akers)의 차별적 강화이론이다.

답 ③

083 ★★★

낙인이론에 대한 설명으로 옳지 않은 것은? 2021년 보호직 7급

① 낙인이론에 따르면 범죄자에 대한 국가개입의 축소와 비공식적인 사회 내 처우가 주된 형사정책의 방향으로 제시된다.

② 슈어(Schur)는 이차적 일탈로의 발전은 정형적인 것이 아니며 사회적 반응에 대한 개인의 적응노력에 따라 달라질 수 있다고 주장하였다.

③ 레머트(Lemert)는 일탈행위에 대한 사회적 반응은 크게 사회구성원에 의한 것과 사법기관에 의한 것으로 구분할 수 있고, 현대사회에서는 사회구성원에 의한 것이 가장 권위 있고 광범위한 영향력을 행사하는 것으로 보았다.

④ 베커(Becker)는 일탈자라는 낙인은 그 사람의 지위를 대변하는 주된 지위가 되어 다른 사람들과의 상호작용에 부정적인 영향을 미치는 요인이 되는 것으로 설명하였다.

낙인이론

레머트(Lemert)는 일탈에 대한 사회적 반응을 사회구성원의 비공식반응과 사법기관의 공식반응으로 나누고, 사법기관의 공식반응이 가장 영향력이 크다고 본다.

(선지분석)

① 낙인이론의 형사정책적 목적은 비범죄화(decriminalization), 비형벌화(depenalization), 전환(diversion), 비시설처우(탈시설화, deinstitutionalization)이다(4D정책). 이에 더하여 낙인이론에서는 시설 내 처우에 따른 악풍 감염의 방지 및 사회 내 처우의 필요성 등을 주장하였다.

② 슈어(Schur)는 이차적 일탈은 일탈적 자아관념이나 동일시의 표현이라고 하면서, 낙인을 받았더라도 바로 이차적 일탈로 이어지는 것은 아니며, 어떤 범죄자는 낙인을 수용하지 않고 성공적 변호와 협상(낙인에 대한 개인적 적응)으로 그 낙인을 벗어날 수도 있다고 주장한다(낙인 과정의 협상적 측면).

④ 베커(Becker)는 범죄자로 낙인을 찍히는 것이 사회적 지위와 같은 효과를 낳게 하여 사회생활에 가장 직접적이고 중요한 주지위(master status)의 작용을 한다고 주장한다.

답 ③

084 레머트(E. M. Lemert)가 주장한 낙인효과에 대한 설명이 바르게 짝지어지지 않은 것은? 2024년 보호직 7급

① 오명씌우기(stigmatization): 일차적 일탈자에게 도덕적 열등아라는 오명이 씌워져서 이후 정상적인 자아정체성을 회복하는 것이 곤란해진다.

② 제도적 강제(institutional restraint)의 수용: 공식적 처벌을 받게 되면 스스로 합리적 · 독자적 사고를 하지 못하고 사법기관의 판단을 수용할 수밖에 없게 된다.

③ 부정적 정체성의 긍정적 측면(positive side of negative identity): 일차적 일탈자는 자신에 대한 부정적 평가를 거부하는 과정을 통해 긍정적 정체성을 형성한다.

④ 일탈하위문화에 의한 사회화(socialization of deviant subculture): 공식적인 처벌을 집행하는 시설 특유의 일탈하위문화에 의하여 범죄를 옹호하는 가치나 새로운 범죄기술을 습득하게 된다.

레머트가 주장한 낙인효과

부정적 정체성의 긍정적 측면이란 사법기관이 부여한 '부정적 정체성을 수용'하면서 얻는 이익(예 죄책감으로부터 도피 등) 때문에 부정적 평가를 거부하지 않게 된다는 의미이다.

오명 씌우기	사법기관의 공식반응으로 일차적 일탈자에게는 도덕적 열등아라는 오명이 씌워진다(예 대중매체의 보도, 전과기록 등).
불공정에 대한 자각	일차적 일탈자는 법 집행의 불공정성을 경험하고, 사법제도의 공정성에 대한 신뢰 및 사회정의에 대한 신뢰를 상실한다.
제도적 강제의 수용	공식처벌을 받게 되면 일탈자는 사법기관의 판단을 받아들일 수밖에 없다.
비행하위문화에 의한 사회화	공식처벌을 집행하는 시설 특유의 비행하위문화를 접하면서 범죄를 옹호하는 가치나 새로운 범죄기술을 습득한다.
부정적 정체성의 긍정적 측면	사법기관이 부여한 부정적 정체성을 수용하면서 얻는 이익(예 죄책감으로부터 도피 등) 때문에 부정적 평가를 거부하지 않게 된다.

답 ③

085 범죄학이론에 대한 설명으로 옳지 않은 것은? 2022년 교정직 9급

① 레머트(Lemert)는 1차적 일탈과 2차적 일탈의 개념을 제시하였다.

② 허쉬(Hirschi)는 사회통제이론을 통해 법집행기관의 통제가 범죄를 야기하는 과정을 설명하였다.

③ 머튼(Merton)은 아노미 상황에서 긴장을 느끼는 개인이 취할 수 있는 5가지 적응유형을 제시하였다.

④ 갓프레드슨과 허쉬(Gottfredson & Hirschi)는 부모의 부적절한 자녀 양육이 자녀의 낮은 자기통제력의 원인이라고 보았다.

범죄학이론

허쉬(Hirschi)는 개인적 통제보다 사회적 통제를 강조하여 사회유대의 약화를 비행의 원인으로 본다. 가족 · 학교 · 동료 등과 같은 사회집단에 밀접하게 연대되어 있는 사람은 여간해서 비행행위를 하지 않는다는 것이다.

(선지분석)

① 레머트(Lemert)는 일탈을 개인의 심리구조나 사회적 역할수행에 거의 영향을 주지 않는 1차적 일탈과 사회가 규범 위반으로 규정하는 이차적 일탈로 구별하고, 특히 2차적 일탈을 중시하였다.

③ 머튼(R. Merton)은 대부분의 전통적 범죄가 하류계층에 의해 실행됨을 설명하였다. 개인의 반응양식의 차이는 개인의 속성이 아니라 사회의 문화구조에 의한 것이라고 보았으며, 개인의 사회적 긴장에 대한 반응양식은 문화적 목표와 제도화된 수단에 따라 각각 수용과 거부의 조합을 기준으로 5가지의 형태로 나타난다고 하였다.

④ 갓프레드슨과 허쉬(Gottfredson & Hirschi)는 범죄일반이론에서 범죄의 일반적 원인을 범죄발생의 기회와 낮은 자기통제력이라고 보며, 어렸을 때 부정적으로 형성된 자기통제력이라는 내적 성향 요소가 이후 청소년기나 성인기에서 문제행동의 원인이 된다고 하면서, 낮은 자기통제의 형성에 가장 많은 영향을 끼치는 것은 부모의 잘못된 자녀양육이라고 주장하였다.

답 ②

KEYWORD 09 | 비판범죄학

범죄원인론에 대한 설명으로 옳지 않은 것은? 2012년 보호직 7급

① 비행적 하위문화이론은 부정적인 자기관념에 입각해서 심리적인 차원에서 범죄원인을 분석하려 한다.

② 차별접촉이론은 범죄행위에 대해 우호적으로 정의하는 사람들과 비우호적으로 정의하는 사람들과의 접촉의 차이로 범죄행위를 설명한다.

③ 사회통제이론은 “사람들이 왜 범죄를 저지르는가?”보다는 “왜 많은 사람들이 범죄를 저지르지 않는가?”를 설명하려고 한다.

④ 비판범죄학은 낙인이론에 영향을 크게 받았음에도 불구하고 낙인이론의 가치중립성과 추상성을 비판한다.

범죄원인론

비행적 하위문화이론이란 사회해체이론과 아노미이론을 결합하여, 해체되고 타락한 지역의 거주자들(하위계층)이 사회적 소외와 경제적 박탈에 대해 어떻게 반응하는지를 설명하는 이론이다. 사회의 여러 하위문화 중에서 규범의 준수를 경시하거나 반사회적 행동양식을 옹호하는 비행적 하위문화가 존재하며, 이러한 환경에서 생활하는 사람들은 비행적 하위문화의 영향으로 인하여 범죄행위에 빠져든다는 것이다.

(선지분석)

② 차별적 접촉이론에서는 범죄동기 · 충동의 구체적 방향은 법규범에 대한 긍정적 · 부정적 정의로부터 정해진다고 보아, 어떤 사람이 범죄자가 되는 것은 법률위반에 대한 긍정적 정의가 부정적 정의를 압도하기 때문이라고 한다(차별적 접촉).

③ 허쉬(Hirschi)의 사회통제이론에서는 “우리는 모두 동물이고 따라서 범죄성을 본질적으로 지니고 있기 때문에 비행의 원인이 무엇인지 설명하는 것은 필요 없다.”라고 보아, 왜 범죄를 저지르는가가 아니라 왜 범죄를 저지르지 않는가에 관심을 둔다.

④ 비판범죄학은 낙인이론의 기본관점을 차용하나, 낙인이론의 가치중립성과 추상성을 비판하면서 범죄자로 만드는 주체의 정당성을 문제로 삼는 점에서 낙인이론과 본질적 차이가 있다(범죄 발생의 이면에 작용하는 구조적 요인을 거시적으로 분석).

답 ①

087 비판범죄학에 대한 설명으로 옳은 것은?

2012년 보호직 7급

① 어떤 행위가 범죄로 규정되는 과정보다 범죄행위의 개별적 원인을 규명하는 데 주된 관심이 있다.

② 비판범죄학에는 노동력 착취, 인종차별, 성차별 등과 같이 인권을 침해하는 사회제도가 범죄적이라고 평가하는 인도주의적 입장도 있다.

③ 자본주의 사회의 모순이 범죄원인이라는 관점에서 범죄에 대한 다양하고 구체적인 대책들을 제시하지만 급진적이라는 비판이 제기된다.

④ 형사사법기관은 행위자의 경제적 · 사회적 지위에 관계없이 중립적이고 공평하게 법을 집행한다는 것을 전제한다.

비판범죄학

슈벤딩어(Schwendinger) 부부가 주장하는 휴머니즘 비판범죄학에 대한 설명이다. 슈벤딩어(Schwendinger) 부부는 기존의 법적 범죄개념을 비판하고 범죄개념 정의에서 가치판단을 배제하여, 역사적으로 확대되어온 인권개념에 입각해서 인권을 침해하는 행위를 범죄로 보아야 한다고 주장한다.

선지분석

① 비판범죄학에서는 범죄의 개별적 원인이 아니라 범죄와 범죄자가 만들어지는 사회적 · 정치적 과정을 연구한다.

③ 비판범죄학은 범죄통제정책의 제시가 빈약하다는 비판을 받는다.

④ 형사사법기관이 특정집단이나 계층에 대해서만 상대적으로 법을 집행하는 경우가 있음을 지적한다(선별적 형사소추의 문제).

답 ②

088 비판범죄학에 대한 설명으로 옳지 않은 것은?

2016년 보호직 7급

① 비판범죄학의 기초가 되는 마르크스(Marx)는 범죄발생의 원인을 계급갈등과 경제적 불평등으로 설명하고, 생활에 필요한 물적 자산을 충분히 갖지 못한 피지배계급이 물적 자산 내지 지배적 지위에 기존사회가 허락하지 않는 방법으로 접근하는 행위를 범죄로 인식했다.

② 봉거(Bonger)는 사법체계가 가진 자에게는 그들의 욕망을 달성할 수 있는 합법적인 수단을 허용하는 반면, 가난한 자에게는 이러한 기회를 허용하지 않기 때문에 범죄는 하위계급에 집중된다고 주장했다.

③ 퀴니(Quinney)는 마르크스(Marx)의 경제계급론을 부정하면서 사회주의 사회에서의 범죄 및 범죄통제를 분석하였다.

④ 볼드(Vold)는 집단갈등이 입법정책 영역에서 가장 첨예하게 나타난다고 보았다.

비판범죄학

퀴니(Quinney)의 초기연구는 다양한 집단들의 갈등현상을 다루었으나, 후기연구에서는 보다 마르크스주의적 관점을 취하여 범죄란 자본주의의 물질적 상황에 의해 어쩔 수 없이 유발되는 반응양태라고 보았다.

선지분석

① 마르크스(Marx)는 범죄발생의 원인을 계급갈등과 경제적 불평등으로 설명한다. 자본주의 사회에서는 자본가계급은 노동자계급보다 지배적인 위치를 차지하고, 상호 간의 대립된 경제적 이해관계로 인하여 이들 간의 계급갈등은 필연적이라고 보았다.

② 봉거(Bonger)는 『범죄성과 경제적 조건』에서 범죄의 원인이 경제적 이유에 있다고 주장한다.

④ 볼드(Vold)의 집단갈등이론에서는 법의 제정, 위반, 집행의 모든 측면을 정치적 이익갈등의 차원에서 조명한다. 특히 집단 간의 이익갈등이 가장 첨예한 상태로 대립하는 영역으로 입법정책 부문을 지적하였다.

답 ③

★★★
089 □□□

범죄원인에 대한 설명으로 옳은 것은? 2021년 교정직 7급

① 퀴니(Quinney)는 대항범죄(crime of resistance)의 예로 살인을 들고 있다.

② 레크리스(Reckless)는 범죄를 유발하는 압력요인으로 불안감을 들고 있다.

③ 중화기술이론에서 세상은 모두 타락했고, 경찰도 부패했다고 범죄자가 말하는 것은 책임의 부정에 해당한다.

④ 부모 등 가족구성원이 실망할 것을 우려해서 비행을 그만두는 것은 사회유대의 형성 방법으로서 애착(attachment)에 의한 것으로 설명할 수 있다.

범죄원인론

허쉬(T. Hirschi)의 사회유대이론(사회통제이론)에서는 사회유대의 요소로서 애착 · 전념 · 참여 · 신념을 제시하는데, 애착이란 애정과 정서적 관심을 통해 개인이 사회와 맺고 있는 유대관계로, 특히 부모 · 교사 · 친구 등에 대한 애착이 큰 영향을 미친다고 보아 애착에 의한 사회유대가 가장 중요한 요소라고 주장한다.

선지분석

① 퀴니(Quinney)는 자본주의 사회의 범죄유형을 자본가 계급의 범죄(지배와 억압의 범죄)와 노동자 계급의 범죄(적응과 저항의 범죄)로 나누면서, 노동자 계급의 범죄 중 ㉠ 적응(화해)의 범죄는 생존의 필요에 의한 약탈범죄(예 절도, 강도, 마약거래 등), 기본모순의 심화 속에서 야기된 난폭성의 표현인 대인범죄(예 살인, 폭행, 강간 등)라고 보고, ㉡ 저항(대항)의 범죄는 노동자 집단이 기본모순에 저항하고 극복하려는 과정에서 행하는 행위들을 국가가 범죄로 규정하는 것이라고 보았다. 따라서 살인은 대항범죄가 아니라 '적응(화해)범죄'에 해당한다.

② 레크리스(Reckless)는 봉쇄이론(Containment Theory)에서, 모든 사람들에게는 범죄로 이끄는 범죄유발요인과 범죄를 억제하는 범죄억제요인이 부여되어 있지만, 범죄억제요인이 더 강할 경우 범죄로 나아가지 않는다고 한다. 범죄유발요인은 다시 압력, 유인, 배출로 구분할 수 있는데, 불안감은 배출요인에 해당한다.

핵심POINT 레크리스(Reckless)의 범죄유발요인

코헨(Cohen)은 비행하위문화이론에서 비행청소년들이 갖는 비행하위문화의 특징에 대하여 다음과 같이 주장한다.

구분	내용
압력(pressures)	사람들을 불만에 빠지게 하는 요소 예 가난, 가족 간의 갈등, 실업, 열등한 지위, 성공기회의 박탈 등
유인(pulls)	정상적인 생활로부터 이탈하도록 유인하는 요인 예 나쁜 친구, 비행적 대체문화, 범죄조직, 불건전한 대중매체 등
배출(pushes)	범죄를 저지르게 하는 개인의 생물학적 · 심리적 요소 예 불안, 불만, 내적 긴장, 증오, 공격성, 즉흥성 등

③ 중화기술이론에서 중화기술의 유형 중 책임의 부정은 범죄 · 비행에 대한 자신의 책임을 인정하지 않고 오히려 자신을 사회상황의 피해자로 여기는 것으로서, 비행의 책임을 열악한 가정환경 · 빈약한 부모훈육 · 빈곤 등의 외부적 요인으로 전가하여 합리화하는 것 등을 예로 들 수 있다. 지문의 내용은 중화기술의 유형 중 비난자에 대한 비난에 해당하는 것으로서, 이는 사회통제기관들이 부패한 자들이어서 자기를 심판할 자격이 없다고 하면서 그들의 위선을 비난하는 것을 말한다.

답 ④

090 범죄원인론에 대한 설명으로 옳은 것은?

2024년 교정직 7급

① 고링(C. Goring)은 생물학적 결정론과 내적 요인에 관한 탐구의 필요성을 역설하고, 생래적 범죄인설을 지지하였다.
② 나이(F. Nye)는 청소년들의 비행을 예방할 수 있는 사회통제방법으로 직접통제, 간접통제, 내부통제, 욕구충족의 가능성(availability of need satisfaction)으로 분류하고, 소년비행을 예방할 수 있는 가장 효율적인 방법은 내부통제라고 하였다.
③ 콜버그(L. Kohlberg)는 상당수의 범죄자는 도덕발달 6단계 중 관습적(conventional) 수준인 3~4단계에 해당한다고 주장하였다.
④ 퀴니(R. Quinney)는 범죄를 정치적으로 조직화된 사회에서 권위가 부여된 공식기관들에 의해 만들어진 인간의 행동으로 정의하였다.

범죄원인론

퀴니(Quinney)는 범죄란 자본주의의 물질적 상황에 의해 어쩔 수 없이 유발되는 반응양태라고 보면서, 자본주의 사회의 범죄유형을 자본가 계급의 범죄인 지배와 억압의 범죄, 노동자 계급의 범죄인 적응과 저항의 범죄로 구분하였다. 또한 법의 제정, 자본주의 사회에서의 사회통제, 후기 산업사회의 범죄문제 등에 대하여 급진론적 관점을 대표하면서, 법이란 기존의 사회 · 경제질서를 유지하고 영속시키기 위한 국가와 자본가 계급의 도구라고 규정하였다.

선지분석

① 고링(Goring)은 롬브로조의 생래적 범죄인설과 같은 범죄자 분류는 현실적으로 불가능하다고 비판하였다.
② 나이(Nye)는 청소년의 비행을 예방하는 사회통제의 유형을 분류하였고(직접 통제, 간접 통제, 내부 통제), 사회통제의 유형 중 가장 효율적인 방법은 '비공식적 간접 통제'의 방법이라고 보았다.
③ 콜버그(Kohlberg)는 도덕성의 발달단계를 ㉠ 관습적 수준 이전 단계(1단계: 타율적 도덕성 준수, 2단계: 이익형평성 고려), ㉡ 관습적 수준 단계(3단계: 타인의 기대 부응, 4단계: 사회 시스템 고려), ㉢ 관습적 수준 이상 단계(5단계: 개인의 권리 및 사회계약 인식, 6단계: 보편적 윤리원칙 고려)로 구분하였다. 그는 대부분의 성인들은 3 · 4단계 정도의 도덕적 수준이 발달하기 때문에 사회의 규범을 준수하고 범죄를 하지 않지만, '1 · 2단계의 도덕적 수준을 가진 사람들은 일탈과 범죄를 행한다'고 주장한다(도덕발달이론).

답 ④

091 갈등이론에 대한 설명으로 옳지 않은 것은?

2024년 보호직 9급

① 터크(Turk)는 법제도 자체보다는 법이 집행되는 과정에서 특정 집단의 구성원이 범죄자로 규정되는 과정에 주목하였다.
② 셀린(Sellin)은 이질적인 문화 사이에서 발생하는 갈등을 일차적 문화갈등이라고 하고, 하나의 단일 문화가 각기 독특한 행위규범을 갖는 여러 개의 상이한 하위문화로 분화될 때 일어나는 갈등을 이차적 문화갈등이라고 하였다.
③ 스핏처(Spitzer)는 후기 자본주의 사회에서는 생산활동에서 소외되는 인구가 양산됨에 따라 이로 인해 많은 일탈적 행위가 야기될 것이라고 보았다.
④ 봉거(Bonger)는 법규범과 문화적 · 사회적 규범의 일치도, 법 집행자와 저항자 간의 힘의 차이, 법규범 집행에 대한 갈등의 존재 여부가 범죄화에 영향을 미친다고 보았다.

갈등이론

터크는 권력갈등이론에서 법이 집행되는 과정에서 특정 집단의 구성원이 범죄자로 규정되는 과정을 설명하면서, 법률의 지배집단에 대한 의미(현실의 법이 지배집단의 문화규범 및 행동규범과 일치할수록 그러한 법이 우선적으로 집행될 가능성이 크다), 법 집행자와 저항자 사이의 상대적 권력관계(통상적으로 법은 법 집행에 도전할 수 있는 힘을 가진 지배집단보다는 이와 같은 힘을 갖지 못한 피지배집단에 더욱 집요하게 집행된다), 갈등 진행의 현실성(집단 간 갈등의 산물인 법규 위반이 실현가능성이 낮은 목표를 주장 · 관철하려는 경우일수록 법 집행이 강화된다)을 그 요소로 보았다.

(선지분석)

① 터크의 권력갈등이론에 대한 설명이다.
② 셀린의 문화갈등이론에 대한 설명이다.
③ 스핏처의 후기 자본주의 갈등이론에 대한 설명이다.

답 ④

KEYWORD 10 | 발전범죄학(발달범죄학)

발전이론에 대한 설명으로 옳지 않은 것은? 2012년 보호직 7급

① 손베리(Thornberry)는 청소년들의 발달과정에서 연령에 따라 비행의 원인이 어떻게 다르게 작용하는가에 주목하였다.
② 샘슨(Sampson)과 라웁(Laub)은 나이가 들면서 경험하는 사회적 유대와 비공식적 사회통제의 변화가 범법행위에 있어서의 차이를 야기한다고 주장하였다.
③ 모피트(Moffitt)는 어려서 가정에서의 부적절한 훈육과 신경심리계의 손상의 이유로 충동적이고 언어 · 학습능력이 부족한 아이들이 어려서부터 문제행동을 한다고 하면서 그러한 아이들은 성인에 이르기까지 지속적으로 비행이나 범죄를 자행하게 될 가능성이 높다고 주장하였다.
④ 갓프레드슨(Gottfredson)과 허쉬(Hirschi)는 어릴 때 형성된 자기통제력이라는 내적 성향 요소가 어려서의 다양한 문제행동을 설명할 수 있는 반면에, 청소년비행이나 성인들의 범죄는 설명하기 어렵다고 주장하였다.

발전이론

발전이론(발달이론, Development Theory)은 비행청소년의 어린 시절 경험도 중요하지만 어린 아이가 청소년으로 성장하면서 경험하는 다양한 변화 또한 범죄의 원인으로 설명하는 이론이다. 발달이론가들은 단순히 범죄지속의 측면 이외에 그 아이가 어떻게 하여 더욱 심각한 범죄자로 발전하게 되는지를, 어떤 아이들은 어떤 이유로 비행을 중단한 후 평범한 아이로 성장하는지를 설명하고자 했다. 즉, 발달이론에서는 범죄자가 가지는 범죄성향이 평생 동안 지속되면서 변하지 않는 것이 아니라 결혼, 취업 등과 같은 인생의 전환점에서 거의 대부분의 사람들은 범죄를 그만두게 된다고 본다.
갓프레드슨과 허쉬(Gottfredson & Hirschi)는 범죄의 일반적 원인을 낮은 자기통제라고 보아 어렸을 때 부정적으로 형성된 자기통제력이라는 내적 성향 요소가 이후 청소년기나 성인기의 문제행동의 원인이 된다고 하였다. 이러한 낮은 자기통제의 형성에 가장 많은 영향을 끼치는 것은 잘못된 자녀양육이며, 그에 대한 대책은 아이들의 행동을 항상 관찰하고 비행을 저질렀을 때 즉시 확인하여 벌주는 것을 외적 통제라고 한다.

(선지분석)

① 손베리(Thornberry)의 상호작용이론(Interaction Theory)에 따르면 범죄와 비행의 원인은 양방향이다. 약한 유대는 아이들에게 비행을 저지른 친구관계를 발전시키고, 결국 비행에 참여하도록 유도하며, 빈번한 비행 참여는 다른 친구들과의 유대를 약화시키고 결국 관습적 유대관계를 재정립하기가 어려워진다는 것이다. 구체적으로 청소년기를 초기(11~13세), 중기(15~16세), 후기(18~20세)로 구분하였는데, 초기에는 상대적으로 가정에서 부모와의 유대가 비행에 매우 중요한 요인으로 작용하지만, 중기를 거쳐 후기에 이를수록 부모의 영향력은 감소하고 대신 친구의 영향력은 증대된다고 주장했다.

② 샘슨과 라웁(Sampson & Laub)은 범죄경력에 전환점이 있다는 사실을 파악하여, 성인 위반자한테서 범죄를 중단하게끔 하는 삶의 사건을 찾아내었다. 즉, 결혼과 직업을 통해 사회자본을 형성하는 것이 범죄를 중단하게 하는 요소가 될 수 있다고 본다. 그들의 연령-등급이론(Age-Graded Theory)에 따르면, 비행은 비공식적 사회통제 혹은 유대의 결과라는 점을 강조했는데, 어려서 문제행동을 보였던 아이가 지속적으로 혹은 더 심각한 비행을 저지르게 되는 이유가 자신의 어린 시절 경험이 사회와의 유대를 약화시켰기 때문이라고 했다. 그러나 어려서 문제행동을 보였던 아이가 사회와의 유대가 회복되거나 강화될 경우, 더 이상 비행을 저지르지 않고 비행을 중단하게 된다고 보았다.

③ 모피트(Moffitt)는 어린 시절 가정환경과 문제 성향을 청소년비행의 원인으로 파악했지만, 그것과 청소년시기의 비행과의 관계 사이에 매개변인으로 작용하는 사회요인을 강조했다. 그는 비행 청소년집단을 크게 두 부류로 나누어 설명하였다. 어려서부터 문제 성향과 문제행동을 보인 소위 초기진입자들(early-starters)은 생애지속범죄자가 될 가능성이 높고, 폭력 등 심각한 비행을 저지를 가능성이 높다고 보았는데 이들은 비행청소년들 중 소수를 차지한다고 보았다. 반면에 대부분의 비행청소년이 포함되는 부류로 어려서 문제 성향을 보이지 않은 후기진입자들(late-starters)은 청소년기에 부모의 감독미비나 비행친구에 노출됨으로써 모방 등을 통해 비행을 저지르는 한시적인 비행청소년들로 파악했다.

답 ④

093 발달범죄학이론에 대한 설명으로 옳지 않은 것은? 2020년 교정직 7급

① 1930년대 글룩(Glueck) 부부의 종단연구는 발달범죄학이론의 토대가 되었다.

② 인생항로이론은 인간의 발달이 출생 시나 출생 직후에 나타나는 주된 속성에 따라 결정된다고 주장한다.

③ 인생항로이론은 인간이 성숙해 가면서 그들의 행위에 영향을 주는 요인도 변화한다는 사실을 인정한다.

④ 인생항로이론은 첫 비행의 시기가 빠르면 향후 심각한 범죄를 저지를 것이라고 가정한다.

발달범죄학이론

발달범죄학이론 중 인생항로이론(생애과정이론)에 의하면, 범죄성은 다양한 개인적 특성과 속성, 사회적 경험 등에 의해 영향을 받는 동적 과정이라고 한다.

(선지분석)

① 글룩(Glueck) 부부는 1930년대에 비행경력자들을 대상으로 범죄성의 지속요인을 측정하는 종단연구를 하였다. 발달범죄학이론은 샘슨(R. Sampson)과 라웁(J. Laub)이 위와 같은 글룩(Glueck) 부부의 연구결과를 통계기법으로 재분석하면서 시작되었다고 한다.

③ 인생항로이론(생애과정이론)에 의하면, 다양한 개인적 · 사회적 · 경제적 요인들이 범죄성에 영향을 미치고 이러한 요인들은 시간이 지나면서 변화하며 이에 영향을 받아 범죄성 또한 변화한다고 본다.

④ 인생항로이론(생애과정이론)에 의하면, 범죄성이 어린 시기에 형성되어 어렸을 때 일탈행위를 경험한 사람은 후에 더 심각한 범죄성을 나타낸다고 한다.

답 ②

094 샘슨(Sampson)과 라웁(Laub)의 생애과정이론(연령-단계이론)의 주장으로 가장 적절하지 않은 것은?

2022년 경찰 간부

① 타고난 기질과 어린 시절의 경험이 범죄행위의 지속과 중단에 가장 큰 영향을 미친다.
② 행위자를 둘러싼 상황적 · 구조적 변화가 범죄로부터 단절된 삶으로 이끈다.
③ 생애과정을 통해 사회유대와 범죄행위가 서로 영향을 미친다.
④ 결혼, 취업, 군입대는 범죄궤적을 올바른 방향으로 바꾸는 인생의 변곡점이다.

생애과정이론(연령-단계이론)

샘슨(Sampson)과 라웁(Laub)은 생애과정이론에서 범죄경력은 개인의 생애발달에서 다양한 범죄적 영향(개인적 특성, 사회적 경험, 경제적 상황 등의 영향)의 결과에 따라 발생한다고 주장한다.

선지분석

②, ④ 샘슨(Sampson)과 라웁(Laub)은 범죄경력에 전환점이 있다는 사실을 파악하여, 결혼 · 취업 및 군 입대를 통해 사회자본(social capital)을 형성하는 것이 범죄를 중단하게 하는 요소(전환점)가 될 수 있다고 본다.
③ 샘슨(Sampson)과 라웁(Laub)은 청소년기에 비행을 저지른 아이들도 사회유대(또는 사회자본)의 약화 혹은 강화에 따라 비행청소년으로 발전하기도 하고, 비행을 중단하여 정상인으로 되돌아가기도 한다고 주장한다.

답 ①

095 다음은 발달범죄학이론에 관한 설명이다. ㄱ, ㄴ 이론을 주장한 학자를 가장 적절하게 연결한 것은?

2022년 경행 경채

ㄱ. 범죄자를 청소년기 한정형(adolescence-limited) 범죄자와 생애지속형(life-course-persistent) 범죄자로 분류하였다. 청소년기 한정형은 사춘기에 집중적으로 일탈행동을 저지르다가 성인이 되면 일탈행동을 멈추는 유형이고, 생애지속형은 유아기부터 문제행동이 시작되어 평생 동안 범죄행동을 지속하는 유형이다.
ㄴ. 범죄의 시작, 유지, 중단의 연령에 따른 변화는 생애과정에서의 비공식적 통제와 사회유대를 반영하고, 인생의 중요한 전환기에 발생하는 사건들과 그 결과에 영향을 받는다고 보았다.

	ㄱ	ㄴ
①	모핏(Moffitt)	패터슨(Patterson)
②	모핏(Moffitt)	샘슨과 라웁(Sampson & Laub)
③	패터슨(Patterson)	모핏(Moffitt)
④	패터슨(Patterson)	샘슨과 라웁(Sampson & Laub)

발달범죄학이론

ㄱ. 모핏(Moffitt)은 이원적 경로이론에서 ㉠ 어려서부터 문제 성향과 문제행동을 보인 소위 초기 진입자(early-starters)는 친사회적 유대관계를 형성하지 못하여 생애지속범죄자가 될 가능성이 높고, 폭력 등 심각한 비행을 저지를 가능성이 높다고 보았는데 이들은 비행청소년 중 소수를 차지한다고 보았다. 그러나 ㉡ 대부분의 비행청소년이 포함되는 부류로서 어려서 문제 성향을 보이지 않은 후기 진입자(late-starters)는 어느 정도 친사회적인 유대관계를 형성하였으나 청소년기에 부모의 감독 미비나 비행친구에 노출됨으로써 모방 등을 통해 비행을 저지르는 한시적인 비행청소년, 즉 청소년지위비행자로 파악했다(청소년기 한정 비행자).

ㄴ. 샘슨과 라웁(Sampson & Laub)은 생애과정이론에서 범죄경력은 개인의 생애발달에서 다양한 범죄적 영향(개인적 특성 · 사회적 경험 · 경제적 상황 등의 영향)의 결과에 따라 발생한다고 주장하면서, 결혼 · 취업 및 군 입대를 통해 사회자본(social capital)을 형성하는 것이 범죄를 중단하게 하는 요소(전환점)가 될 수 있다고 본다.

답 ②

096 모피트(Moffitt)의 청소년기 한정형(adolescence-limited) 일탈의 원인으로 옳은 것만을 모두 고르면?

2022년 교정직 7급

ㄱ. 성숙의 차이(maturity gap)
ㄴ. 신경심리적 결함(neuropsychological deficit)
ㄷ. 사회모방(social mimicry)
ㄹ. 낮은 인지 능력(low cognitive ability)

① ㄱ, ㄴ
② ㄱ, ㄷ
③ ㄴ, ㄹ
④ ㄷ, ㄹ

발달범죄학이론

ㄱ, ㄷ. 청소년기 한정형 범죄자는 어느 정도 친사회적인 유대관계를 형성하였으나 청소년기에 성숙의 차이 또는 부모의 감독이 미비 또는 비행친구에게 노출됨으로써 사회적 모방 등을 통해 일탈행동을 하다가 성인이 되면 일탈행동을 그만두는 유형이다.

선지분석

ㄴ, ㄹ. 생애지속형 범죄자는 생래적인 신경심리적 결함과 언어 · 인지능력이 낮음으로 인하여 어려서부터 문제행동을 시작하여(초기진입자) 친사회적 유대관계를 형성하지 못하여 평생 동안 범죄행동을 지속하는 유형이라고 한다.

답 ②

097 발달이론에 관한 설명으로 옳지 않은 것은?

2023년 교정직 7급

① 글룩(Glueck)부부는 반사회적인 아이들은 성인이 되어 가해 경력을 지속할 가능성이 크다고 보았다.

② 모피트(T. Moffitt)의 생애지속형(life-course-persistent) 비행청소년은 생래적인 신경심리적 결함이 주된 비행의 원인이며, 유아기의 비행은 성인기까지도 지속된다.

③ 손베리(T. Thornberry)는 후기개시형(late starters) 비행청소년 일탈의 원인을 비행친구와의 접촉으로 보았다.

④ 샘슨(R. Sampson)과 라웁(J. Laub)은 생애주기에 있어 시기에 따라 서로 다른 비공식적 사회통제가 존재하며 인생의 전환점에 의해 언제든지 변할 수 있다고 보았다.

발달이론

패터슨(Patterson)이 주장한 내용이다. 그는 반사회적 행동의 발전과정을 초기진입자(조기 개시형)와 후기진입자(만기 개시형)로 나누었다(범죄경력의 진입연령 분류). 초기진입자(early starters)는 아동기의 부적절한 양육(역기능적 가정)에 기인하며, 후에 학업의 실패와 친구집단의 거부를 경험하여(이중적 실패) 비행집단에 참가할 가능성이 높다고 보며, 만성적 비행자가 될 가능성이 높다고 한다. 반면에 후기진입자(late starters)는 청소년기 중기에 부모의 감시와 감독이 느슨하여 비행친구들과 접촉하게 되나, 이중적 실패를 경험하지 않으며 보다 쉽게 범죄경력에서 이탈할 수 있다고 한다. 손베리(Thornberry)는 약한 사회유대가 청소년들에게 비행을 저지른 친구와의 관계를 발전시키고(사회유대이론), 결국 비행에 참여하도록 유도하며(학습이론), 빈번한 비행 참여는 다른 친구들과의 유대를 약화시키고 결국 관습적 유대관계를 재정립하기가 어려워진다는 내용의 상호작용이론을 주장하였다.

선지분석

① 글룩(Glueck)부부는 1930년대에 비행청소년 500명과 정상청소년 500명을 대상으로 비행원인을 밝히는 연구를 진행하였다. 이를 통해 가정생활의 변화가 범죄에 상당한 영향을 주고, 특히 아동기에 부적응이 클수록 성인기에 적응의 장애를 겪으며, 아동기의 범죄경력이 성인기의 범죄경력으로 이어지는 경향이 강하다는 결과를 얻었다.

② 모피트(Moffitt)는 어려서부터 문제성향과 문제행동을 보인 아이들은 친사회적 유대관계를 형성하지 못하여 생애지속범죄자가 될 가능성이 높고, 폭력 등 심각한 비행을 저지를 가능성이 높다고 보았는데 이들은 비행청소년 중 소수를 차지한다고 보았다.

④ 샘슨(Sampson)과 라웁(Laub)의 생애과정이론의 내용이다.

답 ③

★★★ **098** □□□

샘슨(Sampson)과 라웁(Laub)의 생애과정이론(연령 - 단계이론)에 대한 설명으로 옳지 않은 것은?

2025년 보호직 9급

① 범죄 행위의 지속성과 가변성은 인생의 중요한 전환기에 발생하는 사건과 그 결과에 영향을 받는다고 본다.

② 허쉬(Hirschi)의 사회유대이론의 영향을 받아, 사회유대의 약화를 범죄 행위의 원인으로 본다.

③ 성실한 직장생활, 활발한 대인관계 등의 사회적 자본을 발전시키는 것을 범죄 중단의 중요한 요인으로 본다.

④ 범죄를 중단하는 데 있어 결정적인 전환점(turning point)은 체포 혹은 수감(收監) 경험이다.

샘슨(Sampson)과 라웁(Laub)의 생애과정이론(연령 - 단계이론)

샘슨과 라웁은 범죄경력에 전환점이 있다는 사실을 파악하여, 범죄를 중단하게끔 하는 삶의 사건으로 결혼, 취업 및 군입대를 제시하였다.

선지분석

① 샘슨과 라웁은 청소년기에 비행을 저지른 아이들도 사회유대(또는 사회자본)의 약화 혹은 강화에 따라 비행청소년으로 발전하기도 하고, 비행을 중단하여 정상인으로 되돌아가기도 한다고 주장한다(범죄의 지속성과 가변성).

② 샘슨과 라웁은 비행을 사회적 통제가 약하거나 깨졌을 때 발생하는 것으로 본다(허쉬의 사회유대이론을 전제).

③ 샘슨과 라웁은 결혼, 취업 및 군입대를 통해 사회자본(Social Capital)을 형성하는 것이 범죄를 중단하게 하는 요소(전환점)가 될 수 있다고 보았다.

답 ④

099 모피트(Moffitt)의 발달유형론(developmental taxonomy)에 대한 설명으로 옳지 않은 것은?

2025년 보호직 9급

① 반사회적 범죄자를 청소년기한정형(adolescence-limited)과 생애지속형(life-course-persistent)으로 구분하였다.

② 청소년기한정형 범죄자에 비하여 생애지속형 범죄자가 또래 집단과의 유대관계에 더욱 강한 영향을 받는다고 보았다.

③ 개인의 신경심리학적 취약성과 범죄 유발적 환경이 상호작용하여 생애지속형 반사회적 행위가 발생하는 것으로 보았다.

④ 생물학적 능력과 사회적 역할의 격차, 즉 성장격차(maturity gap)를 청소년기한정형 범죄자가 반사회적 행위에 가담하는 주요 원인으로 보았다.

모피트(Moffitt)의 발달유형론(developmental taxonomy)

모피트(Moffitt)는 '청소년기 한정형 범죄자'가 비행친구에게 노출됨으로써 사회적 모방을 통해 비행을 저지르는 경우가 있다고 주장하여 또래 집단과의 유대관계에 더욱 강한 영향을 받는다고 보았다.

선지분석

① 모피트는 어린 시절 가정환경과 문제성향을 청소년비행의 원인으로 파악하지만 그것과 청소년 시기의 비행과의 관계 사이에 매개변인으로 작용하는 사회요인을 강조하면서, 비행청소년을 크게 생애지속형과 청소년기 한정형이라는 두 부류로 나누어 설명하였다.

③ 모피트는 생래적인 신경심리적 결함 또는 언어 · 인지능력의 낮음으로 인하여 어려서부터 문제성향과 문제행동을 보인 아이들은 친사회적 유대관계를 형성하지 못하여 생애지속형 범죄자가 될 가능성이 높고, 폭력 등 심각한 비행을 저지를 가능성이 높다고 보았다.

④ 대부분의 비행청소년이 포함되는 부류로서 어려서 문제성향을 보이지 않은 아이들은 어느 정도 친사회적인 유대관계를 형성하였으나 청소년기에 성숙의 차이(성장격차) 또는 부모의 감독 미비, 비행친구에게 노출됨으로써 사회적 모방 등을 통해 비행을 저지르는 한시적인 비행청소년, 즉 청소년기 한정형 범죄자로 파악하였다.

답 ②

100 손베리(Thornberry)의 상호작용이론(interactional theory)에 대한 설명으로 옳은 것은?

2025년 교정직 9급

① 사회통제이론과 사회학습이론을 결합한 통합이론이다.

② 청소년의 비행경로를 조기 개시형(early starters)과 만기 개시형(late starters)으로 구분한다.

③ 사회적 반응이 일탈의 특성과 강도를 규정하는 원인이다.

④ 사회학습 요소로 차별접촉, 차별강화, 애착, 모방을 제시한다.

손베리(Thornberry)의 상호작용이론(interactional theory)

손베리(Thornberry)의 상호작용이론(Interaction Theory)에 따르면, 약한 사회유대는 청소년들에게 비행을 저지른 친구와의 관계를 발전시키고(허쉬의 사회유대이론), 결국 비행에 참여하도록 유도하며(에이커스의 사회학습이론), 빈번한 비행 참여는 다른 친구들과의 유대를 약화시키고 결국 관습적 유대관계를 재정립하기가 어려워진다는 것이다. 이 이론은 사회통제이론(사회유대이론)과 사회학습이론을 결합한 통합이론에 속한다.

(선지분석)

② '패터슨(Patterson)'은 반사회적 행동의 발전과정을 초기진입자(조기 개시형)와 후기진입자(만기 개시형)로 나누었다(범죄경력의 진입연령 분류).

③ '낙인이론'에 대한 설명이다. 낙인이론은 일탈행위와 사회적 낙인화의 관계를 사회적 상호작용이라는 관점에서 파악한다(사회적 반작용이론, 사회적 반응이론).

④ 에이커스(Akers)의 사회학습이론은 차별접촉, 차별강화, '정의', 모방의 4가지 개념으로 구성된다.

답 ①

101 브레이스웨이트(Braithwaite)의 재통합적 수치심부여이론(reintegrative shaming theory)에 대한 설명으로 옳지 않은 것은?

2022년 교정직 7급

① 재통합적 수치심 개념은 낙인이론, 하위문화이론, 기회이론, 통제이론, 차별접촉이론, 사회학습이론 등을 기초로 하고 있다.

② 해체적 수치심(disintegrative shaming)을 이용한다면 범죄자의 재범확률을 낮출 수 있으며, 궁극적으로는 사회의 범죄율을 감소시키는 효과를 기대할 수 있다.

③ 재통합적 수치심의 궁극적인 목표는 범죄자가 자신의 잘못을 진심으로 뉘우치고 사회로 복귀할 수 있도록 그들이 수치심을 느끼게 할 방법을 찾아내는 것이다.

④ 브레이스웨이트는 형사사법기관의 공식적 개입을 지양하며 가족, 사회지도자, 피해자, 피해자 가족 등 지역사회의 공동체 강화를 중시하는 '회복적 사법(restorative justice)'에 영향을 주었다.

재통합적 수치심이론

브레이스웨이트는 수치(shaming)를 재통합적 수치와 해체적 수치로 구분하였는데, 해체적 수치는 범죄자에게 공동체의 구성원으로 받아들이지 않겠다는 낙인을 찍는 것으로, 이 경우에는 범죄율이 증가하게 된다(거부적 수치, 오명).

(선지분석)

① 브레이스웨이트(Braithwaite)의 재통합적 수치이론은 기존 이론들이 범죄원인의 설명에 한계를 보인다는 점을 지적하면서 사회학적, 심리학적, 경제적 요인 등을 통합하여 보다 복합적 관점에서 범죄의 원인을 규명하는 통합적 범죄이론에 해당한다.

③, ④ 브레이스웨이트(Braithwaite)의 재통합적 수치이론은 회복적 사법의 이론적 근거가 되었는데, 처벌을 통해 범죄자가 반성을 하면서 지역사회의 구성원으로 재통합하려는 노력을 병행하여 장래의 범죄 가능성을 줄이도록 하겠다는 입장이다.

답 ②

III

범죄대책론

III 범죄대책론

KEYWORD 01 | 범죄예측

001 범죄예측방법에 대한 설명으로 옳지 않은 것은? 2012년 보호직 7급

① 직관적 예측방법은 실무경험이 많은 판사, 검사, 교도관 등이 실무에서 애용하고 있는 방법으로 교육과 훈련을 통해 주관적 자의를 통제할 수 있기에 신뢰성이 높다.

② 통계적 예측방법은 범죄자의 특징을 계량화하여 객관적 기준에 의존하기 때문에 실효성과 공정성을 확보할 수 있지만 범죄요인의 상이한 선별기준에 대한 대책이 없다.

③ 임상적 예측방법은 정신과의사나 범죄학 교육을 받은 심리학자가 행위자의 성격분석을 토대로 내리는 예측으로 판단자의 주관적 평가를 통제할 수 없고 많은 시간과 비용이 소요된다.

④ 통합적 예측방법은 직관적 예측, 통계적 예측 및 임상적 예측방법을 절충함으로써 각각의 단점을 보완하고자 하는 예측방법으로 다양한 예측방법의 단점을 어느 정도는 극복할 수 있다.

범죄예측방법

직관적 예측방법은 전적으로 판단자의 주관적 입장 · 지식 · 경험 등에 의존하는 점에서, 주관적 자의의 한계와 합리적 판단기준의 결여를 극복하기 어렵다는 비판이 제기된다.

선지분석

② 통계적 예측방법은 범죄예측을 객관적 기준에 의존함으로써 실효성이 높고 비교적 공평하며 예측비용도 절감되는 장점이 있다. 그러나 개별 범죄자마다 고유한 범죄의 특성 내지 개인의 편차가 예측에 제대로 반영되지 않을 가능성이 있다는 비판을 받는다.

③ 임상적 예측방법은 판단자의 주관적 평가가 개입될 가능성이 있어 객관적 기준을 확보하기 곤란할 수 있을 뿐만 아니라 판단자의 경험 또는 전문성의 부족으로 자료를 잘못 해석할 수 있는 위험성이 있으며, 시간과 비용이 많이 소요된다는 단점이 있다.

④ 통합적 예측방법은 직관적 예측방법과 통계적 예측방법 및 임상적 예측방법을 일정한 방향으로 조합(절충)함으로써 각각의 예측방법의 단점을 보완하고자 하는 예측방법이다(구조예측의 방법). 다만, 각각의 예측방법의 결함을 어느 정도 보완할 수 있을지 모르지만, 완전히 제거하는 것은 불가능하다는 비판이 제기된다.

답 ①

002 다음 중 범죄예측에 대한 설명으로 옳지 않은 것을 모두 고른 것은? 2016년 보호직 7급

> ㄱ. 글룩(Glueck) 부부는 아버지의 훈육, 어머니의 감독, 아버지의 애정, 어머니의 애정, 가족의 결집력 등 다섯 가지 요인으로 구분하여 범죄예측표를 작성하였다.
> ㄴ. 통계적 예측법은 많은 사례를 중심으로 개발된 것이기 때문에 개별 범죄자의 고유한 특성이나 편차를 충분히 반영할 수 있다는 장점이 있다.
> ㄷ. 직관적 예측법은 실무에서 자주 사용되는 방법이지만, 이는 판단자의 주관적 입장에 의존한다는 점에서 비판을 받는다.
> ㄹ. 예방단계의 예측은 주로 소년범죄 예측에 사용되는데 잠재적인 비행소년을 식별함으로써 비행을 미연에 방지하고자 하는 방법이다.
> ㅁ. 재판단계에서 행해지는 예측은 주로 가석방결정에 필요한 예측이다.

① ㄱ, ㄷ　　② ㄱ, ㄹ
③ ㄴ, ㄷ　　④ ㄴ, ㅁ

범죄예측

ㄴ. 통계적 예측법은 비전문가도 주어진 평가기준에 대입하여 예측을 할 수 있어 널리 이용되며, 범죄예측을 객관적 기준에 의함으로써 실효성이 높고 비교적 공평하며 비용도 절감되는 장점이 있다. 반면에 숫자의 많고 적음에 따라 발생개연성을 판단하는 통계적 예측결과밖에 제시하지 못한다는 한계가 있다. 그리고 개별 범죄자마다 고유한 범죄의 특성 내지 개인의 편차가 예측에 제대로 반영되지 않을 가능성이 있다는 비판을 받는다.

ㅁ. 석방단계 예측은 주로 가석방결정에 필요한 예측을 말한다. 형사정책에서 범죄예측을 시작한 것은 바로 석방단계 예측부터라고 할 수 있다. 반면에 재판단계 예측은 법원에서 유 · 무죄의 판단 및 형벌의 종류를 결정하는 과정에서 범죄자의 개별처우를 위하여 장래의 위험성을 예측하는 것으로서, 특히 양형책임을 결정하는 중요한 수단으로 작용한다.

선지분석

ㄱ. 글룩(Glueck) 부부는 가중실점방식에 의한 조기 예측법을 소개하였다.

ㄷ. 직관적 예측법은 전적으로 판단자의 주관적 입장 · 지식 · 경험 등에 의존하는 점에서, 주관적 자의의 한계와 합리적 판단기준의 결여를 극복하기 어렵다는 비판이 있다.

ㄹ. 예방단계의 예측은 특정인에 대해 범행 이전에 미리 그 위험성을 예측하는 것으로, 주로 소년범죄 예측에 많이 사용되는 예측방법이다(조기 예측).

답 ④

003 범죄예측에 대한 설명으로 옳지 않은 것은?

2018년 보호직 7급

① 수사단계에서의 범죄예측은 수사를 종결하면서 범죄자에 대한 처분을 내리는 데에 중요한 역할을 할 수 있다.

② 범죄예측은 재판단계 및 교정단계에서도 행해지지만 교정시설의 과밀화 현상을 해소하는 데는 기여할 수 없다.

③ 범죄예측의 방법 중 '임상적 예측법(경험적 예측법)'은 대상자의 범죄성향을 임상전문가가 종합분석하여 대상자의 범죄가능성을 판단하는 것이므로 대상자의 특성을 집중관찰할 수 있는 장점이 있다.

④ 범죄예측의 방법 중 '통계적 예측법'은 여러 자료를 통하여 범죄예측요인을 수량화함으로써 점수의 비중에 따라 범죄 또는 비행을 예측하는 것으로 점수법이라고도 한다.

범죄예측

재판단계 범죄예측과 석방단계 범죄예측을 통해 과밀수용 해소방안 중 인구감소전략인 정문정책(예 보호관찰 등)과 후문정책(예 가석방 등)으로 연계될 수 있다.

선지분석

① 수사단계 범죄예측은 경찰 · 검찰이 비행자 · 범죄자에 대한 수사를 종결하면서 내릴 처분 내용을 결정할 때 사용하는 예측방법이다. 수사단계 예측은 조건부 기소유예와 같은 처분의 결정 시 소년에 대한 잠재적 비행성을 판단하는 데 유용하다.

③ 임상적 예측법은 정신과 의사나 범죄학의 교육을 받은 심리학자가 전문지식을 이용하여 행위자의 성격분석을 토대로 내리는 예측방법이다(경험적 개별예측).

④ 통계적 예측법은 범죄자의 특징을 계량화하여 그 점수의 많고 적음에 따라 장래의 범죄행동을 예측하는 방법이다(점수법).

답 ②

004 범죄예측에 대한 설명으로 옳은 것은?

2020년 교정직 7급

① 전체적 평가법은 통계적 예측법에서 범하기 쉬운 객관성 문제를 개선하기 위해 개발된 방법이다.

② 통계적 예측법은 범죄자의 소질과 인격에 대한 상황을 분석하여 범죄자의 범죄성향을 임상적 경험에 의하여 예측하는 방법이다.

③ 버제스(E. W. Burgess)는 경험표(experience table)라 불렸던 예측표를 작성 · 활용하여 객관적인 범죄예측의 기초를 마련하였다.

④ 가석방 시의 예측은 교도소에서 가석방을 결정할 때 수용생활 중의 성적만을 고려하여 결정한다.

범죄예측

버제스(E. W. Burgess)는 경험표(가석방예측표)를 작성하여 재범예측에 사용하였다.

선지분석

① 통계적 예측법(점수법)은 범죄예측을 객관적 기준에 의함으로써, 전체적 평가법(직관적 예측법)의 문제점(주관적 자의의 한계와 합리적 판단기준의 결여를 극복하기 어렵다라는 객관성의 문제)을 개선할 수 있다고 한다.

② 직관적 예측법(전체적 평가법)에 대한 설명이다. 이는 실무 경험(직업적 경험, 임상적 경험)이 많은 판사 · 검사 · 교도관 등이 실무에서 애용하는 방법으로, 예측하는 사람의 직관적 예측능력을 토대로 대상자의 인격 전체를 분석 · 종합하는 예측방법이다.

④ 석방단계 예측은 주로 가석방 결정에 필요한 예측을 말하는데, 수용될 때까지의 생활력 · 행형성적 · 복귀할 환경 등을 고려하고 통계를 통해 성적과 인자의 관계를 확인하여 전체적 평가법이나 점수법을 통해 예측을 하는 방법을 사용한다. 따라서 가석방 시의 예측은 수용생활 중의 성적만을 고려하여 결정하는 것은 아니다.

답 ③

005 환경설계를 통한 범죄예방(CPTED)에 대한 설명으로 옳지 않은 것은? 2012년 보호직 7급

① 상황적 범죄예방 전략과 유사한 이론적 관점을 취한다.
② 대상물 강화(target hardening) 기법을 포함한다.
③ 감시(surveillance), 접근통제(access control), 영역성(territoriality) 등을 기본요소로 한다.
④ CPTED 모델은 사회복귀모델과 맥락을 같이 하며 특별예방적 관점이 강조된다.

환경설계를 통한 범죄예방(CPTED)

환경설계를 통한 범죄예방(Crime Prevention Through Environmental Design; CPTED)모델은 사회환경개선을 통한 범죄예방모델의 한 유형으로 제시되는 것으로서 사회전반의 변화를 통해 범죄에 대처하는 사전적 범죄예방을 지향한다(일반예방적 관점).

선지분석

①, ②, ③ 뉴만(Newman)은 환경설계를 통한 범죄예방(CPTED)으로 대표되는 제프리(Jeffery)의 범죄예방모델을 도입하여, 주택의 건축 과정에서 공동체의 익명성을 줄이고 범죄자의 침입과 도주를 차단하며, 순찰 · 감시가 용이하도록 구성하여 범죄예방을 도모하여야 한다는 방어공간(defensible space)의 개념을 사용하였다. 뉴만(Newman)이 주장하는 방어공간의 기본요소에는 영역설정 · 감시 · 이미지 · 주변지역보전 등이 있다. 이와 같이 범죄행위에 대한 위험과 어려움을 높여(대상물 강화) 범죄기회를 줄임으로써 범죄예방을 도모하는 것을 상황적 범죄예방모델이라고 한다.

답 ④

006 범죄예방모델에 대한 설명으로 옳지 않은 것은? 2018년 보호직 7급

① 범죄억제모델은 고전주의의 형벌위하적 효과를 중요시하며 이를 위하여 처벌의 신속성, 확실성, 엄격성을 요구한다.
② 사회복귀모델은 범죄자의 재사회화와 갱생에 중점을 둔다.
③ 제프리(Jeffery)는 사회환경개선을 통한 범죄예방모델로 환경설계를 통한 범죄예방(Crime Prevention Through Environmental Design; CPTED)을 제시하였다.
④ 상황적 범죄예방모델은 한 지역의 범죄가 예방되면 다른 지역에도 긍정적 영향이 전해진다는 소위 범죄의 전이효과(displacement effect)를 주장한다.

범죄예방모델

범죄행위에 대한 위험과 어려움을 높여(대상물 강화) 범죄기회를 줄임으로써 범죄예방을 도모하는 것을 상황적 범죄예방모델이라고 한다. 범죄기회가 주어지면 누구든지 범죄를 저지를 수 있는 것으로 보는 일상활동이론은 이 모델의 근거가 된다. 범죄의 전이효과란 특정지역 안에서 범죄예방을 위한 전략이 실행된 후 다른 지역으로 범죄가 이동하는 것을 말한다.

선지분석

① 범죄억제모델은 비결정론을 전제하는 고전학파의 이론과 같은 맥락에서 범죄예방의 방법으로 형벌을 수단으로 하는 진압적 방법을 사용한다. 범죄억제모델은 처벌을 통한 범죄예방의 효과를 높이기 위해서 처벌의 신속성 · 확실성 · 엄격성을 요구한다.

② 사회복귀모델은 결정론을 전제하는 실증주의의 이론과 같은 맥락에서 형 집행단계에서 특별예방의 관점이 많이 강조되는 유형이다. 임상적 치료를 통한 개선 또는 지역활동 · 교육 · 직업훈련에 의한 사회복귀 등의 방법을 사용한다.

③ 범죄예방모델은 범죄원인을 개인과 환경의 상호작용에서 찾는 입장에 기초하여 범죄정책에 국한하지 않고 사회 전반의 변화를 통해 범죄에 대처하는 사전적 범죄예방을 지향한다(빈곤 · 차별 · 경제적 불평등 · 사회 구조의 해체 등 사회적 범죄원인을 개선 · 제거). 제프리(Jeffery)는 범죄예방모델을 가장 강조하였는데, 환경설계를 통한 범죄예방(CPTED)도 여기에 포함시킬 수 있다.

답 ④

007 브랜팅햄(Brantingham)과 파우스트(Faust)의 범죄예방모델에 대한 다음 설명 중 가장 적절하지 않은 것은? 2022년 경찰 간부

① 잠재적 범죄자를 조기에 판별하고 이들이 불법행위를 저지르기 전에 개입하려는 시도는 2차적 범죄예방에 해당한다고 볼 수 있다.

② 범죄 실태에 대한 대중교육을 실시하는 것은 1차적 범죄예방에 가장 가깝다.

③ 2차적 범죄예방은 대부분 형사사법기관에 의해 이루어진다.

④ 브랜팅햄과 파우스트의 범죄예방모델은 질병예방의 보건의료모형을 차용하였다.

범죄예방모델

3차적 범죄예방은 범죄자를 대상으로 그들의 재범을 예방하는 것(예 형벌, 보안처분 등)을 말하는데, 이는 대부분 형사사법기관이 담당한다.

선지분석

① 2차적 범죄예방은 우범자나 우범지역을 대상으로 범죄기회를 차단하는 것(예 감시카메라 · 비상벨 설치, 방어공간의 확보 등)을 말한다(상황적 범죄예방).

② 1차적 범죄예방은 일반시민을 대상으로 범죄를 유발 · 촉진하는 물리적 · 사회적 환경을 개선하는 것(예 환경설계, 이웃감시, 민간경비, 범죄예방교육 등)을 말한다.

④ 브랜팅햄(Brantingham)과 파우스트(Faust)는 범죄예방에 질병의 예방과 치료의 개념을 도입하여 범죄예방을 1차적 범죄예방, 2차적 범죄예방, 3차적 범죄예방으로 나누었다.

답 ③

008 범죄예방에 대한 설명으로 옳지 않은 것은? 2023년 보호직 7급

① 생활양식이론에 의하면, 범죄예방을 위하여 체포가능성의 확대와 처벌의 확실성 확보를 강조한다.

② 브랜팅햄(Brantingham)과 파우스트(Faust)는 질병예방에 관한 보건의료모형을 응용하여 단계화한 범죄예방모델을 제시하였다.

③ 일상활동이론에 의하면, 동기 부여된 범죄자와 매력적인 목표물, 보호능력의 부재나 약화라는 범죄의 발생조건의 충족을 제지함으로써 범죄를 예방할 수 있다.

④ 이웃감시는 일반시민을 대상으로 한 1차적 범죄예방모델의 예에 해당한다.

범죄예방

생활양식노출이론을 주장한 하인드랑(Hindelang)과 고트프레드슨(Gottfredson)은 개인의 직업적 활동, 여가활동 등 일상적 활동의 생활양식이 그 사람의 범죄피해 위험성을 높이는 중요한 요인이 된다고 하였다. 즉, 범죄와 접촉할 가능성이 높은 생활양식을 취하고 있는 사람은 범죄의 피해자가 되기 쉽다는 것이다. 이는 인구학적 · 사회학적 계층 · 지역에 따른 범죄율의 차이는 피해자의 개인적 생활양식의 차이를 반영한다는 것으로, 피해자가 제공하는 범죄기회구조를 중시하는 입장으로, '범죄예방을 위해서는 범죄기회를 사전에 차단하는 것이 중요'하다고 보는 입장이다.

선지분석

② 브랜팅햄(Brantingham)과 파우스트(Faust)는 범죄예방에 질병의 예방과 치료의 개념을 도입하여 범죄예방을 1차적 범죄예방, 2차적 범죄예방, 3차적 범죄예방으로 나누었다.

③ 코헨(Cohen)과 펠슨(Felson)이 주장한 일상활동이론에 따르면, 일상활동의 구조적 변화가 ㉠ 동기를 지닌 범죄자, ㉡ 합당한 표적, ㉢ 보호능력의 부재라는 세 가지 요소에 시간적 · 공간적인 영향을 미쳐서 범죄가 발생한다.

④ 브랜팅햄과 파우스트가 제시한 범죄예방모델 중 1차적 범죄예방은 일반시민을 대상으로 하여 범죄를 유발 · 촉진하는 물리적 · 사회적 환경을 개선하는 것으로서, 환경설계, 이웃감시, 민간경비, 범죄예방교육 등을 그 예로 들 수 있다.

답 ①

009 환경설계를 통한 범죄예방(CPTED)에 관한 설명으로 가장 적절하지 않은 것은? 2022년 경찰 간부

① CPTED는 주거 및 도시지역의 물리적 환경설계 또는 재설계를 통해 범죄기회를 감소시키고자 하는 기법이다.

② CPTED의 기본원리 중 자연적 감시는 사적 공간에 대한 경계를 제거하여 주민들의 책임의식과 소유의식을 감소시킴으로써 사적 공간에 대한 관리권을 약화시키는 원리이다.

③ 뉴먼(Newman)은 방어공간의 4가지 구성요소로 영역성, 자연적 감시, 이미지, 환경을 제시하였다.

④ CPTED의 기본원리 중 자연적 접근통제는 일정한 지역에 접근하는 사람들을 정해진 공간으로 유도하거나 외부인의 출입을 통제하도록 설계함으로써 접근에 대한 심리적 부담을 증대시켜 범죄를 예방하려는 원리이다.

환경설계를 통한 범죄예방(CPTED)

자연적 감시란 감시의 기회를 늘림으로써 거주자들의 범죄에 대한 두려움을 줄이고 공공 공간에서 활동을 증가시켜 안전한 생활을 보장하게 되는 방안을 말한다. 따라서 사적 공간에 대한 경계를 강화하여 주민들의 책임의식과 소유의식을 증대시킴으로써 사적 공간에 대한 관리권을 강화시키는 것을 의미한다.

선지분석

① 환경설계를 통한 범죄예방(CPTED)이란 지역이나 시설의 물리적 설계를 범죄자가 범행을 하기 어렵도록 하는 범죄예방기법을 말한다(범죄기회의 감소).

③ 뉴먼(Newman)은 주택의 건축 과정에서 공동체의 익명성을 줄이고 범죄자의 침입과 도주를 차단하며 순찰 · 감시가 용이하도록 구성하여 범죄예방을 도모하여야 한다는 방어공간(defensible space)의 개념을 사용하였다. 이러한 방어공간의 기본요소에는 ㉠ 영역설정, ㉡ 자연적 감시, ㉢ 이미지, ㉣ 주변지역보전 등이 있다. 이와 같이 범죄행위에 대한 위험과 어려움을 높여(대상물 강화) 범죄기회를 줄임으로써 범죄예방을 도모하는 것을 상황적 범죄예방모델이라고 한다.

④ 자연적 접근통제란 공공 공간과 개인 공간을 명확히 구별하여 범죄의 기회를 제한하는 방안(예 명확하고 식별 가능한 출입구 단일화, 모든 출입자의 안내소 통과 등)을 말한다.

답 ②

010 깨어진 유리창 이론(Broken Windows Theory)에 대한 설명으로 옳지 않은 것은? 2012년 보호직 7급

① 종래의 형사정책이 범죄자 개인에 집중하는 개인주의적 관점을 취한다는 점을 비판하고, 공동체적 관점으로의 전환을 주장한다.
② 법률에 의한 범죄화와 범죄에 대한 대응을 중시한다.
③ 경찰의 역할로서 지역사회의 물리적 · 사회적 무질서를 집중적으로 다룰 것을 강조한다.
④ 개인의 자유와 권리, 법의 지배라는 기본적 가치가 상실될 수 있다는 비판의 소지가 있다.

깨어진 유리창 이론(Broken Window Theory)

깨어진 유리창 이론(Broken Window Theory)이란 윌슨과 켈링(Wilson & Kelling)에 의해 주장된 것으로서, 건물 주인이 건물의 깨진 유리창을 수리하지 않고 방치해 둔다면 건물관리가 소홀하다는 것을 반증함으로써 절도나 건물파괴 등 강력범죄를 일으키는 원인을 제공한다는 것이다. 즉, 우리의 일상생활에서 사소한 위반이나 침해행위가 발생했을 때 이것들을 제때에 제대로 처리하지 않으면 결국 더 큰 위법행위로 발전한다는 것을 의미한다. 이는 종래의 형사정책이 범죄자 개인에 집중하는 개인주의적 관점을 취한다는 점을 비판하고 공동체적 관점으로의 전환을 주장하며, 범죄예방활동의 중요성을 강조하는 이론이라고 할 수 있다. 깨어진 유리창 이론은 지역사회에서 범죄예방활동을 강조하는 것이므로, 법률에 의한 범죄화와 범죄에 대한 대응이라는 공식적 형사사법절차의 강조와는 거리가 있다.

답 ②

011 지역사회경찰활동(community policing)에 대한 설명으로 옳지 않은 것은? 2012년 보호직 7급

① 발생한 범죄와 범죄자에 대한 대응활동에 중점을 둔 경찰활동을 말한다.
② 범죄와 비행의 원인이 되는 지역사회의 문제를 주민과의 연대를 통하여 해결하는 것을 지향한다.
③ 지역사회경찰활동이 성공을 거두기 위해서는 경찰조직의 중앙집권적 지휘명령체계를 변화시키는 것이 필요하다.
④ 지역사회 및 주민들의 비공식적 네트워크가 갖는 사회통제능력을 강조하는 전략이다.

지역사회경찰활동(community policing)

경찰이 범죄예방활동을 효율적으로 수행해 나가기 위해서는 지역주민의 적극적인 참여가 전제되어야 한다. 이처럼 경찰이 지역사회와 공동으로 범죄예방활동을 해나가는 것을 지역사회경찰활동(community policing)이라고 한다. 이미 발생한 범죄와 범죄자에 대한 경찰의 대응활동은 사후진압적 범죄예방에 속하는 것으로서, 지역사회경찰활동을 통해 추구하는 사전적 범죄예방과는 차이가 있다.

답 ①

012 민간경비의 필요성에 대한 설명으로 옳지 않은 것은?

2012년 보호직 7급

① 갈수록 복잡 · 다원화되는 사회에서 경찰 등 공권력의 공백을 메워줄 수 있다.

② 국민의 요구에 부합하는 양질의 치안서비스를 제공하고 사회형평성을 증대하는 효과가 있다.

③ 수익자부담 원칙에 따라 국가의 치안관련예산을 절감할 수 있다.

④ 경찰력을 보다 필요한 곳에 집중 배치할 수 있게 된다.

민간경비의 필요성

민간경비에 대해서는 이를 담당하는 사람의 자질 및 전문성의 부족, 관련법령의 미비 등으로 인해 기대만큼의 치안서비스를 받지 못할 우려가 있고, 빈부의 격차에 따라 민간경비의 활용을 통한 범죄방지의 여부가 달라질 우려가 있다는 지적이 있다.

선지분석

① 치안행정서비스의 제공은 경찰기관의 주요 업무영역이지만, 사회의 각 부문들이 급속하게 변화하고 복잡해지는 오늘날에 있어서 범죄예방과 대처분야는 더 이상 정부만의 고유기능으로 받아들여지지는 않는다고 할 것이므로 민간경비의 필요성이 강조된다.

③ 수익자부담이론이란 경찰은 거시적인 질서유지의 기능을 하고, 개인의 안전보호에 대한 비용은 개인이 부담하여야 한다는 입장이다.

④ 민간경비의 활성화를 통해 공공적인 성격이 강하면서 핵심적인 업무에 국가의 행정력을 집중함으로써 작고 효율적인 정부를 실현하라는 시대적 요구를 실현할 수 있다는 주장이다.

답 ②

013 CCTV 설치를 통한 범죄예방에 대한 설명으로 옳지 않은 것은?

2012년 보호직 7급

① CCTV의 범죄예방 효과는 잠재적 범죄자에 대한 심리적 억제력이 작용하여 범죄의 기회를 줄이는 것이다.

② CCTV의 범죄예방 전략은 범죄발생 건수의 감소와 함께 시민들이 느끼는 범죄의 두려움을 줄이는 것을 목적으로 한다.

③ CCTV 설치로 인한 범죄통제이익의 확산효과가 문제점으로 지적된다.

④ CCTV 설치로 인한 범죄발생의 전이효과에 대한 우려가 제기된다.

CCTV 설치를 통한 범죄예방

범죄통제이익의 확산효과란 범죄예방활동 결과, 범죄 대상이 되는 장소, 개인, 범죄, 시간대 등을 넘어서 긍정적인 영향이 퍼지는 현상으로, 상황적 범죄예방의 효과가 지역적으로 확산되므로 한 지역의 범죄예방활동이 다른 지역 범죄예방에도 긍정적 요인으로 작용한다는 것은 CCTV 설치를 통한 범죄예방의 장점이다.

선지분석

④ 범죄발생의 전이효과란 범죄를 예방하는 장치나 수단들은 실제로 범죄를 예방하는 효과가 없으며, 범죄기회를 줄인다고 해서 실제 범죄가 줄어드는 것이 아니고 다른 곳으로 이동한다는 주장이다. 즉, CCTV 설치를 통한 범죄예방의 효과를 비판하는 것이다.

답 ③

환경범죄학(Environmental Criminology)에 대한 설명으로 옳지 않은 것은? 2016년 교정직 7급

① 범죄사건을 가해자, 피해자, 특정 시공간상에 설정된 법체계 등의 범죄환경을 통해 설명하였다.
② 브랜팅햄(Brantingham) 부부의 범죄패턴이론(Crime Pattern Theory)에 따르면 범죄자는 일반인과 같은 정상적인 시공간적 행동패턴을 갖지 않는다.
③ 환경설계를 통한 범죄예방(CPTED)을 주장한 제프리(Jeff-rey)는 "세상에는 환경적 조건에 따른 범죄행동만 있을 뿐 범죄자는 존재하지 않는다."라고 주장하였다.
④ 환경범죄학의 다양한 범죄분석 기법은 정보주도 경찰활동(Intelligence-Led Policing; ILP)에 활용되고 있다.

환경범죄학(Environmental Criminology)

브랜팅햄(Brantingham) 부부의 범죄패턴이론(Crime Pattern Theory)에 의하면 모든 사람은 일정한 생활권이 있고, 나름의 생활 각본이 있다고 한다. 즉, 일반인과 범죄자는 일상활동에서 같은 정상적인 시공간적 행동패턴을 갖는다는 것이다. 범죄발생에는 일정한 장소적 패턴이 있으며 이는 범죄자의 행동패턴과 유사하다는 논리로, 범죄자의 여가활동 장소나 이동경로 · 이동수단 등을 분석하여 범행지역을 예측함으로써 연쇄살인이나 연쇄강간 등의 연쇄범죄해결에 도움을 줄 수 있는 범죄예방이론이다.

선지분석

①, ③ 환경범죄학은 건물과 지역 등의 환경이 가진 범죄유발 요인을 분석하여 범죄기회를 감소시키고자 방범환경의 설계관리를 제안하는 범죄학을 말한다. '환경범죄학'이라는 용어는 캐나다의 범죄학자 브랜팅햄(Brantingham) 부부의 『환경범죄학(1981)』에서 유래된 것으로, 환경설계에 의한 범죄예방, 상황적 범죄예방을 포괄하는 학파를 지칭하는 용어이다.
④ 정보주도 경찰활동(Intelligence-Led Policing; ILP)이란 범죄문제를 해결하기 위해 관련정보를 수집하고 가공함으로써 보다 직접적으로 범죄를 관리하기 위한 업무체계를 반영하는 시스템이다. 이는 범죄위협을 최소화하는 경찰활동을 지향하는 것을 말하는데, 환경범죄학의 다양한 연구결과를 활용하여 범죄예방을 추구하고자 한다.

답 ②

환경설계를 통한 범죄예방(CPTED)에 대한 설명으로 옳지 않은 것은? 2022년 보호직 7급

① 자연적 감시(natural surveillance): 건축물이나 시설을 설계함에 있어서 가시권을 최대한 확보하고, 범죄행동에 대한 감시기능을 확대함으로써 범죄발각 위험을 증가시켜 범죄기회를 감소시키거나 범죄를 포기하도록 하는 원리
② 접근통제(access control): 일정한 지역에 접근하는 사람들을 정해진 공간으로 유도하거나 외부인의 출입을 통제하도록 설계함으로써 접근에 대한 심리적 부담을 증대시켜 범죄를 예방하는 원리
③ 영역성 강화(territorial reinforcement): 레크레이션 시설의 설치, 산책길에의 벤치설치 등 당해 지역에 일반인의 이용을 장려하여 그들에 의한 감시기능을 강화하는 전략
④ 유지 · 관리(maintenance · management): 시설물이나 장소를 처음 설계된 대로 지속해서 이용할 수 있도록 관리함으로써 범죄예방 환경설계의 장기적 · 지속적 효과를 유지

범죄예방(CPTED)

영역성 강화란 주거지역의 공간을 개인 공간(방어 공간)과 공공 공간, 준공공 공간 등으로 분리 · 재배치하여 외부의 접근을 통제하는 방안이다. 지문의 내용은 활용성 증대에 해당하는 설명이다.

답 ③

016 뉴먼(Newman)과 레피토(Reppetto)의 범죄예방모델에 대한 설명으로 옳지 않은 것은? 2022년 보호직 7급

① 뉴먼은 주택건축과정에서 공동체의 익명성을 줄이고 순찰 · 감시가 용이하도록 구성하여 범죄예방을 도모해야 한다는 방어공간의 개념을 사용하였다.

② 범죄행위에 대한 위험과 어려움을 높여 범죄기회를 줄임으로써 범죄예방을 도모하려는 방법을 '상황적 범죄예방모델'이라고 한다.

③ 레피토는 범죄의 전이양상을 시간적 전이, 전술적 전이, 목표물 전이, 지역적 전이, 기능적 전이의 5가지로 분류하였다.

④ 상황적 범죄예방활동에 대해서는 '이익의 확산효과'로 인해 사회 전체적인 측면에서는 범죄를 줄일 수 없게 된다는 비판이 있다.

범죄예방모델

이익의 확산효과란 지역의 상황적 범죄예방 활동의 효과는 다른 지역으로 확산되어 다른 지역에서도 범죄기회가 줄어들어 결국 사회 전체의 범죄예방에 긍정적인 효과를 가져온다는 주장이다.

(선지분석)

① 뉴먼(O. Newman)은 제프리(C. R. Jeffery)의 범죄예방 모델을 도입하여, 주택의 건축 과정에서 공동체의 익명성을 줄이고 범죄자의 침입과 도주를 차단하며 순찰 · 감시가 용이하도록 구성하여 범죄예방을 도모하여야 한다는 방어공간(Defensible Space)의 개념을 사용하였다.

② 뉴먼(O. Newman)의 방어공간 개념을 전제로 범죄행위에 대한 위험과 어려움을 높여(대상물 강화) 범죄기회를 줄임으로써 범죄예방을 도모하는 것을 상황적 범죄예방 모델이라고 한다.

③ 범죄의 전이효과란 범죄예방활동을 통한 범죄기회의 차단은 범죄행위를 대체 · 이동시키는 전이효과만 발생하게 한다는 주장으로, 레피토(T. A. Reppetto)는 범죄의 전이의 유형을 지문과 같이 나누었다.

답 ④

017 범죄예방에 대한 설명으로 옳지 않은 것은? 2024년 보호직 9급

① 적극적 일반예방 이론은 형벌이 사회의 규범의식을 강화해 주는 효과를 가짐으로써 범죄가 예방된다고 보는 것이다.

② 브랜팅햄(Brantingham)과 파우스트(Faust)가 제시한 범죄예방 구조모델에 따르면, 사회환경 가운데 범죄의 원인이 될 수 있는 것을 정화하는 것은 3차 예방에 해당한다.

③ 환경설계를 통한 범죄예방(CPTED)모델은 사전적 범죄예방을 지향한다.

④ 일상활동이론(routine activity theory)에서는, 범죄예방에 관하여 범죄자의 범죄 성향이나 동기를 감소시키는 것보다는 범행 기회를 축소하는 것이 강조된다.

범죄예방

브랜팅햄과 파우스트의 범죄예방모델 중 사회환경 가운데 범죄의 원인이 될 수 있는 것을 정화하는 것은 범죄를 유발 · 촉진하는 물리적 · 사회적 환경을 개선하는 것으로 '1차 예방'에 해당한다.

(선지분석)

① 반면에 소극적 일반예방은 형벌의 위하 효과에 의해 범죄가 예방된다고 보는 것이다.

③ 환경설계를 통한 범죄예방(CPTED)이란 지역이나 시설의 물리적 환경설계를 범죄자가 범행을 하기 어렵도록 하는 범죄예방기법을 말하는 것으로서 사전적 범죄예방을 목표로 한다(범죄기회의 감소).

④ 일상활동이론은 범죄예방에 있어 범죄기회(환경이나 상황)의 감소에 중점을 두는 범죄기회이론에 속한다.

답 ②

018

「특정중대범죄 피의자 등 신상정보 공개에 관한 법률」상 신상정보 공개에 대한 설명으로 옳지 않은 것은?

2024년 보호직 7급

① 수사 및 재판 단계에서 신상정보의 공개에 대하여는 다른 법률의 규정에도 불구하고 「특정중대범죄 피의자 등 신상정보 공개에 관한 법률」을 우선 적용한다.

② 특정중대범죄사건의 피의자가 미성년자인 경우에는 신상정보를 공개하지 아니한다.

③ 검사와 사법경찰관은 피의자의 얼굴을 공개하기 위하여 필요한 경우 피의자를 식별할 수 있도록 피의자의 얼굴을 촬영할 수 있고, 이 경우 피의자는 이에 따라야 한다.

④ 검찰총장 및 경찰청장은 신상정보 공개 여부에 관한 사항을 심의하기 위하여 신상정보공개심의위원회를 두어야 한다.

「특정중대범죄 피의자 등 신상정보 공개에 관한 법률」상 신상정보 공개

신상정보공개심의위원회를 '둘 수 있다'(「특정중대범죄 피의자 등 신상정보 공개에 관한 법률」 제8조 제1항).

> **제8조 【신상정보공개심의위원회】** ① 검찰총장 및 경찰청장은 제4조에 따른 신상정보 공개 여부에 관한 사항을 심의하기 위하여 신상정보공개심의위원회를 둘 수 있다.

선지분석

① 「특정중대범죄 피의자 등 신상정보 공개에 관한 법률」 제3조

> **제3조 【다른 법률과의 관계】** 수사 및 재판 단계에서 신상정보의 공개에 대하여는 다른 법률의 규정에도 불구하고 이 법을 우선 적용한다.

② 「특정중대범죄 피의자 등 신상정보 공개에 관한 법률」 제4조 제1항 단서

> **제4조 【피의자의 신상정보 공개】** ① 검사와 사법경찰관은 다음 각 호의 요건을 모두 갖춘 특정중대범죄사건의 피의자의 얼굴, 성명 및 나이(이하 "신상정보"라 한다)를 공개할 수 있다. 다만, 피의자가 미성년자인 경우에는 공개하지 아니한다.
> 1. 범행수단이 잔인하고 중대한 피해가 발생하였을 것(제2조 제3호부터 제6호까지의 죄에 한정한다)
> 2. 피의자가 그 죄를 범하였다고 믿을 만한 충분한 증거가 있을 것
> 3. 국민의 알권리 보장, 피의자의 재범 방지 및 범죄예방 등 오로지 공공의 이익을 위하여 필요할 것

③ 「특정중대범죄 피의자 등 신상정보 공개에 관한 법률」 제4조 제5항

> **제4조 【피의자의 신상정보 공개】** ⑤ 검사와 사법경찰관은 제1항에 따라 피의자의 얼굴을 공개하기 위하여 필요한 경우 피의자를 식별할 수 있도록 피의자의 얼굴을 촬영할 수 있다. 이 경우 피의자는 이에 따라야 한다.

답 ④

019 신상공개제도에 대한 설명으로 옳지 않은 것은? 2025년 보호직 9급

① 「성폭력범죄의 처벌 등에 관한 특례법」에 따라 공개되는 등록정보 중 성범죄 전과사실은 죄명과 횟수가 포함된다.

② 「특정중대범죄 피의자 등 신상정보 공개에 관한 법률」상 신상정보공개심의위원회는 신상정보 공개 여부에 관한 사항을 심의할 때 피의자에게 의견을 진술할 기회를 주어야 한다.

③ 「성폭력범죄의 처벌 등에 관한 특례법」에 따른 범죄자의 신상 공개는 보안처분으로 평가될 수 있다.

④ 검사는 공소제기 시까지 특정중대범죄사건이 아니었으나 재판 과정에서 특정중대범죄사건으로 공소사실이 변경된 사건의 성년인 피고인에 대하여 신상정보의 공개를 청구할 수 없다.

신상공개제도

'피고인이 미성년자인 경우'에는 신상정보의 공개를 청구할 수 없다(「특정중대범죄 피의자 등 신상정보 공개에 관한 법률」 제5조 제1항).

> **제5조 【피고인의 신상정보 공개】** ① 검사는 공소제기 시까지 특정중대범죄사건이 아니었으나 재판 과정에서 특정중대범죄사건으로 공소사실이 변경된 사건의 피고인으로서 제4조 제1항 각 호의 요건을 모두 갖춘 피고인에 대하여 피고인의 현재지 또는 최후 거주지를 관할하는 법원에 신상정보의 공개를 청구할 수 있다. 다만, 피고인이 미성년자인 경우는 제외한다.

선지분석

① 「성폭력범죄의 처벌 등에 관한 특례법」 제44조 제1항

> **제44조 【등록대상자의 신상정보 등록 등】** ① 법무부장관은 제43조 제5항, 제6항 및 제43조의2 제3항에 따라 송달받은 정보와 다음 각 호의 등록대상자 정보를 등록하여야 한다.
> 1. 등록대상 성범죄 경력정보
> 2. 성범죄 전과사실(죄명, 횟수)
> 3. 「전자장치 부착 등에 관한 법률」에 따른 전자장치 부착 여부

② 「특정중대범죄 피의자 등 신상정보 공개에 관한 법률」 제8조 제3항

> **제8조 【신상정보공개심의위원회】** ③ 신상정보공개심의위원회는 신상정보 공개 여부에 관한 사항을 심의할 때 피의자에게 의견을 진술할 기회를 주어야 한다.

③ 헌재결 2016. 12. 29. 2015헌바196

> **관련 판례**
>
> 【헌재결 2016. 12. 29. 2015헌바196】 신상정보 공개 · 고지명령의 근본적인 목적은 재범방지와 사회방위이고, 법원은 '신상정보를 공개하여서는 아니 될 특별한 사정'이 있는지 여부에 관하여 재범의 위험성을 고려하여 공개 · 고지명령을 선고하고 있으므로, 신상정보 공개 · 고지명령의 법적 성격은 형벌이 아니라 보안처분이다. 신상정보 공개 · 고지명령은 형벌과는 구분되는 비형벌적 보안처분으로서 어떠한 형벌적 효과나 신체의 자유를 박탈하는 효과를 가져오지 아니하므로 소급처벌금지원칙이 적용되지 아니한다. 따라서 심판대상조항은 소급처벌금지원칙에 위배되지 않는다.

답 ④

KEYWORD 03 | 양형이론

020 **양형이론에 대한 설명으로 옳지 않은 것은?** 2012년 보호직 7급

① 형벌책임의 근거를 비난가능성에서 구하는 것은 객관적이고 중립적이어야 할 국가형벌권의 행사가 감정에 치우칠 위험이 있다.

② 양형이론 중 범주이론 또는 재량여지이론(Spielraumtheorie)은 예방의 관점을 고려한 것으로 법관에게 일정한 형벌목적으로 고려할 수 있는 일정한 재량범위를 인정하는 장점을 가지고 있다.

③ 유일점 형벌이론(Punktstrafentheorie)에 의하면 책임은 언제나 하나의 고정된 크기를 가지므로 정당한 형벌은 언제나 하나일 수밖에 없다.

④ 양형에서는 법적 구성요건의 표지에 해당하는 사정이 다시 고려되어도 무방하다는 이중평가의 원칙이 적용된다.

양형이론

이미 구성요건의 불법과 책임을 근거지우거나 가중 · 감경사유가 된 상황은 다시 양형의 자료로 고려해서는 안 된다(이중평가의 금지 원칙).

선지분석

① 양형의 기초는 행위자의 책임이므로, 책임을 행위자에 대한 비난 가능성으로 보면 지문과 같은 비판이 제기될 수 있다.

② 책임범위이론(재량여지이론 · 범주이론)은 독일연방최고법원이 확립한 이론으로서, 법관은 책임에 상응하는 형벌범주 안에서 형벌의 각종 예방목적을 고려하여 최종적으로 구체적인 하나의 형량을 결정하게 된다.

③ 유일점 형벌이론에서는 형벌을 확정하는 데는 책임 이외의 다른 어떤 관점도 기준이 되어서는 안 된다고 한다.

답 ④

021 **판결 전 조사제도에 대한 설명으로 옳지 않은 것은?** 2012년 교정직 7급

① 「보호관찰 등에 관한 법률」에 의하면 판결 전 조사의 대상자를 소년으로 한정하고 있다.

② 사실심리절차와 양형절차를 분리하는 소송절차이분(訴訟節次二分)을 전제로 하며, 미국에서 보호관찰(probation)제도와 밀접한 관련을 가지고 발전되어 온 제도이다.

③ 판결 전 조사보고서의 내용에 대하여 피고인에게 반대신문권을 인정할 것인지의 여부가 문제되는데, 미국은 법원이 피고인과 변호인에게 보고서에 대하여 논박할 기회를 충분히 제공하도록 하고 있다.

④ 형사정책적으로 양형의 합리화뿐만 아니라 사법적 처우의 개별화에도 그 제도적 의의가 있다.

판결 전 조사제도

종래에는 소년 형사범을 대상으로만 판결 전 조사제도를 규정하고 있었으나, 현행법은 성인에 대한 판결 전 조사를 도입하여 그 대상자를 피고인으로 규정하였다(「보호관찰 등에 관한 법률」 제19조 제1항).

> **제19조 【판결 전 조사】** ① 법원은 피고인(→ 소년 · 성인 불문)에 대하여 「형법」 제59조의2(→ 선고유예 시 보호관찰) 및 제62조의2(→ 집행유예 시 보호관찰, 사회봉사 · 수강명령)에 따른 보호관찰, 사회봉사 또는 수강을 명하기 위하여 필요하다고 인정하면 그 법원의 소재지 또는 피고인의 주거지를 관할하는 보호관찰소의 장에게 범행 동기, 직업, 생활환경, 교우관계, 가족상황, 피해회복 여부 등 피고인에 관한 사항의 조사를 요구할 수 있다.

선지분석

② 판결 전 조사제도는 미국의 프로베이션(probation)제도와 관련하여 널리 채택되고 있다. 또한 이는 소송절차이분제도를 전제하는 것이라고 할 수 있다.
③ 미국에서는 판결 전 조사의 결과에 대하여 피고인과 변호인에게 논박할 기회를 충분히 제공(반대신문권의 인정)하도록 하고 있다고 한다.
④ 판결 전 조사제도는 양형의 합리화뿐만 아니라 조사자료를 교정기관에 제공함으로써 개별적인 교정의 합리화(처우의 개별화)에도 유용하게 이용될 수 있다고 평가된다.

답 ①

022 대법원 양형위원회가 작성한 양형기준표에 대한 설명으로 옳지 않은 것은? 2022년 보호직 7급

① 주요 범죄 대부분에 대하여 공통적, 통일적으로 적용되는 종합적 양형기준이 아닌 범죄 유형별로 적용되는 개별적 양형기준을 설정하였다.
② 양형인자는 책임을 증가시키는 가중인자인 특별양형인자와 책임을 감소시키는 감경인자인 일반양형인자로 구분된다.
③ 양형인자 평가결과에 따라 감경영역, 기본영역, 가중영역의 3가지 권고영역 중 하나를 선택하여 권고형량의 범위를 정한다.
④ 양형에 있어서 권고형량범위와 함께 실형선고를 할 것인가, 집행유예를 선고할 것인가를 판단하기 위한 기준을 두고 있다.

양형기준표

양형기준은 양형인자를 먼저 감경인자와 가중인자로 구분한 다음 양형에 미치는 영향력을 고려하여 특별양형인자와 일반양형인자로 나누고 있다. 먼저 양형인자는 가중인자와 감경인자로 구분된다. 가중인자는 책임을 증가시키는 역할을 하는 인자를 말하고, 감경인자는 그와 반대로 책임을 감소시키는 역할을 하는 인자를 말한다. 또한 양형인자는 특별양형인자와 일반양형인자로 구분된다. 특별양형인자는 당해 범죄유형의 형량에 큰 영향력을 갖는 인자로서 권고 영역을 결정하는 데 사용되는 인자를 말한다. 일반양형인자는 그 영향력이 특별양형인자에 미치지 못하는 인자로서 권고 영역을 결정하는 데에는 사용되지 못하고, 결정된 권고 형량범위 내에서 선고형을 정하는 데 고려되는 인자를 말한다. 즉, 가중인자와 감경인자는 각각 특별양형인자와 일반양형인자를 갖고 있다.

선지분석

① 양형위원회는 모든 범죄에 통일적으로 적용되는 하나의 양형기준을 설정하는 방식이 아니라, 개별 범죄의 특성을 반영하여 범죄군별로 독립적인 양형기준을 설정하는 방식을 채택하였다. 즉, 양형기준은 범죄별 행위 속성과 보호법익 등을 기준으로 범죄군을 분류한 다음, 그 범죄군별로 개별적 양형기준을 설정하는 방식을 취하고 있다.
③ 양형기준은 각 범죄유형의 형량범위를 다시 감경영역, 기본영역, 가중영역이라는 3단계 권고 영역으로 나눈 다음 각 사안별로 존재하는 구체적인 양형인자를 비교 · 평가하는 방법으로 3단계 권고 영역 중 적정한 영역을 선택하도록 하고 있다.
④ 양형기준은 형종 및 형량 기준과 함께 집행유예 기준도 제시하고 있는데, 주요참작사유를 비교하여 일정한 경우에 실형이나 집행유예를 권고할 수 있도록 하였다.

답 ②

023 양형의 합리화를 위한 방안과 그에 대한 설명을 옳게 짝지은 것은?

2024년 보호직 7급

(가) 양형기준표의 마련
(나) 양형위원회의 설치 및 운영
(다) 판결 전 조사제도
(라) 공판절차이분론

A. 공판절차를 사실인정 절차와 양형 절차로 분리하자는 주장
B. 판결 전 피고인의 성향과 환경을 과학적으로 조사하여 이를 양형의 기초 자료로 이용하는 제도
C. 법관의 양형을 일정 부분 통제할 수 있도록 양형기준표를 개발하는 것을 주된 임무로 삼는 제도
D. 특정 범죄에 대해 어떤 형벌과 어느 정도의 형량이 선고될지를 예측할 수 있게 만드는 업무 지침

	(가)	(나)	(다)	(라)
①	B	C	D	A
②	C	B	A	D
③	D	B	C	A
④	D	C	B	A

양형의 합리화를 위한 방안

(가) - D: 양형기준표는 개개 범죄자의 특징별로 재범가능성, 각종 형벌에 대한 적응능력, 교정방안 등을 범죄학적으로 분석하여 이를 참고로 양형이 이루어지도록 하는 방법이다(양형지침서).

(나) - C: 양형위원회는 원래 미국에서 법관 이외에 범죄학, 형사정책 및 교정학 등의 전문가가 참여한 위원회에서 자유롭게 토론하고 그 결과를 양형에 참고하는 제도이다. 반면에 우리나라의 양형위원회는 양형 기준의 설정 · 변경과 이와 관련된 양형정책의 심의를 위하여 설치된 것으로, 실제 재판의 양형에 관여하는 미국의 양형위원회와는 차이가 있다. 지문(C)의 내용은 우리나라의 양형위원회와 관련한 설명이다.

(다) - B: 판결 전 조사제도란 유죄가 인정된 자에게 적합한 처우를 찾아낼 수 있도록 판결을 내리기 전에 피고인의 인격 · 소질 · 환경에 대한 과학적 조사를 하여 이를 양형의 기초로 사용하는 제도이다.

(라) - A: 공판절차이분론이란 소송절차를 범죄사실의 인정절차(유 · 무죄 인부절차)와 양형절차로 나누자는 주장이다(소송절차 이분제도). 이는 영미의 형사소송에서 유래하는 것으로서, 배심원에 의한 유죄평결이 있은 후에 직업법관에 의한 형의 선고가 이루어지게 된다.

답 ④

024 양형에 대한 설명으로 옳은 것은? (다툼이 있는 경우 판례에 의함)

2025년 보호직 9급

① 「형법」은 양형의 조건으로서 '범행 후의 정황과 범죄 전력'을 규정하고 있다.
② 「형법」은 양형 원칙으로 양형은 행위자의 불법과 책임의 정도와 비례할 것을 규정하고 있다.
③ 대법원 양형위원회의 양형기준은 법관이 형종을 선택하고 형량을 정함에 있어 법적 구속력을 가진다.
④ 「법원조직법」에 따르면 법원이 양형기준을 벗어난 판결을 하는 경우에는 판결서에 양형의 이유를 적어야 하지만, 약식절차 또는 즉결심판절차에 따라 심판하는 경우에는 그러하지 아니하다.

양형

「법원조직법」 제81조의7 제2항

> **제81조의7 【양형기준의 효력 등】** ② 법원이 양형기준을 벗어난 판결을 하는 경우에는 판결서에 양형의 이유를 적어야 한다. 다만, 약식절차 또는 즉결심판절차에 따라 심판하는 경우에는 그러하지 아니하다.

선지분석

① '범죄 전력'은 양형의 조건으로 규정하고 있지 않다(「형법」 제51조).

> **제51조 【양형의 조건】** 형을 정함에 있어서는 다음 사항을 참작하여야 한다(→ 예시적 규정).
> 1. 범인의 연령, 성행, 지능과 환경
> 2. 피해자에 대한 관계
> 3. 범행의 동기, 수단과 결과
> 4. 범행후의 정황

② 「형법」에서 제51조 외에 별도로 양형 원칙이 구체적으로 규정되어 있지 않다.

③ 양형기준은 법적 구속력을 갖지 아니한다(「법원조직법」 제81조의7 제1항).

> **제81조의7 【양형기준의 효력 등】** ① 법관은 형의 종류를 선택하고 형량을 정할 때 양형기준을 존중하여야 한다. 다만, 양형기준은 법적 구속력을 갖지 아니한다.

답 ④

KEYWORD 04 | 기소유예, 선고유예, 집행유예, 미결구금

★★ **025** 다음 중 기소유예제도에 대한 설명으로 옳은 것만을 모두 고른 것은? 2014년 보호직 7급

> ㄱ. 초범자와 같이 개선의 여지가 큰 범죄자를 모두 기소하여 전과자를 양산시키고, 무의미한 공소제기와 무용한 재판 등으로 인하여 소송경제에 반하는 문제점이 있다.
> ㄴ. 「소년법」상 검사는 피의자에 대하여 범죄예방자원봉사위원의 선도를 받게 하고 공소를 제기하지 아니할 수 있으며, 이 경우 소년과 소년의 친권자 · 후견인 등 법정대리인의 동의를 받아야 한다.
> ㄷ. 공소권 행사에 있어 법 앞의 평등을 실현하고 공소권 행사에 정치적 영향을 배제할 수 있다.
> ㄹ. 피의자에게 전과의 낙인 없이 기소 전 단계에서 사회복귀를 가능하게 하고, 법원 및 교정기관의 부담을 덜 수 있다.

① ㄱ, ㄷ　　② ㄴ, ㄷ
③ ㄴ, ㄹ　　④ ㄱ, ㄹ

기소유예제도

ㄴ. 「소년법」 제49조의3
ㄹ. 단기자유형의 폐해를 막는 방법으로 기소 전 단계에서 사회복귀를 유도할 수 있다(다이버전의 일종).

(선지분석)

ㄱ. 기소법정주의에 의할 때에는 지문과 같은 문제점이 있다고 한다. 기소유예제도는 기소법정주의에 따른 형식적 공평과 경직성을 지양하고, 구체적 정의의 실현과 실질적 공평의 추구에 필요한 탄력성을 부여한다고 평가된다.
ㄷ. 공소권 행사가 교화 · 개선가능성보다 검사의 자의적 판단에 좌우될 위험이 있다는 비판이 제기된다.

답 ③

026 기소유예제도에 대한 설명으로 옳지 않은 것은? 2017년 교정직 7급

① 피의자의 법적 안전성을 침해할 수 있다.
② 법원 및 교정시설의 부담을 줄여줄 수 있다.
③ 단기자유형의 폐해를 막는 방법이 될 수 있다.
④ 피의자에 대한 형벌적 기능을 수행하지 않는다.

기소유예제도

기소유예뿐만 아니라 선고유예 · 집행유예 등 각종 유예제도들은 형사사법절차의 진행을 일정기간 유보해 주는 기능을 넘어서 현실적으로는 하나의 형벌처럼 작용하고 있다. 이는 단기자유형의 폐해를 없애고 행위자에게 일종의 경고를 하는 것으로, 형벌을 대신한다는 장점이 있다. 그러나 각종 유예제도가 형벌의 일종으로 작용하는 것이 정당화되는가는 비판적으로 검토할 필요가 있다.

핵심POINT 기소유예제도의 장점과 단점

장점	· 기소법정주의에 따른 형식적 공평과 경직성을 지양하고, 구체적 정의의 실현과 실질적 공평의 추구에 필요한 탄력성 부여 · 기소 여부의 결정에 형사정책적 고려를 할 수 있으며, 단기자유형의 폐해를 막는 방법으로 기소 전 단계에서 사회복귀를 유도할 수 있음(다이버전의 일종) · 형사사법에 대한 사회 일반의 신뢰를 높일 수 있고, 공소제기 자체의 일반예방효과와 특별예방효과를 증대시킬 수 있음 · 낙인 없이 기소 전에 사회복귀를 가능하게 하고, 법원 및 교정시설의 부담을 경감할 수 있음
단점	· 범죄인의 유 · 무죄 판단은 법원의 사법처분을 통하는 것이 합리적임에도 불구하고, 기소단계에서 검사의 행정처분에 의해 사법적 판단이 좌우되는 것은 본질적으로 문제가 있음 · 무죄결정을 내리는 것이 아니라 시효가 완성될 때까지 기소를 유예하는 것이므로 법적 안정성을 침해할 수 있음 · 교화 · 개선가능성보다 검사의 자의적 판단에 좌우될 위험이 있고, 불기소처분을 할 사건에 대해 안이하게 기소유예처분을 하는 폐단마저 생길 수 있음

답 ④

027 형의 유예에 대한 설명으로 옳은 것은? 2020년 보호직 7급

① 형의 선고유예를 받은 날로부터 2년을 경과한 때에는 기소유예된 것으로 간주한다.
② 형의 선고를 유예하거나 형의 집행을 유예하는 경우 보호관찰의 기간은 1년으로 한다.
③ 형의 집행유예 시 부과되는 수강명령은 집행유예기간이 완료된 이후에 이를 집행한다.
④ 형을 병과할 경우에는 그 형의 일부에 대하여 집행을 유예할 수 있다.

형의 유예

「형법」 제62조 제2항

선지분석

① 형의 선고유예를 받은 날로부터 2년을 경과한 때에는 면소된 것으로 간주한다(「형법」 제60조).
② 형의 선고를 유예하는 경우에 보호관찰의 기간은 1년으로 하나, 형의 집행을 유예하는 경우에는 보호관찰의 기간은 집행을 유예한 기간으로 한다. 다만, 법원은 유예기간의 범위 내에서 보호관찰기간을 정할 수 있다(「형법」 제59조의2 제2항, 제62조의2 제2항).
③ 형의 집행유예 시 부과되는 사회봉사명령 또는 수강명령은 집행유예기간 내에 이를 집행한다(「형법」 제62조의2 제3항).

답 ④

028 다음 설명 중 옳지 않은 것은? 2014년 보호직 7급

① 형의 선고유예를 받은 날로부터 2년을 경과한 때에는 면소된 것으로 간주한다.
② 형의 집행유예를 받은 후 실효 또는 취소됨이 없이 유예기간을 경과한 때에는 형의 집행이 면제된다.
③ 가석방의 처분을 받은 후 그 처분이 실효 또는 취소되지 아니하고 가석방기간을 경과한 때에는 형의 집행을 종료한 것으로 본다.
④ 일반사면을 받은 경우 특별한 규정이 있을 때를 제외하고는 형 선고의 효력이 상실되며, 형을 선고받지 아니한 자에 대해서는 공소권이 상실된다.

형의 집행유예

형의 선고는 효력을 잃는다(「형법」 제65조).

선지분석

① 「형법」 제60조
③ 「형법」 제76조 제1항
④ 「사면법」 제5조 제1항 제1호

> **제5조 【사면 등의 효과】** ① 사면, 감형 및 복권의 효과는 다음 각 호와 같다.
> 1. 일반사면: 형 선고의 효력이 상실되며, 형을 선고받지 아니한 자에 대하여는 공소권이 상실된다. 다만, 특별한 규정이 있을 때에는 예외로 한다.

답 ②

「형법」상 형의 선고유예에 대한 설명으로 옳지 않은 것은? (다툼이 있는 경우 판례에 의함)

2023년 보호직 7급

① 주형의 선고유예를 하는 경우 몰수의 요건이 있더라도 몰수형만의 선고를 할 수는 없다.
② 피고인이 범죄사실을 자백하지 않고 부인할 경우에는 언제나 선고유예를 할 수 없다고 해석할 것은 아니다.
③ 형의 선고를 유예하는 경우에 재범방지를 위하여 지도 및 원호가 필요한 때에는 보호관찰을 받을 것을 명할 수 있는데, 이에 따른 보호관찰의 기간은 1년으로 한다.
④ 형의 선고유예 판결이 확정된 후 2년을 경과한 때에는 면소된 것으로 간주하고, 그 뒤에는 실효의 대상이 되는 선고유예의 판결이 존재하지 않으므로 선고유예 실효의 결정을 할 수 없다.

형의 선고유예

대판 1988.6.21. 88도551

관련 판례

【대판 1988.6.21. 88도551】 형법 제59조에 의하더라도 몰수는 선고유예의 대상으로 규정되어 있지 아니하고 다만 몰수 또는 이에 갈음하는 추징은 부가형적 성질을 띠고 있어 그 주형에 대하여 선고를 유예하는 경우에는 그 부가할 몰수·추징에 대하여도 선고를 유예할 수 있으나, 그 주형에 대하여 선고를 유예하지 아니하면서 이에 부가할 몰수·추징에 대하여서만 선고를 유예할 수는 없다.

선지분석

② 대판 2003.2.20. 2001도6138

관련 판례

【대판 2003.2.20. 2001도6138】 선고유예의 요건 중 '개전의 정상이 현저한 때'라고 함은 반성의 정도를 포함하여 널리 「형법」 제51조가 규정하는 양형의 조건을 종합적으로 참작하여 볼 때, 형을 선고하지 않더라도 피고인이 다시 범행을 저지르지 않으리라는 사정이 현저하게 기대되는 경우를 가리킨다고 해석할 것이고, 이와 달리 여기서의 '개전의 정상이 현저한 때'가 반드시 피고인이 죄를 깊이 뉘우치는 경우만을 뜻하는 것으로 제한하여 해석하거나, 피고인이 범죄사실을 자백하지 않고 부인할 경우에는 언제나 선고유예를 할 수 없다고 해석할 것은 아니다.

③ 형법 제59조의2 제1항·제2항

제59조의2【보호관찰】 ① 형의 선고를 유예하는 경우에 재범방지를 위하여 지도 및 원호가 필요한 때에는 보호관찰을 받을 것을 명할 수 있다(→ 임의적 보호관찰).
② 제1항의 규정에 의한 보호관찰의 기간은 1년으로 한다.

④ 대결 2007.6.28. 2007모348

관련 판례

【대결 2007.6.28. 2007모348】 형법 제60조, 제61조 제1항, 형사소송법 제335조, 제336조 제1항의 각 규정에 의하면, 형의 선고유예를 받은 자가 유예기간 중 자격정지 이상의 형에 처한 판결이 확정되더라도 검사의 청구에 의한 선고유예 실효의 결정에 의하여 비로소 선고유예가 실효되는 것이고, 또한 형의 선고유예의 판결이 확정된 후 2년을 경과한 때에는 형법 제60조가 정하는 바에 따라 면소된 것으로 간주되고, 그와 같이 유예기간이 경과함으로써 면소된 것으로 간주된 후에는 실효시킬 선고유예의 판결이 존재하지 아니하므로 선고유예 실효의 결정(선고유예된 형을 선고하는 결정)을 할 수 없으며, 이는 원결정에 대한 집행정지의 효력이 있는 즉시항고 또는 재항고로 인하여 아직 그 선고유예 실효 결정의 효력이 발생하기 전 상태에서 상소심에서 절차 진행 중에 그 유예기간이 그대로 경과한 경우에도 마찬가지이다.

답 ①

★★★

030 □□□

미결구금에 대한 설명으로 옳지 않은 것은? (다툼이 있는 경우 판례에 의함) 2022년 보호직 7급

① 미결구금의 폐해를 줄이기 위한 정책으로는 구속영장실질심사제, 신속한 재판의 원칙, 범죄피해자보상제도, 미결구금 전용수용시설의 확대 등이 있다.

② 미결구금된 사람을 위하여 변호인이 되려는 자의 접견교통권은 변호인의 조력을 받을 권리의 실질적 확보를 위해서 헌법상 기본권으로서 보장되어야 한다.

③ 판결선고 전 미결구금일수는 그 전부가 법률상 당연히 본형에 산입되므로 판결에서 별도로 미결구금일수 산입에 관한 사항을 판단할 필요가 없다.

④ 재심재판에서 무죄가 확정된 피고인이 미결구금을 당하였을 때에는 국가에 대하여 그 구금에 대한 보상을 청구할 수 있다.

미결구금

범죄피해자보상제도는 범죄피해를 받은 사람에게 피해의 전부 또는 일부를 국가가 금전으로 보상하여 구제하는 제도이므로, 미결구금의 폐해를 줄이기 위한 정책과는 관련이 없다.

(선지분석)

② 헌재 2019.2.28. 2015헌마1204

관련 판례

【헌재 2019.2.28. 2015헌마1204】 '변호인이 되려는 자'의 피의자 접견교통권이 헌법상 기본권인지 여부(적극) - 변호인 선임을 위하여 피의자 · 피고인(이하 '피의자 등'이라 한다)이 가지는 '변호인이 되려는 자'와의 접견교통권은 헌법상 기본권으로 보호되어야 하고, '변호인이 되려는 자'의 접견교통권은 피의자 등이 변호인을 선임하여 그로부터 조력을 받을 권리를 공고히 하기 위한 것으로서, 그것이 보장되지 않으면 피의자 등이 변호인 선임을 통하여 변호인으로부터 충분한 조력을 받는다는 것이 유명무실하게 될 수밖에 없다. 이와 같이 '변호인이 되려는 자'의 접견교통권은 피의자 등을 조력하기 위한 핵심적인 부분으로서, 피의자 등이 가지는 헌법상의 기본권인 '변호인이 되려는 자'와의 접견교통권과 표리의 관계에 있다. 따라서 피의자 등이 가지는 '변호인이 되려는 자'의 조력을 받을 권리가 실질적으로 확보되기 위해서는 '변호인이 되려는 자'의 접견교통권 역시 헌법상 기본권으로서 보장되어야 한다.

③ 대판 2009.12.10. 2009도11448

관련 판례

【대판 2009.12.10. 2009도11448】 「형법」 제57조 제1항의 일부에 대한 헌법재판소의 위헌결정에 따라 판결에서 별도로 '판결선고 전 미결구금일수 산입에 관한 사항'을 판단할 필요가 없어졌는지 여부(적극) - 「형법」 제57조 제1항 중 '또는 일부' 부분은 헌법재판소 2009.6.25. 선고 2007헌바25 사건의 위헌결정으로 효력이 상실되었다. 그리하여 판결선고 전 미결구금일수는 그 전부가 법률상 당연히 본형에 산입하게 되었으므로, 판결에서 별도로 미결구금일수 산입에 관한 사항을 판단할 필요가 없다고 할 것이다.

④ 「형사보상 및 명예회복에 관한 법률」 제2조 제1항

> **제2조 【보상 요건】** ① 「형사소송법」에 따른 일반 절차 또는 재심(再審)이나 비상상고(非常上告) 절차에서 무죄재판을 받아 확정된 사건의 피고인이 미결구금(未決拘禁)을 당하였을 때에는 이 법에 따라 국가에 대하여 그 구금에 대한 보상을 청구할 수 있다.

답 ①

031 다음 다이버전(diversion)에 대한 설명 중 옳은 것(O)과 옳지 않은 것(X)을 순서대로 옳게 연결한 것은?

2014년 보호직 7급

ㄱ. 일반적으로 공식적 형사절차로부터의 이탈과 동시에 사회 내 처우프로그램에 위탁하는 것을 내용으로 한다.
ㄴ. 형사사법기관이 통상의 형사절차를 중단하고 이를 대체하는 새로운 절차로 이행하는 것으로, 성인형사사법보다 소년형사사법에서 그 필요성이 더욱 강조된다.
ㄷ. 기존의 사회통제체계가 낙인효과로 인해 범죄문제를 해결하기보다는 오히려 악화시킨다는 가정에서 출발하고 있다.
ㄹ. 종래에 형사처벌의 대상이 되었던 문제가 다이버전의 대상이 됨으로써 형사사법의 통제망이 축소되고 나아가 형사사법의 평등을 가져온다.

	ㄱ	ㄴ	ㄷ	ㄹ
①	O	O	O	X
②	O	X	X	O
③	X	O	X	O
④	O	X	O	X

다이버전(diversion)

ㄹ. 다이버전의 등장으로 인해 형사사법의 대상조차 되지 않을 문제가 다이버전의 대상이 된다는 점에서 이는 사회적 통제가 오히려 강화된다고 볼 수 있고, 선별적인 법집행으로 인해 형사사법의 불평등을 가져올 수 있다는 비판을 받는다.

답 ①

032 다이버전(diversion)에 대한 설명 중 옳지 않은 것을 모두 고른 것은?

2012년 사시 변형

ㄱ. 다이버전이란 형사사법기관이 통상의 형사절차를 중단하고 이를 대체하는 절차에 의해 범죄인을 처리하는 제도를 말한다.
ㄴ. 사회 내 처우를 시설 내 처우로 대체하는 것도 다이버전에 포함된다.
ㄷ. 구속적부심사제도는 다이버전의 일례이다.
ㄹ. 다이버전은 낙인효과를 줄일 수 있다.
ㅁ. 사회적 통제를 강화시킬 뿐, 범죄원인의 제거에는 큰 효과가 없다는 비판이 있다.

① ㄱ, ㄴ
② ㄴ, ㄷ
③ ㄷ, ㄹ
④ ㄹ, ㅁ

다이버전(diversion)

ㄴ. 다이버전(diversion)은 일반적으로 공식적 형사절차로부터의 이탈과 동시에 사회 내 처우 프로그램에 위탁하는 것을 그 내용으로 한다. 이는 형사사법기관이 통상의 형사절차를 중단하고 이를 대체하는 새로운 절차로의 이행을 의미하며, 이를 통하여 형사제재의 최소화를 도모할 수 있다.

ㄷ. 체포 · 구속적부심사제도란 수사기관에 의하여 체포 또는 구속된 피의자에 대하여 법원이 체포 또는 구속의 적법여부와 그 필요성을 심사하여 체포 또는 구속이 부적법 · 부당한 경우에 피의자를 석방시키는 제도를 말한다. 체포 · 구속적부심사에 의해 공식적 형사절차로부터 이탈이 되는 것은 아니며 불구속 상태에서 형사절차가 진행되게 되므로 다이버전에는 해당하지 않는다고 본다.

핵심POINT 다이버전의 장점과 단점

장점	· 정식의 형사절차보다 경제적인 방법으로 범죄문제를 처리할 수 있음 · 범죄자를 전과자로 낙인찍을 가능성을 감소시킴 · 형사사법기관의 업무량을 줄여 중요한 범죄에 집중할 수 있게 함 · 범죄자에 대하여 보다 인도적인 처우방법임
단점	· 다이버전의 등장으로 인해 형사사법의 대상조차 되지 않을 문제가 다이버전의 대상이 되어 사회적 통제가 오히려 강화됨 · 형벌의 고통을 감소시켜 오히려 재범의 위험성을 증가시킬 수 있음 · 다이버전은 범죄원인의 제거와는 무관함 · 선별적인 법집행으로 인해 형사사법의 불평등을 가져올 수 있음 · 재판 전 형사사법의 개입은 또 다른 형사사법절차를 창출할 뿐임

답 ②

033 **다이버전(diversion)에 대한 설명으로 옳지 않은 것은?** 2018년 보호직 7급

① 구속적부심사제도는 법원에 의한 다이버전에 해당된다.

② 다이버전에 대해서는 형사사법의 대상조차 되지 않을 문제가 다이버전의 대상이 된다는 점에서 오히려 사회적 통제가 강화된다는 비판이 있다.

③ 다이버전의 장점은 경미범죄를 형사사법절차에 의하지 아니하고 처리함으로써 낙인효과를 줄이는 것이다.

④ 검사가 소년피의자에 대하여 선도를 받게 하면서 공소를 제기하지 아니하는 조건부 기소유예는 다이버전의 예이다.

다이버전(diversion)

체포 · 구속적부심사제도란 수사기관에 의하여 체포 또는 구속된 피의자에 대하여 법원이 체포 또는 구속의 적법여부와 그 필요성을 심사하여 체포 또는 구속이 부적법 · 부당한 경우에 피의자를 석방시키는 제도를 말한다. 체포 · 구속적부심사에 의해 공식적 형사절차로부터 이탈이 되는 것은 아니며 불구속 상태에서 형사절차가 진행되게 되므로 다이버전에는 해당하지 않는다고 본다.

(선지분석)

② 다이버전의 등장으로 인해 형사사법의 대상조차 되지 않을 문제가 다이버전의 대상이 된다는 점에서 이는 사회적 통제가 오히려 강화된다는 비판이 제기된다(형사사법망의 확대).

③ 다이버전은 범죄자를 전과자로 낙인찍을 가능성을 감소시키는 장점이 있다고 평가된다.

④ 기소유예, 불기소 처분, 조건부 기소유예, 약식명령청구 등은 검찰 단계의 다이버전에 해당한다.

답 ①

034 청소년범죄 관련 다이버전(diversion, 전환) 프로그램에 대한 설명으로 옳지 않은 것은? 2020년 교정직 9급

① 다이버전은 형사사법기관이 통상적인 형사절차를 대체하는 절차를 활용하여 범죄인을 처리하는 제도를 말한다.

② 공식적인 형사처벌로 인한 낙인효과를 최소화하려는 목적을 갖고 있다.

③ 다이버전은 주체별로 경찰에 의한 다이버전, 검찰에 의한 다이버전, 법원에 의한 다이버전 등으로 분류하는 경우도 있다.

④ 경찰의 선도조건부 기소유예 제도가 대표적인 기소 전 다이버전 프로그램이라고 할 수 있다.

청소년범죄 관련 다이버전 프로그램

선도조건부 기소유예는 검찰에 의한 다이버전에 해당한다.

선지분석

① 다이버전이란 일반적으로 공식적 형사절차로부터의 이탈과 동시에 사회 내 처우 프로그램에 위탁하는 것을 그 내용으로 한다.

② 다이버전은 기존의 형사사법체계가 낙인효과로 인하여 범죄문제를 오히려 악화시킨다는 가정에서 논의를 시작하여, 범죄자를 전과자로 낙인찍을 가능성을 감소시킬 수 있다고 평가된다.

③ 다이버전은 그 주체에 따라 경찰 단계의 다이버전, 검찰 단계의 다이버전, 법원 단계의 다이버전, 교정 단계의 다이버전으로 분류할 수 있다.

답 ④

035 전환제도(diversion)의 장점이 아닌 것은? 2021년 교정직 7급

① 형사사법대상자 확대 및 형벌 이외의 비공식적 사회통제망 확대

② 구금의 비생산성에 대한 대안적 분쟁해결방식 제공

③ 법원의 업무경감으로 형사사법제도의 능률성 및 신축성 부여

④ 범죄적 낙인과 수용자 간의 접촉으로 인한 부정적 위험 회피

전환제도의 장점

형사사법대상자 확대 및 형벌 이외의 비공식적 사회통제망 확대는 전환제도의 단점에 해당한다. 다이버전의 등장으로 인해 형사사법의 대상조차 되지 않을 문제가 다이버전의 대상이 된다는 점에서 이는 사회적 통제가 오히려 강화된다고 볼 수 있다는 비판이 제기된다(형사사법망의 확대).

핵심POINT 전환제도의 장점과 단점

구분	내용
장점	· 정식의 형사절차보다 경제적인 방법으로 범죄문제를 처리할 수 있음(대안적 분쟁해결 가능) · 범죄자를 전과자로 낙인찍을 가능성을 감소시킴 · 형사사법기관의 업무량을 줄여 중요한 범죄에 집중할 수 있게 함 · 범죄자에 대하여 보다 인도적인 처우방법임 · 과밀수용을 방지하고, 시설 내 처우의 폐해를 감소시킬 수 있음
단점	· 다이버전의 등장으로 인해 형사사법의 대상조차 되지 않을 문제가 다이버전의 대상이 된다는 점에서 이는 사회적 통제가 오히려 강화된다고 볼 수 있음(형사사법망의 확대) · 형벌의 고통을 감소시켜 오히려 재범의 위험성을 증가시킬 수 있음 · 다이버전은 범죄원인의 제거와는 무관함 · 선별적인 법 집행으로 인해 형사사법의 불평등을 가져올 수 있음 · 재판 전 형사사법의 개입이라는 점에서 또 하나의 형사사법절차를 창출할 뿐임

답 ①

036 다이버전에 대한 설명으로 옳지 않은 것은? 2022년 교정직 9급

① 형벌 이외의 사회통제망의 축소를 가져온다.
② 공식적인 절차에 비해서 형사사법비용을 절감할 수 있다.
③ 업무경감으로 인하여 형사사법제도의 능률성과 신축성을 가져온다.
④ 범죄로 인한 낙인의 부정적 영향을 최소화하여 2차적 일탈의 예방에 긍정적이다.

다이버전

다이버전의 등장으로 인해 형사사법의 대상조차 되지 않을 문제가 다이버전의 대상이 된다는 점에서 이는 사회적 통제가 오히려 강화된다고 볼 수 있다는 비판을 받는다(형사사법망의 확대).

선지분석

②, ③, ④ 다이버전에 대한 옳은 설명이다.

답 ①

037 낙인이론(labeling theory)과 전환(diversion)제도에 대한 설명으로 옳지 않은 것은? 2023년 교정직 7급

① 전환은 범죄자를 공식적인 형사사법절차와 과정으로부터 비공식적인 절차와 과정으로 우회시키는 제도이다.
② 레머트(Lemert)는 비행소년이라는 꼬리표가 청소년의 지속적인 비행을 유발하는 요인이 된다고 하면서, 이를 '악의 극화(the dramatization of evil)'라고 불렀다.
③ 전환은 범죄적 낙인으로 인한 부정적 위험을 피함으로써 이차적 일탈을 방지한다는 장점이 있다.
④ 낙인이론에서는 경미한 범죄에 대하여 공식적 처벌과 같은 낙인보다는 다양한 대체처분으로서의 전환을 강조한다.

낙인이론과 전환제도

'탄넨바움'(Tannenbaum)의 주장내용이다.

선지분석

① 전환(Diversion)제도란 일반적으로 공식적 형사절차로부터의 이탈과 동시에 사회 내 처우 프로그램에 위탁하는 것을 그 내용으로 한다.
③ 전환제도는 범죄자를 전과자로 낙인찍을 가능성을 감소시킨다는 장점이 있다(이차적 일탈의 예방).
④ 전환제도는 형사사법의 탈제도화라는 의미에서 낙인이론의 산물이라고 할 수 있다.

답 ②

038 다이버전(diversion)에 대한 설명으로 옳지 않은 것은? 2024년 보호직 9급

① 범죄학 이론 중 낙인이론의 정책적 함의와 관련이 있다.
② 소년범에 대해 그 필요성이 강조되고 있다.
③ 검찰 단계의 대표적 다이버전으로서 훈방과 통고처분이 있다.
④ 형사사법기관의 업무량을 줄여 상대적으로 더 중요한 범죄사건에 집중할 수 있게 해 준다.

다이버전(diversion)

훈방과 통고처분은 '경찰 단계'의 다이버전에 해당한다. 검찰 단계의 다이버전으로는 기소유예, 불기소처분, 조건부 기소유예, 약식명령청구 등이 있다.

선지분석

① 다이버전은 형사사법의 탈제도화라는 의미에서 낙인이론의 산물이라고 할 수 있다(4D 정책).
② 개선가능성이 높고 경미한 소년범죄의 경우에는 낙인효과를 최소화하기 위하여 다이버전의 활용이 더욱 필요하다고 본다.
④ 다이버전에 대해서는 정식의 형사절차보다 경제적인 방법으로 범죄문제를 처리 가능, 범죄자를 전과자로 낙인찍을 가능성을 감소(이차적 일탈의 예방), 형사사법기관의 업무량을 줄여 중요한 범죄에 집중(형사사법의 능률성과 신축성 제고), 범죄자에 대하여 보다 인도적인 처우방법, 과밀수용을 방지하고 시설 내 처우의 폐해를 감소 등의 장점이 있다고 평가된다.

답 ③

039 전환제도(diversion)의 장점만을 모두 고르면? 2025년 교정직 9급

> ㄱ. 경미한 범죄자가 형사사법의 대상이 됨으로써 형사사법망이 확대된다.
> ㄴ. 범죄자에게 범죄를 중단할 수 있는 변화의 기회를 제공한다.
> ㄷ. 형사사법제도의 운영이 최적 수준이 되도록 자원을 배치한다.
> ㄹ. 범죄자에 대한 보다 인도적인 처우방법이다.

① ㄱ, ㄴ
② ㄱ, ㄷ
③ ㄴ, ㄹ
④ ㄴ, ㄷ, ㄹ

전환제도(diversion)

ㄴ, ㄷ, ㄹ은 전환제도(다이버전)의 장점에 대한 내용이다.

선지분석

ㄱ. 다이버전(전환제도)의 등장으로 인해 형사사법의 대상조차 되지 않을 문제가 다이버전의 대상이 된다는 점에서 이는 사회적 통제가 오히려 강화된다고 볼 수 있다(형사사법망의 확대). 이는 전환제도(다이버전)의 '단점'에 해당한다.

답 ④

040 형벌이론에 대한 설명으로 옳지 않은 것은? 2024년 보호직 7급

① 베카리아(C. Beccaria)는 사형을 폐지하고 종신 노역형으로 대체할 것을 주장하였다.
② 헤겔(G. W. F. Hegel)은 절대적 형벌론자였으며, 범죄행위는 법의 부정이며, 형벌은 법의 부정을 부정하는 것이라고 주장하였다.
③ 칸트(I. Kant)는 응보이론을 옹호했으며, 형벌은 일정한 목적을 추구하기 위해 존재하는 것이 아니라 범죄자에게 고통을 주는 그 자체가 가치 있는 것이라고 주장하였다.
④ 포이어바흐(A. Feuerbach)는 일반예방과 특별예방을 구별하고, 재사회화와 관련된 심리강제설을 주장하면서, 특별예방을 강조하였다.

형벌이론

포이어바흐(Feuerbach)는 법률 위반에 대해 물리적 강제를 가해서는 안 되고, 범죄의 쾌락보다 형벌의 고통이 크다는 점을 알게 하는 심리강제로 위법행위와 고통을 결부하여 범죄를 방지해야 한다고 주장하면서, '일반예방을 강조'하였다.

선지분석

① 베카리아(Beccaria)는 사형제도에 대하여 일반예방에 필요한 한도를 넘어서는 불필요한 제도이며, 정당성이 없고 예방효과에서도 회의적이며, 오판의 경우에 회복이 불가능하다고 지적하면서 사형제도의 폐지를 주장하였다.
② 헤겔(Hegel)은 절대적 형벌이론의 주장자로서, 범죄행위는 법의 부정이며, 따라서 형벌은 부정의 부정이라고 주장하였다.
③ 칸트(Kant) 또한 절대적 형벌이론의 주장자로서, 절대적 형벌이론에서는 형벌이 일정한 목적을 추구하기 위하여 존재하는 것이 아니라, 범죄자에게 고통을 주는 그 자체로서 가치가 있는 것으로 파악한다(형벌의 자기목적성).

답 ④

041 형벌의 본질과 목적에 대한 설명으로 옳지 않은 것은? 2018년 보호직 7급

① 응보형주의에 따르면 범죄는 정의에 반하는 악행이므로 범죄자에 대해서는 그 범죄에 상응하는 해악을 가함으로써 정의가 실현된다.
② 목적형주의에 따르면 형벌은 과거의 범행에 대한 응보가 아니라 장래의 범죄예방을 목적으로 한다.
③ 일반예방주의는 범죄자에게 형벌을 과함으로써 수형자에 대한 범죄예방의 효과를 기대하는 사고방식이다.
④ 특별예방주의는 형벌의 목적을 범죄자의 사회복귀에 두고 형벌을 통하여 범죄자를 교육 · 개선함으로써 그 범죄자의 재범을 예방하려는 사고방식이다.

형벌의 본질과 목적

일반예방주의에서는 형벌의 정당성이 불특정 다수의 일반인의 범죄예방에 있다고 본다. 즉, 처벌하는 과정을 형벌이 달성하고자 하는 일정한 목적인 잠재적 범죄자의 범죄행위 저지로부터 설명하는 입장이다(형벌의 상대설, 예방형벌 사상).

선지분석

① 응보형주의(절대적 형벌이론)에서는 형벌의 목적을 범죄에 대한 정당한 응보로 이해한다(형벌의 자기목적성).
② 목적형주의(상대적 형벌이론)에서는 형벌은 그 자체가 목적이 아니라, 범죄예방을 추구하는 수단이라고 본다(형벌의 도구적 성격).
④ 특별예방주의는 형벌을 범죄자에 대한 영향력 행사로 보는 입장인데, 형벌을 통해 범죄자를 교화(재사회화)시키거나, 교화가 불가능한 범죄자는 사회로부터 격리(보안)함으로써 다시 범죄를 저지르지 못하게 한다는 것이다.

답 ③

042 사형폐지론을 주장한 학자만을 모두 고르면? 2023년 교정직 9급

ㄱ. 베카리아(C. Beccaria)
ㄴ. 루소(J. Rousseau)
ㄷ. 리프만(M. Liepmann)
ㄹ. 캘버트(E. Calvert)

① ㄱ, ㄴ
② ㄱ, ㄷ
③ ㄱ, ㄷ, ㄹ
④ ㄴ, ㄷ, ㄹ

사형폐지론

ㄱ, ㄷ, ㄹ. 사형폐지론을 주장한 학자로는 베카리아(C. Beccaria), 페스탈로찌(Pestalozzi), 하워드(J. Howard), 캘버트(E. Calvert), 리프만(M. Liepmann), 앙셀(M. Ancel), 서덜랜드(Sutherland) 등이 있다.

선지분석

ㄴ. 사형존치론을 주장한 학자로는 루소(J. Rousseau), 칸트(I. Kant), 헤겔(G. W. F. Hegel), 롬브로조(C. Lombrosso) 등이 있다.

답 ③

043 형벌에 대한 설명으로 옳지 않은 것은? 2012년 교정직 9급

① 유기징역형은 1개월 이상 15년까지이며, 가중 시 25년까지 가능하다.
② 우리나라의 자유형에는 징역, 금고 및 구류가 있다.
③ 단기자유형은 범죄인을 개선시키기보다는 악풍에 감염시킬 우려가 있다는 비판이 있다.
④ 단기자유형의 대체방법으로는 벌금형, 집행유예, 선고유예 등의 활용과 거주제한, 가택구금 등이 있다.

형벌

유기징역은 1개월 이상 30년 이하로 하고, 가중하는 때에는 50년까지로 한다(「형법」 제42조).

제42조 【징역 또는 금고의 기간】 징역 또는 금고는 무기 또는 유기로 하고 유기는 1개월 이상 30년 이하로 한다. 단, 유기징역 또는 유기금고에 대하여 형을 가중하는 때에는 50년까지로 한다.

선지분석

② 우리나라의 형벌제도는 생명형, 자유형, 재산형, 자격형으로 나눌 수 있고 자유형에는 징역형, 금고형, 구류형이 있다.
③ 단기자유형에 대해 포레스타(Poresta)는 수형자의 개선을 위해서는 너무나 짧은 기간이지만 그를 부패시키는 데는 충분한 기간이라고 비판한다.
④ 이외에도 기소유예의 확대 운용, 주말구금 등의 구금제도의 완화 등이 단기자유형의 개선방안으로 제시된다.

답 ①

044 단기자유형의 대체방안으로 적절하지 않은 것은? 2017년 교정직 9급

① 주말구금제도
② 귀휴제도
③ 사회봉사명령제도
④ 벌금형제도

단기자유형의 대체방안

귀휴제도는 행형성적이 양호하고 도주의 위험성이 없는 수형자에게 기간과 행선지를 제한하여 외출·외박을 허용하는 제도이다. 장기수용의 부작용을 방지하고 사회적 연계의 유지 및 재사회화의 보충을 위해 실시하는 것이므로, 단기자유형의 대체방안과는 관계가 없다.

선지분석

①, ④ 단기자유형의 대체방안(개선방안)으로는 벌금형의 활용, 선고·집행유예의 활용, 기소유예의 확대 운용, 구금제도의 완화(예 주말구금, 무구금강제노역 등) 등이 제시된다.
③ 사회봉사명령제도는 단기(또는 중기)자유형의 대체, 과밀수용의 해소, 형벌의 다양화, 구금에 대한 회의, 사회에 대한 배상 등을 이유로 도입되었다.

답 ②

045 선고유예와 가석방 제도에 대한 설명으로 옳은 것은?

2013년 교정직 7급

① 선고유예와 가석방 모두 법원의 재량으로 결정할 수 있다.
② 선고유예와 가석방 모두 자격정지 이상의 형을 받은 전과가 없어야 한다.
③ 선고유예나 가석방 시 사회봉사를 명할 수 있다.
④ 선고유예의 경우는 유예기간이 경과하면, 전과가 남지 않는 것이 가석방의 경우와 다르다.

선고유예와 가석방제도

선고유예의 기간(2년)이 경과하면 면소로 간주되므로(「형법」 제60조) 전과가 남지 않으나, 가석방의 기간이 경과하면 형의 집행을 종료한 것으로 간주되므로(「형법」 제76조 제1항) 전과로 남게 된다.

선지분석

① 선고유예는 법원의 재량이지만(「형법」 제59조 제1항), 가석방은 행정기관의 재량이다(「형법」 제72조 제1항).
② 선고유예는 자격정지 이상의 형을 받은 전과가 없을 것을 요건으로 하지만(「형법」 제59조 제1항), 가석방은 이와 같은 요건을 요하지 않는다(「형법」 제72조 제1항).
③ 선고유예나 가석방은 보호관찰에 관한 규정만 있으며 사회봉사명령을 부과할 수는 없다(「형법」 제59조의2 제1항, 제73조의2 제2항).

> **제59조 【선고유예의 요건】** ① 1년 이하의 징역이나 금고, 자격정지 또는 벌금의 형을 선고할 경우에 제51조의 사항을 고려하여 뉘우치는 정상이 뚜렷할 때에는 그 형의 선고를 유예할 수 있다. 다만, 자격정지 이상의 형을 받은 전과가 있는 사람에 대해서는 예외로 한다.
> **제59조의2 【보호관찰】** ① 형의 선고를 유예하는 경우에 재범방지를 위하여 지도 및 원호가 필요한 때에는 보호관찰을 받을 것을 명할 수 있다.
> **제60조 【선고유예의 효과】** 형의 선고유예를 받은 날로부터 2년을 경과한 때에는 면소된 것으로 간주한다.
> **제72조 【가석방의 요건】** ① 징역이나 금고의 집행 중에 있는 사람이 행상이 양호하여 뉘우침이 뚜렷한 때에는 무기형은 20년, 유기형은 형기의 3분의 1이 지난 후 행정처분으로 가석방을 할 수 있다.
> **제73조의2 【가석방의 기간 및 보호관찰】** ② 가석방된 자는 가석방기간 중 보호관찰을 받는다. 다만, 가석방을 허가한 행정관청이 필요가 없다고 인정한 때에는 그러하지 아니하다.
> **제76조 【가석방의 효과】** ① 가석방의 처분을 받은 후 그 처분이 실효 또는 취소되지 아니하고 가석방기간을 경과한 때에는 형의 집행을 종료한 것으로 본다.

답 ④

046 「형법」상 가석방제도에 대한 설명으로 옳은 것은?

2020년 보호직 7급

① 형기에 산입된 판결선고 전 구금의 일수는 가석방에 있어서 집행을 경과한 기간에 산입하지 아니한다.
② 가석방의 기간은 무기형에 있어서는 20년으로 하고, 유기형에 있어서는 남은 형기로 하되, 그 기간은 10년을 초과할 수 없다.
③ 징역 또는 금고의 집행 중에 있는 자가 그 행상이 양호하여 개전의 정이 현저한 때에는 무기에 있어서는 10년, 유기에 있어서는 형기의 2분의 1을 경과한 후 행정처분으로 가석방을 할 수 있다.
④ 가석방의 처분을 받은 자가 감시에 관한 규칙을 위배하거나, 보호관찰의 준수사항을 위반하고 그 정도가 무거운 때에는 가석방처분을 취소할 수 있다.

「형법」상 가석방제도

「형법」 제75조

선지분석

① 집행을 경과한 기간에 산입한다(「형법」 제73조 제1항).

> **제73조 【판결선고 전 구금과 가석방】** ① 형기에 산입된 판결선고 전 구금일수는 가석방을 하는 경우 집행한 기간에 산입한다.

② 무기형에 있어서는 10년으로 한다(「형법」 제73조의2 제1항).

> **제73조의2 【가석방의 기간 및 보호관찰】** ① 가석방의 기간은 무기형에 있어서는 10년으로 하고, 유기형에 있어서는 남은 형기로 하되, 그 기간은 10년을 초과할 수 없다.

③ 무기에 있어서는 20년, 유기에 있어서는 형기의 3분의 1이 지난 후 행정처분으로 가석방을 할 수 있다(「형법」 제72조 제1항).

> **제72조 【가석방의 요건】** ① 징역이나 금고의 집행 중에 있는 사람이 행상이 양호하여 뉘우침이 뚜렷한 때에는 무기형은 20년, 유기형은 형기의 3분의 1이 지난 후 행정처분으로 가석방을 할 수 있다.

답 ④

047 ★ □□□ **다음 甲, 乙, 丙, 丁 중 가석방의 대상이 될 수 있는 수형자를 옳게 고른 것은?** 2012년 교정직 9급

> • 성년인 甲은 15년의 유기징역을 선고받고 6년을 경과하였고, 병과하여 받은 벌금의 3분의 2를 납입하였다.
> • 성년인 乙은 무기징역을 선고받고, 16년을 경과하였다.
> • 현재 18세 소년인 丙은 15년 유기징역을 선고받고, 3년을 경과하였다.
> • 현재 18세 소년인 丁은 장기 9년, 단기 3년의 부정기형을 선고받고, 2년을 경과하였다.

① 甲, 乙　　② 乙, 丙
③ 甲, 丁　　④ 丙, 丁

가석방의 대상

• 甲과 乙은 모두 성년이므로 「형법」의 적용을 받는다(제72조).
  - 甲은 유기 징역(15년)의 선고를 받고 형기의 3분의 1을 경과(6년)하였으나, 병과된 벌금을 완납하지 아니하였으므로 가석방의 대상이 될 수 없다.
  - 乙은 무기징역을 선고받고 20년을 경과하지 아니하여 가석방의 대상이 될 수 없다.
• 丙과 丁은 모두 19세 미만의 소년이므로 「소년법」의 적용을 받는다(제65조).
  - 丙은 15년의 유기징역을 선고받고 3년을 경과하여 가석방의 대상이 될 수 있다.
  - 丁은 상대적 부정기형을 선고받고 단기(3년)의 3분의 1을 이미 경과(2년)하였으므로 가석방의 대상이 될 수 있다.

> **「형법」 제72조 【가석방의 요건】** ① 징역이나 금고의 집행 중에 있는 사람이 행상이 양호하여 뉘우침이 뚜렷한 때에는 무기형은 20년, 유기형은 형기의 3분의 1이 지난 후 행정처분으로 가석방을 할 수 있다.
> ② 제1항의 경우에 벌금이나 과료가 병과되어 있는 때에는 그 금액을 완납하여야 한다.
> **「형법」 제73조 【판결선고 전 구금과 가석방】** ① 형기에 산입된 판결선고 전 구금일수는 가석방을 하는 경우 집행한 기간에 산입한다.
> ② 제72조 제2항의 경우에 벌금이나 과료에 관한 노역장 유치기간에 산입된 판결선고 전 구금일수는 그에 해당하는 금액이 납입된 것으로 본다.
> **「소년법」 제65조 【가석방】** 징역 또는 금고를 선고받은 소년에 대하여는 다음 각 호의 기간이 지나면 가석방을 허가할 수 있다.
> 1. 무기형의 경우에는 5년
> 2. 15년 유기형의 경우에는 3년
> 3. 부정기형의 경우에는 단기의 3분의 1

답 ④

048 「형법」상 가석방제도에 대한 설명으로 옳지 않은 것은? (다툼이 있는 경우 판례에 의함) 2024년 보호직 7급

① 가석방은 가석방심사위원회의 허가신청에 의해 법무부장관이 결정하는 행정처분이다.
② 형기에 산입된 판결선고 전 구금일수는 가석방을 하는 경우 집행한 기간에 산입한다.
③ 사형이 무기징역으로 특별감형된 경우 사형집행 대기기간을 가석방에 필요한 형의 집행기간에 산입할 수 있다.
④ 가석방의 처분을 받은 후 그 처분이 실효 또는 취소되지 아니하고 가석방기간을 경과한 때에는 형의 집행을 종료한 것으로 본다.

가석방제도

사형집행대기기간을 가석방요건 중의 하나인 형의 집행기간에 다시 산입할 수는 없다는 것이 판례의 입장이다(대판 1991.3.4. 자 90모59 결정).

관련 판례

【대판 1991.3.4. 자 90모59 결정】 사형이 무기징역으로 특별감형된 경우 구금된 사형집행대기기간을 처음부터 무기징역을 받은 경우와 동일하게 가석방요건 중의 하나인 형의 집행기간에 산입할 것인지 여부(소극) - 사형집행을 위한 구금은 미결구금도 아니고 형의 집행기간도 아니며 특별감형은 형을 변경하는 효과만 있을 뿐이고 이로 인하여 형의 선고에 의한 기성의 효과는 변경되지 아니하므로 사형이 무기징역으로 특별감형된 경우 사형의 판결확정일에 소급하여 무기징역형이 확정된 것으로 보아 무기징역형의 형기 기산일을 사형의 판결 확정일로 인정할 수도 없고 사형집행대기기간이 미결구금이나 형의 집행기간으로 변경된다고 볼 여지도 없으며, 또한 특별감형은 수형 중의 행장의 하나인 사형집행대기기간까지를 참작하여 되었다고 볼 것이므로 사형집행대기기간을 처음부터 무기징역을 받은 경우와 동일하게 가석방요건 중의 하나인 형의 집행기간에 다시 산입할 수는 없다.

(선지분석)

① 「형법」 제72조 제1항, 「형의 집행 및 수용자의 처우에 관한 법률」 제122조 제1항 · 제2항

> **제72조 【가석방의 요건】** ① 징역이나 금고의 집행 중에 있는 사람이 행상이 양호하여 뉘우침이 뚜렷한 때에는 무기형은 20년, 유기형은 형기의 3분의 1이 지난 후 행정처분으로 가석방을 할 수 있다.
> **법 제122조 【가석방 허가】** ① 위원회는 가석방 적격결정을 하였으면 5일 이내에 법무부장관에게 가석방 허가를 신청하여야 한다.
> ② 법무부장관은 제1항에 따른 위원회의 가석방 허가신청이 적정하다고 인정하면 허가할 수 있다.

② 「형법」 제73조

> **제73조 【판결선고 전 구금과 가석방】** ① 형기에 산입된 판결선고 전 구금일수는 가석방을 하는 경우 집행한 기간에 산입한다.

④ 「형법」 제76조 제1항

> **제76조 【가석방의 효과】** ① 가석방의 처분을 받은 후 그 처분이 실효 또는 취소되지 아니하고 가석방기간을 경과한 때에는 형의 집행을 종료한 것으로 본다.

답 ③

049 「형법」상 보호관찰제도에 대한 설명으로 옳지 않은 것은? 2016년 보호직 7급

① 형의 선고를 유예하는 경우에 재범방지를 위하여 지도 및 원호가 필요한 때에는 보호관찰을 받을 것을 명할 수 있으며, 이 경우 보호관찰의 기간은 1년 이내의 범위에서 법원이 정한다.
② 보호관찰을 명한 선고유예를 받은 자가 보호관찰기간 중에 준수사항을 위반하고 그 정도가 무거운 때에는 법원은 유예한 형을 선고할 수 있다.
③ 형의 집행을 유예하는 경우에 보호관찰을 받을 것을 명할 수 있으며, 이 경우 보호관찰의 기간은 원칙적으로 집행을 유예한 기간으로 하되, 다만 법원은 유예기간의 범위 내에서 보호관찰기간을 따로 정할 수 있다.
④ 가석방된 자는 가석방을 허가한 행정관청이 필요 없다고 인정한 때가 아닌 한 가석방기간 중 보호관찰을 받는다.

「형법」상 보호관찰제도

보호관찰의 기간은 1년으로 한다(「형법」 제59조의2 제1항 · 제2항).

> **제59조의2【보호관찰】** ① 형의 선고를 유예하는 경우에 재범방지를 위하여 지도 및 원호가 필요한 때에는 보호관찰을 받을 것을 명할 수 있다(→ 임의적 보호관찰).
> ② 제1항의 규정에 의한 보호관찰의 기간은 1년으로 한다.

선지분석

② 임의적 실효이다(「형법」 제61조 제2항).

> **제61조【선고유예의 실효】** ① 형의 선고유예를 받은 자가 유예기간 중 자격정지 이상의 형에 처한 판결이 확정되거나 자격정지 이상의 형에 처한 전과가 발견된 때에는 유예한 형을 선고한다(→ 필요적 실효).
> ② 제59조의2의 규정에 의하여 보호관찰을 명한 선고유예를 받은 자가 보호관찰기간 중에 준수사항을 위반하고 그 정도가 무거운 때에는 유예한 형을 선고할 수 있다(→ 임의적 실효).

③ 「형법」 제62조의2 제1항 · 제2항

> **제62조의2【보호관찰, 사회봉사 · 수강명령】** ① 형의 집행을 유예하는 경우에는 보호관찰을 받을 것을 명하거나 사회봉사 또는 수강을 명할 수 있다.
> ② 제1항의 규정에 의한 보호관찰의 기간은 집행을 유예한 기간으로 한다. 다만, 법원은 유예기간의 범위 내에서 보호관찰기간을 정할 수 있다.

④ 「형법」 제73조의2 제2항(→ 필요적 보호관찰, 예외 有)

답 ①

050 현행법령상 형벌에 대한 설명으로 옳지 않은 것은? 2018년 교정직 9급

① 죄를 범할 당시 18세 미만인 소년에 대해서는 사형을 선고할 수 없다.
② 유기징역은 1개월 이상 30년 이하로 하며, 형을 가중하는 경우에는 50년까지 가능하다.
③ 형을 병과할 경우에는 그 형의 일부에 대하여 집행을 유예할 수 있다.
④ 형의 선고유예를 받은 날부터 1년을 경과한 때에는 면소된 것으로 간주한다.

형벌

2년을 경과한 때에는 면소된 것으로 간주한다(「형법」 제60조).

제60조【선고유예의 효과】 형의 선고유예를 받은 날로부터 2년을 경과한 때에는 면소된 것으로 간주한다.

선지분석

① 15년의 유기징역으로 하므로, 사형을 선고할 수 없다(「소년법」 제59조).

제59조【사형 및 무기형의 완화】 죄를 범할 당시 18세 미만인 소년에 대하여 사형 또는 무기형으로 처할 경우에는 15년의 유기징역으로 한다.

② 「형법」 제42조

제42조【징역 또는 금고의 기간】 징역 또는 금고는 무기 또는 유기로 하고 유기는 1개월 이상 30년 이하로 한다. 단, 유기징역 또는 유기금고에 대하여 형을 가중하는 때에는 50년까지로 한다.

③ 「형법」 제62조 제2항

제62조【집행유예의 요건】 ② 형을 병과할 경우에는 그 형의 일부에 대하여 집행을 유예할 수 있다.

답 ④

051 선고유예 및 가석방에 대한 설명으로 옳지 않은 것은? (다툼이 있는 경우 판례에 의함) 2021년 보호직 7급

① 선고유예 판결에서도 그 판결 이유에서는 선고형을 정해 놓아야 하고, 그 형이 벌금형일 경우에는 벌금액뿐만 아니라 환형유치처분까지 해 두어야 한다.
② 형의 집행유예의 선고가 실효 또는 취소됨이 없이 정해진 유예기간을 경과하여 형의 선고가 효력을 잃게 되었더라도, 이는 선고유예 결격사유인 자격정지 이상의 형을 받은 전과가 있는 경우에 해당한다.
③ 형기에 산입된 판결선고전 구금일수는 가석방에 있어 집행을 경과한 기간에 산입한다.
④ 사형을 무기징역으로 특별감형한 경우, 사형집행 대기기간을 처음부터 무기징역을 받은 경우와 동일하게 가석방요건 중의 하나인 형의 집행기간에 산입할 수 있다.

선고유예와 가석방

대결 1991.3.4. 90모59

관련 판례

【대결 1991.3.4. 90모59】 사형집행을 위한 구금은 미결구금도 아니고 형의 집행기간도 아니며 특별감형은 형을 변경하는 효과만 있을 뿐이고 이로 인하여 형의 선고에 의한 기성의 효과는 변경되지 아니하므로 사형이 무기징역으로 특별감형된 경우 사형의 판결확정일에 소급하여 무기징역형이 확정된 것으로 보아 무기징역형의 형기 기산일을 사형의 판결 확정일로 인정할 수도 없고 사형집행대기 기간이 미결구금이나 형의 집행기간으로 변경된다고 볼 여지도 없으며, 또한 특별감형은 수형 중의 행장의 하나인 사형집행 대기기간까지를 참작하여 되었다고 볼 것이므로 사형집행 대기기간을 처음부터 무기징역을 받은 경우와 동일하게 가석방요건 중의 하나인 형의 집행기간에 다시 산입할 수는 없다.

선지분석

① 대판 2015.1.29. 2014도15120

관련 판례

【대판 2015.1.29. 2014도15120】「형법」 제59조에 의하여 형의 선고를 유예하는 판결을 할 경우에도 선고가 유예된 형에 대한 판단을 하여야 하므로, 선고유예 판결에서도 그 판결 이유에서는 선고형을 정해 놓아야 하고 그 형이 벌금형일 경우에는 벌금액뿐만 아니라 환형유치처분까지 해 두어야 한다.

② 대판 2003.12.26. 2003도3768

관련 판례

【대판 2003.12.26. 2003도3768】「형법」 제59조 제1항 단행에서 정한 '자격정지 이상의 형을 받은 전과'라 함은 자격정지 이상의 형을 선고받은 범죄경력 자체를 의미하는 것이고, 그 형의 효력이 상실된 여부는 묻지 않는 것으로 해석함이 상당하다고 할 것이고, 따라서 형의 집행유예를 선고받은 자는 「형법」 제65조에 의하여 그 선고가 실효 또는 취소됨이 없이 정해진 유예 기간을 무사히 경과하여 형의 선고가 효력을 잃게 되었다고 하더라도 형의 선고의 법률적 효과가 없어진다는 것일 뿐, 형의 선고가 있었다는 기왕의 사실 자체까지 없어지는 것은 아니므로, 「형법」 제59조 제1항 단행에서 정한 선고유예 결격사유인 '자격정지 이상의 형을 받은 전과가 있는 자'에 해당한다고 보아야 한다.

③ 「형법」 제73조 제1항

답 ④

052 부정기형제도에 대한 설명으로 옳지 않은 것은? 2022년 보호직 7급

① 부정기형은 범죄인의 개선에 필요한 기간을 판결선고시에 정확히 알 수 없기 때문에 형을 집행하는 단계에서 이를 고려한 탄력적 형집행을 위한 제도로 평가된다.

② 부정기형은 범죄자에 대한 위하효과가 인정되고, 수형자자치제도의 효과를 높일 수 있으며, 위험한 범죄자를 장기구금하게 하여 사회방위에도 효과적이다.

③ 부정기형은 형벌개별화원칙에 반하고, 수형자의 특성에 따라서 수형기간이 달라지게 되는 문제점이 있으며, 교도관의 자의가 개입할 여지가 있고, 석방결정과정에서 적정절차의 보장이 결여될 위험이 있다.

④ 「소년법」 제60조 제1항은 "소년이 법정형으로 장기 2년 이상의 유기형에 해당되는 죄를 범한 경우에는 그 형의 범위 내에서 장기와 단기를 정하여 형을 선고하되, 장기는 10년, 단기는 5년을 초과하지 못한다."고 규정하여 상대적 부정기형제도를 채택하였다.

부정기형제도

부정기형은 개선 목적의 달성에 적합하므로 형벌개별화원칙에 부합한다고 평가된다.

선지분석

① 부정기형은 자유형을 선고할 때 형기를 확정하지 않는 것으로서, 형기는 형의 집행단계에서 결정된다. 정기형의 필요성은 19세기 전반에 형벌의 목적을 범인의 개선·교육으로 보기 시작하면서 주장되었다.

② 부정기형은 위험성이 있는 범죄인에게 형기의 부정기가 위하력을 발휘할 수 있고, 위험한 범죄자나 상습범을 장기간 사회로부터 격리할 수 있으며(사회방위), 수형자자치제도는 그 전제로서 부정기형제도의 활용이 필요하다(사회방위).

④ 「소년법」 제60조 제1항

답 ③

053 부정기형제도에 대한 설명으로 옳지 않은 것은? 2024년 보호직 9급

① 소년이 법정형으로 장기 2년 이상의 유기형에 해당하는 죄를 범한 경우에는 그 형의 범위에서 장기와 단기를 정하여 선고한다.
② 「특정강력범죄의 처벌에 관한 특례법」 소정의 특정강력범죄를 범한 소년에 대하여 부정기형을 선고할 때에는 장기는 15년, 단기는 7년을 초과하지 못한다.
③ 소년교도소의 장은 부정기형을 선고받은 소년이 단기의 3분의 1을 경과한 때에는 소년교도소의 소재지를 관할하는 보호관찰소의 장에게 그 사실을 통보하여야 한다.
④ 판례에 따르면, 상고심에서의 심판대상은 항소심 판결 당시를 기준으로 하여 그 당부를 심사하는 데에 있는 것이므로 항소심판결 선고 당시 미성년이었던 피고인이 상고 이후에 성년이 되었다고 하여 항소심의 부정기형의 선고가 위법이 되는 것은 아니다.

부정기형제도

'보호관찰심사위원회'에 그 사실을 통보하여야 한다(「보호관찰 등에 관한 법률」 제21조 제1항).

제21조 【교도소장 등의 통보의무】 ① 교도소·구치소·소년교도소의 장은 징역 또는 금고의 형을 선고받은 소년(이하 "소년수형자"라 한다)이 「소년법」 제65조 각 호의 기간(→ 5년, 3년, 단기의 3분의 1)을 지나면 그 교도소·구치소·소년교도소의 소재지를 관할하는 심사위원회에 그 사실을 통보하여야 한다.

선지분석

① 「소년법」 제60조 제1항

제60조 【부정기형】 ① 소년이 법정형으로 장기 2년 이상의 유기형에 해당하는 죄를 범한 경우에는 그 형의 범위에서 장기와 단기를 정하여 선고한다. 다만, 장기는 10년, 단기는 5년을 초과하지 못한다(→ 상대적 부정기형).

② 「특정강력범죄의 처벌에 관한 특례법」 제4조 제2항
④ 대판 1998.2.27. 97도3421

답 ③

KEYWORD 08 | 재산형제도

054 벌금형의 특성에 대한 설명으로 옳지 않은 것은? 2014년 교정직 9급

① 제3자의 대납이 허용되지 않는다.
② 국가에 대한 채권과 상계가 허용된다.
③ 공동연대책임이 허용되지 않는다.
④ 벌금은 범죄인의 사망으로 소멸된다.

벌금형의 특성

벌금은 범죄자가 국가에 대해 채권을 가지고 있는 경우에도 상계될 수 없다(상계 금지).

(선지분석)

① 재산형은 범죄인 자신에게 속하는 것으로서, 벌금 등을 제3자가 대납하는 것이 허용되지 않는다(일신전속성).
③ 다수인이 함께 벌금형을 선고받은 경우에도 각 개인이 국가에 대해 벌금을 납부하여야 하며, 공동연대책임을 지는 것은 아니다(개별책임원칙).
④ 벌금납부의무는 상속되지 않음이 원칙이다(비상속성).

답 ②

055 「형법」상 벌금에 대한 설명으로 옳지 않은 것은? (다툼이 있는 경우 판례에 의함) 2023년 보호직 7급

① 벌금을 감경하는 경우에는 5만 원 미만으로 할 수 있다.
② 벌금을 선고하는 재판이 확정된 후 그 집행을 받지 아니하고 5년이 지나면 형의 시효가 완성된다.
③ 60억 원의 벌금을 선고하면서 이를 납입하지 아니하는 경우의 노역장 유치기간을 700일로 정할 수 있다.
④ 「형법」 제55조 제1항 제6호의 벌금을 감경할 때의 '다액의 2분의 1'이라는 문구는 '금액의 2분의 1'을 뜻하므로 그 상한과 함께 하한도 감경되는 것으로 해석하여야 한다.

벌금

선고하는 벌금이 50억 원 이상인 경우에는 '1천일 이상'의 노역장 유치기간을 정하여야 한다(「형법」 제70조 제2항).

> **제70조 【노역장유치】** ② 선고하는 벌금이 1억 원 이상 5억 원 미만인 경우에는 300일 이상, 5억 원 이상 50억 원 미만인 경우에는 500일 이상, 50억 원 이상인 경우에는 1천일 이상의 노역장 유치기간을 정하여야 한다.

(선지분석)

① 「형법」 제45조 단서

> **제45조 【벌금】** 벌금은 5만 원 이상으로 한다. 다만, 감경하는 경우에는 5만 원 미만으로 할 수 있다.

② 「형법」 제78조 제6호

> **제78조 【형의 시효의 기간】** 시효는 형을 선고하는 재판이 확정된 후 그 집행을 받지 아니하고 다음 각 호의 구분에 따른 기간이 지나면 완성된다.
> 1. 삭제(← 사형: 30년)
> 2. 무기의 징역 또는 금고: 20년
> 3. 10년 이상의 징역 또는 금고: 15년
> 4. 3년 이상의 징역이나 금고 또는 10년 이상의 자격정지: 10년
> 5. 3년 미만의 징역이나 금고 또는 5년 이상의 자격정지: 7년(←5년)
> 6. 5년 미만의 자격정지, 벌금, 몰수 또는 추징: 5년(←3년)
> 7. 구류 또는 과료: 1년

④ 대판 1978.4.25. 선고 78도246 전합

> **관련 판례**
>
> 【대판 1978.4.25. 선고 78도246 전합】 형법 제55조 제1항 제6호의 벌금을 감경할 때의 「다액」의 2분의 1이라는 문구는 「금액」의 2분의 1이라고 해석하여 그 상한과 함께 하한도 2분의 1로 내려가는 것으로 해석하여야 한다.

답 ③

III

해커스공무원 노신 형사정책 단원별 기출문제집

★★★

056 □□□ **벌금형에 대한 설명으로 옳은 것은?** 2013년 교정직 9급 변형

① 벌금은 판결확정일로부터 90일 내에 납입하여야 하며, 벌금을 선고할 때에는 동시에 그 금액을 완납할 때까지 노역장에 유치할 것을 명할 수 있다.

② 벌금형의 형의 시효는 3년이며, 강제처분을 개시함으로 인하여 시효의 중단이 이루어진다.

③ 환형유치기간은 기본적으로 1일 10만 원을 기준으로 환산한 벌금액에 상응하는 일수이며, 유치기간의 상한은 없다.

④ 500만 원 이하의 벌금형이 확정된 벌금 미납자는 노역장유치를 대신하여 사회봉사 신청을 할 수 있다.

벌금형

「벌금 미납자의 사회봉사 집행에 관한 특례법」 제4조 제1항, 「벌금 미납자의 사회봉사 집행에 관한 특례법 시행령」 제2조

> **「벌금 미납자의 사회봉사 집행에 관한 특례법」 제4조 【사회봉사의 신청】** ① 대통령령으로 정한 금액(→ 500만 원) 범위 내의 벌금형이 확정된 벌금 미납자는 검사의 납부명령일부터 30일 이내에 주거지를 관할하는 지방검찰청(지방검찰청지청을 포함)의 검사에게 사회봉사를 신청할 수 있다. 다만, 검사로부터 벌금의 일부납부 또는 납부연기를 허가받은 자는 그 허가기한 내에 사회봉사를 신청할 수 있다.
> **「벌금 미납자의 사회봉사 집행에 관한 특례법 시행령」 제2조 【사회봉사의 신청과 벌금액】** 「벌금 미납자의 사회봉사 집행에 관한 특례법」 제4조 제1항 본문에 따른 벌금형의 금액은 500만 원으로 한다.

(선지분석)

① 판결확정일로부터 30일 내에 납입하여야 한다(「형법」 제69조 제1항).

> **제69조 【벌금과 과료】** ① 벌금과 과료는 판결확정일로부터 30일 내에 납입하여야 한다. 단, 벌금을 선고할 때에는 동시에 그 금액을 완납할 때까지 노역장에 유치할 것을 명할 수 있다.

② 벌금형의 시효는 5년이다(「형법」 제78조, 제80조).

> **제78조 【형의 시효의 기간】** 시효는 형을 선고하는 재판이 확정된 후 그 집행을 받지 아니하고 다음 각 호의 구분에 따른 기간이 지나면 완성된다. <개정 2023.8.8.>
> 1. 삭제(← 사형: 30년)
> 2. 무기의 징역 또는 금고: 20년
> 3. 10년 이상의 징역 또는 금고: 15년
> 4. 3년 이상의 징역이나 금고 또는 10년 이상의 자격정지: 10년
> 5. 3년 미만의 징역이나 금고 또는 5년 이상의 자격정지: 7년(←5년)
> 6. 5년 미만의 자격정지, 벌금, 몰수 또는 추징: 5년(←3년)
> 7. 구류 또는 과료: 1년
>
> **제80조 【형의 시효의 중단】** 시효는 징역, 금고 및 구류의 경우에는 수형자를 체포한 때, 벌금, 과료, 몰수 및 추징의 경우에는 강제처분을 개시한 때에 중단된다. <개정 2023.8.8.>

③ 현재 환형유치의 기준은 벌금 1억 원 미만 선고사건의 경우 1일 10만 원으로 하고, 1억 원을 초과할 경우에는 벌금액의 1,000분의 1이다. 단, 벌금 1억 원 미만 선고사건에서도 「형법」 제51조에 규정된 양형 조건을 참작해 사안에 따라 1일 50만 원 범위 내에서 적정하고 합리적인 노역장 유치기간을 산정할 수 있도록 한다. 벌금미납 시 환형유치(노역장유치)기간은 1일 이상 3년 이하이다(「형법」 제69조 제2항).

> **제69조 【벌금과 과료】** ② 벌금을 납입하지 아니한 자는 1일 이상 3년 이하, 과료를 납입하지 아니한 자는 1일 이상 30일 미만의 기간 노역장에 유치하여 작업에 복무하게 한다.

답 ④

057 **벌금형에 대한 설명으로 옳은 것은?** 2014년 보호직 7급 변형

① 벌금은 판결확정일로부터 30일 이내에 납입하여야 하고, 벌금을 납입하지 아니한 자는 1년 이상 3년 이하의 기간 동안 노역장에 유치하여 작업에 복무하게 한다.

② 벌금은 상속이 되지 않으나 몰수 또는 조세, 전매 기타 공과에 관한 법령에 의하여 벌금의 재판을 받은 자가 재판확정 후 사망한 경우에는 그 상속재산에 관하여 집행할 수 있다.

③ 벌금형의 확정판결을 선고받은 자는 법원의 허가를 받아 벌금을 분할납부하거나 납부를 연기받을 수 있다.

④ 500만 원 이하의 벌금형이 확정된 벌금 미납자는 검사의 허가를 받아 사회봉사를 할 수 있고, 이 경우 사회봉사시간에 상응하는 벌금액을 낸 것으로 본다.

벌금형

벌금납부의무는 상속되지 않음이 원칙이나(비상속성), 예외가 있다(「형사소송법」 제478조, 제479조).

> **제478조 【상속재산에 대한 집행】** 몰수 또는 조세, 전매 기타 공과에 관한 법령에 의하여 재판한 벌금 또는 추징은 그 재판을 받은 자가 재판확정 후 사망한 경우에는 그 상속재산에 대하여 집행할 수 있다.
>
> **제479조 【합병 후 법인에 대한 집행】** 법인에 대하여 벌금, 과료, 몰수, 추징, 소송비용 또는 비용배상을 명한 경우에 법인이 그 재판확정 후 합병에 의하여 소멸한 때에는 합병 후 존속한 법인 또는 합병에 의하여 설립된 법인에 대하여 집행할 수 있다.

선지분석

① 1일 이상 3년 이하의 기간 노역장에 유치하여 작업에 복무하게 한다(「형법」 제69조 제1항 · 제2항).

③ 검사의 허가를 받아야 한다(「재산형 등에 관한 검찰 집행사무 규칙」 제12조 제1항).

> **제12조 【분할납부 등】** ① 납부의무자가 벌과금 등의 분할납부 또는 납부연기를 받으려면 별지 제14호 서식에 따른 분할납부(납부연기) 신청서를 제출하여야 한다. 이 경우 재산형 등 집행 사무 담당직원은 분할납부 또는 납부연기를 신청한 자가 다음 각 호(생략)의 어느 하나에 해당하는지를 조사한 후 관련 자료를 첨부하여 소속 과장을 거쳐 검사의 허가를 받아야 한다.

④ 벌금 미납자가 검사에게 사회봉사를 신청하면(「벌금 미납자의 사회봉사 집행에 관한 특례법」 제4조 제1항), 검사는 법원에 사회봉사의 허가를 청구하여(「벌금 미납자의 사회봉사 집행에 관한 특례법」 제5조 제1항), 법원이 그 허가 여부를 결정하고(「벌금 미납자의 사회봉사 집행에 관한 특례법」 제6조 제1항), 사회봉사를 이행한 경우에는 상응하는 벌금액을 낸 것으로 간주한다(「벌금 미납자의 사회봉사 집행에 관한 특례법」 제13조).

> **제5조 【사회봉사의 청구】** ① 제4조 제1항의 신청을 받은 검사는 사회봉사 신청인(이하 "신청인"이라 한다)이 제6조 제2항 각 호의 요건에 해당하지 아니하는 때에는 법원에 사회봉사의 허가를 청구하여야 한다.
>
> **제6조 【사회봉사 허가】** ① 법원은 검사로부터 사회봉사 허가 청구를 받은 날부터 14일 이내에 벌금 미납자의 경제적 능력, 사회봉사 이행에 필요한 신체적 능력, 주거의 안정성 등을 고려하여 사회봉사 허가 여부를 결정한다. 다만, 제3항에 따른 출석 요구, 자료제출 요구에 걸리는 기간은 위 기간에 포함하지 아니한다.
>
> **제13조 【사회봉사 이행의 효과】** 이 법에 따른 사회봉사를 전부 또는 일부 이행한 경우에는 집행한 사회봉사시간에 상응하는 벌금액을 낸 것으로 본다.

답 ②

★★
058 □□□

벌금미납자의 사회봉사에 대한 설명으로 옳은 것은? 2012년 교정직 7급

① 법원으로부터 200만 원의 벌금형을 선고받고 벌금을 완납할 때까지 노역장에 유치할 것을 명받은 사람은 지방검찰청의 검사에게 사회봉사를 신청할 수 있다.

② 검사는 납부능력확인을 위한 출석요구기간을 포함하여 피고인의 사회봉사신청일로부터 7일 이내에 사회봉사의 청구여부를 결정해야 한다.

③ 사회봉사신청을 기각하는 검사의 처분에 대해 불복하는 자는 사회봉사신청을 기각한 검사가 소속한 지방검찰청에 상응하는 법원에 이의신청을 할 수 있다.

④ 법원은 사회봉사를 허가하는 경우 벌금미납액에 의하여 계산된 노역장유치기간에 상응하는 사회봉사기간을 산정하되, 산정된 사회봉사기간 중 1시간 미만은 1시간으로 집행한다.

벌금미납자의 사회봉사

사회봉사의 신청을 기각하는 검사의 처분에 대한 이의신청에 관하여는 「형사소송법」 제489조를 준용한다(「벌금 미납자의 사회봉사 집행에 관한 특례법」 제5조 제6항). 재판의 집행을 받은 자 또는 그 법정대리인이나 배우자는 집행에 관한 검사의 처분이 부당함을 이유로 재판을 선고한 법원에 이의신청을 할 수 있다(「형사소송법」 제489조).

(선지분석)

① 「형법」 제69조 제1항 단서에 따라 법원으로부터 벌금 선고와 동시에 벌금을 완납할 때까지 노역장에 유치할 것을 명받은 사람은 사회봉사를 신청할 수 없다(「벌금 미납자의 사회봉사 집행에 관한 특례법」 제4조 제2항 제2호).

② 검사는 신청일부터 7일 이내에 사회봉사의 청구여부를 결정하여야 하지만, 신청인에 대한 출석 요구, 자료제출 요구에 걸리는 기간은 위 기간에 포함하지 아니한다(「벌금 미납자의 사회봉사 집행에 관한 특례법」 제5조 제4항).

④ 법원은 사회봉사를 허가하는 경우 벌금 미납액에 의하여 계산된 노역장유치기간에 상응하는 사회봉사시간을 산정하여야 한다. 다만, 산정된 사회봉사시간 중 1시간 미만은 집행하지 아니한다(「벌금 미납자의 사회봉사 집행에 관한 특례법」 제6조 제4항).

답 ③

059

다음 중 벌금미납자의 사회봉사 집행에 대한 설명으로 옳지 않은 것으로만 고른 것은? 2013년 교정직 7급

ㄱ. 법원으로부터 벌금선고와 동시에 벌금을 완납할 때까지 노역장에 유치할 것을 명받은 사람은 사회봉사를 신청할 수 없다.
ㄴ. 벌금미납자의 사회봉사신청에 대하여 검사는 벌금미납자의 경제적 능력, 사회봉사 이행에 필요한 신체적 능력, 주거의 안정성 등을 고려하여 사회봉사 허가여부를 결정한다.
ㄷ. 신청인이 일정한 수입원이나 재산이 있어 벌금을 낼 수 있다고 판단되는 경우에는 사회봉사를 허가하지 아니한다.
ㄹ. 사회봉사는 보호관찰관이 집행하며, 사회봉사 대상자의 성격, 사회경력, 범죄의 원인 및 개인적 특성을 고려하여 사회봉사의 집행분야를 정한다.
ㅁ. 사회봉사는 원칙적으로 1일 9시간을 넘겨 집행할 수 없지만, 보호관찰관이 사회봉사의 내용상 연속집행의 필요성이 있다고 판단하는 경우에는 최대 14시간까지 집행할 수 있다.

① ㄱ, ㄷ
② ㄴ, ㄹ
③ ㄴ, ㅁ
④ ㄷ, ㅁ

벌금미납자의 사회봉사 집행

ㄴ. 벌금 미납자의 사회봉사 신청을 받은 검사는 제외사유(「벌금 미납자의 사회봉사 집행에 관한 특례법」 제4조 제2항)에 해당하지 아니하는 때에는 법원에 사회봉사의 허가를 청구하여야 하며, 법원이 사회봉사 허가여부를 결정한다(「벌금 미납자의 사회봉사 집행에 관한 특례법」 제5조 제1항, 제6조 제1항).

> **제5조 【사회봉사의 청구】** ① 제4조 제1항의 신청(→ 벌금 미납자의 사회봉사 신청)을 받은 검사는 사회봉사 신청인이 제6조 제2항 각 호의 요건에 해당하지 아니하는 때에는 법원에 사회봉사의 허가를 청구하여야 한다.
> **제6조 【사회봉사 허가】** ① 법원은 검사로부터 사회봉사 허가 청구를 받은 날부터 14일 이내에 벌금 미납자의 경제적 능력, 사회봉사 이행에 필요한 신체적 능력, 주거의 안정성 등을 고려하여 사회봉사 허가 여부를 결정한다. 다만, 제3항에 따른 출석 요구, 자료제출 요구에 걸리는 기간은 위 기간에 포함하지 아니한다.

ㅁ. 사회봉사의 내용상 연속집행의 필요성이 있어 보호관찰관이 승낙하고 사회봉사 대상자가 분명히 동의한 경우에만 연장하여 집행할 수 있으며, 이 경우 최대 13시간까지 집행할 수 있다(「벌금 미납자의 사회봉사 집행에 관한 특례법」 제10조 제2항, 동법 시행령 제8조 제2항 참조).

> **「벌금 미납자의 사회봉사 집행에 관한 특례법」 제10조 【사회봉사의 집행】** ② 사회봉사는 1일 9시간을 넘겨 집행할 수 없다. 다만, 사회봉사의 내용상 연속집행의 필요성이 있어 보호관찰관이 승낙하고 사회봉사 대상자가 분명히 동의한 경우에만 연장하여 집행할 수 있다.
> **「벌금 미납자의 사회봉사 집행에 관한 특례법 시행령」 제8조 【집행시간】** ② 법 제10조 제2항 단서에 따라 1일 9시간을 넘겨 사회봉사를 집행하는 경우에도 1일 총 13시간을 초과할 수 없다.

(선지분석)

ㄱ. 「벌금 미납자의 사회봉사 집행에 관한 특례법」 제4조 제2항 제2호

> **제4조 【사회봉사의 신청】** ② 제1항에도 불구하고 다음 각 호의 어느 하나에 해당하는 사람은 사회봉사를 신청할 수 없다.
> 2. 「형법」 제69조 제1항 단서에 따라 법원으로부터 벌금 선고와 동시에 벌금을 완납할 때까지 노역장에 유치할 것을 명받은 사람

ㄷ. 「벌금 미납자의 사회봉사 집행에 관한 특례법」 제6조 제2항

> **제6조 【사회봉사 허가】** ② 다음 각 호의 어느 하나에 해당하는 경우에는 사회봉사를 허가하지 아니한다.
> 1. 제4조 제1항에 따른 벌금의 범위를 초과하거나 신청 기간이 지난 사람이 신청을 한 경우
> 2. 제4조 제2항에 따라 사회봉사를 신청할 수 없는 사람이 신청을 한 경우
> 3. 정당한 사유 없이 제3항에 따른 법원의 출석 요구나 자료제출 요구를 거부한 경우
> 4. 신청인이 일정한 수입원이나 재산이 있어 벌금을 낼 수 있다고 판단되는 경우
> 5. 질병이나 그 밖의 사유로 사회봉사를 이행하기에 부적당하다고 판단되는 경우

ㄹ. 「벌금 미납자의 사회봉사 집행에 관한 특례법」 제9조 제1항, 제10조 제1항

> **제9조 【사회봉사의 집행담당자】** ① 사회봉사는 보호관찰관이 집행한다. 다만, 보호관찰관은 그 집행의 전부 또는 일부를 국공립기관이나 그 밖의 단체 또는 시설의 협력을 받아 집행할 수 있다.
> **제10조 【사회봉사의 집행】** ① 보호관찰관은 사회봉사 대상자의 성격, 사회경력, 범죄의 원인 및 개인적 특성 등을 고려하여 사회봉사의 집행분야를 정하여야 한다.

답 ③

060 「벌금 미납자의 사회봉사 집행에 관한 특례법」 및 동법 시행령상 벌금미납자의 사회봉사집행에 대한 설명으로 옳은 것은? 2015년 교정직 9급 변형

① 징역 또는 금고와 동시에 벌금을 선고받은 사람은 사회봉사를 신청할 수 있다.
② 법원은 사회봉사를 허가하는 경우 벌금 미납액에 의하여 계산된 노역장 유치 기간에 상응하는 사회봉사시간을 산정하여야 하나, 산정된 사회봉사시간 중 1시간 미만은 집행하지 아니한다.
③ 600만 원의 벌금형이 확정된 벌금미납자는 검사의 납부명령일부터 30일 이내에 검사에게 사회봉사를 신청할 수 있다.
④ 사회봉사 대상자는 사회봉사의 이행을 마치기 전에는 벌금의 전부 또는 일부를 낼 수 없다.

벌금미납자의 사회봉사 집행

「벌금 미납자의 사회봉사 집행에 관한 특례법」 제6조 제4항

> **제6조 【사회봉사 허가】** ④ 법원은 사회봉사를 허가하는 경우 벌금 미납액에 의하여 계산된 노역장 유치 기간에 상응하는 사회봉사시간을 산정하여야 한다. 다만, 산정된 사회봉사시간 중 1시간 미만은 집행하지 아니한다.

선지분석

① 사회봉사를 신청할 수 없다(「벌금 미납자의 사회봉사 집행에 관한 특례법」 제4조 제2항 제1호).
③ 500만 원 이하의 벌금형이 확정된 벌금미납자만 사회봉사를 신청할 수 있다(「벌금 미납자의 사회봉사 집행에 관한 특례법」 제4조 제1항).
④ 사회봉사 대상자는 사회봉사의 이행을 마치기 전에 벌금의 전부 또는 일부를 낼 수 있다(「벌금 미납자의 사회봉사 집행에 관한 특례법」 제12조 제1항).

답 ②

061 「벌금 미납자의 사회봉사 집행에 관한 특례법」에 대한 설명으로 옳지 않은 것은? 2019년 교정직 7급

① 대통령령으로 정한 금액 범위 내의 벌금형이 확정된 벌금 미납자는 검사의 납부명령일부터 30일 이내에 주거지를 관할하는 지방검찰청(지방검찰청지청을 포함한다)의 검사에게 사회봉사를 신청할 수 있다. 다만, 검사로부터 벌금의 일부납부 또는 납부연기를 허가받은 자는 그 허가기한 내에 사회봉사를 신청할 수 있다.
② 사회봉사 대상자는 법원으로부터 사회봉사 허가의 고지를 받은 날부터 7일 이내에 사회봉사 대상자의 주거지를 관할하는 보호관찰소의 장에게 주거, 직업, 그 밖에 대통령령으로 정하는 사항을 신고하여야 한다.
③ 사회봉사는 1일 9시간을 넘겨 집행할 수 없다. 다만, 사회봉사의 내용상 연속집행의 필요성이 있어 보호관찰관이 승낙하고 사회봉사 대상자가 분명히 동의한 경우에만 연장하여 집행할 수 있다.
④ 사회봉사의 집행은 사회봉사가 허가된 날부터 6개월 이내에 마쳐야 한다. 다만, 보호관찰관은 특별한 사정이 있으면 검사의 허가를 받아 6개월의 범위에서 한 번 그 기간을 연장하여 집행할 수 있다.

「벌금 미납자의 사회봉사 집행에 관한 특례법」

사회봉사 허가의 고지를 받은 날부터 10일 이내에 보호관찰소의 장에게 신고하여야 한다(「벌금 미납자의 사회봉사 집행에 관한 특례법」 제8조 제1항).

> **제8조 【사회봉사의 신고】** ① 사회봉사 대상자는 법원으로부터 사회봉사 허가의 고지를 받은 날부터 10일 이내에 사회봉사 대상자의 주거지를 관할하는 보호관찰소의 장에게 주거, 직업, 그 밖에 대통령령으로 정하는 사항을 신고하여야 한다.

선지분석

① 「벌금 미납자의 사회봉사 집행에 관한 특례법」 제4조 제1항
③ 「벌금 미납자의 사회봉사 집행에 관한 특례법」 제10조 제2항
④ 「벌금 미납자의 사회봉사 집행에 관한 특례법」 제11조

답 ②

★★★ **062** □□□ **벌금 미납자의 사회봉사 집행에 관한 특례법령의 내용에 대한 설명으로 옳지 않은 것은?** 2024년 보호직 7급

① 500만원의 벌금 선고와 동시에 벌금을 완납할 때까지 노역장에 유치할 것을 명받은 벌금 미납자는 검사에게 사회봉사를 신청할 수 없다.
② 사회봉사 신청인이 정당한 이유 없이 검사의 출석 요구나 자료제출 요구를 거부한 경우 검사는 신청을 기각할 수 있다.
③ 법원은 사회봉사를 허가하는 경우 벌금 미납자의 경제적 능력, 사회봉사 이행에 필요한 신체적 능력, 주거의 안정성 등을 고려하여 사회봉사시간을 산정하여야 한다.
④ 사회봉사 대상자가 미납벌금의 일부를 낸 경우 검사는 법원이 결정한 사회봉사시간에서 이미 납입한 벌금에 상응하는 사회봉사시간을 공제하는 방법으로 남은 사회봉사시간을 다시 산정하여 사회봉사 대상자와 사회봉사를 집행 중인 보호관찰소의 장에게 통보해야 한다.

벌금 미납자의 사회봉사 집행

법원은 사회봉사를 허가하는 경우 '벌금 미납액에 의하여 계산된 노역장 유치 기간에 상응하는 사회봉사시간을 산정'하여야 한다(「벌금 미납자의 사회봉사 집행에 관한 특례법」 제6조 제4항 본문).

> **제6조 【사회봉사 허가】** ④ 법원은 사회봉사를 허가하는 경우 벌금 미납액에 의하여 계산된 노역장 유치 기간에 상응하는 사회봉사시간을 산정하여야 한다. 다만, 산정된 사회봉사시간 중 1시간 미만은 집행하지 아니한다.

선지분석

① 「벌금 미납자의 사회봉사 집행에 관한 특례법」 제4조 제2항 제2호

> **제4조 【사회봉사의 신청】** ② 제1항에도 불구하고 다음 각 호의 어느 하나에 해당하는 사람은 사회봉사를 신청할 수 없다.
> 1. 징역 또는 금고와 동시에 벌금을 선고받은 사람
> 2. 「형법」 제69조 제1항 단서에 따라 법원으로부터 벌금 선고와 동시에 벌금을 완납할 때까지 노역장에 유치할 것을 명받은 사람
> 3. 다른 사건으로 형 또는 구속영장이 집행되거나 노역장에 유치되어 구금 중인 사람
> 4. 사회봉사를 신청하는 해당 벌금에 대하여 법원으로부터 사회봉사를 허가받지 못하거나 취소당한 사람. 다만, 사회봉사 불허가 사유가 소멸한 경우에는 그러하지 아니하다.

② 「벌금 미납자의 사회봉사 집행에 관한 특례법」 제5조 제3항

> **제5조 【사회봉사의 청구】** ③ 신청인이 정당한 이유 없이 검사의 출석 요구나 자료제출 요구를 거부한 경우 검사는 신청을 기각할 수 있다.

④ 「벌금 미납자의 사회봉사 집행에 관한 특례법」 제12조 제5항

> **제12조 【사회봉사 대상자의 벌금 납입】** ⑤ 사회봉사 대상자가 미납벌금의 일부를 낸 경우 검사는 법원이 결정한 사회봉사시간에서 이미 납입한 벌금에 상응하는 사회봉사시간을 공제하는 방법으로 남은 사회봉사시간을 다시 산정하여 사회봉사 대상자와 사회봉사를 집행 중인 보호관찰소의 장에게 통보하여야 한다.

답 ③

063 「형법」상 벌금형에 대한 설명으로 옳지 않은 것은? 2016년 보호직 7급

① 벌금을 선고할 때에는 동시에 그 금액을 완납할 때까지 노역장에 유치할 것을 명하여야 한다.
② 벌금을 납입하지 아니한 자는 1일 이상 3년 이하의 기간 노역장에 유치하여 작업에 복무하게 한다.
③ 벌금은 5만 원 이상으로 한다. 다만, 감경하는 경우에는 5만 원 미만으로 할 수 있다.
④ 선고하는 벌금이 1억 원 이상 5억 원 미만인 경우에는 300일 이상, 5억 원 이상 50억 원 미만인 경우에는 500일 이상, 50억 원 이상인 경우에는 1,000일 이상의 노역장 유치기간을 정하여야 한다.

「형법」상 벌금형

노역장에 유치할 것을 명할 수 있다(「형법」 제69조 제1항 단서).

> **제69조 【벌금과 과료】** ① 벌금과 과료는 판결확정일로부터 30일 내에 납입하여야 한다. 단, 벌금을 선고할 때에는 동시에 그 금액을 완납할 때까지 노역장에 유치할 것을 명할 수 있다.
> ② 벌금을 납입하지 아니한 자는 1일 이상 3년 이하, 과료를 납입하지 아니한 자는 1일 이상 30일 미만의 기간 노역장에 유치하여 작업에 복무하게 한다.

선지분석

② 「형법」 제69조 제2항

③ 「형법」 제45조

> **제45조 【벌금】** 벌금은 5만 원 이상으로 한다. 다만, 감경하는 경우에는 5만 원 미만으로 할 수 있다.

④ 「형법」 제70조 제1항 · 제2항

> **제70조 【노역장 유치】** ① 벌금이나 과료를 선고할 때에는 이를 납입하지 아니하는 경우의 노역장 유치기간을 정하여 동시에 선고하여야 한다.
> ② 선고하는 벌금이 1억 원 이상 5억 원 미만인 경우에는 300일 이상, 5억 원 이상 50억 원 미만인 경우에는 500일 이상, 50억 원 이상인 경우에는 1천일 이상의 유치기간을 정하여야 한다.

답 ①

064 「형법」상 형벌에 대한 설명으로 옳지 않은 것은? 2015년 교정직 9급 변형

① 과료를 납입하지 아니한 자도 노역장 유치가 가능하다.
② 유기징역 또는 유기금고에 자격정지를 병과한 때에는 징역 또는 금고의 집행을 종료하거나 면제된 날로부터 정지기간을 기산한다.
③ 벌금형의 선고유예는 인정되지만 벌금형의 집행유예는 인정되지 않는다.
④ 행위자에게 유죄의 재판을 아니할 때에도 몰수의 요건이 있는 때에는 몰수만을 선고할 수 있다.

「형법」상 형벌

벌금형에 관해 선고유예가 인정되고(「형법」 제59조 제1항), 2018년 1월 7일부터는 500만 원 이하의 벌금형을 선고하는 경우에도 집행유예를 선고할 수 있다(「형법」 제62조 제1항).

> **제59조 【선고유예의 요건】** ① 1년 이하의 징역이나 금고, 자격정지 또는 벌금의 형을 선고할 경우에 제51조의 사항을 고려하여 뉘우치는 정상이 뚜렷할 때에는 그 형의 선고를 유예할 수 있다. 다만, 자격정지 이상의 형을 받은 전과가 있는 사람에 대해서는 예외로 한다.
> **제62조 【집행유예의 요건】** ① 3년 이하의 징역이나 금고 또는 500만 원 이하의 벌금의 형을 선고할 경우에 제51조의 사항을 참작하여 그 정상에 참작할 만한 사유가 있는 때에는 1년 이상 5년 이하의 기간 형의 집행을 유예할 수 있다. 다만, 금고 이상의 형을 선고한 판결이 확정된 때부터 그 집행을 종료하거나 면제된 후 3년까지의 기간에 범한 죄에 대하여 형을 선고하는 경우에는 그러하지 아니하다.

선지분석

① 벌금을 납입하지 아니한 자는 1일 이상 3년 이하, 과료를 납입하지 아니한 자는 1일 이상 30일 미만의 기간 노역장에 유치하여 작업에 복무하게 한다(「형법」 제69조 제2항).
② 「형법」 제44조 제2항
④ 몰수는 타형에 부가하여 과하는 것이 원칙이나, 행위자에게 유죄의 재판을 아니할 때에도 몰수의 요건이 있는 때에는 몰수만을 선고할 수 있다(「형법」 제49조).

답 ③

065 벌금형과 관련하여 현행법에 도입된 제도로 옳지 않은 것은? 2018년 보호직 7급

① 벌금형에 대한 선고유예
② 벌금의 연납 · 분납
③ 일수벌금제
④ 벌금미납자에 대한 사회봉사허가

벌금형

일수벌금제도란 범행의 경중에 따라 일수를 먼저 정하고, 일수정액은 피고인의 경제사정을 고려하여 별도로 정하는 개선된 벌금형제도이다. 현행법은 벌금형을 선고하는 경우에 전체 벌금형을 확정 · 선고하는 총액벌금제도를 시행하고 있다(「형법」 제45조).

선지분석

① 1년 이하의 징역이나 금고, 자격정지 또는 벌금의 형을 선고할 경우에 선고유예를 할 수 있다(「형법」 제59조 제1항).

> **제59조 【선고유예의 요건】** ① 1년 이하의 징역이나 금고, 자격정지 또는 벌금의 형을 선고할 경우에 제51조의 사항을 고려하여 뉘우치는 정상이 뚜렷할 때에는 그 형의 선고를 유예할 수 있다. 다만, 자격정지 이상의 형을 받은 전과가 있는 사람에 대해서는 예외로 한다.

② 「재산형 등에 관한 검찰 집행사무규칙」에 따라 벌과금의 일부납부 또는 납부연기가 인정되고 있다(제12조).

④ 경제적 무능력을 이유로 벌금을 납입하지 못한 사람에 대하여 노역장 유치에 앞서 미납벌금을 사회봉사로 대체하여 집행할 수 있도록 「형법」 제69조 제2항에 대한 특례를 마련함으로써 노역장유치에 따른 범죄 학습, 가족관계 단절, 구금시설 과밀화의 문제점을 해소하거나 최소화하는 동시에 벌금 미납자에 대한 편익을 도모하자는 취지에서 「벌금 미납자의 사회봉사 집행에 관한 특례법」이 제정되었다.

답 ③

066 「형법」상 형벌제도에 대한 설명으로 옳지 않은 것은? 2018년 보호직 7급

① 유기징역의 기간은 1개월 이상 30년 이하이지만 형을 가중하는 경우에는 50년까지 가능하다.
② 무기징역은 종신형이지만 20년이 경과하면 가석방이 가능하다.
③ 형의 선고를 유예하는 경우에 보호관찰을 받을 것을 명하거나 사회봉사 또는 수강을 명할 수 있다.
④ 벌금을 납입하지 않은 자는 1일 이상 3년 이하의 기간 노역장에 유치하여 작업에 복무하게 한다.

「형법」상 형벌제도

선고유예의 경우에는 보호관찰을 명할 수 있으나, 사회봉사명령이나 수강명령은 할 수 없다는 점에서 집행유예와 다르다(「형법」 제59조의2 제1항).

> **제59조의2 【보호관찰】** ① 형의 선고를 유예하는 경우에 재범 방지를 위하여 지도 및 원호가 필요한 때에는 보호관찰을 받을 것을 명할 수 있다(→ 임의적 보호관찰).

선지분석

① 「형법」 제42조

> **제42조 【징역 또는 금고의 기간】** 징역 또는 금고는 무기 또는 유기로 하고 유기는 1개월 이상 30년 이하로 한다. 단, 유기징역 또는 유기금고에 대하여 형을 가중하는 때에는 50년까지로 한다.

② 「형법」 제72조 제1항

> **제72조 【가석방의 요건】** ① 징역이나 금고의 집행 중에 있는 사람이 행상이 양호하여 뉘우침이 뚜렷한 때에는 무기형은 20년, 유기형은 형기의 3분의 1이 지난 후 행정처분으로 가석방을 할 수 있다.

④ 「형법」 제69조 제2항

답 ③

067 「형법」상 벌금과 과료에 대한 설명으로 옳지 않은 것은? 2019년 교정직 9급

① 벌금은 5만 원 이상으로 하되 감경하는 경우에는 5만 원 미만으로 할 수 있으며, 과료는 2천 원 이상 5만 원 미만으로 한다.

② 벌금과 과료는 판결확정일로부터 30일 내에 납입하여야 한다. 단, 벌금 또는 과료를 선고할 때에는 동시에 그 금액을 완납할 때까지 노역장에 유치할 것을 명할 수 있다.

③ 선고하는 벌금이 1억 원 이상 5억 원 미만인 경우에는 300일 이상, 5억 원 이상 50억 원 미만인 경우에는 500일 이상, 50억 원 이상인 경우에는 1,000일 이상의 유치기간을 정하여야 한다.

④ 벌금을 납입하지 아니한 자는 1일 이상 3년 이하, 과료를 납입하지 아니한 자는 1일 이상 30일 미만의 기간 노역장에 유치하여 작업에 복무하게 한다.

「형법」상 벌금과 과료

벌금을 선고할 때에는 동시에 그 금액을 완납할 때까지 노역장에 유치할 것을 명할 수 있다(「형법」 제69조 제1항 단서). 그러나 과료를 선고할 때에는 동시에 완납시까지 노역장유치를 명할 수 없다.

> **제69조【벌금과 과료】** ① 벌금과 과료는 판결확정일로부터 30일 내에 납입하여야 한다. 단, 벌금을 선고할 때에는 동시에 그 금액을 완납할 때까지 노역장에 유치할 것을 명할 수 있다.

선지분석

① 「형법」 제45조, 제47조

> **제45조【벌금】** 벌금은 5만 원 이상으로 한다. 다만, 감경하는 경우에는 5만 원 미만으로 할 수 있다.
> **제47조【과료】** 과료는 2천 원 이상 5만 원 미만으로 한다.

③ 「형법」 제70조 제2항

> **제70조【노역장유치】** ② 선고하는 벌금이 1억 원 이상 5억 원 미만인 경우에는 300일 이상, 5억 원 이상 50억 원 미만인 경우에는 500일 이상, 50억 원 이상인 경우에는 1천일 이상의 유치기간을 정하여야 한다.

④ 「형법」 제69조 제2항

> **제69조【벌금과 과료】** ② 벌금을 납입하지 아니한 자는 1일 이상 3년 이하, 과료를 납입하지 아니한 자는 1일 이상 30일 미만의 기간 노역장에 유치하여 작업에 복무하게 한다.

답 ②

068 벌금형에 관하여 현행법상 허용되는 것은? (다툼이 있는 경우 판례에 의함) 2024년 보호직 9급

① 벌금형에 대한 선고유예

② 1,000만 원의 벌금형에 대한 집행유예

③ 범죄자의 경제력을 반영한 재산비례벌금제(일수벌금제)

④ 500만 원의 벌금형을 선고하면서 300만 원에 대해서만 집행유예

벌금형

「형법」 제59조 제1항

> **제59조【선고유예의 요건】** ① 1년 이하의 징역이나 금고, 자격정지 또는 벌금의 형을 선고할 경우에 제51조의 사항을 고려하여 뉘우치는 정상이 뚜렷할 때에는 그 형의 선고를 유예할 수 있다. 다만, 자격정지 이상의 형을 받은 전과가 있는 사람에 대해서는 예외로 한다.

선지분석

② '500만 원 이하'의 벌금형을 선고할 경우에 형의 집행을 유예할 수 있다(「형법」 제62조 제1항).

> **제62조【집행유예의 요건】** ① 3년 이하의 징역이나 금고 또는 500만 원 이하의 벌금의 형을 선고할 경우에 제51조의 사항을 참작하여 그 정상에 참작할 만한 사유가 있는 때에는 1년 이상 5년 이하의 기간 형의 집행을 유예할 수 있다. 다만, 금고 이상의 형을 선고한 판결이 확정된 때부터 그 집행을 종료하거나 면제된 후 3년까지의 기간에 범한 죄에 대하여 형을 선고하는 경우에는 그러하지 아니하다.

③ 현행법은 벌금형을 선고하는 경우에 전체 벌금형을 확정 · 선고하는 '총액벌금제도'를 시행하고 있다.

④ '형을 병과'할 경우 그 형의 일부에 대하여 집행을 유예할 수 있으므로(「형법」 제62조 제2항), '하나의 형'을 선고하면서 일부에 대해서만 집행유예를 선고하는 것은 허용되지 않는다(대판 2007.2.22. 2006도8555 참조).

> **제62조【집행유예의 요건】** ② 형을 병과할 경우에는 그 형의 일부에 대하여 집행을 유예할 수 있다.

답 ①

069 □□□ **벌금형 제도에 대한 설명으로 옳지 않은 것은? (다툼이 있는 경우 판례에 의함)** 2021년 보호직 7급

① 벌금형의 집행을 위한 검사의 명령은 집행력 있는 채무명의와 동일한 효력이 있다.

② 500만 원 이하 벌금형을 선고할 경우 피고인의 사정을 고려하여 100만 원만 집행하고 400만 원은 집행을 유예할 수 있다.

③ 벌금을 납입하지 아니한 자는 1일 이상 3년 이하의 기간 노역장에 유치하여 작업에 복무하게 한다.

④ 벌금형에 따르는 노역장 유치는 실질적으로 자유형과 동일하므로, 그 집행에 대하여는 자유형의 집행에 관한 규정이 준용된다.

벌금형 제도

3년 이하의 징역이나 금고 또는 500만 원 이하의 벌금의 형을 선고할 경우 양형의 조건(「형법」 제51조)을 참작하여 정상에 참작할 만한 사유가 있는 때에는 1년 이상 5년 이하의 기간 형의 집행을 유예할 수 있고(「형법」 제62조 제1항), 형을 '병과'할 경우(둘 이상의 형을 함께 선고할 경우) 그 형의 일부에 대하여 집행을 유예할 수 있으므로(「형법」 제62조 제2항), 하나의 형 중 일부에 대해서 집행유예를 선고할 수는 없다.

> **제62조【집행유예의 요건】** ① 3년 이하의 징역이나 금고 또는 500만 원 이하의 벌금의 형을 선고할 경우에 제51조의 사항을 참작하여 그 정상에 참작할 만한 사유가 있는 때에는 1년 이상 5년 이하의 기간 형의 집행을 유예할 수 있다. 다만, 금고 이상의 형을 선고한 판결이 확정된 때부터 그 집행을 종료하거나 면제된 후 3년까지의 기간에 범한 죄에 대하여 형을 선고하는 경우에는 그러하지 아니하다.
> ② 형을 병과할 경우에는 그 형의 일부에 대하여 집행을 유예할 수 있다.

선지분석

① 「형사소송법」 제477조 제1항 · 제2항

> **제477조 【재산형 등의 집행】** ① 벌금, 과료, 몰수, 추징, 과태료, 소송비용, 비용배상 또는 가납의 재판은 검사의 명령에 의하여 집행한다.
> ② 전항의 명령은 집행력 있는 채무명의와 동일한 효력이 있다.

③ 「형법」 제69조 제2항

④ 대판 2013.9.12. 2012도2349

> **관련 판례**
>
> 【대판 2013.9.12. 2012도2349】 벌금형에 따르는 노역장유치는 실질적으로 자유형과 동일한 것으로서 그 집행에 대하여는 자유형의 집행에 관한 규정이 준용된다(「형사소송법」 제492조). 구금되지 아니한 당사자에 대하여 형의 집행기관인 검사는 그 형의 집행을 위하여 당사자를 소환할 수 있고, 당사자가 소환에 응하지 아니한 때에는 형집행장을 발부하여 구인할 수 있다(「형사소송법」 제473조). 「형사소송법」 제475조는 이 경우 형집행장의 집행에 관하여 「형사소송법」 제1편 제9장에서 정하는 피고인의 구속에 관한 규정을 준용한다고 규정하고 있고, 여기서 '피고인의 구속에 관한 규정'은 '피고인의 구속영장의 집행에 관한 규정'을 의미한다고 할 것이므로, 형집행장의 집행에 관하여는 구속의 사유에 관한 「형사소송법」 제70조나 구속이유의 고지에 관한 「형사소송법」 제72조가 준용되지 아니한다.

답 ②

★★★
070 □□□

「형법」상 형벌제도에 대한 설명으로 옳지 않은 것은? 2022년 보호직 7급

① 유기징역 또는 유기금고는 1개월 이상 25년 이하로 하되, 형을 가중하는 때에는 50년까지로 한다.

② 유기징역 또는 유기금고에 자격정지를 병과한 때에는 징역 또는 금고의 집행을 종료하거나 면제된 날로부터 정지기간을 기산한다.

③ 벌금을 납입하지 아니한 자는 1일 이상 3년 이하, 과료를 납입하지 아니한 자는 1일 이상 30일 미만의 기간 노역장에 유치하여 작업에 복무하게 한다.

④ 벌금에 대한 노역장 유치기간을 정하는 경우, 선고하는 벌금이 1억 원 이상 5억 원 미만인 경우에는 300일 이상, 5억 원 이상 50억 원 미만인 경우에는 500일 이상, 50억 원 이상인 경우에는 1천일 이상의 유치기간을 정하여야 한다.

「형법」상 형벌제도

유기징역 또는 유기금고는 1개월 이상 30년 이하로 하는 것이 원칙이다(「형법」 제42조).

> **제42조 【징역 또는 금고의 기간】** 징역 또는 금고는 무기 또는 유기로 하고 유기는 1개월 이상 30년 이하로 한다. 단, 유기징역 또는 유기금고에 대하여 형을 가중하는 때에는 50년까지로 한다.

선지분석

② 「형법」 제44조 제2항

③ 「형법」 제69조 제2항

④ 「형법」 제70조 제2항

답 ①

071 ☐☐☐

「형법」상 형의 집행에 대한 설명으로 옳지 않은 것은? 2024년 교정직 9급

① 징역은 교정시설에 수용하여 집행하며, 정해진 노역(勞役)에 복무하게 한다.

② 유기징역 또는 유기금고에 자격정지를 병과한 때에는 징역 또는 금고의 집행을 종료하거나 면제된 날로부터 정지기간을 기산한다.

③ 벌금과 과료는 판결확정일로부터 30일 내에 납입하여야 한다. 다만, 벌금을 선고할 때에는 동시에 그 금액을 완납할 때까지 노역장에 유치할 것을 명하여야 한다.

④ 벌금이나 과료의 선고를 받은 사람이 그 금액의 일부를 납입한 경우에는 벌금 또는 과료액과 노역장 유치기간의 일수(日數)에 비례하여 납입금액에 해당하는 일수를 노역장 유치일수에서 뺀다.

형의 집행

벌금을 선고할 때에는 동시에 그 금액을 완납할 때까지 노역장에 유치할 것을 명'할 수 있다'(「형법」 제69조 제1항 단서).

> **제69조 【벌금과 과료】** ① 벌금과 과료는 판결확정일로부터 30일 내에 납입하여야 한다. 단, 벌금을 선고할 때에는 동시에 그 금액을 완납할 때까지 노역장에 유치할 것을 명할 수 있다.

선지분석

① 「형법」 제67조

> **제67조 【징역】** 징역은 교정시설에 수용하여 집행하며, 정해진 노역에 복무하게 한다(→ 정역의무 ○).

② 「형법」 제44조 제2항

> **제44조 【자격정지】** ② 유기징역 또는 유기금고에 자격정지를 병과한 때에는 징역 또는 금고의 집행을 종료하거나 면제된 날로부터 정지기간을 기산한다.

④ 「형법」 제71조

> **제71조 【유치일수의 공제】** 벌금이나 과료의 선고를 받은 사람이 그 금액의 일부를 납입한 경우에는 벌금 또는 과료액과 노역장 유치기간의 일수에 비례하여 납입금액에 해당하는 일수를 뺀다.

답 ③

072 형의 실효와 복권에 대한 설명으로 옳지 않은 것은? 2024년 교정직 9급

① 벌금형을 받은 사람이 자격정지 이상의 형을 받지 아니하고 그 형의 집행을 종료한 날부터 2년이 경과한 때에 그 형은 실효된다.

② 자격정지의 선고를 받은 자가 피해자의 손해를 보상하고 자격정지 이상의 형을 받음이 없이 정지기간의 2분의 1을 경과한 때에는 본인 또는 검사의 신청에 의하여 법원은 자격의 회복을 선고할 수 있다.

③ 징역 5년 형의 집행을 종료한 사람이 형의 실효를 받기 위해서는 피해자의 손해를 보상하고 자격정지 이상의 형을 받음이 없이 7년을 경과한 후 해당 사건에 관한 기록이 보관되어 있는 검찰청에 형의 실효를 신청하여야 한다.

④ 「형법」 제81조(형의 실효)에 따라 형이 실효되었을 때에는 수형인명부의 해당란을 삭제하고 수형인명표를 폐기한다.

형의 실효와 복권

징역 또는 금고의 집행을 종료하거나 집행이 면제된 자가 피해자의 손해를 보상하고 자격정지 이상의 형을 받음이 없이 7년을 경과한 때에는 본인 또는 검사의 신청에 의하여 그 재판의 실효를 선고할 수 있으므로(「형법」 제81조), 사건에 관한 기록이 보관되어 있는 검찰청에 대응하는 '법원'에 신청하여야 한다(「형사소송법」 제337조).

> **제81조 【형의 실효】** 징역 또는 금고의 집행을 종료하거나 집행이 면제된 자가 피해자의 손해를 보상하고 자격정지 이상의 형을 받음이 없이 7년을 경과한 때에는 본인 또는 검사의 신청에 의하여 그 재판의 실효를 선고할 수 있다.
> **제337조 【형의 소멸의 재판】** ① 「형법」 제81조 또는 동 제82조의 규정에 의한 선고는 그 사건에 관한 기록이 보관되어 있는 검찰청에 대응하는 법원에 대하여 신청하여야 한다.

선지분석

① 「형의 실효 등에 관한 법률」 제7조 제1항 제3호

> **제7조 【형의 실효】** ① 수형인이 자격정지 이상의 형을 받지 아니하고 형의 집행을 종료하거나 그 집행이 면제된 날부터 다음 각 호의 구분에 따른 기간이 경과한 때에 그 형은 실효된다. 다만, 구류(拘留)와 과료(科料)는 형의 집행을 종료하거나 그 집행이 면제된 때에 그 형이 실효된다.
> 1. 3년을 초과하는 징역·금고: 10년
> 2. 3년 이하의 징역·금고: 5년
> 3. 벌금: 2년

② 「형법」 제82조

> **제82조 【복권】** 자격정지의 선고를 받은 자가 피해자의 손해를 보상하고 자격정지 이상의 형을 받음이 없이 정지기간의 2분의 1을 경과한 때에는 본인 또는 검사의 신청에 의하여 자격의 회복을 선고할 수 있다.

④ 「형의 실효 등에 관한 법률」 제8조 제1항

> **제8조 【수형인명부 및 수형인명표의 정리】** ① 다음 각 호의 어느 하나에 해당하는 경우에는 수형인명부의 해당란을 삭제하고 수형인명표를 폐기한다.
> 1. 제7조 또는 「형법」 제81조에 따라 형이 실효되었을 때
> 2. 형의 집행유예기간이 경과한 때
> 3. 자격정지기간이 경과한 때
> 4. 일반사면이나 형의 선고의 효력을 상실하게 하는 특별사면 또는 복권이 있을 때

답 ③

073 「사면법」상 사면에 대한 설명으로 옳지 않은 것은?

2023년 보호직 7급

① 특별사면은 형을 선고받은 자를 대상으로 한다.
② 일반사면이 있으면 특별한 규정이 없는 한 형을 선고받지 아니한 자에 대하여는 공소권이 상실된다.
③ 형의 집행유예를 선고받은 자에 대하여는 형 선고의 효력을 상실하게 하는 특별사면을 할 수 없다.
④ 일반사면은 죄의 종류를 정하여 대통령령으로 한다.

사면

「사면법」 제7조

> **제7조 【집행유예를 선고받은 자에 대한 사면 등】** 형의 집행유예를 선고받은 자에 대하여는 형 선고의 효력을 상실하게 하는 특별사면 또는 형을 변경하는 감형을 하거나 그 유예기간을 단축할 수 있다.

선지분석

① 「사면법」 제3조 제2호
② 「사면법」 제5조 제1항 제1호
④ 「사면법」 제8조

> **제8조 【일반사면 등의 실시】** 일반사면, 죄 또는 형의 종류를 정하여 하는 감형 및 일반에 대한 복권은 대통령령으로 한다. 이 경우 일반사면은 죄의 종류를 정하여 한다.

답 ③

★★★

074 「벌금 미납자의 사회봉사 집행에 관한 특례법」상 사회봉사에 대한 설명으로 옳지 않은 것은?

2025년 보호직 9급

① 사회봉사는 1일 9시간을 넘겨 집행할 수 없다. 다만, 사회봉사의 내용상 연속집행의 필요성이 있어 보호관찰관이 승낙하거나 사회봉사 대상자가 분명히 동의한 경우에만 연장하여 집행할 수 있다.
② 사회봉사의 집행은 사회봉사가 허가된 날부터 6개월 이내에 마쳐야 한다. 다만, 보호관찰관은 특별한 사정이 있으면 검사의 허가를 받아 6개월의 범위에서 한 번 그 기간을 연장하여 집행할 수 있다.
③ 법원은 사회봉사를 허가하는 경우 그 확정일부터 3일 이내에 사회봉사 대상자의 주거지를 관할하는 보호관찰소의 장에게 사회봉사 허가서, 판결문 등본, 약식명령 등본 등 사회봉사 집행에 필요한 서류를 송부하여야 한다.
④ 보호관찰관은 사회봉사 집행의 전부 또는 일부를 국공립기관이나 그 밖의 단체 또는 시설의 협력을 받아 집행할 수 있다.

「벌금 미납자의 사회봉사 집행에 관한 특례법」상 사회봉사

사회봉사의 내용상 연속집행의 필요성이 있어 보호관찰관이 승낙'하고' 사회봉사 대상자가 분명히 동의한 경우에만 연장하여 집행할 수 있다(「벌금 미납자의 사회봉사 집행에 관한 특례법」 제10조 제2항).

> **제10조 【사회봉사의 집행】** ② 사회봉사는 1일 9시간을 넘겨 집행할 수 없다. 다만, 사회봉사의 내용상 연속집행의 필요성이 있어 보호관찰관이 승낙하고 사회봉사 대상자가 분명히 동의한 경우에만 연장하여 집행할 수 있다.

선지분석

② 「벌금 미납자의 사회봉사 집행에 관한 특례법」 제11조

> **제11조 【사회봉사의 집행기간】** 사회봉사의 집행은 사회봉사가 허가된 날부터 6개월 이내에 마쳐야 한다. 다만, 보호관찰관은 특별한 사정이 있으면 검사의 허가를 받아 6개월의 범위에서 한 번 그 기간을 연장하여 집행할 수 있다.

③ 「벌금 미납자의 사회봉사 집행에 관한 특례법」 제7조 제2항

> **제7조 【사회봉사 허가 여부에 대한 통지】** ② 법원은 사회봉사를 허가하는 경우 그 확정일부터 3일 이내에 사회봉사 대상자의 주거지를 관할하는 보호관찰소(보호관찰지소를 포함한다. 이하 같다)의 장에게 사회봉사 허가서, 판결문 등본, 약식명령 등본 등 사회봉사 집행에 필요한 서류를 송부하여야 한다.

④ 「벌금 미납자의 사회봉사 집행에 관한 특례법」 제9조 제1항

> **제9조 【사회봉사의 집행담당자】** ① 사회봉사는 보호관찰관이 집행한다. 다만, 보호관찰관은 그 집행의 전부 또는 일부를 국공립기관이나 그 밖의 단체 또는 시설의 협력을 받아 집행할 수 있다.

답 ①

KEYWORD 09 | 보안처분이론

075 ★★ 형벌과 보안처분의 관계에 대한 설명으로 옳지 않은 것은? 2012년 교정직 9급

① 치료감호와 형이 병과된 경우에는 치료감호를 먼저 집행한다.
② 현행 헌법에서 보안처분 법정주의를 선언하고 있다.
③ 보안처분은 일반예방보다는 범죄자의 개선과 사회방위 등 특별예방을 중시한다.
④ 보안처분은 행위자의 책임에 의해 제한되는 한도 내에서만 정당성을 갖는다.

형벌과 보안처분의 관계

보안처분이 정당성을 갖기 위해서는 보호목적을 위한 보안처분의 필요성과 함께 그 필요성을 법치국가적으로 제한할 수 있는 비례성의 원칙이 있어야 한다. 비례성의 원칙이란 보안처분에 의한 개인의 자유에 대한 침해는 보안처분의 목적이라 할 수 있는 사회방위와 균형을 이루어야 한다는 요청이다. 반면에 형벌은 책임원칙에 의해 그 정당성이 인정된다.

(선지분석)

① 치료감호와 형이 병과된 경우에는 치료감호를 먼저 집행한다. 이 경우 치료감호의 집행기간은 형 집행기간에 포함한다(「치료감호 등에 관한 법률」 제18조).

② 모든 국민은 신체의 자유를 가진다. 누구든지 법률에 의하지 아니하고는 체포 · 구속 · 압수 · 수색 또는 심문을 받지 아니하며, 법률과 적법한 절차에 의하지 아니하고는 처벌 · 보안처분 또는 강제노역을 받지 아니한다(헌법 제12조 제1항).

③ 보안처분은 범죄를 다시 범할 위험성(재범의 위험성)을 전제로 하므로 범죄예방 중 특별예방에 중점을 두게 된다.

답 ④

★★★

076 □□□ **형벌과 보안처분에 대한 설명으로 옳지 않은 것은? (단, 다툼이 있는 경우 판례에 의함)** 2020년 보호직 7급

① 형벌은 행위자가 저지른 과거의 불법에 대한 책임을 전제로 부과되는 제재이다.

② 보안처분은 행위자의 재범의 위험성에 근거한 것으로 책임능력이 있어야 부과되는 제재이다.

③ 이원주의에 따르면 형벌은 책임을, 보안처분은 재범의 위험성을 전제로 부과되는 것으로 양자는 그 기능이 다르다고 본다.

④ 일원주의에 따르면 형벌과 보안처분이 모두 사회방위와 범죄인의 교육 및 개선을 목적으로 하므로 본질적 차이가 없다고 본다.

형벌과 보안처분

책임능력은 형벌을 부과할 때 요구된다.

(선지분석)

① 형벌과 보안처분을 개념적으로 구분하면, 형벌은 행위자의 과거 범죄행위에 대한 책임을 기초로 부과되는 제재이고, 보안처분은 행위자의 장래 재범의 위험성을 기초로 부과되는 제재이다.

③ 이원주의에서는 형벌의 기초는 책임이지만, 보안처분의 기초는 사회적 위험성이라고 보아, 형벌은 범죄에 대한 해악부과로서 규범적 비난이고 그 본질은 응보에 있는 것에 반하여, 보안처분은 사회방위와 범죄자의 교정 · 교육을 목적으로 하는 점에서 차이가 있다고 한다.

④ 일원주의는 형벌의 본질을 사회방위와 범죄인의 교화 · 개선에 있다고 보아(목적형 · 교육형 이론), 형벌과 보안처분은 모두 사회방위와 범죄인의 교육 · 개선을 목적으로 하고 반사회적 위험성을 기초로 하는 사회방위처분이므로 양자의 본질적 차이는 없다고 본다.

답 ②

077 **형벌과 보안처분의 관계에 대한 설명으로 옳지 않은 것은?** 2024년 보호직 7급

① 일원주의에 따르면 형벌과 보안처분은 모두 사회방위와 범죄인의 교육 및 개선을 목적으로 하므로 본질적인 차이가 없다고 본다.

② 이원주의에 따르면 형벌의 본질은 책임을 기초로 한 과거 행위에 대한 응보이고, 보안처분은 장래의 위험성에 대한 대책이므로 양자는 그 기능이 다르다고 본다.

③ 대체주의는 보안처분에 의해서도 형벌의 목적을 달성할 수 있는 경우 형벌을 폐지하고 이를 보안처분으로 대체해야 한다는 입장이다.

④ 대체주의에 대해서는 책임원칙에 어긋나고 정의 관념에 반한다는 비판이 있다.

형벌과 보안처분의 관계

대체주의는 일원주의와 이원주의를 절충한 것으로서, 형벌은 책임 정도에 따라 선고(이원주의)되지만 집행단계에서는 보안처분으로 대체하거나 보안처분의 집행이 종료된 후에 형벌을 집행(일원주의)하는 제도이다. 따라서 지문에서 '형벌을 폐지하고'라는 표현이 옳지 않다.

선지분석

① 일원주의는 형벌의 본질을 사회방위와 범죄인의 교화 · 개선에 있다고 보아(목적형 · 교육형 이론), 형벌과 보안처분은 모두 사회방위와 범죄인의 교육 · 개선을 목적으로 하고 반사회적 위험성을 기초로 하는 사회방위처분이므로 양자의 본질적 차이는 없다고 본다.

② 이원주의는 형벌의 본질이 주로 응보에 있다는 점을 전제로 하여(응보형 이론) 형벌과 보안처분은 그 기능이 다르다는 점을 강조한다. 이에 의하면 형벌은 범죄에 대한 해악부과로서 규범적 비난이고 그 본질은 응보에 있는 것에 반하여, 보안처분은 사회방위와 범죄자의 교정 · 교육을 목적으로 하는 점에서 차이가 있다. 또한 형벌의 기초는 책임이지만, 보안처분의 기초는 사회적 위험성이다.

④ 대체주의에 대해서는 형벌과 보안처분의 대체는 엄격한 책임원칙에 어긋난다는 점, 형벌과 보안처분의 적용범위가 불분명하다는 점, 형벌만을 선고받은 경우보다 형벌과 보안처분을 동시에 선고받은 경우가 더 유리할 수 있어 정의 관념에 반한다는 점 등이 비판으로 제기된다.

답 ③

KEYWORD 10 | 「보호관찰 등에 관한 법률」

078 다음 중 「보호관찰 등에 관한 법률」상 보호관찰심사위원회에 대한 설명으로 옳은 것만을 모두 고른 것은?

2013년 교정직 9급

ㄱ. 가석방과 그 취소에 관한 사항을 심사한다.
ㄴ. 보호관찰의 정지와 그 취소에 관한 사항을 심사한다.
ㄷ. 심사위원회의 위원은 고위공무원단에 속하는 별정직 국가공무원 또는 3급 상당의 별정직 국가공무원으로 한다.
ㄹ. 심사위원회는 위원장을 포함하여 5명 이상 9명 이하의 위원으로 구성한다.
ㅁ. 심사위원회는 심사에 필요하다고 인정하면 국 · 공립기관이나 그 밖의 단체에 사실을 알아보거나 관계인의 출석 및 증언과 관계 자료의 제출을 요청할 수 있다.

① ㄱ, ㄴ, ㄷ
② ㄱ, ㄴ, ㄹ
③ ㄱ, ㄷ, ㅁ
④ ㄴ, ㄷ, ㄹ

보호관찰심사위원회

ㄱ. 「보호관찰 등에 관한 법률」 제6조 제1호
ㄴ. 「보호관찰 등에 관한 법률」 제6조 제4호

> **제6조 【관장 사무】** 심사위원회는 이 법에 따른 다음 각 호의 사항을 심사·결정한다.
> 1. 가석방과 그 취소에 관한 사항(→ 소년범)
> 2. 임시퇴원, 임시퇴원의 취소 및 「보호소년 등의 처우에 관한 법률」 제43조 제3항에 따른 보호소년의 퇴원(이하 "퇴원"이라 한다)에 관한 사항
> 3. 보호관찰의 임시해제와 그 취소에 관한 사항
> 4. 보호관찰의 정지와 그 취소에 관한 사항
> 5. 가석방 중인 사람의 부정기형의 종료에 관한 사항
> 6. 이 법 또는 다른 법령에서 심사위원회의 관장 사무로 규정된 사항
> 7. 제1호부터 제6호까지의 사항과 관련된 사항으로서 위원장이 회의에 부치는 사항

ㄹ. 「보호관찰 등에 관한 법률」 제7조 제1항

> **제7조 【구성】** ① 심사위원회는 위원장을 포함하여 5명 이상 9명 이하의 위원으로 구성한다.

선지분석

ㄷ. 상임위원은 고위공무원단에 속하는 일반직공무원 또는 4급 공무원으로서 「국가공무원법」 제26조의5에 따른 임기제공무원으로 한다(「보호관찰 등에 관한 법률」 제7조 제3항, 제10조 제1항).

> **제7조 【구성】** ③ 심사위원회의 위원은 판사, 검사, 변호사, 보호관찰소장, 지방교정청장, 교도소장, 소년원장 및 보호관찰에 관한 지식과 경험이 풍부한 사람 중에서 법무부장관이 임명하거나 위촉한다.
> **제10조 【위원의 신분 등】** ① 상임위원은 고위공무원단에 속하는 일반직공무원 또는 4급 공무원으로서 「국가공무원법」 제26조의5에 따른 임기제공무원으로 한다.

ㅁ. 보호관찰심사위원회가 국공립기관이나 그 밖의 단체에 대하여 관계인의 출석 및 증언을 요청할 수 있는 권한은 없다(「보호관찰 등에 관한 법률」 제11조 제2항·제3항).

> **제11조 【심사】** ② 심사위원회는 심사에 필요하다고 인정하면 보호관찰대상자와 그 밖의 관계인을 소환하여 심문하거나 상임위원 또는 보호관찰관에게 필요한 사항을 조사하게 할 수 있다.
> ③ 심사위원회는 심사에 필요하다고 인정하면 국공립기관이나 그 밖의 단체에 사실을 알아보거나 관계 자료의 제출을 요청할 수 있다.

답 ②

079 「보호관찰 등에 관한 법률」상 보호관찰심사위원회가 심사·결정하는 사항으로 옳지 않은 것은?

2020년 교정직 9급

① 가석방과 그 취소에 관한 사항
② 임시퇴원, 임시퇴원의 취소 및 「보호소년 등의 처우에 관한 법률」 제43조 제3항에 따른 보호소년의 퇴원에 관한 사항
③ 보호관찰의 임시해제와 그 취소에 관한 사항
④ 보호관찰을 조건으로 한 형의 선고유예의 실효

보호관찰심사위원회의 심사 및 결정사항

보호관찰을 조건으로 한 형의 선고유예의 실효는 법원의 권한이다(「보호관찰 등에 관한 법률」 제47조 제1항).

> **제47조 【보호관찰을 조건으로 한 형의 선고유예의 실효 및 집행유예의 취소】** ① 「형법」 제61조 제2항에 따른 선고유예의 실효 및 같은 법 제64조 제2항에 따른 집행유예의 취소는 검사가 보호관찰소의 장의 신청을 받아 법원에 청구한다.

선지분석

① 「보호관찰 등에 관한 법률」 제6조 제1호
② 「보호관찰 등에 관한 법률」 제6조 제2호
③ 「보호관찰 등에 관한 법률」 제6조 제3호

> **제6조 【관장 사무】** 심사위원회는 이 법에 따른 다음 각 호의 사항을 심사·결정한다.
> 1. 가석방과 그 취소에 관한 사항
> 2. 임시퇴원, 임시퇴원의 취소 및 「보호소년 등의 처우에 관한 법률」 제43조 제3항에 따른 보호소년의 퇴원(이하 "퇴원"이라 한다)에 관한 사항
> 3. 보호관찰의 임시해제와 그 취소에 관한 사항
> 4. 보호관찰의 정지와 그 취소에 관한 사항
> 5. 가석방 중인 사람의 부정기형의 종료에 관한 사항
> 6. 이 법 또는 다른 법령에서 심사위원회의 관장 사무로 규정된 사항
> 7. 제1호부터 제6호까지의 사항과 관련된 사항으로서 위원장이 회의에 부치는 사항

답 ④

080 보호관찰심사위원회의 관장사무에 해당하지 않는 것은?

2020년 보호직 7급

① 징역 또는 금고의 집행 중에 있는 성인수형자에 대한 가석방 적격 심사
② 소년원에 수용된 보호소년에 대한 임시퇴원 심사
③ 가석방 중인 사람의 부정기형의 종료에 관한 사항
④ 보호관찰대상자에 대한 보호관찰의 임시해제 취소 심사

보호관찰심사위원회의 관장사무

가석방심사위원회가 관장한다(「형의 집행 및 수용자의 처우에 관한 법률 시행규칙」 제236조).

> **제236조 【심사대상】** 법 제119조의 가석방심사위원회(이하 이 편에서 "위원회"라 한다)는 법 제121조에 따른 가석방 적격 여부 및 이 규칙 제262조에 따른 가석방 취소 등에 관한 사항을 심사한다.

선지분석

② 「보호관찰 등에 관한 법률」 제6조 제2호
③ 「보호관찰 등에 관한 법률」 제6조 제5호
④ 「보호관찰 등에 관한 법률」 제6조 제3호

> **제6조 【관장 사무】** 심사위원회는 이 법에 따른 다음 각 호의 사항을 심사·결정한다.
> 1. 가석방과 그 취소에 관한 사항
> 2. 임시퇴원, 임시퇴원의 취소 및 「보호소년 등의 처우에 관한 법률」 제43조 제3항에 따른 보호소년의 퇴원(이하 "퇴원"이라 한다)에 관한 사항
> 3. 보호관찰의 임시해제와 그 취소에 관한 사항
> 4. 보호관찰의 정지와 그 취소에 관한 사항
> 5. 가석방 중인 사람의 부정기형의 종료에 관한 사항
> 6. 이 법 또는 다른 법령에서 심사위원회의 관장 사무로 규정된 사항
> 7. 제1호부터 제6호까지의 사항과 관련된 사항으로서 위원장이 회의에 부치는 사항

답 ①

★★★

081 ☐☐☐ 「보호관찰 등에 관한 법률」상 보호관찰 심사위원회에 대한 설명으로 옳은 것만을 모두 고르면?

2024년 보호직 7급

ㄱ. 「보호관찰 등에 관한 법률」에 따른 가석방과 그 취소에 관한 사항을 심사 · 결정한다.
ㄴ. 검사가 보호관찰관의 선도를 조건으로 공소제기를 유예하고 위탁한 선도 업무를 관장한다.
ㄷ. 위원은 판사, 검사, 변호사, 교도소장, 소년원장, 경찰서장 및 보호관찰에 관한 지식과 경험이 풍부한 사람 중에서 보호관찰소장이 임명하거나 위촉한다.
ㄹ. 위원 중 공무원이 아닌 사람은 「형법」 제127조(공무상 비밀의 누설) 및 제129조(수뢰, 사전수뢰)부터 제132조(알선수뢰)까지의 규정을 적용할 때 공무원으로 본다.

① ㄱ, ㄴ
② ㄱ, ㄹ
③ ㄴ, ㄷ
④ ㄷ, ㄹ

보호관찰심사위원회

ㄱ. 「보호관찰 등에 관한 법률」 제6조 제1호

제6조 【관장 사무】 심사위원회(→ 보호관찰 심사위원회)는 이 법에 따른 다음 각 호의 사항을 심사 · 결정한다.
1. 가석방과 그 취소에 관한 사항(→ 소년범)
2. 임시퇴원, 임시퇴원의 취소 및 「보호소년 등의 처우에 관한 법률」 제43조 제3항에 따른 보호소년의 퇴원(이하 "퇴원"이라 한다)에 관한 사항
3. 보호관찰의 임시해제와 그 취소에 관한 사항
4. 보호관찰의 정지와 그 취소에 관한 사항
5. 가석방 중인 사람의 부정기형의 종료에 관한 사항
6. 이 법 또는 다른 법령에서 심사위원회의 관장 사무로 규정된 사항
7. 제1호부터 제6호까지의 사항과 관련된 사항으로서 위원장이 회의에 부치는 사항

ㄹ. 「보호관찰 등에 관한 법률」 제12조의2

제12조의2 【벌칙 적용에서 공무원 의제】 심사위원회의 위원 중 공무원이 아닌 사람은 「형법」 제127조 및 제129조부터 제132조까지(→ 공무상 비밀의 누설, 수뢰 · 사전수뢰, 제3자뇌물제공, 수뢰후부정처사 · 사후수뢰, 알선수뢰)의 규정을 적용할 때에는 공무원으로 본다.

(선지분석)

ㄴ. '보호관찰소'의 관장 사무이다(「보호관찰 등에 관한 법률」 제15조 제3호).

제15조 【보호관찰소의 관장 사무】 보호관찰소(보호관찰지소를 포함한다. 이하 같다)는 다음 각 호의 사무를 관장한다.
1. 보호관찰, 사회봉사명령 및 수강명령의 집행
2. 갱생보호
3. 검사가 보호관찰관이 선도함을 조건으로 공소제기를 유예하고 위탁한 선도 업무(→ 소년 · 성인 불문)
4. 제18조에 따른 범죄예방 자원봉사위원에 대한 교육훈련 및 업무지도
5. 범죄예방활동
6. 이 법 또는 다른 법령에서 보호관찰소의 관장 사무로 규정된 사항

ㄷ. 보호관찰 심사위원회의 위원은 판사, 검사, 변호사, '보호관찰소장', 지방교정청장, 교도소장, 소년원장 및 보호관찰에 관한 지식과 경험이 풍부한 사람 중에서 '법무부장관'이 임명하거나 위촉한다(「보호관찰 등에 관한 법률」 제7조 제3항).

제7조 【구성】 ③ 심사위원회의 위원은 판사, 검사, 변호사, 보호관찰소장, 지방교정청장, 교도소장, 소년원장 및 보호관찰에 관한 지식과 경험이 풍부한 사람 중에서 법무부장관이 임명하거나 위촉한다.

답 ②

082 보호관찰소의 조사제도에 대한 설명으로 옳지 않은 것은? 2020년 보호직 7급

① 「보호관찰 등에 관한 법률」 제19조에 따른 판결 전 조사는 법원이 「형법」 제59조의2 및 제62조의2에 따른 보호관찰, 사회봉사 또는 수강을 명하기 위하여 필요하다고 인정되는 경우에 조사를 요구할 수 있는 것을 말한다.

② 「보호관찰 등에 관한 법률」 제19조의2에 따른 결정 전 조사는 법원이 「소년법」 제12조에 따라 소년 보호사건뿐만 아니라 소년 형사사건에 대한 조사 또는 심리를 위하여 필요하다고 인정되는 경우에 조사를 의뢰하는 것을 말한다.

③ 「소년법」 제49조의2에 따른 검사의 결정 전 조사는 검사가 소년 피의사건에 대하여 소년부 송치, 공소제기, 기소유예 등의 처분을 결정하기 위하여 필요하다고 인정되는 경우에 조사를 요구할 수 있는 것을 말한다.

④ 「전자장치 부착 등에 관한 법률」 제6조에 따른 청구 전 조사는 검사가 전자장치 부착명령을 청구하기 위하여 필요하다고 인정하는 경우에 조사를 요청할 수 있는 것을 말한다.

보호관찰소의 조사제도

소년 보호사건에 대한 조사 또는 심리를 위하여 필요하다고 인정되는 경우에 조사를 의뢰하는 것을 말한다(「보호관찰 등에 관한 법률」 제19조의2 제1항).

> **제19조의2 【결정 전 조사】** ① 법원은 「소년법」 제12조에 따라 소년 보호사건에 대한 조사 또는 심리를 위하여 필요하다고 인정하면 그 법원의 소재지 또는 소년의 주거지를 관할하는 보호관찰소의 장에게 소년의 품행, 경력, 가정상황, 그 밖의 환경 등 필요한 사항에 관한 조사를 의뢰할 수 있다.

선지분석

① 「보호관찰 등에 관한 법률」 제19조 제1항

> **제19조 【판결 전 조사】** ① 법원은 피고인에 대하여 「형법」 제59조의2 및 제62조의2에 따른 보호관찰, 사회봉사 또는 수강을 명하기 위하여 필요하다고 인정하면 그 법원의 소재지(所在地) 또는 피고인의 주거지를 관할하는 보호관찰소의 장에게 범행 동기, 직업, 생활환경, 교우관계, 가족상황, 피해회복 여부 등 피고인에 관한 사항의 조사를 요구할 수 있다.

③ 「소년법」 제49조의2 제1항

> **제49조의2 【검사의 결정 전 조사】** ① 검사는 소년 피의사건에 대하여 소년부 송치, 공소제기, 기소유예 등의 처분을 결정하기 위하여 필요하다고 인정하면 피의자의 주거지 또는 검찰청 소재지를 관할하는 보호관찰소의 장, 소년분류심사원장 또는 소년원장(이하 "보호관찰소장등"이라 한다)에게 피의자의 품행, 경력, 생활환경이나 그 밖에 필요한 사항에 관한 조사를 요구할 수 있다.

④ 「전자장치 부착 등에 관한 법률」 제6조 제1항

> **제6조 【조사】** ① 검사는 부착명령을 청구하기 위하여 필요하다고 인정하는 때에는 피의자의 주거지 또는 소속 검찰청(지청을 포함한다. 이하 같다) 소재지를 관할하는 보호관찰소(지소를 포함한다. 이하 같다)의 장에게 범죄의 동기, 피해자와의 관계, 심리상태, 재범의 위험성 등 피의자에 관하여 필요한 사항의 조사를 요청할 수 있다.

답 ②

083 「보호관찰 등에 관한 법률」상 조사제도에 대한 설명으로 옳지 않은 것은? 2023년 교정직 9급

① 법원은 판결 전 조사 요구를 받은 보호관찰소의 장에게 조사진행상황에 관한 보고를 요구할 수 있다.

② 판결 전 조사 요구를 받은 보호관찰소의 장은 지체 없이 이를 조사하여 서면 또는 구두로 해당 법원에 알려야 한다.

③ 법원은 피고인에 대하여 「형법」 제59조의2 및 제62조의2에 따른 보호관찰을 명하기 위하여 필요하다고 인정하면 그 법원의 소재지 또는 피고인의 주거지를 관할하는 보호관찰소의 장에게 피고인에 관한 사항의 조사를 요구할 수 있다.

④ 법원은 「소년법」 제12조에 따라 소년 보호사건에 대한 조사 또는 심리를 위하여 필요하다고 인정하면 그 법원의 소재지 또는 소년의 주거지를 관할하는 보호관찰소의 장에게 소년의 품행, 경력, 가정상황, 그 밖의 환경 등 필요한 사항에 관한 조사를 의뢰할 수 있다.

「보호관찰 등에 관한 법률」상 조사제도

'서면'으로 해당 법원에 알려야 한다(「보호관찰 등에 관한 법률」 제19조 제2항).

> **제19조 【판결 전 조사】** ② 제1항의 요구를 받은 보호관찰소의 장은 지체 없이 이를 조사하여 서면으로 해당 법원에 알려야 한다. 이 경우 필요하다고 인정하면 피고인이나 그 밖의 관계인을 소환하여 심문하거나 소속 보호관찰관에게 필요한 사항을 조사하게 할 수 있다.

선지분석

① 「보호관찰 등에 관한 법률」 제19조 제1항 · 제3항

> **제19조 【판결 전 조사】** ① 법원은 피고인(→ 소년 · 성인 불문)에 대하여 「형법」 제59조의2 및 제62조의2에 따른 보호관찰, 사회봉사 또는 수강을 명하기 위하여 필요하다고 인정하면 그 법원의 소재지 또는 피고인의 주거지를 관할하는 보호관찰소의 장에게 범행 동기, 직업, 생활환경, 교우관계, 가족상황, 피해회복 여부 등 피고인에 관한 사항의 조사를 요구할 수 있다.
> ③ 법원은 제1항의 요구를 받은 보호관찰소의 장에게 조사진행상황에 관한 보고를 요구할 수 있다.

③ 「보호관찰 등에 관한 법률」 제19조 제1항

④ 「보호관찰 등에 관한 법률」 제19조의2 제1항

> **제19조의2 【결정 전 조사】** ① 법원은 「소년법」 제12조에 따라 소년 보호사건에 대한 조사 또는 심리를 위하여 필요하다고 인정하면 그 법원의 소재지 또는 소년의 주거지를 관할하는 보호관찰소의 장에게 소년의 품행, 경력, 가정상황, 그 밖의 환경 등 필요한 사항에 관한 조사를 의뢰할 수 있다.

답 ②

「보호관찰 등에 관한 법률 시행령」상 보호관찰 대상자가 지켜야 할 특별준수사항으로 옳지 않은 것은?

2013년 교정직 7급

① 운전면허를 취득할 때까지 자동차(원동기장치자전거를 포함한다) 운전을 하지 않을 것
② 정당한 수입원에 의하여 생활하고 있음을 입증할 수 있는 자료를 정기적으로 보호관찰관에게 제출할 것
③ 주거지를 이전하는 경우 이전예정지, 이전이유, 이전일자를 신고할 것
④ 보호관찰 대상자가 준수할 수 있고 자유를 부당하게 제한하지 아니하는 범위에서 개선 · 자립에 도움이 된다고 인정되는 구체적인 사항

보호관찰 대상자가 지켜야 할 특별준수사항

보호관찰 대상자의 일반준수사항 중 주거를 이전하거나 1개월 이상 국내외 여행을 할 때에는 미리 보호관찰관에게 신고할 것(「보호관찰 등에 관한 법률」 제32조 제2항 제4호)과 관련된 「보호관찰 등에 관한 법률 시행령」의 규정내용이다(「보호관찰 등에 관한 법률 시행령」 제18조 제1항).

> **시행령 제18조 【주거이전 등의 신고】** ① 보호관찰대상자는 법 제32조 제2항 제4호의 규정에 의한 신고를 할 때에는 법무부령이 정하는 바에 의하여 본인의 성명, 주거, 주거이전예정지 또는 여행지, 주거이전이유 또는 여행목적, 주거이전일자 또는 여행기간 등을 신고하여야 한다.

선지분석

①, ②, ④ 보호관찰 대상자의 특별준수사항 중 그 밖에 보호관찰 대상자의 재범 방지를 위하여 필요하다고 인정되어 대통령령으로 정하는 사항(「보호관찰 등에 관한 법률」 제32조 제3항 제10호)과 관련된 「보호관찰 등에 관한 법률 시행령」의 규정내용이다(「보호관찰 등에 관한 법률 시행령」 제19조).

> **시행령 제19조 【특별준수사항】** 법 제32조 제3항 제10호에서 "대통령령으로 정하는 사항"이란 다음 각 호의 사항을 말한다.
> 1. 운전면허를 취득할 때까지 자동차(원동기장치자전거를 포함한다) 운전을 하지 않을 것
> 2. 직업훈련, 검정고시 등 학과교육 또는 성행개선을 위한 교육, 치료 및 처우 프로그램에 관한 보호관찰관의 지시에 따를 것
> 3. 범죄와 관련이 있는 특정 업무에 관여하지 않을 것
> 4. 성실하게 학교수업에 참석할 것
> 5. 정당한 수입원에 의하여 생활하고 있음을 입증할 수 있는 자료를 정기적으로 보호관찰관에게 제출할 것
> 6. 흉기나 그 밖의 위험한 물건을 소지 또는 보관하거나 사용하지 아니할 것
> 7. 가족의 부양 등 가정생활에 있어서 책임을 성실히 이행할 것
> 8. 그 밖에 보호관찰 대상자의 생활상태, 심신의 상태, 범죄 또는 비행의 동기, 거주지의 환경 등으로 보아 보호관찰 대상자가 준수할 수 있고 자유를 부당하게 제한하지 아니하는 범위에서 개선 · 자립에 도움이 된다고 인정되는 구체적인 사항

답 ③

★★

085 □□□

보호관찰제도에 관한 법령과 판례에 대한 설명으로 옳은 것은?

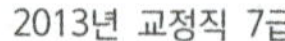

2013년 교정직 7급

① 현역 군인 등 군법 적용 대상자에 대해서도 보호관찰, 사회봉사명령, 수강명령을 명할 수 있다.

② 성폭력범죄를 범한 피고인에게 형의 집행을 유예하면서 보호관찰을 받을 것을 명하지 않은 채 위치추적 전자장치 부착을 명하는 것은 적법하다.

③ 「가정폭력범죄의 처벌 등에 관한 특례법」상 사회봉사명령을 부과하면서, 행위시법상 사회봉사명령 부과시간의 상한인 100시간을 초과하여 상한을 200시간으로 올린 신법을 적용한 것은 적법하다.

④ 보호관찰명령 없이 사회봉사 · 수강명령만 선고하는 경우, 보호관찰대상자에 대한 특별준수사항을 사회봉사 · 수강명령 대상자에게 그대로 적용하는 것은 적합하지 않다.

보호관찰제도

대결 2009.3.30. 2008모1116

관련 판례

【대결 2009.3.30. 2008모1116】 보호관찰명령 없이 사회봉사 · 수강명령만 선고하는 경우, 보호관찰대상자에 대한 특별준수사항을 사회봉사 · 수강명령대상자에게 그대로 적용할 수 있는지 여부(소극) – 보호관찰, 사회봉사 · 수강 또는 갱생보호는 당해 대상자의 교화 · 개선 및 범죄예방을 위하여 필요하고도 상당한 한도 내에서 이루어져야 하며, 당해 대상자의 연령 · 경력 · 심신상태 · 가정환경 · 교우관계 기타 모든 사정을 충분히 고려하여 가장 적합한 방법으로 실시되어야 하므로, 법원은 특별준수사항을 부과하는 경우 대상자의 생활력, 심신의 상태, 범죄 또는 비행의 동기, 거주지의 환경 등 대상자의 특성을 고려하여 대상자가 준수할 수 있다고 인정되고 자유를 부당하게 제한하지 아니하는 범위 내에서 개별화하여 부과하여야 한다는 점, 보호관찰의 기간은 집행을 유예한 기간으로 하고 다만, 법원은 유예기간의 범위 내에서 보호관찰기간을 정할 수 있는 반면, 사회봉사명령 · 수강명령은 집행유예기간 내에 이를 집행하되 일정한 시간의 범위 내에서 그 기간을 정하여야 하는 점, 보호관찰명령이 보호관찰기간 동안 바른 생활을 영위할 것을 요구하는 추상적 조건의 부과이거나 악행을 하지 말 것을 요구하는 소극적인 부작위조건의 부과인 반면, 사회봉사명령 · 수강명령은 특정시간 동안의 적극적인 작위의무를 부과하는 데 그 특징이 있다는 점 등에 비추어 보면, 사회봉사 · 수강명령대상자에 대한 특별준수사항은 보호관찰대상자에 대한 것과 같을 수 없고, 따라서 보호관찰대상자에 대한 특별준수사항을 사회봉사 · 수강명령대상자에게 그대로 적용하는 것은 적합하지 않다.

(선지분석)

① 군법 적용 대상자에게는 보호관찰, 사회봉사, 수강명령에 관한 규정이 적용되지 않는다(「보호관찰 등에 관한 법률」 제56조, 제64조 제1항).

> **제56조 【군법 적용 대상자에 대한 특례】** 「군사법원법」 제2조 제1항 각 호의 어느 하나에 해당하는 사람에게는 이 법을 적용하지 아니한다.
> **제64조 【준용 규정】** ① 사회봉사 · 수강명령 대상자에 대하여는 제34조부터 제36조까지 및 제54조, 제55조, 제56조 및 제57조를 준용한다.

관련 판례

【대판 2012.2.23. 2011도8124 · 2011전도141】 현역 군인 등 군법 적용 대상자에 대한 특례를 규정한 '보호관찰 등에 관한 법률' 제56조, 제64조 제1항의 해석상 군법 적용 대상자에게 보호관찰, 사회봉사, 수강명령을 명할 수 있는지 여부(소극) – 보호관찰 등에 관한 법률(이하 '보호관찰법'이라 한다) 제56조는 군사법원법 제2조 제1항 각 호의 어느 하나에 해당하는 사람에게는 보호관찰법을 적용하지 아니한다고 규정하고, 제64조 제1항에서 사회봉사 · 수강명령 대상자에 대하여는 제56조의 규정을 준용하도록 함으로써 현역 군인 등 이른바 군법 적용 대상자에 대한 특례 조항을 두고 있는데, 군법 적용 대상자에 대한 지휘관들의 지휘권 보장 등 군대라는 부분사회의 특수성을 고려할 필요가 있는 점, 군법 적용 대상자에 대하여는 보호관찰 등의 집행이 현실적으로 곤란하고 이러한 정책적 고려가 입법 과정에서 반영된 것으로 보이는 점 등 보호관찰 등에 관한 현행 법체제 및 규정 내용을 종합적으로 검토하면, 위 특례 조항은 군법 적용 대상자에 대하여는 보호관찰법이 정하고 있는 보호관찰, 사회봉사, 수강명령의 실시 내지 집행에 관한 규정을 적용할 수 없음은 물론 보호관찰, 사회봉사, 수강명령 자체를 명할 수 없다는 의미로 해석된다.

② 대판 2011.2.24. 2010오1 · 2010전오1

관련 판례

【대판 2011.2.24. 2010오1 · 2010전오1】 '특정 범죄자에 대한 위치추적 전자장치 부착 등에 관한 법률'상 특정범죄를 범한 자에게 형의 집행을 유예하는 경우, 보호관찰을 명하는 때에만 위치추적 전자장치 부착을 명할 수 있는지 여부(적극) - 특정 범죄자에 대한 위치추적 전자장치 부착 등에 관한 법률 제28조 제1항에서 "법원은 특정범죄를 범한 자에 대하여 형의 집행을 유예하면서 보호관찰을 받을 것을 명할 때에는 보호관찰기간의 범위 내에서 기간을 정하여 준수사항의 이행 여부 확인 등을 위하여 전자장치를 부착할 것을 명할 수 있다."고 규정하고, 같은 법 제9조 제4항 제4호에서 "법원은 특정범죄사건에 대하여 선고유예 또는 집행유예를 선고하는 때(제28조 제1항에 따라 전자장치 부착을 명하는 때를 제외한다)에는 판결로 부착명령 청구를 기각하여야 한다."고 규정하고 있으며, 같은 법 제12조 제1항에서 "부착명령은 검사의 지휘를 받아 보호관찰관이 집행한다."고 규정하고 있으므로, 법원은 특정범죄를 범한 자에 대하여 형의 집행을 유예하면서 보호관찰을 받을 것을 명하는 때에만 위치추적 전자장치 부착을 명할 수 있다.

③ 대결 2008.7.24. 2008어4

관련 판례

【대결 2008.7.24. 2008어4】 [1] 가정폭력범죄의 처벌 등에 관한 특례법상 사회봉사명령의 법적 성질 및 형벌불소급원칙의 적용 여부(적극) - 가정폭력범죄의 처벌 등에 관한 특례법이 정한 보호처분 중의 하나인 사회봉사명령은 가정폭력범죄를 범한 자에 대하여 환경의 조정과 성행의 교정을 목적으로 하는 것으로서 형벌 그 자체가 아니라 보안처분의 성격을 가지는 것이 사실이다. 그러나 한편으로 이는 가정폭력범죄행위에 대하여 형사처벌 대신 부과되는 것으로서, 가정폭력범죄를 범한 자에게 의무적 노동을 부과하고 여가시간을 박탈하여 실질적으로는 신체적 자유를 제한하게 되므로, 이에 대하여는 원칙적으로 형벌불소급의 원칙에 따라 행위 시 법을 적용함이 상당하다.
[2] 가정폭력범죄의 처벌 등에 관한 특례법상 사회봉사명령을 부과하면서 행위시법이 아닌 신법을 적용한 것이 위법하다고 한 사례 - 가정폭력범죄의 처벌 등에 관한 특례법상 사회봉사명령을 부과하면서, 행위 시 법상 사회봉사명령 부과시간의 상한인 100시간을 초과하여 상한을 200시간으로 올린 신법을 적용한 것은 위법하다고 한 사례

답 ④

086 보호관찰 대상자와 그 보호관찰 기간이 옳게 연결되지 않은 것은? 2015년 교정직 9급

① 「형법」상 보호관찰을 조건으로 형의 집행유예를 받은 자: 집행을 유예한 기간이나 다만, 법원이 유예기간의 범위 내에서 보호관찰기간을 따로 정하는 경우에는 그 기간

② 「전자장치 부착 등에 관한 법률」상 강도범죄를 저지른 자로 강도범죄를 다시 범할 위험성이 있으며 금고 이상의 선고형에 해당하고 보호관찰 명령의 청구가 이유 있다고 인정되는 자: 2년 이상 5년 이하

③ 「형법」상 형의 선고를 유예하는 경우에 재범방지를 위하여 지도 및 원호가 필요한 자: 1년

④ 「소년법」상 단기보호관찰 처분을 받은 자: 2년

보호관찰 대상자와 그 보호관찰기간

「소년법」상 단기 보호관찰기간은 1년이다(「보호관찰 등에 관한 법률」 제30조 제5호, 「소년법」 제32조 제1항 제4호, 제33조 제2항).

> **「보호관찰 등에 관한 법률」 제30조 【보호관찰의 기간】** 보호관찰 대상자는 다음 각 호의 구분에 따른 기간에 보호관찰을 받는다.
> 1. 보호관찰을 조건으로 형의 선고유예를 받은 사람: 1년
> 2. 보호관찰을 조건으로 형의 집행유예를 선고받은 사람: 그 유예기간. 다만, 법원이 보호관찰기간을 따로 정한 경우에는 그 기간
> 3. 가석방자: 「형법」 제73조의2 또는 「소년법」 제66조에 규정된 기간
> 4. 임시퇴원자: 퇴원일부터 6개월 이상 2년 이하의 범위에서 심사위원회가 정한 기간
> 5. 「소년법」 제32조 제1항 제4호 및 제5호의 보호처분을 받은 사람: 그 법률에서 정한 기간
> 6. 다른 법률에 따라 이 법에서 정한 보호관찰을 받는 사람: 그 법률에서 정한 기간
>
> **「소년법」 제32조 【보호처분의 결정】** ① 소년부 판사는 심리 결과 보호처분을 할 필요가 있다고 인정하면 결정으로써 다음 각 호의 어느 하나에 해당하는 처분을 하여야 한다.
> 4. 보호관찰관의 단기 보호관찰
>
> **「소년법」 제33조 【보호처분의 기간】** ② 제32조 제1항 제4호의 단기 보호관찰기간은 1년으로 한다.

(선지분석)

① 「보호관찰 등에 관한 법률」 제30조 제2호

② 「보호관찰 등에 관한 법률」 제30조 제6호, 「전자장치 부착 등에 관한 법률」 제21조의2 제4호, 제21조의3 제1항

> **제21조의2 【보호관찰명령의 청구】** 검사는 다음 각 호의 어느 하나에 해당하는 사람에 대하여 형의 집행이 종료된 때부터 「보호관찰 등에 관한 법률」에 따른 보호관찰을 받도록 하는 명령(이하 “보호관찰명령”이라 한다)을 법원에 청구할 수 있다. <개정 2023.7.11.>
> 1. 성폭력범죄를 저지른 사람으로서 성폭력범죄를 다시 범할 위험성이 있다고 인정되는 사람
> 2. 미성년자 대상 유괴범죄를 저지른 사람으로서 미성년자 대상 유괴범죄를 다시 범할 위험성이 있다고 인정되는 사람
> 3. 살인범죄를 저지른 사람으로서 살인범죄를 다시 범할 위험성이 있다고 인정되는 사람
> 4. 강도범죄를 저지른 사람으로서 강도범죄를 다시 범할 위험성이 있다고 인정되는 사람
> 5. 스토킹범죄를 저지른 사람으로서 스토킹범죄를 다시 범할 위험성이 있다고 인정되는 사람
>
> **제21조의3 【보호관찰명령의 판결】** ① 법원은 제21조의2 각 호의 어느 하나에 해당하는 사람이 금고 이상의 선고형에 해당하고 보호관찰명령의 청구가 이유 있다고 인정하는 때에는 2년 이상 5년 이하의 범위에서 기간을 정하여 보호관찰명령을 선고하여야 한다.

③ 「보호관찰 등에 관한 법률」 제30조 제1호

답 ④

087 **보호관찰 대상자의 보호관찰 기간으로 옳지 않은 것은?** 2021년 교정직 7급

① 「치료감호 등에 관한 법률」상 치료감호 가종료자: 3년

② 「소년법」상 단기 보호관찰처분을 받은 자: 1년

③ 「형법」상 보호관찰을 조건으로 형의 선고유예를 받은 자: 1년

④ 「가정폭력범죄의 처벌 등에 관한 특례법」상 보호관찰처분을 받은 자: 1년

보호관찰의 기간

6개월을 초과할 수 없다(「가정폭력범죄의 처벌 등에 관한 특례법」 제41조).

> **제41조 【보호처분의 기간】** 제40조 제1항 제1호부터 제3호까지 및 제5호(→ 보호관찰)부터 제8호까지의 보호처분의 기간은 6개월을 초과할 수 없으며, 같은 항 제4호의 사회봉사 · 수강명령의 시간은 200시간을 각각 초과할 수 없다.

선지분석

① 치료감호가 가종료되었을 때에는 보호관찰이 시작되고(「치료감호 등에 관한 법률」 제32조 제1항 제1호), 이 경우 보호관찰의 기간은 3년으로 한다(「치료감호 등에 관한 법률」 제32조 제2항).
② 「소년법」 제33조 제2항
③ 「형법」 제59조의2 제2항

답 ④

088 (가)~(라)의 보호관찰 기간을 모두 더하면?

2021년 보호직 7급

> (가) 「형법」상 선고유예를 받은 자의 보호관찰 기간
> (나) 「형법」상 실형 5년을 선고받고 3년을 복역한 후 가석방된 자의 보호관찰 기간(허가행정관청이 필요가 없다고 인정한 경우 제외)
> (다) 「소년법」상 단기 보호관찰을 받은 소년의 보호관찰 기간
> (라) 「치료감호 등에 관한 법률」상 피치료감호자에 대한 치료감호가 가종료된 자의 보호관찰 기간

① 6년
② 7년
③ 8년
④ 9년

보호관찰의 기간

(가) 「형법」상 선고유예를 받은 자의 보호관찰 기간은 1년이다(「보호관찰 등에 관한 법률」 제30조 제1호, 「형법」 제59조의2 제2항).

> **제30조 【보호관찰의 기간】** 보호관찰 대상자는 다음 각 호의 구분에 따른 기간에 보호관찰을 받는다.
> 1. 보호관찰을 조건으로 형의 선고유예를 받은 사람: 1년
> 2. 보호관찰을 조건으로 형의 집행유예를 선고받은 사람: 그 유예기간. 다만, 법원이 보호관찰 기간을 따로 정한 경우에는 그 기간
> 3. 가석방자: 「형법」 제73조의2 또는 「소년법」 제66조에 규정된 기간(→ 10년, 남은 형기 / 가석방 전에 집행을 받은 기간과 같은 기간)
> 4. 임시퇴원자: 퇴원일부터 6개월 이상 2년 이하의 범위에서 심사위원회가 정한 기간
> 5. 「소년법」 제32조 제1항 제4호 및 제5호의 보호처분(→ 단기 · 장기 보호관찰)을 받은 사람: 그 법률에서 정한 기간
> 6. 다른 법률에 따라 이 법에서 정한 보호관찰을 받는 사람: 그 법률에서 정한 기간

(나) 가석방의 기간은 유기형(5년)에 있어서는 남은 형기인 2년이고, 가석방된 자는 가석방기간 중 보호관찰을 받으므로, 보호관찰의 기간은 2년이다(「보호관찰 등에 관한 법률」 제30조 제3호, 「형법」 제73조의2 제1항 · 제2항).

> **제73조의2 【가석방의 기간 및 보호관찰】** ① 가석방의 기간은 무기형에 있어서는 10년으로 하고, 유기형에 있어서는 남은 형기로 하되, 그 기간은 10년을 초과할 수 없다.
> ② 가석방된 자는 가석방기간 중 보호관찰을 받는다. 다만, 가석방을 허가한 행정관청이 필요가 없다고 인정한 때에는 그러하지 아니하다(→ 필요적 보호관찰, 예외 O).

(다) 「소년법」상 단기 보호관찰을 받은 소년의 보호관찰 기간은 1년이다(「보호관찰 등에 관한 법률」 제30조 제5호, 「소년법」 제33조 제2항).

제33조 【보호처분의 기간】 ② 제32조 제1항 제4호의 단기 보호관찰기간은 1년으로 한다(→ 연장 ×).

(라) 치료감호가 가종료되었을 때 시작되는 보호관찰의 기간은 3년이다(「보호관찰 등에 관한 법률」 제30조 제6호, 「치료감호 등에 관한 법률」 제32조 제1항 제1호 · 제2항).

> **제32조 【보호관찰】** ① 피치료감호자가 다음 각 호의 어느 하나에 해당하게 되면 「보호관찰 등에 관한 법률」에 따른 보호관찰(이하 "보호관찰"이라 한다)이 시작된다.
> 1. 피치료감호자에 대한 치료감호가 가종료되었을 때
>
> ② 보호관찰의 기간은 3년으로 한다.

답 ②

089 「보호관찰 등에 관한 법률」상 보호관찰 기간에 대한 설명으로 옳지 않은 것은? 2024년 보호직 9급

① 보호관찰을 조건으로 형의 선고유예를 받은 사람의 경우, 보호관찰 기간은 1년이다.

② 보호관찰을 조건으로 형의 집행유예를 선고받은 사람의 경우, 집행유예 기간이 보호관찰 기간이 되지만, 법원이 보호관찰 기간을 따로 정한 때에는 그 기간이 보호관찰 기간이 된다.

③ 소년 가석방자의 경우, 6개월 이상 2년 이하의 범위에서 가석방 심사위원회가 정한 기간이 보호관찰 기간이 된다.

④ 소년원 임시퇴원자의 경우, 퇴원일로부터 6개월 이상 2년 이하의 범위에서 보호관찰 심사위원회가 정한 기간이 보호관찰 기간이 된다.

보호관찰 기간

소년 가석방자의 경우, '가석방 전에 집행을 받은 기간과 같은 기간'이 보호관찰 기간이 된다(「보호관찰 등에 관한 법률」 제30조 제3호).

선지분석

① 「보호관찰 등에 관한 법률」 제30조 제1호

> **제30조 【보호관찰의 기간】** 보호관찰 대상자는 다음 각 호의 구분에 따른 기간에 보호관찰을 받는다.
> 1. 보호관찰을 조건으로 형의 선고유예를 받은 사람: 1년
> 2. 보호관찰을 조건으로 형의 집행유예를 선고받은 사람: 그 유예기간. 다만, 법원이 보호관찰 기간을 따로 정한 경우에는 그 기간
> 3. 가석방자: 「형법」 제73조의2 또는 「소년법」 제66조에 규정된 기간(→ 10년, 남은 형기 / 가석방 전에 집행을 받은 기간과 같은 기간)
> 4. 임시퇴원자: 퇴원일부터 6개월 이상 2년 이하의 범위에서 심사위원회가 정한 기간
> 5. 「소년법」 제32조 제1항 제4호 및 제5호의 보호처분(→ 단기 · 장기 보호관찰)을 받은 사람: 그 법률에서 정한 기간
> 6. 다른 법률에 따라 이 법에서 정한 보호관찰을 받는 사람: 그 법률에서 정한 기간

② 「보호관찰 등에 관한 법률」 제30조 제2호

④ 「보호관찰 등에 관한 법률」 제30조 제4호

답 ③

090 보호관찰이 가능한 기간으로 옳지 않은 것은? 2024년 보호직 7급

① 형의 선고를 유예하면서 보호관찰을 명받은 자는 1년

② 소년부 판사로부터 장기 보호관찰을 명받은 소년으로 보호관찰관의 신청에 따른 결정으로 그 기간이 연장된 자는 최대 4년

③ 「가정폭력범죄의 처벌 등에 관한 특례법」상 보호처분으로 보호관찰을 명받은 후 법원의 결정으로 보호처분의 기간이 변경된 자는 종전의 처분기간을 합산하여 최대 1년

④ 「성매매알선 등 행위의 처벌에 관한 법률」상 보호처분으로 보호관찰을 명받은 후 법원의 결정으로 보호처분의 기간이 변경된 자는 종전의 처분기간을 합산하여 최대 1년

보호관찰의 기간

소년법상 장기 보호관찰기간은 2년으로 함이 원칙이지만, 소년부 판사는 보호관찰관의 신청에 따라 결정으로써 1년의 범위에서 한 번에 한하여 그 기간을 연장할 수 있으므로 최대 3년까지 장기 보호관찰이 가능하다(「소년법」 제33조 제3항).

> **제33조 【보호처분의 기간】** ③ 제32조 제1항 제5호의 장기 보호관찰기간은 2년으로 한다. 다만, 소년부 판사는 보호관찰관의 신청에 따라 결정으로써 1년의 범위에서 한 번에 한하여 그 기간을 연장할 수 있다.

선지분석

① 「보호관찰 등에 관한 법률」 제30조 제1호

③ 「가정폭력범죄의 처벌 등에 관한 특례법」 제45조 제2항

> **제45조 【보호처분의 변경】** ② 제1항에 따라 보호처분의 종류와 기간을 변경하는 경우 종전의 처분기간을 합산하여 제40조 제1항 제1호부터 제3호까지(→ 접근하는 행위의 제한, 전기통신을 이용하여 접근하는 행위의 제한, 친권 행사의 제한) 및 제5호부터 제8호까지(→ 보호관찰, 감호위탁, 치료위탁, 상담위탁)의 보호처분의 기간은 1년을, 같은 항 제4호의 사회봉사·수강명령의 시간은 400시간을 각각 초과할 수 없다.

④ 「성매매알선 등 행위의 처벌에 관한 법률」 제15조, 제16조 제2항

> **제15조 【보호처분의 기간】** 제14조 제1항 제1호·제2호 및 제4호(→ 성매매가 이루어질 우려가 있다고 인정되는 장소나 지역에의 출입금지, 보호관찰, 상담위탁)에 따른 보호처분 기간은 6개월을, 같은 항 제3호에 따른 사회봉사·수강명령은 100시간을 각각 초과할 수 없다.
>
> **제16조 【보호처분의 변경】** ② 제1항에 따라 보호처분의 종류와 기간을 변경할 때에는 종전의 처분기간을 합산하여 제14조 제1항 제1호·제2호·제4호·제5호(→ 성매매가 이루어질 우려가 있다고 인정되는 장소나 지역에의 출입금지, 보호관찰, 상담위탁, 치료위탁)에 따른 보호처분 기간은 1년을, 같은 항 제3호에 따른 사회봉사·수강명령은 200시간을 각각 초과할 수 없다.

답 ②

★★★

091 □□□ **「보호관찰 등에 관한 법률」상 범죄의 내용과 종류 및 본인의 특성 등을 고려하여 특별준수사항으로 따로 부과할 수 있는 것은?** 2015년 교정직 7급

① 주거지에 상주하고 생업에 종사할 것

② 재범의 기회나 충동을 줄 수 있는 특정 지역 · 장소의 출입을 하지 말 것

③ 주거를 이전하거나 1개월 이상 국내 · 외 여행을 할 때에는 미리 보호관찰관에게 신고할 것

④ 범죄로 이어지기 쉬운 나쁜 습관을 버리고 선행을 하며 범죄를 저지를 염려가 있는 사람들과 교제하거나 어울리지 말 것

특별준수사항

특별준수사항에 해당한다(「보호관찰 등에 관한 법률」 제32조 제3항).

> **제32조 【보호관찰 대상자의 준수사항】** ③ 법원 및 심사위원회는 판결의 선고 또는 결정의 고지를 할 때에는 제2항의 준수사항 외에 범죄의 내용과 종류 및 본인의 특성 등을 고려하여 필요하면 보호관찰기간의 범위에서 기간을 정하여 다음 각 호의 사항을 특별히 지켜야 할 사항으로 따로 과할 수 있다(→ 특별준수사항).
> 1. 야간 등 재범의 기회나 충동을 줄 수 있는 특정 시간대의 외출 제한
> 2. 재범의 기회나 충동을 줄 수 있는 특정 지역 · 장소의 출입 금지
> 3. 피해자 등 재범의 대상이 될 우려가 있는 특정인에 대한 접근 금지
> 4. 범죄행위로 인한 손해를 회복하기 위하여 노력할 것
> 5. 일정한 주거가 없는 자에 대한 거주장소 제한
> 6. 사행행위에 빠지지 아니할 것
> 7. 일정량 이상의 음주를 하지 말 것
> 8. 마약 등 중독성 있는 물질을 사용하지 아니할 것
> 9. 「마약류관리에 관한 법률」상의 마약류 투약, 흡연, 섭취 여부에 관한 검사에 따를 것
> 10. 그 밖에 보호관찰 대상자의 재범 방지를 위하여 필요하다고 인정되어 대통령령으로 정하는 사항

선지분석

①, ③, ④ 모두 일반준수사항에 해당한다(「보호관찰 등에 관한 법률」 제32조 제2항).

> **제32조 【보호관찰 대상자의 준수사항】** ② 보호관찰 대상자는 다음 각 호의 사항을 지켜야 한다(→ 일반준수사항).
> 1. 주거지에 상주하고 생업에 종사할 것
> 2. 범죄로 이어지기 쉬운 나쁜 습관을 버리고 선행을 하며 범죄를 저지를 염려가 있는 사람들과 교제하거나 어울리지 말 것
> 3. 보호관찰관의 지도 · 감독에 따르고 방문하면 응대할 것
> 4. 주거를 이전하거나 1개월 이상 국내외 여행을 할 때에는 미리 보호관찰관에게 신고할 것

답 ②

092 「보호관찰 등에 관한 법률」상 구인에 대한 설명으로 옳지 않은 것은? 2014년 교정직 7급

① 보호관찰소의 장은 구인사유가 있는 경우 관할 지방검찰청의 검사에게 신청하여 검사의 청구로 관할 지방법원 판사의 구인장을 발부받아 보호관찰 대상자를 구인할 수 있다.

② 보호관찰소의 장은 구인사유가 있는 경우로서 긴급하여 구인장을 발부받을 수 없는 경우에는 그 사유를 알리고 구인장 없이 보호관찰 대상자를 구인할 수 있다.

③ 보호관찰소의 장은 보호관찰 대상자를 긴급구인한 경우에는 긴급구인서를 작성하여 48시간 내에 관할 지방검찰청 검사의 승인을 받아야 한다.

④ 보호관찰소의 장은 긴급구인에 대하여 관할 지방검찰청 검사의 승인을 받지 못하면 즉시 보호관찰 대상자를 석방하여야 한다.

「보호관찰 등에 관한 법률」상 구인

즉시 관할 지방검찰청 검사의 승인을 받아야 한다(「보호관찰 등에 관한 법률」 제40조 제2항).

> **제40조 【긴급구인】** ② 보호관찰소의 장은 제1항에 따라 보호관찰 대상자를 구인한 경우에는 긴급구인서를 작성하여 즉시 관할 지방검찰청 검사의 승인을 받아야 한다.

선지분석

① 「보호관찰 등에 관한 법률」 제39조 제1항

> **제39조 【구인】** ① 보호관찰소의 장은 보호관찰 대상자가 제32조의 준수사항을 위반하였거나 위반하였다고 의심할 상당한 이유가 있고, 다음 각 호의 어느 하나에 해당하는 사유가 있는 경우에는 관할 지방검찰청의 검사에게 신청하여 검사의 청구로 관할 지방법원 판사의 구인장을 발부받아 보호관찰 대상자를 구인할 수 있다.
> 1. 일정한 주거가 없는 경우
> 2. 제37조 제1항에 따른 소환에 따르지 아니한 경우
> 3. 도주한 경우 또는 도주할 염려가 있는 경우

② 「보호관찰 등에 관한 법률」 제40조 제1항

> **제40조 【긴급구인】** ① 보호관찰소의 장은 제32조의 준수사항을 위반한 보호관찰 대상자가 제39조 제1항 각 호의 어느 하나에 해당하는 사유가 있는 경우로서 긴급하여 제39조에 따른 구인장을 발부받을 수 없는 경우에는 그 사유를 알리고 구인장 없이 그 보호관찰 대상자를 구인할 수 있다. 이 경우 긴급하다 함은 해당 보호관찰 대상자를 우연히 발견한 경우 등과 같이 구인장을 발부받을 시간적 여유가 없는 경우를 말한다.

④ 「보호관찰 등에 관한 법률」 제40조 제3항

> **제40조 【긴급구인】** ③ 보호관찰소의 장은 제2항에 따른 승인을 받지 못하면 즉시 보호관찰 대상자를 석방하여야 한다.

답 ③

093 「보호관찰 등에 관한 법률」에 대한 설명으로 옳지 않은 것은? 2016년 보호직 7급 변형

① 보호관찰은 법원의 판결이나 결정이 확정된 때 또는 가석방 · 임시퇴원된 때부터 시작된다.
② 보호관찰은 보호관찰 대상자의 행위지, 거주지 또는 현재지를 관할하는 보호관찰소 소속 보호관찰관이 담당한다.
③ 보호관찰소의 장은 범행 내용, 재범위험성 등 보호관찰 대상자의 개별적 특성을 고려하여 그에 알맞은 지도 · 감독의 방법과 수준에 따라 분류처우를 하여야 한다.
④ 보호관찰소 소속 공무원은 보호관찰 대상자가 자살 · 자해 또는 다른 사람에 대한 위해의 우려가 큰 때에 해당하고, 정당한 직무집행 과정에서 필요하다고 인정되는 상당한 이유가 있으면 보호장구인 수갑, 포승, 전자충격기 등을 사용할 수 있다.

「보호관찰 등에 관한 법률」

대상자의 주거지를 관할하는 보호관찰소 소속 보호관찰관이 담당한다(「보호관찰 등에 관한 법률」 제31조).

> **제31조【보호관찰 담당자】** 보호관찰은 보호관찰 대상자의 주거지를 관할하는 보호관찰소 소속 보호관찰관이 담당한다.

선지분석

①「보호관찰 등에 관한 법률」 제29조 제1항

> **제29조【보호관찰의 개시 및 신고】** ① 보호관찰은 법원의 판결이나 결정이 확정된 때 또는 가석방 · 임시퇴원된 때부터 시작된다.

③「보호관찰 등에 관한 법률」 제33조의2 제1항

> **제33조의2【분류처우】** ① 보호관찰소의 장은 범행 내용, 재범위험성 등 보호관찰 대상자의 개별적 특성을 고려하여 그에 알맞은 지도 · 감독의 방법과 수준에 따라 분류처우를 하여야 한다.

④「보호관찰 등에 관한 법률」 제46조의2 제1항 제4호, 제46조의3 제2항 제1호 · 제2호

> **제46조의2【보호장구의 사용】** ① 보호관찰소 소속 공무원은 보호관찰 대상자가 다음 각 호의 어느 하나에 해당하고, 정당한 직무집행 과정에서 필요하다고 인정되는 상당한 이유가 있으면 제46조의3 제1항에 따른 보호장구를 사용할 수 있다.
> 1. 제39조 및 제40조에 따라 구인 또는 긴급구인한 보호관찰 대상자를 보호관찰소에 인치하거나 수용기관 등에 유치하기 위해 호송하는 때
> 2. 제39조 및 제40조에 따라 구인 또는 긴급구인한 보호관찰 대상자가 도주하거나 도주할 우려가 있는 때
> 3. 위력으로 보호관찰소 소속 공무원의 정당한 직무집행을 방해하는 때
> 4. 자살 · 자해 또는 다른 사람에 대한 위해의 우려가 큰 때
> 5. 보호관찰소 시설의 설비 · 기구 등을 손괴하거나 그 밖에 시설의 안전 또는 질서를 해칠 우려가 큰 때
>
> **제46조의3【보호장구의 종류 및 사용요건】** ② 보호장구의 종류별 사용요건은 다음 각 호와 같다.
> 1. 수갑 · 포승 · 보호대(帶): 제46조의2 제1항 제1호부터 제5호까지의 어느 하나에 해당하는 때
> 2. 가스총: 제46조의2 제1항 제2호부터 제5호까지의 어느 하나에 해당하는 때
> 3. 전자충격기: 제46조의2 제1항 제2호부터 제5호까지의 어느 하나에 해당하는 경우로서 상황이 긴급하여 다른 보호장구만으로는 그 목적을 달성할 수 없는 때

답 ②

「보호관찰 등에 관한 법률」상 보호관찰소 소속 공무원이 구인한 보호관찰 대상자를 보호관찰소에 인치하기 위해 호송하는 때에 해당하고, 정당한 직무집행 과정에서 필요하다고 인정되는 상당한 이유가 있으면 사용할 수 있는 보호장구로 옳은 것은? 2017년 교정직 7급 변형

① 보호대
② 보호복
③ 머리보호장비
④ 전자충격기

보호장구

보호관찰소 소속 공무원이 구인한 보호관찰 대상자를 보호관찰소에 인치하기 위해 호송하는 때에 해당하고, 정당한 직무집행 과정에서 필요하다고 인정되는 상당한 이유가 있으면 수갑·포승·보호대를 사용할 수 있다(「보호관찰 등에 관한 법률」 제46조의2 제1항 제1호, 제46조의3 제2항 제1호).

선지분석

②, ③ 「형의 집행 및 수용자의 처우에 관한 법률」상 보호장비에 해당되나(제98조 제1항), 「보호관찰 등에 관한 법률」상 보호장구에는 포함되지 않는다(제46조의3 제1항).

> **제46조의3【보호장구의 종류 및 사용요건】** ① 보호장구의 종류는 다음 각 호와 같다.
> 1. 수갑
> 2. 포승
> 3. 보호대(帶)
> 4. 가스총
> 5. 전자충격기

④ 「보호관찰 등에 관한 법률」상 보호장구에 해당하나, 구인한 보호관찰 대상자를 보호관찰소에 인치하기 위해 호송하는 때는 전자충격기의 사용요건에 해당하지 않는다(제46조의3 제2항 제3호).

답 ①

다음 중 「보호관찰 등에 관한 법률」상 보호관찰 대상자의 일반적인 준수사항에 해당하는 것만을 모두 고른 것은? 2017년 교정직 9급

> ㄱ. 주거지에 상주(常住)하고 생업에 종사할 것
> ㄴ. 범죄행위로 인한 손해를 회복하기 위하여 노력할 것
> ㄷ. 범죄로 이어지기 쉬운 나쁜 습관을 버리고 선행(善行)을 하며 범죄를 저지를 염려가 있는 사람들과 교제하거나 어울리지 말 것
> ㄹ. 보호관찰관의 지도·감독에 따르고 방문하면 응대할 것
> ㅁ. 주거를 이전(移轉)하거나 1개월 이상 국내·외 여행을 할 때에는 미리 보호관찰관에게 신고할 것
> ㅂ. 일정량 이상의 음주를 하지 말 것

① ㄱ, ㄴ, ㄷ, ㄹ
② ㄱ, ㄷ, ㄹ, ㅁ
③ ㄴ, ㄷ, ㄹ, ㅁ, ㅂ
④ ㄱ, ㄴ, ㄷ, ㄹ, ㅁ, ㅂ

보호관찰 대상자의 일반적인 준수사항

ㄱ, ㄷ, ㄹ, ㅁ. 「보호관찰 등에 관한 법률」 제32조 제2항(→ 주/선/지/신고)

> **제32조 【보호관찰 대상자의 준수사항】** ② 보호관찰 대상자는 다음 각 호의 사항을 지켜야 한다(→ 일반준수사항).
> 1. 주거지에 상주하고 생업에 종사할 것
> 2. 범죄로 이어지기 쉬운 나쁜 습관을 버리고 선행을 하며 범죄를 저지를 염려가 있는 사람들과 교제하거나 어울리지 말 것
> 3. 보호관찰관의 지도·감독에 따르고 방문하면 응대할 것
> 4. 주거를 이전하거나 1개월 이상 국내외 여행을 할 때에는 미리 보호관찰관에게 신고할 것

선지분석

ㄴ, ㅂ. 보호관찰 대상자에게 특별준수사항으로 과할 수 있는 것에 해당한다(「보호관찰 등에 관한 법률」 제32조 제3항 제4호·제7호).

> **제32조 【보호관찰 대상자의 준수사항】** ③ 법원 및 심사위원회는 판결의 선고 또는 결정의 고지를 할 때에는 제2항의 준수사항 외에 범죄의 내용과 종류 및 본인의 특성 등을 고려하여 필요하면 보호관찰기간의 범위에서 기간을 정하여 다음 각 호의 사항을 특별히 지켜야 할 사항으로 따로 과할 수 있다(→ 특별준수사항).
> 1. 야간 등 재범의 기회나 충동을 줄 수 있는 특정 시간대의 외출 제한
> 2. 재범의 기회나 충동을 줄 수 있는 특정 지역·장소의 출입 금지
> 3. 피해자 등 재범의 대상이 될 우려가 있는 특정인에 대한 접근 금지
> 4. 범죄행위로 인한 손해를 회복하기 위하여 노력할 것
> 5. 일정한 주거가 없는 자에 대한 거주장소 제한
> 6. 사행행위에 빠지지 아니할 것
> 7. 일정량 이상의 음주를 하지 말 것
> 8. 마약 등 중독성 있는 물질을 사용하지 아니할 것
> 9. 「마약류관리에 관한 법률」상의 마약류 투약, 흡연, 섭취 여부에 관한 검사에 따를 것
> 10. 그 밖에 보호관찰 대상자의 재범 방지를 위하여 필요하다고 인정되어 대통령령으로 정하는 사항

답 ②

★★
096 

「보호관찰 등에 관한 법률」상 별도의 부과절차 없이도 보호관찰 대상자가 지켜야 할 준수사항(일반준수사항)에 해당하지 않는 것은? 2018년 보호직 7급

① 범죄로 이어지기 쉬운 나쁜 습관을 버리고 선행을 하며 범죄를 저지를 염려가 있는 사람들과 교제하거나 어울리지 말 것

② 보호관찰관의 지도·감독에 따르고 보호관찰관이 방문하게 되면 응대할 것

③ 1개월 이상 국내·외 여행을 할 때에는 미리 보호관찰관에게 신고할 것

④ 범죄행위로 발생한 손해를 회복하기 위해 노력할 것

보호관찰 대상자가 지켜야 할 일반준수사항

특별준수사항에 규정되어 있다(「보호관찰 등에 관한 법률」 제32조 제3항 제4호).

선지분석

①, ②, ③ 「보호관찰 등에 관한 법률」 제32조 제2항 제2호·제3호·제4호

답 ④

097

「보호관찰 등에 관한 법률」상 보호관찰 대상자의 준수사항에 해당하지 않는 것은? 2023년 교정직 9급

① 주거지에 상주하고 생업에 종사할 것
② 보호관찰관의 지도 · 감독에 따르고 방문하면 응대할 것
③ 주거를 이전하거나 10일 이상 국내외 여행을 할 때에는 미리 보호관찰관에게 신고할 것
④ 범죄로 이어지기 쉬운 나쁜 습관을 버리고 선행을 하며 범죄를 저지를 염려가 있는 사람들과 교제하거나 어울리지 말 것

보호관찰 대상자의 준수사항

주거를 이전하거나 '1개월' 이상 국내외 여행을 할 때에는 미리 보호관찰관에게 신고할 것을 일반준수사항으로 한다(「보호관찰 등에 관한 법률」 제32조 제2항 제4호).

> **제32조【보호관찰 대상자의 준수사항】** ② 보호관찰 대상자는 다음 각 호의 사항을 지켜야 한다(→ 일반준수사항).
> 1. 주거지에 상주하고 생업에 종사할 것
> 2. 범죄로 이어지기 쉬운 나쁜 습관을 버리고 선행을 하며 범죄를 저지를 염려가 있는 사람들과 교제하거나 어울리지 말 것
> 3. 보호관찰관의 지도 · 감독에 따르고 방문하면 응대할 것
> 4. 주거를 이전하거나 1개월 이상 국내외 여행을 할 때에는 미리 보호관찰관에게 신고할 것

선지분석

①, ②, ④ 일반준수사항에 해당한다(「보호관찰 등에 관한 법률」 제32조 제2항 참조).

답 ③

098

보호관찰 등에 관한 법령상 대상자의 특별준수사항을 포함한 준수사항으로 옳지 않은 것은?

2023년 교정직 7급

① 사행행위에 빠지지 아니할 것
② 피해자 등 재범의 대상이 될 우려가 있는 특정인에 대한 접근금지
③ 주거를 이전할 때에는 미리 보호관찰관의 허가를 받을 것
④ 일정량 이상의 음주를 하지 말 것

보호관찰 등에 관한 법령

미리 '보호관찰관에게 신고할 것'이 일반준수사항 중 하나이다(보호관찰 등에 관한 법률 제32조 제2항 제4호).

> **제32조【보호관찰 대상자의 준수사항】** ② 보호관찰 대상자는 다음 각 호의 사항을 지켜야 한다(→ 일반준수사항).
> 1. 주거지에 상주하고 생업에 종사할 것
> 2. 범죄로 이어지기 쉬운 나쁜 습관을 버리고 선행을 하며 범죄를 저지를 염려가 있는 사람들과 교제하거나 어울리지 말 것
> 3. 보호관찰관의 지도 · 감독에 따르고 방문하면 응대할 것
> 4. 주거를 이전하거나 1개월 이상 국내외 여행을 할 때에는 미리 보호관찰관에게 신고할 것

선지분석

① 「보호관찰 등에 관한 법률」 제32조 제3항 제6호

> **제32조 【보호관찰 대상자의 준수사항】** ③ 법원 및 심사위원회는 판결의 선고 또는 결정의 고지를 할 때에는 제2항의 준수사항 외에 범죄의 내용과 종류 및 본인의 특성 등을 고려하여 필요하면 보호관찰기간의 범위에서 기간을 정하여 다음 각 호의 사항을 특별히 지켜야 할 사항으로 따로 과할 수 있다(→ 특별준수사항).
> 1. 야간 등 재범의 기회나 충동을 줄 수 있는 특정 시간대의 외출 제한
> 2. 재범의 기회나 충동을 줄 수 있는 특정 지역·장소의 출입 금지
> 3. 피해자 등 재범의 대상이 될 우려가 있는 특정인에 대한 접근 금지
> 4. 범죄행위로 인한 손해를 회복하기 위하여 노력할 것
> 5. 일정한 주거가 없는 자에 대한 거주장소 제한
> 6. 사행행위에 빠지지 아니할 것
> 7. 일정량 이상의 음주를 하지 말 것
> 8. 마약 등 중독성 있는 물질을 사용하지 아니할 것
> 9. 「마약류 관리에 관한 법률」상의 마약류 투약, 흡연, 섭취 여부에 관한 검사에 따를 것
> 10. 그 밖에 보호관찰 대상자의 재범방지를 위하여 필요하다고 인정되어 대통령령(→ 시행령 제19조)으로 정하는 사항

② 「보호관찰 등에 관한 법률」 제32조 제3항 제3호

④ 「보호관찰 등에 관한 법률」 제32조 제3항 제7호

답 ③

★★★

099 □□□ **「보호관찰 등에 관한 법률」상 구인(제39조 또는 제40조)한 보호관찰 대상자의 유치에 대한 설명으로 옳지 않은 것은?**

2019년 교정직 7급

① 보호관찰소의 장은 가석방 및 임시퇴원의 취소 신청이 필요하다고 인정되면 보호관찰 대상자를 수용기관 또는 소년분류심사원에 유치할 수 있다.

② 보호관찰 대상자를 유치하려는 경우에는 보호관찰소의 장이 검사에게 신청하여 검사의 청구로 관할 지방법원 판사의 허가를 받아야 하며, 이 경우 검사는 보호관찰 대상자가 구인된 때부터 48시간 이내에 유치 허가를 청구하여야 한다.

③ 유치된 사람에 대하여 보호관찰을 조건으로 한 형의 선고유예가 실효되거나 집행유예가 취소된 경우 또는 가석방이 취소된 경우에는 그 유치기간을 형기에 산입한다.

④ 유치의 기간은 구인한 날부터 20일로 한다. 다만, 보호처분의 변경 신청을 위한 유치에 있어서는 심사위원회의 심사에 필요하면 10일의 범위에서 한 차례만 유치기간을 연장할 수 있다.

구인한 보호관찰 대상자의 유치

보호처분의 변경 신청을 위한 유치의 경우에는 법원이 심리를 위하여 필요하면 심급마다 20일의 범위에서 한 차례만 유치기간을 연장할 수 있다(「보호관찰 등에 관한 법률」 제43조 제1항·제2항). 심사위원회의 심사에 필요하면 10일의 범위에서 한 차례만 유치기간을 연장할 수 있는 것은 가석방 및 임시퇴원의 취소 신청을 위한 유치의 경우이다(동법 제43조 제3항).

> **제43조 【유치기간】** ① 제42조에 따른 유치의 기간은 제39조 제1항 또는 제40조 제1항에 따라 구인한 날부터 20일로 한다.
> ② 법원은 제42조 제1항 제1호 또는 제3호에 따른 신청(→ 선고유예의 실효 및 집행유예의 취소 청구의 신청, 보호처분의 변경 신청)이 있는 경우에 심리를 위하여 필요하다고 인정되면 심급마다 20일의 범위에서 한 차례만 유치기간을 연장할 수 있다.
> ③ 보호관찰소의 장은 제42조 제1항 제2호에 따른 신청(→ 가석방 및 임시퇴원의 취소 신청)이 있는 경우에 심사위원회의 심사에 필요하면 검사에게 신청하여 검사의 청구로 지방법원 판사의 허가를 받아 10일의 범위에서 한 차례만 유치기간을 연장할 수 있다.

선지분석

① 「보호관찰 등에 관한 법률」 제42조 제1항 제2호

> **제42조 【유치】** ① 보호관찰소의 장은 다음 각 호의 신청이 필요하다고 인정되면 제39조 또는 제40조에 따라 구인한 보호관찰 대상자를 수용기관 또는 소년분류심사원에 유치할 수 있다.
> 1. 제47조에 따른 보호관찰을 조건으로 한 형(벌금형을 제외한다)의 선고유예의 실효(失效) 및 집행유예의 취소 청구의 신청
> 2. 제48조에 따른 가석방 및 임시퇴원의 취소 신청
> 3. 제49조에 따른 보호처분의 변경 신청

② 「보호관찰 등에 관한 법률」 제42조 제2항

> **제42조 【유치】** ② 제1항에 따른 유치를 하려는 경우에는 보호관찰소의 장이 검사에게 신청하여 검사의 청구로 관할 지방법원 판사의 허가를 받아야 한다. 이 경우 검사는 보호관찰 대상자가 구인된 때부터 48시간 이내에 유치 허가를 청구하여야 한다.

③ 「보호관찰 등에 관한 법률」 제45조

> **제45조 【유치기간의 형기 산입】** 제42조에 따라 유치된 사람에 대하여 보호관찰을 조건으로 한 형의 선고유예가 실효되거나 집행유예가 취소된 경우 또는 가석방이 취소된 경우에는 그 유치기간을 형기에 산입한다.

답 ④

100 「보호관찰 등에 관한 법률」상 보호관찰 대상자의 구인 및 유치에 대한 설명으로 옳은 것은?

2024년 보호직 9급

① 보호관찰관은, 보호관찰 대상자가 준수사항을 위반하였다고 의심할 상당한 이유가 있고 조사에 따른 소환에 불응하는 경우, 관할 지방검찰청의 검사에게 구인장을 신청할 수 있다.

② 유치된 보호관찰 대상자에 대하여 보호관찰을 조건으로 한 형의 선고유예가 실효된 경우에 그 유치기간은 형기에 산입되지 않는다.

③ 구인한 대상자를 유치하기 위한 신청이 있는 경우, 검사는 보호관찰 대상자가 구인된 때부터 48시간 이내에 관할 지방법원 판사에게 유치 허가를 청구하여야 한다.

④ 보호관찰부 집행유예의 취소 청구를 하려는 경우, 보호관찰소의 장은 유치 허가를 받은 때부터 48시간 이내에 관할 지방검찰청의 검사에게 그 신청을 하여야 한다.

보호관찰 대상자의 구인 및 유치

「보호관찰 등에 관한 법률」 제42조 제2항

> **제42조 【유치】** ② 제1항에 따른 유치를 하려는 경우에는 보호관찰소의 장이 검사에게 신청하여 검사의 청구로 관할 지방법원 판사의 허가를 받아야 한다. 이 경우 검사는 보호관찰 대상자가 구인된 때부터 48시간 이내에 유치 허가를 청구하여야 한다.

선지분석

① '보호관찰소의 장'은 관할 지방검찰청의 검사에게 신청하여, 검사의 청구로 관할 지방법원 판사의 구인장을 발부받아 보호관찰 대상자를 구인할 수 있다(「보호관찰 등에 관한 법률」 제39조 제1항).

> **제39조 【구인】** ① 보호관찰소의 장은 보호관찰 대상자가 제32조의 준수사항을 위반하였거나 위반하였다고 의심할 상당한 이유가 있고, 다음 각 호의 어느 하나에 해당하는 사유가 있는 경우에는 관할 지방검찰청의 검사에게 신청하여 검사의 청구로 관할 지방법원 판사의 구인장을 발부받아 보호관찰 대상자를 구인할 수 있다.
> 1. 일정한 주거가 없는 경우
> 2. 제37조 제1항에 따른 소환에 따르지 아니한 경우
> 3. 도주한 경우 또는 도주할 염려가 있는 경우

② 그 유치기간을 '형기에 산입한다'(「보호관찰 등에 관한 법률」 제45조).

> **제45조 【유치기간의 형기 산입】** 제42조에 따라 유치된 사람에 대하여 보호관찰을 조건으로 한 형의 선고유예가 실효되거나 집행유예가 취소된 경우 또는 가석방이 취소된 경우에는 그 유치기간을 형기에 산입한다.

④ 보호관찰소의 장은 유치 허가를 받은 때부터 '24시간 이내'에 관할 지방검찰청의 검사에게 그 신청을 하여야 한다(「보호관찰 등에 관한 법률」 제42조 제3항).

> **제42조 【유치】** ③ 보호관찰소의 장은 유치 허가를 받은 때부터 24시간 이내에 제1항 각 호의 신청을 하여야 한다.

답 ③

101 **「보호관찰 등에 관한 법률」상 보호관찰의 종료와 임시해제에 대한 설명으로 옳은 것은?** 2023년 보호직 7급

① 보호관찰을 조건으로 한 형의 선고유예가 실효되더라도 보호관찰은 종료되지 않는다.
② 보호관찰의 임시해제 결정이 취소된 경우 그 임시해제 기간을 보호관찰 기간에 포함한다.
③ 보호관찰 대상자는 보호관찰이 임시해제된 기간 중에는 그 준수사항을 계속하여 지키지 않아도 된다.
④ 임시퇴원된 보호소년이 보호관찰이 정지된 상태에서 21세가 된 때에는 보호관찰이 종료된다.

보호관찰의 종료와 임시해제

「보호관찰 등에 관한 법률」 제52조 제4항

> **제52조 【임시해제】** ④ 제3항에 따라 임시해제 결정이 취소된 경우에는 그 임시해제 기간을 보호관찰 기간에 포함한다.

선지분석

① 보호관찰을 조건으로 한 형의 선고유예가 실효된 때에 보호관찰은 종료한다(「보호관찰 등에 관한 법률」 제51조 제1항 제2호).

> **제51조 【보호관찰의 종료】** ① 보호관찰은 보호관찰 대상자가 다음 각 호의 어느 하나에 해당하는 때에 종료한다.
> 1. 보호관찰 기간이 지난 때
> 2. 「형법」 제61조에 따라 보호관찰을 조건으로 한 형의 선고유예가 실효되거나 같은 법 제63조 또는 제64조에 따라 보호관찰을 조건으로 한 집행유예가 실효되거나 취소된 때
> 3. 제48조 또는 다른 법률에 따라 가석방 또는 임시퇴원이 실효되거나 취소된 때
> 4. 제49조에 따라 보호처분이 변경된 때
> 5. 제50조에 따른 부정기형 종료 결정이 있는 때
> 6. 제53조에 따라 보호관찰이 정지된 임시퇴원자가 「보호소년 등의 처우에 관한 법률」 제43조 제1항의 나이(→ 22세)가 된 때
> 7. 다른 법률에 따라 보호관찰이 변경되거나 취소·종료된 때

③ 보호관찰이 임시해제된 기간 중에도 준수사항을 계속하여 지켜야 한다(「보호관찰 등에 관한 법률」 제52조 제2항).

> **제52조 【임시해제】** ② 임시해제 중에는 보호관찰을 하지 아니한다. 다만, 보호관찰 대상자는 준수사항을 계속하여 지켜야 한다.

④ 임시퇴원된 보호소년이 보호관찰이 정지된 상태에서 '22세'가 된 때에는 보호관찰이 종료된다(「보호관찰 등에 관한 법률」 제51조 제1항 제6호).

답 ②

102 보호관찰 심사위원회의 심사 · 결정 사항으로 옳지 않은 것은? 2024년 교정직 7급

① 소년수형자에 대한 가석방과 그 취소
② 성충동 약물치료의 치료명령을 받아 보호관찰 중인 자의 보호관찰 준수사항 위반 정도와 치료기간 연장
③ 가석방되는 성인수형자에 대한 보호관찰의 필요성과 보호관찰이 부과된 가석방의 취소
④ 가석방 또는 임시퇴원된 사람이 있는 곳을 알 수 없어 보호관찰을 계속할 수 없는 때의 보호관찰 정지 및 그 해제

보호관찰 심사위원회의 심사 · 결정 사항

약물치료명령을 선고받은 사람은 치료기간 동안 보호관찰을 받는데(「성폭력범죄자의 성충동 약물치료에 관한 법률」 제8조 제2항), 성충동 약물치료의 치료명령을 받아 보호관찰 중인 자의 보호관찰 준수사항 위반 정도와 치료기간 연장은 '법원'이 판단한다(동법 제16조 제1항 제1호).

> **제8조 【치료명령의 판결 등】** ② 치료명령을 선고받은 사람(이하 "치료명령을 받은 사람"이라 한다)은 치료기간 동안 「보호관찰 등에 관한 법률」에 따른 보호관찰을 받는다.
> **제16조 【치료기간의 연장 등】** ① 치료 경과 등에 비추어 치료명령을 받은 사람에 대한 약물치료를 계속 하여야 할 상당한 이유가 있거나 다음 각 호의 어느 하나에 해당하는 사유가 있으면 법원은 보호관찰소의 장의 신청에 따른 검사의 청구로 치료기간을 결정으로 연장할 수 있다. 다만, 종전의 치료기간을 합산하여 15년을 초과할 수 없다.
> 1. 정당한 사유 없이 「보호관찰 등에 관한 법률」 제32조 제2항(제4호는 제외한다) 또는 제3항에 따른 준수사항을 위반한 경우
> 2. 정당한 사유 없이 제15조 제2항을 위반하여 신고하지 아니한 경우
> 3. 거짓으로 제15조 제3항의 허가를 받거나, 정당한 사유 없이 제15조 제3항을 위반하여 허가를 받지 아니하고 주거 이전, 국내여행 또는 출국을 하거나 허가기간 내에 귀국하지 아니한 경우

선지분석

① 「보호관찰 등에 관한 법률」 제6조 제1호

> **제6조 【관장 사무】** 심사위원회(→ 보호관찰 심사위원회)는 이 법에 따른 다음 각 호의 사항을 심사 · 결정한다.
> 1. 가석방과 그 취소에 관한 사항(→ 소년수형자)
> 2. 임시퇴원, 임시퇴원의 취소 및 「보호소년 등의 처우에 관한 법률」 제43조 제3항에 따른 보호소년의 퇴원(이하 "퇴원"이라 한다)에 관한 사항
> 3. 보호관찰의 임시해제와 그 취소에 관한 사항
> 4. 보호관찰의 정지와 그 취소에 관한 사항
> 5. 가석방 중인 사람의 부정기형의 종료에 관한 사항
> 6. 이 법 또는 다른 법령에서 심사위원회의 관장 사무로 규정된 사항
> 7. 제1호부터 제6호까지의 사항과 관련된 사항으로서 위원장이 회의에 부치는 사항

③ 「보호관찰 등에 관한 법률」 제24조 제1항, 제48조 제1항

> **제24조 【성인수형자에 대한 보호관찰의 심사와 결정】** ① 심사위원회는 「형의 집행 및 수용자의 처우에 관한 법률」 제122조에 따라 가석방되는 사람(→ 성인수형자)에 대하여 보호관찰의 필요성을 심사하여 결정한다.
> **제48조 【가석방 및 임시퇴원의 취소】** ① 심사위원회는 가석방 또는 임시퇴원된 사람이 보호관찰기간 중 제32조의 준수사항을 위반하고 위반 정도가 무거워 보호관찰을 계속하기가 적절하지 아니하다고 판단되는 경우에는 보호관찰소의 장의 신청을 받거나 직권으로 가석방 및 임시퇴원의 취소를 심사하여 결정할 수 있다.

④ 「보호관찰 등에 관한 법률」 제53조 제1항 · 제2항

> **제53조 【보호관찰의 정지】** ① 심사위원회는 가석방 또는 임시퇴원된 사람이 있는 곳을 알 수 없어 보호관찰을 계속할 수 없을 때에는 보호관찰소의 장의 신청을 받거나 직권으로 보호관찰을 정지하는 결정(이하 "정지결정"이라 한다)을 할 수 있다.
> ② 심사위원회는 제1항에 따라 보호관찰을 정지한 사람이 있는 곳을 알게 되면 즉시 그 정지를 해제하는 결정(이하 "정지해제결정"이라 한다)을 하여야 한다.

답 ②

★★★

103 □□□ 「보호관찰 등에 관한 법률」상 보호관찰에 대한 설명으로 옳지 않은 것은? (다툼이 있는 경우 판례에 의함)

2025년 보호직 9급

① 보호관찰은 법원의 판결이나 결정이 확정된 때 또는 가석방 · 임시퇴원된 때부터 시작된다.

② 「보호관찰 등에 관한 법률」 제42조에 따라 유치된 사람에 대하여 보호관찰을 조건으로 한 형의 선고유예가 실효된 경우에는 그 유치기간을 형기에 산입한다.

③ 「근로기준법」을 위반한 피고인에 대하여 형의 집행을 유예함과 동시에 집행유예기간 동안 보호관찰을 받을 것을 명하면서 "보호관찰기간 중 노조지부장 선거에 후보로 출마하는 등 선거에 개입하지 말 것"이라는 내용의 특별준수사항을 부과한 것은 피고인의 자유를 부당하게 제한한 것으로 위법하다.

④ 보호관찰소의 장은 「보호관찰 등에 관한 법률」 제39조(구인) 또는 제40조(긴급구인)에 따라 보호관찰 대상자를 구인하였을 때에는 제42조에 따라 유치 허가를 청구한 경우를 제외하고는 구인한 때부터 48시간 이내에 석방하여야 한다.

보호관찰

대판 2010. 9. 30. 2010도6403

관련 판례

【대판 2010. 9. 30. 2010도6403】 [1] 「형법」 제62조의2 제1항에서 말하는 보호관찰은 형벌이 아닌 보안처분의 성격을 갖는 것으로서, 과거의 불법에 대한 책임에 기초하고 있는 제재가 아니라 장래의 위험성으로부터 행위자를 보호하고 사회를 방위하기 위한 합목적적인 조치이다. 보호관찰은 위와 같은 형사정책적 견지에서 때로는 본래 개인의 자유에 맡겨진 영역이거나 또는 타인의 이익을 침해하는 법상 금지된 행위가 아니더라도 보호관찰 대상자의 특성, 그가 저지른 범죄의 내용과 종류 등을 구체적 · 개별적으로 고려하여 일정기간 동안 보호관찰 대상자의 자유를 제한하는 내용의 준수사항을 부과함으로써 대상자의 교화 · 개선을 통해 범죄를 예방하고 재범을 방지하려는 데에 그 제도적 의의가 있다. 다만 법치주의와 기본권 보장의 원칙 아래에서 보호관찰 역시 자의적 · 무제한적으로 허용될 수 없음은 물론이다. 보호관찰은 필요하고도 적절한 한도 내에서 이루어져야 하며, 가장 적합한 방법으로 실시되어야 하므로(「보호관찰 등에 관한 법률」 제4조 참조), 대상자가 준수할 수 있고 그 자유를 부당하게 제한하지 아니하는 범위 내에서 구체적으로 부과되어야 한다(「보호관찰 등에 관한 법률 시행령」 제19조 제8호 참조).
[2] 버스회사 노동조합 지부장인 피고인이 운전기사 신규 채용 내지 정년 도과 후 촉탁직 근로계약의 체결과 관련하여 취업을 원하거나, 정년 후 계속 근로를 원하는 운전기사들로부터 청탁의 대가로 돈을 받아 이익을 취득하였고, 원심이 위 행위에 대해 「근로기준법」 위반죄의 성립을 인정한 뒤, 피고인에 대하여 형의 집행을 유예함과 동시에 집행유예기간 동안 보호관찰을 받을 것을 명하면서 "보호관찰기간 중 노조지부장 선거에 후보로 출마하거나 피고인을 지지하는 다른 조합원의 출마를 후원하거나 하는 등의 방법으로 선거에 개입하지 말 것"이라는 내용의 특별준수사항을 부과한 사안에서, 범행에 이르게 된 동기와 내용, 피고인의 지위, 업무 환경, 생활상태, 기타 개별적 · 구체적 특성들을 종합할 때, 원심이 피고인의 재범을 방지하고 개선 · 자립에 도움이 된다고 판단하여 위와 같은 특별준수사항을 부과한 것은 정당하다고 한 사례.

선지분석

① 「보호관찰 등에 관한 법률」 제29조 제1항

> **제29조 【보호관찰의 개시 및 신고】** ① 보호관찰은 법원의 판결이나 결정이 확정된 때 또는 가석방 · 임시퇴원된 때부터 시작된다.

② 「보호관찰 등에 관한 법률」 제45조

> **제45조 【유치기간의 형기 산입】** 제42조에 따라 유치된 사람에 대하여 보호관찰을 조건으로 한 형의 선고유예가 실효되거나 집행유예가 취소된 경우 또는 가석방이 취소된 경우에는 그 유치기간을 형기에 산입한다.

④ 「보호관찰 등에 관한 법률」 제41조

> **제41조 【구인 기간】** 보호관찰소의 장은 제39조 또는 제40조에 따라 보호관찰 대상자를 구인하였을 때에는 제42조에 따라 유치 허가를 청구한 경우를 제외하고는 구인한 때부터 48시간 이내에 석방하여야 한다. 다만, 제42조 제2항에 따른 유치 허가를 받지 못하면 즉시 보호관찰 대상자를 석방하여야 한다.

답 ③

104 「보호관찰 등에 관한 법률」의 내용으로 옳지 않은 것은? 2025년 보호직 9급

① 검사가 보호관찰관이 선도함을 조건으로 공소제기를 유예하고 위탁한 선도 업무는 보호관찰소의 관장 사무에 해당한다.

② 보호관찰을 조건으로 형의 집행유예를 선고받은 사람의 보호관찰 기간을 법원이 따로 정한 경우 보호관찰 기간은 그 유예기간이 아니라 법원이 정한 기간으로 한다.

③ 보호관찰소 소속 공무원은 구인 또는 긴급구인한 보호관찰 대상자를 보호관찰소에 인치하는 정당한 직무집행 과정에서 필요하다고 인정되는 상당한 이유가 있으면 보호장구 중 전자충격기를 사용할 수 있다.

④ 보호관찰 대상자가 보호관찰 기간 중 금고 이상의 형의 집행을 받게 된 때에는 해당 형의 집행기간 동안 보호관찰 대상자에 대한 보호관찰 기간은 계속 진행되고, 해당 형의 집행이 종료 · 면제되거나 보호관찰 대상자가 가석방된 경우 보호관찰 기간이 남아있는 때에는 그 잔여기간 동안 보호관찰을 집행한다.

「보호관찰 등에 관한 법률」

전자충격기를 사용할 수 있는 경우에 해당하지 아니한다(「보호관찰 등에 관한 법률」 제46조의2 제1항, 제46조의3 제2항 제3호).

> **제46조의2 【보호장구의 사용】** ① 보호관찰소 소속 공무원은 보호관찰 대상자가 다음 각 호의 어느 하나에 해당하고, 정당한 직무집행 과정에서 필요하다고 인정되는 상당한 이유가 있으면 제46조의3제1항에 따른 보호장구를 사용할 수 있다.
> 1. 제39조 및 제40조에 따라 구인 또는 긴급구인한 보호관찰 대상자를 보호관찰소에 인치하거나 수용기관 등에 유치하기 위해 호송하는 때
> 2. 제39조 및 제40조에 따라 구인 또는 긴급구인한 보호관찰 대상자가 도주하거나 도주할 우려가 있는 때
> 3. 위력으로 보호관찰소 소속 공무원의 정당한 직무집행을 방해하는 때
> 4. 자살 · 자해 또는 다른 사람에 대한 위해의 우려가 큰 때
> 5. 보호관찰소 시설의 설비 · 기구 등을 손괴하거나 그 밖에 시설의 안전 또는 질서를 해칠 우려가 큰 때
>
> **제46조의3 【보호장구의 종류 및 사용요건】** ② 보호장구의 종류별 사용요건은 다음 각 호와 같다.
> 1. 수갑 · 포승 · 보호대(帶): 제46조의2 제1항 제1호부터 제5호까지의 어느 하나에 해당하는 때
> 2. 가스총: 제46조의2 제1항 제2호부터 제5호까지(→ 호송 ×)의 어느 하나에 해당하는 때
> 3. 전자충격기: 제46조의2 제1항 제2호부터 제5호까지(→ 호송 ×)의 어느 하나에 해당하는 경우로서 상황이 긴급하여 다른 보호장구만으로는 그 목적을 달성할 수 없는 때

선지분석

① 「보호관찰 등에 관한 법률」 제15조 제3호

> **제15조 【보호관찰소의 관장 사무】** 보호관찰소(보호관찰지소를 포함한다. 이하 같다)는 다음 각 호의 사무를 관장한다.
> 1. 보호관찰, 사회봉사명령 및 수강명령의 집행
> 2. 갱생보호
> 3. 검사가 보호관찰관이 선도함을 조건으로 공소제기를 유예하고 위탁한 선도 업무(→ 소년 · 성인 불문)
> 4. 제18조에 따른 범죄예방 자원봉사위원에 대한 교육훈련 및 업무지도
> 5. 범죄예방활동
> 6. 이 법 또는 다른 법령에서 보호관찰소의 관장 사무로 규정된 사항

② 「보호관찰 등에 관한 법률」 제30조 제2호

> **제30조 【보호관찰의 기간】** 보호관찰 대상자는 다음 각 호의 구분에 따른 기간에 보호관찰을 받는다.
> 1. 보호관찰을 조건으로 형의 선고유예를 받은 사람: 1년
> 2. 보호관찰을 조건으로 형의 집행유예를 선고받은 사람: 그 유예기간. 다만, 법원이 보호관찰 기간을 따로 정한 경우에는 그 기간
> 3. 가석방자: 「형법」 제73조의2 또는 「소년법」 제66조에 규정된 기간(→ 10년, 남은 형기 / 가석방 전에 집행을 받은 기간과 같은 기간)
> 4. 임시퇴원자: 퇴원일부터 6개월 이상 2년 이하의 범위에서 심사위원회가 정한 기간
> 5. 「소년법」 제32조 제1항 제4호 및 제5호의 보호처분(→ 단기 · 장기 보호관찰)을 받은 사람: 그 법률에서 정한 기간
> 6. 다른 법률에 따라 이 법에서 정한 보호관찰을 받는 사람: 그 법률에서 정한 기간

④ 「보호관찰 등에 관한 법률」 제51조 제2항

> **제51조 【보호관찰의 종료】** ② 보호관찰 대상자가 보호관찰 기간 중 금고 이상의 형의 집행을 받게 된 때에는 해당 형의 집행기간 동안 보호관찰 대상자에 대한 보호관찰 기간은 계속 진행되고, 해당 형의 집행이 종료 · 면제되거나 보호관찰 대상자가 가석방된 경우 보호관찰 기간이 남아있는 때에는 그 잔여기간 동안 보호관찰을 집행한다.

답 ③

105 보호관찰의 지도 · 감독 유형으로 올린(Ohlin)이 제시한 내용 중 지역사회보호와 범죄자보호 양쪽 사이에서 갈등을 가장 크게 겪는 보호관찰관의 유형으로 옳은 것은? 2017년 교정직 9급

① 보호적 보호관찰관
② 수동적 보호관찰관
③ 복지적 보호관찰관
④ 중개적 보호관찰관

올린(Ohlin)의 보호관찰 지도 및 감독 유형

올린(Ohlin)은 보호관찰관의 보호관찰 유형과 관련하여 ㉠ 자신의 목표를 대상자에 대한 복지향상에 두고 지원기능을 강조하는 복지적(welfare) 보호관찰관, ㉡ 위협을 수단으로 대상자를 규율에 동조하도록 강요해 통제를 강조하는 처벌적(punitive) 보호관찰관, ㉢ 통제기능과 지원기능을 적절히 조화시키려는 보호적(protective) 보호관찰관, ㉣ 통제나 지원 모두에 소극적이며 자신의 임무는 최소한의 개입이라고 믿는 수동적(passive) 보호관찰관으로 구분하였다. 보호적 보호관찰관은 통제와 지원 기능의 적절한 조화가 어려운 경우에는 사회의 보호와 범죄자의 보호 양자 사이에서 갈등을 겪게 된다고 볼 수 있다.

답 ①

106

올린(Ohlin)의 관점에 따라 보호관찰관의 유형을 통제와 지원이라는 두 가지 차원에서 다음의 그림과 같이 구분할 때, ㄱ~ㄹ에 들어갈 유형을 옳게 연결한 것은? 2018년 교정직 7급

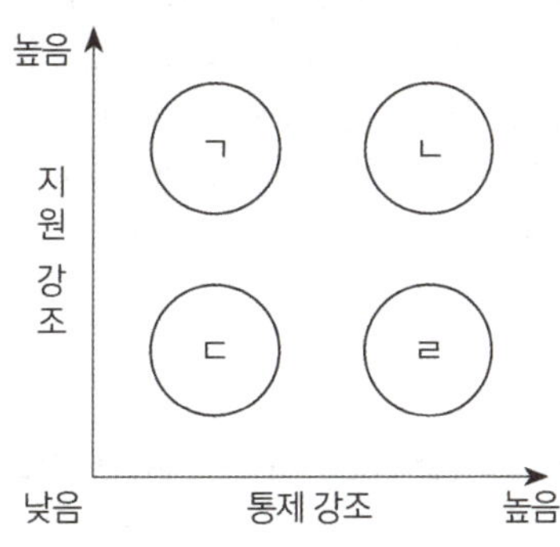

	ㄱ	ㄴ	ㄷ	ㄹ
①	복지적 관찰관	보호적 관찰관	수동적 관찰관	처벌적 관찰관
②	보호적 관찰관	복지적 관찰관	수동적 관찰관	처벌적 관찰관
③	복지적 관찰관	보호적 관찰관	처벌적 관찰관	수동적 관찰관
④	보호적 관찰관	복지적 관찰관	처벌적 관찰관	수동적 관찰관

올린(Ohlin)의 보호관찰관의 지도 및 감독 유형

올린(Ohlin)은 보호관찰관의 보호관찰 유형과 관련하여 자신의 목표를 대상자에 대한 복지향상에 두고 지원기능을 강조하는 ㄱ. 복지적(welfare) 보호관찰관, 위협을 수단으로 대상자를 규율에 동조하도록 강요하여 통제를 강조하는 ㄹ. 처벌적(punitive) 보호관찰관, 통제기능과 지원기능을 적절히 조화시키려는 ㄴ. 보호적(protective) 보호관찰관, 통제나 지원 모두에 소극적이며 자신의 임무는 최소한의 개입이라고 믿는 ㄷ. 수동적(passive) 보호관찰관으로 구분하였다.

답 ①

107

다음에서 설명하는 올린(L. E. Ohlin)의 보호관찰관 유형은? 2021년 교정직 7급

> 이 유형의 보호관찰관은 주로 직접적인 지원이나 강연 또는 칭찬과 꾸중 등 비공식적인 방법을 이용한다. 또한 보호관찰관은 사회의 보호, 즉 사회방위와 범죄자 개인의 개선 · 보호를 조화시키고자 하므로 역할갈등을 크게 겪는다.

① 처벌적 보호관찰관(punitive probation officer)
② 보호적 보호관찰관(protective probation officer)
③ 복지적 보호관찰관(welfare probation officer)
④ 수동적 보호관찰관(passive probation officer)

보호관찰관의 유형

올린(Ohlin)은 보호관찰관의 유형과 관련하여 ㉠ 자신의 목표를 대상자에 대한 복지향상에 두고 지원기능을 강조하는 복지적(welfare) 보호관찰관, ㉡ 위협을 수단으로 대상자를 규율에 동조하도록 강요해 통제를 강조하는 처벌적(punitive) 보호관찰관, ㉢ 통제기능과 지원기능을 적절히 조화시키려는 보호적(protective) 보호관찰관, ㉣ 통제나 지원 모두에 소극적이며 자신의 임무는 최소한의 개입이라고 믿는 수동적(passive) 보호관찰관으로 구분하였다. 이 중에서 보호적 보호관찰관은 통제와 지원 기능의 적절한 조화가 어려운 경우에는 사회의 보호와 범죄자의 보호 사이에서 갈등을 겪게 된다.

답 ②

108 다음 설명에 해당하는 스미크라(Smykla)의 보호관찰모형으로 옳은 것은? 2017년 교정직 7급

> 보호관찰관은 외부자원을 적극 활용하여 보호관찰대상자들이 다양하고 전문적인 사회적 서비스를 받을 수 있도록 사회기관에 위탁하는 것을 주요 일과로 삼고 있다.

① 프로그램모형(program model)
② 중재자모형(brokerage model)
③ 옹호모형(advocacy model)
④ 전통적 모형(traditional model)

스미크라(Smykla)의 보호관찰모형

스미크라(Smykla)는 보호관찰관의 기능과 자원의 활용이라는 측면에서 보호관찰을 모형화하고 있다. 외부자원을 적극 활용하여 다양하고 전문적인 사회적 서비스를 받을 수 있도록 사회기관에 위탁하는 것은 옹호모형에 해당한다.

핵심POINT 스미크라(Smykla)의 보호관찰모형

전통적 모형	보호관찰관이 지식인(generalist)으로서 내부자원을 이용하여 지역적으로 균등배분된 대상자에 대해서 지도 · 감독에서 보도 · 원호에 이르기까지 다양한 기능을 수행하나, 통제를 보다 중시하는 모형
프로그램모형	보호관찰관이 전문가(specialist)를 지향하나 목적수행을 위한 자원은 내부적으로 해결하려는 것으로서, 대상자를 분류하여 보호관찰관의 전문성에 따라 배정하게 되는 유형
옹호모형	보호관찰관이 지식인(generalist, 만능보호관찰관)으로서 외부자원을 적극 활용하여 대상자가 다양하고 전문적인 사회적 서비스를 제공받을 수 있도록 무작위로 배정된 대상자들을 사회기관에 위탁하는 것을 주된 임무로 하는 유형
중개(중재)모형	보호관찰관은 전문가(specialist)로서 자신의 전문성에 맞게 배정된 대상자에 대하여 사회자원의 개발과 중개의 방법으로 외부자원을 적극 활용하여 전문적인 보호관찰을 하는 것으로, 현대 교정이념에 가장 적합하다고 평가되는 유형

답 ③

109 (가)와 (나)에 들어갈 내용을 바르게 연결한 것은? 2021년 교정직 7급

(가)은/는 보호관찰관의 기능과 자원의 활용에 따라 보호관찰을 모형화하였는데, 이 중 (나)모형이란 전문성을 갖춘 보호관찰관이 외부의 사회적 자원을 적극 개발하고 활용하는 유형을 말한다.

	(가)	(나)
①	Crofton	옹호(advocacy)
②	Crofton	중개(brokerage)
③	Smykla	옹호(advocacy)
④	Smykla	중개(brokerage)

스미크라(Smykla)의 보호관찰모형

중개모형(중재모형)은 보호관찰관이 전문가(specialist)로서 자신의 전문성에 맞게 배정된 대상자에 대하여 사회자원의 개발과 중개의 방법으로 외부자원을 적극 활용하여 전문적인 보호관찰을 하는 것으로, 현대 교정이념에 가장 적합하다고 평가되는 유형이다.

선지분석

①, ② 스미크라(Smykla)는 보호관찰관의 기능(지식인 또는 전문가)과 자원의 활용(내부자원 또는 외부자원)에 따라 보호관찰모형을 분류하였다.

③ 옹호모형은 보호관찰관이 지식인(generalist, 만능보호관찰관)으로서 외부자원을 적극 활용하여 대상자가 다양하고 전문적인 사회적 서비스를 제공받을 수 있도록 무작위로 배정된 대상자들을 사회기관에 위탁하는 것을 주된 임무로 하는 유형이다.

답 ④

110 「보호관찰 등에 관한 법률」상 사회봉사명령에 대한 설명으로 옳지 않은 것은? 2016년 교정직 9급

① 보호관찰관은 국공립기관이나 그 밖의 단체에 사회봉사명령 집행의 전부 또는 일부를 위탁할 수 있다.

② 법원은 「형법」상 사회봉사를 명할 경우에 대상자가 사회봉사를 할 분야와 장소 등을 지정하여야 한다.

③ 사회봉사명령 대상자는 주거를 이전하거나 1개월 이상 국내 · 외 여행을 할 때에는 미리 보호관찰관에게 신고하여야 한다.

④ 「형법」상 형의 집행유예 시 사회봉사를 명할 때에는 다른 법률에 특별한 규정이 없으면 500시간의 범위에서 그 기간을 정하여야 한다.

사회봉사명령

법원은 사회봉사의 기간을 정하여야 하지만(필요적, 「보호관찰 등에 관한 법률」 제59조 제1항), 분야와 장소 등은 지정할 수 있다(임의적, 「보호관찰 등에 관한 법률」 제59조 제2항).

> **제59조 【사회봉사명령 · 수강명령의 범위】** ① 법원은 「형법」 제62조의2에 따른 사회봉사를 명할 때에는 500시간, 수강을 명할 때에는 200시간의 범위에서 그 '기간'을 정하여야 한다. 다만, 다른 법률에 특별한 규정이 있는 경우에는 그 법률에서 정하는 바에 따른다.
> ② 법원은 제1항의 경우에 사회봉사 · 수강명령 대상자가 사회봉사를 하거나 수강할 '분야와 장소 등'을 지정할 수 있다.

선지분석

① 사회봉사명령 또는 수강명령은 보호관찰관이 집행한다. 다만, 보호관찰관은 국공립기관이나 그 밖의 단체에 그 집행의 전부 또는 일부를 위탁할 수 있다(「보호관찰 등에 관한 법률」 제61조 제1항).

③ 「보호관찰 등에 관한 법률」 제62조 제2항

> **제62조 【사회봉사 · 수강명령 대상자의 준수사항】** ② 사회봉사 · 수강명령 대상자는 다음 각 호의 사항을 준수하여야 한다.
> 1. 보호관찰관의 집행에 관한 지시에 따를 것
> 2. 주거를 이전하거나 1개월 이상 국내외여행을 할 때에는 미리 보호관찰관에게 신고할 것

④ 「보호관찰 등에 관한 법률」 제59조 제1항

답 ②

111 ★★ 사회봉사명령제도에 대한 설명으로 옳은 것은? (단, 다툼이 있는 경우 판례에 의함) 2012년 교정직 7급

① 「형법」상 사회봉사명령은 집행유예기간 내에 이를 집행한다.
② 「소년법」상 사회봉사명령은 12세 이상의 소년에게만 할 수 있다.
③ 보호관찰과 사회봉사명령 또는 수강명령은 동시에 명할 수 없다.
④ 「형법」상 사회봉사명령은 집행유예 또는 선고유예를 선고받은 사람에게 부과할 수 있다.

사회봉사명령제도

사회봉사명령 또는 수강명령은 집행유예기간 내에 이를 집행한다(「형법」 제62조의2 제3항).

선지분석

② 사회봉사명령의 처분은 14세 이상의 소년에게만 할 수 있다(「소년법」 제32조 제3항).
③ 동시에 명할 수 있다(대판 1998.4.24. 98도98).

> **관련 판례**
> 【대판 1998.4.24. 98도98】 형법 제62조에 의하여 집행유예를 선고할 경우에는 같은 법 제62조의2 제1항에 규정된 보호관찰과 사회봉사 또는 수강을 동시에 명할 수 있다고 해석함이 상당하다.

④ 집행유예의 경우에는 사회봉사를 명할 수 있으나(「형법」 제62조의2 제1항), 선고유예의 경우 사회봉사를 명할 수 없다(「형법」 제59조의2 제1항).

답 ①

사회봉사명령에 대한 설명으로 옳지 않은 것은? (다툼이 있는 경우 판례에 의함) 2021년 보호직 7급

① 법원이 형의 집행을 유예하는 경우 명할 수 있는 사회봉사는 500시간 내에서 시간 단위로 부과될 수 있는 일 또는 근로활동을 의미하는 것으로 해석된다.

② 보호관찰관은 사회봉사명령의 집행을 국공립기관이나 그 밖의 단체에 위탁한 때에는 이를 법원 또는 법원의 장에게 통보하여야 한다.

③ 사회봉사의 도움을 필요로 하는 일반 국민들에게 직접 지원 분야를 신청받아 관할 보호관찰소에서 적절성을 심사한 후, 사회봉사명령대상자를 투입하여 무상으로 사회봉사명령을 집행할 수 있다.

④ 500만 원 이하의 벌금형이 확정된 벌금 미납자는 검사의 납부명령일로부터 30일 이내에 주거지를 관할하는 보호관찰관에게 사회봉사를 신청할 수 있다.

사회봉사명령

주거지를 관할하는 지방검찰청의 검사에게 사회봉사를 신청할 수 있다(「벌금 미납자의 사회봉사 집행에 관한 특례법」 제4조 제1항).

> **제4조 【사회봉사의 신청】** ① 대통령령으로 정한 금액(→ 500만 원) 범위 내의 벌금형이 확정된 벌금 미납자는 검사의 납부명령일부터 30일 이내에 주거지를 관할하는 지방검찰청(지방검찰청지청을 포함)의 검사에게 사회봉사를 신청할 수 있다. 다만, 검사로부터 벌금의 일부납부 또는 납부연기를 허가받은 자는 그 허가기한 내에 사회봉사를 신청할 수 있다.

선지분석

① 대판 2020.11.5. 2017도18291

> **관련 판례**
>
> 【대판 2020.11.5. 2017도18291】 우리 헌법 제12조 제1항은 "모든 국민은 신체의 자유를 가진다. 누구든지 … 법률과 적법한 절차에 의하지 아니하고는 처벌·보안처분 또는 강제노역을 받지 아니한다."라고 규정하여 처벌, 보안처분, 강제노역에 관한 법률주의 및 적법절차원리를 선언하고 있다. 이에 따라 범죄인에 대한 사회 내 처우의 한 유형으로 도입된 사회봉사명령 등에 관하여 구체적인 사항을 정하고 있는 「형법」 제62조의2 제1항은 "형의 집행을 유예하는 경우에는 보호관찰을 받을 것을 명하거나 사회봉사 또는 수강을 명할 수 있다."라고 규정하고 있다. 나아가 「보호관찰 등에 관한 법률」 제59조 제1항은 "법원은 「형법」 제62조의2에 따른 사회봉사를 명할 때에는 500시간 …의 범위에서 그 기간을 정하여야 한다. 다만 다른 법률에 특별한 규정이 있는 경우에는 그 법률에서 정한 바에 따른다."라고 규정하고 있다. 위 각 규정을 종합하면, 법원이 형의 집행을 유예하는 경우 명할 수 있는 사회봉사는 다른 법률에 특별한 규정이 없는 한 500시간 내에서 시간 단위로 부과될 수 있는 일 또는 근로활동을 의미하는 것으로 해석된다.

② 「보호관찰 등에 관한 법률」 제61조 제2항

③ 사회봉사 국민공모제에 대한 설명이다. 이는 도움이 필요한 일반 국민들에게 직접 지원분야를 신청받아 관할 보호관찰소에서 적절성을 심사한 후, 사회봉사명령대상자를 투입하여 무상으로 지원하는 제도로서 2013년 5월부터 시행되었다. 지원분야로는 지역사회지원(예 벽화그리기, 벽보 및 낙서제거, 가로수 정비, 지역 환경정화활동 등), 소외계층지원[예 노인, 장애인, 각종 피해자, 다문화가정 등 지원활동(예 목욕, 이미용, 빨래, 연탄·김장배달)], 주거환경개선지원(예 집수리, 도배·장판·방충망 교체, 도색, 청소 등), 농어촌 지원(예 영세·고령농가 등 농어촌 지역 일손돕기, 농가환경개선 등), 긴급재난복구지원(예 태풍·폭우·폭설·가뭄 등으로 인한 재난복구 지원), 복지시설지원(예 복지시설 환경정화, 목욕보조, 이미용, 말벗, 김장담그기 등), 기타공익지원(예 공익적 목적의 행사, 축제, 경기대회 보조, 공익단체 지원활동 등) 등이 있다.

답 ④

113 수강명령의 부과 대상이 될 수 없는 자로 옳은 것은?

2013년 교정직 9급

① 「경범죄 처벌법」상 과다노출이나 지속적 괴롭힘 행위를 한 자
② 「성매매알선 등 행위의 처벌에 관한 법률」상 성매매를 한 자
③ 「가정폭력범죄의 처벌 등에 관한 특례법」상 가정폭력사범
④ 「성폭력범죄의 처벌 등에 관한 특례법」상 집행유예선고를 받은 성폭력범죄자

수강명령의 부과 대상이 될 수 없는 자

수강명령의 부과가 아니라 10만 원 이하의 벌금, 구류 또는 과료의 형으로 처벌된다(「경범죄 처벌법」 제3조 제1항).

> **제3조 【경범죄의 종류】** ① 다음 각 호의 어느 하나에 해당하는 사람은 10만 원 이하의 벌금, 구류 또는 과료(科料)의 형으로 처벌한다.
> 33. (과다노출) 여러 사람의 눈에 뜨이는 곳에서 공공연하게 알몸을 지나치게 내놓거나 가려야 할 곳을 내놓아 다른 사람에게 부끄러운 느낌이나 불쾌감을 준 사람
> 41. (지속적 괴롭힘) 상대방의 명시적 의사에 반하여 지속적으로 접근을 시도하여 면회 또는 교제를 요구하거나 지켜보기, 따라다니기, 잠복하여 기다리기 등의 행위를 반복하여 하는 사람

선지분석

② 「성매매알선 등 행위의 처벌에 관한 법률」 제14조 제1항

> **제14조 【보호처분의 결정 등】** ① 판사는 심리 결과 보호처분이 필요하다고 인정할 때에는 결정으로 다음 각 호의 어느 하나에 해당하는 처분을 할 수 있다.
> 1. 성매매가 이루어질 우려가 있다고 인정되는 장소나 지역에의 출입금지
> 2. 「보호관찰 등에 관한 법률」에 따른 보호관찰
> 3. 「보호관찰 등에 관한 법률」에 따른 사회봉사 · 수강명령
> 4. 「성매매방지 및 피해자보호 등에 관한 법률」 제10조에 따른 성매매 피해상담소에의 상담위탁
> 5. 「성폭력방지 및 피해자보호 등에 관한 법률」 제27조 제1항에 따른 전담의료기관에의 치료위탁

③ 「가정폭력범죄의 처벌 등에 관한 특례법」 제40조 제1항

> **제40조 【보호처분의 결정 등】** ① 판사는 심리의 결과 보호처분이 필요하다고 인정하는 경우에는 결정으로 다음 각 호의 어느 하나에 해당하는 처분을 할 수 있다.
> 1. 가정폭력행위자가 피해자 또는 가정구성원에게 접근하는 행위의 제한
> 2. 가정폭력행위자가 피해자 또는 가정구성원에게 「전기통신기본법」 제2조 제1호의 전기통신을 이용하여 접근하는 행위의 제한
> 3. 가정폭력행위자가 친권자인 경우 피해자에 대한 친권 행사의 제한
> 4. 「보호관찰 등에 관한 법률」에 따른 사회봉사 · 수강명령
> 5. 「보호관찰 등에 관한 법률」에 따른 보호관찰
> 6. 「가정폭력방지 및 피해자보호 등에 관한 법률」에서 정하는 보호시설에의 감호위탁
> 7. 의료기관에의 치료위탁
> 8. 상담소 등에의 상담위탁

④ 「성폭력범죄의 처벌 등에 관한 특례법」 제16조 제4항

> **제16조 【형벌과 수강명령 등의 병과】** ④ 법원이 성폭력범죄를 범한 사람에 대하여 형의 집행을 유예하는 경우에는 제2항에 따른 수강명령 외에 그 집행유예기간 내에서 보호관찰 또는 사회봉사 중 하나 이상의 처분을 병과할 수 있다.

답 ①

114

「보호관찰 등에 관한 법률」상 사회봉사명령과 수강명령에 대한 설명으로 옳지 않은 것은?

2020년 교정직 9급

① 법원은 「형법」 제62조의2에 따른 사회봉사를 명할 때에는 500시간, 수강을 명할 때에는 200시간의 범위에서 그 기간을 정하여야 한다. 다만, 다른 법률에 특별한 규정이 있는 경우에는 그 법률에서 정하는 바에 따른다.

② 법원은 「형법」 제62조의2에 따른 사회봉사 또는 수강을 명하는 판결이 확정된 때부터 3일 이내에 판결문 등본 및 준수사항을 적은 서면을 피고인의 주거지를 관할하는 보호관찰소의 장에게 보내야 한다.

③ 사회봉사 · 수강명령 대상자는 주거를 이전하거나 10일 이상의 국외 여행을 할 때에는 미리 보호관찰관에게 신고하여야 한다.

④ 사회봉사 · 수강명령 대상자가 사회봉사 · 수강명령 집행 중 금고 이상의 형의 집행을 받게 된 때에는 해당 형의 집행이 종료 · 면제되거나 사회봉사 · 수강명령 대상자가 가석방된 경우 잔여 사회봉사 · 수강명령을 집행한다.

사회봉사명령과 수강명령

1개월 이상 국내 · 외 여행을 할 때에는 미리 보호관찰관에게 신고하여야 한다(「보호관찰 등에 관한 법률」 제62조 제2항 제2호).

> **제62조 【사회봉사 · 수강명령 대상자의 준수사항】** ② 사회봉사 · 수강명령 대상자는 다음 각 호의 사항을 준수하여야 한다.
> 1. 보호관찰관의 집행에 관한 지시에 따를 것
> 2. 주거를 이전하거나 1개월 이상 국내 · 외 여행을 할 때에는 미리 보호관찰관에게 신고할 것

선지분석

① 「보호관찰 등에 관한 법률」 제59조 제1항

> **제59조 【사회봉사명령 · 수강명령의 범위】** ① 법원은 「형법」 제62조의2에 따른 사회봉사를 명할 때에는 500시간, 수강을 명할 때에는 200시간의 범위에서 그 기간을 정하여야 한다. 다만, 다른 법률에 특별한 규정이 있는 경우에는 그 법률에서 정하는 바에 따른다.

② 「보호관찰 등에 관한 법률」 제60조 제1항

> **제60조 【판결의 통지 등】** ① 법원은 「형법」 제62조의2에 따른 사회봉사 또는 수강을 명하는 판결이 확정된 때부터 3일 이내에 판결문 등본 및 준수사항을 적은 서면을 피고인의 주거지를 관할하는 보호관찰소의 장에게 보내야 한다.

④ 「보호관찰 등에 관한 법률」 제63조 제2항

> **제63조 【사회봉사 · 수강의 종료】** ② 사회봉사 · 수강명령 대상자가 사회봉사 · 수강명령 집행 중 금고 이상의 형의 집행을 받게 된 때에는 해당 형의 집행이 종료 · 면제되거나 사회봉사 · 수강명령 대상자가 가석방된 경우 잔여 사회봉사 · 수강명령을 집행한다.

답 ③

★★★

115 □□□

보호관찰, 사회봉사, 수강(受講)에 대한 설명으로 옳지 않은 것은? 2024년 보호직 9급

① 「보호관찰 등에 관한 법률」상 보호관찰은 법원의 판결이나 결정이 확정된 때 또는 가석방 · 임시퇴원된 때부터 시작된다.

② 사회봉사명령 대상자가 사회봉사명령 집행 중 금고 이상의 형의 집행을 받게 된 때에는 해당 형의 집행이 종료 · 면제되거나 사회봉사명령 대상자가 가석방된 경우 잔여 사회봉사명령을 집행한다.

③ 판례에 따르면, 형의 집행을 유예하는 경우에 명해지는 보호관찰은 장래의 위험성으로부터 행위자를 보호하고 사회를 방위하기 위한 조치이다.

④ 판례에 따르면, 「보호관찰 등에 관한 법률」 제32조 제3항이 보호관찰 대상자에게 과할 수 있는 특별준수사항으로 정한 '범죄행위로 인한 손해를 회복하기 위하여 노력할 것(제4호)'은 수강명령 대상자에 대해서도 부과할 수 있다.

보호관찰, 사회봉사, 수강

대판 2020.11.5. 2017도18291

관련 판례

【대판 2020.11.5. 2017도18291】 보호관찰법 제32조 제3항이 보호관찰 대상자에게 과할 수 있는 특별준수사항으로 정한 "범죄행위로 인한 손해를 회복하기 위하여 노력할 것(제4호)" 등 같은 항 제1호부터 제9호까지의 사항은 보호관찰 대상자에 한해 부과할 수 있을 뿐, 사회봉사명령 · 수강명령 대상자에 대해서는 부과할 수 없다.

선지분석

① 「보호관찰 등에 관한 법률」 제29조 제1항

> **제29조 【보호관찰의 개시 및 신고】** ① 보호관찰은 법원의 판결이나 결정이 확정된 때 또는 가석방 · 임시퇴원된 때부터 시작된다.

② 「보호관찰 등에 관한 법률」 제63조 제2항

> **제63조 【사회봉사 · 수강의 종료】** ② 사회봉사 · 수강명령 대상자가 사회봉사 · 수강명령 집행 중 금고 이상의 형의 집행을 받게 된 때에는 해당 형의 집행이 종료 · 면제되거나 사회봉사 · 수강명령 대상자가 가석방된 경우 잔여 사회봉사 · 수강명령을 집행한다.

③ 대판 1997.6.13. 97도703

답 ④

116 보호관찰 등에 관한 법령상 사회봉사명령 및 수강명령에 대한 설명으로 옳지 않은 것은?

2024년 교정직 7급

① 보호관찰관이 사회봉사명령 또는 수강명령 집행을 국공립기관이나 그 밖의 단체에 위탁한 때에는 이를 법원 또는 법원의 장에게 서면으로 통보하여야 한다.

② 법원은 사회봉사명령 또는 수강명령 대상자가 지켜야 할 준수사항을 서면으로 고지하여야 한다.

③ 「소년법」상 사회봉사명령은 200시간, 수강명령은 100시간을 초과할 수 없다.

④ 사회봉사명령 또는 수강명령 대상자가 주거를 이전하거나 7일 이상 국내외여행을 할 때에는 미리 보호관찰소의 장에게 신고하여야 한다.

사회봉사명령 및 수강명령

사회봉사명령 또는 수강명령 대상자가 주거를 이전하거나 '1개월' 이상 국내외여행을 할 때에는 미리 '보호관찰관'에게 신고하여야 한다(「보호관찰 등에 관한 법률」 제62조 제2항 제2호).

> **제62조 【사회봉사 · 수강명령 대상자의 준수사항】** ② 사회봉사 · 수강명령 대상자는 다음 각 호의 사항을 준수하여야 한다.
> 1. 보호관찰관의 집행에 관한 지시에 따를 것
> 2. 주거를 이전하거나 1개월 이상 국내외여행을 할 때에는 미리 보호관찰관에게 신고할 것

선지분석

① 「보호관찰 등에 관한 법률」 제61조 제2항, 동법 시행령 제37조

> **제61조 【사회봉사 · 수강명령 집행 담당자】** ② 보호관찰관은 사회봉사명령 또는 수강명령의 집행을 국공립기관이나 그 밖의 단체에 위탁한 때에는 이를 법원 또는 법원의 장에게 통보하여야 한다.
> **시행령 제37조 【사회봉사 · 수강명령 집행위탁의 통보】** 보호관찰관이 법 제61조 제2항의 규정에 의하여 사회봉사명령 또는 수강명령의 집행위탁 사실을 법원 또는 법원의 장에게 통보하는 때에는 집행위탁을 받은 기관의 명칭 및 주소, 위탁인원, 집행위탁의 내용 등을 기재한 서면에 의하여야 한다.

② 「보호관찰 등에 관한 법률」 제62조 제4항

> **제62조 【사회봉사 · 수강명령 대상자의 준수사항】** ④ 제2항과 제3항의 준수사항은 서면으로 고지하여야 한다.

③ 「소년법」 제33조 제4항

> **제33조 【보호처분의 기간】** ④ 제32조 제1항 제2호의 수강명령은 100시간을, 제32조 제1항 제3호의 사회봉사명령은 200시간을 초과할 수 없으며, 보호관찰관이 그 명령을 집행할 때에는 사건 본인의 정상적인 생활을 방해하지 아니하도록 하여야 한다.

답 ④

117 「보호관찰 등에 관한 법률」상 갱생보호제도에 대한 설명으로 옳지 않은 것은? 2014년 교정직 9급

① 갱생보호는 숙식 제공, 주거 지원, 창업 지원, 직업훈련 및 취업 지원 등의 방법으로 한다.
② 갱생보호사업을 하려는 자는 대통령령으로 정하는 바에 따라 법무부장관의 허가를 받아야 한다.
③ 법무부장관은 갱생보호사업자의 허가를 취소하려면 청문을 하여야 한다.
④ 갱생보호사업을 효율적으로 추진하기 위하여 한국법무보호복지공단을 설립한다.

갱생보호제도

법무부령으로 정하는 바에 따라 법무부장관의 허가를 받아야 한다(「보호관찰 등에 관한 법률」 제67조 제1항).

선지분석

① 「보호관찰 등에 관한 법률」 제65조 제1항

제65조 【갱생보호의 방법】 ① 갱생보호는 다음 각 호의 방법으로 한다.
1. 숙식 제공
2. 주거 지원
3. 창업 지원
4. 직업훈련 및 취업 지원
5. 출소예정자 사전상담
6. 갱생보호 대상자의 가족에 대한 지원
7. 심리상담 및 심리치료
8. 사후관리
9. 그 밖에 갱생보호 대상자에 대한 자립 지원

③ 「보호관찰 등에 관한 법률」 제70조의2

제70조의2 【청문】 법무부장관은 제70조에 따라 갱생보호사업의 허가를 취소하거나 정지하려는 경우에는 청문을 하여야 한다.

④ 「보호관찰 등에 관한 법률」 제71조

답 ②

118 「보호관찰 등에 관한 법률」상 갱생보호제도에 대한 설명으로 옳은 것은? 2015년 교정직 7급

① 형사처분 또는 보호처분을 받은 자, 형 집행정지 중인 자 등이 갱생보호의 대상자이다.
② 갱생보호 대상자는 보호관찰소의 장에게만 갱생보호 신청을 할 수 있다.
③ 갱생보호사업을 하려는 자는 대통령령으로 정하는 바에 따라 지방교정청장의 허가를 받아야 한다.
④ 갱생보호의 방법에는 주거 지원, 출소예정자 사전상담, 갱생보호 대상자의 가족에 대한 지원이 포함된다.

갱생보호제도

「보호관찰 등에 관한 법률」 제65조 제1항

(선지분석)

① 갱생보호를 받을 사람(이하 "갱생보호 대상자"라 한다)은 형사처분 또는 보호처분을 받은 사람으로서 자립갱생을 위한 숙식 제공, 주거 지원, 창업 지원, 직업훈련 및 취업 지원 등 보호의 필요성이 인정되는 사람으로 한다(「보호관찰 등에 관한 법률」 제3조 제3항). 여기서 형사처분 또는 보호처분을 받은 사람이란 원칙적으로 형사처분 또는 보호처분이 종료된 경우를 의미하므로, 형 집행정지 중인 자는 갱생보호의 대상자에 해당하지 않는다.

② 갱생보호 대상자와 관계 기관은 보호관찰소의 장, 제67조 제1항에 따라 갱생보호사업 허가를 받은 자 또는 제71조에 따른 한국법무보호복지공단에 갱생보호 신청을 할 수 있다(「보호관찰 등에 관한 법률」 제66조 제1항).

③ 갱생보호사업을 하려는 자는 법무부령으로 정하는 바에 따라 법무부장관의 허가를 받아야 한다. 허가받은 사항을 변경하려는 경우에도 또한 같다(「보호관찰 등에 관한 법률」 제67조 제1항).

답 ④

★★

119 「보호관찰 등에 관한 법률」상 갱생보호제도에 대한 설명으로 옳지 않은 것은? 2021년 교정직 9급

① 법무부장관은 갱생보호사업의 허가를 취소하거나 정지하려는 경우에는 청문을 하여야 한다.

② 법무부장관은 갱생보호사업자가 정당한 이유 없이 갱생보호사업의 허가를 받은 후 6개월 이내에 갱생보호사업을 시작하지 아니하거나 1년 이상 갱생보호사업의 실적이 없는 경우, 그 허가를 취소하여야 한다.

③ 갱생보호는 갱생보호 대상자의 신청에 의한 갱생보호와 법원의 직권에 의한 갱생보호로 규정되어 있다.

④ 갱생보호사업을 효율적으로 추진하기 위하여 한국법무보호복지공단을 설립한다.

갱생보호제도

「보호관찰 등에 관한 법률」에 의한 갱생보호는 신청에 의한 갱생보호(임의적 갱생보호)가 규정되어 있다(「보호관찰 등에 관한 법률」 제66조 제1항).

> **제66조 【갱생보호의 신청 및 조치】** ① 갱생보호 대상자와 관계 기관은 보호관찰소의 장, 제67조 제1항에 따라 갱생보호사업 허가를 받은 자 또는 제71조에 따른 한국법무보호복지공단에 갱생보호 신청을 할 수 있다(→ 임의적 갱생보호).

(선지분석)

① 「보호관찰 등에 관한 법률」 제70조의2

② 「보호관찰 등에 관한 법률」 제70조 제4호

> **제70조 【갱생보호사업의 허가 취소 등】** 법무부장관은 사업자가 다음 각 호의 어느 하나에 해당할 때에는 그 허가를 취소하거나 6개월 이내의 기간을 정하여 그 사업의 전부 또는 일부의 정지를 명할 수 있다. 다만, 제1호 또는 제4호에 해당하는 때에는 그 허가를 취소하여야 한다.
> 1. 부정한 방법으로 갱생보호사업의 허가를 받은 경우
> 2. 갱생보호사업의 허가 조건을 위반한 경우
> 3. 목적사업 외의 사업을 한 경우
> 4. 정당한 이유 없이 갱생보호사업의 허가를 받은 후 6개월 이내에 갱생보호사업을 시작하지 아니하거나 1년 이상 갱생보호사업의 실적이 없는 경우
> 5. 제69조에 따른 보고를 거짓으로 한 경우
> 6. 이 법 또는 이 법에 따른 명령을 위반한 경우

④ 「보호관찰 등에 관한 법률」 제71조

답 ③

★★★
120 □□□

「보호관찰 등에 관한 법률」상 사회봉사명령에 대한 설명으로 옳지 않은 것은? 2022년 교정직 7급

① 사회봉사명령 대상자가 그 집행 중 금고 이상의 형의 집행을 받게 된 때에는 해당 형의 집행이 종료 · 면제되거나 가석방된 경우 잔여 사회봉사명령을 집행하지 않는다.
② 보호관찰관은 사회봉사명령 집행의 전부 또는 일부를 국공립기관이나 그 밖의 단체에 위탁할 수 있다.
③ 법원은 형의 집행을 유예하는 경우, 500시간의 범위에서 기간을 정하여 사회봉사를 명할 수 있다.
④ 형의 집행유예 기간이 지난 때에는 사회봉사는 잔여 집행기간에도 불구하고 종료한다.

「보호관찰 등에 관한 법률」

잔여 사회봉사명령을 집행한다(「보호관찰 등에 관한 법률」 제63조 제2항).

> **제63조 【사회봉사 · 수강의 종료】** ② 사회봉사 · 수강명령 대상자가 사회봉사 · 수강명령 집행 중 금고 이상의 형의 집행을 받게 된 때에는 해당 형의 집행이 종료 · 면제되거나 사회봉사 · 수강명령 대상자가 가석방된 경우 잔여 사회봉사 · 수강명령을 집행한다.

(선지분석)

② 「보호관찰 등에 관한 법률」 제61조 제1항

> **제61조 【사회봉사 · 수강명령 집행 담당자】** ① 사회봉사명령 또는 수강명령은 보호관찰관이 집행한다. 다만, 보호관찰관은 국공립기관이나 그 밖의 단체에 그 집행의 전부 또는 일부를 위탁할 수 있다.

③ 「보호관찰 등에 관한 법률」 제59조 제1항

> **제59조 【사회봉사명령 · 수강명령의 범위】** ① 법원은 「형법」 제62조의2(→ 집행유예 시 보호관찰, 사회봉사 · 수강명령)에 따른 사회봉사를 명할 때에는 500시간, 수강을 명할 때에는 200시간의 범위에서 그 기간을 정하여야 한다. 다만, 다른 법률에 특별한 규정이 있는 경우에는 그 법률에서 정하는 바에 따른다.

④ 「보호관찰 등에 관한 법률」 제63조 제1항 제2호

> **제63조 【사회봉사 · 수강의 종료】** ① 사회봉사 · 수강은 사회봉사 · 수강명령 대상자가 다음 각 호의 어느 하나에 해당하는 때에 종료한다.
> 1. 사회봉사명령 또는 수강명령의 집행을 완료한 때
> 2. 형의 집행유예 기간이 지난 때
> 3. 「형법」 제63조 또는 제64조에 따라 사회봉사 · 수강명령을 조건으로 한 집행유예의 선고가 실효되거나 취소된 때
> 4. 다른 법률에 따라 사회봉사 · 수강명령이 변경되거나 취소 · 종료된 때

답 ①

「보호관찰 등에 관한 법률 시행령」상 갱생보호의 개시와 방법에 대한 설명으로 옳지 않은 것은?

2023년 교정직 7급

① 숙식제공은 6월을 초과할 수 없으나, 필요하다고 인정하는 때에는 매회 6월의 범위 내에서 3회에 한하여 그 기간을 연장할 수 있다.

② 주거 지원은 갱생보호 대상자에게 주택의 임차에 필요한 지원을 하는 것이다.

③ 갱생보호는 갱생보호 대상자가 친족 또는 연고자 등으로부터 도움을 받을 수 없는 경우에 한정하여 행한다.

④ 취업 지원은 갱생보호 대상자에게 직장을 알선하고 필요한 경우 신원을 보증하는 것이다.

갱생보호의 개시와 방법

친족 또는 연고자 등으로부터 '도움을 받을 수 없거나 이들의 도움만으로는 충분하지 아니한 경우'에 한하여 행한다(「보호관찰 등에 관한 법률 시행령」 제40조 제1항).

> **제40조【갱생보호】** ① 법 제65조 제1항에 따른 갱생보호는 갱생보호를 받을 사람(이하 "갱생보호 대상자"라 한다)이 친족 또는 연고자 등으로부터 도움을 받을 수 없거나 이들의 도움만으로는 충분하지 아니한 경우에 한하여 행한다.

선지분석

① 「보호관찰 등에 관한 법률 시행령」 제41조 제2항

> **제41조【숙식 제공】** ② 제1항의 규정에 의한 숙식제공은 6월을 초과할 수 없다. 다만, 필요하다고 인정하는 때에는 매회 6월의 범위 내에서 3회에 한하여 그 기간을 연장할 수 있다.

② 「보호관찰 등에 관한 법률 시행령」 제41조의2

> **제41조의2【주거 지원】** 법 제65조 제1항 제2호에 따른 주거 지원은 갱생보호 대상자에게 주택의 임차에 필요한 지원을 하는 것으로 한다.

④ 「보호관찰 등에 관한 법률 시행령」 제45조

> **제45조【취업 지원】** 법 제65조 제1항 제4호에 따른 취업 지원은 갱생보호 대상자에게 직장을 알선하고 필요한 경우 신원을 보증하는 것으로 한다.

답 ③

122 보호관찰 등에 관한 법령상 갱생보호제도에 대한 설명으로 옳지 않은 것은? 2024년 보호직 7급

① 갱생보호의 방법 중 숙식 제공은 연장 기간을 포함하여 18개월을 초과할 수 없다.
② 갱생보호 신청은 갱생보호사업 허가를 받은 자 또는 한국법무보호복지공단 외에 보호관찰소의 장에게도 할 수 있다.
③ 갱생보호사업 허가를 받은 자가 정당한 이유 없이 허가를 받은 후 6개월 이내에 갱생보호사업을 시작하지 아니하거나 1년 이상 그 실적이 없는 경우, 법무부장관은 그 허가를 취소하여야 한다.
④ 갱생보호는 그 대상자가 자신의 친족 또는 연고자 등으로부터 도움을 받을 수 없거나 그 도움만으로는 충분하지 아니한 경우에 한하여 행한다.

갱생보호제도

숙식제공은 6월을 초과할 수 없음이 원칙이지만, 필요하다고 인정하는 때에는 매회 6월의 범위 내에서 3회에 한하여 그 기간을 연장할 수 있으므로, 연장기간을 포함하여 '24개월'을 초과할 수 없다(「보호관찰 등에 관한 법률 시행령」 제41조 제2항 참조).

> **제41조 【숙식 제공】** ② 제1항의 규정에 의한 숙식제공은 6월을 초과할 수 없다. 다만, 필요하다고 인정하는 때에는 매회 6월의 범위 내에서 3회에 한하여 그 기간을 연장할 수 있다.

선지분석

② 「보호관찰 등에 관한 법률」 제66조 제1항

> **제66조 【갱생보호의 신청 및 조치】** ① 갱생보호 대상자와 관계 기관은 보호관찰소의 장, 제67조 제1항에 따라 갱생보호사업 허가를 받은 자 또는 제71조에 따른 한국법무보호복지공단에 갱생보호 신청을 할 수 있다(→ 임의적 갱생보호).

③ 「보호관찰 등에 관한 법률」 제70조 제4호

> **제70조 【갱생보호사업의 허가 취소 등】** 법무부장관은 사업자가 다음 각 호의 어느 하나에 해당할 때에는 그 허가를 취소하거나 6개월 이내의 기간을 정하여 그 사업의 전부 또는 일부의 정지를 명할 수 있다. 다만, 제1호 또는 제4호에 해당하는 때에는 그 허가를 취소하여야 한다.
> 1. 부정한 방법으로 갱생보호사업의 허가를 받은 경우
> 2. 갱생보호사업의 허가 조건을 위반한 경우
> 3. 목적사업 외의 사업을 한 경우
> 4. 정당한 이유 없이 갱생보호사업의 허가를 받은 후 6개월 이내에 갱생보호사업을 시작하지 아니하거나 1년 이상 갱생보호사업의 실적이 없는 경우
> 5. 제69조에 따른 보고를 거짓으로 한 경우
> 6. 이 법 또는 이 법에 따른 명령을 위반한 경우

④ 「보호관찰 등에 관한 법률 시행령」 제40조 제1항

> **제40조 【갱생보호】** ① 법 제65조 제1항에 따른 갱생보호는 갱생보호를 받을 사람(이하 "갱생보호 대상자"라 한다)이 친족 또는 연고자 등으로부터 도움을 받을 수 없거나 이들의 도움만으로는 충분하지 아니한 경우에 한하여 행한다.

답 ①

123 보호관찰 등에 관한 법령상 갱생보호제도에 대한 설명으로 옳지 않은 것은? 2025년 교정직 9급

① 보호관찰소는 갱생보호 사무를 관장한다.

② 갱생보호 대상자는 형사처분 또는 보호처분을 받은 사람으로서 자립갱생을 위한 숙식 제공, 주거 지원, 직업훈련 및 취업 지원 등 보호의 필요성이 인정되는 사람이다.

③ 법무부장관은 한국법무보호복지공단을 지휘·감독하고, 감독상 필요한 경우에는 그 업무에 관한 사항을 보고하게 하거나 자료의 제출이나 그 밖에 필요한 명령을 할 수 있다.

④ 한국법무보호복지공단은 갱생보호 대상자의 적절한 보호를 위하여 필요한 경우 수용기관의 장에게 수용기간, 가족 관계 및 보호자 관계 등의 사항을 통보하여 줄 것을 요청할 수 있고, 이 경우 갱생보호 대상자의 동의는 필요하지 아니하다.

보호관찰 등에 관한 법령상 갱생보호제도

'갱생보호 대상자의 동의를 받아' 요청할 수 있다(「보호관찰 등에 관한 법률 시행령」 제46조의2 제1항).

> **제46조의2【갱생보호 대상자 수용기간 등의 통보 요청】** ① 갱생보호사업의 허가를 받은 자 또는 공단은 갱생보호 대상자의 적절한 보호를 위하여 필요한 경우 갱생보호 대상자의 동의를 받아 수용기관의 장에게 다음 각 호의 사항을 통보하여 줄 것을 요청할 수 있다.
> 1. 수용기간
> 2. 가족 관계 및 보호자 관계
> 3. 직업경력 및 학력
> 4. 생활환경
> 5. 성장과정
> 6. 심리적 특성
> 7. 범행내용 및 범죄횟수

선지분석

① 「보호관찰 등에 관한 법률」 제15조 제2호

> **제15조【보호관찰소의 관장 사무】** 보호관찰소(보호관찰지소를 포함한다. 이하 같다)는 다음 각 호의 사무를 관장한다.
> 1. 보호관찰, 사회봉사명령 및 수강명령의 집행
> 2. 갱생보호
> 3. 검사가 보호관찰관이 선도함을 조건으로 공소제기를 유예하고 위탁한 선도 업무(→ 소년 · 성인 불문)
> 4. 제18조에 따른 범죄예방 자원봉사위원에 대한 교육훈련 및 업무지도
> 5. 범죄예방활동
> 6. 이 법 또는 다른 법령에서 보호관찰소의 관장 사무로 규정된 사항

② 「보호관찰 등에 관한 법률」 제3조 제3항

> **제3조【대상자】** ③ 갱생보호를 받을 사람(이하 "갱생보호 대상자"라 한다)은 형사처분 또는 보호처분을 받은 사람으로서 자립갱생을 위한 숙식 제공, 주거 지원, 창업 지원, 직업훈련 및 취업 지원 등 보호의 필요성이 인정되는 사람으로 한다.

③ 「보호관찰 등에 관한 법률」 제97조 제1항, 제2항

> **제97조【감독】** ① 법무부장관은 사업자와 공단을 지휘·감독한다.
> ② 법무부장관은 사업자와 공단에 대하여 감독상 필요한 경우에는 그 업무에 관한 사항을 보고하게 하거나 자료의 제출이나 그 밖에 필요한 명령을 할 수 있으며, 소속 공무원에게 사업자 및 공단의 운영 실태를 조사하게 할 수 있다.

답 ④

★★★

124 □□□ **「치료감호 등에 관한 법률」에 대한 설명으로 옳은 것은?** 2013년 교정직 9급

① 「치료감호 등에 관한 법률」은 죄의 종류와 상관없이 금고 이상의 형에 해당하는 죄를 지은 심신장애자, 마약 등 중독자, 정신성적(精神性的) 장애자 등 가운데 치료의 필요성과 재범의 위험성이 인정되는 경우를 치료감호의 대상으로 하고 있다.

② 검사는 범죄가 성립되지 않는 경우 공소를 제기할 수 없고, 따라서 치료감호만을 독립적으로 청구할 수도 없다.

③ 치료감호와 형이 병과된 경우에는 치료감호를 먼저 집행하고, 치료감호심의위원회가 치료감호 집행기간의 형 집행기간 산입 여부를 결정한다.

④ 법원은 공소제기된 사건의 심리결과 치료감호를 할 필요가 있다고 인정할 때에는 검사에게 치료감호의 청구를 요구할 수 있다.

「치료감호 등에 관한 법률」

「치료감호 등에 관한 법률」 제4조 제7항

> **제4조 【검사의 치료감호 청구】** ⑦ 법원은 공소제기된 사건의 심리결과 치료감호를 할 필요가 있다고 인정할 때에는 검사에게 치료감호 청구를 요구할 수 있다.

선지분석

① 심신장애자와 중독자는 금고 이상의 형에 해당하면 죄의 종류를 묻지 않으나, 정신성적 장애자의 경우에는 금고 이상의 형에 해당하는 성폭력범죄일 것을 요건으로 한다(「치료감호 등에 관한 법률」 제2조 제1항).

> **제2조 【치료감호대상자】** ① 이 법에서 "치료감호대상자"란 다음 각 호의 어느 하나에 해당하는 자로서 치료감호시설에서 치료를 받을 필요가 있고 재범의 위험성이 있는 자를 말한다.
> 1. 「형법」 제10조 제1항에 따라 벌할 수 없거나 같은 조 제2항에 따라 형이 감경되는 심신장애자로서 금고 이상의 형에 해당하는 죄를 지은 자
> 2. 마약 · 향정신성의약품 · 대마, 그 밖에 남용되거나 해독을 끼칠 우려가 있는 물질이나 알코올을 식음 · 섭취 · 흡입 · 흡연 또는 주입받는 습벽이 있거나 그에 중독된 자로서 금고 이상의 형에 해당하는 죄를 지은 자
> 3. 소아성기호증, 성적가학증 등 성적 성벽이 있는 정신성적 장애인으로서 금고 이상의 형에 해당하는 성폭력범죄를 지은 자

② 심신상실에 해당하여 범죄가 성립되지 않아 처벌할 수 없는 경우에는 공소를 제기하지 않고, 치료감호만을 청구할 수 있도록 예외를 인정하고 있다(「치료감호 등에 관한 법률」 제7조 제1호).

> **제7조 【치료감호의 독립 청구】** 검사는 다음 각 호의 어느 하나에 해당하는 경우에는 공소를 제기하지 아니하고 치료감호만을 청구할 수 있다.
> 1. 피의자가 「형법」 제10조 제1항(→ 심신상실)에 해당하여 벌할 수 없는 경우

③ 치료감호 집행기간은 당연히 형 집행기간에 산입된다(「치료감호 등에 관한 법률」 제18조).

> **제18조 【집행 순서 및 방법】** 치료감호와 형이 병과된 경우에는 치료감호를 먼저 집행한다. 이 경우 치료감호의 집행기간은 형 집행기간에 포함한다(→ 기능적 대체).

답 ④

「치료감호 등에 관한 법률」상 치료감호에 대한 설명으로 옳지 않은 것은? 2015년 교정직 9급

① 「형법」상의 강간죄, 강제추행죄, 준강간죄, 준강제추행죄 등은 치료감호 대상 성폭력범죄의 범위에 해당한다.

② 피치료감호자가 70세 이상인 때에는 검사는 치료감호의 집행을 정지할 수 있다.

③ 법원은 공소제기된 사건의 심리결과 치료감호를 할 필요가 있다고 인정할 때에는 검사에게 치료감호 청구를 요구할 수 있다.

④ 치료감호와 형이 병과된 경우에는 형을 먼저 집행한다.

치료감호

치료감호와 형이 병과된 경우에는 치료감호를 먼저 집행한다. 이 경우 치료감호의 집행기간은 형 집행기간에 포함한다(「치료감호 등에 관한 법률」 제18조).

> **제18조【집행 순서 및 방법】** 치료감호와 형이 병과된 경우에는 치료감호를 먼저 집행한다. 이 경우 치료감호의 집행기간은 형 집행기간에 포함한다(→ 기능적 대체).

선지분석

① 「치료감호 등에 관한 법률」 제2조의2 제1호

> **제2조의2【치료감호 대상 성폭력범죄의 범위】** 제2조 제1항 제3호의 성폭력범죄는 다음 각 호의 범죄를 말한다.
> 1. 「형법」 제297조(강간)·제297조의2(유사강간)·제298조(강제추행)·제299조(준강간, 준강제추행)·제300조(미수범)·제301조(강간등 상해·치상)·제301조의2(강간등 살인·치사)·제302조(미성년자등에 대한 간음)·제303조(업무상위력등에 의한 간음)·제305조(미성년자에 대한 간음, 추행)·제305조의2(상습범)·제339조(강도강간)·제340조(해상강도) 제3항(사람을 강간한 죄만을 말한다) 및 제342조(미수범)의 죄(제339조 및 제340조 제3항 중 사람을 강간한 죄의 미수범만을 말한다)

② 「치료감호 등에 관한 법률」 제24조

> **「치료감호 등에 관한 법률」 제24조【치료감호의 집행정지】** 피치료감호자에 대하여 「형사소송법」 제471조 제1항 각 호(→ 임의적 형집행정지 사유)의 어느 하나에 해당하는 사유가 있을 때에는 같은 조에 따라 검사는 치료감호의 집행을 정지할 수 있다. 이 경우 치료감호의 집행이 정지된 자에 대한 관찰은 형집행정지자에 대한 관찰의 예에 따른다.
>
> **「형사소송법」 제471조【동전】** ① 징역, 금고 또는 구류의 선고를 받은 자에 대하여 다음 각 호의 1에 해당한 사유가 있는 때에는 형을 선고한 법원에 대응한 검찰청검사 또는 형의 선고를 받은 자의 현재지를 관할하는 검찰청검사의 지휘에 의하여 형의 집행을 정지할 수 있다.
> 1. 형의 집행으로 인하여 현저히 건강을 해하거나 생명을 보전할 수 없을 염려가 있는 때
> 2. 연령 70세 이상인 때
> 3. 잉태 후 6월 이상인 때
> 4. 출산 후 60일을 경과하지 아니한 때
> 5. 직계존속이 연령 70세 이상 또는 중병이나 장애인으로 보호할 다른 친족이 없는 때
> 6. 직계비속이 유년으로 보호할 다른 친족이 없는 때
> 7. 기타 중대한 사유가 있는 때

③ 「치료감호 등에 관한 법률」 제4조 제7항

> **제4조【검사의 치료감호 청구】** ⑦ 법원은 공소제기된 사건의 심리결과 치료감호를 할 필요가 있다고 인정할 때에는 검사에게 치료감호 청구를 요구할 수 있다.

답 ④

126 「치료감호 등에 관한 법률」상 치료감호에 대한 설명으로 옳지 않은 것은? 2016년 교정직 7급

① 구속영장에 의하여 구속된 피의자에 대하여 검사가 공소를 제기하지 아니하는 결정을 하고 치료감호 청구만을 하는 때에는 구속영장의 효력은 상실되므로 별도로 치료감호영장을 청구하여야 한다.

② 피치료감호자의 텔레비전 시청, 라디오 청취, 신문 · 도서의 열람은 일과시간이나 취침시간 등을 제외하고는 자유롭게 보장된다.

③ 치료감호와 형이 병과된 경우에는 치료감호를 먼저 집행하며, 이 경우 치료감호의 집행기간은 형 집행기간에 포함한다.

④ 피치료감호자에 대한 치료감호가 가종료되었을 때 보호관찰이 시작되며, 이때 보호관찰의 기간은 3년으로 한다.

치료감호

구속영장은 치료감호영장으로 보며 그 효력을 잃지 아니한다(「치료감호 등에 관한 법률」 제8조).

> **제8조 【치료감호 청구와 구속영장의 효력】** 구속영장에 의하여 구속된 피의자에 대하여 검사가 공소를 제기하지 아니하는 결정을 하고 치료감호 청구만을 하는 때에는 구속영장은 치료감호영장으로 보며 그 효력을 잃지 아니한다.

선지분석

② 「치료감호 등에 관한 법률」 제27조
③ 「치료감호 등에 관한 법률」 제18조
④ 「치료감호 등에 관한 법률」 제32조 제1항 · 제2항

> **제32조 【보호관찰】** ① 피치료감호자가 다음 각 호의 어느 하나에 해당하게 되면 「보호관찰에 관한 법률」에 따른 보호관찰(이하 "보호관찰"이라 한다)이 시작된다.
> 1. 피치료감호자에 대한 치료감호가 가종료되었을 때
> 2. 피치료감호자가 치료감호시설 외에서 치료받도록 법정대리인 등에게 위탁되었을 때
> 3. 제16조 제2항 각 호에 따른 기간 또는 같은 조 제3항에 따라 연장된 기간(이하 '치료감호기간'이라 한다)이 만료되는 피치료감호자에 대하여 제37조에 따른 치료감호심의위원회가 심사하여 보호관찰이 필요하다고 결정한 경우에는 치료감호기간이 만료되었을 때
>
> ② 보호관찰의 기간은 3년으로 한다.

답 ①

127 「치료감호 등에 관한 법률」상 치료감호에 대한 설명으로 옳지 않은 것은? 2016년 교정직 9급

① 피치료감호자에 대한 치료감호가 가종료되었을 때 시작되는 보호관찰의 기간은 3년으로 한다.

② 치료감호심의위원회는 피치료감호자에 대하여 치료감호 집행을 시작한 후 매 6개월마다 치료감호의 종료 또는 가종료 여부를 심사 · 결정한다.

③ 소아성기호증, 성적가학증 등 성적 성벽(性癖)이 있는 정신성적 장애인으로서 금고 이상의 형에 해당하는 성폭력범죄를 지은 자는 치료감호대상자가 될 수 있다.

④ 치료감호의 내용과 실태는 대통령령으로 정하는 바에 따라 공개하여야 한다. 이 경우 피치료감호자나 그의 보호자가 동의한 경우라도 피치료감호자의 개인신상에 관한 것은 공개할 수 없다.

치료감호

동의한 경우에는 피치료감호자의 개인신상에 관한 것을 공개할 수 있다(「치료감호 등에 관한 법률」 제20조).

> **제20조 【치료감호 내용 등의 공개】** 이 법에 따른 치료감호의 내용과 실태는 대통령령으로 정하는 바에 따라 공개하여야 한다. 이 경우 피치료감호자나 그의 보호자가 동의한 경우 외에는 피치료감호자의 개인신상에 관한 것은 공개하지 아니한다.

선지분석

① 「치료감호 등에 관한 법률」 제32조 제1항 제1호, 제2항

② 「치료감호 등에 관한 법률」 제22조

③ 「치료감호 등에 관한 법률」 제2조 제1항 제3호

답 ④

128

「치료감호 등에 관한 법률」상 치료감호에 대한 설명으로 옳지 않은 것은? 2014년 보호직 7급

① 심신장애, 마약류 · 알코올이나 그 밖의 약물중독, 정신성적 장애가 있는 상태 등에서 범죄행위를 한 자로서 재범위험성이 있고 특수한 교육 · 개선 및 치료가 필요하다고 인정되는 자에 대해 보호와 치료를 하는 것을 말한다.

② 피의자가 심신상실자(「형법」 제10조 제1항)에 해당하여 벌할 수 없는 경우 검사는 공소를 제기하지 아니하고 치료감호만을 청구할 수 있다.

③ 치료감호와 형이 병과된 경우에는 형을 먼저 집행하고, 이 경우 형의 집행기간은 치료감호 집행기간에 포함한다.

④ 소아성기호증, 성적가학증 등 성적 성벽(性癖)이 있는 정신성적 장애자로서 금고 이상의 형에 해당하는 성폭력범죄를 지은 자에 대한 치료감호는 15년을 초과할 수 없다.

치료감호

치료감호를 먼저 집행하고, 그 집행기간은 형 집행기간에 포함한다(「치료감호 등에 관한 법률」 제18조).

선지분석

① 「치료감호 등에 관한 법률」 제1조

> **제1조 【목적】** 이 법은 심신장애 상태, 마약류 · 알코올이나 그 밖의 약물중독 상태, 정신성적 장애가 있는 상태 등에서 범죄행위를 한 자로서 재범의 위험성이 있고 특수한 교육 · 개선 및 치료가 필요하다고 인정되는 자에 대하여 적절한 보호와 치료를 함으로써 재범을 방지하고 사회복귀를 촉진하는 것을 목적으로 한다.

② 「치료감호 등에 관한 법률」 제7조 제1호

> **제7조 【치료감호의 독립 청구】** 검사는 다음 각 호의 어느 하나에 해당하는 경우에는 공소를 제기하지 아니하고 치료감호만을 청구할 수 있다.
> 1. 피의자가 「형법」 제10조 제1항(→ 심신상실)에 해당하여 벌할 수 없는 경우
> 2. 고소 · 고발이 있어야 논할 수 있는 죄(→ 친고죄)에서 그 고소 · 고발이 없거나 취소된 경우 또는 피해자의 명시적인 의사에 반하여 논할 수 없는 죄(→ 반의사불벌죄)에서 피해자가 처벌을 원하지 아니한다는 의사표시를 하거나 처벌을 원한다는 의사표시를 철회한 경우
> 3. 피의자에 대하여 「형사소송법」 제247조에 따라 공소를 제기하지 아니하는 결정(→ 기소유예결정)을 한 경우

④ 「치료감호 등에 관한 법률」 제16조 제2항 제1호

답 ③

「치료감호 등에 관한 법률」상 보호관찰에 대한 설명으로 옳지 않은 것은? 2018년 교정직 9급

① 보호관찰의 기간은 3년으로 한다.
② 피치료감호자에 대한 치료감호가 가종료되었을 때 보호관찰이 시작된다.
③ 피치료감호자가 치료감호시설 외에서 치료받도록 법정대리인 등에게 위탁되었을 때 보호관찰이 시작된다.
④ 치료감호심의위원회의 치료감호 종료결정이 있어도 보호관찰기간이 남아 있다면 보호관찰은 계속된다.

「치료감호 등에 관한 법률」상 보호관찰

보호관찰이 종료된다(「치료감호 등에 관한 법률」 제32조 제3항 제2호).

> **제32조 【보호관찰】** ③ 보호관찰을 받기 시작한 자(이하 "피보호관찰자"라 한다)가 다음 각 호의 어느 하나에 해당하게 되면 보호관찰이 종료된다.
> 1. 보호관찰기간이 끝났을 때
> 2. 보호관찰기간이 끝나기 전이라도 제37조에 따른 치료감호심의위원회의 치료감호의 종료결정이 있을 때
> 3. 보호관찰기간이 끝나기 전이라도 피보호관찰자가 다시 치료감호 집행을 받게 되어 재수용되었을 때
>
> ④ 피보호관찰자가 보호관찰기간 중 새로운 범죄로 금고 이상의 형의 집행을 받게 된 때에는 보호관찰은 종료되지 아니하며, 해당 형의 집행기간 동안 피보호관찰자에 대한 보호관찰기간은 계속 진행된다.
> ⑤ 피보호관찰자에 대하여 제4항에 따른 금고 이상의 형의 집행이 종료 · 면제되는 때 또는 피보호관찰자가 가석방되는 때에 보호관찰기간이 아직 남아있으면 그 잔여기간 동안 보호관찰을 집행한다.

선지분석

① 「치료감호 등에 관한 법률」 제32조 제2항

> **제32조 【보호관찰】** ② 보호관찰의 기간은 3년으로 한다.

② 「치료감호 등에 관한 법률」 제32조 제1항 제1호
③ 「치료감호 등에 관한 법률」 제32조 제1항 제2호

> **제32조 【보호관찰】** ① 피치료감호자가 다음 각 호의 어느 하나에 해당하게 되면 「보호관찰 등에 관한 법률」에 따른 보호관찰(이하 "보호관찰"이라 한다)이 시작된다.
> 1. 피치료감호자에 대한 치료감호가 가종료되었을 때
> 2. 피치료감호자가 치료감호시설 외에서 치료받도록 법정대리인 등에게 위탁되었을 때
> 3. 제16조 제2항 각 호에 따른 기간 또는 같은 조 제3항에 따라 연장된 기간(이하 "치료감호기간"이라 한다)이 만료되는 피치료감호자에 대하여 제37조에 따른 치료감호심의위원회가 심사하여 보호관찰이 필요하다고 결정한 경우에는 치료감호기간이 만료되었을 때

답 ④

130 「치료감호 등에 관한 법률」상 치료감호에 대한 설명으로 옳은 것은? 2019년 교정직 9급

① 법원은 치료감호사건을 심리하여 그 청구가 이유 없다고 인정할 때 또는 피고사건에 대하여 심신상실 외의 사유로 무죄를 선고하거나 사형을 선고할 때에는 판결로써 청구기각을 선고하여야 한다.

② 근로에 종사하는 피치료감호자에게는 근로의욕을 북돋우고 석방 후 사회정착에 도움이 될 수 있도록 법무부장관이 정하는 바에 따라 작업장려금을 지급할 수 있다.

③ 치료감호심의위원회는 치료감호만을 선고받은 피치료감호자에 대한 집행이 시작된 후 6개월이 지났을 때에는 상당한 기간을 정하여 그의 법정대리인, 배우자, 직계친족, 형제자매에게 치료감호시설 외에서의 치료를 위탁할 수 있다.

④ 「형법」상 살인죄(제250조 제1항)의 죄를 범한 자의 치료감호기간을 연장하는 신청에 대한 검사의 청구는 치료감호기간 또는 치료감호가 연장된 기간이 종료하기 3개월 전까지 하여야 한다.

치료감호

「치료감호 등에 관한 법률」 제12조 제1항

> **제12조【치료감호의 판결 등】** ① 법원은 치료감호사건을 심리하여 그 청구가 이유 있다고 인정할 때에는 판결로써 치료감호를 선고하여야 하고, 이유 없다고 인정할 때 또는 피고사건에 대하여 심신상실 외의 사유로 무죄를 선고하거나 사형을 선고할 때에는 판결로써 청구기각을 선고하여야 한다.

선지분석

② 근로보상금을 지급하여야 한다(「치료감호 등에 관한 법률」 제29조).

> **제29조【근로보상금 등의 지급】** 근로에 종사하는 피치료감호자에게는 근로의욕을 북돋우고 석방 후 사회정착에 도움이 될 수 있도록 법무부장관이 정하는 바에 따라 근로보상금을 지급하여야 한다.

③ 집행이 시작된 후 1년이 지났을 때에는 치료를 위탁할 수 있다(「치료감호 등에 관한 법률」 제23조 제1항).

> **제23조【치료의 위탁】** ① 제37조에 따른 치료감호심의위원회는 치료감호만을 선고받은 피치료감호자에 대한 집행이 시작된 후 1년이 지났을 때에는 상당한 기간을 정하여 그의 법정대리인, 배우자, 직계친족, 형제자매(이하 "법정대리인등"이라 한다)에게 치료감호시설 외에서의 치료를 위탁할 수 있다.

④ 종료하기 6개월 전까지 하여야 한다(「치료감호 등에 관한 법률」 제16조 제3항 · 제5항).

> **제16조【치료감호의 내용】** ③ 「특정 범죄자에 대한 보호관찰 및 전자장치 부착 등에 관한 법률」 제2조 제3호의2에 따른 살인범죄(이하 "살인범죄"라 한다)를 저질러 치료감호를 선고받은 피치료감호자가 살인범죄를 다시 범할 위험성이 있고 계속 치료가 필요하다고 인정되는 경우에는 법원은 치료감호시설의 장의 신청에 따른 검사의 청구로 3회까지 매회 2년의 범위에서 제2항 각 호의 기간을 연장하는 결정을 할 수 있다.
> ⑤ 제3항에 따른 검사의 청구는 제2항 각 호의 기간 또는 제3항에 따라 연장된 기간이 종료하기 6개월 전까지 하여야 한다.

답 ①

★★★

131 □□□

「치료감호 등에 관한 법률」상 치료감호제도에 대한 설명으로 옳지 않은 것은? 2024년 보호직 7급

① 금고 이상의 형에 해당하는 죄를 저지른 마약중독자라도 재범 위험성이 없는 경우라면 치료감호대상자에 해당하지 않는다.

② 검사는 성적가학증(性的加虐症) 등 성적 성벽이 있는 정신성적 장애인에 대해 정신건강의학과 등의 전문의의 진단이나 감정 결과에 따라 치료감호를 청구하여야 한다.

③ 치료감호와 형이 병과된 경우 치료감호를 먼저 집행하고, 이 경우 치료감호의 집행기간은 형 집행기간에 포함된다.

④ 피치료감호자에 대한 치료감호가 가종료되면 그 기간이 3년인 「보호관찰 등에 관한 법률」에 따른 보호관찰이 시작된다.

치료감호제도

정신성적 장애인에 대하여는 정신건강의학과 등의 전문의의 진단이나 감정을 '받은 후' 치료감호를 청구하여야 한다(「치료감호 등에 관한 법률」 제4조 제2항).

> **제4조【검사의 치료감호 청구】** ② 치료감호대상자에 대한 치료감호를 청구할 때에는 정신건강의학과 등의 전문의의 진단이나 감정을 참고하여야 한다. 다만, 제2조 제1항 제3호에 따른 치료감호대상자(→ 정신성적 장애인)에 대하여는 정신건강의학과 등의 전문의의 진단이나 감정을 받은 후 치료감호를 청구하여야 한다.

선지분석

① 「치료감호 등에 관한 법률」 제2조 제1항 제1호

> **제2조【치료감호대상자】** ① 이 법에서 "치료감호대상자"란 다음 각 호의 어느 하나에 해당하는 자로서 치료감호시설에서 치료를 받을 필요가 있고 재범의 위험성이 있는 자를 말한다.
> 1. 「형법」 제10조 제1항(→ 심신상실)에 따라 벌하지 아니하거나 같은 조 제2항(→ 심신미약)에 따라 형을 감경할 수 있는 심신장애인으로서 금고 이상의 형에 해당하는 죄를 지은 자
> 2. 마약 · 향정신성의약품 · 대마, 그 밖에 남용되거나 해독을 끼칠 우려가 있는 물질이나 알코올을 식음 · 섭취 · 흡입 · 흡연 또는 주입받는 습벽이 있거나 그에 중독된 자로서 금고 이상의 형에 해당하는 죄를 지은 자
> 3. 소아성기호증, 성적가학증 등 성적 성벽이 있는 정신성적 장애인으로서 금고 이상의 형에 해당하는 성폭력범죄를 지은 자

③ 「치료감호 등에 관한 법률」 제18조

> **제18조【집행 순서 및 방법】** 치료감호와 형이 병과된 경우에는 치료감호를 먼저 집행한다. 이 경우 치료감호의 집행기간은 형 집행기간에 포함한다(→ 기능적 대체).

④ 「치료감호 등에 관한 법률」 제32조 제1항 · 제2항

> **제32조【보호관찰】** ① 피치료감호자가 다음 각 호의 어느 하나에 해당하게 되면 「보호관찰 등에 관한 법률」에 따른 보호관찰(이하 "보호관찰"이라 한다)이 시작된다.
> 1. 피치료감호자에 대한 치료감호가 가종료되었을 때
> 2. 피치료감호자가 치료감호시설 외에서 치료받도록 법정대리인등에게 위탁되었을 때
> 3. 제16조 제2항 각 호에 따른 기간 또는 같은 조 제3항에 따라 연장된 기간(이하 "치료감호기간"이라 한다)이 만료되는 피치료감호자에 대하여 제37조에 따른 치료감호심의위원회가 심사하여 보호관찰이 필요하다고 결정한 경우에는 치료감호기간이 만료되었을 때
>
> ② 보호관찰의 기간은 3년으로 한다.

답 ②

132

「치료감호 등에 관한 법률」상 옳은 것은? 2020년 교정직 9급

① 마약 · 향정신성의약품 · 대마, 그 밖에 남용되거나 해독(害毒)을 끼칠 우려가 있는 물질이나 알코올을 식음(食飮) · 섭취 · 흡입 · 흡연 또는 주입받는 습벽이 있거나 그에 중독된 자가 금고 이상의 형에 해당하는 죄를 범하여 치료감호의 선고를 받은 경우 치료감호시설 수용 기간은 1년을 초과할 수 없다.

② 구속영장에 의하여 구속된 피의자에 대하여 검사가 공소를 제기하지 아니하는 결정을 하고 치료감호 청구만을 하는 때에는 그 구속영장의 효력이 당연히 소멸하므로 검사는 법원으로부터 치료감호영장을 새로이 발부받아야 한다.

③ 치료감호와 형(刑)이 병과(倂科)된 경우에는 치료감호를 먼저 집행하며, 이 경우 치료감호의 집행기간은 형 집행기간에 포함되지 않는다.

④ 피치료감호자의 텔레비전 시청, 라디오 청취, 신문 · 도서의 열람은 일과시간이나 취침시간 등을 제외하고는 자유롭게 보장된다.

「치료감호 등에 관한 법률」

「치료감호 등에 관한 법률」 제27조

> **제27조 【텔레비전 시청 등】** 피치료감호자 등의 텔레비전 시청, 라디오 청취, 신문 · 도서의 열람은 일과시간이나 취침시간 등을 제외하고는 자유롭게 보장된다.

선지분석

① 2년을 초과할 수 없다(「치료감호 등에 관한 법률」 제16조 제2항 제2호).

> **제16조 【치료감호의 내용】** ② 피치료감호자를 치료감호시설에 수용하는 기간은 다음 각 호의 구분에 따른 기간을 초과할 수 없다.
> 1. 제2조 제1항 제1호 및 제3호에 해당하는 자(→ 심신장애자, 정신성적 장애자): 15년
> 2. 제2조 제1항 제2호에 해당하는 자(→ 중독된 자): 2년

② 구속영장은 치료감호영장으로 보며 그 효력을 잃지 아니한다(「치료감호 등에 관한 법률」 제8조).

> **제8조 【치료감호 청구와 구속영장의 효력】** 구속영장에 의하여 구속된 피의자에 대하여 검사가 공소를 제기하지 아니하는 결정을 하고 치료감호 청구만을 하는 때에는 구속영장은 치료감호영장으로 보며 그 효력을 잃지 아니한다.

③ 치료감호의 집행기간은 형 집행기간에 포함한다(「치료감호 등에 관한 법률」 제18조).

> **제18조 【집행 순서 및 방법】** 치료감호와 형(刑)이 병과(倂科)된 경우에는 치료감호를 먼저 집행한다. 이 경우 치료감호의 집행기간은 형 집행기간에 포함한다.

답 ④

133

「치료감호 등에 관한 법률」상 치료감호와 치료명령에 대한 설명으로 옳은 것은? 2020년 보호직 7급

① 치료감호와 형이 병과된 경우 형 집행 완료 후 치료감호를 집행한다.

② 피의자가 심신장애로 의사결정능력이 없기 때문에 벌할 수 없는 경우 검사는 공소제기 없이 치료감호만을 청구할 수 있다.

③ 소아성기호증 등 성적 성벽이 있는 장애인으로서 금고 이상의 형에 해당하는 성폭력범죄를 지은 자에 대한 치료감호의 기간은 2년을 초과할 수 없다.

④ 법원은 치료명령대상자에 대하여 형의 선고를 유예하는 경우 치료기간을 정하여 치료를 받을 것을 명할 수 있으며, 이때 보호관찰을 병과할 수 있다.

치료감호와 치료명령

심신장애로 인하여 사물변별능력이 없거나 의사결정능력이 없는 경우를 심신상실이라고 하여 이러한 상태인 자의 행위는 범죄가 성립하지 않으므로 벌하지 아니하는데(「형법」 제10조 제1항), 이 경우 검사는 공소를 제기하지 아니하고 치료감호만을 청구할 수 있다(「형법」 제7조 제1호).

> **제7조 【치료감호의 독립 청구】** 검사는 다음 각 호의 어느 하나에 해당하는 경우에는 공소를 제기하지 아니하고 치료감호만을 청구할 수 있다.
> 1. 피의자가 「형법」 제10조 제1항(→ 심신상실)에 해당하여 벌할 수 없는 경우
> 2. 고소 · 고발이 있어야 논할 수 있는 죄(→ 친고죄)에서 그 고소 · 고발이 없거나 취소된 경우 또는 피해자의 명시적인 의사에 반(反)하여 논할 수 없는 죄(→ 반의사불벌죄)에서 피해자가 처벌을 원하지 아니한다는 의사표시를 하거나 처벌을 원한다는 의사표시를 철회한 경우
> 3. 피의자에 대하여 「형사소송법」 제247조에 따라 공소를 제기하지 아니하는 결정을 한 경우

(선지분석)

① 치료감호를 먼저 집행한다(「치료감호 등에 관한 법률」 제18조).

> **제18조 【집행 순서 및 방법】** 치료감호와 형(刑)이 병과(併科)된 경우에는 치료감호를 먼저 집행한다. 이 경우 치료감호의 집행기간은 형 집행기간에 포함한다.

③ 15년을 초과할 수 없다(「치료감호 등에 관한 법률」 제16조 제2항 제1호).

> **제16조 【치료감호의 내용】** ② 피치료감호자를 치료감호시설에 수용하는 기간은 다음 각 호의 구분에 따른 기간을 초과할 수 없다.
> 1. 제2조 제1항 제1호(→ 심신장애인) 및 제3호(→ 정신성적 장애인)에 해당하는 자: 15년
> 2. 제2조 제1항 제2호(→ 중독자)에 해당하는 자: 2년

④ 보호관찰을 병과하여야 한다(「치료감호 등에 관한 법률」 제44조의2 제1항 · 제2항).

> **제44조의2 【선고유예 시 치료명령 등】** ① 법원은 치료명령대상자에 대하여 형의 선고 또는 집행을 유예하는 경우에는 치료기간을 정하여 치료를 받을 것을 명할 수 있다.
> ② 제1항의 치료를 명하는 경우 보호관찰을 병과하여야 한다.

답 ②

134 **「치료감호 등에 관한 법률」상 치료감호의 내용에 대한 설명으로 옳은 것은?** 2021년 교정직 9급

① 치료감호 대상자는 의사무능력이나 심신미약으로 인하여 형이 감경되는 심신장애인으로서 징역형 이상의 형에 해당하는 죄를 지은 자이다.

② 피치료감호자를 치료감호시설에 수용하는 기간은 치료감호 대상자에 해당하는 심신장애인과 정신성적 장애인의 경우 15년을 초과할 수 없다.

③ 피치료감호자의 치료감호가 가종료되었을 때 시작되는 보호관찰의 기간은 2년으로 한다.

④ 보호관찰 기간이 끝나더라도 재범의 위험성이 없다고 판단될 때까지 치료감호가 종료되지 않는다.

치료감호

「치료감호 등에 관한 법률」 제16조 제2항 제1호

> **제16조 【치료감호의 내용】** ② 피치료감호자를 치료감호시설에 수용하는 기간은 다음 각 호의 구분에 따른 기간을 초과할 수 없다.
> 1. 제2조 제1항 제1호 및 제3호에 해당하는 자(→ 심신장애인, 정신성적 장애인): 15년

선지분석

① 심신상실로 인하여 벌하지 아니하거나 심신미약으로 인하여 형을 감경할 수 있는 심신장애인으로서 금고 이상의 형에 해당하는 죄를 지은 자가 치료감호 대상자이다(「치료감호 등에 관한 법률」 제2조 제1항 제1호).

> **제2조 【치료감호대상자】** ① 이 법에서 "치료감호대상자"란 다음 각 호의 어느 하나에 해당하는 자로서 치료감호시설에서 치료를 받을 필요가 있고 재범의 위험성이 있는 자를 말한다.
> 1. 「형법」 제10조 제1항(→ 심신상실)에 따라 벌하지 아니하거나 같은 조 제2항(→ 심신미약)에 따라 형을 감경할 수 있는 심신장애인으로서 금고 이상의 형에 해당하는 죄를 지은 자

③ 치료감호가 가종료되었을 때 시작되는 보호관찰의 기간은 3년으로 한다(「치료감호 등에 관한 법률」 제32조 제1항 제1호, 제2항).

> **제32조 【보호관찰】** ① 피치료감호자가 다음 각 호의 어느 하나에 해당하게 되면 「보호관찰 등에 관한 법률」에 따른 보호관찰(이하 "보호관찰"이라 한다)이 시작된다.
> 1. 피치료감호자에 대한 치료감호가 가종료되었을 때
> ② 보호관찰의 기간은 3년으로 한다.

④ 가종료 또는 치료위탁의 경우에 보호관찰 기간이 끝나면 치료감호가 끝난다(「치료감호 등에 관한 법률」 제35조 제1항).

> **제35조 【치료감호의 종료】** ① 제32조 제1항 제1호(→ 가종료) 또는 제2호(→ 치료위탁)에 해당하는 경우에는 보호관찰기간이 끝나면 피보호관찰자에 대한 치료감호가 끝난다.

답 ②

★★★
135 □□□ **「치료감호 등에 관한 법률」상 치료감호에 대한 설명으로 옳지 않은 것은?** 2021년 보호직 7급

① 검사는 심신장애인으로 금고 이상의 형에 해당하는 죄를 지은 자에 대하여 정신건강의학과 등의 전문의의 진단이나 감정을 받은 후, 치료감호를 청구하여야 한다.

② 구속영장에 의하여 구속된 피의자에 대하여 검사가 공소를 제기하지 아니하는 결정을 하고 치료감호 청구만을 하는 때에는 구속영장은 치료감호영장으로 보며 그 효력을 잃지 아니한다.

③ 약식명령이 청구된 후 치료감호가 청구되었을 때에는 약식명령청구는 그 치료감호가 청구되었을 때부터 공판절차에 따라 심판하여야 한다.

④ 피치료감호자등의 텔레비전 시청, 라디오 청취, 신문 · 도서의 열람은 일과시간이나 취침시간 등을 제외하고는 자유롭게 보장된다.

치료감호

치료감호대상자에 대한 치료감호를 청구할 때에는 정신건강의학과 등의 전문의의 진단이나 감정을 참고하여야 함이 원칙이나, 정신성적 장애인에 대하여는 정신건강의학과 등의 전문의의 진단이나 감정을 받은 후 치료감호를 청구하여야 한다(「치료감호 등에 관한 법률」 제4조 제2항).

> **제4조 【검사의 치료감호 청구】** ② 치료감호대상자에 대한 치료감호를 청구할 때에는 정신건강의학과 등의 전문의의 진단이나 감정을 참고하여야 한다. 다만, 제2조 제1항 제3호에 따른 치료감호대상자(→ 정신성적 장애인)에 대하여는 정신건강의학과 등의 전문의의 진단이나 감정을 받은 후 치료감호를 청구하여야 한다.

선지분석

② 「치료감호 등에 관한 법률」 제8조
③ 「치료감호 등에 관한 법률」 제10조 제3항
④ 「치료감호 등에 관한 법률」 제27조

답 ①

★★★
136 □□□

「치료감호 등에 관한 법률」상 피치료감호자의 보호관찰에 대한 설명으로 옳지 않은 것은?

2022년 교정직 7급

① 피치료감호자에 대한 치료감호가 가종료되면 보호관찰이 시작된다.
② 피치료감호자가 치료감호시설 외에서 치료받도록 법정대리인 등에게 위탁되었을 때 보호관찰이 시작된다.
③ 보호관찰의 기간은 3년으로 한다.
④ 피보호관찰자가 새로운 범죄로 금고 이상의 형의 집행을 받게 되었을지라도 보호관찰은 종료되지 아니하고 해당 형의 집행기간 동안 보호관찰기간은 정지된다.

치료감호

해당 형의 집행기간 동안 보호관찰기간은 계속 진행된다(「치료감호 등에 관한 법률」 제32조 제4항).

> **제32조 【보호관찰】** ④ 피보호관찰자가 보호관찰기간 중 새로운 범죄로 금고 이상의 형의 집행을 받게 된 때에는 보호관찰은 종료되지 아니하며, 해당 형의 집행기간 동안 피보호관찰자에 대한 보호관찰기간은 계속 진행된다.

선지분석

① 「치료감호 등에 관한 법률」 제32조 제1항 제1호
② 「치료감호 등에 관한 법률」 제32조 제1항 제2호

> **제32조 【보호관찰】** ① 피치료감호자가 다음 각 호의 어느 하나에 해당하게 되면 「보호관찰 등에 관한 법률」에 따른 보호관찰(이하 "보호관찰"이라 한다)이 시작된다.
> 1. 피치료감호자에 대한 치료감호가 가종료되었을 때
> 2. 피치료감호자가 치료감호시설 외에서 치료받도록 법정대리인등에게 위탁되었을 때
> 3. 제16조 제2항 각 호에 따른 기간 또는 같은 조 제3항에 따라 연장된 기간(이하 "치료감호기간"이라 한다)이 만료되는 피치료감호자에 대하여 제37조에 따른 치료감호심의위원회가 심사하여 보호관찰이 필요하다고 결정한 경우에는 치료감호기간이 만료되었을 때

③ 「치료감호 등에 관한 법률」 제32조 제2항

답 ④

★★★

137 □□□

치료감호와 치료명령제도에 대한 설명으로 옳은 것은? (다툼이 있는 경우 판례에 의함) 2025년 보호직 9급

① 「형법」 제10조 제2항의 심신미약의 피치료감호자를 치료감호시설에 수용하는 때 그 수용기간은 2년을 초과할 수 없다.
② 치료감호와 형이 병과된 경우에는 형을 먼저 집행하며, 이 경우 형의 집행기간은 치료감호 집행기간에 포함한다.
③ 검사는 친고죄에서 고소가 취소된 경우 또는 「형사소송법」 제247조(기소편의주의)에 따라 공소를 제기하지 아니하는 결정을 한 경우 공소제기 없이 치료감호만을 청구할 수 있다.
④ 성폭력범죄를 저지른 정신성적 장애인은 「성충동약물치료법」에 의한 약물치료명령의 대상자가 아니고, 치료감호와 약물치료명령이 함께 청구될 수 없으므로 이에 대하여 치료감호와 함께 약물치료명령을 선고하는 것은 부적법하다.

치료감호와 치료명령제도

「치료감호 등에 관한 법률」 제7조 제2호, 제3호

> **제7조 【치료감호의 독립 청구】** 검사는 다음 각 호의 어느 하나에 해당하는 경우에는 공소를 제기하지 아니하고 치료감호만을 청구할 수 있다.
> 1. 피의자가 「형법」 제10조 제1항(→ 심신상실)에 해당하여 벌할 수 없는 경우
> 2. 고소 · 고발이 있어야 논할 수 있는 죄(→ 친고죄)에서 그 고소 · 고발이 없거나 취소된 경우 또는 피해자의 명시적인 의사에 반하여 논할 수 없는 죄(→ 반의사불벌죄)에서 피해자가 처벌을 원하지 아니한다는 의사표시를 하거나 처벌을 원한다는 의사표시를 철회한 경우
> 3. 피의자에 대하여 「형사소송법」 제247조에 따라 공소를 제기하지 아니하는 결정(→ 기소유예결정)을 한 경우

선지분석

① '15년'을 초과할 수 없다(「치료감호 등에 관한 법률」 제16조 제2항 제1호).

> **제16조 【치료감호의 내용】** ② 피치료감호자를 치료감호시설에 수용하는 기간은 다음 각 호의 구분에 따른 기간을 초과할 수 없다.
> 1. 제2조 제1항 제1호 및 제3호에 해당하는 자(→ 심신장애인, 정신성적 장애인): 15년
> 2. 제2조 제1항 제2호에 해당하는 자(→ 중독된 자): 2년

② '치료감호'를 먼저 집행하며, 이 경우 '치료감호'의 집행기간은 '형' 집행기간에 포함한다(「치료감호 등에 관한 법률」 제18조).

> **제18조 【집행 순서 및 방법】** 치료감호와 형이 병과된 경우에는 치료감호를 먼저 집행한다. 이 경우 치료감호의 집행기간은 형 집행기간에 포함한다(→ 기능적 대체).

④ 대판 2014. 12. 11. 2014도6930

> **관련 판례**
>
> **【대판 2014. 12. 11. 2014도6930】** 치료감호법 제2조 제1항 제3호는 성폭력범죄를 저지른 성적 성벽이 있는 정신성적 장애자를 치료감호대상자로 규정하고 있는데, 성폭력범죄자의 성충동 약물치료에 관한 법률(이하 '성충동약물치료법'이라고 한다) 제2조 제1호, 제4조 제1항은 치료감호법 제2조 제1항 제3호의 정신성적 장애자를 약물치료명령(이하 '치료명령'이라고 한다)의 대상이 되는 성도착증 환자의 한 유형으로 규정하고 있다. 따라서 성폭력범죄를 저지른 정신성적 장애자에 대하여는 치료감호와 치료명령이 함께 청구될 수도 있는데, 피청구자의 동의 없이 강제적으로 이루어지는 치료명령 자체가 피청구자의 신체의 자유와 자기결정권에 대한 중대한 제한이 되는 점, 치료감호는 치료감호법에 규정된 수용기간을 한도로 피치료감호자가 치유되어 치료감호를 받을 필요가 없을 때 종료되는 것이 원칙인 점, 치료감호와 치료명령이 함께 선고된 경우에는 성충동약물치료법 제14조에 따라 치료감호의 종료 · 가종료 또는 치료위탁으로 석방되기 전 2개월 이내에 치료명령이 집행되는 점 등을 감안하면, 치료감호와 치료명령이 함께 청구된 경우에는, 치료감호를 통한 치료에도 불구하고 치료명령의 집행시점에도 여전히 약물치료가 필요할 만큼 피청구자에게 성폭력범죄를 다시 범할 위험성이 있고 피청구자의 동의를 대체할 수 있을 정도의 상당한 필요성이 인정되는 경우에 한하여 치료감호와 함께 치료명령을 선고할 수 있다고 보아야 한다.

답 ③

★★★

138 □□□

「치료감호 등에 관한 법률」상 치료감호에 대한 설명으로 옳지 않은 것은? 2025년 교정직 9급

① 마약류 중독으로 금고 이상의 형에 해당하는 죄를 지어, 치료감호시설에서 치료를 받을 필요가 있고 재범의 위험성이 있는 자의 치료감호 기간은 2년을 초과할 수 없다.

② 피치료감호자에 대한 치료감호가 가종료되었을 때 보호관찰기간은 3년으로 한다.

③ 치료감호와 형(刑)이 병과(倂科)된 경우에는 치료감호를 먼저 집행하며, 이 경우 치료감호의 집행기간은 형 집행기간에서 제외한다.

④ 법무부장관은 연 2회 이상 치료감호시설의 운영실태 및 피치료감호자등에 대한 처우상태를 점검하여야 한다.

「치료감호 등에 관한 법률」상 치료감호

치료감호의 집행기간은 '형 집행기간에 포함한다'(「치료감호 등에 관한 법률」 제18조).

> **제18조 【집행 순서 및 방법】** 치료감호와 형이 병과된 경우에는 치료감호를 먼저 집행한다. 이 경우 치료감호의 집행기간은 형 집행기간에 포함한다(→ 기능적 대체).

선지분석

① 「치료감호 등에 관한 법률」 제2조 제1항 제2호, 제16조 제2항 제2호

> **제16조 【치료감호의 내용】** ② 피치료감호자를 치료감호시설에 수용하는 기간은 다음 각 호의 구분에 따른 기간을 초과할 수 없다.
> 1. 제2조 제1항 제1호 및 제3호에 해당하는 자(→ 심신장애인, 정신성적 장애인): 15년
> 2. 제2조 제1항 제2호에 해당하는 자(→ 중독된 자): 2년

② 「치료감호 등에 관한 법률」 제32조 제1항 제1호, 제2항

> **제32조 【보호관찰】** ① 피치료감호자가 다음 각 호의 어느 하나에 해당하게 되면 「보호관찰 등에 관한 법률」에 따른 보호관찰(이하 "보호관찰"이라 한다)이 시작된다.
> 1. 피치료감호자에 대한 치료감호가 가종료되었을 때
> 2. 피치료감호자가 치료감호시설 외에서 치료받도록 법정대리인등에게 위탁되었을 때
> 3. 제16조 제2항 각 호에 따른 기간 또는 같은 조 제3항에 따라 연장된 기간(이하 "치료감호기간"이라 한다)이 만료되는 피치료감호자에 대하여 제37조에 따른 치료감호심의위원회가 심사하여 보호관찰이 필요하다고 결정한 경우에는 치료감호기간이 만료되었을 때
>
> ② 보호관찰의 기간은 3년으로 한다.

④ 「치료감호 등에 관한 법률」 제31조

> **제31조 【운영실태 등 점검】** 법무부장관은 연 2회 이상 치료감호시설의 운영실태 및 피치료보호자에 대한 처우상태를 점검하여야 한다.

답 ③

139 「전자장치 부착 등에 관한 법률」상 전자장치 부착명령에 대한 설명으로 옳은 것은? 2013년 교정직 9급 변형

① 특정 범죄란 성폭력범죄, 미성년자 대상 유괴범죄, 살인범죄 및 강도범죄를 말한다.

② 검사는 부착명령을 청구하기 위하여 필요하다고 인정하는 때에는 소속 검찰청 소재지를 관할하는 보호관찰소의 장에게 피의자와의 관계, 심리상태 등 피해자에 관하여 필요한 사항의 조사를 요청할 수 있다.

③ 부착명령 청구사건의 제1심 재판은 지방법원 합의부의 관할로 한다.

④ 법원은 부착명령 청구가 있는 때에는 부착명령 청구서의 부본을 피부착명령 청구자 또는 그의 변호인에게 송부하여야 하며, 공판기일 7일 전까지 송부하여야 한다.

전자장치 부착명령

「전자장치 부착 등에 관한 법률」 제7조 제2항

> **제7조【부착명령 청구사건의 관할】** ② 부착명령 청구사건의 제1심 재판은 지방법원 합의부(지방법원지원 합의부를 포함)의 관할로 한다.

선지분석

① 「전자장치 부착 등에 관한 법률」에서 특정범죄란 성폭력범죄, 미성년자 대상 유괴범죄, 살인범죄, 강도범죄 및 스토킹 범죄를 말하고(「전자장치 부착 등에 관한 법률」 제2조 제1호), 특정범죄를 저지른 사람이 일정한 요건을 충족한 경우에는 전자장치 부착명령을 청구할 수 있다(「전자장치 부착 등에 관한 법률」 제2조 제1호).

> **제2조【정의】** 이 법에서 사용하는 용어의 정의는 다음과 같다.
> 1. "특정범죄"란 성폭력범죄, 미성년자 대상 유괴범죄, 살인범죄, 강도범죄 및 스토킹범죄를 말한다.

② 피해자와의 관계, 심리상태 등 피의자에 관하여 필요한 사항의 조사를 요청할 수 있다(「전자장치 부착 등에 관한 법률」 제6조 제1항).

> **제6조【조사】** ① 검사는 부착명령을 청구하기 위하여 필요하다고 인정하는 때에는 피의자의 주거지 또는 소속 검찰청(지청을 포함) 소재지를 관할하는 보호관찰소(지소를 포함)의 장에게 범죄의 동기, 피해자와의 관계, 심리상태, 재범의 위험성 등 피의자에 관하여 필요한 사항의 조사를 요청할 수 있다.

④ 공판기일 5일 전까지 송부하여야 한다(「전자장치 부착 등에 관한 법률」 제8조 제2항).

> **제8조【부착명령 청구서의 기재사항 등】** ② 법원은 부착명령 청구가 있는 때에는 지체 없이 부착명령 청구서의 부본을 피부착명령청구자 또는 그의 변호인에게 송부하여야 한다. 이 경우 특정범죄사건에 대한 공소제기와 동시에 부착명령 청구가 있는 때에는 제1회 공판기일 5일 전까지, 특정범죄사건의 심리 중에 부착명령 청구가 있는 때에는 다음 공판기일 5일 전까지 송부하여야 한다.

답 ③

140 「전자장치 부착 등에 관한 법률」상 옳지 않은 것은? 2016년 보호직 7급

① 특정범죄에는 「형법」상 살인죄의 기수범은 포함되나 살인죄의 미수범과 예비, 음모죄는 포함되지 않는다.

② 만 19세 미만의 자에 대하여 부착명령을 선고한 때에는 19세에 이르기까지 이 법에 따른 전자장치를 부착할 수 없다.

③ 피부착자는 특정범죄사건에 대한 형의 집행이 종료되거나 면제 · 가석방되는 날부터 10일 이내에 주거지를 관할하는 보호관찰소에 출석하여 서면으로 신고하여야 한다.

④ 수사기관은 체포 또는 구속한 사람이 피부착자임을 알게 된 경우에는 피부착자의 주거지를 관할하는 보호관찰소의 장에게 그 사실을 통보하여야 한다.

「전자장치 부착 등에 관한 법률」

「형법」상 살인죄의 미수범과 예비, 음모죄도 포함된다(「전자장치 부착 등에 관한 법률」 제2조 제3호의2 가목).

> **제2조 【정의】** 이 법에서 사용하는 용어의 정의는 다음과 같다.
> 1. "특정범죄"란 성폭력범죄, 미성년자 대상 유괴범죄, 살인범죄, 강도범죄 및 스토킹범죄를 말한다.
>
> 3의2. "살인범죄"란 다음 각 목의 범죄를 말한다.
>
> 가. 「형법」 제2편 제1장 내란의 죄 중 제88조(내란목적의 살인) · 제89조(미수범)의 죄(제88조의 미수범만을 말한다), '제2편 제24장 살인의 죄 중 제250조(살인, 존속살해) · 제251조(영아살해) · 제252조(촉탁, 승낙에 의한 살인 등) · 제253조(위계 등에 의한 촉탁살인 등) · 제254조(미수범) · 제255조(예비, 음모)', 제2편 제32장 강간과 추행의 죄 중 제301조의2(강간 등 살인 · 치사) 전단, 제2편 제37장 권리행사를 방해하는 죄 중 제324조의4(인질살해 · 치사) 전단 · 제324조의5(미수범)의 죄(제324조의4 전단의 미수범만을 말한다), 제2편 제38장 절도와 강도의 죄 중 제338조(강도살인 · 치사) 전단 · 제340조(해상강도) 제3항(사람을 살해한 죄만을 말한다) 및 제342조(미수범)의 죄(제338조 전단 및 제340조 제3항 중 사람을 살해한 죄의 미수범만을 말한다)

(선지분석)

② 「전자장치 부착 등에 관한 법률」 제4조

③ 「전자장치 부착 등에 관한 법률」 제14조 제2항

> **제14조 【피부착자의 의무】** ② 피부착자는 특정범죄사건에 대한 형의 집행이 종료되거나 면제 · 가석방되는 날부터 10일 이내에 주거지를 관할하는 보호관찰소에 출석하여 대통령령으로 정하는 신상정보 등을 서면으로 신고하여야 한다.

④ 「전자장치 부착 등에 관한 법률」 제16조의2 제4항

답 ①

141 검사가 전자장치 부착명령을 반드시 청구하여야 하는 경우로 옳은 것은? 2012년 교정직 9급

① 성폭력범죄로 징역형의 실형을 선고받은 사람이 그 집행을 종료한 후 또는 집행이 면제된 후 10년 이내에 성폭력범죄를 저지른 때

② 성폭력범죄를 2회 이상 범하여(유죄의 확정판결을 받은 경우를 포함) 그 습벽이 인정된 때

③ 유괴범죄로 징역형의 실형 이상의 형을 선고받아 그 집행 종료 후 다시 유괴범죄를 행한 때

④ 살인범죄를 저지른 사람으로서 살인범죄를 다시 범할 위험성이 있다고 인정되는 경우

전자장치 부착명령

「전자장치 부착 등에 관한 법률」 제5조 각 항에서 말하는 청구할 수 있다와 청구하여야 한다를 구분할 수 있어야 한다. 이 경우에 검사는 법원에 부착명령을 청구하여야 한다(「전자장치 부착 등에 관한 법률」 제5조 제2항 단서).

> **제5조 【전자장치 부착명령의 청구】** ① 검사는 다음 각 호의 어느 하나에 해당하고, 성폭력범죄를 다시 범할 위험성이 있다고 인정되는 사람에 대하여 전자장치를 부착하도록 하는 명령(이하 "부착명령"이라 한다)을 법원에 청구할 수 있다.
> 1. 성폭력범죄로 징역형의 실형을 선고받은 사람이 그 집행을 종료한 후 또는 집행이 면제된 후 10년 이내에 성폭력범죄를 저지른 때
> 2. 성폭력범죄로 이 법에 따른 전자장치를 부착받은 전력이 있는 사람이 다시 성폭력범죄를 저지른 때
> 3. 성폭력범죄를 2회 이상 범하여(유죄의 확정판결을 받은 경우를 포함한다) 그 습벽이 인정된 때
> 4. 19세 미만의 사람에 대하여 성폭력범죄를 저지른 때
> 5. 신체적 또는 정신적 장애가 있는 사람에 대하여 성폭력범죄를 저지른 때
>
> ② 검사는 미성년자 대상 유괴범죄를 저지른 사람으로서 미성년자 대상 유괴범죄를 다시 범할 위험성이 있다고 인정되는 사람에 대하여 부착명령을 법원에 청구할 수 있다. 다만, 유괴범죄로 징역형의 실형 이상의 형을 선고받아 그 집행이 종료 또는 면제된 후 다시 유괴범죄를 저지른 경우에는 부착명령을 청구하여야 한다.
>
> ③ 검사는 살인범죄를 저지른 사람으로서 살인범죄를 다시 범할 위험성이 있다고 인정되는 사람에 대하여 부착명령을 법원에 청구할 수 있다. 다만, 살인범죄로 징역형의 실형 이상의 형을 선고받아 그 집행이 종료 또는 면제된 후 다시 살인범죄를 저지른 경우에는 부착명령을 청구하여야 한다.
>
> ④ 검사는 다음 각 호의 어느 하나에 해당하고 강도범죄를 다시 범할 위험성이 있다고 인정되는 사람에 대하여 부착명령을 법원에 청구할 수 있다.
> 1. 강도범죄로 징역형의 실형을 선고받은 사람이 그 집행을 종료한 후 또는 집행이 면제된 후 10년 이내에 다시 강도범죄를 저지른 때
> 2. 강도범죄로 이 법에 따른 전자장치를 부착하였던 전력이 있는 사람이 다시 강도범죄를 저지른 때
> 3. 강도범죄를 2회 이상 범하여(유죄의 확정판결을 받은 경우를 포함한다) 그 습벽이 인정된 때

선지분석

①, ②, ④ 검사가 법원에 부착명령을 청구할 수 있는 경우에 해당한다.

답 ③

★★ **142** □□□ **「전자장치 부착 등에 관한 법률」상 '특정범죄'에 관한 형 집행 종료 후의 전자장치 부착에 대한 설명으로 옳지 않은 것은?** 2024년 보호직 9급

① 검사는, 19세 미만의 사람에 대하여 성폭력범죄를 저지른 때에 성폭력범죄를 다시 범할 위험성이 있다고 인정되는 사람에 대하여 전자장치를 부착하도록 하는 명령을 법원에 청구할 수 있다.

② 검사는, 스토킹범죄를 2회 이상 범하여(유죄의 확정판결을 받은 경우를 제외한다) 그 습벽이 인정된 때에 스토킹범죄를 다시 범할 위험성이 있다고 인정되는 사람에 대하여 전자장치를 부착하도록 하는 명령을 법원에 청구할 수 있다.

③ 검사는, 미성년자 대상 유괴범죄를 저지른 사람으로서 미성년자 대상 유괴범죄를 다시 범할 위험성이 있다고 인정되는 사람에 대하여 전자장치를 부착하도록 하는 명령을 법원에 청구할 수 있다. 다만, 유괴범죄로 징역형의 실형 이상의 형을 선고받아 그 집행이 종료 또는 면제된 후 다시 유괴범죄를 저지른 경우에는 전자장치를 부착하도록 하는 명령을 청구하여야 한다.

④ 검사는, 강도범죄로 「전자장치 부착 등에 관한 법률」에 따른 전자장치를 부착하였던 전력이 있는 사람이 다시 강도범죄를 저지른 때에 강도범죄를 다시 범할 위험성이 있다고 인정되는 경우 전자장치를 부착하도록 하는 명령을 법원에 청구할 수 있다.

특정범죄에 관한 형 집행 종료 후의 전자장치 부착

스토킹범죄를 2회 이상 범하여(유죄의 확정판결을 받은 경우를 '포함'한다) 그 습벽이 인정된 때에 스토킹범죄를 다시 범할 위험성이 있다고 인정되는 사람에 대하여 전자장치를 부착하도록 하는 명령을 법원에 청구할 수 있다(「전자장치 부착 등에 관한 법률」 제5조 제5항 제3호).

> **제5조【전자장치 부착명령의 청구】** ⑤ 검사는 다음 각 호의 어느 하나에 해당하고 스토킹범죄를 다시 범할 위험성이 있다고 인정되는 사람에 대하여 부착명령을 법원에 청구할 수 있다. <신설 2023.7.11.>
> 1. 스토킹범죄로 징역형의 실형을 선고받은 사람이 그 집행을 종료한 후 또는 집행이 면제된 후 10년 이내에 다시 스토킹범죄를 저지른 때
> 2. 스토킹범죄로 이 법에 따른 전자장치를 부착하였던 전력이 있는 사람이 다시 스토킹범죄를 저지른 때
> 3. 스토킹범죄를 2회 이상 범하여(유죄의 확정판결을 받은 경우를 포함한다) 그 습벽이 인정된 때

선지분석

① 「전자장치 부착 등에 관한 법률」 제5조 제1항 제4호

> **제5조【전자장치 부착명령의 청구】** ① 검사는 다음 각 호의 어느 하나에 해당하고, 성폭력범죄를 다시 범할 위험성이 있다고 인정되는 사람에 대하여 전자장치를 부착하도록 하는 명령(이하 "부착명령"이라 한다)을 법원에 청구할 수 있다.
> 1. 성폭력범죄로 징역형의 실형을 선고받은 사람이 그 집행을 종료한 후 또는 집행이 면제된 후 10년 이내에 성폭력범죄를 저지른 때
> 2. 성폭력범죄로 이 법에 따른 전자장치를 부착받은 전력이 있는 사람이 다시 성폭력범죄를 저지른 때
> 3. 성폭력범죄를 2회 이상 범하여(유죄의 확정판결을 받은 경우를 포함한다) 그 습벽이 인정된 때
> 4. 19세 미만의 사람에 대하여 성폭력범죄를 저지른 때
> 5. 신체적 또는 정신적 장애가 있는 사람에 대하여 성폭력범죄를 저지른 때

③ 「전자장치 부착 등에 관한 법률」 제5조 제2항

> **제5조【전자장치 부착명령의 청구】** ② 검사는 미성년자 대상 유괴범죄를 저지른 사람으로서 미성년자 대상 유괴범죄를 다시 범할 위험성이 있다고 인정되는 사람에 대하여 부착명령을 법원에 청구할 수 있다. 다만, 유괴범죄로 징역형의 실형 이상의 형을 선고받아 그 집행이 종료 또는 면제된 후 다시 유괴범죄를 저지른 경우에는 부착명령을 청구하여야 한다.

④ 「전자장치 부착 등에 관한 법률」 제5조 제4항 제2호

> **제5조【전자장치 부착명령의 청구】** ④ 검사는 다음 각 호의 어느 하나에 해당하고 강도범죄를 다시 범할 위험성이 있다고 인정되는 사람에 대하여 부착명령을 법원에 청구할 수 있다.
> 1. 강도범죄로 징역형의 실형을 선고받은 사람이 그 집행을 종료한 후 또는 집행이 면제된 후 10년 이내에 다시 강도범죄를 저지른 때
> 2. 강도범죄로 이 법에 따른 전자장치를 부착하였던 전력이 있는 사람이 다시 강도범죄를 저지른 때
> 3. 강도범죄를 2회 이상 범하여(유죄의 확정판결을 받은 경우를 포함) 그 습벽이 인정된 때

답 ②

143

「전자장치 부착 등에 관한 법률」상 전자장치 부착 등에 대한 설명으로 옳은 것은? 2016년 교정직 7급

① 전자장치 피부착자는 주거를 이전하거나 3일 이상의 국내여행 또는 출국할 때에는 미리 보호관찰관의 허가를 받아야 한다.

② 19세 미만의 사람에 대하여 성폭력범죄를 저지른 경우에는 전자장치 부착기간의 상한과 하한은 법률에서 정한 부착기간의 2배로 한다.

③ 검사는 성폭력범죄로 징역형의 실형을 선고받은 사람이 그 집행을 종료한 후 또는 집행이 면제된 후 15년 이내에 성폭력범죄를 저지르고, 성폭력범죄를 다시 범할 위험성이 있다고 인정되는 때에는 전자장치를 부착하도록 하는 명령을 법원에 청구할 수 있다.

④ 여러 개의 특정범죄에 대하여 동시에 전자장치 부착명령을 선고할 때에는 법정형이 가장 중한 죄의 부착기간 상한의 2분의 1까지 가중하되, 각 죄의 부착기간의 상한을 합산한 기간을 초과할 수 없다. 다만, 하나의 행위가 여러 특정범죄에 해당하는 경우에는 가장 중한 죄의 부착기간을 부착기간으로 한다.

전자장치 부착명령

「전자장치 부착 등에 관한 법률」 제9조 제2항

선지분석

① 7일 이상의 국내여행을 할 때에는 미리 허가를 받아야 한다(「전자장치 부착 등에 관한 법률」 제14조 제3항).

> **제14조 【피부착자의 의무】** ③ 피부착자는 주거를 이전하거나 7일 이상의 국내여행을 하거나 출국할 때에는 미리 보호관찰관의 허가를 받아야 한다.

② 하한만 2배로 한다(「전자장치 부착 등에 관한 법률」 제9조 제1항 단서).

> **제9조 【부착명령의 판결 등】** ① 법원은 부착명령 청구가 이유 있다고 인정하는 때에는 다음 각 호에 따른 기간의 범위 내에서 부착기간을 정하여 판결로 부착명령을 선고하여야 한다. 다만, 19세 미만의 사람에 대하여 특정범죄를 저지른 경우에는 부착기간 하한을 다음 각 호에 따른 부착기간 하한의 2배로 한다.
> 1. 법정형의 상한이 사형 또는 무기징역인 특정범죄: 10년 이상 30년 이하
> 2. 법정형 중 징역형의 하한이 3년 이상의 유기징역인 특정범죄(제1호에 해당하는 특정범죄는 제외한다): 3년 이상 20년 이하
> 3. 법정형 중 징역형의 하한이 3년 미만의 유기징역인 특정범죄(제1호 또는 제2호에 해당하는 특정범죄는 제외한다): 1년 이상 10년 이하

③ 10년 이내에 성폭력범죄를 저지른 때에 해당하면 부착명령을 청구할 수 있다(「전자장치 부착 등에 관한 법률」 제5조 제1항 제1호).

답 ④

144 「전자장치 부착 등에 관한 법률」상 전자장치 부착에 대한 설명으로 옳은 것은? 2023년 교정직 7급

① 19세 미만의 사람에 대하여 성폭력범죄를 저지른 경우에는 부착기간 상한을 법이 정한 부착기간 상한의 2배로 한다.

② 19세 미만의 사람에 대하여 성폭력범죄를 저지른 사람에게 부착명령을 선고하는 경우, 법원은 어린이 보호구역 등 특정지역 · 장소에의 출입금지 및 접근금지를 준수사항으로 부과하여야 한다.

③ 피부착자는 주거를 이전하거나 7일 이상 국내여행을 하거나 출국할 때에는 미리 보호관찰관에게 신고하여야 한다.

④ 살인범죄로 징역형의 실형 이상의 형을 선고받아 그 집행이 면제된 후 다시 살인범죄를 저지른 사람에 대해서 검사는 부착명령을 청구하여야 한다.

전자장치 부착

「전자장치 부착 등에 관한 법률」 제5조 제3항 단서

> **제5조 【전자장치 부착명령의 청구】** ③ 검사는 살인범죄를 저지른 사람으로서 살인범죄를 다시 범할 위험성이 있다고 인정되는 사람에 대하여 부착명령을 법원에 청구할 수 있다. 다만, 살인범죄로 징역형의 실형 이상의 형을 선고받아 그 집행이 종료 또는 면제된 후 다시 살인범죄를 저지른 경우에는 부착명령을 청구하여야 한다.

선지분석

① 부착기간 '하한'을 법이 정한 부착기간 '하한'의 2배로 한다(「전자장치 부착 등에 관한 법률」 제9조 제1항 단서).

> **제9조 【부착명령의 판결 등】** ① 법원은 부착명령 청구가 이유 있다고 인정하는 때에는 다음 각 호에 따른 기간의 범위 내에서 부착기간을 정하여 판결로 부착명령을 선고하여야 한다. 다만, 19세 미만의 사람에 대하여 특정범죄를 저지른 경우에는 부착기간 하한을 다음 각 호에 따른 부착기간 하한의 2배로 한다.
> 1. 법정형의 상한이 사형 또는 무기징역인 특정 범죄: 10년 이상 30년 이하
> 2. 법정형 중 징역형의 하한이 3년 이상의 유기징역인 특정 범죄(제1호에 해당하는 특정 범죄는 제외한다): 3년 이상 20년 이하
> 3. 법정형 중 징역형의 하한이 3년 미만의 유기징역인 특정 범죄(제1호 또는 제2호에 해당하는 특정 범죄는 제외한다): 1년 이상 10년 이하

② '야간, 아동 · 청소년의 통학시간 등 특정 시간대의 외출 제한'을 준수사항으로 부과하여야 함이 원칙이다(「전자장치 부착 등에 관한 법률」 제9조의2 제3항 제1호).

> **제9조의2 【준수사항】** ③ 제1항에도 불구하고 법원은 성폭력범죄를 저지른 사람(19세 미만의 사람을 대상으로 성폭력범죄를 저지른 사람으로 한정한다) 또는 스토킹범죄를 저지른 사람에 대해서 제9조 제1항에 따라 부착명령을 선고하는 경우에는 다음 각 호의 구분에 따라 제1항의 준수사항을 부과하여야 한다. <개정 2023.7.11.>
> 1. 19세 미만의 사람을 대상으로 성폭력범죄를 저지른 사람: 제1항 제1호(→ 야간, 아동 · 청소년의 통학시간 등 특정 시간대의 외출 제한) 및 제3호(→ 피해자 등 특정인에의 접근 금지)의 준수사항을 포함할 것. 다만, 제1항 제1호의 준수사항을 부과하여서는 아니 될 특별한 사정이 있다고 판단하는 경우에는 해당 준수사항을 포함하지 아니할 수 있다.
> 2. 스토킹범죄를 저지른 사람: 제1항 제3호의 준수사항을 포함할 것

③ 미리 '보호관찰관의 허가'를 받아야 한다(「전자장치 부착 등에 관한 법률」 제14조 제3항).

> **제14조 【피부착자의 의무】** ③ 피부착자는 주거를 이전하거나 7일 이상의 국내여행을 하거나 출국할 때에는 미리 보호관찰관의 허가를 받아야 한다.

답 ④

145 「전자장치 부착 등에 관한 법률」에 대한 설명으로 옳지 않은 것은? 2015년 교정직 9급

① 법원은 특정범죄를 범한 자에 대하여 형의 집행을 유예하면서 보호관찰을 받을 것을 명할 때에는 전자장치를 부착할 것을 명할 수는 없다.

② 전자장치 부착집행 중 보호관찰 준수사항 위반으로 유치허가장의 집행을 받아 유치된 때에는 부착집행이 정지된다.

③ 만 19세 미만의 자에 대하여 부착명령을 선고한 때에는 19세에 이르기까지 이 법에 따른 전자장치를 부착할 수 없다.

④ 법원은 부착명령 청구를 기각하는 경우로서 검사가 보호관찰명령을 청구할 수 있는 경우에 해당하여 보호관찰명령을 선고할 필요가 있다고 인정하는 때에는 직권으로 2년 이상 5년 이하의 범위에서 기간을 정하여 보호관찰명령을 선고할 수 있다.

「전자장치 부착 등에 관한 법률」

전자장치를 부착할 것을 명할 수 있다(「전자장치 부착 등에 관한 법률」 제28조 제1항).

> **제28조【형의 집행유예와 부착명령】** ① 법원은 특정범죄를 범한 자에 대하여 형의 집행을 유예하면서 보호관찰을 받을 것을 명할 때에는 보호관찰기간의 범위 내에서 기간을 정하여 준수사항의 이행여부 확인 등을 위하여 전자장치를 부착할 것을 명할 수 있다.

선지분석

② 「전자장치 부착 등에 관한 법률」 제24조 제3항

> **제24조【전자장치의 부착】** ③ 전자장치 부착집행 중 보호관찰 준수사항 위반으로 유치허가장의 집행을 받아 유치된 때에는 부착집행이 정지된다. 이 경우 심사위원회가 보호관찰소의 장의 가석방 취소신청을 기각한 날 또는 법무부장관이 심사위원회의 허가신청을 불허한 날부터 그 잔여기간을 집행한다.

③ 「전자장치 부착 등에 관한 법률」 제4조

> **제4조【적용 범위】** 만 19세 미만의 자에 대하여 부착명령을 선고한 때에는 19세에 이르기까지 이 법에 따른 전자장치를 부착할 수 없다.

④ 「전자장치 부착 등에 관한 법률」 제21조의3 제2항

> **제21조의3【보호관찰명령의 판결】** ① 법원은 제21조의2 각 호의 어느 하나에 해당하는 사람이 금고 이상의 선고형에 해당하고 보호관찰명령의 청구가 이유 있다고 인정하는 때에는 2년 이상 5년 이하의 범위에서 기간을 정하여 보호관찰명령을 선고하여야 한다.
> ② 법원은 제1항에도 불구하고 제9조 제4항 제1호에 따라 부착명령 청구를 기각하는 경우로서 제21조의2 각 호의 어느 하나에 해당하여 보호관찰명령을 선고할 필요가 있다고 인정하는 때에는 직권으로 제1항에 따른 기간을 정하여 보호관찰명령을 선고할 수 있다.

답 ①

146 「전자장치 부착 등에 관한 법률」에 대한 설명으로 옳지 않은 것은?

2014년 교정직 9급 변형

① 특정범죄는 성폭력범죄, 미성년자 대상 유괴범죄, 살인범죄, 강도범죄 및 스토킹범죄를 말한다.
② 만 19세 미만의 자에 대하여 전자장치의 부착명령을 선고할 수 없다.
③ 전자장치 부착명령의 선고는 특정범죄사건의 양형에 유리하게 참작되어서는 아니 된다.
④ 부착명령 판결을 선고받지 아니한 특정범죄자로서 형의 집행 중 가석방되어 보호관찰을 받게 되는 자는 준수사항 이행 여부 확인 등을 위하여 가석방기간 동안 전자장치를 부착하여야 한다.

「전자장치 부착 등에 관한 법률」

만 19세 미만의 자에 대하여 부착명령을 선고할 수 있다(「전자장치 부착 등에 관한 법률」 제4조).

> **제4조 【적용 범위】** 만 19세 미만의 자에 대하여 부착명령을 선고한 때에는 19세에 이르기까지 이 법에 따른 전자장치를 부착할 수 없다.

선지분석

① 「전자장치 부착 등에 관한 법률」 제2조 제1호

> **제2조 【정의】** 이 법에서 사용하는 용어는 다음과 같다.
> 1. "특정범죄"란 성폭력범죄, 미성년자 대상 유괴범죄, 살인범죄, 강도범죄 및 스토킹범죄를 말한다.

③ 「전자장치 부착 등에 관한 법률」 제9조 제7항

> **제9조 【부착명령의 판결 등】** ⑦ 부착명령의 선고는 특정범죄사건의 양형에 유리하게 참작되어서는 아니 된다.

④ 「전자장치 부착 등에 관한 법률」 제22조 제1항

> **제22조 【가석방과 전자장치 부착】** ① 제9조에 따른 부착명령 판결을 선고받지 아니한 특정 범죄자로서 형의 집행 중 가석방되어 보호관찰을 받게 되는 자는 준수사항 이행 여부 확인 등을 위하여 가석방기간 동안 전자장치를 부착하여야 한다. 다만, 심사위원회가 전자장치 부착이 필요하지 아니하다고 결정한 경우에는 그러하지 아니하다.

답 ②

147 「전자장치 부착 등에 관한 법률」상 위치추적 전자장치에 대한 설명으로 옳지 않은 것은?

2014년 보호직 7급 변형

① 검사는 법원에 성폭력범죄, 미성년자 대상 유괴범죄, 살인범죄, 강도범죄 및 스토킹범죄(이하 '특정범죄'라고 한다)를 범하고 다시 범할 위험성이 있다고 인정되는 사람에 대하여 위치추적 전자장치를 부착하는 명령(이하 '부착명령'이라고 한다)을 청구할 수 있다.
② 부착명령의 청구는 특정범죄사건의 공소제기와 동시에 하여야 하고, 법원은 공소가 제기된 특정범죄사건을 심리한 결과 부착명령을 선고할 필요가 있다고 인정하는 때에는 직권으로 부착명령을 할 수 있다.
③ 법원은 특정범죄를 범한 자에 대하여 형의 집행을 유예하면서 보호관찰을 받을 것을 명할 때에는 보호관찰기간의 범위 내에서 기간을 정하여 준수사항의 이행여부 확인 등을 위하여 전자장치를 부착할 것을 명할 수 있다.
④ 보호관찰심사위원회가 필요하지 아니하다고 결정한 경우를 제외하고, 부착명령 판결을 선고받지 아니한 특정범죄자로서 형의 집행 중 가석방되어 보호관찰을 받게 되는 자는 준수사항 이행 여부 확인 등을 위하여 가석방기간 동안 전자장치를 부착하여야 한다.

위치추적 전자장치

부착명령의 청구는 공소가 제기된 특정범죄사건의 항소심 변론 종결 시까지 할 수 있고(「전자장치 부착 등에 관한 법률」 제5조 제6항), 법원이 부착명령을 선고할 필요가 있다고 인정하는 때에는 검사에게 부착명령의 청구를 요구할 수 있다(「전자장치 부착 등에 관한 법률」 제5조 제7항).

> **제5조【전자장치 부착명령의 청구】** ⑥ 제1항부터 제4항까지의 규정에 따른 부착명령의 청구는 공소가 제기된 특정범죄사건의 항소심 변론종결 시까지 하여야 한다.
> ⑦ 법원은 공소가 제기된 특정범죄사건을 심리한 결과 부착명령을 선고할 필요가 있다고 인정하는 때에는 검사에게 부착명령의 청구를 요구할 수 있다.

선지분석

① 「전자장치 부착 등에 관한 법률」 제5조 제1항 · 제2항 · 제3항 · 제4항 · 제5항
③ 「전자장치 부착 등에 관한 법률」 제28조 제1항
④ 「전자장치 부착 등에 관한 법률」 제22조 제1항

> **제22조【가석방과 전자장치 부착】** ① 제9조에 따른 부착명령 판결을 선고받지 아니한 특정 범죄자로서 형의 집행 중 가석방되어 보호관찰을 받게 되는 자는 준수사항 이행 여부 확인 등을 위하여 가석방기간 동안 전자장치를 부착하여야 한다. 다만, 심사위원회가 전자장치 부착이 필요하지 아니하다고 결정한 경우에는 그러하지 아니하다.

답 ②

148 **「전자장치 부착 등에 관한 법률」상 검사가 성폭력범죄를 다시 범할 위험성이 있다고 인정되는 사람에 대해 전자장치를 부착하도록 하는 명령을 법원에 청구할 수 있는 경우에 해당하지 않는 것은?**

2017년 교정직 7급

① 정신적 장애가 있는 사람이 성폭력범죄를 저지른 때
② 성폭력범죄를 2회 이상 범하여 그 습벽이 인정된 때
③ 19세 미만의 사람에 대하여 성폭력범죄를 저지른 때
④ 성폭력범죄로 전자장치를 부착받은 전력이 있는 사람이 다시 성폭력범죄를 저지른 때

전자장치 부착명령

정신적 장애가 있는 사람에 대하여 성폭력범죄를 저지른 때에 해당하는 경우(성폭력범죄의 피해자가 정신적 장애가 있는 사람인 경우)에 부착명령을 청구할 수 있다(「전자장치 부착 등에 관한 법률」 제5조 제1항 제5호).

선지분석

②, ③, ④ 「전자장치 부착 등에 관한 법률」 제5조 제1항

> **제5조【전자장치 부착명령의 청구】** ① 검사는 다음 각 호의 어느 하나에 해당하고, 성폭력범죄를 다시 범할 위험성이 있다고 인정되는 사람에 대하여 전자장치를 부착하도록 하는 명령(이하 "부착명령"이라 한다)을 법원에 청구할 수 있다.
> 1. 성폭력범죄로 징역형의 실형을 선고받은 사람이 그 집행을 종료한 후 또는 집행이 면제된 후 10년 이내에 성폭력범죄를 저지른 때
> 2. 성폭력범죄로 이 법에 따른 전자장치를 부착받은 전력이 있는 사람이 다시 성폭력범죄를 저지른 때
> 3. 성폭력범죄를 2회 이상 범하여(유죄의 확정판결을 받은 경우를 포함한다) 그 습벽이 인정된 때
> 4. 19세 미만의 사람에 대하여 성폭력범죄를 저지른 때
> 5. 신체적 또는 정신적 장애가 있는 사람에 대하여 성폭력범죄를 저지른 때

답 ①

★★★

149 □□□

「전자장치 부착 등에 관한 법률」상 전자장치 부착에 대한 설명으로 옳지 않은 것은? 2019년 교정직 9급

① 검사는 강도범죄로 징역형의 실형을 선고받은 사람이 그 집행을 종료한 후 8년 뒤 다시 강도범죄를 저지른 경우, 강도범죄를 다시 범할 위험성이 있다고 인정되는 때에는 부착명령을 법원에 청구할 수 있다.

② 전자장치 피부착자가 9일간 국내여행을 하거나 출국할 때에는 미리 보호관찰관의 허가를 받아야 한다.

③ 보호관찰소의 장 또는 피부착자 및 그 법정대리인은 해당 보호관찰소를 관할하는 심사위원회에 부착명령의 가해제를 신청할 수 있으며, 이 신청은 부착명령의 집행이 개시된 날부터 3개월이 경과한 후에 하여야 한다.

④ 만 19세 미만의 자에 대해서는 부착명령을 선고할 수 없다.

전자장치 부착

만 19세 미만의 자에 대하여 부착명령을 선고한 때에는 19세에 이르기까지 이 법에 따른 전자장치를 부착할 수 없다(「전자장치 부착 등에 관한 법률」 제4조).

> **제4조 【적용 범위】** 만 19세 미만의 자에 대하여 부착명령을 선고한 때에는 19세에 이르기까지 이 법에 따른 전자장치를 부착할 수 없다.

선지분석

① 「전자장치 부착 등에 관한 법률」 제5조 제4항 제1호

> **제5조 【전자장치 부착명령의 청구】** ④ 검사는 다음 각 호의 어느 하나에 해당하고 강도범죄를 다시 범할 위험성이 있다고 인정되는 사람에 대하여 부착명령을 법원에 청구할 수 있다.
> 1. 강도범죄로 징역형의 실형을 선고받은 사람이 그 집행을 종료한 후 또는 집행이 면제된 후 10년 이내에 다시 강도범죄를 저지른 때
> 2. 강도범죄로 이 법에 따른 전자장치를 부착하였던 전력이 있는 사람이 다시 강도범죄를 저지른 때
> 3. 강도범죄를 2회 이상 범하여(유죄의 확정판결을 받은 경우를 포함한다) 그 습벽이 인정된 때

② 「전자장치 부착 등에 관한 법률」 제14조 제3항

> **제14조 【피부착자의 의무】** ③ 피부착자는 주거를 이전하거나 7일 이상의 국내여행을 하거나 출국할 때에는 미리 보호관찰관의 허가를 받아야 한다.

③ 「전자장치 부착 등에 관한 법률」 제17조 제1항 · 제2항

> **제17조 【부착명령의 가해제 신청 등】** ① 보호관찰소의 장 또는 피부착자 및 그 법정대리인은 해당 보호관찰소를 관할하는 심사위원회에 부착명령의 가해제를 신청할 수 있다.
> ② 제1항의 신청은 부착명령의 집행이 개시된 날부터 3개월이 경과한 후에 하여야 한다. 신청이 기각된 경우에는 기각된 날부터 3개월이 경과한 후에 다시 신청할 수 있다.

답 ④

150 「전자장치 부착 등에 관한 법률」상 검사가 위치추적 전자장치 부착명령을 법원에 반드시 청구하여야 하는 경우는?

2020년 교정직 9급 변형

① 미성년자 대상 유괴범죄로 징역형의 실형 이상의 형을 선고받아 그 집행이 종료 또는 면제된 후 다시 미성년자 대상 유괴범죄를 저지른 경우

② 강도범죄를 2회 이상 범하여 그 습벽이 인정된 경우

③ 성폭력범죄로 징역형의 실형을 선고받은 사람이 그 집행을 종료한 후 또는 집행이 면제된 후 10년 이내에 성폭력범죄를 저지른 경우

④ 신체적 또는 정신적 장애가 있는 사람에 대하여 성폭력범죄를 저지른 경우

위치추적 전자장치 부착명령

「전자장치 부착 등에 관한 법률」 제5조 제2항 단서

> **제5조【전자장치 부착명령의 청구】** ② 검사는 미성년자 대상 유괴범죄를 저지른 사람으로서 미성년자 대상 유괴범죄를 다시 범할 위험성이 있다고 인정되는 사람에 대하여 부착명령을 법원에 청구할 수 있다. 다만, 유괴범죄로 징역형의 실형 이상의 형을 선고받아 그 집행이 종료 또는 면제된 후 다시 유괴범죄를 저지른 경우에는 부착명령을 청구하여야 한다.

선지분석

② 부착명령을 법원에 청구할 수 있다(「전자장치 부착 등에 관한 법률」 제5조 제4항 제3호).

> **제5조【전자장치 부착명령의 청구】** ④ 검사는 다음 각 호의 어느 하나에 해당하고 강도범죄를 다시 범할 위험성이 있다고 인정되는 사람에 대하여 부착명령을 법원에 청구할 수 있다.
> 1. 강도범죄로 징역형의 실형을 선고받은 사람이 그 집행을 종료한 후 또는 집행이 면제된 후 10년 이내에 다시 강도범죄를 저지른 때
> 2. 강도범죄로 이 법에 따른 전자장치를 부착하였던 전력이 있는 사람이 다시 강도범죄를 저지른 때
> 3. 강도범죄를 2회 이상 범하여(유죄의 확정판결을 받은 경우를 포함한다) 그 습벽이 인정된 때

③ 부착명령을 법원에 청구할 수 있다(「전자장치 부착 등에 관한 법률」 제5조 제1항 제1호).

> **제5조【전자장치 부착명령의 청구】** ① 검사는 다음 각 호의 어느 하나에 해당하고, 성폭력범죄를 다시 범할 위험성이 있다고 인정되는 사람에 대하여 전자장치를 부착하도록 하는 명령(이하 "부착명령"이라 한다)을 법원에 청구할 수 있다.
> 1. 성폭력범죄로 징역형의 실형을 선고받은 사람이 그 집행을 종료한 후 또는 집행이 면제된 후 10년 이내에 성폭력범죄를 저지른 때
> 2. 성폭력범죄로 이 법에 따른 전자장치를 부착받은 전력이 있는 사람이 다시 성폭력범죄를 저지른 때
> 3. 성폭력범죄를 2회 이상 범하여(유죄의 확정판결을 받은 경우를 포함한다) 그 습벽이 인정된 때
> 4. 19세 미만의 사람에 대하여 성폭력범죄를 저지른 때
> 5. 신체적 또는 정신적 장애가 있는 사람에 대하여 성폭력범죄를 저지른 때

④ 부착명령을 법원에 청구할 수 있다(「전자장치 부착 등에 관한 법률」 제5조 제1항 제5호).

답 ①

151 「전자장치 부착 등에 관한 법률」에 대한 설명으로 옳은 것은? 2020년 교정직 7급

① 만 18세 미만의 자에 대하여 부착명령을 선고한 때에는 18세에 이르기까지 이 법에 따른 전자장치를 부착할 수 없다.

② 전자장치 부착기간은 이를 집행한 날부터 기산하되, 초일은 산입하지 아니한다.

③ 전자장치 부착명령의 청구는 공소제기와 동시에 하여야 한다.

④ 법원이 특정범죄를 범한 자에 대하여 형의 집행을 유예하고 보호관찰을 받을 것을 명하면서 전자장치를 부착할 것을 명한 경우 이 부착명령은 집행유예가 실효되면 그 집행이 종료된다.

「전자장치 부착 등에 관한 법률」

「전자장치 부착 등에 관한 법률」 제30조 제2호

> **제30조 【부착명령 집행의 종료】** 제28조(→ 형의 집행유예와 부착명령)의 부착명령은 다음 각 호의 어느 하나에 해당하는 때에 그 집행이 종료된다.
> 1. 부착명령기간이 경과한 때
> 2. 집행유예가 실효 또는 취소된 때
> 3. 집행유예된 형이 사면되어 형의 선고의 효력을 상실하게 된 때

선지분석

① 만 19세 미만의 자에 대하여 부착명령을 선고한 때에는 19세에 이르기까지 이 법에 따른 전자장치를 부착할 수 없다(「전자장치 부착 등에 관한 법률」 제4조).

② 초일은 시간을 계산함이 없이 1일로 산정한다(「전자장치 부착 등에 관한 법률」 제32조 제1항).

> **제32조 【전자장치 부착기간의 계산】** ① 전자장치 부착기간은 이를 집행한 날부터 기산하되, 초일은 시간을 계산함이 없이 1일로 산정한다.

③ 부착명령의 청구는 공소가 제기된 특정범죄 사건의 항소심 변론종결시까지 하여야 한다(「전자장치 부착 등에 관한 법률」 제5조 제6항).

답 ④

152 「전자장치 부착 등에 관한 법률」상 전자장치 부착명령에 대한 설명으로 옳은 것은? 2020년 보호직 7급 변형

① 19세 미만의 자에 대하여 전자장치 부착명령을 선고한 때에는 19세에 이르기 전이라도 전자장치를 부착할 수 있다.

② 전자장치가 부착된 자는 주거를 이전하거나 7일 이상의 국내여행을 하거나 출국할 때에는 미리 보호관찰관의 허가를 받아야 한다.

③ 성폭력범죄, 미성년자 대상 유괴범죄, 살인범죄, 강도 · 절도범죄 및 방화범죄가 전자장치 부착 대상 특정범죄이다.

④ 전자장치 부착명령의 집행 중 다른 죄를 범하여 벌금 이상의 형이 확정된 때에는 전자장치 부착명령의 집행이 정지된다.

전자장치 부착명령

「전자장치 부착 등에 관한 법률」 제14조 제3항

선지분석

① 만 19세 미만의 자에 대하여 부착명령을 선고한 때에는 19세에 이르기까지 이 법에 따른 전자장치를 부착할 수 없다(「전자장치 부착 등에 관한 법률」 제4조).

③ 전자장치 부착 대상범죄(특정범죄)는 성폭력범죄, 미성년자 대상 유괴범죄, 살인범죄, 강도범죄 및 스토킹범죄를 말한다(「전자장치 부착 등에 관한 법률」 제2조 제1호). 절도범죄 및 방화범죄는 전자장치 부착 대상범죄에 해당하지 않는다.

④ 금고 이상의 형의 집행을 받게 된 때에는 부착명령의 집행이 정지된다(「전자장치 부착 등에 관한 법률」 제13조 제6항 제2호).

> **제13조 【부착명령의 집행】** ⑥ 다음 각 호의 어느 하나에 해당하는 때에는 부착명령의 집행이 정지된다.
> 1. 부착명령의 집행 중 다른 죄를 범하여 구속영장의 집행을 받아 구금된 때
> 2. 부착명령의 집행 중 다른 죄를 범하여 금고 이상의 형의 집행을 받게 된 때
> 3. 가석방 또는 가종료된 자에 대하여 전자장치 부착기간 동안 가석방 또는 가종료가 취소되거나 실효된 때

답 ②

153 **「전자장치 부착 등에 관한 법률」상 법원이 19세 미만의 사람에 대해서 성폭력범죄를 저지른 사람에 대해서 전자장치 부착명령을 선고하는 경우, 반드시 포함하여 부과해야 하는 준수사항으로 옳은 것은?**

2021년 교정직 9급

① 어린이 보호구역 등 특정지역 · 장소에의 출입금지
② 주거지역의 제한
③ 피해자 등 특정인에의 접근금지
④ 특정범죄 치료 프로그램의 이수

전자장치 부착명령 준수사항

법원은 19세 미만의 사람에 대해서 성폭력범죄를 저지른 사람에 대해서 부착명령을 선고하는 경우에는 야간, 아동 · 청소년의 통학시간 등 특정 시간대의 외출제한 및 피해자 등 특정인에의 접근금지를 포함하여 준수사항을 부과하여야 하나, 야간, 아동 · 청소년의 통학시간 등 특정 시간대의 외출제한을 부과하여서는 아니 될 특별한 사정이 있다고 판단하는 경우에는 부과하지 아니할 수 있다(「전자장치 부착 등에 관한 법률」 제9조의2 제1항 · 제3항 참조).

> **제9조의2 【준수사항】** ① 법원은 제9조 제1항에 따라 부착명령을 선고하는 경우 부착기간의 범위에서 준수기간을 정하여 다음 각 호의 준수사항 중 하나 이상을 부과할 수 있다. 다만, 제4호의 준수사항은 500시간의 범위에서 그 기간을 정하여야 한다. <개정 2020.12.15.>
> 1. 야간, 아동 · 청소년의 통학시간 등 특정 시간대의 외출제한
> 2. 어린이 보호구역 등 특정지역 · 장소에의 출입금지 및 접근금지
>
> 2의2. 주거지역의 제한
> 3. 피해자 등 특정인에의 접근금지
> 4. 특정범죄 치료 프로그램의 이수
> 5. 마약 등 중독성 있는 물질의 사용금지
> 6. 그 밖에 부착명령을 선고받는 사람의 재범방지와 성행교정을 위하여 필요한 사항
>
> ③ 제1항에도 불구하고 법원은 성폭력범죄를 저지른 사람(19세 미만의 사람을 대상으로 성폭력범죄를 저지른 사람으로 한정한다) 또는 스토킹범죄를 저지른 사람에 대해서 제9조 제1항에 따라 부착명령을 선고하는 경우에는 다음 각 호의 구분에 따라 제1항의 준수사항을 부과하여야 한다. <개정 2023. 7. 11.>
> 1. 19세 미만의 사람을 대상으로 성폭력범죄를 저지른 사람: 제1항 제1호 및 제3호의 준수사항을 포함할 것. 다만, 제1항 제1호의 준수사항을 부과하여서는 아니 될 특별한 사정이 있다고 판단하는 경우에는 해당 준수사항을 포함하지 아니할 수 있다.
> 2. 스토킹범죄를 저지른 사람: 제1항 제3호의 준수사항을 포함할 것

답 ③

154 「전자장치 부착 등에 관한 법률」상 전자장치 부착명령에 대한 설명으로 옳지 않은 것은?

2021년 보호직 7급

① 만 19세 미만의 자에 대하여 부착명령을 선고한 때에는 19세에 이르기까지 전자장치를 부착할 수 없다.

② 검사는 미성년자 대상 모든 유괴범죄자에 대하여 전자장치 부착명령을 법원에 청구하여야 한다.

③ 전자장치 부착명령은 검사의 지휘를 받아 보호관찰관이 집행한다.

④ 전자장치 부착명령의 임시해제 신청은 부착명령의 집행이 개시된 날로부터 3개월이 경과한 후에 하여야 한다.

전자장치 부착명령

미성년자 대상 유괴범죄를 저지른 사람으로서 미성년자 대상 유괴범죄를 다시 범할 위험성이 있다고 인정되는 사람에 대하여 부착명령을 법원에 청구할 수 있다. 다만, 유괴범죄로 징역형의 실형 이상의 형을 선고받아 그 집행이 종료 또는 면제된 후 다시 유괴범죄를 저지른 경우에는 부착명령을 청구하여야 한다(「전자장치 부착 등에 관한 법률」 제5조 제2항).

> **제5조【전자장치 부착명령의 청구】** ② 검사는 미성년자 대상 유괴범죄를 저지른 사람으로서 미성년자 대상 유괴범죄를 다시 범할 위험성이 있다고 인정되는 사람에 대하여 부착명령을 법원에 청구할 수 있다. 다만, 유괴범죄로 징역형의 실형 이상의 형을 선고받아 그 집행이 종료 또는 면제된 후 다시 유괴범죄를 저지른 경우에는 부착명령을 청구하여야 한다.

선지분석

① 「전자장치 부착 등에 관한 법률」 제4조

③ 「전자장치 부착 등에 관한 법률」 제12조 제1항

④ 「전자장치 부착 등에 관한 법률」 제17조 제2항

답 ②

155 「전자장치 부착 등에 관한 법률」상 검사가 성폭력범죄를 다시 범할 위험성이 있다고 인정되는 사람에 대하여 전자장치 부착명령을 청구할 수 있는 사유로 명시되지 않은 것은?

2022년 교정직 7급

① 성폭력범죄로 징역형의 실형을 선고받은 사람이 그 집행을 종료한 후 또는 집행이 면제된 후 10년 이내에 성폭력범죄를 저지른 때

② 성폭력범죄를 2회 이상 범하여(유죄의 확정판결을 받은 경우를 포함한다) 그 습벽이 인정된 때

③ 신체적 또는 정신적 장애가 있는 사람이 성폭력범죄를 저지른 때

④ 19세 미만의 사람에 대하여 성폭력범죄를 저지른 때

전자장치 부착명령

신체적 또는 정신적 장애가 있는 사람에 대하여 성폭력범죄를 저지른 때에 전자장치 부착명령을 청구할 수 있다(「전자장치 부착 등에 관한 법률」 제5조 제1항 제5호).

선지분석

① 「전자장치 부착 등에 관한 법률」 제5조 제1항 제1호
② 「전자장치 부착 등에 관한 법률」 제5조 제1항 제3호
④ 「전자장치 부착 등에 관한 법률」 제5조 제1항 제4호

> **제5조 【전자장치 부착명령의 청구】** ① 검사는 다음 각 호의 어느 하나에 해당하고, 성폭력범죄를 다시 범할 위험성이 있다고 인정되는 사람에 대하여 전자장치를 부착하도록 하는 명령(이하 "부착명령"이라 한다)을 법원에 청구할 수 있다.
> 1. 성폭력범죄로 징역형의 실형을 선고받은 사람이 그 집행을 종료한 후 또는 집행이 면제된 후 10년 이내에 성폭력범죄를 저지른 때
> 2. 성폭력범죄로 이 법에 따른 전자장치를 부착받은 전력이 있는 사람이 다시 성폭력범죄를 저지른 때
> 3. 성폭력범죄를 2회 이상 범하여(유죄의 확정판결을 받은 경우를 포함한다) 그 습벽이 인정된 때
> 4. 19세 미만의 사람에 대하여 성폭력범죄를 저지른 때
> 5. 신체적 또는 정신적 장애가 있는 사람에 대하여 성폭력범죄를 저지른 때

답 ③

156 「전자장치 부착 등에 관한 법률」상 형기종료 후 보호관찰명령의 대상자가 아닌 것은?

2022년 보호직 7급 변형

① 성폭력범죄를 저지른 사람으로서 성폭력범죄를 다시 범할 위험성이 있다고 인정되는 사람
② 미성년자 대상 유괴범죄를 저지른 사람으로서 미성년자 대상 유괴범죄를 다시 범할 위험성이 있다고 인정되는 사람
③ 살인범죄를 저지른 사람으로서 살인범죄를 다시 범할 위험성이 있다고 인정되는 사람
④ 방화범죄를 저지른 사람으로서 방화범죄를 다시 범할 위험성이 있다고 인정되는 사람

「전자장치 부착 등에 관한 법률」

방화범죄의 경우는 형 집행 종료 후 보호관찰명령의 대상자로 규정되어 있지 않다(「전자장치 부착 등에 관한 법률」 제21조의2 참조).

> **제21조의2 【보호관찰명령의 청구】** 검사는 다음 각 호의 어느 하나에 해당하는 사람에 대하여 형의 집행이 종료된 때부터 「보호관찰 등에 관한 법률」에 따른 보호관찰을 받도록 하는 명령(이하 "보호관찰명령"이라 한다)을 법원에 청구할 수 있다. <개정 2023.7.11.>
> 1. 성폭력범죄를 저지른 사람으로서 성폭력범죄를 다시 범할 위험성이 있다고 인정되는 사람
> 2. 미성년자 대상 유괴범죄를 저지른 사람으로서 미성년자 대상 유괴범죄를 다시 범할 위험성이 있다고 인정되는 사람
> 3. 살인범죄를 저지른 사람으로서 살인범죄를 다시 범할 위험성이 있다고 인정되는 사람
> 4. 강도범죄를 저지른 사람으로서 강도범죄를 다시 범할 위험성이 있다고 인정되는 사람
> 5. 스토킹범죄를 저지른 사람으로서 스토킹범죄를 다시 범할 위험성이 있다고 인정되는 사람

선지분석

① 「전자장치 부착 등에 관한 법률」 제21조의2 제1호
② 「전자장치 부착 등에 관한 법률」 제21조의2 제2호
③ 「전자장치 부착 등에 관한 법률」 제21조의2 제3호

답 ④

157 「전자장치 부착 등에 관한 법률」상 전자장치 부착명령에 대한 설명으로 옳지 않은 것은?

2024년 보호직 7급

① 부착명령의 집행 중 다른 죄를 범하여 구속영장의 집행을 받아 구금되거나 금고 이상의 형의 집행을 받게 된 때에는 부착명령의 집행이 정지된다.

② 법원은 스토킹범죄를 저지른 사람에 대해서 부착명령을 선고하는 경우에는 피해자 등 특정인에의 접근금지를 준수사항으로 반드시 부과하여야 한다.

③ 법원은 특정범죄사건에 대하여 벌금형을 선고하는 때에는 특정범죄사건의 판결과 동시에 부착명령을 선고하여야 한다.

④ 법원은 「형사소송법」에 따른 보석조건으로 전자장치 부착을 명하기 위하여 필요하다고 인정하면 그 법원의 소재지 또는 피고인의 주거지를 관할하는 보호관찰소의 장에게 피고인의 직업, 경제력, 가족상황, 주거상태, 생활환경 및 피해회복 여부 등 피고인에 관한 사항의 조사를 의뢰할 수 있다.

전자장치 부착명령

법원은 특정범죄사건에 대하여 벌금형을 선고하는 때에는 판결로 '부착명령 청구를 기각'하여야 한다(「전자장치 부착 등에 관한 법률」 제9조 제4항 제3호).

> **제9조 【부착명령의 판결 등】** ④ 법원은 다음 각 호의 어느 하나에 해당하는 때에는 판결로 부착명령 청구를 기각하여야 한다.
> 1. 부착명령 청구가 이유 없다고 인정하는 때
> 2. 특정범죄사건에 대하여 무죄(심신상실을 이유로 치료감호가 선고된 경우는 제외) · 면소 · 공소기각의 판결 또는 결정을 선고하는 때
> 3. 특정범죄사건에 대하여 벌금형을 선고하는 때
> 4. 특정범죄사건에 대하여 선고유예 또는 집행유예를 선고하는 때(제28조 제1항에 따라 전자장치 부착을 명하는 때를 제외)

선지분석

① 「전자장치 부착 등에 관한 법률」 제13조 제6항

> **제13조 【부착명령의 집행】** ⑥ 다음 각 호의 어느 하나에 해당하는 때에는 부착명령의 집행이 정지된다.
> 1. 부착명령의 집행 중 다른 죄를 범하여 구속영장의 집행을 받아 구금된 때
> 2. 부착명령의 집행 중 다른 죄를 범하여 금고 이상의 형의 집행을 받게 된 때
> 3. 가석방 또는 가종료된 자에 대하여 전자장치 부착기간 동안 가석방 또는 가종료가 취소되거나 실효된 때

② 「전자장치 부착 등에 관한 법률」 제9조의2 제3항 제2호

> **제9조의2 【준수사항】** ③ 제1항에도 불구하고 법원은 성폭력범죄를 저지른 사람(19세 미만의 사람을 대상으로 성폭력범죄를 저지른 사람으로 한정한다) 또는 스토킹범죄를 저지른 사람에 대해서 제9조 제1항에 따라 부착명령을 선고하는 경우에는 다음 각 호의 구분에 따라 제1항의 준수사항을 부과하여야 한다.
> 1. 19세 미만의 사람을 대상으로 성폭력범죄를 저지른 사람: 제1항 제1호 및 제3호(→ 야간, 아동 · 청소년의 통학시간 등 특정 시간대의 외출제한 및 피해자 등 특정인에의 접근금지)의 준수사항을 포함할 것. 다만, 제1항 제1호의 준수사항을 부과하여서는 아니 될 특별한 사정이 있다고 판단하는 경우에는 해당 준수사항을 포함하지 아니할 수 있다.
> 2. 스토킹범죄를 저지른 사람: 제1항 제3호(→ 피해자 등 특정인에의 접근금지)의 준수사항을 포함할 것

④ 「전자장치 부착 등에 관한 법률」 제31조의2 제1항 · 제2항

> **제31조의2 【보석과 전자장치 부착】** ① 법원은 「형사소송법」 제98조 제9호에 따른 보석조건으로 피고인에게 전자장치 부착을 명할 수 있다.
> ② 법원은 제1항에 따른 전자장치 부착을 명하기 위하여 필요하다고 인정하면 그 법원의 소재지 또는 피고인의 주거지를 관할하는 보호관찰소의 장에게 피고인의 직업, 경제력, 가족상황, 주거상태, 생활환경 및 피해회복 여부 등 피고인에 관한 사항의 조사를 의뢰할 수 있다.

답 ③

전자감독제도에 대한 설명으로 옳지 않은 것은? 2023년 교정직 9급

① 프라이버시 침해 우려가 없다.
② 교정시설 수용인구의 과밀을 줄일 수 있다.
③ 사법통제망이 지나치게 확대될 우려가 있다.
④ 대상자의 위치는 확인할 수 있으나 구체적인 행동은 통제할 수 없다.

전자감독제도

전자감시(감독)제도에 대해서는 인간의 존엄성이 침해되며, '사생활 침해의 측면이 있다'는 비판이 제기된다.

선지분석

②, ③, ④ 전자감시(감독)제도에는 아래와 같은 장점 · 단점이 있다.

장점	㉠ 보호관찰관의 감시업무를 경감시켜 원조활동에 전념할 수 있게 한다. ㉡ 교정시설의 경비절감 및 과밀수용의 해소에 기여한다. ㉢ 사회생활을 유지할 수 있어 생계유지와 피해자 배상에 유리하다. ㉣ 교정시설에 구금하지 않으면서 자유형의 집행효과를 거둘 수 있다. ㉤ 낙인효과와 단기자유형의 폐해를 방지할 수 있다.
단점	㉠ 대상자의 소재만 파악할 뿐, 어떤 행동을 하는지는 파악할 수 없다. ㉡ 사회의 안전이 위협받을 수 있으며, 국민의 법감정에 부합하지 않는다. ㉢ 인간의 존엄성이 침해되며, 사생활 침해의 측면이 있다. ㉣ 재범 방지의 효과가 불분명하다. ㉤ 사법통제망이 확대될 우려가 있다

답 ①

「전자장치 부착 등에 관한 법률」상 전자장치 부착에 대한 설명으로 옳은 것은? 2025년 보호직 9급

① 만 19세 미만의 자에 대해서는 전자장치 부착명령을 선고할 수 없다.
② 검사의 전자장치 부착명령 청구는 공소가 제기된 특정범죄사건의 제1심 판결 선고 시까지 하여야 한다.
③ 성폭력범죄, 미성년자 대상 유괴범죄, 살인범죄, 강 · 절도범죄 및 스토킹범죄가 전자장치 부착 대상 특정범죄이다.
④ 보호관찰이 부과된 사람의 전자장치 부착기간은 보호관찰 기간을 초과할 수 없으며, 보호관찰이 임시해제된 경우에는 전자장치 부착이 임시해제된 것으로 본다.

「전자장치 부착 등에 관한 법률」상 전자장치 부착

「전자장치 부착 등에 관한 법률」 제32조 제2항 단서, 제33조

> **제32조 【전자장치 부착기간의 계산】** ② 다음 각 호의 어느 하나에 해당하는 기간은 전자장치 부착기간에 산입하지 아니한다. 다만, 보호관찰이 부과된 사람의 전자장치 부착기간은 보호관찰 기간을 초과할 수 없다.
> 1. 피부착자가 제14조 제1항을 위반하여 전자장치를 신체로부터 분리하거나 손상하는 등 그 효용을 해한 기간
> 2. 피부착자의 치료, 출국 또는 그 밖의 적법한 사유로 전자장치가 신체로부터 일시적으로 분리된 후 해당 분리사유가 해소된 날부터 정당한 사유 없이 전자장치를 부착하지 아니한 기간
>
> **제33조 【전자장치 부착 임시해제의 의제】** 보호관찰이 임시해제된 경우에는 전자장치 부착이 임시해제된 것으로 본다.

Ⅲ 해커스공무원 노신 형사정책 단원별 기출문제집

선지분석

① 만 19세 미만의 자에 대하여 전자장치 부착명령을 선고할 수 있고, 부착명령을 선고한 때에는 19세에 이르기까지 전자장치를 부착할 수 없다(「전자장치 부착 등에 관한 법률」 제4조).

> **제4조 【적용 범위】** 만 19세 미만의 자에 대하여 부착명령을 선고한 때에는 19세에 이르기까지 이 법에 따른 전자장치를 부착할 수 없다.

② '항소심 변론종결 시'까지 하여야 한다(「전자장치 부착 등에 관한 법률」 제5조 제6항).

> **제5조 【전자장치 부착명령의 청구】** ⑥ 제1항부터 제5항까지의 규정에 따른 부착명령의 청구는 공소가 제기된 특정범죄사건의 항소심 변론종결 시까지 하여야 한다.

③ '절도범죄'는 특정범죄에 해당하지 아니한다(「전자장치 부착 등에 관한 법률」 제2조 제1호).

> **제2조 【정의】** 이 법에서 사용하는 용어의 정의는 다음과 같다.
> 1. "특정범죄"란 성폭력범죄, 미성년자 대상 유괴범죄, 살인범죄, 강도범죄 및 스토킹범죄를 말한다.

답 ④

★★★

160 □□□

「전자장치 부착 등에 관한 법률」상 스토킹행위자 전자장치 부착에 대한 설명으로 옳은 것은?

2025년 보호직 9급

① 보호관찰소의 장은 잠정조치 집행을 종료한 날부터 5년이 경과한 때에는 스토킹행위자 수신자료를 폐기하여야 한다.

② 전자장치 부착 결정을 받은 스토킹행위자는 결정일부터 30일 이내에 보호관찰소에 출석하여 보호관찰관의 지시에 따라 전자장치를 부착하여야 한다.

③ 스토킹행위자에 대한 전자장치 부착은 잠정조치의 기간이 경과하거나 그 효력을 상실한 때 그 집행이 종료되며, 잠정조치가 변경 또는 취소된 때에는 그 집행이 종료되지 않는다.

④ 법원은 스토킹범죄의 처벌 등에 관한 법률상 긴급응급조치 또는 잠정조치로 전자장치의 부착을 결정한 경우 그 결정문의 등본을 스토킹행위자의 주거지를 관할하는 보호관찰소의 장에게 지체 없이 송부하여야 한다.

「전자장치 부착 등에 관한 법률」상 스토킹행위자 전자장치 부착

「전자장치 부착 등에 관한 법률」 제31조의8 제4항 제3호

> **제31조의8 【스토킹행위자 수신자료의 보존·사용·폐기 등】** ④ 보호관찰소의 장은 다음 각 호의 어느 하나에 해당하는 때에는 스토킹행위자 수신자료를 폐기하여야 한다.
> 1. 잠정조치가 효력을 상실한 때
> 2. 잠정조치의 원인이 되는 스토킹범죄사건에 대해 법원의 무죄, 면소, 공소기각 판결 또는 공소기각 결정이 확정된 때
> 3. 잠정조치 집행을 종료한 날부터 5년이 경과한 때

선지분석

② '법원이 지정한 일시까지' 보호관찰소에 출석하여 보호관찰관의 지시에 따라 전자장치를 부착하여야 한다(「전자장치 부착 등에 관한 법률」 제31조의6 제2항).

> **제31조의6 【전자장치 부착의 집행】** ② 잠정조치 결정을 받은 스토킹행위자는 법원이 지정한 일시까지 보호관찰소에 출석하여 대통령령으로 정하는 신상정보 등을 서면으로 신고한 후 보호관찰관의 지시에 따라 전자장치를 부착하여야 한다.

③ '잠정조치가 변경 또는 취소된 때'에도 그 집행이 종료된다(「전자장치 부착 등에 관한 법률」 제31조의7).

> **제31조의7 【전자장치 부착의 종료】** 제31조의6에 따른 전자장치 부착은 다음 각 호의 어느 하나에 해당하는 때에 그 집행이 종료된다.
> 1. 잠정조치의 기간이 경과한 때
> 2. 잠정조치가 변경 또는 취소된 때
> 3. 잠정조치가 효력을 상실한 때

④ 「스토킹범죄의 처벌 등에 관한 법률」상 '긴급응급조치'에는 전자장치의 부착이 규정되어 있지 않으므로(동법 제4조 제1항), '잠정조치로 전자장치의 부착을 결정한 경우' 그 결정문의 등본을 관할경찰관서의 장과 보호관찰소의 장에게 지체 없이 송부하여야 한다(「전자장치 부착 등에 관한 법률」 제31조의6 제1항).

> **제4조 【긴급응급조치】** ① 사법경찰관은 스토킹행위 신고와 관련하여 스토킹행위가 지속적 또는 반복적으로 행하여질 우려가 있고 스토킹범죄의 예방을 위하여 긴급을 요하는 경우 스토킹행위자에게 직권으로 또는 스토킹행위의 상대방이나 그 법정대리인 또는 스토킹행위를 신고한 사람의 요청에 의하여 다음 각 호에 따른 조치를 할 수 있다.
> 1. 스토킹행위의 상대방등이나 그 주거등으로부터 100미터 이내의 접근 금지
> 2. 스토킹행위의 상대방등에 대한 「전기통신기본법」 제2조 제1호의 전기통신을 이용한 접근 금지
>
> **제31조의6 【전자장치 부착의 집행】** ① 법원은 「스토킹범죄의 처벌 등에 관한 법률」 제9조 제1항 제3호의2에 따른 잠정조치(이하 이 장에서 "잠정조치"라 한다)로 전자장치의 부착을 결정한 경우 그 결정문의 등본을 스토킹행위자의 사건 수사를 관할하는 경찰관서(이하 이 장에서 "관할경찰관서"라 한다)의 장과 스토킹행위자의 주거지를 관할하는 보호관찰소(이하 이 장에서 "보호관찰소"라 한다)의 장에게 지체 없이 송부하여야 한다.

답 ①

KEYWORD 13 | 「성폭력범죄자의 성충동 약물치료에 관한 법률」

★★

161 **「성폭력범죄자의 성충동 약물치료에 관한 법률」에 대한 설명으로 옳지 않은 것은?** 2013년 교정직 9급

① '성충동 약물치료'란 비정상적인 성적 충동이나 욕구를 억제하기 위한 조치로서 성도착증 환자에게 약물투여 및 심리치료 등의 방법으로 도착적인 성기능을 일정기간 동안 약화 또는 무력화하는 치료를 말한다.

② 검사는 성도착증 환자로서 재범의 우려가 있다고 인정되는 19세 이상의 사람에 대하여 약물치료명령을 법원에 청구할 수 있다.

③ 검사는 치료명령 청구대상자에 대하여 정신과 전문의의 진단이나 감정을 받은 후 치료명령을 청구하여야 한다.

④ 치료명령은 검사의 지휘를 받아 보호관찰관이 집행한다.

「성폭력범죄자의 성충동 약물치료에 관한 법률」

약화 또는 정상화하는 치료를 말한다(「성폭력범죄자의 성충동 약물치료에 관한 법률」 제2조 제3호).

> **제2조 【정의】** 이 법에서 사용하는 용어의 뜻은 다음과 같다.
> 3. "성충동 약물치료"(이하 "약물치료"라 한다)란 비정상적인 성적 충동이나 욕구를 억제하기 위한 조치로서 성도착증 환자에게 약물 투여 및 심리치료 등의 방법으로 도착적인 성기능을 일정기간 동안 약화 또는 정상화하는 치료를 말한다.

(선지분석)

② 「성폭력범죄자의 성충동 약물치료에 관한 법률」 제4조 제1항

> **제4조 【치료명령의 청구】** ① 검사는 사람에 대하여 성폭력범죄를 저지른 성도착증 환자로서 성폭력범죄를 다시 범할 위험성이 있다고 인정되는 19세 이상의 사람에 대하여 약물치료명령(이하 "치료명령"이라고 한다)을 법원에 청구할 수 있다.

③ 「성폭력범죄자의 성충동 약물치료에 관한 법률」 제4조 제2항

> **제4조 【치료명령의 청구】** ② 검사는 치료명령 청구대상자(이하 "치료명령 피청구자"라 한다)에 대하여 정신건강의학과 전문의의 진단이나 감정을 받은 후 치료명령을 청구하여야 한다.

④ 「성폭력범죄자의 성충동 약물치료에 관한 법률」 제13조 제1항

> **제13조 【집행지휘】** ① 치료명령은 검사의 지휘를 받아 보호관찰관이 집행한다.

답 ①

162 「성폭력범죄자의 성충동 약물치료에 관한 법률」상 치료명령의 집행에 대한 설명으로 옳지 않은 것은?

2014년 교정직 9급 변형

① 치료명령은 검사의 지휘를 받아 보호관찰관이 집행한다.
② 치료명령의 시효는 치료명령을 받은 사람을 체포함으로써 중단된다.
③ 치료명령의 임시해제 신청은 치료명령의 집행이 개시된 날부터 1년이 지난 후에 하여야 한다.
④ 치료명령을 받은 사람은 7일 이상의 국내여행을 할 때에는 미리 보호관찰관의 허가를 받아야 한다.

치료명령의 집행

6개월이 지난 후에 하여야 한다(「성폭력범죄자의 성충동 약물치료에 관한 법률」 제17조 제2항).

> **제17조 【치료명령의 임시해제 신청 등】** ① 보호관찰소의 장 또는 치료명령을 받은 사람 및 그 법정대리인은 해당 보호관찰소를 관할하는 「보호관찰 등에 관한 법률」 제5조에 따른 보호관찰 심사위원회(이하 "심사위원회"라 한다)에 치료명령의 임시해제를 신청할 수 있다.
> ② 제1항의 신청은 치료명령의 집행이 개시된 날부터 6개월이 지난 후에 하여야 한다. 신청이 기각된 경우에는 기각된 날부터 6개월이 지난 후에 다시 신청할 수 있다.

(선지분석)

① 「성폭력범죄자의 성충동 약물치료에 관한 법률」 제13조 제1항

> **제13조 【집행지휘】** ① 치료명령은 검사의 지휘를 받아 보호관찰관이 집행한다.

② 「성폭력범죄자의 성충동 약물치료에 관한 법률」 제21조 제2항

> **제21조 【치료명령의 시효】** ① 치료명령을 받은 사람은 그 판결이 확정된 후 집행을 받지 아니하고 함께 선고된 피고사건의 형의 시효 또는 치료감호의 시효가 완성되면 그 집행이 면제된다.
> ② 치료명령의 시효는 치료명령을 받은 사람을 체포함으로써 중단된다.

④ 「성폭력범죄자의 성충동 약물치료에 관한 법률」 제15조 제3항

> **제15조 【치료명령을 받은 사람의 의무】** ③ 치료명령을 받은 사람은 주거 이전 또는 7일 이상의 국내여행을 하거나 출국할 때에는 미리 보호관찰관의 허가를 받아야 한다.

답 ③

163 「성폭력범죄자의 성충동 약물치료에 관한 법률」상 약물치료에 대한 설명으로 옳지 않은 것은?

2014년 교정직 7급

① 법원은 정신건강의학과 전문의의 진단 또는 감정의견만으로 치료명령 피청구자의 성도착증 여부를 판단하기 어려울 때에는 다른 정신건강의학과 전문의에게 다시 진단 또는 감정을 명할 수 있다.

② 치료명령을 선고받은 사람은 치료기간 동안 「보호관찰 등에 관한 법률」에 따른 보호관찰을 받는다.

③ 치료명령을 받은 사람은 치료기간 중 상쇄약물의 투약 등의 방법으로 치료의 효과를 해하여서는 아니 된다.

④ 국가는 치료명령의 결정을 받은 모든 사람의 치료기간 동안 치료비용을 부담하여야 한다.

성충동 약물치료

성폭력 수형자에 대한 치료명령의 결정을 받은 사람은 치료기간 동안 치료비용을 자신이 부담하여야 함이 원칙이다(「성폭력범죄자의 성충동 약물치료에 관한 법률」 제24조 제1항).

> **제24조 【비용부담】** ① 제22조 제2항 제6호의 치료명령(→ 성폭력 수형자에 대한 치료명령)의 결정을 받은 사람은 치료기간 동안 치료비용을 부담하여야 한다. 다만, 치료비용을 부담할 경제력이 없는 사람의 경우에는 국가가 비용을 부담할 수 있다.

선지분석

① 「성폭력범죄자의 성충동 약물치료에 관한 법률」 제9조

> **제9조 【전문가의 감정 등】** 법원은 제4조 제2항에 따른 정신건강의학과 전문의의 진단 또는 감정의견만으로 치료명령 피청구자의 성도착증 여부를 판단하기 어려울 때에는 다른 정신건강의학과 전문의에게 다시 진단 또는 감정을 명할 수 있다.

② 「성폭력범죄자의 성충동 약물치료에 관한 법률」 제8조 제2항

> **제8조 【치료명령의 판결 등】** ② 치료명령을 선고받은 사람(이하 "치료명령을 받은 사람"이라 한다)은 치료기간 동안 「보호관찰 등에 관한 법률」에 따른 보호관찰을 받는다.

③ 「성폭력범죄자의 성충동 약물치료에 관한 법률」 제15조 제1항

> **제15조 【치료명령을 받은 사람의 의무】** ① 치료명령을 받은 사람은 치료기간 중 상쇄약물의 투약 등의 방법으로 치료의 효과를 해하여서는 아니 된다.

답 ④

164 「성폭력범죄자의 성충동 약물치료에 관한 법률」상 '성폭력 수형자 중 검사가 치료명령을 청구할 수 있는 대상자'에 대한 치료명령에 관한 설명으로 옳지 않은 것은?

2018년 교정직 7급

① 법원의 치료명령 결정에 따른 치료기간은 10년을 초과할 수 없다.

② 치료비용은 법원의 치료명령 결정을 받은 사람이 부담하는 것이 원칙이다.

③ 가석방심사위원회는 성폭력 수형자의 가석방 적격심사를 할 때 치료명령이 결정된 사실을 고려하여야 한다.

④ 법원의 치료명령 결정이 확정된 후 집행을 받지 아니하고 10년이 경과하면 시효가 완성되어 집행이 면제된다.

치료명령의 집행

15년의 범위에서 치료기간을 정하여 판결로 치료명령을 선고하여야 한다(「성폭력범죄자의 성충동 약물치료에 관한 법률」 제8조 제1항).

> **제8조 【치료명령의 판결 등】** ① 법원은 치료명령 청구가 이유 있다고 인정하는 때에는 15년의 범위에서 치료기간을 정하여 판결로 치료명령을 선고하여야 한다.

(선지분석)

② 「성폭력범죄자의 성충동 약물치료에 관한 법률」 제24조 제1항

③ 「성폭력범죄자의 성충동 약물치료에 관한 법률」 제23조 제2항

> **제23조 【가석방】** ② 가석방심사위원회는 성폭력 수형자의 가석방 적격심사를 할 때에는 치료명령이 결정된 사실을 고려하여야 한다.

④ 「성폭력범죄자의 성충동 약물치료에 관한 법률」 제22조 제14항

> **제22조 【성폭력 수형자에 대한 치료명령 청구】** ⑭ 치료명령을 받은 사람은 치료명령 결정이 확정된 후 집행을 받지 아니하고 10년이 경과하면 시효가 완성되어 집행이 면제된다.

답 ①

★★
165 □□□

「성폭력범죄자의 성충동 약물치료에 관한 법률」에 대한 내용으로 옳지 않은 것은? 2021년 교정직 9급

① 치료명령은 검사의 지휘를 받아 보호관찰관이 집행한다.

② 치료명령을 받은 사람은 형의 집행이 종료되거나 면제 · 가석방 또는 치료감호의 집행이 종료 · 가종료 또는 치료위탁되는 날부터 7일 이내에 주거지를 관할하는 보호관찰소에 출석하여 서면으로 신고하여야 한다.

③ 치료명령의 집행 중 구속영장의 집행을 받아 구금된 때에는 치료명령의 집행이 정지된다.

④ 치료기간은 연장될 수 있지만, 종전의 치료기간을 합산하여 15년을 초과할 수 없다.

「성폭력범죄자의 성충동 약물치료에 관한 법률」

10일 이내에 주거지를 관할하는 보호관찰소에 출석하여 서면으로 신고하여야 한다(「성폭력범죄자의 성충동 약물치료에 관한 법률」 제15조 제2항).

> **제15조 【치료명령을 받은 사람의 의무】** ② 치료명령을 받은 사람은 형의 집행이 종료되거나 면제 · 가석방 또는 치료감호의 집행이 종료 · 가종료 또는 치료위탁되는 날부터 10일 이내에 주거지를 관할하는 보호관찰소에 출석하여 서면으로 신고하여야 한다.

(선지분석)

① 「성폭력범죄자의 성충동 약물치료에 관한 법률」 제13조 제1항

③ 「성폭력범죄자의 성충동 약물치료에 관한 법률」 제14조 제4항 제1호

> **제14조 【치료명령의 집행】** ④ 다음 각 호의 어느 하나에 해당하는 때에는 치료명령의 집행이 정지된다.
> 1. 치료명령의 집행 중 구속영장의 집행을 받아 구금된 때
> 2. 치료명령의 집행 중 금고 이상의 형의 집행을 받게 된 때
> 3. 가석방 또는 가종료 · 가출소된 자에 대하여 치료기간 동안 가석방 또는 가종료 · 가출소가 취소되거나 실효된 때

④ 「성폭력범죄자의 성충동 약물치료에 관한 법률」 제16조 제1항

> **제16조【치료기간의 연장 등】** ① 치료 경과 등에 비추어 치료명령을 받은 사람에 대한 약물치료를 계속 하여야 할 상당한 이유가 있거나 다음 각 호의 어느 하나에 해당하는 사유가 있으면 법원은 보호관찰소의 장의 신청에 따른 검사의 청구로 치료기간을 결정으로 연장할 수 있다. 다만, 종전의 치료기간을 합산하여 15년을 초과할 수 없다.
> 1. 정당한 사유 없이 「보호관찰 등에 관한 법률」 제32조 제2항(제4호는 제외한다) 또는 제3항에 따른 준수사항을 위반한 경우
> 2. 정당한 사유 없이 제15조 제2항을 위반하여 신고하지 아니한 경우
> 3. 거짓으로 제15조 제3항의 허가를 받거나, 정당한 사유 없이 제15조 제3항을 위반하여 허가를 받지 아니하고 주거 이전, 국내여행 또는 출국을 하거나 허가기간 내에 귀국하지 아니한 경우

답 ②

166 **「성폭력범죄자의 성충동 약물치료에 관한 법률」상 성폭력 수형자의 치료명령 청구 및 가석방에 대한 설명으로 옳지 않은 것은?** 2022년 교정직 7급

① 교도소 · 구치소의 장은 가석방 요건을 갖춘 성폭력 수형자에 대하여 약물치료의 내용, 방법, 절차, 효과, 부작용, 비용부담 등에 관하여 충분히 설명하고 동의 여부를 확인하여야 한다.

② 가석방 요건을 갖춘 성폭력 수형자가 약물치료에 동의한 경우 수용시설의 장은 지체 없이 수용시설의 소재지를 관할하는 지방검찰청의 검사에게 인적사항과 교정성적 등 필요한 사항을 통보하여야 한다.

③ 수용시설의 장은 법원의 치료명령 결정이 확정된 성폭력 수형자에 대하여 가석방심사위원회에 가석방 적격심사를 신청하여야 한다.

④ 검사는 성폭력 수형자의 주거지 또는 소속 검찰청 소재지를 관할하는 교도소 · 구치소의 장에게 범죄의 동기 등 성폭력 수형자에 관하여 필요한 사항의 조사를 요청할 수 있다.

「성폭력범죄자의 성충동 약물치료에 관한 법률」

소속 검찰청 소재지 또는 성폭력 수형자의 주소를 관할하는 보호관찰소의 장에게 조사를 요청할 수 있다(「성폭력범죄자의 성충동 약물치료에 관한 법률」 제22조 제2항 제3호).

> **제22조【성폭력 수형자에 대한 치료명령 청구】** ② 제1항의 수형자에 대한 치료명령의 절차는 다음 각 호에 따른다.
> 1. 교도소 · 구치소(이하 "수용시설"이라 한다)의 장은 「형법」 제72조 제1항의 가석방 요건을 갖춘 성폭력 수형자에 대하여 약물치료의 내용, 방법, 절차, 효과, 부작용, 비용부담 등에 관하여 충분히 설명하고 동의 여부를 확인하여야 한다.
> 2. 제1호의 성폭력 수형자가 약물치료에 동의한 경우 수용시설의 장은 지체 없이 수용시설의 소재지를 관할하는 지방검찰청의 검사에게 인적사항과 교정성적 등 필요한 사항을 통보하여야 한다.
> 3. 검사는 소속 검찰청 소재지 또는 성폭력 수형자의 주소를 관할하는 보호관찰소의 장에게 성폭력 수형자에 대하여 제5조 제1항에 따른 조사를 요청할 수 있다.

선지분석

① 「성폭력범죄자의 성충동 약물치료에 관한 법률」 제22조 제2항 제1호
② 「성폭력범죄자의 성충동 약물치료에 관한 법률」 제22조 제2항 제2호
③ 「성폭력범죄자의 성충동 약물치료에 관한 법률」 제23조 제1항

> **제23조【가석방】** ① 수용시설의 장은 제22조 제2항 제6호의 결정(→ 치료명령결정)이 확정된 성폭력 수형자에 대하여 법무부령으로 정하는 바에 따라 「형의 집행 및 수용자의 처우에 관한 법률」 제119조의 가석방심사위원회에 가석방 적격심사를 신청하여야 한다.

답 ④

167 「성폭력범죄자의 성충동 약물치료에 관한 법률」상 치료명령에 대한 설명으로 옳은 것은? 2024년 교정직 7급

① 치료감호심의위원회는 징역형과 함께 치료명령을 받은 자로 형기가 남아 있지 아니하거나 12개월 미만인 피치료감호자에 대하여 치료감호의 종료, 가종료, 치료위탁 결정을 하는 경우, 치료명령의 집행이 필요하지 아니하다고 인정되면 치료명령의 집행 면제를 결정할 수 있다.

② 교도소, 소년교도소, 구치소 및 치료감호시설의 장은 치료명령을 받은 사람이 석방되기 2개월 전까지 치료명령을 받은 사람의 주거지를 관할하는 보호관찰소의 장에게 그 사실을 통보하여야 한다.

③ 법원은 피고사건에 대하여 선고를 유예하거나 집행유예를 선고하는 때라도 치료명령을 선고할 수 있다.

④ 성폭력 수형자에게 고지된 법원의 치료명령 결정에 대한 항고와 그 항고법원의 결정에 대한 재항고는 치료명령 결정의 집행을 정지하는 효력이 없다.

「성폭력범죄자의 성충동 약물치료에 관한 법률」상 치료명령

「성폭력범죄자의 성충동 약물치료에 관한 법률」 제22조 제5항 · 제9항 · 제11항

> **제22조 【성폭력 수형자에 대한 치료명령 청구】** ⑤ 제2항 제6호의 결정(→ 성폭력 수형자에 대한 치료명령결정)이 다음 각 호의 어느 하나에 해당하면 결정을 고지받은 날부터 7일 이내에 검사, 성폭력 수형자 본인 또는 그 법정대리인은 고등법원에 항고할 수 있다.
> 1. 해당 결정에 영향을 미칠 법령위반이 있거나 중대한 사실오인이 있는 경우
> 2. 처분이 현저히 부당한 경우
>
> ⑨ 항고법원의 결정에 대하여는 그 결정이 법령에 위반된 때에만 대법원에 재항고를 할 수 있다.
> ⑪ 항고와 재항고는 결정의 집행을 정지하는 효력이 없다.

선지분석

① 치료감호심의위원회는 징역형과 함께 치료명령을 받은 자로 형기가 남아 있지 아니하거나 '9개월' 미만인 피치료감호자에 대하여 치료감호의 종료, 가종료, 치료위탁 결정을 하는 경우, 치료명령의 집행이 필요하지 아니하다고 인정되면 치료명령의 집행 면제를 결정'하여야 한다'(「성폭력범죄자의 성충동 약물치료에 관한 법률」 제8조의3 제1항).

> **제8조의3 【치료감호심의위원회의 치료명령 집행 면제 등】** ① 「치료감호 등에 관한 법률」 제37조에 따른 치료감호심의위원회(이하 "치료감호심의위원회"라 한다)는 같은 법 제16조 제1항에 따른 피치료감호자 중 치료명령을 받은 사람(피치료감호자 중 징역형과 함께 치료명령을 받은 사람의 경우 형기가 남아 있지 아니하거나 9개월 미만의 기간이 남아 있는 사람에 한정한다)에 대하여 같은 법 제22조 또는 제23조에 따른 치료감호의 종료 · 가종료 또는 치료위탁 결정을 하는 경우에 치료명령의 집행이 필요하지 아니하다고 인정되면 치료명령의 집행을 면제하는 결정을 하여야 한다.

② 교도소, 소년교도소, 구치소 및 치료감호시설의 장은 치료명령을 받은 사람이 석방되기 '3개월' 전까지 치료명령을 받은 사람의 주거지를 관할하는 보호관찰소의 장에게 그 사실을 통보하여야 한다(「성폭력범죄자의 성충동 약물치료에 관한 법률」 제11조 제2항).

> **제11조 【치료명령 판결 등의 통지】** ② 교도소, 소년교도소, 구치소 및 치료감호시설의 장은 치료명령을 받은 사람이 석방되기 3개월 전까지 치료명령을 받은 사람의 주거지를 관할하는 보호관찰소의 장에게 그 사실을 통보하여야 한다.

③ 법원은 피고사건에 대하여 선고를 유예하거나 집행유예를 선고하는 때에는 '판결로 치료명령 청구를 기각하여야 한다'(「성폭력범죄자의 성충동 약물치료에 관한 법률」 제8조 제3항 제4호).

> **제8조【치료명령의 판결 등】** ③ 법원은 다음 각 호의 어느 하나에 해당하는 때에는 판결로 치료명령 청구를 기각하여야 한다.
> 1. 치료명령 청구가 이유 없다고 인정하는 때
> 2. 피고사건에 대하여 무죄(심신상실을 이유로 치료감호가 선고된 경우는 제외)·면소·공소기각의 판결 또는 결정을 선고하는 때
> 3. 피고사건에 대하여 벌금형을 선고하는 때
> 4. 피고사건에 대하여 선고를 유예하거나 집행유예를 선고하는 때

답 ④

168 「성폭력범죄자의 성충동 약물치료에 관한 법률」상 성충동 약물치료에 대한 설명으로 옳지 않은 것은?

2022년 보호직 7급

① 법원은 성충동 약물치료명령 청구가 이유 있다고 인정하는 때에는 15년의 범위에서 치료기간을 정하여 판결로 치료명령을 선고하여야 한다.

② 성충동 약물치료명령의 대상은 사람에 대하여 성폭력범죄를 저지른 성도착증 환자로서, 성폭력범죄를 다시 범할 위험성이 있다고 인정되는 19세 이상의 사람이다.

③ 성충동 약물치료명령 청구는 검사가 하며, 성충동 약물치료명령 청구대상자에 대하여 정신건강의학과 전문의의 진단이나 감정을 받은 후 치료명령을 청구하여야 한다.

④ 징역형과 함께 성충동 약물치료명령을 받은 사람이 치료감호의 집행 중인 경우, 치료명령 대상자 및 그 법정대리인은 치료명령이 집행될 필요가 없을 정도로 개선되어 성폭력범죄를 다시 범할 위험성이 없음을 이유로, 주거지 또는 현재지를 관할하는 지방법원에 치료명령의 집행 면제를 신청할 수 있다.

「성폭력범죄자의 성충동 약물치료에 관한 법률」

「성폭력범죄자의 성충동 약물치료에 관한 법률」 제8조의2 제1항 단서

> **제8조의2【치료명령의 집행 면제 신청 등】** ① 징역형과 함께 치료명령을 받은 사람 및 그 법정대리인은 주거지 또는 현재지를 관할하는 지방법원(지원을 포함한다. 이하 같다)에 치료명령이 집행될 필요가 없을 정도로 개선되어 성폭력범죄를 다시 범할 위험성이 없음을 이유로 치료명령의 집행 면제를 신청할 수 있다. 다만, 징역형과 함께 치료명령을 받은 사람이 치료감호의 집행 중인 경우에는 치료명령의 집행 면제를 신청할 수 없다.

선지분석

① 「성폭력범죄자의 성충동 약물치료에 관한 법률」 제8조 제1항
② 「성폭력범죄자의 성충동 약물치료에 관한 법률」 제4조 제1항
③ 「성폭력범죄자의 성충동 약물치료에 관한 법률」 제4조 제2항

답 ④

★★★

169 □□□

「성폭력범죄자의 성충동 약물치료에 관한 법률」상 치료명령의 집행에 대한 설명으로 옳지 않은 것은?

2024년 보호직 9급

① 치료명령은 범죄예방정책국장의 지휘를 받아 보호관찰관이 집행한다.

② 치료명령을 받은 사람은 주거 이전 또는 7일 이상 국내여행을 하거나 출국할 때에는 미리 보호관찰관의 허가를 받아야 한다.

③ 치료명령을 받은 사람이 형의 집행이 종료되거나 면제 · 가석방 또는 치료감호의 집행이 종료 · 가종료 또는 치료위탁으로 석방되는 경우, 보호관찰관은 석방되기 전 2개월 이내에 치료명령을 받은 사람에게 치료명령을 집행하여야 한다.

④ 치료명령의 집행 중 구속영장의 집행을 받아 구금된 때에는 치료명령의 집행이 정지되며, 이 경우 구금이 해제되거나 금고 이상의 형의 집행을 받지 아니하는 것으로 확정된 때부터 그 잔여기간을 집행한다.

「성폭력범죄자의 성충동 약물치료에 관한 법률」상 치료명령의 집행

'검사의 지휘'를 받아 보호관찰관이 집행한다(「성폭력범죄자의 성충동 약물치료에 관한 법률」 제13조 제1항).

> **제13조【집행지휘】** ① 치료명령은 검사의 지휘를 받아 보호관찰관이 집행한다.

선지분석

② 「성폭력범죄자의 성충동 약물치료에 관한 법률」 제15조 제3항

> **제15조【치료명령을 받은 사람의 의무】** ③ 치료명령을 받은 사람은 주거 이전 또는 7일 이상의 국내여행을 하거나 출국할 때에는 미리 보호관찰관의 허가를 받아야 한다.

③ 「성폭력범죄자의 성충동 약물치료에 관한 법률」 제14조 제3항

> **제14조【치료명령의 집행】** ③ 치료명령을 받은 사람이 형의 집행이 종료되거나 면제 · 가석방 또는 치료감호의 집행이 종료 · 가종료 또는 치료위탁으로 석방되는 경우 보호관찰관은 석방되기 전 2개월 이내에 치료명령을 받은 사람에게 치료명령을 집행하여야 한다.

④ 「성폭력범죄자의 성충동 약물치료에 관한 법률」 제14조 제4항 제1호, 동조 제5항 제1호

> **제14조【치료명령의 집행】** ④ 다음 각 호의 어느 하나에 해당하는 때에는 치료명령의 집행이 정지된다.
> 1. 치료명령의 집행 중 구속영장의 집행을 받아 구금된 때
> 2. 치료명령의 집행 중 금고 이상의 형의 집행을 받게 된 때
> 3. 가석방 또는 가종료 · 가출소된 자에 대하여 치료기간 동안 가석방 또는 가종료 · 가출소가 취소되거나 실효된 때
>
> ⑤ 제4항에 따라 집행이 정지된 치료명령의 잔여기간에 대하여는 다음 각 호의 구분에 따라 집행한다.
> 1. 제4항 제1호의 경우에는 구금이 해제되거나 금고 이상의 형의 집행을 받지 아니하는 것으로 확정된 때부터 그 잔여기간을 집행한다.
> 2. 제4항 제2호의 경우에는 그 형의 집행이 종료되거나 면제된 후 또는 가석방된 때부터 그 잔여기간을 집행한다.
> 3. 제4항 제3호의 경우에는 그 형이나 치료감호 또는 보호감호의 집행이 종료되거나 면제된 후 그 잔여기간을 집행한다.

답 ①

170 □□□

내란죄(「형법」 제88조)로 5년의 징역형을 선고받고 1년간의 형집행을 받은 자로서 다시 내란죄를 범할 가능성이 있다고 판단되는 자에게 내릴 수 있는 처분으로 옳은 것은? 2012년 교정직 7급

① 보호감호처분
② 치료감호처분
③ 보안관찰처분
④ 보안감호처분

보안관찰처분

문제에서 제시된 사안의 경우, 보안관찰해당범죄(내란죄)로 금고 이상의 형(징역형)의 선고를 받고 형기합계가 3년 이상(5년)인 자로서 형의 일부(1년)의 집행을 받은 사실이 있고(「보안관찰법」 제3조), 보안관찰해당범죄를 다시 범할 위험성이 있다고 인정되므로(「보안관찰법」 제4조 제1항) 「보안관찰법」상 보안관찰처분을 할 수 있다. 보안관찰해당범죄란 내란목적살인, 내란예비 · 음모, 외환유치, 여적, 간첩 등 내란 · 외환의 죄와 「군형법」과 「국가보안법」상 특별한 범죄 등을 말한다.

> **제3조 【보안관찰처분대상자】** 이 법에서 "보안관찰처분대상자"라 함은 보안관찰해당범죄 또는 이와 경합된 범죄로 금고 이상의 형의 선고를 받고 그 형기합계가 3년 이상인 자로서 형의 전부 또는 일부의 집행을 받은 사실이 있는 자를 말한다.
> **제4조 【보안관찰처분】** ① 제3조에 해당하는 자 중 보안관찰해당범죄를 다시 범할 위험성이 있다고 인정할 충분한 이유가 있어 재범의 방지를 위한 관찰이 필요한 자에 대하여는 보안관찰처분을 한다.

답 ③

171 □□□

「보안관찰법」에 대한 설명으로 옳지 않은 것은? 2014년 교정직 9급

① 보안관찰처분의 기간은 2년이다.
② 검사가 보안관찰처분을 청구한다.
③ 보안관찰처분심의위원회의 위촉위원의 임기는 2년이다.
④ 보안관찰을 면탈할 목적으로 은신한 때에는 5년 이하의 징역에 처한다.

「보안관찰법」

3년 이하의 징역에 처한다(「보안관찰법」 제27조 제1항).

> **제27조 【벌칙】** ① 보안관찰처분대상자 또는 피보안관찰자가 보안관찰처분 또는 보안관찰을 면탈할 목적으로 은신 또는 도주한 때에는 3년 이하의 징역에 처한다.

(선지분석)

① 「보안관찰법」 제5조 제1항

제5조 【보안관찰처분의 기간】 ① 보안관찰처분의 기간은 2년으로 한다.

② 「보안관찰법」 제7조

제7조 【보안관찰처분의 청구】 보안관찰처분청구는 검사가 행한다.

③ 「보안관찰법」 제12조 제5항

> **제12조 【보안관찰처분심의위원회】** ① 보안관찰처분에 관한 사안을 심의 · 의결하기 위하여 법무부에 보안관찰처분심의위원회(이하 "위원회"라 한다)를 둔다.
> ② 위원회는 위원장 1인과 6인의 위원으로 구성한다.
> ③ 위원장은 법무부차관이 되고, 위원은 학식과 덕망이 있는 자로 하되, 그 과반수는 변호사의 자격이 있는 자이어야 한다.
> ④ 위원은 법무부장관의 제청으로 대통령이 임명 또는 위촉한다.
> ⑤ 위촉된 위원의 임기는 2년으로 한다. 다만, 공무원인 위원은 그 직을 면한 때에는 위원의 자격을 상실한다.
> ⑥ 위원중 공무원이 아닌 위원도 이 법 기타 다른 법률의 규정에 의한 벌칙의 적용에 있어서는 공무원으로 본다.
> ⑦ 위원장은 위원회의 회무를 총괄하고 위원회를 대표하며, 위원회의 회의를 소집하고 그 의장이 된다.
> ⑧ 위원장이 사고가 있을 때에는 미리 그가 지정한 위원이 그 직무를 대행한다.
> ⑨ 위원회는 다음 각호의 사안을 심의 · 의결한다.
> 1. 보안관찰처분 또는 그 기각의 결정
> 2. 면제 또는 그 취소결정
> 3. 보안관찰처분의 취소 또는 기간의 갱신결정
> ⑩ 위원회의 회의는 위원장을 포함한 재적위원 과반수의 출석으로 개의하고 출석위원 과반수의 찬성으로 의결한다.
> ⑪ 위원회의 운영 · 서무 기타 필요한 사항은 대통령령으로 정한다.

답 ④

172 ★★

보안처분에 대한 설명으로 옳지 않은 것은? (단, 다툼이 있는 경우 판례에 의함) 2014년 보호직 7급 변형

① 일반적으로 보안처분은 반사회적 위험성을 가진 자에 대하여 사회방위와 교화를 목적으로 하는 예방적 처분이라는 점에서 범죄자에 대하여 응보를 주된 목적으로 하는 사후적 처분인 형벌과 그 본질을 달리한다.

② 「아동 · 청소년의 성보호에 관한 법률」상 신상정보 공개 · 고지명령은 아동 · 청소년대상 성폭력범죄 등을 효과적으로 예방하고 그 범죄로부터 아동 · 청소년을 보호함을 목적으로 하는 일종의 보안처분이다.

③ 「전자장치 부착 등에 관한 법률」상 성폭력범죄자에 대한 전자감시는 성폭력범죄자의 재범방지와 성행교정을 통한 재사회화를 위하여 위치추적 전자장치를 신체에 부착함으로써 성폭력범죄로부터 국민을 보호함을 목적으로 하는 일종의 보안처분이다.

④ 「가정폭력범죄의 처벌 등에 관한 특례법」이 정한 사회봉사명령은 가정폭력범죄를 범한 자에 대하여 환경의 조정과 성행의 교정을 목적으로 하는 보안처분으로서, 원칙적으로 형벌불소급의 원칙이 적용되지 않는다.

보안처분

보안처분에 대해서는 원칙적으로 형벌불소급의 원칙이 적용되지 않는다. 그러나 「가정폭력범죄의 처벌 등에 관한 특례법」상의 사회봉사명령은 그 성격이 보안처분임에도 예외적으로 형벌불소급의 원칙이 적용된다(대결 2008.7.24. 2008어4).

관련 판례

【대결 2008.7.24. 2008어4】 가정폭력범죄의 처벌 등에 관한 특례법이 정한 보호처분 중의 하나인 사회봉사명령은 가정폭력범죄를 범한 자에 대하여 환경의 조정과 성행의 교정을 목적으로 하는 것으로서 형벌 그 자체가 아니라 보안처분의 성격을 가지는 것이 사실이다. 그러나 한편으로 이는 가정폭력범죄행위에 대하여 형사처벌 대신 부과되는 것으로서, 가정폭력범죄를 범한 자에게 의무적 노동을 부과하고 여가시간을 박탈하여 실질적으로는 신체적 자유를 제한하게 되므로, 이에 대하여는 원칙적으로 형벌불소급의 원칙에 따라 행위시법을 적용함이 상당하다(가정폭력범죄의 처벌 등에 관한 특례법상 사회봉사명령을 부과하면서, 행위시법상 사회봉사명령 부과시간의 상한인 100시간을 초과하여 상한을 200시간으로 올린 신법을 적용한 것은 위법하다고 한 사례).

(선지분석)

① 형벌과 보안처분의 관계에 관한 이원주의의 내용이다.

② 대판 2012.5.24. 2012도2763

관련 판례

【대판 2012.5.24. 2012도2763】 위와 같은 공개명령 및 고지명령 제도는 아동·청소년대상 성폭력범죄 등을 효과적으로 예방하고 그 범죄로부터 아동·청소년을 보호함을 목적으로 하는 일종의 보안처분으로서, 그 목적과 성격, 운영에 관한 법률의 규정 내용 및 취지 등을 종합해 보면, 공개명령 및 고지명령 제도는 범죄행위를 한 자에 대한 응보 등을 목적으로 그 책임을 추궁하는 사후적 처분인 형벌과 구별되어 그 본질을 달리한다.

③ 대판 2009.9.10. 2009도6061

관련 판례

【대판 2009.9.10. 2009도6061】 전자감시제도는 범죄행위를 한 자에 대한 응보를 주된 목적으로 그 책임을 추궁하는 사후적 처분인 형벌과 구별되어 그 본질을 달리하는 것으로서 형벌에 관한 일사부재리의 원칙이 그대로 적용되지 않으므로, 위 법률이 형 집행의 종료 후에 부착명령을 집행하도록 규정하고 있다 하더라도 그것이 일사부재리의 원칙에 반한다고 볼 수 없다.

답 ④

173 다음 중 사회봉사 명령 또는 허가의 대상이 될 수 없는 자를 모두 고른 것은? 2016년 보호직 7급

ㄱ. 「가정폭력범죄의 처벌 등에 관한 특례법」의 가정폭력행위자 중 보호처분이 필요하다고 인정되는 자
ㄴ. 「성매매알선 등 행위의 처벌에 관한 법률」의 성매매를 한 자 중 보호처분이 필요하다고 인정되는 자
ㄷ. 「소년법」에 따라 보호처분을 할 필요가 있다고 인정되는 만 12세의 소년
ㄹ. 「벌금 미납자의 사회봉사 집행에 관한 특례법」상 징역과 동시에 벌금을 선고받아 확정되었음에도 불구하고 벌금을 미납한 자
ㅁ. 「아동·청소년의 성보호에 관한 법률」상 집행유예를 선고받은 성범죄자

① ㄱ, ㄴ　　② ㄷ, ㄹ
③ ㄱ, ㄹ, ㅁ　　④ ㄴ, ㄷ, ㅁ

사회봉사 명령 또는 허가의 대상

ㄷ. 「소년법」상 사회봉사명령은 14세 이상의 소년에게만 할 수 있다(동법 제32조 제3항).

> **제32조 【보호처분의 결정】** ① 소년부 판사는 심리 결과 보호처분을 할 필요가 있다고 인정하면 결정으로써 다음 각 호의 어느 하나에 해당하는 처분을 하여야 한다.
> 1. 보호자 또는 보호자를 대신하여 소년을 보호할 수 있는 자에게 감호 위탁
> 2. 수강명령
> 3. 사회봉사명령
> 4. 보호관찰관의 단기(短期) 보호관찰
> 5. 보호관찰관의 장기(長期) 보호관찰
> 6. 「아동복지법」에 따른 아동복지시설이나 그 밖의 소년보호시설에 감호 위탁
> 7. 병원, 요양소 또는 「보호소년 등의 처우에 관한 법률」에 따른 소년의료보호시설에 위탁
> 8. 1개월 이내의 소년원 송치
> 9. 단기 소년원 송치
> 10. 장기 소년원 송치
>
> ③ 제1항 제3호의 처분은 14세 이상의 소년에게만 할 수 있다.

ㄹ. 벌금 미납자라도 징역 또는 금고와 동시에 벌금을 선고받은 사람은 사회봉사를 신청할 수 없다(「벌금 미납자의 사회봉사 집행에 관한 특례법」 제4조 제2항 제1호).

> **제4조 【사회봉사의 신청】** ② 제1항에도 불구하고 다음 각 호의 어느 하나에 해당하는 사람은 사회봉사를 신청할 수 없다.
> 1. 징역 또는 금고와 동시에 벌금을 선고받은 사람
> 2. 「형법」 제69조 제1항 단서에 따라 법원으로부터 벌금 선고와 동시에 벌금을 완납할 때까지 노역장에 유치할 것을 명받은 사람
> 3. 다른 사건으로 형 또는 구속영장이 집행되거나 노역장에 유치되어 구금 중인 사람
> 4. 사회봉사를 신청하는 해당 벌금에 대하여 법원으로부터 사회봉사를 허가받지 못하거나 취소당한 사람. 다만, 사회봉사 불허가 사유가 소멸한 경우에는 그러하지 아니하다.

(선지분석)

ㄱ. 「가정폭력범죄의 처벌 등에 관한 특례법」 제40조 제1항 제4호

> **제40조 【보호처분의 결정 등】** ① 판사는 심리의 결과 보호처분이 필요하다고 인정하는 경우에는 결정으로 다음 각 호의 어느 하나에 해당하는 처분을 할 수 있다.
> 4. 「보호관찰 등에 관한 법률」에 따른 사회봉사 · 수강명령

ㄴ. 「성매매알선 등 행위의 처벌에 관한 법률」 제14조 제1항 제3호

> **제14조 【보호처분의 결정 등】** ① 판사는 심리 결과 보호처분이 필요하다고 인정할 때에는 결정으로 다음 각 호의 어느 하나에 해당하는 처분을 할 수 있다.
> 3. 「보호관찰 등에 관한 법률」에 따른 사회봉사 · 수강명령

ㅁ. 「아동 · 청소년의 성보호에 관한 법률」 제21조 제4항

> **제21조 【형벌과 수강명령 등의 병과】** ④ 법원이 아동 · 청소년대상 성범죄를 범한 사람에 대하여 형의 집행을 유예하는 경우에는 제2항에 따른 수강명령 외에 그 집행유예기간 내에서 보호관찰 또는 사회봉사 중 하나 이상의 처분을 병과할 수 있다.

답 ②

174 다음 중 보호관찰과 수강명령을 병과할 수 있는 대상자를 모두 고른 것은? 2016년 교정직 7급

ㄱ. 「형법」상 선고유예를 받은 자
ㄴ. 「형법」상 가석방된 자
ㄷ. 「소년법」상 보호관찰관의 장기 · 단기보호관찰 처분을 받은 소년 중 12세 이상인 자
ㄹ. 「성폭력범죄의 처벌 등에 관한 특례법」상 성폭력범죄를 범한 사람으로서 형의 집행을 유예받은 자

① ㄴ, ㄹ
② ㄷ, ㄹ
③ ㄱ, ㄴ, ㄷ
④ ㄱ, ㄷ, ㄹ

보호관찰과 수강명령을 병과할 수 있는 대상자

ㄷ. 「소년법」상 수강명령(2호 처분)은 단기 보호관찰(4호 처분)이나 장기 보호관찰(5호 처분)과 병합할 수 있다(「소년법」 제32조 제2항 제1호 · 제2호).

> **제32조 【보호처분의 결정】** ② 다음 각 호 안의 처분 상호 간에는 그 전부 또는 일부를 병합할 수 있다.
> 1. 제1항 제1호 · 제2호 · 제3호 · 제4호 처분
> 2. 제1항 제1호 · 제2호 · 제3호 · 제5호 처분
> 3. 제1항 제4호 · 제6호 처분
> 4. 제1항 제5호 · 제6호 처분
> 5. 제1항 제5호 · 제8호 처분

ㄹ. 법원이 성폭력범죄를 범한 사람에 대하여 형의 집행을 유예하는 경우에는 수강명령 외에 그 집행유예기간 내에서 보호관찰 또는 사회봉사 중 하나 이상의 처분을 병과할 수 있다(「성폭력범죄의 처벌 등에 관한 특례법」 제16조 제4항).

선지분석

ㄱ. 선고유예의 경우에는 보호관찰을 명할 수 있으나(「형법」 제59조의2), 사회봉사명령이나 수강명령은 할 수 없다는 점에서 집행유예와 다르다.
ㄴ. 가석방된 자에게는 보호관찰이 부과되나(「형법」 제73조의2 제2항), 수강명령을 병과할 수 있다는 규정은 없다.

> **제73조의2 【가석방의 기간 및 보호관찰】** ② 가석방된 자는 가석방기간 중 보호관찰을 받는다. 다만, 가석방을 허가한 행정관청이 필요가 없다고 인정한 때에는 그러하지 아니하다.

답 ②

175 성범죄자의 신상정보 등록 · 공개 · 고지에 대한 설명으로 옳지 않은 것은? 2024년 보호직 9급

① 신상정보 등록의 원인이 된 성범죄로 형의 선고를 유예받은 사람이 선고유예를 받은 날부터 2년이 경과하여 면소된 것으로 간주되면 신상정보 등록을 면제한다.
② 성범죄자의 신상정보 등록 · 공개 · 고지에 관한 제도는 성범죄자의 교화 · 개선에 중점을 두기보다는 성범죄자의 정보를 제공하여 지역사회의 안전을 강화하고자 하는 것이다.
③ 신상정보의 등록은 여성가족부장관이 집행하고, 신상정보의 공개 · 고지는 법무부장관이 집행한다.
④ 판례에 따르면, 공개명령 및 고지명령 제도는 범죄행위를 한 자에 대한 응보 등을 목적으로 그 책임을 추궁하는 사후적 처분인 형벌과 구별되어 그 본질을 달리한다.

성범죄자의 신상정보 등록 · 공개 · 고지

신상정보의 등록은 '법무부장관'이 집행하고(「성폭력범죄의 처벌 등에 관한 특례법」 제44조 참조), 신상정보의 공개 · 고지는 '여성가족부장관'이 집행한다(동법 제47조 · 제49조 참조).

선지분석

① 「성폭력범죄의 처벌 등에 관한 특례법」 제45조의2 제1항

> **제45조의2【신상정보 등록의 면제】** ① 신상정보 등록의 원인이 된 성범죄로 형의 선고를 유예받은 사람이 선고유예를 받은 날부터 2년이 경과하여 「형법」 제60조에 따라 면소된 것으로 간주되면 신상정보 등록을 면제한다.

② (구) 청소년의 성보호에 관한 법률에서 청소년 대상 성범죄자의 신상정보 등록 등의 대상을 확대하면서, 그 이유로 청소년 대상 성범죄는 재범율이 높아 성범죄자의 관리가 필요하고, 성범죄자의 정보를 제공하여 지역사회의 안전을 강화할 필요가 있음을 개정이유로 제시한 바 있다.

④ 대판 2012.5.24. 2012도2763

> **관련 판례**
>
> 【대판 2012.5.24. 2012도2763】 아동 · 청소년의 성보호에 관한 법률(이하 '아동 · 청소년성보호법'이라고 한다)이 정한 공개명령 절차는 아동 · 청소년대상 성범죄자의 신상정보를 일정기간 동안 정보통신망을 이용하여 공개하도록 하는 조치를 취함으로써 필요한 절차를 거친 사람은 누구든지 인터넷을 통해 공개명령 대상자의 공개정보를 열람할 수 있도록 하는 제도이다. 또한 위 법률이 정한 고지명령 절차는 아동 · 청소년대상 성폭력범죄자의 신상정보 등을 공개명령기간 동안 고지명령 대상자가 거주하는 지역의 일정한 주민 등에게 고지하도록 하는 조치를 취함으로써 일정한 지역 주민 등이 인터넷을 통해 열람하지 않고도 고지명령 대상자의 고지정보를 알 수 있게 하는 제도이다. 위와 같은 공개명령 및 고지명령 제도는 아동 · 청소년대상 성폭력범죄 등을 효과적으로 예방하고 그 범죄로부터 아동 · 청소년을 보호함을 목적으로 하는 일종의 보안처분으로서, 그 목적과 성격, 운영에 관한 법률의 규정 내용 및 취지 등을 종합해 보면, 공개명령 및 고지명령 제도는 범죄행위를 한 자에 대한 응보 등을 목적으로 그 책임을 추궁하는 사후적 처분인 형벌과 구별되어 그 본질을 달리한다.

답 ③

176 **보안처분에 대한 설명으로 옳지 않은 것은? (다툼이 있는 경우 판례에 의함)** 2022년 보호직 7급

① 성범죄 전력만으로 재범의 위험성이 있다고 간주하고 일률적으로 장애인복지시설에 10년간 취업제한을 하는 것은 헌법에 위반된다.

② 구 「특정 성폭력범죄자에 대한 위치추적 전자장치 부착에 관한 법률」상 전자감시제도는 일종의 보안처분으로서, 범죄행위를 한 자에 대한 응보를 주된 목적으로 그 책임을 추궁하는 사후적 처분인 형벌과 구별되어 그 본질을 달리하는 것이다.

③ 취업제한명령은 범죄인에 대한 사회 내 처우의 한 유형으로 형벌 그 자체가 아니라 보안처분의 성격을 가지는 것이다.

④ 「성폭력범죄자의 성충동 약물치료에 관한 법률」상 약물치료명령은 헌법이 보장하고 있는 신체의 자유와 자기결정권에 대한 침익적인 처분에 해당하지 않는다.

대판 2014.2.27. 2013도12301

관련 판례

【대판 2014.2.27. 2013도12301】 '성폭력범죄자의 성충동 약물치료에 관한 법률'에 의한 약물치료명령(이하 '치료명령'이라고만 한다)은 사람에 대하여 성폭력범죄를 저지른 성도착증 환자로서 성폭력범죄를 다시 범할 위험성이 있다고 인정되는 19세 이상의 사람에 대하여 약물투여 및 심리치료 등의 방법으로 도착적인 성기능을 일정기간 동안 약화 또는 정상화하는 치료를 실시하는 보안처분이다. 이러한 치료명령은 성폭력범죄의 재범을 방지하고 사회복귀의 촉진 및 국민의 보호 등을 목적으로 한다는 점에서 특정 범죄자에 대한 보호관찰 및 전자장치 부착 등에 관한 법률과 치료감호법이 각 규정한 전자장치 부착명령 및 치료감호처분과 취지를 같이 하지만, 원칙적으로 형 집행 종료 이후 신체에 영구적인 변화를 초래할 수도 있는 약물의 투여를 피청구자의 동의 없이 강제적으로 상당 기간 실시하게 된다는 점에서 헌법이 보장하고 있는 신체의 자유와 자기결정권에 대한 가장 직접적이고 침익적인 처분에 해당한다고 볼 수 있다. 따라서 앞서 본 바와 같은 치료명령의 내용 및 특성과 최소침해성의 원칙 등을 요건으로 하는 보안처분의 성격 등에 비추어 장기간의 형 집행 및 그에 부수하여 전자장치 부착 등의 처분이 예정된 사람에 대해서는 위 형 집행 및 처분에도 불구하고 재범의 방지와 사회복귀의 촉진 및 국민의 보호를 위한 추가적인 조치를 취할 필요성이 인정되는 불가피한 경우에 한하여 이를 부과함이 타당하다.

선지분석

① 헌재 2016.7.28. 2015헌마915

관련 판례

【헌재 2016.7.28. 2015헌마915】 이 사건 법률조항(→ 성인대상 성범죄자의 장애인복지시설 취업제한 조항)이 성범죄 전력만으로 재범의 위험성이 있다고 간주하고 일률적으로 장애인복지시설에 10년간 취업제한을 하는 것은 지나친 기본권 제한에 해당한다. (중략) 이 사건 법률조항은 범죄의 경중이나 재범의 위험성 여부를 떠나 형 집행이 종료된 때로부터 10년이라는 기간 동안 장애인복지시설에 대한 취업제한을 함으로써 그것이 달성하려는 공익의 무게에도 불구하고 위와 같은 성범죄 전과자의 기본권을 과도하게 제한하고 있다. (중략) 이상과 같이 이 사건 법률조항은 과잉금지원칙 중 침해의 최소성, 법익의 균형성에 위반되어 청구인의 직업선택의 자유를 침해한다.

② 대판 2011.7.28. 2011도5813

관련 판례

【대판 2011.7.28. 2011도5813】 특정 범죄자에 대한 위치추적 전자장치 부착 등에 관한 법률에 의한 성폭력범죄자에 대한 전자감시제도는, 성폭력범죄자의 재범방지와 성행교정을 통한 재사회화를 위하여 그의 행적을 추적하여 위치를 확인할 수 있는 전자장치를 신체에 부착하게 하는 부가적인 조치를 취함으로써 성폭력범죄로부터 국민을 보호함을 목적으로 하는 일종의 보안처분이다. 이러한 전자감시제도의 목적과 성격, 운영에 관한 법률의 규정 내용 및 취지 등을 종합해 보면, 전자감시제도는 범죄행위를 한 자에 대한 응보를 주된 목적으로 책임을 추궁하는 사후적 처분인 형벌과 구별되어 본질을 달리한다.

③ 대판 2019.10.17. 2019도11540

관련 판례

【대판 2019.10.17. 2019도11540】 피고인만이 항소한 사건에 대하여는 제1심판결의 형보다 중한 형을 선고하지 못한다. 불이익변경금지원칙을 적용할 때에는 주문을 개별적 · 형식적으로 고찰할 것이 아니라 전체적 · 실질적으로 고찰하여 판단하여야 한다. 취업제한명령(→ 아동 · 청소년 관련기관 등에 5년간의 취업제한명령)은 범죄인에 대한 사회 내 처우의 한 유형으로서 형벌 그 자체가 아니라 보안처분의 성격을 가지는 것이지만, 실질적으로 직업선택의 자유를 제한하는 것이다. 따라서 원심이 제1심판결에서 정한 형과 동일한 형을 선고하면서 제1심에서 정한 취업제한기간보다 더 긴 취업제한명령을 부가하는 것은 전체적 · 실질적으로 피고인에게 불리하게 변경한 것이므로, 피고인만이 항소한 경우에는 허용되지 않는다.

답 ④

IV

소년형사정책론

소년형사정책론

KEYWORD 01 | 소년범죄의 원인, 소년교정의 모형

001 소년비행의 원인에 대한 설명으로 옳지 않은 것은?

2014년 보호직 7급

① 맛차(Matza)와 사이크스(Sykes)에 따르면 일반소년과 달리 비행소년은 처음부터 전통적인 가치와 문화를 부정하는 성향을 가지고 있으며, 차별적 접촉과정에서 전통규범을 중화시키는 기술이나 방법을 습득한다.
② 레크리스(Reckless)에 따르면 누구든지 비행으로 이끄는 힘과 이를 차단하는 힘을 받게 되는데, 만일 비행으로 이끄는 힘이 차단하는 힘보다 강하면 범죄나 비행을 저지르게 된다.
③ 허쉬(Hirschi)에 따르면 누구든지 비행가능성이 잠재되어 있고, 이를 통제하는 요인으로 개인이 사회와 맺고 있는 일상적인 유대가 중요하다.
④ 나이(Nye)에 따르면 소년비행을 예방할 수 있는 방법 중 가장 효율적인 것은 비공식적 간접통제방법이다.

소년비행의 원인

맛차와 사이크스(Matza & Sykes)에 의하면, 비행소년들도 전통적 가치 · 문화를 인정하지만, 그들이 범죄자와의 차별적 접촉에서 배우는 것은 규범을 중화(비행을 정당화)시키는 기술 · 방법이고, 중화기술을 습득한 자들은 사회 속에서 표류하여 범죄 · 일탈행위의 영역으로 들어가게 된다고 한다.

선지분석

② 레크리스(Reckless)에 의하면, 모든 사람들에게는 범죄로 이끄는 범죄유발요인과 범죄를 억제하는 범죄억제요소가 부여되어 있지만, 범죄억제요소가 더 강할 경우 범죄로 나아가지 않는다고 한다.
③ 허쉬(Hirschi)는 개인의 생래적인 범죄성향을 통제하는 수단을 개인이 일상적으로 가족 · 학교 · 동료 등 사회와 맺고 있는 유대(연대)라고 보아, 개인이 사회와 유대관계를 맺는 방법으로 애착 · 전념 · 참여 · 신념을 제시한다.
④ 나이(Nye)는 청소년의 비행을 예방하는 사회통제의 유형을 분류하였고, 사회통제의 유형 중 가장 효율적인 방법은 비공식적 간접통제의 방법이라고 하였다.

답 ①

002 □□□ 미국의 데이비드 스트리트(David Street) 등의 학자들은 『처우조직(Organization For Treatment)』이라는 자신들의 저서에서 소년범죄자들에 대한 처우조직을 여러 유형으로 분류하였다. 다음 설명에 해당하는 유형으로 옳은 것은? 2016년 교정직 7급

> • 소년범죄자의 태도와 행동의 변화 그리고 개인적 자원의 개발에 중점을 둔다.
> • 소년범죄자를 지역사회의 학교로 외부통학을 시키기도 한다.
> • 처우시설의 직원들은 대부분 교사로서 기술 습득과 친화적 분위기 창출에 많은 관심을 둔다.
> • 처우시설 내 규율의 엄격한 집행이 쉽지 않다.

① 복종 및 동조(obedience / conformity) 유형
② 처우(treatment) 유형
③ 재교육 및 발전(reeducation / development) 유형
④ 변화 및 혁신(changement / innovation) 유형

소년범죄자들에 대한 처우조직

제시된 설명은 재교육 및 발전을 강조하는 유형에 대한 내용이다.

핵심POINT 소년범죄자에 대한 처우유형

데이비드 스트리트(David Street) 등이 『처우조직(Organization For Treatment)』에서 분류한 소년범죄자에 대한 처우유형은 다음과 같다.

유형	내용
구금시설에서 '복종 및 동조' 강조 유형	· 대규모의 보안 직원, 소수의 처우 요원 · 규율의 엄격한 집행, 수용자는 강제된 동조성을 강요받는 군대식 형태로 조직화 · 습관, 동조성 훈련, 권위에 대한 복종 강조 · 조절(conditioning)이 주된 기술 · 청소년은 외부통제에 즉각적으로 동조하도록 요구받음 · 강력한 직원통제와 다양한 부정적 제재에 의해 추구 · 구금을 강조하는 대부분의 소년교정시설을 대표함
'재교육 및 발전' 강조 유형	· 엄격한 규율과 제재가 적용되나, 복종보다는 교육을 강조하여 처우시설 내에서 규율의 엄격한 집행이 쉽지 않음 · 직원들은 대부분이 교사로서 기술습득과 가족과 같은 분위기 창출에 관심 · 훈련을 통한 청소년의 변화를 강조 · '복종 및 동조' 유형에 비해 청소년과 직원의 밀접한 관계 강조 · 청소년의 태도와 행동의 변화, 기술의 습득, 개인적 자원의 개발에 중점
'처우' 중시 유형	· 가능한 많은 처우요원을 고용, 가장 복잡한 조직구조 · 청소년에 대한 처우계획의 진전을 위하여 처우요원과 보안요원의 협조 및 청소년 각자의 이해를 강조 · 처우모형은 청소년의 인성변화를 강조, 청소년의 심리적 재편에 초점 · 처벌은 자주 이용되지 않으며 엄하지 않게 집행 · 다양한 활동과 성취감 강조, 자기 존중심의 개발과 자기 성찰을 강조 · 개인적 통제와 사회적 통제를 동시에 강조, 청소년의 개인적 문제해결에 도움을 주며 지역사회 생활의 준비도 강조

답 ③

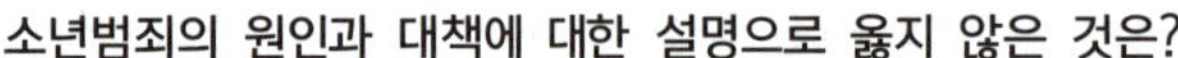

003 소년범죄의 원인과 대책에 대한 설명으로 옳지 않은 것은? 2017년 교정직 9급

① 모피트(Moffit)는 사회적 자본(social capital) 개념을 도입하여 청소년기에 비행을 저지른 아이들도 사회유대 혹은 사회자본의 형성을 통해 취업과 결혼으로 가정을 이루는 인생의 전환점을 만들면 성인이 되어 정상인으로 돌아가게 된다고 주장하였다.

② 패터슨(Patterson) 등에 따르면 초기 비행을 경험한 소년들이 후반에 비행을 시작한 소년에 비하여 어릴 때부터 반사회적 환경과 밀접한 관계를 맺음으로써 또래집단 속에서 정상적 사회화를 경험할 기회가 상대적으로 적기 때문에 만성적 범죄자가 될 확률이 높다고 하였다.

③ 워렌(Warren)에 따르면 비행소년 분류상 신경증적 비행소년에 대한 처우로는 가족집단요법과 개별심리요법이 적절하다고 한다.

④ 바톨라스(Bartollas)의 적응(개선)모델에 따르면 비행소년 스스로 책임 있는 선택과 합법적 결정을 할 수 있다고 하며, 이 모형에 따른 처우로서는 현실요법, 환경요법, 집단지도상호작용, 교류분석 등의 방법이 이용되고 있다.

소년범죄의 원인과 대책

샘슨과 라웁(Sampson & Laub)이 주장한 내용이다. 이들에 의하면 어려서 문제 성향을 보였던 아이들도 성인기의 사회 유대의 약화 혹은 강화에 따라 비행청소년으로 발전하기도 하고, 비행을 중단하여 정상인으로 되돌아가기도 한다고 본다. 모피트(Moffit)는 어린 시절 가정에서의 부적절한 훈육과 신경심리계 손상의 이유로 충동적이고 언어·학습능력이 부족한 아이들이 어려서부터 문제행동을 하고, 이러한 아이들이 성인에 이르기까지 지속적으로 비행이나 범죄를 저지르게 될 가능성이 높다고 주장하였다.

선지분석

② 패터슨(Patterson)과 그의 동료들은 비행시작연령에 따라 초기 진입자(early starter)와 후기 진입자(late starters)로 구분하여 연구하였다. 여기서 어려서 문제행동을 보이는 초기 진입자란 아동기에서부터 빈약한 부모양육행동을 경험하였고, 그 결과로 심각한 사회적 기술의 결핍을 경험하는 청소년들을 의미한다. 이들은 성장과정에서 타인과의 상호작용을 공격적으로 하기 때문에, 관습적인 또래집단들로부터 거부당하기 쉽다. 즉, 친구집단·학교 등 주요한 준거집단으로부터 거부당한 초기 비행진입자들은 그들만의 친구관계를 형성하게 된다. 반면, 후기 비행진입자는 청소년 중·후기에 접어들면서 비행행동을 시험해보는 청소년들을 의미한다. 청소년들은 사춘기에 흔히 동반되는 부모와 자녀 간의 관계에서 혼돈이나 부모의 이혼, 실직 등으로 인해 부모 양육행동의 질이 하락하는 것을 경험한다. 부모양육행동의 기능 약화는 결국 비행친구와의 교류를 증가시키고, 이는 비행행동의 시도로 이어진다. 초기 비행진입자들은 청소년기와 성인기를 거쳐 만성적인 비행·범죄행동을 경험할 가능성이 높은 반면, 후기 비행진입자들은 청소년기에 비행행동을 시험해 보지만 단기간에 중단하는 경향이 크다고 보았다.

③ 워렌(Warren)은 청소년범죄자의 대인적 성숙도를 측정할 목적으로 대인적 성숙도 검사(I-Level)를 개발하여 대인관계능력을 7단계로 나누었다. 신경증적 비행소년은 전형적인 신경과민과 정신이상의 성향을 특징으로 하며 4단계에 속하는데, 개인 또는 집단 심리요법에 의한 처우가 적합하다고 본다. 워렌(Warren)은 범죄자가 인간관계에 있어 미숙한 단계에 머물러 있기 때문에 범죄에 이르게 된다고 보아, 범죄자의 대인관계수준을 개선시키는 데에 중점을 둘 것을 주장한다.

④ 바톨라스와 밀러(Bartollas & Miller)가 제시하는 소년교정의 모형 중 적응모형에서는 의료모형의 전제인 국친사상과 실증주의에 재통합사상을 결합하여, 범죄자는 스스로 책임 있는 선택과 합법적 결정을 할 수 있다고 보며, 현실요법·환경요법·집단지도 상호작용·교류분석·긍정적 동료문화 등의 처우기법을 활용해야 한다고 주장한다.

답 ①

004 소년사법에 있어서 4D(비범죄화, 비시설수용, 적법절차, 전환)에 대한 설명으로 옳지 않은 것은?

2022년 교정직 9급

① 비범죄화(decriminalization)는 경미한 일탈에 대해서는 비범죄화하여 공식적으로 개입하지 않음으로써 낙인을 최소화하자는 것이다.
② 비시설수용(deinstitutionalization)은 구금으로 인한 폐해를 막고자 성인교도소가 아닌 소년 전담시설에 별도로 수용하는 것을 의미한다.
③ 적법절차(due process)는 소년사법절차에서 절차적 권리를 철저하고 공정하게 보장하여야 한다는 것을 의미한다.
④ 전환(diversion)은 비행소년을 공식적인 소년사법절차 대신에 비사법적인 절차에 의해 처우하자는 것이다.

소년사법에서의 4D

비시설수용(deinstitutionalization)은 대상자를 시설에 수용하는 것에서 탈피하여 지역사회에 거주하게 하면서 필요한 서비스를 제공하는 것을 말한다. 성인교도소가 아닌 소년 전담시설(소년교도소, 소년원 등)에 별도로 수용하는 것은 비시설수용이 아니라 시설수용에 해당한다.

(선지분석)

① 비범죄화(decriminalization)란 형법의 보충성과 공식적 사회통제 기능의 부담가중을 고려하여 일정한 범죄유형을 형벌에 의한 통제로부터 제외시키는 경향을 말하는데, 경미범죄의 처벌로 인한 낙인효과의 심각성에 대한 반성으로 비범죄화가 대두된다.
③ 적법절차(due process)는 소년사건에서 국가의 복지적 · 후견적 기능의 강조에 따른 광범위한 재량권 행사의 결과로 소년의 인권 및 방어권이 경시되는 것을 막고자 하는 것이다.
④ 전환(diversion)은 일반적으로 공식적 형사절차로부터의 이탈과 동시에 사회 내 처우 프로그램에 위탁하는 것을 말한다.

답 ②

005 청소년 범죄의 발생에 대한 설명으로 옳지 않은 것은?

2012년 보호직 7급

① 친구의 범죄성향에 상관없이 친구와의 애착이 강하면 청소년범죄의 발생가능성이 낮아진다.
② 부모의 일관되지 못한 양육방법이 청소년범죄의 발생가능성을 높여 준다.
③ 학교 성적 부진이 학교에 대한 부적응으로 연결되어 청소년범죄의 발생가능성을 높여 준다.
④ 우울증, 집중력 부족 등 초기 성격장애로 인한 심리적 요인이 청소년범죄의 발생가능성을 높여 준다.

청소년 범죄의 발생

허쉬(Hirschi)는 사회통제이론(사회유대이론)에서 사회유대의 요소 중 애착(애정과 정서적 관심을 통하여 개인이 사회와 맺고 있는 유대관계)을 중시하였다. 부모 · 교사 · 친구 등에 대한 애착이 비행통제에 큰 영향을 미친다는 것인데, 이러한 사람들이 범죄성향이 있는 경우에는 오히려 비행통제에 부정적 영향을 미치게 되고 소년범죄의 발생가능성이 높아진다고 볼 수 있다.

(선지분석)

②, ③, ④ 청소년범죄의 발생가능성에 대한 일반적인 주장 내용에 해당한다.

답 ①

006 □□□

바톨라스(Bartollas)와 밀러(Miller)의 소년교정모델에 대한 설명으로 옳지 않은 것은? 2014년 교정직 7급

① 의료모형(medical model) - 비행소년은 자신이 통제할 수 없는 요인에 의해서 범죄자로 결정되었으며, 이들은 사회적으로 약탈된 사회적 병질자이기 때문에 처벌의 대상이 아니라 치료의 대상이다.

② 적응모형(adjustment model) - 범죄자 스스로 책임 있는 선택과 합법적 결정을 할 수 없다. 그 결과, 현실요법, 환경요법 등의 방법이 처우에 널리 이용된다.

③ 범죄통제모형(crime control model) - 청소년도 자신의 행동에 대해서 책임을 져야 하므로, 청소년 범죄자에 대한 처벌을 강화하는 것만이 청소년범죄를 줄일 수 있다.

④ 최소제한모형(least-restrictive model) - 비행소년에 대해서 소년사법이 개입하게 되면, 이들 청소년들이 지속적으로 법을 위반할 가능성이 증대될 것이다.

바톨라스(Bartollas)와 밀러(Miller)의 소년교정모델

적응모형에서는 국친사상과 실증주의에 재통합사상을 결합하여, 범죄자는 스스로 책임 있는 선택과 합법적 결정을 할 수 있다고 보아, 현실요법 · 환경요법 · 집단지도 상호작용 · 교류분석 · 긍정적 동료문화 등의 처우기법을 활용해야 한다고 본다.

선지분석

① 의료모형에서는 비행소년은 자신이 통제할 수 없는 요인(소질 · 환경)에 의해 범죄로 나아가게 되므로, 비행소년은 처벌이 아니라 치료의 대상이며, 국가는 비행소년을 대리부모로서 보호할 의무가 있다고 본다.

③ 범죄통제모형에서는 기존의 비행소년 처우모형의 실패를 비판하면서, 엄격한 훈육과 처벌만이 소년범죄를 억제하는 대안이라고 보고, 범죄자에 대한 처우가 아니라 범죄에 상응한 처벌을 중시한다.

④ 최소제한모형은 낙인의 부정적 영향, 소년교정의 비인도성 등을 이유로 형사사법기관의 개입을 최소화하자는 입장이다.

핵심POINT 바톨라스와 밀러(Bartollas & Miller)가 제시하는 소년교정의 모형

모형	내용
의료모형	· 국친사상과 실증주의를 결합하여, 비행소년은 자신이 통제할 수 없는 요인(소질 · 환경)에 의해 범죄로 나아가게 된다고 봄 · 비행소년은 처벌이 아니라 치료의 대상이며, 국가는 비행소년을 대리부모로서 보호할 의무가 있다고 봄
적응모형	· 의료모형의 전제인 국친사상과 실증주의에 재통합사상을 결합하여, 범죄자는 스스로 책임 있는 선택과 합법적 결정을 할 수 있다고 봄 · 현실요법 · 환경요법 · 집단지도 상호작용 · 교류분석 · 긍정적 동료문화 등의 처우기법을 활용해야 한다고 봄
범죄통제모형	· 기존의 비행소년 처우모형의 실패를 비판하면서, 엄격한 훈육과 처벌만이 소년범죄를 억제하는 대안이라고 봄 · 범죄자에 대한 처우가 아니라 범죄에 상응한 처벌을 중시하고, 비행소년에 대한 지역사회교정에 대해서는 부정적으로 봄
최소제한모형	· 낙인이론에 근거하여 낙인의 부정적 영향, 소년교정의 비인도성 등을 이유로 형사사법기관의 개입을 최소화하자는 입장 · 비행소년에 대한 절차적 권리의 보장 및 시설 내 처우의 제한을 주장

답 ②

007 바톨라스(C. Bartollas)의 소년교정모형에 대한 설명이다. <보기 1>에 제시된 설명과 <보기 2>에서 제시된 교정모형을 옳게 짝지은 것은? 2019년 교정직 9급

<보기 1>

ㄱ. 비행소년은 통제할 수 없는 요인에 의해서 범죄자로 결정되어졌으며, 이들은 사회적 병질자이기 때문에 처벌의 대상이 아니라 치료의 대상이다.
ㄴ. 범죄소년은 치료의 대상이지만 합리적이고 책임 있는 결정을 할 수 있다고 하면서, 현실요법 · 집단지도 상호작용 · 교류분석 등의 처우를 통한 범죄소년의 사회재통합을 강조한다.
ㄷ. 비행소년에 대해서 소년사법이 개입하게 되면 낙인의 부정적 영향 등으로 인해 지속적으로 법을 어길 가능성이 증대되므로, 청소년을 범죄소년으로 만들지 않는 길은 시설에 수용하지 않는 것이다.
ㄹ. 지금까지 소년범죄자에 대하여 시도해 온 다양한 처우모형들이 거의 실패했기 때문에 유일한 대안은 강력한 조치로서 소년범죄자에 대한 훈육과 처벌뿐이다.

<보기 2>

A. 의료모형
B. 적응(조정)모형
C. 범죄통제모형
D. 최소제한(제약)모형

	ㄱ	ㄴ	ㄷ	ㄹ
①	A	B	C	D
②	A	B	D	C
③	A	C	D	B
④	B	A	D	C

바톨라스(C. Bartollas)의 소년교정모형

ㄱ-A. 의료모형은 국친사상과 실증주의를 결합하여, 비행소년은 자신이 통제할 수 없는 요인(소질 · 환경)에 의해 범죄로 나아가게 된다고 보고, 비행소년은 처벌이 아니라 치료의 대상이며 국가는 비행소년을 대리부모로서 보호할 의무가 있다고 본다.
ㄴ-B. 적응모형은 국친사상과 실증주의에 재통합사상을 결합하여, 범죄자는 스스로 책임있는 선택과 합법적 결정을 할 수 있다고 보고, 현실요법 · 환경요법 · 집단지도 상호작용 · 교류분석 등의 처우기법을 활용할 것을 주장한다.
ㄷ-D. 최소제한모형은 낙인이론에 근거하여, 낙인의 부정적 영향, 소년교정의 비인도성 등을 이유로 형사사법기관의 개입을 최소화하자는 입장으로서, 비행소년에 대한 절차적 권리의 보장 및 시설 내 처우의 제한을 주장한다.
ㄹ-C. 범죄통제모형은 기존의 비행소년 처우모형의 실패를 비판하면서, 엄격한 훈육과 처벌만이 소년범죄를 억제하는 대안이라고 보아, 범죄자에 대한 처우가 아닌 범죄에 상응한 처벌을 중시하고, 비행소년에 대한 지역사회교정에 대해 부정적 입장이다.

답 ②

008 비행 청소년의 처벌과 처우에 대한 설명으로 옳은 것은? 2025년 보호직 9급

① 균형 · 회복적 사법(balanced and restorative justice)은 비행 청소년의 책임, 역량 개발, 지역사회 안전이라는 목표에 초점을 둔다.

② 소년범에 대한 형사법원 이송은 전통적인 소년사법 이념인 국친사상에 부합한다.

③ 바톨라스(Bartollas)와 밀러(Miller)의 의료모형에서는 비행 청소년은 자유의지로 비행을 저지른다고 가정한다.

④ 소년사법에 있어서 비시설수용(deinstitutionalization)은 구금으로 인한 폐해를 막고자 성인교도소가 아닌 소년 전담 시설에 별도로 수용하는 것을 말한다.

비행 청소년의 처벌과 처우

회복적 사법은 범죄자가 생산적이고 책임감 있는 시민이 되도록 능력개발이 이루어져야 한다는 목표를 지향하고, 가해자와 피해자의 재활을 지원하여 범죄를 방지할 수 있는 지역사회를 건설하고자 한다.

(선지분석)

② 국친사상이란 국가가 비행소년의 부모로서의 역할을 대신하여 수행하여 비행소년을 건전하게 육성하기 위해 '처벌보다는 처우'를 통해 비행원인이 되는 환경과 성행을 개선하고 필요한 교육과 복지를 제공해야 한다는 주장이다. 소년범에 대한 형사법원 이송은 소년범을 성인범과 마찬가지로 취급하는 것으로서 국친사상에 부합하지 아니한다.

③ 바톨라스와 밀러의 소년교정 모형 중 의료 모형에 따르면, '비행소년은 자신이 통제할 수 없는 요인(소질 · 환경)에 의해 범죄로 나아가게 된다'고 보므로, 비행소년은 처벌이 아니라 치료의 대상이며, 국가는 비행소년을 대리부모로서 보호할 의무가 있다고 한다.

④ 비시설수용(deinstitutionalization)은 대상자를 시설에 수용하는 것에서 탈피하여 지역사회에 거주하게 하면서 필요한 서비스를 제공하는 것을 말한다. 성인교도소가 아닌 소년 전담시설(소년교도소, 소년원 등)에 별도로 수용하는 것은 '시설수용'에 해당한다.

답 ①

KEYWORD 02 | 「소년법」의 이념과 원칙

009 각종 법률에서 규정하고 있는 연령에 대한 설명으로 옳지 않은 것은? 2014년 보호직 7급 변형

① 「아동복지법」상 '아동'이란 18세 미만인 사람을 말한다.

② 「아동 · 청소년의 성보호에 관한 법률」상 '아동 · 청소년'이란 19세 미만의 사람을 말한다.

③ 「청소년 보호법」상 '청소년'이란 만 19세 미만인 사람을 말한다. 다만, 만 19세가 되는 해의 1월 1일을 맞이한 사람은 제외한다.

④ 「청소년 기본법」상 '청소년'이란 9세 이상 19세 미만인 사람을 말한다.

연령

「청소년 기본법」상 청소년이란 9세 이상 24세 이하인 사람을 말한다.

핵심POINT 현행법상 아동 · 소년 · 청소년의 연령

구분	연령
「청소년 기본법」상의 청소년	9세 이상 24세 이하인 사람
「청소년 보호법」상의 청소년	만 19세 미만인 사람(만 19세가 되는 해의 1월 1일을 맞이한 사람은 제외)
「가정폭력방지 및 피해자보호 등에 관한 법률」상의 아동	18세 미만인 자
「아동 · 청소년의 성보호에 관한 법률」상의 아동 · 청소년	19세 미만의 사람
「소년법」상의 소년	19세 미만인 자
「아동복지법」상의 아동	18세 미만인 사람

답 ④

법률상 소년 등의 연령 기준으로 옳지 않은 것은? 2023년 보호직 7급 변형

① 「형법」상 형사미성년자는 14세가 되지 아니한 자이다.

② 「소년법」상 소년은 19세 미만인 자를 말한다.

③ 「청소년 기본법」상 청소년은 9세 이상 24세 이하인 사람을 말한다. 다만, 다른 법률에서 청소년에 대한 적용을 다르게 할 필요가 있는 경우에는 따로 정할 수 있다.

④ 「아동 · 청소년의 성보호에 관한 법률」상 아동 · 청소년은 19세 미만의 사람을 말한다. 다만, 19세에 도달하는 연도의 1월 1일을 맞이한 자는 제외한다.

소년 등의 연령 기준

「아동 · 청소년의 성보호에 관한 법률」상 아동 · 청소년은 19세 미만의 사람을 말한다. 예전의 단서 규정(다만, 19세에 도달하는 연도의 1월 1일을 맞이한 자는 제외한다)은 삭제되었다(「아동 · 청소년의 성보호에 관한 법률」 제2조 제1호).

선지분석

① 「형법」 제9조

② 「소년법」 제2조

③ 「청소년 기본법」 제3조 제1호

답 ④

011 다음 중 소년보호의 원칙에 대한 설명으로 옳은 것만을 모두 고른 것은? 2018년 보호직 7급

> ㄱ. 효율적 소년보호를 위해 국가는 물론이고 소년의 보호자를 비롯한 민간단체 등이 서로 협력해야 한다는 협력주의에 바탕을 둔 조치들이 필요하다.
> ㄴ. 보호소년을 개선하여 사회생활에 적응시키고 건전하게 육성하기 위해서는 소년사법절차를 가급적이면 비공개로 해야 한다는 밀행주의가 중요하다.
> ㄷ. 소년의 보호를 위하여 사후적 처벌보다는 장래에 다시 죄를 범하는 것을 예방하는 활동을 중시하는 예방주의에 비중을 두어야 한다.

① ㄱ, ㄴ ② ㄱ, ㄷ
③ ㄴ, ㄷ ④ ㄱ, ㄴ, ㄷ

소년보호의 원칙

소년보호의 원칙에는 인격주의, 예방주의, 보호주의, 개별주의, 과학주의, 교육주의, 협력주의, 밀행주의, 심문주의(직권주의)가 있다.

ㄱ. 소년보호를 위해서는 보호자 및 관계기관은 물론이고 사회 전반에 걸쳐 상호부조 · 협력이 이루어져야 한다는 것이 협력주의이다.
ㄴ. 밀행주의는 보호소년을 개선하여 사회생활에 적응시키고 건전하게 육성하기 위해서 문제소년을 가급적 노출시키지 않아야 한다는 것으로, 「소년법」 제68조 제1항과 제24조 제2항은 밀행주의를 규정하고 있다.
ㄷ. 예방주의란 소년법의 목적은 범행한 소년의 처벌이 아니라 이미 범행한 소년이 다시 범죄를 범하지 않도록 함에 있고, 장래에 죄를 범할 우려가 있는 우범소년도 그 대상으로 하여 범죄예방에 비중을 두어야 한다는 것으로, 「소년법」 제4조 제1항의 우범소년에 관한 규정은 예방주의를 표현하고 있다.

답 ④

012 소년보호의 원칙에 대한 설명으로 옳지 않은 것은? 2024년 보호직 9급

① 개별주의: 소년보호조치를 취할 때 소년사건을 형사사건과 병합하여 1개의 사건으로 취급한다.
② 인격주의: 소년보호사건에서는 소년의 행위에서 나타난 개성과 환경을 중시한다.
③ 과학주의: 소년범죄인의 처우를 법률가의 규범적 판단에만 맡기지 않고 여러 전문가의 조언 · 협조를 받아 그 과학적 진단과 의견을 바탕으로 행한다.
④ 협력주의: 소년사법에서는 국가가 전담하는 사법뿐만 아니라 보호자와 관계기관은 물론 사회 전반의 상호부조와 연대의식이 뒷받침되어야 한다.

소년보호의 원칙

개별주의란 소년사건에서 '소년 개개인을 독립된 사건으로 취급하고 그 개별 특성을 중시'하며, 소년사건의 조사에서는 대상소년의 개성 · 환경 등에 대한 정확한 규명이 필요하다는 원칙이다.

(선지분석)

② 인격주의에 의하면, 소년사건에서 객관적 비행사실만 중요시해서는 안 되고, 소년의 인격에 내재하는 개인적 범죄특성도 함께 고려하여야 한다.
③ 과학주의에 의하면, 소년의 범죄환경 및 소년에게 어떤 형벌을 얼마나 부과하는 것이 적합한가에 대한 연구가 필요하므로, 소년의 교육 · 보호에 적합한 대책을 정신의학 · 교육학 등의 전문가의 의견을 들어 결정해야 한다.
④ 협력주의에 의하면, 소년보호를 위해서는 보호자 및 관계기관은 물론이고 사회 전반에 걸쳐 상호부조 · 협력이 이루어져야 한다.

답 ①

013 소년사법의 대표적 제도인 소년법원의 특성으로 옳지 않은 것은? 2021년 교정직 9급

① 소년법원은 반사회성이 있는 소년의 형사처벌을 지양하며 건전한 성장을 도모하기 위한 교화개선과 재활철학을 이념으로 한다.
② 소년법원은 범죄소년은 물론이고 촉법소년, 우범소년 등 다양한 유형의 문제에 개입하여 비행의 조기발견 및 조기처우를 하고 있다.
③ 소년법원의 절차는 일반법원에 비해 비공식적이고 융통성이 있다.
④ 소년법원은 감별 또는 분류심사 기능과 절차 및 과정이 잘 조직되어 있지 못한 한계가 있다.

소년법원의 특성

소년법원은 조사관에게 사건 본인 등에 관하여 조사하도록 명할 수 있고(「소년법」 제11조 참조), 조사 또는 심리 시에 전문가의 진단을 고려하고 있으며(동법 제12조 참조), 임시조치로서 소년분류심사원 등에 위탁할 수 있으므로(동법 제18조 참조) 감별 또는 분류심사 기능과 절차 및 과정이 잘 조직되어 있다고 평가할 수 있다.

선지분석

① 소년법원은 그 대상이 되는 소년의 특수성을 인정하여 소년에 대한 엄정한 처벌이 아니라 보호처분이나 형사처분에 관한 특별조치를 통해 소년을 건전하게 육성하는 것을 지향한다(「소년법」 제1조 참조).
② 소년법원은 범죄소년이나 촉법소년이 다시 비행을 하지 않도록 하고, 우범소년도 대상으로 하여 처벌 위주가 아니라 범죄예방에 비중을 둔다(「소년법」 제4조 제1항 참조).
③ 소년법원의 절차는 법원의 직권에 의해 절차가 진행되고, 대상이 되는 소년을 노출시키지 않기 위한 조치가 규정되어 있다.

답 ④

KEYWORD 03 | 소년보호사건

014 「소년법」에서 소년부 판사가 조사 또는 심리상의 필요에 따라 결정으로 취한 임시조치 중 「형법」 제57조 제1항의 판결선고 전 구금일수에 산입할 수 있는 것으로 옳은 것은? 2012년 교정직 7급

① 보호자 또는 시설에 위탁
② 소년분류심사원에 위탁
③ 병원이나 그 밖의 요양소에 위탁
④ 소년원에 단기위탁

판결선고 전 구금일수에 산입할 수 있는 임시조치

「소년법」상 임시조치 중 소년분류심사원에 위탁조치가 있었을 때에는 그 위탁기간은 「형법」 제57조 제1항의 판결선고 전 구금일수로 본다(「소년법」 제61조).

> **제18조 【임시조치】** ① 소년부 판사는 사건을 조사 또는 심리하는 데에 필요하다고 인정하면 소년의 감호에 관하여 결정으로써 다음 각 호의 어느 하나에 해당하는 조치를 할 수 있다.
> 1. 보호자, 소년을 보호할 수 있는 적당한 자 또는 시설에 위탁
> 2. 병원이나 그 밖의 요양소에 위탁
> 3. 소년분류심사원에 위탁
>
> **제61조 【미결구금일수의 산입】** 제18조 제1항 제3호(→ 소년분류심사원에 위탁)의 조치가 있었을 때에는 그 위탁기간은 「형법」 제57조 제1항의 판결선고 전 구금일수로 본다.

답 ②

015 □□□

다음 중 소년보호사건에 대한 설명으로 옳지 않은 것만을 모두 고른 것은? 2013년 교정직 9급

> ㄱ. 형벌 법령에 저촉되는 행위를 한 12세 소년이 있을 때에 경찰서장은 직접 관할 소년부에 소년을 송치하여야 한다.
> ㄴ. 법으로 정한 사유가 있고 소년의 성격이나 환경에 비추어 향후 형벌 법령에 저촉되는 행위를 할 우려가 있더라도 10세 우범소년은 소년부에 송치할 수 없다.
> ㄷ. 「소년법」상 14세의 촉법소년은 소년부 보호사건의 대상이 되고, 정당한 이유 없이 가출하는 9세 소년은 소년부 보호사건의 대상에서 제외된다.
> ㄹ. 죄를 범한 소년을 발견한 보호자 또는 학교 · 사회복리시설 · 보호관찰소(보호관찰지소 포함)의 장은 이를 관할 소년부에 통고할 수 있다.

① ㄱ, ㄴ
② ㄱ, ㄷ
③ ㄴ, ㄷ
④ ㄷ, ㄹ

소년보호사건

ㄴ. 10세 이상 19세 미만의 우범소년도 소년부의 보호사건으로 심리하므로 소년부에 송치할 수 있다(「소년법」 제4조 제1항 제3호).

> **제4조【보호의 대상과 송치 및 통고】** ① 다음 각 호의 어느 하나에 해당하는 소년은 소년부의 보호사건으로 심리한다.
> 1. 죄를 범한 소년(→ 범죄소년)
> 2. 형벌 법령에 저촉되는 행위를 한 10세 이상 14세 미만인 소년(→ 촉법소년)
> 3. 다음 각 목에 해당하는 사유가 있고 그의 성격이나 환경에 비추어 앞으로 형벌 법령에 저촉되는 행위를 할 우려가 있는 10세 이상인 소년(→ 우범소년)
> 가. 집단적으로 몰려다니며 주위 사람들에게 불안감을 조성하는 성벽이 있는 것
> 나. 정당한 이유 없이 가출하는 것
> 다. 술을 마시고 소란을 피우거나 유해환경에 접하는 성벽이 있는 것

ㄷ. 촉법소년은 형벌 법령에 저촉되는 행위를 한 10세 이상 14세 미만인 소년을 말한다(「소년법」 제4조 제1항 제2호). 우범소년은 10세 이상이어야 한다(제3호).

(선지분석)

ㄱ. 「소년법」 제4조 제2항

> **제4조【보호의 대상과 송치 및 통고】** ② 제1항 제2호 및 제3호에 해당하는 소년(→ 촉법소년 · 우범소년)이 있을 때에는 경찰서장은 직접 관할 소년부에 송치하여야 한다.

ㄹ. 「소년법」 제4조 제3항

> **제4조【보호의 대상과 송치 및 통고】** ③ 제1항 각 호의 어느 하나에 해당하는 소년(→ 범죄소년 · 촉법소년 · 우범소년)을 발견한 보호자 또는 학교 · 사회복리시설 · 보호관찰소(보호관찰지소를 포함)의 장은 이를 관할 소년부에 통고할 수 있다.

답 ③

「소년법」상 사건의 송치 및 통고 등에 대한 설명으로 옳지 않은 것은? 2023년 보호직 7급

① 형벌 법령에 저촉되는 행위를 한 10세 이상 14세 미만인 소년이 있을 때에는 경찰서장은 직접 관할 소년부에 송치하여야 한다.

② 법원이 소년에 대한 피고사건을 심리한 결과 보호처분에 해당할 사유가 있다고 인정하여 결정으로써 사건을 관할 소년부에 송치한 경우, 해당 소년부는 조사 또는 심리한 결과 사건의 본인이 19세 이상인 것으로 밝혀지면 결정으로써 송치한 법원에 사건을 다시 이송하여야 한다.

③ 소년부는 송치받은 보호사건이 그 관할에 속하지 아니한다고 인정하더라도 보호의 적정을 기하기 위하여 필요하다고 인정하면 그 사건을 관할 소년부에 이송하지 않을 수 있다.

④ 정당한 이유 없이 가출하고 그의 성격이나 환경에 비추어 앞으로 형벌 법령에 저촉되는 행위를 할 우려가 있는 10세의 소년을 발견한 보호자는 이를 관할 소년부에 통고할 수 있다.

사건의 송치 및 통고

소년부는 사건이 그 관할에 속하지 아니한다고 인정하면 결정으로써 그 사건을 관할 소년부에 이송하여야 한다(「소년법」 제6조 제1항 · 제2항).

> **제6조 【이송】** ① 보호사건을 송치받은 소년부는 보호의 적정을 기하기 위하여 필요하다고 인정하면 결정으로써 사건을 다른 관할 소년부에 이송할 수 있다.
> ② 소년부는 사건이 그 관할에 속하지 아니한다고 인정하면 결정으로써 그 사건을 관할 소년부에 이송하여야 한다.

선지분석

① 「소년법」 제4조 제2항

> **제4조 【보호의 대상과 송치 및 통고】** ② 제1항 제2호 및 제3호에 해당하는 소년(→ 촉법소년, 우범소년)이 있을 때에는 경찰서장은 직접 관할 소년부에 송치하여야 한다.

② 「소년법」 제50조 · 제51조

> **제50조 【법원의 송치】** 법원은 소년에 대한 피고사건을 심리한 결과 보호처분에 해당할 사유가 있다고 인정하면 결정으로써 사건을 관할 소년부에 송치하여야 한다.
> **제51조 【이송】** 소년부는 제50조에 따라 송치받은 사건을 조사 또는 심리한 결과 사건의 본인이 19세 이상인 것으로 밝혀지면 결정으로써 송치한 법원에 사건을 다시 이송하여야 한다.

④ 「소년법」 제4조 제3항

> **제4조 【보호의 대상과 송치 및 통고】** ③ 제1항 각 호의 어느 하나에 해당하는 소년(→ 범죄소년, 촉법소년, 우범소년)을 발견한 보호자 또는 학교 · 사회복리시설 · 보호관찰소(보호관찰지소를 포함한다. 이하 같다)의 장은 이를 관할 소년부에 통고할 수 있다.

답 ③

017

「소년법」상 보호사건의 조사와 심리에 대한 설명으로 옳지 않은 것은? 2023년 교정직 9급

① 소년부 판사는 조사관에게 사건 본인, 보호자 또는 참고인의 심문이나 그 밖에 필요한 사항을 조사하도록 명할 수 있다.

② 소년이 소년분류심사원에 위탁된 경우 보조인이 없을 때에는 법원은 변호사 등 적정한 자를 보조인으로 선정하여야 한다.

③ 소년부 판사는 소년부 법원서기관 · 법원사무관 · 법원주사 · 법원주사보나 보호관찰관 또는 사법경찰관리에게 동행영장을 집행하게 할 수 있다.

④ 소년부는 조사 또는 심리를 할 때에 정신건강의학과의사 · 심리학자 · 사회사업가 · 교육자나 그 밖의 전문가의 진단, 소년분류심사원의 분류심사 결과와 의견, 소년교도소의 조사결과와 의견을 고려하여야 한다.

「소년법」상 보호사건의 조사와 심리

소년교도소가 아니라 '보호관찰소'의 조사결과와 의견을 고려하여야 한다(「소년법」 제12조).

> **제12조【전문가의 진단】** 소년부는 조사 또는 심리를 할 때에 정신건강의학과의사 · 심리학자 · 사회사업가 · 교육자나 그 밖의 전문가의 진단, 소년 분류심사원의 분류심사 결과와 의견, 보호관찰소의 조사결과와 의견 등을 고려하여야 한다(→ 과학주의).

선지분석

① 「소년법」 제11조 제1항

> **제11조【조사명령】** ① 소년부 판사는 조사관에게 사건 본인, 보호자 또는 참고인의 심문이나 그 밖에 필요한 사항을 조사하도록 명할 수 있다.

② 「소년법」 제17조의2 제1항

> **제17조의2【국선보조인】** ① 소년이 소년분류심사원에 위탁된 경우 보조인이 없을 때에는 법원은 변호사 등 적정한 자를 보조인으로 선정하여야 한다.

③ 「소년법」 제16조 제2항

> **제16조【동행영장의 집행】** ② 소년부 판사는 소년부 법원서기관 · 법원사무관 · 법원주사 · 법원주사보나 보호관찰관 또는 사법경찰관리에게 동행영장을 집행하게 할 수 있다.

답 ④

018 「소년법」상 보조인 선임과 국선보조인에 대한 설명으로 옳은 것만을 모두 고르면? 2024년 보호직 7급

> ㄱ. 사건 본인이나 보호자가 변호사를 보조인으로 선임하려면 소년부 판사의 허가를 받아야 한다.
> ㄴ. 소년이 소년분류심사원에 위탁되지 아니하였을 때에도 빈곤이나 그 밖의 사유로 보조인을 선임할 수 없는 경우에는 법원은 직권에 의하거나 소년 또는 보호자의 신청에 따라 보조인을 선정할 수 있다.
> ㄷ. 소년부 판사는 보호자인 보조인이 소년의 이익에 반하는 행위를 할 우려가 있다고 판단되는 경우 보조인 선임의 허가를 취소할 수 있다.
> ㄹ. 소년이 소년분류심사원에 위탁된 경우 보조인이 없을 때에는 법원은 변호사 등 적정한 자를 보조인으로 선정하여야 한다.

① ㄴ, ㄹ
② ㄷ, ㄹ
③ ㄱ, ㄴ, ㄷ
④ ㄴ, ㄷ, ㄹ

「소년법」상 보조인 선임과 국선보조인

ㄴ. 「소년법」 제17조의2 제2항 제2호

> **제17조의2 【국선보조인】** ② 소년이 소년분류심사원에 위탁되지 아니하였을 때에도 다음의 경우 법원은 직권에 의하거나 소년 또는 보호자의 신청에 따라 보조인을 선정할 수 있다.
> 1. 소년에게 신체적 · 정신적 장애가 의심되는 경우
> 2. 빈곤이나 그 밖의 사유로 보조인을 선임할 수 없는 경우
> 3. 그 밖에 소년부 판사가 보조인이 필요하다고 인정하는 경우

ㄹ. 「소년법」 제17조의2 제1항

> **제17조의2 【국선보조인】** ① 소년이 소년분류심사원에 위탁된 경우 보조인이 없을 때에는 법원은 변호사 등 적정한 자를 보조인으로 선정하여야 한다.

선지분석

ㄱ. 사건 본인이나 보호자는 소년부 판사의 허가를 받아 보조인을 선임할 수 있는데, 보호자나 변호사를 보조인으로 선임하는 경우에는 허가를 받지 아니하여도 된다(「소년법」 제17조 제1항 · 제2항).

> **제17조 【보조인 선임】** ① 사건 본인이나 보호자는 소년부 판사의 허가를 받아 보조인을 선임할 수 있다.
> ② 보호자나 변호사를 보조인으로 선임하는 경우에는 제1항의 허가를 받지 아니하여도 된다.

ㄷ. 보호자인 보조인은 소년부 판사의 허가를 받지 아니하여도 되므로(「소년법」 제17조 제2항), 허가를 받지 아니하고 선임된 보호자인 보조인의 경우에는 취소할 선임의 허가가 없다고 본다(「소년법」 제17조 제4항 참조).

> **제17조 【보조인 선임】** ④ 소년부 판사는 보조인이 심리절차를 고의로 지연시키는 등 심리진행을 방해하거나 소년의 이익에 반하는 행위를 할 우려가 있다고 판단하는 경우에는 보조인 선임의 허가를 취소할 수 있다.

답 ①

IV 해커스공무원 노신 형사정책 단원별 기출문제집

★★★

019 □□□

다음 중 「소년법」상 보호사건의 처리절차에 대한 설명으로 옳은 것만을 모두 고른 것은? 2014년 보호직 7급

ㄱ. 경찰서장이 촉법소년과 우범소년을 발견한 때에는 검사를 거쳐 소년부에 송치하여야 한다.
ㄴ. 검사는 소년에 대한 피의사건을 수사한 결과 보호처분에 해당하는 사유가 있다고 인정한 경우에는 사건을 관할 소년부에 송치하여야 한다.
ㄷ. 소년부 판사는 소년의 품행을 교정하고 피해자를 보호하기 위하여 필요하다고 인정하면 소년에게 피해 변상 등 피해자와의 화해를 권고할 수 있다.
ㄹ. 소년부 판사는 심리 결과 보호처분을 할 수 없거나 할 필요가 없다고 인정하면 불처분 결정을 하고, 이를 사건 본인과 보호자에게 알려야 한다.
ㅁ. 보호처분의 결정에 대해서 본인 · 보호자 · 보조인 또는 그 법정대리인은 관할 가정법원 또는 지방법원 본원 합의부에 항고할 수 있고, 항고가 있는 경우 보호처분의 집행은 정지된다.

① ㄱ, ㄴ, ㄹ   ② ㄴ, ㄷ, ㄹ
③ ㄴ, ㄷ, ㅁ   ④ ㄷ, ㄹ, ㅁ

「소년법」상 보호사건의 처리절차

ㄴ. 「소년법」 제49조 제1항
ㄷ. 「소년법」 제25조의3 제1항
ㄹ. 「소년법」 제29조 제1항

> **제29조 【불처분 결정】** ① 소년부 판사는 심리 결과 보호처분을 할 수 없거나 할 필요가 없다고 인정하면 그 취지의 결정을 하고, 이를 사건 본인과 보호자에게 알려야 한다.

(선지분석)

ㄱ. 경찰서장이 직접 소년부에 송치하여야 한다(「소년법」 제4조 제2항).

> **제4조 【보호의 대상과 송치 및 통고】** ② 제1항 제2호 및 제3호에 해당하는 소년(→ 촉법소년, 우범소년)이 있을 때에는 경찰서장은 직접 관할 소년부에 송치하여야 한다.

ㅁ. 항고에 의해 보호처분의 집행이 정지되지 않는다(「소년법」 제43조 제1항, 제46조).

> **제43조 【항고】** ① 제32조에 따른 보호처분의 결정 및 제32조의2에 따른 부가처분 등의 결정 또는 제37조의 보호처분 · 부가처분 변경 결정이 다음 각 호의 어느 하나에 해당하면 사건 본인 · 보호자 · 보조인 또는 그 법정대리인은 관할 가정법원 또는 지방법원 본원 합의부에 항고할 수 있다.
> 1. 해당 결정에 영향을 미칠 법령 위반이 있거나 중대한 사실 오인이 있는 경우
> 2. 처분이 현저히 부당한 경우
>
> **제46조 【집행 정지】** 항고는 결정의 집행을 정지시키는 효력이 없다.

답 ②

020 「소년법」상 보호사건에 대한 설명으로 옳지 않은 것은? 2016년 보호직 7급

① 소년보호사건은 소년의 행위지, 거주지 또는 현재지의 가정법원소년부 또는 지방법원소년부의 관할에 속한다.

② 소년부는 조사 또는 심리한 결과 금고 이상의 형에 해당하는 범죄사실이 발견된 경우 그 동기와 죄질이 형사처분을 할 필요가 있다고 인정하면 결정으로써 사건을 관할 지방법원에 송치하여야 한다.

③ 소년부 판사는 송치서와 조사관의 조사보고에 따라 사건의 심리를 개시할 수 없거나 개시할 필요가 없다고 인정하면 심리를 개시하지 아니한다는 결정을 하여야 한다.

④ 단기로 소년원에 송치된 소년의 보호기간은 6개월을 초과하지 못하며, 장기로 소년원에 송치된 소년의 보호기간은 2년을 초과하지 못한다.

「소년법」상 보호사건

관할 지방법원에 대응한 검찰청 검사에게 송치하여야 한다(「소년법」 제7조 제1항).

> **제7조 【형사처분 등을 위한 관할 검찰청으로의 송치】** ① 소년부는 조사 또는 심리한 결과 금고 이상의 형에 해당하는 범죄 사실이 발견된 경우 그 동기와 죄질이 형사처분을 할 필요가 있다고 인정하면 결정으로써 사건을 관할 지방법원에 대응한 검찰청 검사에게 송치하여야 한다.

선지분석

① 「소년법」 제3조 제1항 · 제2항

③ 「소년법」 제19조 제1항

> **제19조 【심리 불개시의 결정】** ① 소년부 판사는 송치서와 조사관의 조사보고에 따라 사건의 심리를 개시할 수 없거나 개시할 필요가 없다고 인정하면 심리를 개시하지 아니한다는 결정을 하여야 한다. 이 결정은 사건 본인과 보호자에게 알려야 한다.

④ 「소년법」 제33조 제5항 · 제6항

> **제33조 【보호처분의 기간】** ⑤ 제32조 제1항 제9호에 따라 단기로 소년원에 송치된 소년의 보호기간은 6개월을 초과하지 못한다.
> ⑥ 제32조 제1항 제10호에 따라 장기로 소년원에 송치된 소년의 보호기간은 2년을 초과하지 못한다.

답 ②

021 소년사건에 대한 조사제도에 관한 설명으로 옳지 않은 것은? 2016년 보호직 7급

① 검사는 소년피의사건에 대해 소년부송치, 공소제기 등의 처분을 결정하기 위하여 필요하다고 인정하면 피의자의 주거지 또는 검찰청 소재지를 관할하는 보호관찰소의 장 등에게 피의자의 품행, 생활환경 등에 관한 조사를 요구할 수 있다.

② 소년분류심사관은 사건의 조사에 필요하다고 인정한 때에는 기일을 정하여 보호자 또는 참고인을 소환할 수 있고, 정당한 이유 없이 이에 응하지 않을 경우 동행영장을 발부할 수 있다.

③ 법원은 소년형사범에 대해 집행유예에 따른 보호관찰, 사회봉사 또는 수강을 명하기 위해 필요하다고 인정하면 그 법원의 소재지 등의 보호관찰소의 장에게 범행 동기, 생활환경 등의 조사를 요구할 수 있다.

④ 수용기관의 장은 단기 소년원송치 처분 등을 받은 소년을 수용한 경우에는 지체 없이 거주예정지를 관할하는 보호관찰소의 장에게 신상조사서를 보내 환경조사를 의뢰하여야 한다.

소년사건에 대한 조사제도

소년부 판사가 보호자 또는 참고인을 소환할 수 있고, 동행영장을 발부할 수 있다(「소년법」 제13조 제1항 · 제2항).

> **제13조 【소환 및 동행영장】** ① 소년부 판사는 사건의 조사 또는 심리에 필요하다고 인정하면 기일을 지정하여 사건 본인이나 보호자 또는 참고인을 소환할 수 있다.
> ② 사건 본인이나 보호자가 정당한 이유 없이 소환에 응하지 아니하면 소년부 판사는 동행영장을 발부할 수 있다.

선지분석

① 「소년법」 제49조의2 제1항

> **제49조의2 【검사의 결정 전 조사】** ① 검사는 소년 피의사건에 대하여 소년부 송치, 공소제기, 기소유예 등의 처분을 결정하기 위하여 필요하다고 인정하면 피의자의 주거지 또는 검찰청 소재지를 관할하는 보호관찰소의 장, 소년분류심사원장 또는 소년원장(이하 "보호관찰소장 등"이라 한다)에게 피의자의 품행, 경력, 생활환경이나 그 밖에 필요한 사항에 관한 조사를 요구할 수 있다.

③ 「보호관찰 등에 관한 법률」 제19조 제1항

> **제19조 【판결 전 조사】** ① 법원은 피고인(→ 소년 · 성인 불문)에 대하여 「형법」 제59조의2(→ 선고유예 시 보호관찰) 및 제62조의2(→ 집행유예 시 보호관찰, 사회봉사 · 수강명령)에 따른 보호관찰, 사회봉사 또는 수강을 명하기 위하여 필요하다고 인정하면 그 법원의 소재지 또는 피고인의 주거지를 관할하는 보호관찰소의 장에게 범행 동기, 직업, 생활환경, 교우관계, 가족상황, 피해회복 여부 등 피고인에 관한 사항의 조사를 요구할 수 있다.

④ 「보호관찰 등에 관한 법률」 제26조 제1항

> **제26조 【환경조사】** ① 수용기관 · 병원 · 요양소 · 「보호소년 등의 처우에 관한 법률」에 따른 소년의료보호시설의 장은 소년수형자 및 「소년법」 제32조 제1항 제7호 · 제9호 · 제10호(→ 병원 등 위탁 · 단기 소년원 송치 · 장기 소년원 송치)의 보호처분 중 어느 하나에 해당하는 처분을 받은 사람(이하 "수용자"라 한다)을 수용한 경우에는 지체 없이 거주예정지를 관할하는 보호관찰소의 장에게 신상조사서를 보내 환경조사를 의뢰하여야 한다.

답 ②

022 「소년법」상 소년부 판사가 취할 수 있는 임시조치로 옳지 않은 것은? 2018년 교정직 9급

① 보호자에게 1개월간 감호 위탁
② 요양소에 3개월간 감호 위탁
③ 소년분류심사원에 3개월간 감호 위탁
④ 소년을 보호할 수 있는 적당한 자에게 1개월간 감호 위탁

「소년법」상 소년부 판사가 취할 수 있는 임시조치

소년부 판사가 취할 수 있는 임시조치 중 소년분류심사원에 위탁(「소년법」 제18조 제1항 제3호)하는 조치는 1개월을 초과하지 못한다(「소년법」 제18조 제3항).

> **제18조 【임시조치】** ① 소년부 판사는 사건을 조사 또는 심리하는 데에 필요하다고 인정하면 소년의 감호에 관하여 결정으로써 다음 각 호의 어느 하나에 해당하는 조치를 할 수 있다.
> 1. 보호자, 소년을 보호할 수 있는 적당한 자 또는 시설에 위탁
> 2. 병원이나 그 밖의 요양소에 위탁
> 3. 소년분류심사원에 위탁
>
> ③ 제1항 제1호 및 제2호의 위탁기간은 3개월을, 제1항 제3호의 위탁기간은 1개월을 초과하지 못한다. 다만, 특별히 계속 조치할 필요가 있을 때에는 한 번에 한하여 결정으로써 연장할 수 있다.

선지분석

①, ②, ④ 보호자, 소년을 보호할 수 있는 적당한 자 또는 시설에 위탁(제1호), 병원이나 그 밖의 요양소에 위탁(제2호)의 위탁기간은 3개월을 초과하지 못한다(「소년법」 제18조 제3항).

답 ③

023 「소년법」상 소년보호사건의 조사와 심리에 대한 설명으로 옳지 않은 것은? 2018년 보호직 7급

① 소년부 판사는 사건 본인이나 보호자가 정당한 이유 없이 소환에 응하지 아니하면 동행영장을 발부할 수 있다.
② 소년부 판사는 사건 본인을 보호하기 위하여 긴급조치가 필요하다고 인정하더라도 소환 없이는 동행영장을 발부할 수 없다.
③ 사건 본인이나 보호자는 소년부 판사의 허가를 받아 보조인을 선임할 수 있다. 다만, 보호자나 변호사를 보조인으로 선임하는 경우에는 소년부 판사의 허가를 받지 아니하여도 된다.
④ 소년부 판사는 조사관에게 사건 본인, 보호자 또는 참고인의 심문이나 그 밖에 필요한 사항을 조사하도록 명할 수 있다.

「소년법」상 소년보호사건의 조사와 심리

소환 없이 동행영장을 발부할 수 있다(「소년법」 제14조).

> **제14조 【긴급동행영장】** 소년부 판사는 사건 본인을 보호하기 위하여 긴급조치가 필요하다고 인정하면 제13조 제1항에 따른 소환 없이 동행영장을 발부할 수 있다.

IV

해커스공무원 노신 형사정책 단원별 기출문제집

선지분석

① 「소년법」 제13조 제2항

> **제13조 【소환 및 동행영장】** ② 사건 본인이나 보호자가 정당한 이유 없이 소환에 응하지 아니하면 소년부 판사는 동행영장을 발부할 수 있다.

③ 「소년법」 제17조 제1항 · 제2항

> **제17조 【보조인 선임】** ① 사건 본인이나 보호자는 소년부 판사의 허가를 받아 보조인을 선임할 수 있다.
> ② 보호자나 변호사를 보조인으로 선임하는 경우에는 제1항의 허가를 받지 아니하여도 된다.

④ 「소년법」 제11조 제1항

> **제11조 【조사명령】** ① 소년부 판사는 조사관에게 사건 본인, 보호자 또는 참고인의 심문이나 그 밖에 필요한 사항을 조사하도록 명할 수 있다.

답 ②

★★★

024 □□□

「소년법」상 보호사건의 조사와 심리에 대한 설명으로 옳지 않은 것은? 2023년 보호직 · 교정직 7급

① 소년부 또는 조사관이 범죄 사실에 관하여 소년을 조사할 때에는 미리 소년에게 불리한 진술을 거부할 수 있음을 알려야 한다.

② 소년부는 조사 또는 심리를 할 때에 정신건강의학과의사 등 전문가의 진단, 소년분류심사원의 분류심사 결과와 의견, 보호관찰소의 조사결과와 의견 등을 고려하여야 한다.

③ 소년부 판사는 조사 또는 심리에 필요하다고 인정하여 기일을 지정해서 소환한 사건 본인의 보호자가 정당한 이유 없이 소환에 응하지 아니하면 동행영장을 발부할 수 있다.

④ 소년부 판사가 사건을 조사 또는 심리하는 데에 필요하다고 인정하여 소년의 감호에 관한 결정으로써 병원이나 그 밖의 요양소에 위탁하는 조치를 하는 경우 그 위탁의 최장기간은 2개월이다.

보호사건의 조사와 심리

병원이나 그 밖의 요양소에 위탁하는 조치의 위탁기간은 3개월을 초과하지 못함이 원칙이지만, 특별히 계속 조치할 필요가 있을 때에는 한 번에 한하여 결정으로써 연장할 수 있으므로(「소년법」 제18조 제1항 · 제3항), 최장기간은 '6개월'이다.

> **제18조 【임시조치】** ① 소년부 판사는 사건을 조사 또는 심리하는 데에 필요하다고 인정하면 소년의 감호에 관하여 결정으로써 다음 각 호의 어느 하나에 해당하는 조치를 할 수 있다.
> 1. 보호자, 소년을 보호할 수 있는 적당한 자 또는 시설에 위탁
> 2. 병원이나 그 밖의 요양소에 위탁
> 3. 소년분류심사원에 위탁
>
> ③ 제1항 제1호 및 제2호의 위탁기간은 3개월을, 제1항 제3호의 위탁기간은 1개월을 초과하지 못한다. 다만, 특별히 계속 조치할 필요가 있을 때에는 한 번에 한하여 결정으로써 연장할 수 있다.

선지분석

① 「소년법」 제10조

② 「소년법」 제12조

③ 「소년법」 제13조 제2항

답 ④

★★ 025 □□□

「소년법」상 보호사건의 심리와 조사에 대한 설명으로 옳지 않은 것은? 2024년 교정직 9급

① 소년이 소년분류심사원에 위탁되지 아니하였을 때에도 소년에게 신체적 · 정신적 장애가 의심되는 경우 법원은 직권에 의하거나 소년 또는 보호자의 신청에 따라 보조인을 선정할 수 있다.
② 소년부 판사는 보조인이 심리절차를 고의로 지연시키는 등 심리진행을 방해하거나 소년의 이익에 반하는 행위를 할 우려가 있다고 판단하는 경우에는 보조인 선임의 허가를 취소하여야 한다.
③ 소년부 판사는 사안이 가볍다는 이유로 심리를 개시하지 아니한다는 결정을 할 때에는 소년에게 훈계하거나 보호자에게 소년을 엄격히 관리하거나 교육하도록 고지할 수 있다.
④ 소년부 판사는 심리 기일을 지정하고 본인과 보호자를 소환하여야 한다. 다만, 필요가 없다고 인정한 경우에는 보호자는 소환하지 아니할 수 있다.

「소년법」상 보호사건의 심리와 조사

보조인 선임의 허가를 취소'할 수 있다'(「소년법」 제17조 제4항).

> **제17조 【보조인 선임】** ④ 소년부 판사는 보조인이 심리절차를 고의로 지연시키는 등 심리진행을 방해하거나 소년의 이익에 반하는 행위를 할 우려가 있다고 판단하는 경우에는 보조인 선임의 허가를 취소할 수 있다.

선지분석

① 「소년법」 제17조의2 제2항 제1호

> **제17조의2 【국선보조인】** ② 소년이 소년분류심사원에 위탁되지 아니하였을 때에도 다음의 경우 법원은 직권에 의하거나 소년 또는 보호자의 신청에 따라 보조인을 선정할 수 있다.
> 1. 소년에게 신체적 · 정신적 장애가 의심되는 경우
> 2. 빈곤이나 그 밖의 사유로 보조인을 선임할 수 없는 경우
> 3. 그 밖에 소년부 판사가 보조인이 필요하다고 인정하는 경우

③ 「소년법」 제19조 제2항

> **제19조 【심리 불개시의 결정】** ② 사안이 가볍다는 이유로 심리를 개시하지 아니한다는 결정을 할 때에는 소년에게 훈계하거나 보호자에게 소년을 엄격히 관리하거나 교육하도록 고지할 수 있다.

④ 「소년법」 제21조 제1항

> **제21조 【심리 기일의 지정】** ① 소년부 판사는 심리 기일을 지정하고 본인과 보호자를 소환하여야 한다. 다만, 필요가 없다고 인정한 경우에는 보호자는 소환하지 아니할 수 있다.

답 ②

026 「소년법」상 조사와 소년분류심사에 대한 설명으로 옳지 않은 것은?

2024년 보호직 7급

① 조사관은 소년부 판사의 명을 받아 사건 본인이나 보호자를 심문할 수 있지만, 참고인에 대한 심문은 허용되지 않는다.

② 소년부 판사는 사건의 조사에 필요한 경우 기일을 정하여 보호자 또는 참고인을 소환할 수 있고, 보호자가 정당한 이유 없이 이에 응하지 아니하면 동행영장을 발부할 수 있다.

③ 조사관이 범죄 사실에 관하여 소년을 조사할 때에는 미리 소년에게 불리한 진술을 거부할 수 있음을 알려야 한다.

④ 소년부 판사가 소년을 소년분류심사원에 위탁하는 조치를 하는 경우 위탁기간은 1개월을 초과하지 못하지만, 특별히 필요한 경우에는 결정으로 1회 연장할 수 있다.

「소년법」상 조사와 소년분류심사

참고인의 심문도 가능하다(「소년법」 제11조).

> **제11조 【조사명령】** ① 소년부 판사는 조사관에게 사건 본인, 보호자 또는 참고인의 심문이나 그 밖에 필요한 사항을 조사하도록 명할 수 있다.

선지분석

② 「소년법」 제13조 제1항 · 제2항

> **제13조 【소환 및 동행영장】** ① 소년부 판사는 사건의 조사 또는 심리에 필요하다고 인정하면 기일을 지정하여 사건 본인이나 보호자 또는 참고인을 소환할 수 있다.
> ② 사건 본인이나 보호자가 정당한 이유 없이 소환에 응하지 아니하면 소년부 판사는 동행영장을 발부할 수 있다.

③ 「소년법」 제10조

> **제10조 【진술거부권의 고지】** 소년부 또는 조사관이 범죄 사실에 관하여 소년을 조사할 때에는 미리 소년에게 불리한 진술을 거부할 수 있음을 알려야 한다(→ 적법절차의 원칙).

④ 「소년법」 제18조 제3항

> **제18조 【임시조치】** ③ 제1항 제1호(→ 보호자 등 위탁) 및 제2호(→ 병원 등 위탁)의 위탁기간은 3개월을, 제1항 제3호(→ 소년분류심사원에 위탁)의 위탁기간은 1개월을 초과하지 못한다. 다만, 특별히 계속 조치할 필요가 있을 때에는 한 번에 한하여 결정으로써 연장할 수 있다.

답 ①

027 「소년법」상 소년사건 처리절차에 대한 설명으로 옳지 않은 것은?

2021년 교정직 9급

① 형벌법령에 저촉되는 행위를 한 10세 이상 14세 미만의 소년에 대하여 경찰서장은 직접 관할 소년부에 송치할 수 없다.

② 보호사건을 송치받은 소년부는 보호의 적정을 기하기 위하여 필요하다고 인정하면 결정으로써 사건을 다른 관할 소년부에 이송할 수 있다.

③ 소년부 판사는 사건의 조사 또는 심리에 필요하다고 인정하면 기일을 지정하여 사건 본인이나 보호자 또는 참고인을 소환할 수 있다.

④ 소년부 판사는 심리 결과 보호처분을 할 수 없거나 할 필요가 없다고 인정하면 그 취지의 결정을 하고, 이를 사건 본인과 보호자에게 알려야 한다.

「소년법」상 소년사건 처리절차

형벌법령에 저촉되는 행위를 한 10세 이상 14세 미만의 소년은 촉법소년이고(「소년법」 제4조 제1항 제2호), 촉법소년이 있을 때에는 경찰서장은 직접 관할 소년부에 송치하여야 한다(동법 제4조 제2항).

> **제4조 【보호의 대상과 송치 및 통고】** ② 제1항 제2호 및 제3호에 해당하는 소년(→ 촉법소년 · 우범소년)이 있을 때에는 경찰서장은 직접 관할 소년부에 송치하여야 한다.

선지분석

② 「소년법」 제6조 제1항
③ 「소년법」 제13조 제1항
④ 「소년법」 제29조 제1항

답 ①

028 소년법령상 화해권고제도에 대한 설명으로 옳지 않은 것은? 2021년 보호직 7급

① 소년부 판사는 소년의 품행을 교정하고 피해자를 보호하기 위하여 필요하다고 인정하면 소년에게 피해 변상 등 피해자와의 화해를 권고할 수 있다.
② 소년부 판사는 피해자와의 화해를 위하여 필요하다고 인정하면 기일을 지정하여 소년, 보호자 또는 참고인을 소환할 수 있다.
③ 소년부 판사는 소년이 화해권고에 따라 피해자와 화해하였을 경우에는 보호처분을 결정할 때 이를 고려할 수 있다.
④ 소년부 판사는 심리를 시작하기 전까지 화해를 권고할 수 있고, 화해권고기일까지 소년, 보호자 및 피해자의 서면동의를 받아야 한다.

소년법령상 화해권고제도

보호처분을 하기 전까지 화해를 권고할 수 있다(「소년심판규칙」 제26조의2 제1항).

> **제26조의2 【화해권고절차의 회부】** ① 소년부 판사는 보호처분을 하기 전까지 법 제25조의3 제1항에 따른 화해를 권고할 수 있다. 이 경우 화해를 권고하기 위한 기일(이하 "화해권고기일"이라 한다)까지 소년, 보호자 및 피해자(피해자가 미성년자인 경우 그 보호자도 포함한다. 이하 같다)의 서면에 의한 동의를 받아야 한다.

선지분석

① 「소년법」 제25조의3 제1항
② 「소년법」 제25조의3 제2항
③ 「소년법」 제25조의3 제3항

답 ④

029 「소년법」상 소년보호사건의 조사 · 심리절차에서 피해자 참여에 대한 설명으로 옳지 않은 것은?

2024년 보호직 7급

① 피해자의 조부모는 피해자에게 법정대리인이나 변호인이 없는 경우에 한하여 의견진술의 기회를 가질 수 있다.

② 피해자의 변호인이 의견진술을 신청하였으나 신청인이 이미 심리절차에서 충분히 진술하여 다시 진술할 필요가 없다고 인정되는 경우에는 의견진술의 기회가 주어지지 않을 수 있다.

③ 소년부 판사는 피해자를 보호하고 소년의 품행을 교정하기 위하여 필요한 경우 피해자와의 화해를 권고할 수 있다.

④ 소년부 판사의 화해권고에 따라 소년이 피해자와 화해하였을 경우에 소년부 판사는 그 소년에 대한 보호처분의 결정에 이를 고려할 수 있다.

소년보호사건의 조사 · 심리절차에서 피해자 참여

피해자의 조부모는 '직계친족'이므로 피해자에게 법정대리인이나 변호인이 없는 경우와 관계없이 의견진술을 신청할 수 있고, 소년부 판사는 예외 사유에 해당하는 경우가 아니면 심리 기일에 의견을 진술할 기회를 주어야 한다(「소년법」 제25조의2).

> **제25조의2 【피해자 등의 진술권】** 소년부 판사는 피해자 또는 그 법정대리인 · 변호인 · 배우자 · 직계친족 · 형제자매(이하 이 조에서 "대리인등"이라 한다)가 의견진술을 신청할 때에는 피해자나 그 대리인등에게 심리 기일에 의견을 진술할 기회를 주어야 한다. 다만, 다음 각 호의 어느 하나에 해당하는 경우에는 그러하지 아니하다.
> 1. 신청인이 이미 심리절차에서 충분히 진술하여 다시 진술할 필요가 없다고 인정되는 경우
> 2. 신청인의 진술로 심리절차가 현저하게 지연될 우려가 있는 경우

선지분석

② 「소년법」 제25조의2 제1호

③ 「소년법」 제25조의3 제1항

> **제25조의3 【화해권고】** ① 소년부 판사는 소년의 품행을 교정하고 피해자를 보호하기 위하여 필요하다고 인정하면 소년에게 피해 변상 등 피해자와의 화해를 권고할 수 있다.

④ 「소년법」 제25조의3 제3항

> **제25조의3 【화해권고】** ③ 소년부 판사는 소년이 제1항의 권고에 따라 피해자와 화해하였을 경우에는 보호처분을 결정할 때 이를 고려할 수 있다.

답 ①

★★★
030 □□□ **다음 사례에서 甲에 대한 「소년법」상 처리절차로 옳지 않은 것은?** 2022년 보호직 7급

> 13세 甲은 정당한 이유 없이 가출한 후 집단적으로 몰려다니며 술을 마시고 소란을 피움으로써 주위 사람들에게 불안감을 조성하였고, 그의 성격이나 환경에 비추어 앞으로 형벌 법령에 저촉되는 행위를 할 우려가 있다.

① 경찰서장은 직접 관할 소년부에 송치하여야 하며, 송치서에 甲의 주거 · 성명 · 생년월일 및 행위의 개요와 가정 상황을 적고, 그 밖의 참고자료를 첨부하여야 한다.
② 보호자 또는 학교 · 사회복리시설 · 보호관찰소의 장은 甲을 관할 소년부에 통고할 수 있다.
③ 소년부 판사는 사건의 조사 또는 심리에 필요하다고 인정하면 기일을 지정하여 甲이나 그 보호자를 소환할 수 있으며, 정당한 이유 없이 소환에 응하지 아니하면 소년부 판사는 동행영장을 발부할 수 있다.
④ 소년부 판사는 심리 결과 보호처분의 필요성이 인정되더라도 甲에게 수강명령과 사회봉사명령은 부과할 수 없다.

「소년법」상 소년사건 처리절차

甲은 13세이므로 수강명령은 부과할 수 있으나, 사회봉사명령은 부과할 수 없다(「소년법」 제32조 제3항 · 제4항 참조).

> **제32조 【보호처분의 결정】** ③ 제1항 제3호의 처분(→ 사회봉사명령)은 14세 이상의 소년에게만 할 수 있다.
> ④ 제1항 제2호 및 제10호의 처분(→ 수강명령, 장기 소년원 송치)은 12세 이상의 소년에게만 할 수 있다.

① 甲은 우범소년에 해당한다(「소년법」 제4조 제1항 제3호). 우범소년이 있을 때에는 경찰서장은 직접 관할 소년부에 송치하여야 한다(「소년법」 제4조 제2항, 제5조).
② 「소년법」 제4조 제3항
③ 「소년법」 제13조

답 ④

★★★
031 □□□ **「소년법」상 보조인 제도에 대한 설명으로 옳지 않은 것은?** 2022년 보호직 7급

① 소년이 소년분류심사원에 위탁된 경우 보조인이 없을 때에는 법원은 변호사 등 적정한 자를 보조인으로 선정하여야 한다.
② 소년이 소년분류심사원에 위탁되지 아니하였을 때에도 소년에게 신체적 · 정신적 장애가 의심되는 경우에는 법원은 직권으로 보조인을 선정하여야 한다.
③ 소년이 보호자나 변호사를 보조인으로 선임하는 경우에 소년부 판사의 허가없이 보조인을 선임할 수 있다.
④ 보조인의 선임은 심급마다 하여야 한다.

「소년법」상 보조인 제도

보조인을 선정할 수 있다(「소년법」 제17조의2 제2항).

> **제17조의2 【국선보조인】** ② 소년이 소년분류심사원에 위탁되지 아니하였을 때에도 다음의 경우 법원은 직권에 의하거나 소년 또는 보호자의 신청에 따라 보조인을 선정할 수 있다.
> 1. 소년에게 신체적 · 정신적 장애가 의심되는 경우
> 2. 빈곤이나 그 밖의 사유로 보조인을 선임할 수 없는 경우
> 3. 그 밖에 소년부 판사가 보조인이 필요하다고 인정하는 경우

선지분석

① 「소년법」 제17조의2 제1항
③ 「소년법」 제17조 제2항
④ 「소년법」 제17조 제5항

답 ②

★★★

032 「소년법」상 보호사건의 조사와 심리에 대한 설명으로 옳지 않은 것은? 2025년 보호직 9급

□□□

① 사건 본인이 보호자나 변호사를 보조인으로 선임하는 경우에는 소년부 판사의 허가를 받지 아니하여도 된다.
② 소년부 판사는 사건의 조사 또는 심리에 필요하다고 인정하면 기일을 지정하여 사건 본인이나 보호자 또는 참고인을 소환할 수 있다.
③ 소년부 판사는 사안이 가볍다는 이유로 심리를 개시하지 아니한다는 결정을 할 때에는 소년에게 훈계하거나 조사관에게 소년을 엄격히 관리하거나 교육하도록 고지할 수 있다.
④ 소년부 또는 조사관이 범죄 사실에 관하여 소년을 조사할 때에는 미리 소년에게 불리한 진술을 거부할 수 있음을 알려야 한다.

「소년법」상 보호사건의 조사와 심리

'보호자'에게 소년을 엄격히 관리하거나 교육하도록 고지할 수 있다(「소년법」 제19조 제2항).

> **제19조 【심리 불개시의 결정】** ② 사안이 가볍다는 이유로 심리를 개시하지 아니한다는 결정을 할 때에는 소년에게 훈계하거나 보호자에게 소년을 엄격히 관리하거나 교육하도록 고지할 수 있다.

선지분석

① 「소년법」 제17조 제1항 · 제2항

> **제17조 【보조인 선임】** ① 사건 본인이나 보호자는 소년부 판사의 허가를 받아 보조인을 선임할 수 있다.
> ② 보호자나 변호사를 보조인으로 선임하는 경우에는 제1항의 허가를 받지 아니하여도 된다.

② 「소년법」 제13조 제1항

> **제13조 【소환 및 동행영장】** ① 소년부 판사는 사건의 조사 또는 심리에 필요하다고 인정하면 기일을 지정하여 사건 본인이나 보호자 또는 참고인을 소환할 수 있다.

④ 「소년법」 제10조

> **제10조 【진술거부권의 고지】** 소년부 또는 조사관이 범죄 사실에 관하여 소년을 조사할 때에는 미리 소년에게 불리한 진술을 거부할 수 있음을 알려야 한다(→ 적법절차의 원칙).

답 ③

★★★
033 □□□

「소년법」상 보호처분에 대한 설명으로 옳은 것은? 2012년 교정직 9급

① 보호자 및 보호 · 복지시설 등에의 위탁은 최장 12개월까지 가능하다.
② 사회봉사명령과 수강명령은 14세 이상의 소년에게만 부과할 수 있다.
③ 단기로 소년원에 송치된 소년의 보호기간은 1년을 초과하지 못한다.
④ 단기 보호관찰은 1회에 한하여 연장할 수 있으나, 장기 보호관찰은 연장할 수 없다.

「소년법」상 보호처분

보호자 등 위탁, 시설 등 위탁, 병원 등 위탁의 기간은 6개월로 하되, 소년부 판사의 결정으로써 6개월의 범위에서 한 번에 한하여 그 기간을 연장할 수 있으므로 최장 12개월까지 가능하다(「소년법」 제33조 제1항).

> **제33조 【보호처분의 기간】** ① 제32조 제1항 제1호 · 제6호 · 제7호(→ 보호자 등 위탁 · 시설 등 위탁 · 병원 등 위탁)의 위탁기간은 6개월로 하되, 소년부 판사는 결정으로써 6개월의 범위에서 한 번에 한하여 그 기간을 연장할 수 있다. 다만, 소년부 판사는 필요한 경우에는 언제든지 결정으로써 그 위탁을 종료시킬 수 있다.

선지분석

② 수강명령은 12세 이상의 소년에게 부과할 수 있다(「소년법」 제32조 제4항).

> **제32조 【보호처분의 결정】** ③ 제1항 제3호의 처분(→ 사회봉사명령)은 14세 이상의 소년에게만 할 수 있다.
> ④ 제1항 제2호 및 제10호의 처분(→ 수강명령 · 장기 소년원 송치)은 12세 이상의 소년에게만 할 수 있다.

③ 단기 소년원 송치 기간은 6개월을 초과할 수 없다(「소년법」 제33조 제5항).

> **제33조 【보호처분의 기간】** ⑤ 제32조 제1항 제9호에 따라 단기로 소년원에 송치된 소년의 보호기간은 6개월을 초과하지 못한다.

④ 단기 보호관찰은 연장할 수 없고, 장기 보호관찰은 연장할 수 있다(「소년법」 제33조 제2항 · 제3항).

> **제33조 【보호처분의 기간】** ② 제32조 제1항 제4호의 단기 보호관찰기간은 1년으로 한다.
> ③ 제32조 제1항 제5호의 장기 보호관찰기간은 2년으로 한다. 다만, 소년부 판사는 보호관찰관의 신청에 따라 결정으로써 1년의 범위에서 한 번에 한하여 그 기간을 연장할 수 있다.

핵심POINT 「소년법」상의 보호처분의 내용

	종류	기간	기타
1	보호자 등 감호 위탁	6개월(6개월-1회-연장)	-
2	수강명령	100시간 초과 ×	12세 이상
3	사회봉사명령	200시간 초과 ×	14세 이상
4	단기 보호관찰	1년(연장 ×)	3개월 이내 대안교육 등 부과, 1년 이내 특정시간대 외출제한을 준수사항으로 부과
5	장기 보호관찰	2년(1년-1회-연장)	
6	보호시설 등 감호 위탁	6개월(6개월-1회-연장)	-
7	병원 등 위탁	6개월(6개월-1회-연장)	-
8	1개월 이내 소년원 송치	1개월 이내	-
9	단기 소년원 송치	6개월 초과 ×(연장 ×)	-
10	장기 소년원 송치	2년 초과 ×(연장 ×)	12세 이상

참고 1 · 2 · 3 · 4호, 1 · 2 · 3 · 5호, 4 · 6호, 5 · 6호, 5 · 8호 → 전부 또는 일부를 병합 가능

답 ①

034 다음 중 ㄱ, ㄴ에 들어갈 숫자가 옳게 연결된 것은? 2014년 교정직 9급

> 「소년법」상 소년부 판사는 심리 결과 보호처분을 할 필요가 있다고 인정하면 (ㄱ)세 이상의 소년에 대하여 (ㄴ)시간을 초과하지 않는 범위 내에서 수강명령처분을 할 수 있다.

	ㄱ	ㄴ
①	12	100
②	12	200
③	14	100
④	14	200

보호처분의 결정과 기간

「소년법」상 소년부 판사는 심리의 결과 보호처분을 할 필요가 있다고 인정하면 (ㄱ) 12세 이상의 소년에 대하여 (ㄴ) 100시간을 초과하지 않는 범위 내에서 수강명령처분을 할 수 있다(「소년법」 제32조 제4항, 제33조 제4항).

> **제32조 【보호처분의 결정】** ④ 제1항 제2호 및 제10호의 처분(→ 수강명령 · 장기 소년원 송치)은 12세 이상의 소년에게만 할 수 있다.
> **제33조 【보호처분의 기간】** ④ 제32조 제1항 제2호의 수강명령은 100시간을, 제32조 제1항 제3호의 사회봉사명령은 200시간을 초과할 수 없으며, 보호관찰관이 그 명령을 집행할 때에는 사건 본인의 정상적인 생활을 방해하지 아니하도록 하여야 한다.

답 ①

035 「소년법」상 보호관찰 처분에 대한 설명으로 옳은 것은? 2024년 보호직 9급

① 1개월 이내의 소년원 송치 처분을 하는 경우 이 처분과 장기보호관찰을 병합할 수 없다.
② 단기보호관찰을 받은 보호관찰 대상자가 준수사항을 위반하는 경우, 1년의 범위에서 보호관찰 기간을 연장할 수 있다.
③ 장기보호관찰의 기간은 2년 이내로 한다.
④ 보호관찰 처분을 할 때는 1년 이내의 기간을 정하여 야간 등 특정 시간대의 외출을 제한하는 명령을 보호관찰 대상자의 준수사항으로 부과할 수 있다.

「소년법」상 보호관찰 처분

「소년법」 제32조의2 제2항

제32조의2 【보호관찰처분에 따른 부가처분 등】 ② 제32조 제1항 제4호 또는 제5호의 처분(→ 단기 보호관찰, 장기 보호관찰)을 할 때에 1년 이내의 기간을 정하여 야간 등 특정 시간대의 외출을 제한하는 명령을 보호관찰대상자의 준수 사항으로 부과할 수 있다.

선지분석

① 1개월 이내의 소년원 송치 처분(제8호 처분)과 장기보호관찰(제5호 처분)을 병합할 수 있다(「소년법」 제32조 제2항 제5호).

② 단기 보호관찰의 기간은 1년으로 하며, '연장할 수 없다'(「소년법」 제33조 제2항). 참고로 보호관찰소의 장은 「소년법」상 단기 · 장기 보호관찰을 받고 있는 사람이 보호관찰 기간 중 준수사항을 위반하고 그 정도가 무거워 보호관찰을 계속하기 적절하지 아니하다고 판단되면 법원에 보호처분의 변경을 신청할 수 있다(「보호관찰 등에 관한 법률」 제49조 제1항 참조).

제33조 【보호처분의 기간】 ② 제32조 제1항 제4호의 단기 보호관찰기간은 1년으로 한다(→ 연장 ×).

③ 장기 보호관찰의 기간은 '2년'으로 한다. 다만, 소년부 판사는 보호관찰관의 신청에 따라 결정으로써 1년의 범위에서 한 번에 한하여 그 기간을 연장할 수 있다(「소년법」 제33조 제3항).

제33조 【보호처분의 기간】 ③ 제32조 제1항 제5호의 장기 보호관찰기간은 2년으로 한다. 다만, 소년부 판사는 보호관찰관의 신청에 따라 결정으로써 1년의 범위에서 한 번에 한하여 그 기간을 연장할 수 있다.

답 ④

036 다음 「소년법」상 소년보호처분에 대한 설명 중 옳은 지문은 모두 몇 개인가? 2014년 교정직 9급

- 보호처분이 계속 중일 때에 사건 본인에 대하여 유죄판결이 확정된 경우에 보호처분을 한 소년부 판사는 그 처분을 존속할 필요가 없다고 인정하면 결정으로써 보호처분을 취소할 수 있다.
- 소년부 판사는 가정상황 등을 고려하여 필요하다고 판단되면 보호자에게 소년원 · 소년분류심사원 또는 보호관찰소 등에서 실시하는 소년의 보호를 위한 특별교육을 받을 것을 명할 수 있다.
- 증인 · 감정인 · 통역인 · 번역인에게 지급하는 비용, 숙박료, 그 밖의 비용에 대하여는 「형사소송법」 중 비용에 관한 규정을 준용한다.
- 사회봉사명령 처분은 12세 이상의 소년에게만 할 수 있다.
- 보호처분이 계속 중일 때에 사건 본인에 대하여 새로운 보호처분이 있었을 때에는 그 처분을 한 소년부 판사는 이전의 보호처분을 한 소년부에 조회하여 어느 하나의 보호처분을 취소하여야 한다.

① 2개 ② 3개
③ 4개 ④ 5개

「소년법」상 소년보호처분

- 보호처분이 계속 중일 때에 사건 본인에 대하여 유죄판결이 확정된 경우에 보호처분을 한 소년부 판사는 그 처분을 존속할 필요가 없다고 인정하면 결정으로써 보호처분을 취소할 수 있다.
  ⇨ 「소년법」 제39조

> **제39조 【보호처분과 유죄판결】** 보호처분이 계속 중일 때에 사건 본인에 대하여 유죄판결이 확정된 경우에 보호처분을 한 소년부 판사는 그 처분을 존속할 필요가 없다고 인정하면 결정으로써 보호처분을 취소할 수 있다.

- 소년부 판사는 가정상황 등을 고려하여 필요하다고 판단되면 보호자에게 소년원 · 소년분류심사원 또는 보호관찰소 등에서 실시하는 소년의 보호를 위한 특별교육을 받을 것을 명할 수 있다.
  ⇨ 「소년법」 제32조의2 제3항
- 증인 · 감정인 · 통역인 · 번역인에게 지급하는 비용, 숙박료 그 밖의 비용에 대하여는 「형사소송법」 중 비용에 관한 규정을 준용한다.
  ⇨ 「소년법」 제42조 제1항

> **제42조 【증인 등의 비용】** ① 증인 · 감정인 · 통역인 · 번역인에게 지급하는 비용, 숙박료, 그 밖의 비용에 대하여는 「형사소송법」 중 비용에 관한 규정을 준용한다.
> ② 참고인에게 지급하는 비용에 관하여는 제1항을 준용한다.

- 사회봉사명령 처분은 12세 이상의 소년에게만 할 수 있다.
  ⇨ 14세 이상의 소년에게만 할 수 있다(「소년법」 제32조 제3항).

> **제32조 【보호처분의 결정】** ③ 제1항 제3호의 처분(→ 사회봉사명령)은 14세 이상의 소년에게만 할 수 있다.

- 보호처분이 계속 중일 때에 사건 본인에 대하여 새로운 보호처분이 있었을 때에는 그 처분을 한 소년부 판사는 이전의 보호처분을 한 소년부에 조회하여 어느 하나의 보호처분을 취소하여야 한다.
  ⇨ 「소년법」 제40조

> **제40조 【보호처분의 경합】** 보호처분이 계속 중일 때에 사건 본인에 대하여 새로운 보호처분이 있었을 때에는 그 처분을 한 소년부 판사는 이전의 보호처분을 한 소년부에 조회하여 어느 하나의 보호처분을 취소하여야 한다.

답 ③

037 「소년법」상 보호처분들 간의 병합이 가능하지 않은 경우는? 2016년 보호직 7급

① 소년보호시설에 감호위탁과 보호관찰관의 단기 보호관찰
② 소년보호시설에 감호위탁과 보호관찰관의 장기 보호관찰
③ 1개월 이내의 소년원 송치와 보호관찰관의 단기 보호관찰
④ 보호자에게 감호위탁과 수강명령과 사회봉사명령과 보호관찰관의 장기 보호관찰

「소년법」상 보호처분들 간의 병합

6호 처분 · 4호 처분(① 소년보호시설에 감호위탁과 보호관찰관의 단기 보호관찰), 6호 처분 · 5호 처분(② 소년보호시설에 감호위탁과 보호 관찰관의 장기 보호관찰), 1호 처분 · 2호 처분 · 3호 처분 · 5호 처분(④ 보호자에게 감호위탁과 수강명령과 사회봉사명령과 보호관찰관의 장기 보호관찰) 상호 간에는 그 전부 또는 일부를 병합할 수 있다(「소년법」 제32조 제2항). 단, 8호 처분 · 4호 처분(③ 1개월 이내의 소년원 송치와 보호관찰관의 단기 보호관찰)은 병합할 수 없다.

제32조 【보호처분의 결정】 ① 소년부 판사는 심리 결과 보호처분을 할 필요가 있다고 인정하면 결정으로써 다음 각 호의 어느 하나에 해당하는 처분을 하여야 한다.
1. 보호자 또는 보호자를 대신하여 소년을 보호할 수 있는 자에게 감호위탁
2. 수강명령
3. 사회봉사명령
4. 보호관찰관의 단기 보호관찰
5. 보호관찰관의 장기 보호관찰
6. 「아동복지법」에 따른 아동복지시설이나 그 밖의 소년보호시설에 감호 위탁
7. 병원, 요양소 또는 「보호소년 등의 처우에 관한 법률」에 따른 의료재활소년원에 위탁
8. 1개월 이내의 소년원 송치
9. 단기 소년원 송치
10. 장기 소년원 송치
② 다음 각 호 안의 처분 상호 간에는 그 전부 또는 일부를 병합할 수 있다.
1. 제1항 제1호 · 제2호 · 제3호 · 제4호 처분
2. 제1항 제1호 · 제2호 · 제3호 · 제5호 처분
3. 제1항 제4호 · 제6호 처분
4. 제1항 제5호 · 제6호 처분
5. 제1항 제5호 · 제8호 처분

답 ③

038 「소년법」상 보호처분에 대한 설명으로 옳지 않은 것은? 2014년 보호직 7급

① 사회봉사명령은 14세 이상의 소년에게만 할 수 있다.
② 수강명령과 장기 소년원 송치처분은 12세 이상의 소년에게만 할 수 있다.
③ 보호관찰관의 장기 보호관찰과 단기 소년원 송치처분 상호 간에는 병합할 수 있다.
④ 보호관찰관의 단기 보호관찰 또는 장기 보호관찰처분을 부과하는 때에는 3개월 이내의 기간을 정하여 대안교육 또는 소년의 상담 · 선도 · 교화와 관련된 단체나 시설에서의 상담 · 교육을 받을 것을 동시에 명할 수 있다.

「소년법」상 보호처분

장기 보호관찰(제5호 처분)과 단기 소년원 송치(제9호 처분)를 병합할 수 있다는 규정은 없다(「소년법」 제32조 제2항).

제32조 【보호처분의 결정】 ② 다음 각 호 안의 처분 상호 간에는 그 전부 또는 일부를 병합할 수 있다.
1. 제1항 제1호 · 제2호 · 제3호 · 제4호 처분
2. 제1항 제1호 · 제2호 · 제3호 · 제5호 처분
3. 제1항 제4호 · 제6호 처분
4. 제1항 제5호 · 제6호 처분
5. 제1항 제5호 · 제8호 처분

선지분석
① 「소년법」 제32조 제3항
② 「소년법」 제32조 제4항
④ 「소년법」 제32조의2 제1항

제32조의2 【보호관찰처분에 따른 부가처분 등】 ① 제32조 제1항 제4호 또는 제5호의 처분(→ 단기 보호관찰 · 장기 보호관찰)을 할 때에 3개월 이내의 기간을 정하여 「보호소년 등의 처우에 관한 법률」에 따른 대안교육 또는 소년의 상담 · 선도 · 교화와 관련된 단체나 시설에서의 상담 · 교육을 받을 것을 동시에 명할 수 있다.

답 ③

039 「소년법」상 보호관찰관의 장기보호관찰 처분을 받은 자의 보호처분 기간 연장에 대한 설명으로 옳은 것은?

2015년 교정직 9급

① 소년부 판사는 소년에 대한 보호관찰기간을 연장할 수 없다.

② 소년부 판사는 소년의 신청에 따라 결정으로써 2년의 범위에서 한 번에 한하여 그 기간을 연장할 수 있다.

③ 소년부 판사는 보호관찰관의 신청에 따라 결정으로써 1년의 범위에서 한 번에 한하여 그 기간을 연장할 수 있다.

④ 소년부 판사는 보호관찰관의 신청에 따라 결정으로써 2년의 범위에서 한 번에 한하여 그 기간을 연장할 수 있다.

보호처분기간의 연장

「소년법」 제33조 제3항

> **제33조 【보호처분의 기간】** ③ 제32조 제1항 제5호의 장기 보호관찰기간은 2년으로 한다. 다만, 소년부 판사는 보호관찰관의 신청에 따라 결정으로써 1년의 범위에서 한 번에 한하여 그 기간을 연장할 수 있다.

선지분석

① 소년부 판사는 소년에 대한 보호관찰기간을 연장할 수 있다.

② 보호관찰관의 신청에 따라 1년의 범위에서 연장할 수 있다.

④ 1년의 범위에서 연장할 수 있다.

답 ③

040 「소년법」상 보호처분 중 기간의 연장이 허용되지 않는 것은?

2017년 교정직 9급

① 보호자에게 감호위탁

② 소년보호시설에 감호위탁

③ 보호관찰관의 단기 보호관찰

④ 보호관찰관의 장기 보호관찰

보호처분 기간의 연장

단기 보호관찰은 기간을 연장할 수 없다(「소년법」 제33조 제2항).

> **제33조 【보호처분의 기간】** ② 제32조 제1항 제4호의 단기 보호관찰기간은 1년으로 한다.

선지분석

①, ② 「소년법」 제33조 제1항

> **제33조 【보호처분의 기간】** ① 제32조 제1항 제1호 · 제6호 · 제7호(→ 보호자 등 위탁 · 시설 등 위탁 · 병원 등 위탁)의 위탁기간은 6개월로 하되, 소년부 판사는 결정으로써 6개월의 범위에서 한 번에 한하여 그 기간을 연장할 수 있다. 다만, 소년부 판사는 필요한 경우에는 언제든지 결정으로써 그 위탁을 종료시킬 수 있다.

④ 「소년법」 제33조 제3항

> **제33조 【보호처분의 기간】** ③ 제32조 제1항 제5호의 장기 보호관찰기간은 2년으로 한다. 다만, 소년부 판사는 보호관찰관의 신청에 따라 결정으로써 1년의 범위에서 한 번에 한하여 그 기간을 연장할 수 있다.

답 ③

041 중학생 甲(15세)은 동네 편의점에서 물건을 훔치다가 적발되어 관할 법원 소년부에서 심리를 받고 있다. 「소년법」상 甲에 대한 심리 결과 소년부 판사가 결정으로써 할 수 있는 보호처분의 내용에 해당하지 않는 것은? 2017년 교정직 7급

① 50시간의 수강명령
② 250시간의 사회봉사명령
③ 1년의 단기보호관찰
④ 1개월의 소년원 송치

「소년법」상 보호처분

「소년법」상 보호처분 중 사회봉사명령(제3호)은 200시간을 초과할 수 없다(「소년법」 제33조 제4항).

선지분석

① 「소년법」상 보호처분 중 수강명령(제2호)은 100시간을 초과할 수 없다(「소년법」 제33조 제4항).
③ 「소년법」상 보호처분 중 단기 보호관찰(제4호)의 기간은 1년이다(「소년법」 제33조 제2항).
④ 「소년법」 제32조 제1항 제8호

> **제33조 【보호처분의 기간】** ② 제32조 제1항 제4호의 단기 보호관찰기간은 1년으로 한다.
> ④ 제32조 제1항 제2호의 수강명령은 100시간을, 제32조 제1항 제3호의 사회봉사명령은 200시간을 초과할 수 없으며, 보호관찰관이 그 명령을 집행할 때에는 사건 본인의 정상적인 생활을 방해하지 아니하도록 하여야 한다.

답 ②

042 「소년법」상 보호처분에 대한 설명으로 옳지 않은 것은? 2018년 교정직 9급

① 사회봉사명령은 200시간을, 수강명령은 100시간을 초과할 수 없으며, 보호관찰관이 그 명령을 집행할 때에는 사건 본인의 정상적인 생활을 방해하지 아니하도록 하여야 한다.
② 보호처분이 계속 중일 때에 사건 본인이 처분 당시 19세 이상인 것으로 밝혀진 경우에는 소년부 판사는 결정으로써 그 보호처분을 취소하여야 한다.
③ 장기 보호관찰처분을 할 때에는 해당 보호관찰기간 동안 야간 등 특정 시간대의 외출을 제한하는 명령을 보호관찰대상자의 준수사항으로 부과할 수 있다.
④ 사회봉사명령은 14세 이상의 소년에게만 할 수 있으며, 수강명령은 12세 이상의 소년에게만 할 수 있다.

「소년법」상 보호처분

1년 이내의 기간을 정하여 준수사항으로 부과할 수 있다(「소년법」 제32조의2 제2항).

> **제32조의2 【보호관찰처분에 따른 부가처분 등】** ② 제32조 제1항 제4호 또는 제5호의 처분(→ 단기 보호관찰 · 장기 보호관찰)을 할 때에 1년 이내의 기간을 정하여 야간 등 특정 시간대의 외출을 제한하는 명령을 보호관찰대상자의 준수 사항으로 부과할 수 있다.

(선지분석)

① 「소년법」 제33조 제4항

② 「소년법」 제38조 제1항

> **제38조 【보호처분의 취소】** ① 보호처분이 계속 중일 때에 사건 본인이 처분 당시 19세 이상인 것으로 밝혀진 경우에는 소년부 판사는 결정으로써 그 보호처분을 취소하고 다음의 구분에 따라 처리하여야 한다.
> 1. 검사 · 경찰서장의 송치 또는 제4조 제3항의 통고에 의한 사건인 경우에는 관할 지방법원에 대응하는 검찰청 검사에게 송치한다.
> 2. 제50조에 따라 법원이 송치한 사건인 경우에는 송치한 법원에 이송한다.

④ 「소년법」 제32조 제3항 · 제4항

답 ③

★★★

043 □□□

「소년법」상 보호처분에 대한 설명으로 옳지 않은 것은? 2018년 보호직 7급

① 수강명령은 10세 이상 12세 미만의 소년에 대하여 부과할 수 없다.

② 수강명령은 100시간을, 사회봉사명령은 200시간을 초과할 수 없다.

③ 단기 보호관찰기간은 6개월로 하고, 장기 보호관찰기간은 2년으로 한다.

④ 단기로 소년원에 송치된 소년의 보호기간은 6개월을, 장기로 소년원에 송치된 소년의 보호기간은 2년을 초과하지 못한다.

「소년법」상 보호처분

단기 보호관찰기간은 1년으로 한다(「소년법」 제33조 제2항 · 제3항).

> **제33조 【보호처분의 기간】** ② 제32조 제1항 제4호의 단기 보호관찰 기간은 1년으로 한다.
> ③ 제32조 제1항 제5호의 장기 보호관찰기간은 2년으로 한다. 다만, 소년부 판사는 보호관찰관의 신청에 따라 결정으로써 1년의 범위에서 한 번에 한하여 그 기간을 연장할 수 있다.

(선지분석)

① 「소년법」상 수강명령은 12세 이상의 소년에게만 할 수 있다(「소년법」 제32조 제4항).

> **제32조 【보호처분의 결정】** ④ 제1항 제2호 및 제10호의 처분(→ 수강명령 · 장기 소년원 송치)은 12세 이상의 소년에게만 할 수 있다.

② 「소년법」 제33조 제4항

> **제33조 【보호처분의 기간】** ④ 제32조 제1항 제2호의 수강명령은 100시간을, 제32조 제1항 제3호의 사회봉사명령은 200시간을 초과할 수 없으며, 보호관찰관이 그 명령을 집행할 때에는 사건 본인의 정상적인 생활을 방해하지 아니하도록 하여야 한다.

④ 「소년법」 제33조 제5항 · 제6항

> **제33조 【보호처분의 기간】** ⑤ 제32조 제1항 제9호에 따라 단기로 소년원에 송치된 소년의 보호기간은 6개월을 초과하지 못한다.
> ⑥ 제32조 제1항 제10호에 따라 장기로 소년원에 송치된 소년의 보호기간은 2년을 초과하지 못한다.

답 ③

「소년법」상 보호처분의 취소에 대한 설명으로 옳지 않은 것은? 2024년 보호직 9급

① 보호처분이 계속 중일 때에 당해 보호사건 본인에 대하여 새로운 보호처분이 있었을 때에는 그 처분을 한 소년부 판사는 이전의 보호처분을 한 소년부에 조회하여 이전의 보호처분을 취소하여야 한다.

② 보호처분이 계속 중일 때에 당해 보호사건 본인이 처분 당시 19세 이상인 것으로 밝혀진 경우, 법원이 소년에 대한 피고사건을 심리한 결과 보호처분에 해당할 사유가 있다고 인정하여 결정으로써 관할 소년부에 송치한 사건에 대해서는 소년부 판사는 결정으로써 그 보호처분을 취소하고 송치한 법원에 이송한다.

③ 보호처분이 계속 중일 때에 당해 보호사건 본인에 대하여 유죄판결이 확정된 경우에 보호처분을 한 소년부 판사는 그 처분을 존속할 필요가 없다고 인정하면 결정으로써 보호처분을 취소할 수 있다.

④ 보호처분이 계속 중일 때에 당해 보호사건 본인이 처분 당시 19세 이상인 것으로 밝혀진 경우, 검사·경찰서장의 송치에 의한 사건에 대해서는 소년부 판사는 결정으로써 그 보호처분을 취소하고 관할 지방법원에 대응하는 검찰청 검사에게 송치한다.

「소년법」상 보호처분의 취소

'어느 하나의' 보호처분을 취소하여야 한다(「소년법」 제40조).

> **제40조【보호처분의 경합】** 보호처분이 계속 중일 때에 사건 본인에 대하여 새로운 보호처분이 있었을 때에는 그 처분을 한 소년부 판사는 이전의 보호처분을 한 소년부에 조회하여 어느 하나의 보호처분을 취소하여야 한다.

선지분석

② 「소년법」 제38조 제1항 제2호

> **제38조【보호처분의 취소】** ① 보호처분이 계속 중일 때에 사건 본인이 처분 당시 19세 이상인 것으로 밝혀진 경우에는 소년부 판사는 결정으로써 그 보호처분을 취소하고 다음의 구분에 따라 처리하여야 한다.
> 1. 검사·경찰서장의 송치 또는 제4조 제3항의 통고에 의한 사건인 경우에는 관할 지방법원에 대응하는 검찰청 검사에게 송치한다.
> 2. 제50조에 따라 법원이 송치한 사건인 경우에는 송치한 법원에 이송한다.

③ 「소년법」 제39조

> **제39조【보호처분과 유죄판결】** 보호처분이 계속 중일 때에 사건 본인에 대하여 유죄판결이 확정된 경우에 보호처분을 한 소년부 판사는 그 처분을 존속할 필요가 없다고 인정하면 결정으로써 보호처분을 취소할 수 있다.

④ 「소년법」 제38조 제1항 제1호

답 ①

045 「소년법」상 항고에 대한 설명으로 옳지 않은 것은?

2018년 교정직 7급

① 항고를 제기할 수 있는 기간은 7일로 한다.
② 항고는 결정의 집행을 정지시키는 효력이 없다.
③ 보호처분의 변경 결정에 대해서는 항고할 수 없다.
④ 항고를 할 때에는 항고장을 원심 소년부에 제출하여야 한다.

「소년법」상 항고

보호처분의 결정, 부가처분 등의 결정, 보호처분 · 부가처분 변경 결정에 대하여 항고할 수 있다(「소년법」 제43조 제1항).

> **제43조 【항고】** ① 제32조에 따른 보호처분의 결정 및 제32조의2에 따른 부가처분 등의 결정 또는 제37조의 보호처분 · 부가처분 변경 결정이 다음 각 호의 어느 하나에 해당하면 사건 본인 · 보호자 · 보조인 또는 그 법정대리인은 관할 가정 법원 또는 지방법원 본원 합의부에 항고할 수 있다(→ 검사, 피해자는 항고할 수 없음).
> 1. 해당 결정에 영향을 미칠 법령 위반이 있거나 중대한 사실 오인이 있는 경우
> 2. 처분이 현저히 부당한 경우
>
> ② 항고를 제기할 수 있는 기간은 7일로 한다.

① 「소년법」 제43조 제2항
② 「소년법」 제46조
④ 「소년법」 제44조 제1항

답 ③

046 「소년법」상 보호처분의 결정에 대한 항고와 관련한 설명으로 옳지 않은 것은?

2021년 보호직 7급

① 항고를 제기할 수 있는 기간은 7일이며, 항고장은 원심 소년부에 제출하여야 한다.
② 항고는 보호처분의 결정의 집행을 정지시키는 효력이 있다.
③ 보호처분의 결정에 영향을 미칠 법령 위반이 있거나 중대한 사실 오인이 있는 경우뿐 아니라 처분이 현저히 부당한 경우에도 항고할 수 있다.
④ 사건 본인, 보호자 및 보조인 또는 그 법정대리인은 항고할 수 있다.

「소년법」상 보호처분의 결정에 대한 항고

집행을 정지시키는 효력이 없다(「소년법」 제46조).

> **제46조 【집행 정지】** 항고는 결정의 집행을 정지시키는 효력이 없다.

① 「소년법」 제43조 제2항, 「소년법」 제44조 제1항

> **제43조 【항고】** ② 항고를 제기할 수 있는 기간은 7일로 한다.
> **제44조 【항고장의 제출】** ① 항고를 할 때에는 항고장을 원심 소년부에 제출하여야 한다.

③ 「소년법」 제43조 제1항 제1호 · 제2호

> **제43조 【항고】** ① 제32조에 따른 보호처분의 결정 및 제32조의2에 따른 부가처분 등의 결정 또는 제37조의 보호처분 · 부가처분 변경 결정이 다음 각 호의 어느 하나에 해당하면 사건 본인 · 보호자 · 보조인 또는 그 법정대리인은 관할 가정법원 또는 지방법원 본원 합의부에 항고할 수 있다(→ 검사, 피해자는 항고 ×).
> 1. 해당 결정에 영향을 미칠 법령 위반이 있거나 중대한 사실 오인이 있는 경우
> 2. 처분이 현저히 부당한 경우

④ 「소년법」 제43조 제1항

답 ②

047 「소년법」상 보호처분에 대한 내용으로 옳은 것만을 모두 고르면? 2020년 교정직 9급

> ㄱ. 보호관찰관의 단기 보호관찰기간은 1년으로 한다.
> ㄴ. 보호관찰관의 장기 보호관찰기간은 2년으로 한다. 다만, 소년부 판사는 보호관찰관의 신청에 따라 결정으로써 1년의 범위에서 한 번에 한하여 그 기간을 연장할 수 있다.
> ㄷ. 보호자 또는 보호자를 대신하여 소년을 보호할 수 있는 자에게 감호 위탁하는 기간은 3개월로 하되, 소년부 판사는 결정으로써 3개월의 범위에서 한 번에 한하여 그 기간을 연장할 수 있다. 다만, 소년부 판사는 필요한 경우에는 언제든지 결정으로써 그 위탁을 종료시킬 수 있다.
> ㄹ. 단기로 소년원에 송치된 소년의 보호기간은 3개월을 초과할 수 없다.
> ㅁ. 장기로 소년원에 송치된 소년의 보호기간은 2년을 초과할 수 없다.

① ㄱ, ㄴ, ㄷ ② ㄱ, ㄴ, ㄹ
③ ㄱ, ㄴ, ㅁ ④ ㄷ, ㄹ, ㅁ

「소년법」상 보호처분

ㄱ. 「소년법」 제33조 제2항
ㄴ. 「소년법」 제33조 제3항
ㅁ. 「소년법」 제33조 제6항

선지분석

ㄷ. 기간은 6개월로 하되, 소년부 판사는 결정으로써 6개월의 범위에서 한 번에 한하여 그 기간을 연장할 수 있다(「소년법」 제33조 제1항).

> **제33조 【보호처분의 기간】** ① 제32조 제1항 제1호 · 제6호 · 제7호의 위탁기간은 6개월로 하되, 소년부 판사는 결정으로써 6개월의 범위에서 한 번에 한하여 그 기간을 연장할 수 있다. 다만, 소년부 판사는 필요한 경우에는 언제든지 결정으로써 그 위탁을 종료시킬 수 있다.

ㄹ. 6개월을 초과할 수 없다(「소년법」 제33조 제5항).

> **제33조 【보호처분의 기간】** ⑤ 제32조 제1항 제9호에 따라 단기로 소년원에 송치된 소년의 보호기간은 6개월을 초과하지 못한다.

답 ③

048 「소년법」상 보호처분 및 그 부가처분에 대한 설명으로 옳은 것은? 2020년 보호직 7급

① 수강명령과 사회봉사명령은 14세 이상의 소년에게만 할 수 있다.
② 최대 200시간을 초과하지 않는 범위 내에서 수강명령처분을 결정할 수 있다.
③ 「아동복지법」에 따른 아동복지시설이나 그 밖의 소년보호시설에 감호 위탁 기간은 6개월로 하되, 그 기간을 연장할 수 없다.
④ 소년부 판사는 가정상황 등을 고려하여 필요하다고 판단되면 보호자에게 보호관찰소 등에서 실시하는 소년의 보호를 위한 특별교육을 받을 것을 명할 수 있다.

「소년법」상 보호처분과 부가처분

「소년법」 제32조의2 제3항

> **제32조의2 【보호관찰처분에 따른 부가처분 등】** ① 제32조 제1항 제4호 또는 제5호의 처분을 할 때에 3개월 이내의 기간을 정하여 「보호소년 등의 처우에 관한 법률」에 따른 대안교육 또는 소년의 상담 · 선도 · 교화와 관련된 단체나 시설에서의 상담 · 교육을 받을 것을 동시에 명할 수 있다.
> ② 제32조 제1항 제4호 또는 제5호의 처분을 할 때에 1년 이내의 기간을 정하여 야간 등 특정 시간대의 외출을 제한하는 명령을 보호관찰대상자의 준수 사항으로 부과할 수 있다.
> ③ 소년부 판사는 가정상황 등을 고려하여 필요하다고 판단되면 보호자에게 소년원 · 소년분류심사원 또는 보호관찰소 등에서 실시하는 소년의 보호를 위한 특별교육을 받을 것을 명할 수 있다.

선지분석

① 수강명령(2호 처분)은 12세 이상의 소년에게만 할 수 있고, 사회봉사명령(3호 처분)은 14세 이상의 소년에게만 할 수 있다(「소년법」 제32조 제3항 · 제4항).

> **제32조 【보호처분의 결정】** ① 소년부 판사는 심리 결과 보호처분을 할 필요가 있다고 인정하면 결정으로써 다음 각 호의 어느 하나에 해당하는 처분을 하여야 한다.
> 1. 보호자 또는 보호자를 대신하여 소년을 보호할 수 있는 자에게 감호 위탁
> 2. 수강명령
> 3. 사회봉사명령
> 4. 보호관찰관의 단기(短期) 보호관찰
> 5. 보호관찰관의 장기(長期) 보호관찰
> 6. 「아동복지법」에 따른 아동복지시설이나 그 밖의 소년보호시설에 감호 위탁
> 7. 병원, 요양소 또는 「보호소년 등의 처우에 관한 법률」에 따른 의료재활소년원에 위탁
> 8. 1개월 이내의 소년원 송치
> 9. 단기 소년원 송치
> 10. 장기 소년원 송치
>
> ③ 제1항 제3호의 처분은 14세 이상의 소년에게만 할 수 있다.
> ④ 제1항 제2호 및 제10호의 처분은 12세 이상의 소년에게만 할 수 있다.

② 수강명령은 100시간을 초과할 수 없고, 사회봉사명령은 200시간을 초과할 수 없다(「소년법」 제33조 제4항).

③ 「아동복지법」에 따른 아동복지시설이나 그 밖의 소년보호시설에 감호 위탁(6호 처분)의 기간은 6개월로 하되, 소년부 판사는 결정으로써 6개월의 범위에서 한 번에 한하여 그 기간을 연장할 수 있다(「소년법」 제33조 제1항).

답 ④

049 「소년법」상 보호처분과 그 변경 등에 대한 설명으로 옳지 않은 것은? 2023년 보호직 7급

① 수강명령 및 장기 소년원 송치의 처분은 12세 이상의 소년에게만 할 수 있다.

② 소년부 판사는 보호관찰관의 장기 보호관찰의 처분을 할 때에 1년 이내의 기간을 정하여 야간 등 특정 시간대의 외출을 제한하는 명령을 보호관찰대상자의 준수 사항으로 부과할 수 있다.

③ 소년부 판사는 보호관찰관의 단기 보호관찰의 처분을 할 때에 3개월 이내의 기간을 정하여 「보호소년 등의 처우에 관한 법률」에 따른 대안교육을 받을 것을 동시에 명할 수 있다.

④ 보호처분을 집행하는 자의 신청이 없더라도 소년부 판사는 직권으로 1개월 이내의 소년원 송치의 처분을 변경할 수 있다.

보호처분과 그 변경

1개월 이내의 소년원 송치(제8호)의 처분은 소년부 판사가 직권으로 변경할 수 있는 대상이 아니다(「소년법」 제37조 제1항).

> **제37조【처분의 변경】** ① 소년부 판사는 위탁받은 자나 보호처분을 집행하는 자의 신청에 따라 결정으로써 제32조의 보호처분과 제32조의2의 부가처분을 변경할 수 있다. 다만, 제32조 제1항 제1호 · 제6호 · 제7호의 보호처분(→ 보호자 등 감호 위탁, 보호시설 등 감호 위탁, 병원 등 위탁)과 제32조의2 제1항의 부가처분(→ 3개월 이내의 대안교육 등 부과)은 직권으로 변경할 수 있다.

(선지분석)

① 「소년법」 제32조 제4항
② 「소년법」 제32조의2 제2항
③ 「소년법」 제32조의2 제1항

답 ④

★★
050

「소년법」상 보호처분 불복에 대한 설명으로 옳은 것은? 2020년 보호직 7급

① 항고를 제기할 수 있는 기간은 10일로 한다.
② 보호처분이 현저히 부당한 경우에는 사건 본인이나 보호자는 고등법원에 항고할 수 있다.
③ 항고를 기각하는 결정에 대하여는 그 결정이 법령에 위반되는 경우에만 대법원에 재항고를 할 수 있다.
④ 항고법원은 항고가 이유가 있다고 인정한 경우에는 원결정을 파기하고 직접 불처분 또는 보호처분의 결정을 하는 것이 원칙이다.

「소년법」상 보호처분 불복

「소년법」 제47조 제1항

(선지분석)

① 항고를 제기할 수 있는 기간은 7일로 한다(「소년법」 제43조 제2항).
② 관할 가정법원 또는 지방법원 본원 합의부에 항고할 수 있다(「소년법」 제43조 제1항 제2호).

> **제43조【항고】** ① 제32조에 따른 보호처분의 결정 및 제32조의2에 따른 부가처분 등의 결정 또는 제37조의 보호처분 · 부가처분 변경 결정이 다음 각 호의 어느 하나에 해당하면 사건 본인 · 보호자 · 보조인 또는 그 법정대리인은 관할 가정법원 또는 지방법원 본원 합의부에 항고할 수 있다.
> 1. 해당 결정에 영향을 미칠 법령 위반이 있거나 중대한 사실 오인(誤認)이 있는 경우
> 2. 처분이 현저히 부당한 경우

④ 원결정을 취소하고 사건을 원소년부에 환송하거나 다른 소년부에 이송하는 것이 원칙이다(「소년법」 제45조 제2항).

> **제45조【항고의 재판】** ② 항고법원은 항고가 이유가 있다고 인정한 경우에는 원결정(原決定)을 취소하고 사건을 원소년부에 환송(還送)하거나 다른 소년부에 이송하여야 한다. 다만, 환송 또는 이송할 여유가 없이 급하거나 그 밖에 필요하다고 인정한 경우에는 원결정을 파기하고 불처분 또는 보호처분의 결정을 할 수 있다.

답 ③

051 「소년법」상 보호처분에 대한 설명으로 옳은 것은?

2021년 교정직 9급

① 사회봉사명령은 14세 이상의 소년에게만 할 수 있다.

② 수강명령과 장기 소년원 송치는 14세 이상의 소년에게만 할 수 있다.

③ 보호관찰관의 단기 보호관찰과 장기 보호관찰 처분 시에는 2년 이내의 기간을 정하여 야간 등 특정 시간대의 외출을 제한하는 명령을 보호관찰대상자의 준수 사항으로 부과할 수 있다.

④ 수강명령은 200시간을, 사회봉사명령은 100시간을 초과할 수 없으며, 보호관찰관이 그 명령을 집행할 때에는 사건 본인의 정상적인 생활을 방해하지 아니하도록 하여야 한다.

「소년법」상 보호처분

「소년법」 제32조 제3항

선지분석

② 수강명령(제2호 처분)과 장기 소년원 송치(제10호 처분)는 12세 이상의 소년에게만 할 수 있다(「소년법」 제32조 제4항).

③ 1년 이내의 기간을 정하여 야간 등 특정 시간대의 외출을 제한하는 명령을 보호관찰대상자의 준수사항으로 부과할 수 있다(「소년법」 제32조의2 제2항).

④ 수강명령은 100시간을, 사회봉사명령은 200시간을 초과할 수 없다(「소년법」 제33조 제4항).

답 ①

052 소년부 판사가 결정으로 그 기간을 연장할 수 있는 보호처분만을 모두 고르면?

2021년 교정직 7급

ㄱ. 보호관찰관의 단기 보호관찰
ㄴ. 병원, 요양소 또는 「보호소년 등의 처우에 관한 법률」에 따른 의료재활소년원에 위탁
ㄷ. 장기 소년원 송치
ㄹ. 보호자 또는 보호자를 대신하여 소년을 보호할 수 있는 자에게 감호 위탁

① ㄱ, ㄷ　　② ㄴ, ㄷ

③ ㄴ, ㄹ　　④ ㄷ, ㄹ

보호처분 기간의 연장

ㄴ. 병원, 요양소 또는 「보호소년 등의 처우에 관한 법률」에 따른 의료재활소년원에 위탁의 기간은 6개월로 하되, 소년부 판사는 결정으로써 6개월의 범위에서 한 번에 한하여 그 기간을 연장할 수 있다(「소년법」 제33조 제1항).

> **제33조 【보호처분의 기간】** ① 제32조 제1항 제1호 · 제6호 · 제7호(→ 보호자 등 위탁, 시설 등 위탁, 병원 등 위탁)의 위탁기간은 6개월로 하되, 소년부 판사는 결정으로써 6개월의 범위에서 한 번에 한하여 그 기간을 연장할 수 있다. 다만, 소년부 판사는 필요한 경우에는 언제든지 결정으로써 그 위탁을 종료시킬 수 있다.

ㄹ. 보호자 또는 보호자를 대신하여 소년을 보호할 수 있는 자에게 감호 위탁의 기간은 6개월로 하되, 소년부 판사는 결정으로써 6개월의 범위에서 한 번에 한하여 그 기간을 연장할 수 있다(「소년법」 제33조 제1항).

선지분석

ㄱ. 단기 보호관찰의 기간은 1년으로 하고(「소년법」 제33조 제2항), 연장할 수 있다는 규정은 없다.

> **제33조 【보호처분의 기간】** ② 제32조 제1항 제4호의 단기 보호관찰기간은 1년으로 한다(→ 연장 ×).

ㄷ. 장기 소년원 송치의 기간은 2년을 초과하지 못하고(「소년법」 제33조 제6항), 연장할 수 있다는 규정은 없다.

> **제33조 【보호처분의 기간】** ⑥ 제32조 제1항 제10호에 따라 장기로 소년원에 송치된 소년의 보호기간은 2년을 초과하지 못한다(→ 연장 ×).

답 ③

★★★

053 **「소년법」 제32조에 따른 소년보호처분에 대한 설명으로 옳지 않은 것은?** 2022년 보호직 7급

① 제1호 처분은 보호자 또는 보호자를 대신하여 소년을 보호할 수 있는 자에게 감호 위탁하는 것이다.

② 제6호 처분은 「아동복지법」에 따른 아동복지시설이나 그 밖의 소년보호시설에 감호 위탁하는 것이다.

③ 제4호 처분을 할 때 6개월의 기간을 정하여 야간 등 특정 시간대의 외출을 제한하는 명령을 보호관찰대상자의 준수 사항으로 부과할 수 있다.

④ 제5호 처분을 할 때 6개월의 기간을 정하여 「보호소년 등의 처우에 관한 법률」에 따른 대안교육 또는 소년의 상담 · 선도 · 교화와 관련된 단체나 시설에서의 상담 · 교육을 받을 것을 동시에 명할 수 있다.

「소년법」상 소년보호처분

3개월 이내의 기간을 정하여 대안교육 등을 받을 것을 동시에 명할 수 있다(「소년법」 제32조의2 제1항).

> **제32조의2 【보호관찰처분에 따른 부가처분 등】** ① 제32조 제1항 제4호 또는 제5호의 처분(→ 단기 보호관찰, 장기 보호관찰)을 할 때에 3개월 이내의 기간을 정하여 「보호소년 등의 처우에 관한 법률」에 따른 대안교육 또는 소년의 상담 · 선도 · 교화와 관련된 단체나 시설에서의 상담 · 교육을 받을 것을 동시에 명할 수 있다.

선지분석

① 「소년법」 제32조 제1항 제1호
② 「소년법」 제32조 제1항 제6호
③ 「소년법」 제32조의2 제2항

> **제32조의2 【보호관찰처분에 따른 부가처분 등】** ② 제32조 제1항 제4호 또는 제5호의 처분(→ 단기 보호관찰, 장기 보호관찰)을 할 때에 1년 이내의 기간을 정하여 야간 등 특정 시간대의 외출을 제한하는 명령을 보호관찰 대상자의 준수 사항으로 부과할 수 있다.

답 ④

054 「소년법」상 보호처분에 대한 설명으로 옳지 않은 것은? (다툼이 있는 경우 판례에 의함) 2025년 보호직 9급

① 장기로 소년원에 송치된 소년의 보호기간은 2년으로 하되, 보호관찰관의 신청에 따라 결정으로써 1년의 범위에서 한 번에 한하여 그 기간을 연장할 수 있다.

② 소년보호사건의 보조인에 대한 심리기일의 통지를 하지 아니하여 보조인이 출석하지 아니한 채 심리를 종결하고 보호처분의 결정을 한 경우 그 보호처분결정은 취소되어야 한다.

③ 소년보호시설에 감호위탁(제6호) 처분을 받은 소년이 시설 위탁 후 그 시설을 이탈하였을 때 그 처분기간은 진행이 정지되고 재위탁된 때로부터 다시 진행한다.

④ 보호관찰관의 단기 보호관찰(제4호) 처분을 할 때에 3개월 이내의 기간을 정하여 「보호소년 등의 처우에 관한 법률」에 따른 대안교육을 받을 것을 동시에 명할 수 있다.

「소년법」상 보호처분

장기로 소년원에 송치된 소년의 보호기간은 '2년을 초과하지 못한다'(「소년법」 제33조 제6항).

> **제33조 【보호처분의 기간】** ⑥ 제32조 제1항 제10호에 따라 장기로 소년원에 송치된 소년의 보호기간은 2년을 초과하지 못한다(→ 연장 ×).

선지분석

② 대결 1994. 11. 5. 94트10

> **관련 판례**
>
> 【대결 1994. 11. 5. 94트10】 소년보호사건의 보조인도 형사소송의 변호인과 마찬가지로 보호소년이 가지는 권리를 행사하는 외에 독자적인 입장에서 보호소년의 이익을 옹호하는 고유의 권리를 가진다고 할 것인데, 보조인에 대한 심리기일의 통지를 하지 아니하여 보조인이 출석하지 아니한 채 심리를 종결하고 보호처분의 결정을 하였다면 그러한 절차상의 위법은 위와 같은 보조인의 고유의 권리를 부당하게 제한하는 것이 되므로, 가사 보호소년이나 그 보호인이 심리기일에 이의를 제기하지 아니하였다 하더라도 그 하자가 치유되어 보호처분의 결정에 영향을 미치지 아니한다고 볼 수는 없어, 그 보호처분결정은 취소되어야 마땅하다.

③ 「소년법」 제33조 제7항

> **제33조 【보호처분의 기간】** ⑦ 제32조 제1항 제6호부터 제10호까지의 어느 하나에 해당하는 처분을 받은 소년이 시설위탁이나 수용 이후 그 시설을 이탈하였을 때에는 위 처분기간은 진행이 정지되고, 재위탁 또는 재수용된 때로부터 다시 진행한다.

④ 「소년법」 제32조의2 제1항

> **제32조의2 【보호관찰처분에 따른 부가처분 등】** ① 제32조 제1항 제4호 또는 제5호의 처분(→ 단기 보호관찰, 장기 보호관찰)을 할 때에 3개월 이내의 기간을 정하여 「보호소년 등의 처우에 관한 법률」에 따른 대안교육 또는 소년의 상담·선도·교화와 관련된 단체나 시설에서의 상담·교육을 받을 것을 동시에 명할 수 있다.

답 ①

★★★

055 「소년법」상 소년에 대한 형사사건의 처리절차로서 옳지 않은 것은? 2016년 보호직 7급

① 검사는 소년에 대한 피의사건을 수사한 결과 보호처분에 해당하는 사유가 있다고 인정한 경우에는 사건을 관할 소년부에 송치해야 한다.

② 검사는 피의소년에 대하여 피의소년과 법정대리인의 동의하에 범죄예방자원봉사위원의 선도를 받게 하고 피의사건에 대한 공소를 제기하지 않을 수 있다.

③ 죄를 범할 당시 18세 미만인 소년에 대해 사형 또는 무기형으로 처할 경우에는 15년의 유기징역으로 한다.

④ 보호처분이 계속 중일 때에 징역, 금고 또는 구류를 선고받은 소년에 대해서는 보호처분이 종료된 후에 그 형을 집행해야 한다.

「소년법」상 소년형사사건의 처리절차

먼저 그 형을 집행한다(「소년법」 제64조).

> **제64조 【보호처분과 형의 집행】** 보호처분이 계속 중일 때에 징역, 금고 또는 구류를 선고받은 소년에 대하여는 먼저 그 형을 집행한다.

선지분석

① 「소년법」 제49조 제1항

> **제49조 【검사의 송치】** ① 검사는 소년에 대한 피의사건을 수사한 결과 보호처분에 해당하는 사유가 있다고 인정한 경우에는 사건을 관할 소년부에 송치하여야 한다.

② 「소년법」 제49조의3

> **제49조의3 【조건부 기소유예】** 검사는 피의자에 대하여 다음 각 호에 해당하는 선도(善導) 등을 받게 하고, 피의사건에 대한 공소를 제기하지 아니할 수 있다. 이 경우 소년과 소년의 친권자·후견인 등 법정대리인의 동의를 받아야 한다.
> 1. 범죄예방자원봉사위원의 선도
> 2. 소년의 선도·교육과 관련된 단체·시설에서의 상담·교육·활동 등

③ 「소년법」 제59조

> **제59조 【사형 및 무기형의 완화】** 죄를 범할 당시 18세 미만인 소년에 대하여 사형 또는 무기형으로 처할 경우에는 15년의 유기징역으로 한다.

답 ④

056 □□□

「소년법」상 소년에 대한 형사사건의 설명으로 옳지 않은 것은? 2015년 교정직 7급

① 단기 3년, 장기 6년의 징역형을 선고받은 소년에게는 1년이 지나면 가석방을 허가할 수 있다.
② 소년에 대한 형사사건의 심리는 다른 피의사건과 관련된 경우에는 그 절차를 병합하여야 한다.
③ 보호처분이 계속 중일 때에 징역, 금고 또는 구류를 선고받은 소년에 대하여는 먼저 그 형을 집행한다.
④ 징역 또는 금고를 선고받은 소년에 대하여는 특별히 설치된 교도소 또는 일반 교도소 안에 특별히 분리된 장소에서 그 형을 집행하나, 소년이 형의 집행 중에 23세가 되면 일반 교도소에서 집행할 수 있다.

「소년법」상 소년형사사건

다른 피의사건과 관련된 경우에도 심리에 지장이 없으면 그 절차를 분리하여야 한다(「소년법」 제57조).

> **제57조【심리의 분리】** 소년에 대한 형사사건의 심리는 다른 피의사건과 관련된 경우에도 심리에 지장이 없으면 그 절차를 분리하여야 한다.

선지분석

① 부정기형을 선고받은 소년에게는 단기의 3분의 1이 지나면 가석방을 허가할 수 있다(「소년법」 제65조 제3호).

> **제65조【가석방】** 징역 또는 금고를 선고받은 소년에 대하여는 다음 각 호의 기간이 지나면 가석방을 허가할 수 있다.
> 1. 무기형의 경우에는 5년
> 2. 15년 유기형의 경우에는 3년
> 3. 부정기형의 경우에는 단기의 3분의 1

③ 「소년법」 제64조

> **제64조【보호처분과 형의 집행】** 보호처분이 계속 중일 때에 징역, 금고 또는 구류를 선고받은 소년에 대하여는 먼저 그 형을 집행한다.

④ 「소년법」 제63조

> **제63조【징역 · 금고의 집행】** 징역 또는 금고를 선고받은 소년에 대하여는 특별히 설치된 교도소(→ 소년교도소) 또는 일반 교도소 안에 특별히 분리된 장소에서 그 형을 집행한다. 다만, 소년이 형의 집행 중에 23세가 되면 일반 교도소에서 집행할 수 있다.

답 ②

057 「소년법」에 대한 설명으로 옳은 것은? 2015년 교정직 9급

① 소년이 소년분류심사원에 위탁되었는지 여부를 불문하고 보조인이 없을 때에는 법원은 국선보조인을 선정하여야 한다.

② 검사가 소년피의자에 대하여 선도조건부 기소유예를 하는 경우, 소년의 법정대리인의 동의를 받으면 족하고 당사자인 소년의 동의는 요하지 아니한다.

③ 소년부 판사는 피해자 또는 그 법정대리인이 의견진술을 신청할 때에는 피해자나 그 법정대리인의 진술로 심리절차가 현저하게 지연될 우려가 있는 경우에도 심리 기일에 의견을 진술할 기회를 주어야 한다.

④ 법원이 소년에 대한 피고사건을 심리한 결과 보호처분에 해당할 사유를 인정하여 사건을 관할 소년부에 송치하였으나, 소년부가 사건을 심리한 결과 사건의 본인이 19세 이상인 것으로 밝혀지면 결정으로써 송치한 법원에 사건을 다시 이송해야 한다.

「소년법」

법원이 소년에 대한 피고사건을 심리한 결과 보호처분에 해당할 사유를 인정하여 사건을 관할 소년부에 송치하였으나, 소년부가 사건을 심리한 결과 사건의 본인이 19세 이상인 것으로 밝혀지면 결정으로써 송치한 법원에 사건을 다시 이송해야 한다(「소년법」 제50조, 제51조).

제50조【법원의 송치】 법원은 소년에 대한 피고사건을 심리한 결과 보호처분에 해당할 사유가 있다고 인정하면 결정으로써 사건을 관할 소년부에 송치하여야 한다.
제51조【이송】 소년부는 제50조에 따라 송치받은 사건을 조사 또는 심리한 결과 사건의 본인이 19세 이상인 것으로 밝혀지면 결정으로써 송치한 법원에 사건을 다시 이송하여야 한다.

선지분석

① 소년이 소년분류심사원에 위탁된 경우 보조인이 없을 때에는 법원은 보조인을 선정하여야 한다(「소년법」 제17조의2 제1항).

제17조의2【국선보조인】 ① 소년이 소년분류심사원에 위탁된 경우 보조인이 없을 때에는 법원은 변호사 등 적정한 자를 보조인으로 선정하여야 한다.

② 소년과 소년의 친권자 · 후견인 등 법정대리인의 동의를 받아야 한다(「소년법」 제49조의3).

제49조의3【조건부 기소유예】 검사는 피의자에 대하여 다음 각 호에 해당하는 선도 등을 받게 하고, 피의사건에 대한 공소를 제기하지 아니할 수 있다. 이 경우 소년과 소년의 친권자 · 후견인 등 법정대리인의 동의를 받아야 한다.
1. 범죄예방자원봉사위원의 선도
2. 소년의 선도 · 교육과 관련된 단체 · 시설에서의 상담 · 교육 · 활동 등

③ 심리절차가 현저하게 지연될 우려가 있는 경우에는 심리 기일에 의견을 진술할 기회를 주지 않는다(「소년법」 제25조의2 제2호).

제25조의2【피해자 등의 진술권】 소년부 판사는 피해자 또는 그 법정대리인 · 변호인 · 배우자 · 직계친족 · 형제자매(이하 이 조에서 "대리인 등"이라 한다)가 의견진술을 신청할 때에는 피해자나 그 대리인 등에게 심리 기일에 의견을 진술할 기회를 주어야 한다. 다만, 다음 각 호의 어느 하나에 해당하는 경우에는 그러하지 아니하다.
1. 신청인이 이미 심리절차에서 충분히 진술하여 다시 진술할 필요가 없다고 인정되는 경우
2. 신청인의 진술로 심리절차가 현저하게 지연될 우려가 있는 경우

답 ④

058 「소년법」상의 부정기형에 대한 설명으로 옳지 않은 것은?

2014년 보호직 7급

① 소년이 법정형으로 장기 2년 이상의 유기형에 해당하는 죄를 범한 경우 그 형의 범위에서 선고하되 장기는 10년, 단기는 5년을 초과하지 못한다.
② 형의 집행유예나 선고유예를 선고할 때에는 부정기형을 선고할 수 없다.
③ 검사는 형의 단기가 지난 소년범의 행형 성적이 양호하고 교정의 목적을 달성하였다고 인정되는 경우 법원의 허가를 얻어 형집행을 종료시킬 수 있다.
④ 부정기형을 선고받은 소년에 대해서는 단기의 3분의 1을 경과하면 가석방을 허가할 수 있다.

「소년법」상 부정기형

소년에 대한 부정기형을 집행하는 기관의 장이 관할 검찰청 검사의 지휘에 따라 그 형의 집행을 종료시킬 수 있다(「소년법」 제60조 제4항).

> **제60조 【부정기형】** ④ 소년에 대한 부정기형을 집행하는 기관의 장은 형의 단기가 지난 소년범의 행형 성적이 양호하고 교정의 목적을 달성하였다고 인정되는 경우에는 관할 검찰청 검사의 지휘에 따라 그 형의 집행을 종료시킬 수 있다.

선지분석

① 「소년법」 제60조 제1항

> **제60조 【부정기형】** ① 소년이 법정형으로 장기 2년 이상의 유기형에 해당하는 죄를 범한 경우에는 그 형의 범위에서 장기와 단기를 정하여 선고한다. 다만, 장기는 10년, 단기는 5년을 초과하지 못한다(→ 상대적 부정기형).

② 「소년법」 제60조 제3항

> **제60조 【부정기형】** ③ 형의 집행유예나 선고유예를 선고할 때에는 제1항을 적용하지 아니한다.

④ 「소년법」 제65조 제3호

답 ③

059 소년형사사건에 대한 설명으로 옳지 않은 것은?

2012년 교정직 9급

① 소년부는 검사로부터 송치된 보호처분 사건을 조사 또는 심리한 결과 그 동기와 죄질이 금고 이상의 형사처분을 할 필요가 있다고 인정할 때에는 결정으로써 해당 검찰청 검사에게 송치할 수 있다.
② ①에 따라 검사에게 송치된 사건을 검사는 다시 소년부에 송치할 수 있다.
③ 검사는 소년 피의사건에 대하여 소년부 송치, 공소제기, 기소유예 등의 처분을 결정하기 위하여 필요하다고 인정하면 피의자의 주거지 또는 검찰청 소재지를 관할하는 보호관찰소의 장 등에게 피의자의 품행, 경력, 생활환경이나 그 밖에 필요한 사항에 관한 조사를 요구할 수 있다.
④ 법원은 소년에 대한 피고사건을 심리한 결과 보호처분에 해당할 사유가 있다고 인정하면 결정으로써 사건을 관할 소년부에 송치하여야 한다.

소년형사사건

다시 소년부에 송치할 수 없다(「소년법」 제49조 제3항).

제49조 【검사의 송치】 ③ 제2항에 따라 송치한 사건은 다시 소년부에 송치할 수 없다.

선지분석

① 「소년법」 제49조 제1항 · 제2항

제49조 【검사의 송치】 ① 검사는 소년에 대한 피의사건을 수사한 결과 보호처분에 해당하는 사유가 있다고 인정한 경우에는 사건을 관할 소년부에 송치하여야 한다. ② 소년부는 제1항에 따라 송치된 사건을 조사 또는 심리한 결과 그 동기와 죄질이 금고 이상의 형사처분을 할 필요가 있다고 인정할 때에는 결정으로써 해당 검찰청 검사에게 송치할 수 있다.

③ 「소년법」 제49조의2 제1항

제49조의2 【검사의 결정 전 조사】 ① 검사는 소년 피의사건에 대하여 소년부 송치, 공소제기, 기소유예 등의 처분을 결정하기 위하여 필요하다고 인정하면 피의자의 주거지 또는 검찰청 소재지를 관할하는 보호관찰소의 장, 소년분류심사원장 또는 소년원장에게 피의자의 품행, 경력, 생활환경이나 그 밖에 필요한 사항에 관한 조사를 요구할 수 있다.

④ 「소년법」 제50조

제50조 【법원의 송치】 법원은 소년에 대한 피고사건을 심리한 결과 보호처분에 해당할 사유가 있다고 인정하면 결정으로써 사건을 관할 소년부에 송치하여야 한다.

답 ②

060 소년사범의 처우에 대한 설명으로 옳지 않은 것은? 2012년 보호직 7급

① 선도조건부 기소유예제도는 유죄를 전제로 한다.
② 「형사소송법」이 직접적인 근거법이라 할 수 있다.
③ 보호처분은 해당 소년의 장래 신상에 대해 어떤 불이익도 주어서는 안 된다.
④ 소년분류심사원의 감호위탁기간은 구금일수에 산입된다.

소년사범의 처우

「소년법」은 총칙 · 보호사건 · 형사사건 · 벌칙으로 구성되어 있다. 보호사건의 장에는 소년의 보호처분에 관한 조사 · 심리절차에 관한 내용이 규정되어 있으며, 형사사건의 장에는 일반형법 등의 규정을 완화하는 형사사건의 수사 · 심리 · 처분상의 특칙이 규정되어 있다. 소년 형사사건에 관하여 「소년법」에 규정이 없으면 일반 형사사건의 예에 따른다고 규정되어 있으므로(동법 제48조), 「형사소송법」은 소년사범의 처우에 대한 직접적인 근거법이 아니라 간접적인 근거법이라 할 수 있다.

선지분석

① 원래 기소유예란 공소를 제기할 수 있는 충분한 범죄혐의가 있고 기타 소송조건을 구비하고 있음에도 검사가 재량으로 공소권을 행사하지 않는 경우로서 유죄를 전제로 하는 것이라고 할 수 있다.

③ 「소년법」 제32조 제6항

제32조 【보호처분의 결정】 ⑥ 소년의 보호처분은 그 소년의 장래 신상에 어떠한 영향도 미치지 아니한다.

④ 「소년법」 제61조

답 ②

★★★

061 □□□

소년범죄의 형사처분에 대한 설명으로 옳지 않은 것은? 2024년 보호직 7급

① 검사가 보호처분에 해당한다고 인정하여 소년부에 송치하였으나 소년부가 금고 이상의 형사처분을 할 필요가 있다고 인정하여 담당 검사에게 다시 송치한 사건은 검사가 이를 다시 소년부에 송치할 수는 없다.

② 소년형사사건에 있어 소년에 대한 구속영장은 부득이한 경우가 아니면 발부할 수 없고, 모든 사건은 필요적 변호 사건에 해당한다.

③ 소년이 법정형으로 장기 2년 이상 유기형에 해당하는 죄를 범한 경우에 그 소년에게 선고할 수 있는 장기형의 상한은 10년이지만, 소년에 대하여 무기형으로 처할 경우에는 장기형의 상한이 15년이 된다.

④ 판결선고 전에 소년분류심사원에 위탁되었을 때에는 그 위탁기간 전부를 유기징역, 유기금고, 벌금이나 과료에 관한 유치 또는 구류에 산입한다.

소년범죄의 형사처분

죄를 범할 당시 18세 미만인 소년에 대하여 무기형으로 처할 경우에는 '15년의 유기징역'으로 하는 것이지(「소년법」 제59조), 부정기형을 선고하면서 장기형의 상한이 15년이 되는 것은 아니다(「소년법」 제60조 제1항 참조). 소년법상 상대적 부정기형의 장기는 장기는 10년, 단기는 5년을 초과하지 못한다.

> **제59조 【사형 및 무기형의 완화】** 죄를 범할 당시 18세 미만인 소년에 대하여 사형 또는 무기형으로 처할 경우에는 15년의 유기징역으로 한다.
> **제60조 【부정기형】** ① 소년이 법정형으로 장기 2년 이상의 유기형에 해당하는 죄를 범한 경우에는 그 형의 범위에서 장기와 단기를 정하여 선고한다. 다만, 장기는 10년, 단기는 5년을 초과하지 못한다(→ 상대적 부정기형).

선지분석

① 「소년법」 제49조 제1항 · 제2항 · 제3항

> **제49조 【검사의 송치】** ① 검사는 소년에 대한 피의사건을 수사한 결과 보호처분에 해당하는 사유가 있다고 인정한 경우에는 사건을 관할 소년부에 송치하여야 한다(→ 검사선의주의).
> ② 소년부는 제1항에 따라 송치된 사건을 조사 또는 심리한 결과 그 동기와 죄질이 금고 이상의 형사처분을 할 필요가 있다고 인정할 때에는 결정으로써 해당 검찰청 검사에게 송치할 수 있다.
> ③ 제2항에 따라 송치한 사건은 다시 소년부에 송치할 수 없다(→ 역송 금지).

② 「소년법」 제55조 제1항, 「형사소송법」 제282조 및 제33조 제1항 제2호

> **제55조 【구속영장의 제한】** ① 소년에 대한 구속영장은 부득이한 경우가 아니면 발부하지 못한다.
> **제282조 【필요적 변호】** 제33조(→ 국선변호인) 제1항 각 호의 어느 하나에 해당하는 사건 및 같은 조 제2항 · 제3항의 규정에 따라 변호인이 선정된 사건에 관하여는 변호인 없이 개정하지 못한다. 단, 판결만을 선고할 경우에는 예외로 한다.
> **제33조 【국선변호인】** ① 다음 각 호의 어느 하나에 해당하는 경우에 변호인이 없는 때에는 법원은 직권으로 변호인을 선정하여야 한다.
> 2. 피고인이 미성년자인 때

④ 「소년법」 제61조, 「형법」 제57조 제1항

> **제61조 【미결구금일수의 산입】** 제18조 제1항 제3호(→ 소년분류심사원에 위탁)의 조치가 있었을 때에는 그 위탁기간은 「형법」 제57조 제1항의 판결선고 전 구금일수로 본다.
> **제57조 【판결선고 전 구금일수의 통산】** ① 판결선고 전의 구금일수는 그 전부를 유기징역, 유기금고, 벌금이나 과료에 관한 유치 또는 구류(→ 사형, 무기징역 · 금고 제외)에 산입한다.

답 ③

062 미성년자의 교정보호시설에의 수용에 대한 설명으로 옳지 않은 것은? 2012년 교정직 7급

① 무기징역형을 받은 소년수형자는 5년이 경과하면 가석방될 수 있다.
② 보호처분을 받아 소년원에 수용 중인 소년에 대하여 징역형의 유죄판결이 확정되면 보호처분을 집행한 후 소년교도소로 이송한다.
③ 소년교도소에 수용 중인 미성년 수형자가 특히 필요하다고 인정되면 만 23세가 되기 전까지는 계속하여 수용할 수 있다.
④ 장기 6년, 단기 3년의 부정기형을 선고받은 소년수형자의 경우 최소 1년이 지나야 가석방대상자가 될 수 있다.

미성년자의 교정보호시설에의 수용

먼저 그 형을 집행한다(「소년법」 제64조).

제64조 【보호처분과 형의 집행】 보호처분이 계속 중일 때에 징역, 금고 또는 구류를 선고받은 소년에 대하여는 먼저 그 형을 집행한다.

선지분석

①, ④ 「소년법」 제65조

제65조 【가석방】 징역 또는 금고를 선고받은 소년에 대하여는 다음 각 호의 기간이 지나면 가석방을 허가할 수 있다. 1. 무기형의 경우에는 5년 2. 15년 유기형의 경우에는 3년 3. 부정기형의 경우에는 단기의 3분의 1

③ 「형의 집행 및 수용자의 처우에 관한 법률」 제12조 제3항

제12조 【구분수용의 예외】 ③ 수형자가 소년교도소에 수용 중에 19세가 된 경우에도 교육 · 교화프로그램, 작업, 직업훈련 등을 실시하기 위하여 특히 필요하다고 인정되면 23세가 되기 전까지는 계속하여 수용할 수 있다.

답 ②

063 다음 중 소년범죄 및 소년사법제도에 대한 설명으로 옳지 않은 것으로만 고른 것은? 2012년 보호직 7급

ㄱ. 소년범죄에 대해서는 처우의 개별화 이념에 따라 소년의 개별적인 특성을 고려하여야 한다. ㄴ. 소년형사사건에서는 일반예방보다는 교육적인 교화 · 육성 및 특별예방이 강조된다. ㄷ. 벌금 또는 과료를 선고받은 소년형사범이 이를 납부하지 않으면 노역장에 유치된다. ㄹ. 검사는 소년에 대한 피의사건을 수사한 결과 보호처분에 해당하는 사유가 있다고 인정한 경우에는 사건을 관할 소년부에 송치하여야 한다. ㅁ. 소년분류심사원 위탁처분도 소년에 대한 전환제도(diversion)의 일종으로 볼 수 있다.

① ㄱ, ㅁ
② ㄴ, ㄷ
③ ㄷ, ㄹ
④ ㄷ, ㅁ

소년범죄 및 소년사법제도

ㄷ. 18세 미만인 소년에게는 노역장유치선고를 하지 못한다(「소년법」 제62조).

> **제62조 【환형처분의 금지】** 18세 미만인 소년에게는 「형법」 제70조(→ 노역장유치)에 따른 유치선고를 하지 못한다. 다만, 판결선고 전 구속되었거나 제18조 제1항 제3호의 조치(→ 소년분류심사원에 위탁)가 있었을 때에는 그 구속 또는 위탁의 기간에 해당하는 기간은 노역장에 유치된 것으로 보아 「형법」 제57조를 적용할 수 있다.

ㅁ. 전환(diversion)이란 일반적으로 공식적 형사절차로부터의 이탈과 동시에 사회 내 처우 프로그램에 위탁하는 것을 그 내용으로 한다. 이는 형사사법기관이 통상의 형사절차를 중단하고 이를 대체하는 새로운 절차로의 이행을 의미하며, 이를 통하여 형사 제재의 최소화를 도모할 수 있다. 소년분류심사원 위탁처분은 소년부 판사가 사건을 조사 또는 심리하는 데에 필요하다고 인정하여 행하는 임시조치(「소년법」 제18조 제1항 제3호)이며, 일종의 시설 내 처우로서 수용을 전제로 하는 것이므로 전환제도의 일종으로 볼 수는 없다.

선지분석

ㄱ. 소년보호의 원칙 중 개별주의에 대한 설명이다.

ㄴ. 「소년법」의 목적은 범행한 소년의 처벌이 아니라 이미 범행한 소년이 다시 범죄를 범하지 않도록 함에 있고, 소년에 대한 형사처분도 소년에 대한 건전한 육성이라는 관점에서 행하여져야 한다.

ㄹ. 「소년법」 제49조 제1항

답 ④

064 「소년법」상 소년형사절차에 대한 설명으로 옳지 않은 것은? 2018년 교정직 9급

① 소년에 대한 구속영장은 부득이한 경우가 아니면 발부할 수 없다.

② 형의 집행유예를 선고하면서 부정기형을 선고할 수 있다.

③ 소년에 대한 형사사건은 다른 피의사건과 관련된 경우에도 분리하여 심리하는 것이 원칙이다.

④ 18세 미만인 소년에게는 노역장유치를 선고할 수 없다.

「소년법」상 소년형사사건의 처리 절차

형의 집행유예나 선고유예를 선고할 때에는 상대적 부정기형을 선고하지 못한다(「소년법」 제60조 제1항 · 제3항).

> **제60조 【부정기형】** ① 소년이 법정형으로 장기 2년 이상의 유기형에 해당하는 죄를 범한 경우에는 그 형의 범위에서 장기와 단기를 정하여 선고한다. 다만, 장기는 10년, 단기는 5년을 초과하지 못한다(→ 상대적 부정기형).
> ③ 형의 집행유예나 선고유예를 선고할 때에는 제1항을 적용하지 아니한다.

선지분석

① 「소년법」 제55조 제1항

③ 「소년법」 제57조

④ 「소년법」 제62조

답 ②

065 「소년법」상 소년형사사건에 대한 설명으로 옳지 않은 것은? 2018년 보호직 7급

① 징역 또는 금고를 선고받은 소년에 대하여는 특별히 설치된 교도소 또는 일반 교도소 안에 특별히 분리된 장소에서 그 형을 집행한다. 다만, 소년이 형의 집행 중에 19세가 되면 일반 교도소에서 집행할 수 있다.

② 죄를 범할 당시 18세 미만인 소년에 대하여 사형 또는 무기형으로 처할 경우에는 15년의 유기징역으로 한다.

③ 소년이 법정형으로 장기 2년 이상의 유기형에 해당하는 죄를 범한 경우에는 그 형의 범위에서 장기와 단기를 정하여 선고한다. 다만, 장기는 10년, 단기는 5년을 초과하지 못한다.

④ 검사는 피의자에 대하여 범죄예방자원봉사위원의 선도를 받게 하고 피의사건에 대한 공소를 제기하지 아니할 수 있다. 이 경우 소년과 소년의 친권자 · 후견인 등 법정대리인의 동의를 받아야 한다.

「소년법」상 소년형사사건

형의 집행 중에 23세가 되면 일반 교도소에서 집행할 수 있다(「소년법」 제63조).

> **제63조【징역 · 금고의 집행】** 징역 또는 금고를 선고받은 소년에 대하여는 특별히 설치된 교도소(→ 소년교도소) 또는 일반 교도소 안에 특별히 분리된 장소에서 그 형을 집행한다. 다만, 소년이 형의 집행 중에 23세가 되면 일반 교도소에서 집행할 수 있다.

선지분석

② 「소년법」 제59조
③ 「소년법」 제60조 제1항
④ 「소년법」 제49조의3 제1호

답 ①

066 「소년법」상 형사사건의 처리에 대한 설명으로 옳은 것은? 2019년 교정직 9급

① 검사가 소년피의사건에 대하여 소년부 송치결정을 한 경우에는 소년을 구금하고 있는 시설의 장은 검사의 이송 지휘를 받은 때로부터 법원 소년부가 있는 시 · 군에서는 12시간 이내에 소년을 소년부에 인도하여야 한다.

② 소년보호사건에서 소년부 판사는 사건의 조사 또는 심리에 필요하다고 인정하면 기일을 지정하여 사건 본인이나 보호자 또는 참고인을 소환할 수 있으며, 사건 본인이나 보호자가 정당한 이유 없이 소환에 응하지 아니하면 소년부 판사는 동행영장을 발부할 수 있다.

③ 보호처분이 계속 중일 때에 사건 본인에 대하여 유죄판결이 확정된 경우에 보호처분을 한 소년부 판사는 결정으로써 보호처분을 취소하여야 한다.

④ 죄를 범할 당시 19세 미만인 소년에 대하여 사형 또는 무기형으로 처할 경우에는 15년의 유기징역으로 한다.

「소년법」상 형사사건의 처리

「소년법」 제13조 제1항 · 제2항

> **제13조 【소환 및 동행영장】** ① 소년부 판사는 사건의 조사 또는 심리에 필요하다고 인정하면 기일을 지정하여 사건 본인이나 보호자 또는 참고인을 소환할 수 있다.
> ② 사건 본인이나 보호자가 정당한 이유 없이 소환에 응하지 아니하면 소년부 판사는 동행영장을 발부할 수 있다.

선지분석

① 24시간 이내에 인도하여야 한다(「소년법」 제52조 제1항).

> **제52조 【소년부 송치 시의 신병 처리】** ① 제49조 제1항이나 제50조에 따른 소년부 송치결정이 있는 경우에는 소년을 구금하고 있는 시설의 장은 검사의 이송 지휘를 받은 때로부터 법원 소년부가 있는 시 · 군에서는 24시간 이내에, 그 밖의 시 · 군에서는 48시간 이내에 소년을 소년부에 인도하여야 한다. 이 경우 구속영장의 효력은 소년부 판사가 제18조 제1항에 따른 소년의 감호에 관한 결정을 한 때에 상실한다.

③ 보호처분을 취소할 수 있다(「소년법」 제39조).

> **제39조 【보호처분과 유죄판결】** 보호처분이 계속 중일 때에 사건 본인에 대하여 유죄판결이 확정된 경우에 보호처분을 한 소년부 판사는 그 처분을 존속할 필요가 없다고 인정하면 결정으로써 보호처분을 취소할 수 있다.

④ 죄를 범할 당시 18세 미만인 소년에 대하여 사형 또는 무기형으로 처할 경우에는 15년의 유기징역으로 한다(「소년법」 제59조).

> **제59조 【사형 및 무기형의 완화】** 죄를 범할 당시 18세 미만인 소년에 대하여 사형 또는 무기형으로 처할 경우에는 15년의 유기징역으로 한다.

답 ②

067 「소년법」에 대한 설명 중 옳은 것만을 모두 고르면? 2020년 보호직 7급

> ㄱ. 소년보호사건에 있어서 보호자는 소년부 판사의 허가 없이 변호사를 보조인으로 선임할 수 있다.
> ㄴ. 보호자는 형벌 법령에 저촉되는 행위를 한 10세 이상 14세 미만인 소년을 발견한 경우 이를 관할 소년부에 통고할 수 있다.
> ㄷ. 소년이 법정형으로 장기 2년 이상의 유기형에 해당하는 죄를 범한 경우에는 그 형의 범위에서 장기와 단기를 정하여 선고한다. 다만, 장기는 5년, 단기는 3년을 초과하지 못한다.
> ㄹ. 소년부 판사는 사안이 가볍다는 이유로 심리를 개시하지 아니한다는 결정을 할 때에는 소년에게 훈계하거나 보호자에게 소년을 엄격히 관리하거나 교육하도록 고지할 수 있다.

① ㄱ, ㄴ　　② ㄱ, ㄷ
③ ㄱ, ㄴ, ㄹ　　④ ㄴ, ㄷ, ㄹ

「소년법」

ㄱ. 「소년법」 제17조 제1항 · 제2항

> **제17조 【보조인 선임】** ① 사건 본인이나 보호자는 소년부 판사의 허가를 받아 보조인을 선임할 수 있다.
> ② 보호자나 변호사를 보조인으로 선임하는 경우에는 제1항의 허가를 받지 아니하여도 된다.

ㄴ. 형벌 법령에 저촉되는 행위를 한 10세 이상 14세 미만인 소년은 '촉법소년'이고, 이를 발견한 보호자 등은 관할 소년부에 통고할 수 있다(「소년법」 제4조 제3항).

> **제4조 【보호의 대상과 송치 및 통고】** ③ 제1항 각 호의 어느 하나에 해당하는 소년(→ 범죄소년 · 촉법소년 · 우범소년)을 발견한 보호자 또는 학교 · 사회복리시설 · 보호관찰소(보호관찰지소를 포함한다. 이하 같다)의 장은 이를 관할 소년부에 통고할 수 있다.

ㄹ. 「소년법」 제19조 제2항

선지분석

ㄷ. 장기는 10년, 단기는 5년을 초과하지 못한다(「소년법」 제60조 제1항).

> **제60조 【부정기형】** ① 소년이 법정형으로 장기 2년 이상의 유기형(有期刑)에 해당하는 죄를 범한 경우에는 그 형의 범위에서 장기와 단기를 정하여 선고한다. 다만, 장기는 10년, 단기는 5년을 초과하지 못한다.

답 ③

IV

068 소년범의 형사처분에 대한 설명 중 옳은 것만을 모두 고르면?

2020년 보호직 7급

> ㄱ. 존속살해죄를 범한 당시 16세인 소년 甲에 대하여 무기형에 처하여야 할 때에는 15년의 유기징역으로 한다.
> ㄴ. 17세인 소년 乙에게 벌금형이 선고된 경우 노역장유치 선고로 환형처분할 수 없다.
> ㄷ. 소년교도소에서 형 집행 중이던 소년 丙이 23세가 되면 일반 교도소에서 형을 집행할 수 있다.
> ㄹ. 15년의 유기징역을 선고받은 소년 丁의 경우 성인범죄자의 경우와 같이 5년이 지나야 가석방을 허가할 수 있다.

① ㄱ, ㄴ　　② ㄱ, ㄷ
③ ㄴ, ㄷ　　④ ㄴ, ㄹ

소년범의 형사처분

ㄴ. 乙은 18세 미만이므로 노역장유치 선고를 하지 못한다(「소년법」 제62조).

> **제62조 【환형처분의 금지】** 18세 미만인 소년에게는 「형법」 제70조에 따른 유치선고를 하지 못한다. 다만, 판결선고 전 구속되었거나 제18조 제1항 제3호의 조치가 있었을 때에는 그 구속 또는 위탁의 기간에 해당하는 기간은 노역장(勞役場)에 유치된 것으로 보아 「형법」 제57조를 적용할 수 있다.

ㄷ. 「소년법」 제63조

> **제63조 【징역 · 금고의 집행】** 징역 또는 금고를 선고받은 소년에 대하여는 특별히 설치된 교도소 또는 일반 교도소 안에 특별히 분리된 장소에서 그 형을 집행한다. 다만, 소년이 형의 집행 중에 23세가 되면 일반 교도소에서 집행할 수 있다.

선지분석

ㄱ. 甲은 죄를 범할 당시 18세 미만이므로 무기형에 처할 경우에는 15년의 유기징역으로 함이 원칙이지만(「소년법」 제59조), 甲이 저지른 존속살해죄는 특정강력범죄에 해당하므로(「특정강력범죄의 처벌에 관한 특례법」 제2조 제1호) 20년의 유기징역으로 한다(「특정강력범죄의 처벌에 관한 특례법」 제4조 제1항).

> **「소년법」 제59조【사형 및 무기형의 완화】** 죄를 범할 당시 18세 미만인 소년에 대하여 사형 또는 무기형(無期刑)으로 처할 경우에는 15년의 유기징역으로 한다.
> **「특정 강력범죄의 처벌에 관한 특례법」 제4조【소년에 대한 형】** ① 특정강력범죄를 범한 당시 18세 미만인 소년을 사형 또는 무기형에 처하여야 할 때에는 「소년법」 제59조에도 불구하고 그 형을 20년의 유기징역으로 한다.

ㄹ. 3년이 지나면 가석방을 허가할 수 있다(「소년법」 제65조 제2호).

> **제65조【가석방】** 징역 또는 금고를 선고받은 소년에 대하여는 다음 각 호의 기간이 지나면 가석방(假釋放)을 허가할 수 있다.
> 1. 무기형의 경우에는 5년
> 2. 15년 유기형의 경우에는 3년
> 3. 부정기형의 경우에는 단기의 3분의 1

답 ③

★★★

069 소년의 형사사건에 대한 설명으로 옳은 것은?

2021년 보호직 7급

① 협의의 불기소처분 사건은 조건부 기소유예의 대상에서 제외된다.
② 법원은 판결만을 선고하는 경우라도 피고인인 소년에 대하여 변호인이 없거나 출석하지 아니한 때에는 국선변호인을 선정하여야 한다.
③ 소년에 대해 형의 선고유예 시에는 부정기형을 선고하지 못하나, 집행유예 시에는 부정기형을 선고할 수 있다.
④ 소년에 대한 부정기형을 집행하는 기관의 장은 교정 목적이 달성되었다고 인정되는 경우에는 법원의 결정에 따라 그 형의 집행을 종료할 수 있다.

소년형사사건

조건부 기소유예는 기소나 소년부 송치에 대한 대안이므로 협의의 불기소처분(죄가 안 됨, 혐의 없음 등)의 대상은 당연히 제외된다.

선지분석

② 피고인이 미성년자(소년)인 때에는 변호인이 없으면 법원이 직권으로 변호인(국선변호인)을 선정하여야 하고(「형사소송법」 제33조 제1항 제2호), 이 경우 변호인 없이 개정하지 못하지만, 판결만을 선고할 경우에는 예외로 한다(「형사소송법」 제282조), 따라서 판결만을 선고하는 경우에는 피고인이 소년이더라도 변호인이 없거나 불출석하였음을 이유로 국선변호인을 선정하여야 하는 것은 아니다.

> **제33조【국선변호인】** ① 다음 각 호의 어느 하나에 해당하는 경우에 변호인이 없는 때에는 법원은 직권으로 변호인을 선정하여야 한다.
> 2. 피고인이 미성년자인 때
> **제282조【필요적 변호】** 제33조(→ 국선변호인) 제1항 각 호의 어느 하나에 해당하는 사건 및 같은 조 제2항 · 제3항의 규정에 따라 변호인이 선정된 사건에 관하여는 변호인 없이 개정하지 못한다. 단, 판결만을 선고할 경우에는 예외로 한다.

③ 형의 집행유예나 선고유예를 선고할 때에는 부정기형 규정(「소년법」 제60조 제1항)을 적용하지 아니한다(「소년법」 제60조 제3항).

> **제60조 【부정기형】** ③ 형의 집행유예나 선고유예를 선고할 때에는 제1항을 적용하지 아니한다(→ 상대적 부정기형 선고).

④ 형의 단기가 지난 소년범의 행형 성적이 양호하고 교정의 목적을 달성하였다고 인정되는 경우에는 관할 검찰청 검사의 지휘에 따라 그 형의 집행을 종료시킬 수 있다(「소년법」 제60조 제4항).

> **제60조 【부정기형】** ④ 소년에 대한 부정기형을 집행하는 기관의 장은 형의 단기가 지난 소년범의 행형 성적이 양호하고 교정의 목적을 달성하였다고 인정되는 경우에는 관할 검찰청 검사의 지휘에 따라 그 형의 집행을 종료시킬 수 있다.

답 ①

070 「소년법」상 형사사건 처리 절차에 대한 설명으로 옳지 않은 것은? 2022년 교정직 9급

① 소년에 대한 구속영장은 부득이한 경우가 아니면 발부하지 못한다.
② 부정기형을 선고받은 소년에 대하여는 단기의 3분의 1이 지나면 가석방을 허가할 수 있다.
③ 소년이 법정형으로 장기 2년 이상의 유기형에 해당하는 죄를 범한 경우에는 그 형의 범위에서 장기와 단기를 정하여 선고한다.
④ 검사가 소년부에 송치한 사건을 소년부는 다시 해당 검찰청 검사에게 송치할 수 없다.

「소년법」상 형사사건 처리 절차

소년부는 검사로부터 송치된 사건을 조사 또는 심리한 결과 그 동기와 죄질이 금고 이상의 형사처분을 할 필요가 있다고 인정할 때에는 결정으로써 해당 검찰청 검사에게 송치할 수 있다(「소년법」 제49조 제1항 · 제2항).

> **제49조 【검사의 송치】** ① 검사는 소년에 대한 피의사건을 수사한 결과 보호처분에 해당하는 사유가 있다고 인정한 경우에는 사건을 관할 소년부에 송치하여야 한다(→ 검사선의주의).
> ② 소년부는 제1항에 따라 송치된 사건을 조사 또는 심리한 결과 그 동기와 죄질이 금고 이상의 형사처분을 할 필요가 있다고 인정할 때에는 결정으로써 해당 검찰청 검사에게 송치할 수 있다.

선지분석

① 「소년법」 제55조 제1항
② 「소년법」 제65조 제3호

> **제65조 【가석방】** 징역 또는 금고를 선고받은 소년에 대하여는 다음 각 호의 기간이 지나면 가석방을 허가할 수 있다.
> 1. 무기형의 경우에는 5년
> 2. 15년 유기형의 경우에는 3년
> 3. 부정기형의 경우에는 단기의 3분의 1

③ 「소년법」 제60조 제1항

> **제60조 【부정기형】** ① 소년이 법정형으로 장기 2년 이상의 유기형에 해당하는 죄를 범한 경우에는 그 형의 범위에서 장기와 단기를 정하여 선고한다. 다만, 장기는 10년, 단기는 5년을 초과하지 못한다(→ 상대적 부정기형).

답 ④

071 「소년법」상 형사사건의 심판에 대한 설명으로 옳지 않은 것은? 2022년 교정직 7급

① 징역 또는 금고를 선고받은 소년에 대하여는 특별히 설치된 교도소 또는 일반 교도소 안에 특별히 분리된 장소에서 그 형을 집행한다. 다만, 소년이 형의 집행 중에 23세가 되면 일반 교도소에서 집행할 수 있다.

② 죄를 범할 당시 18세 미만인 소년에 대하여 사형 또는 무기형으로 처할 경우에는 15년의 유기징역으로 한다.

③ 징역 또는 금고를 선고받은 소년에 대하여는 무기형의 경우에는 5년, 15년 유기형의 경우에는 3년, 부정기형의 경우에는 단기의 3분의 1의 기간이 각각 지나면 가석방을 허가할 수 있다.

④ 소년에 대한 형사사건의 심리는 다른 피의사건과 관련된 경우 심리에 지장이 없으면 그 절차를 병합하여야 한다.

「소년법」상 형사사건의 심판

절차를 분리하여야 한다(「소년법」 제57조).

> **제57조 【심리의 분리】** 소년에 대한 형사사건의 심리는 다른 피의사건과 관련된 경우에도 심리에 지장이 없으면 그 절차를 분리하여야 한다.

선지분석

① 「소년법」 제63조
② 「소년법」 제59조
③ 「소년법」 제65조

답 ④

072 소년형사사건에 대한 설명으로 옳은 것은? (다툼이 있는 경우 판례에 의함) 2022년 보호직 7급

① 「소년법」 제60조 제1항에 정한 '소년'은 「소년법」 제2조에 정한 19세 미만인 자를 의미하는 것으로, 이에 해당하는지는 행위 시를 기준으로 판단하여야 한다.

② 소년에 대한 부정기형을 집행하는 기관의 장은 형의 단기가 지난 소년범의 행형(行刑) 성적이 양호하고 교정의 목적을 달성하였다고 인정되는 경우에는 관할 법원의 결정에 따라 그 형의 집행을 종료시킬 수 있다.

③ 15년 유기징역형을 선고받은 소년이 6년이 지나 가석방된 경우, 가석방된 후 그 처분이 취소되지 아니하고 9년이 경과한 때에 형의 집행을 종료한 것으로 한다.

④ 보호처분 당시 19세 이상인 것으로 밝혀진 경우를 제외하고는 「소년법」 제32조의 보호처분을 받은 소년에 대하여는 그 심리가 결정된 사건은 다시 공소를 제기하거나 소년부에 송치할 수 없다.

소년형사사건

「소년법」 제53조

> **제53조 【보호처분의 효력】** 제32조의 보호처분을 받은 소년에 대하여는 그 심리가 결정된 사건은 다시 공소를 제기하거나 소년부에 송치할 수 없다(→ 일사부재리의 원칙 또는 이중처벌금지의 원칙). 다만, 제38조 제1항 제1호의 경우(→ 소년이 처분 당시 19세 이상이어서 보호처분이 취소되고 검사에게 송치된 경우)에는 공소를 제기할 수 있다.

선지분석

① 대판(전합) 2020.10.22. 2020도4140

> **관련 판례**
>
> 【대판(전합) 2020.10.22. 2020도4140】 소년법은 인격이 형성되는 과정에 있기에 그 개선가능성이 풍부하고 심신의 발육에 따르는 특수한 정신적 동요상태에 놓여 있는 소년의 특수성을 고려하여 소년의 건전한 성장을 돕기 위해 형사처분에 관한 특별조치로서 제60조 제1항에서 소년에 대하여 부정기형을 선고하도록 정하고 있다. 다만 소년법 제60조 제1항에 정한 '소년'은 소년법 제2조에 정한 19세 미만인 자를 의미하는 것으로 이에 해당하는지는 사실심판결 선고 시를 기준으로 판단하여야 하므로, 제1심에서 부정기형을 선고받은 피고인이 항소심 선고 이전에 19세에 도달하는 경우 정기형이 선고되어야 한다.

② 관할 검찰청 검사의 지휘에 따라 그 형의 집행을 종료시킬 수 있다(「소년법」 제60조 제4항).

> **제60조 【부정기형】** ④ 소년에 대한 부정기형을 집행하는 기관의 장은 형의 단기가 지난 소년범의 행형 성적이 양호하고 교정의 목적을 달성하였다고 인정되는 경우에는 관할 검찰청 검사의 지휘에 따라 그 형의 집행을 종료시킬 수 있다.

③ 15년 유기징역형을 선고받은 소년이 6년이 지나 가석방된 경우, 가석방된 후 그 처분이 취소되지 아니하고 6년, 즉, 가석방 전에 집행을 받은 기간과 같은 기간이 경과한 때에 형의 집행을 종료한 것으로 한다(「소년법」 제66조 참조). 형법상 가석방의 경우에 유기징역은 남은 형기가 가석방기간이고 이를 경과한 때에는 형의 집행을 종료한 것으로 보는 것과 차이가 있다(「형법」 제73조의2 제1항 및 제76조 제1항 참조).

> **제66조 【가석방 기간의 종료】** 징역 또는 금고를 선고받은 소년이 가석방된 후 그 처분이 취소되지 아니하고 가석방 전에 집행을 받은 기간과 같은 기간이 지난 경우에는 형의 집행을 종료한 것으로 한다. 다만, 제59조의 형기(→ 15년의 유기징역) 또는 제60조 제1항에 따른 장기의 기간(→ 부정기형의 장기)이 먼저 지난 경우에는 그 때에 형의 집행을 종료한 것으로 한다.
>
> **제73조의2 【가석방의 기간 및 보호관찰】** ① 가석방의 기간은 무기형에 있어서는 10년으로 하고, 유기형에 있어서는 남은 형기로 하되, 그 기간은 10년을 초과할 수 없다.
>
> **제76조 【가석방의 효과】** ① 가석방의 처분을 받은 후 그 처분이 실효 또는 취소되지 아니하고 가석방기간을 경과한 때에는 형의 집행을 종료한 것으로 본다.

답 ④

★★★

073 「소년법」상 형사사건의 심판 등에 대한 설명으로 옳지 않은 것은? 2023년 보호직 7급

① 소년에 대한 부정기형을 집행하는 기관의 장은 형의 단기의 3분의 1이 지난 소년범의 행형 성적이 양호하고 교정의 목적을 달성하였다고 인정되는 경우에는 관할 검찰청 검사의 지휘에 따라 그 형의 집행을 종료시킬 수 있다.

② 무기징역을 선고받은 소년에 대하여는 5년의 기간이 지나면 가석방을 허가할 수 있다.

③ 징역 또는 금고를 선고받은 소년에 대하여는 특별히 설치된 교도소 또는 일반 교도소 안에 특별히 분리된 장소에서 그 형을 집행한다. 다만, 소년이 형의 집행 중에 23세가 되면 일반 교도소에서 집행할 수 있다.

④ 죄를 범할 당시 18세 미만인 소년에 대하여 사형 또는 무기형으로 처할 경우에는 15년의 유기징역으로 한다.

형사사건의 심판

형의 '단기'가 지나야 한다(「소년법」 제60조 제4항).

> **제60조 【부정기형】** ④ 소년에 대한 부정기형을 집행하는 기관의 장은 형의 단기가 지난 소년범의 행형 성적이 양호하고 교정의 목적을 달성하였다고 인정되는 경우에는 관할 검찰청 검사의 지휘에 따라 그 형의 집행을 종료시킬 수 있다.

(선지분석)

② 「소년법」 제65조
③ 「소년법」 제63조
④ 「소년법」 제59조

답 ①

074 「소년법」상 형의 선고에 대한 설명으로 옳지 않은 것은? (다툼이 있는 경우 판례에 의함)

2025년 보호직 9급

① 「소년법」상 '소년'인지의 여부는 사실심 판결 선고 시를 기준으로 판단한다.
② 죄를 범할 당시 18세 미만인 소년에 대하여 사형 또는 무기형으로 처할 경우에는 15년의 유기징역으로 한다.
③ 소년이 법정형으로 장기 3년 이상의 유기형에 해당하는 죄를 범한 경우에는 그 형의 범위에서 장기와 단기를 정하여 선고한다. 다만, 장기는 10년, 단기는 3년을 초과하지 못한다.
④ 소년에 대한 부정기형을 집행하는 기관의 장은 형의 단기가 지난 소년범의 행형 성적이 양호하고 교정의 목적을 달성하였다고 인정되는 경우에는 관할 검찰청 검사의 지휘에 따라 그 형의 집행을 종료시킬 수 있다.

「소년법」상 형의 선고

소년이 법정형으로 장기 '2년' 이상의 유기형에 해당하는 죄를 범한 경우에는 그 형의 범위에서 장기와 단기를 정하여 선고한다. 다만, 장기는 10년, 단기는 '5년'을 초과하지 못한다(「소년법」 제60조 제1항).

> **제60조 【부정기형】** ① 소년이 법정형으로 장기 2년 이상의 유기형에 해당하는 죄를 범한 경우에는 그 형의 범위에서 장기와 단기를 정하여 선고한다. 다만, 장기는 10년, 단기는 5년을 초과하지 못한다(→ 상대적 부정기형).

(선지분석)

① 대판 2009. 5. 28. 2009도2682

> **관련 판례**
>
> 【대판 2009. 5. 28. 2009도2682】 소년법이 적용되는 '소년'이란 심판시에 19세 미만인 사람을 말하므로, 소년법의 적용을 받으려면 심판시에 19세 미만이어야 한다. 따라서 소년법 제60조 제2항의 적용대상인 '소년'인지의 여부도 심판시, 즉 사실심판결 선고시를 기준으로 판단되어야 한다. 이러한 법리는 '소년'의 범위를 20세 미만에서 19세 미만으로 축소한 소년법 개정법률(2007. 12. 21. 법률 제8722호로 공포되어, 2008. 6. 22.에 시행되었다)이 시행되기 전에 범행을 저지르고, 20세가 되기 전에 원심판결이 선고되었다고 해서 달라지지 아니한다.

② 「소년법」 제59조

> **제59조 【사형 및 무기형의 완화】** 죄를 범할 당시 18세 미만인 소년에 대하여 사형 또는 무기형으로 처할 경우에는 15년의 유기징역으로 한다.

④ 「소년법」 제60조 제4항

> **제60조 【부정기형】** ④ 소년에 대한 부정기형을 집행하는 기관의 장은 형의 단기가 지난 소년범의 행형 성적이 양호하고 교정의 목적을 달성하였다고 인정되는 경우에는 관할 검찰청 검사의 지휘에 따라 그 형의 집행을 종료시킬 수 있다.

답 ③

075 소년원에서 12세의 보호소년이 규율을 위반하였을 경우, 이에 대해 소년원장이 취한 조치로 옳은 것은?

2013년 교정직 9급

① 훈계하고 교정성적 점수를 감점하였다.
② 지정된 실내에서 15일 동안 근신하게 하였다.
③ 원외에서 7일 동안 봉사활동을 하게 하였다.
④ 보호소년의 임시퇴원 허가를 취소하고 직권으로 계속 수용하였다.

보호소년의 규율 위반

「보호소년 등의 처우에 관한 법률」 제15조 제1항 제1호, 제5항

제15조 【징계】 ① 원장은 보호소년등이 제14조의4 각 호의 어느 하나에 해당하는 행위(→ 규율위반행위)를 하면 제15조의2 제1항에 따른 보호소년등처우 · 징계위원회의 의결에 따라 다음 각 호의 어느 하나에 해당하는 징계를 할 수 있다.
1. 훈계
2. 원내 봉사활동
3. 서면 사과
4. 20일 이내의 텔레비전 시청 제한
5. 20일 이내의 단체 체육활동 정지
6. 20일 이내의 공동행사 참가 정지
7. 20일 이내의 기간 동안 지정된 실(室) 안에서 근신하게 하는 것

② 제1항 제3호부터 제6호까지의 처분은 함께 부과할 수 있다.
③ 제1항 제7호의 처분은 14세 미만의 보호소년등에게는 부과하지 못한다.
④ 제1항 제7호의 처분을 받은 보호소년등에게는 그 기간 중 같은 항 제4호부터 제6호까지의 처우 제한이 함께 부과된다. 다만, 원장은 보호소년등의 교화 또는 건전한 사회복귀를 위하여 특히 필요하다고 인정하면 텔레비전 시청, 단체 체육활동 또는 공동행사 참가를 허가할 수 있다.
⑤ 소년원장은 보호소년이 제1항 각 호의 어느 하나에 해당하는 징계를 받은 경우에는 법무부령으로 정하는 기준에 따라 교정성적 점수를 빼야 한다.
⑥ 징계는 당사자의 심신상황을 고려하여 교육적으로 하여야 한다.
⑦ 원장은 보호소년등에게 제1항에 따라 징계를 한 경우에는 지체 없이 그 사실을 보호자에게 통지하여야 한다.
⑧ 원장은 징계를 받은 보호소년등의 보호자와 상담을 할 수 있다.

선지분석

② 근신은 14세 이상인 자에게만 할 수 있다(「보호소년 등의 처우에 관한 법률」 제15조 제3항).
③ 원내 봉사활동을 징계로 부과할 수 있다(「보호소년 등의 처우에 관한 법률」 제15조 제1항 제2호).
④ 임시퇴원 허가의 취소는 규율위반에 대한 징계에 해당하지 않는다.

답 ①

「보호소년 등의 처우에 관한 법률」에 대한 설명으로 옳지 않은 것은? 2014년 교정직 9급

① 보호소년 등을 소년원이나 소년분류심사원에 수용할 때에는 법원소년부의 결정서에 의하여야 한다.

② 보호소년 등이 소년원이나 소년분류심사원을 이탈하였을 때에는 그 소속 공무원이 재수용할 수 있다.

③ 보호소년 등은 그 처우에 대하여 불복할 때에는 법무부장관에게 문서로 청원할 수 있다.

④ 원장은 보호소년 등이 규율을 위반하였을 경우 훈계, 원내 봉사활동, 14세 이상인 자에게 지정된 실내에서 30일 이내의 기간 동안 근신하게 할 수 있다.

「보호소년 등의 처우에 관한 법률」

20일 이내의 기간 동안 근신하게 할 수 있다(「보호소년 등의 처우에 관한 법률」 제15조 제1항).

> **제15조 【징계】** ① 원장은 보호소년등이 제14조의4 각 호의 어느 하나에 해당하는 행위(→ 규율위반행위)를 하면 제15조의2 제1항에 따른 보호소년등처우 · 징계위원회의 의결에 따라 다음 각 호의 어느 하나에 해당하는 징계를 할 수 있다.
> 1. 훈계
> 2. 원내 봉사활동
> 3. 서면 사과
> 4. 20일 이내의 텔레비전 시청 제한
> 5. 20일 이내의 단체 체육활동 정지
> 6. 20일 이내의 공동행사 참가 정지
> 7. 20일 이내의 기간 동안 지정된 실(室) 안에서 근신하게 하는 것
>
> ③ 제1항 제7호의 처분은 14세 미만의 보호소년등에게는 부과하지 못한다.

선지분석

① 「보호소년 등의 처우에 관한 법률」 제7조 제1항

> **제7조 【수용절차】** ① 보호소년등을 소년원이나 소년분류심사원에 수용할 때에는 법원소년부의 결정서, 법무부장관의 이송허가서 또는 지방법원 판사의 유치허가장에 의하여야 한다.

② 「보호소년 등의 처우에 관한 법률」 제14조 제2항

③ 「보호소년 등의 처우에 관한 법률」 제11조

> **제11조 【청원】** 보호소년등은 그 처우에 대하여 불복할 때에는 법무부장관에게 문서로 청원할 수 있다.

답 ④

「보호소년 등의 처우에 관한 법률」상 보호소년의 처우에 대한 설명으로 옳지 않은 것은?

2016년 교정직 9급

① 퇴원이 허가된 보호소년이 질병에 걸리거나 본인의 편익을 위하여 필요하면 본인의 신청에 의하여 계속 수용할 수 있다.

② 보호소년이 친권자와 면회를 할 때에는 소속 공무원이 참석하지 아니한다. 다만, 보이는 거리에서 보호소년을 지켜볼 수 있다.

③ 여성인 보호소년이 사용하는 목욕탕에 영상정보처리기기를 설치하여 운영하는 것은 자해 등의 우려가 큰 때에만 할 수 있다. 이 경우 여성인 소속 공무원만이 참여하여야 한다.

④ 소년원장은 보호소년의 보호 및 교정교육에 지장을 주지 아니하는 범위에서 가족과 전화통화를 허가할 수 있으며, 교정교육상 특히 필요하다고 인정할 때 직권으로 외출을 허가할 수 있다.

보호소년의 처우

보호소년이 면회를 할 때에는 소속 공무원이 참석할 수 있는 것이 원칙이다. 예외적으로 변호인 등과 면회를 할 때에는 소속 공무원이 참석하지 아니하고, 다만 보이는 거리에서 지켜볼 수 있도록 하고 있다(「보호소년 등의 처우에 관한 법률」 제18조 제2항 · 제3항).

> **제18조 【면회 · 편지 · 전화통화】** ② 보호소년등이 면회를 할 때에는 소속 공무원이 참석하여 보호소년등의 보호 및 교정교육에 지장이 없도록 지도할 수 있다. 이 경우 소속 공무원은 보호소년등의 보호 및 교정교육에 지장이 있다고 인정되는 경우에는 면회를 중지할 수 있다.
> ③ 제2항 전단에도 불구하고 보호소년등이 변호인 등과 면회를 할 때에는 소속 공무원이 참석하지 아니한다. 다만, 보이는 거리에서 보호소년 등을 지켜볼 수 있다.

선지분석

① 「보호소년 등의 처우에 관한 법률」 제46조 제1항

> **제46조 【퇴원자 또는 임시퇴원자의 계속 수용】** ① 퇴원 또는 임시퇴원이 허가된 보호소년이 질병에 걸리거나 본인의 편익을 위하여 필요하면 본인의 신청에 의하여 계속 수용할 수 있다.

③ 「보호소년 등의 처우에 관한 법률」 제14조의3 제2항

> **제14조의3 【전자장비의 설치 · 운영】** ② 보호소년등이 사용하는 목욕탕, 세면실 및 화장실에 전자영상장비를 설치하여 운영하는 것은 자해 등의 우려가 큰 때에만 할 수 있다. 이 경우 전자영상장비로 보호소년 등을 감호할 때에는 여성인 보호소년등에 대해서는 여성인 소속 공무원만, 남성인 보호소년등에 대해서는 남성인 소속 공무원만이 참여하여야 한다.

④ 「보호소년 등의 처우에 관한 법률」 제18조 제6항, 제19조

> **제18조 【면회 · 편지 · 전화통화】** ⑥ 원장은 공범 등 교정교육에 해가 된다고 인정되는 사람과의 전화통화를 제한하는 등 보호소년등의 보호 및 교정교육에 지장을 주지 아니하는 범위에서 가족 등과 전화통화를 허가할 수 있다.
> **제19조 【외출】** 소년원장은 보호소년에게 다음 각 호의 어느 하나에 해당하는 사유가 있을 때에는 본인이나 보호자 등의 신청에 따라 또는 직권으로 외출을 허가할 수 있다.
> 1. 직계존속이 위독하거나 사망하였을 때
> 2. 직계존속의 회갑 또는 형제자매의 혼례가 있을 때
> 3. 천재지변이나 그 밖의 사유로 가정에 인명 또는 재산상의 중대한 피해가 발생하였을 때
> 4. 병역, 학업, 질병 등의 사유로 외출이 필요할 때
> 5. 그 밖에 교정교육상 특히 필요하다고 인정할 때

답 ②

078 다음 중 「보호소년 등의 처우에 관한 법률」에서 규정된 보호장비에 해당하는 것만을 모두 고른 것은?

2017년 교정직 9급 변형

ㄱ. 수갑	ㄴ. 포승
ㄷ. 가스총	ㄹ. 전자충격기
ㅁ. 보호대	ㅂ. 발목보호장비

① ㄱ, ㄴ, ㄷ ② ㄴ, ㄹ, ㅁ

③ ㄱ, ㄴ, ㄷ, ㄹ, ㅁ ④ ㄱ, ㄷ, ㄹ, ㅁ, ㅂ

보호장비

ㄱ, ㄴ, ㄷ, ㄹ, ㅁ. 「보호소년 등의 처우에 관한 법률」에 규정된 보호장비에 해당한다(동법 제14조의2 제1항).

선지분석

ㅂ. 「형의 집행 및 수용자의 처우에 관한 법률」에서는 보호장비에 해당하나(동법 제98조 제1항), 「보호소년 등의 처우에 관한 법률」에서는 보호장비에 포함되지 않는다(동법 제14조의2 제1항).

「형의 집행 및 수용자의 처우에 관한 법률」 제98조 【보호장비의 종류 및 사용요건】 ① 보호장비의 종류는 다음 각 호와 같다.

1. 수갑	2. 머리보호장비
3. 발목보호장비	4. 보호대
5. 보호의자	6. 보호침대
7. 보호복	8. 포승

「보호소년 등의 처우에 관한 법률」 제14조의2 【보호장비의 사용】 ① 보호장비의 종류는 다음 각 호와 같다.

1. 수갑	2. 포승(捕繩)
3. 가스총	4. 전자충격기
5. 머리보호장비	6. 보호대

답 ③

079 「보호소년 등의 처우에 관한 법률」상 보호장비의 사용에 대한 설명으로 옳은 것만을 모두 고르면?

2023년 교정직 9급

ㄱ. 보호장비는 필요한 최소한의 범위에서 사용하여야 하며, 보호장비를 사용할 필요가 없게 되었을 때에는 지체 없이 사용을 중지하여야 한다.

ㄴ. 원장은 보호소년등이 위력으로 소속 공무원의 정당한 직무집행을 방해하는 경우에는 소속 공무원으로 하여금 가스총을 사용하게 할 수 있다. 이 경우 사전에 상대방에게 이를 경고하여야 하나, 상황이 급박하여 경고할 시간적인 여유가 없는 때에는 그러하지 아니하다.

ㄷ. 원장은 보호소년등이 자해할 우려가 큰 경우에는 소속 공무원으로 하여금 보호소년등에게 머리보호장비를 사용하게 할 수 있다.

ㄹ. 원장은 법원 또는 검찰의 조사 · 심리, 이송, 그 밖의 사유로 호송하는 경우에는 소속 공무원으로 하여금 보호소년등에 대하여 수갑, 포승 또는 보호대 외에 가스총이나 전자충격기를 사용하게 할 수 있다.

① ㄱ, ㄴ ② ㄴ, ㄹ

③ ㄱ, ㄴ, ㄷ ④ ㄱ, ㄷ, ㄹ

보호장비의 사용

ㄱ. 「보호소년 등의 처우에 관한 법률」 제14조의2 제6항

> **제14조의2【보호장비의 사용】** ⑥ 보호장비는 필요한 최소한의 범위에서 사용하여야 하며, 보호장비를 사용할 필요가 없게 되었을 때에는 지체 없이 사용을 중지하여야 한다.

ㄴ. 「보호소년 등의 처우에 관한 법률」 제14조의2 제3항 제3호, 동조 제4항

> **제14조의2【보호장비의 사용】** ③ 원장은 다음 각 호의 어느 하나에 해당하는 경우에는 소속 공무원으로 하여금 보호소년등에 대하여 수갑, 포승 또는 보호대 외에 가스총이나 전자충격기를 사용하게 할 수 있다.
> 1. 이탈, 자살, 자해하거나 이탈, 자살, 자해하려고 하는 때
> 2. 다른 사람에게 위해를 가하거나 가하려고 하는 때
> 3. 위력으로 소속 공무원의 정당한 직무집행을 방해하는 때
> 4. 소년원 · 소년분류심사원의 설비 · 기구 등을 손괴하거나 손괴하려고 하는 때
> 5. 그 밖에 시설의 안전 또는 질서를 크게 해치는 행위를 하거나 하려고 하는 때
>
> ④ 제3항에 따라 가스총이나 전자충격기를 사용하려면 사전에 상대방에게 이를 경고하여야 한다. 다만, 상황이 급박하여 경고할 시간적인 여유가 없는 때에는 그러하지 아니하다.

ㄷ. 「보호소년 등의 처우에 관한 법률」 제14조의2 제5항

> **제14조의2【보호장비의 사용】** ⑤ 원장은 보호소년등이 자해할 우려가 큰 경우에는 소속 공무원으로 하여금 보호소년등에게 머리보호장비를 사용하게 할 수 있다.

선지분석

ㄹ. 수갑, 포승 또는 보호대는 사용하게 할 수 있으나, '가스총이나 전자충격기를 사용하게 할 수 있는 경우에 해당하지 않는다'(「보호소년 등의 처우에 관한 법률」 제14조의2 제2항 제2호).

> **제14조의2【보호장비의 사용】** ② 원장은 다음 각 호의 어느 하나에 해당하는 경우에는 소속 공무원으로 하여금 보호소년등에 대하여 수갑, 포승 또는 보호대를 사용하게 할 수 있다.
> 1. 이탈 · 난동 · 폭행 · 자해 · 자살을 방지하기 위하여 필요한 경우
> 2. 법원 또는 검찰의 조사 · 심리, 이송, 그 밖의 사유로 호송하는 경우
> 3. 그 밖에 소년원 · 소년분류심사원의 안전이나 질서를 해칠 우려가 현저한 경우

답 ③

080 □□□

「보호소년 등의 처우에 관한 법률」상 보호소년의 수용 · 보호에 대한 설명으로 옳지 않은 것은?

2019년 교정직 9급

① 소년원장은 분류수용, 교정교육상의 필요, 그 밖의 이유로 보호소년을 다른 소년원으로 이송하는 것이 적당하다고 인정하면 법무부장관의 허가를 받아 이송할 수 있다.

② 보호소년이 사용하는 목욕탕, 세면실 및 화장실에 전자영상장비를 설치하여 운영하는 것은 이탈 · 난동 · 폭행 · 자해 · 자살, 그 밖에 보호소년의 생명 · 신체를 해치거나 시설의 안전 또는 질서를 해치는 행위의 우려가 큰 때에만 할 수 있다.

③ 소년원장은 공동으로 비행을 저지른 관계에 있는 사람의 편지인 경우 등 보호소년의 보호 및 교정교육에 지장이 있다고 인정되는 경우에는 보호소년의 편지 왕래를 제한할 수 있으며, 편지의 내용을 검사할 수 있다.

④ 소년원장은 미성년자인 보호소년이 친권자나 후견인이 없거나 있어도 그 권리를 행사할 수 없을 때에는 법원의 허가를 받아 적당한 자로 하여금 그 보호소년을 위하여 친권자나 후견인의 직무를 행사하게 하여야 한다.

보호소년의 수용 · 보호

원장은 법원의 허가를 받아 자신이 직접 그 보호소년을 위하여 친권자나 후견인의 직무를 행사할 수 있다(「보호소년 등의 처우에 관한 법률」 제23조).

> **제23조 【친권 또는 후견】** 원장은 미성년자인 보호소년등이 친권자나 후견인이 없거나 있어도 그 권리를 행사할 수 없을 때에는 법원의 허가를 받아 그 보호소년등을 위하여 친권자나 후견인의 직무를 행사할 수 있다.

선지분석

① 「보호소년 등의 처우에 관한 법률」 제12조 제1항

> **제12조 【이송】** ① 소년원장은 분류수용, 교정교육상의 필요, 그 밖의 이유로 보호소년을 다른 소년원으로 이송하는 것이 적당하다고 인정하면 법무부장관의 허가를 받아 이송할 수 있다.

② 「보호소년 등의 처우에 관한 법률」 제14조의3 제2항

> **제14조의3 【전자장비의 설치 · 운영】** ② 보호소년등이 사용하는 목욕탕, 세면실 및 화장실에 전자영상장비를 설치하여 운영하는 것은 자해등의 우려가 큰 때에만 할 수 있다. 이 경우 전자영상장비로 보호소년등을 감호할 때에는 여성인 보호소년등에 대해서는 여성인 소속 공무원만, 남성인 보호소년등에 대해서는 남성인 소속 공무원만이 참여하여야 한다.

③ 「보호소년 등의 처우에 관한 법률」 제18조 제4항

> **제18조 【면회 · 편지 · 전화통화】** ④ 원장은 공동으로 비행을 저지른 관계에 있는 사람의 편지인 경우 등 보호소년등의 보호 및 교정교육에 지장이 있다고 인정되는 경우에는 보호소년등의 편지 왕래를 제한할 수 있으며, 편지의 내용을 검사할 수 있다.

답 ④

★★
081 □□□ 「보호소년 등의 처우에 관한 법률」에 대한 설명으로 옳은 것은? 2020년 보호직 7급

① 소년원장은 보호소년이 19세가 되면 퇴원시켜야 한다.
② 소년원장이 필요하다고 판단하는 경우 수갑, 포승 등 보호장비를 징벌의 수단으로 사용할 수 있다.
③ 보호소년 등을 소년원이나 소년분류심사원에 수용할 때에는 검사의 수용지휘서에 의하여야 한다.
④ 20일 이내의 기간 동안 지정된 실내에서 근신하게 하는 징계처분은 14세 미만의 보호소년 등에게는 부과하지 못한다.

「보호소년 등의 처우에 관한 법률」

「보호소년 등의 처우에 관한 법률」 제15조 제3항

선지분석

① 소년원장은 보호소년이 22세가 되면 퇴원시켜야 한다(「보호소년 등의 처우에 관한 법률」 제43조 제1항).
② 보호장비는 징벌의 수단으로 사용되어서는 아니 된다(「보호소년 등의 처우에 관한 법률」 제14조의2 제7항).
③ 보호소년 등을 소년원이나 소년분류심사원에 수용할 때에는 법원소년부의 결정서, 법무부장관의 이송허가서 또는 지방법원 판사의 유치허가장에 의하여야 한다(「보호소년 등의 처우에 관한 법률」 제7조 제1항).

답 ④

082 「보호소년 등의 처우에 관한 법률」상 옳은 것만을 모두 고르면? 2021년 교정직 7급

ㄱ. 신설하는 소년원 및 소년분류심사원은 수용정원이 150명 이상의 규모가 되도록 하여야 한다. 다만, 소년원 및 소년분류심사원의 기능 · 위치나 그 밖의 사정을 고려하여 그 규모를 축소할 수 있다.
ㄴ. 소년분류심사원장은 유치소년이 시설의 안전과 수용질서를 현저히 문란하게 하는 보호소년에 대한 교정교육을 위하여 유치기간을 연장할 필요가 있는 경우에는 유치 허가를 한 지방법원 판사 또는 소년분류심사원 소재지를 관할하는 법원소년부에 유치 허가의 취소에 관한 의견을 제시할 수 있다.
ㄷ. 20일 이내의 기간 동안 지정된 실(室) 안에서 근신하게 하는 징계는 14세 미만의 보호소년등에게는 부과하지 못한다.
ㄹ. 출원하는 보호소년등에 대한 사회정착지원의 기간은 6개월 이내로 하되, 6개월 이내의 범위에서 한 번에 한하여 그 기간을 연장할 수 있다.
ㅁ. 원장은 법원 또는 검찰의 조사 · 심리, 이송, 그 밖의 사유로 보호소년등을 호송하는 경우, 소속공무원으로 하여금 수갑, 포승이나 전자충격기를 사용하게 할 수 있다.

① ㄱ, ㄴ
② ㄷ, ㄹ
③ ㄱ, ㄷ, ㄹ
④ ㄴ, ㄹ, ㅁ

「보호소년 등의 처우에 관한 법률」

ㄷ. 「보호소년 등의 처우에 관한 법률」 제15조 제3항
ㄹ. 「보호소년 등의 처우에 관한 법률」 제45조의2 제2항

선지분석

ㄱ. 150명 이내의 규모가 되도록 하여야 하며, 여러 사정을 고려하여 그 규모를 증대할 수 있다(「보호소년 등의 처우에 관한 법률」 제6조 제1항).
ㄴ. 소년분류심사원장은 유치소년이 제1항 제1호(→ 중환자로 판명되어 수용하기 위험하거나 장기간 치료가 필요하여 교정교육의 실효를 거두기가 어렵다고 판단되는 경우) 또는 제2호[→ 심신의 장애가 현저하거나 임신 또는 출산(유산 · 사산한 경우를 포함한다), 그 밖의 사유로 특별한 보호가 필요한 경우]에 해당하는 경우에는 유치 허가를 한 지방법원 판사 또는 소년분류심사원 소재지를 관할하는 법원소년부에 유치 허가의 취소에 관한 의견을 제시할 수 있다(「보호소년 등의 처우에 관한 법률」 제9조 제1항 · 제3항 참조). 따라서 시설의 안전과 수용질서를 현저히 문란하게 하는 보호소년에 대한 교정교육을 위하여 유치기간을 연장할 필요가 있는 경우는 유치 허가의 취소에 관한 의견을 제시할 수 있는 경우에 해당하지 않는다.

> **제9조【보호처분의 변경 등】** ① 소년원장은 보호소년이 다음 각 호의 어느 하나에 해당하는 경우에는 소년원 소재지를 관할하는 법원소년부에 「소년법」 제37조에 따른 보호처분의 변경을 신청할 수 있다.
> 1. 중환자로 판명되어 수용하기 위험하거나 장기간 치료가 필요하여 교정교육의 실효를 거두기가 어렵다고 판단되는 경우
> 2. 심신의 장애가 현저하거나 임신 또는 출산(유산 · 사산한 경우를 포함한다), 그 밖의 사유로 특별한 보호가 필요한 경우
> 3. 시설의 안전과 수용질서를 현저히 문란하게 하는 보호소년에 대한 교정교육을 위하여 보호기간을 연장할 필요가 있는 경우
>
> ③ 소년분류심사원장은 유치소년이 제1항 제1호 또는 제2호에 해당하는 경우에는 유치 허가를 한 지방법원 판사 또는 소년분류심사원 소재지를 관할하는 법원소년부에 유치 허가의 취소에 관한 의견을 제시할 수 있다.

ㅁ. 수갑, 포승 또는 보호대를 사용하게 할 수 있다(「보호소년 등의 처우에 관한 법률」 제14조의2 제2항 제2호).

> **제14조의2【보호장비의 사용】** ② 원장은 다음 각 호의 어느 하나에 해당하는 경우에는 소속 공무원으로 하여금 보호소년등에 대하여 수갑, 포승 또는 보호대를 사용하게 할 수 있다.
> 1. 이탈 · 난동 · 폭행 · 자해 · 자살을 방지하기 위하여 필요한 경우
> 2. 법원 또는 검찰의 조사 · 심리, 이송, 그 밖의 사유로 호송하는 경우
> 3. 그 밖에 소년원 · 소년분류심사원의 안전이나 질서를 해칠 우려가 현저한 경우

답 ②

IV

해커스공무원 노신 형사정책 단원별 기출문제집

083 「보호소년 등의 처우에 관한 법률」상 보호장비가 아닌 것은?

2021년 보호직 7급

① 가스총
② 보호복
③ 머리보호장비
④ 전자충격기

「보호소년 등의 처우에 관한 법률」의 보호장비

보호복은 「보호소년 등의 처우에 관한 법률」에 규정된 보호장비에 해당하지 않는다.

선지분석

①, ③, ④ 「보호소년 등의 처우에 관한 법률」 제14조의2 제1항 참조

> **제14조의2 【보호장비의 사용】** ① 보호장비의 종류는 다음 각 호와 같다.
> 1. 수갑
> 2. 포승(捕繩)
> 3. 가스총
> 4. 전자충격기
> 5. 머리보호장비
> 6. 보호대(保護帶)

답 ②

084 「보호소년 등의 처우에 관한 법률」상 보호소년 등의 처우와 교정교육에 대한 설명으로 옳지 않은 것은?

2021년 보호직 7급

① 보호소년등은 그 처우에 대하여 불복할 때에는 법무부장관에게 문서로 청원할 수 있다.
② 보호장비는 보호소년등에 대하여 징벌의 수단으로 사용되어서는 아니 된다.
③ 보호소년등이 사용하는 목욕탕, 세면실 및 화장실에 전자영상장비를 설치하여 운영하는 것은 자해등의 우려가 큰 때에만 할 수 있다.
④ 소년분류심사원이 설치되지 아니한 지역에서는 소년분류심사원이 설치될 때까지 소년분류심사원의 임무는 소년을 분리 유치한 구치소에서 수행한다.

보호소년 등의 처우와 교정교육

소년분류심사원의 임무는 소년원이 수행한다(「보호소년 등의 처우에 관한 법률」 제52조).

> **제52조 【소년분류심사원이 설치되지 아니한 지역에서의 소년분류심사원의 임무수행】** 소년분류심사원이 설치되지 아니한 지역에서는 소년분류심사원이 설치될 때까지 소년분류심사원의 임무는 소년원이 수행하고, 위탁소년 및 유치소년은 소년원의 구획된 장소에 수용한다.

선지분석

① 「보호소년 등의 처우에 관한 법률」 제11조
② 「보호소년 등의 처우에 관한 법률」 제14조의2 제7항
③ 「보호소년 등의 처우에 관한 법률」 제14조의3 제2항

답 ④

085 「보호소년 등의 처우에 관한 법률」에 대한 설명으로 옳은 것은? 2022년 교정직 9급

① 보호소년등은 남성과 여성, 보호소년과 위탁소년 및 유치소년, 16세 미만인 자와 16세 이상인 자 등의 기준에 따라 분리 수용한다.

② 보호소년등이 규율 위반행위를 하여 20일 이내의 기간 동안 지정된 실(室) 안에서 근신하는 징계를 받은 경우에는 그 기간 중 원내 봉사활동, 텔레비전 시청 제한, 단체 체육활동 정지, 공동행사 참가 정지가 함께 부과된다.

③ 보호장비는 징벌의 수단으로 사용되어서는 아니 된다.

④ 소년원 또는 소년분류심사원에서 보호소년등이 사용하는 목욕탕, 세면실 및 화장실에는 전자영상장비를 설치하여서는 아니 된다.

「보호소년 등의 처우에 관한 법률」

「보호소년 등의 처우에 관한 법률」 제14조의2 제7항

선지분석

① 16세 미만인 자와 16세 이상인 자는 「보호소년 등의 처우에 관한 법률」상 분리 수용의 기준이 아니다(「보호소년 등의 처우에 관한 법률」 제8조 제2항).

> **제8조 【분류처우】** ② 보호소년등은 다음 각 호의 기준에 따라 분리 수용한다.
> 1. 남성과 여성
> 2. 보호소년, 위탁소년 및 유치소년

② 근신(제7호)의 징계를 받은 경우에는 원내 봉사활동(제2호)은 함께 부과되지 않는다(「보호소년 등의 처우에 관한 법률」 제15조 제5항).

> **제15조 【징계】** ⑤ 제1항 제7호(→ 지정된 실 안에서 근신)의 처분을 받은 보호소년등에게는 그 기간 중 같은 항 제4호부터 제6호까지(→ 텔레비전 시청 제한, 단체 체육활동 정지, 공동행사 참가 정지)의 처우 제한이 함께 부과된다(→ 훈계, 원내 봉사활동, 서면 사과는 함께 부과 안됨). 다만, 원장은 보호소년등의 교화 또는 건전한 사회복귀를 위하여 특히 필요하다고 인정하면 텔레비전 시청, 단체 체육활동 또는 공동행사 참가를 허가할 수 있다.

④ 자해 등의 우려가 큰 때에만 전자영상장비를 설치할 수 있다(「보호소년 등의 처우에 관한 법률」 제14조의3 제1항 · 제2항).

> **제14조의3 【전자장비의 설치 · 운영】** ① 소년원 및 소년분류심사원에는 보호소년등의 이탈 · 난동 · 폭행 · 자해 · 자살, 그 밖에 보호소년등의 생명 · 신체를 해치거나 시설의 안전 또는 질서를 해치는 행위(이하 이 조에서 "자해등"이라 한다)를 방지하기 위하여 필요한 최소한의 범위에서 전자장비를 설치하여 운영할 수 있다.
> ② 보호소년등이 사용하는 목욕탕, 세면실 및 화장실에 전자영상장비를 설치하여 운영하는 것은 자해등의 우려가 큰 때에만 할 수 있다. 이 경우 전자영상장비로 보호소년등을 감호할 때에는 여성인 보호소년등에 대해서는 여성인 소속 공무원만, 남성인 보호소년등에 대해서는 남성인 소속 공무원만이 참여하여야 한다.

답 ③

★★★

086 □□□

「보호소년 등의 처우에 관한 법률」이 보호소년에 대하여 수갑, 포승 또는 보호대 외에 가스총이나 전자충격기를 사용할 수 있는 경우로 명시하지 않은 것은? 2022년 보호직 7급

① 이탈 · 난동 · 폭행을 선동 · 선전하거나 하려고 하는 때
② 다른 사람에게 위해를 가하거나 가하려고 하는 때
③ 위력으로 소속 공무원의 정당한 직무집행을 방해하는 때
④ 소년원 · 소년분류심사원의 설비 · 기구 등을 손괴하거나 손괴하려고 하는 때

「보호소년 등의 처우에 관한 법률」

이탈, 자살, 자해하거나 이탈, 자살, 자해하려고 하는 때에는 수갑, 포승 또는 보호대 외에 가스총이나 전자충격기를 사용할 수 있으나(「보호소년 등의 처우에 관한 법률」 제14조의2 제3항 제1호 참조), 지문과 같은 경우는 규정되어 있지 않다.

선지분석

② 「보호소년 등의 처우에 관한 법률」 제14조의2 제3항 제2호
③ 「보호소년 등의 처우에 관한 법률」 제14조의2 제3항 제3호
④ 「보호소년 등의 처우에 관한 법률」 제14조의2 제3항 제4호

> **제14조의2 【보호장비의 사용】** ③ 원장은 다음 각 호의 어느 하나에 해당하는 경우에는 소속 공무원으로 하여금 보호소년 등에 대하여 수갑, 포승 또는 보호대 외에 가스총이나 전자충격기를 사용하게 할 수 있다.
> 1. 이탈, 자살, 자해하거나 이탈, 자살, 자해하려고 하는 때
> 2. 다른 사람에게 위해를 가하거나 가하려고 하는 때
> 3. 위력으로 소속 공무원의 정당한 직무집행을 방해하는 때
> 4. 소년원 · 소년분류심사원의 설비 · 기구 등을 손괴하거나 손괴하려고 하는 때
> 5. 그 밖에 시설의 안전 또는 질서를 크게 해치는 행위를 하거나 하려고 하는 때

답 ①

★★★

087 □□□

「보호소년 등의 처우에 관한 법률」상 수용과 보호 등에 대한 설명으로 옳지 않은 것은? 2023년 보호직 7급

① 소년원장은 분류수용, 교정교육상의 필요, 그 밖의 이유로 보호소년을 다른 소년원으로 이송하는 것이 적당하다고 인정하면 법무부장관의 허가를 받아 이송할 수 있다.
② 소년원장은 14세 미만의 보호소년에게는 20일 이내의 기간 동안 지정된 실(室) 안에서 근신하게 하는 징계를 할 수 없다.
③ 소년원장은 미성년자인 보호소년이 친권자나 후견인이 없거나 있어도 그 권리를 행사할 수 없을 때에는 법무부장관의 허가를 받아 그 보호소년을 위하여 친권자나 후견인의 직무를 행사할 수 있다.
④ 소년원장은 품행이 타인의 모범이 되는 보호소년에게 포상을 할 수 있고, 이에 따른 포상을 받은 보호소년에게는 특별한 처우를 할 수 있다.

수용과 보호

'법원의 허가'를 받아야 한다(「보호소년 등의 처우에 관한 법률」 제23조).

> **제23조【친권 또는 후견】** 원장은 미성년자인 보호소년 등이 친권자나 후견인이 없거나 있어도 그 권리를 행사할 수 없을 때에는 법원의 허가를 받아 그 보호소년 등을 위하여 친권자나 후견인의 직무를 행사할 수 있다.

선지분석

① 「보호소년 등의 처우에 관한 법률」 제12조 제1항

② 「보호소년 등의 처우에 관한 법률」 제15조 제3항

④ 「보호소년 등의 처우에 관한 법률」 제16조 제1항 · 제2항

> **제16조【포상】** ① 원장은 교정성적이 우수하거나 품행이 타인의 모범이 되는 보호소년등에게 포상을 할 수 있다.
> ② 원장은 제1항에 따라 포상을 받은 보호소년등에게는 특별한 처우를 할 수 있다.

답 ③

088 **「보호소년 등의 처우에 관한 법률」상 징계에 대한 설명으로 옳지 않은 것은?** 2024년 보호직 7급

① 지정된 실(室) 안에서 근신하는 처분을 받은 보호소년도 매주 1회 이상 실외운동을 할 수 있도록 하여야 한다.

② 소년원장 또는 소년분류심사원장은 보호소년등에게 징계를 한 경우에는 지체 없이 그 사실을 보호자에게 통지하여야 한다.

③ 소년원 및 소년분류심사원에 보호소년등처우 · 징계위원회를 구성함에 있어 해당 심의 · 의결 사안에 대한 비밀유지를 위하여 민간위원의 참여는 제한된다.

④ 지정된 실 안에서 근신하는 징계를 받은 보호소년에 대한 면회는 그 상대방이 변호인이나 보조인 또는 보호자인 경우에 한정하여 허가할 수 있다.

「보호소년 등의 처우에 관한 법률」상 징계

보호소년등처우 · 징계위원회에는 1명 이상의 민간위원이 포함되어야 한다(「보호소년 등의 처우에 관한 법률」 제15조의2 제2항).

> **제15조의2【보호소년등처우 · 징계위원회】** ② 제1항에 따른 보호소년등처우 · 징계위원회(이하 "위원회"라 한다)는 위원장을 포함한 5명 이상 11명 이하의 위원으로 구성하고, 민간위원은 1명 이상으로 한다.

선지분석

① 「보호소년 등의 처우에 관한 법률」 제15조 제4항

> **제15조【징계】** ④ 원장은 제1항 제7호의 처분(→ 지징된 실 안에서 근신)을 받은 보호소년등에게 개별적인 체육활동 시간을 보장하여야 한다. 이 경우 매주 1회 이상 실외운동을 할 수 있도록 하여야 한다.

② 「보호소년 등의 처우에 관한 법률」 제15조 제8항

> **제15조【징계】** ⑧ 원장은 보호소년등에게 제1항에 따라 징계를 한 경우에는 지체 없이 그 사실을 보호자에게 통지하여야 한다.

④ 「보호소년 등의 처우에 관한 법률」 제18조 제1항 단서

> **제18조【면회 · 편지 · 전화통화】** ① 원장은 비행집단과 교제하고 있다고 의심할 만한 상당한 이유가 있는 경우 등 보호소년등의 보호 및 교정교육에 지장이 있다고 인정되는 경우 외에는 보호소년등의 면회를 허가하여야 한다. 다만, 제15조 제1항 제7호(→ 지징된 실 안에서 근신)의 징계를 받은 보호소년등에 대한 면회는 그 상대방이 변호인이나 보조인(이하 "변호인등"이라 한다) 또는 보호자인 경우에 한정하여 허가할 수 있다.

답 ③

★★★

089 □□□ 「보호소년 등의 처우에 관한 법률」상 보호소년등의 수용 및 보호에 대한 설명으로 옳지 않은 것은?

2024년 보호직 7급

① 보호소년이 사용하는 목욕탕, 세면실 및 화장실에 전자장비를 설치하여 운영하는 것은 자해등의 우려가 큰 때에만 할 수 있다.

② 소년원장은 비행집단과 교제하고 있다고 의심할 만한 상당한 이유가 있는 경우 보호소년의 면회를 허가하지 않을 수 있다.

③ 소년원에 근무하는 간호사는 야간 또는 공휴일 등 의사가 진료할 수 없는 경우 대통령령으로 정하는 경미한 의료행위를 할 수 있다.

④ 소년원장은 보호소년의 보호 및 교정교육에 지장이 있다고 인정되는 경우 보호소년의 편지(단, 변호인등과 주고받는 편지는 제외함) 왕래를 제한할 수 있으며, 내용을 검사할 수 있다.

보호소년등의 수용 및 보호

보호소년이 사용하는 목욕탕, 세면실 및 화장실에 '전자영상장비'를 설치하여 운영하는 것은 자해등의 우려가 큰 때에만 할 수 있다(「보호소년 등의 처우에 관한 법률」 제14조의3 제2항). 참고로 소년원 또는 소년분류심사원에 설치하여 운영할 수 있는 전자장비는 영상정보처리기기(전자영상장비), 전자감지기, 전자이름표, 물품검색기, 증거수집장비를 말한다(동법 시행규칙 제24조의4 참조).

> **제14조의3【전자장비의 설치 · 운영】** ② 보호소년등이 사용하는 목욕탕, 세면실 및 화장실에 전자영상장비를 설치하여 운영하는 것은 자해등의 우려가 큰 때에만 할 수 있다. 이 경우 전자영상장비로 보호소년등을 감호할 때에는 여성인 보호소년등에 대해서는 여성인 소속 공무원만, 남성인 보호소년등에 대해서는 남성인 소속 공무원만이 참여하여야 한다.

선지분석

② 「보호소년 등의 처우에 관한 법률」 제18조 제1항 본문

> **제18조【면회 · 편지 · 전화통화】** ① 원장은 비행집단과 교제하고 있다고 의심할 만한 상당한 이유가 있는 경우 등 보호소년등의 보호 및 교정교육에 지장이 있다고 인정되는 경우 외에는 보호소년등의 면회를 허가하여야 한다. 다만, 제15조 제1항 제7호(→ 지징된 실 안에서 근신)의 징계를 받은 보호소년등에 대한 면회는 그 상대방이 변호인이나 보조인(이하 "변호인등"이라 한다) 또는 보호자인 경우에 한정하여 허가할 수 있다.

③ 「보호소년 등의 처우에 관한 법률」 제20조 제4항

> **제20조【환자의 치료】** ④ 소년원 및 소년분류심사원에 근무하는 간호사는 「의료법」 제27조(→ 무면허 의료행위 등 금지)에도 불구하고 야간 또는 공휴일 등 의사가 진료할 수 없는 경우 대통령령으로 정하는 경미한 의료행위(→ 자주 발생하는 가벼운 상처의 치료, 응급처치가 필요한 보호소년등에 대한 처치, 부상 · 질병의 악화를 방지하기 위한 처치, 환자의 요양 지도 및 관리, 이러한 의료행위에 따르는 의약품의 투여)를 할 수 있다.

④ 「보호소년 등의 처우에 관한 법률」 제18조 제4항 · 제5항

> **제18조【면회 · 편지 · 전화통화】** ④ 원장은 공동으로 비행을 저지른 관계에 있는 사람의 편지인 경우 등 보호소년등의 보호 및 교정교육에 지장이 있다고 인정되는 경우에는 보호소년등의 편지 왕래를 제한할 수 있으며, 편지의 내용을 검사할 수 있다.
> ⑤ 제4항에도 불구하고 보호소년등이 변호인등과 주고받는 편지는 제한하거나 검사할 수 없다. 다만, 상대방이 변호인등임을 확인할 수 없는 때에는 예외로 한다.

답 ①

090 「보호소년 등의 처우에 관한 법률」상 퇴원 등에 대한 설명으로 옳지 않은 것은? 2022년 보호직 7급

① 위탁소년 또는 유치소년의 소년분류심사원 퇴원은 법원소년부의 결정서에 의하여야 한다.

② 「소년법」 제32조 제1항 제8호의 보호처분을 받은 보호소년의 경우에 소년원장은 해당 보호소년이 교정성적이 양호하고 교정 목적을 이루었다고 인정되면 보호관찰심사위원회에 퇴원을 신청하여야 한다.

③ 퇴원 또는 임시퇴원이 허가된 보호소년이 질병에 걸리거나 본인의 편익을 위하여 필요하면 본인의 신청에 의하여 계속 수용할 수 있다.

④ 출원하는 보호소년에 대한 사회정착지원의 기간은 6개월 이내로 하되, 6개월 이내의 범위에서 한 번에 한하여 그 기간을 연장할 수 있다.

「보호소년 등의 처우에 관한 법률」상 퇴원

소년원장은 1개월 이내의 소년원 송치의 수용상한기간에 도달한 보호소년은 즉시 퇴원시켜야 한다(「보호소년 등의 처우에 관한 법률」 제43조 제2항 · 제3항).

> **제43조 【퇴원】** ② 소년원장은 「소년법」 제32조 제1항 제8호(→ 1개월 이내의 소년원 송치) 또는 같은 법 제33조 제1항 · 제5항 · 제6항에 따라 수용상한기간에 도달한 보호소년은 즉시 퇴원시켜야 한다.
> ③ 소년원장은 교정 성적이 양호하며 교정의 목적을 이루었다고 인정되는 보호소년[「소년법」 제32조 제1항 제8호(→ 1개월 이내의 소년원 송치)에 따라 송치된 보호소년은 제외한다]에 대하여는 「보호관찰 등에 관한 법률」에 따른 보호관찰심사위원회에 퇴원을 신청하여야 한다.

선지분석

① 「보호소년 등의 처우에 관한 법률」 제43조 제4항

③ 「보호소년 등의 처우에 관한 법률」 제46조 제1항

④ 「보호소년 등의 처우에 관한 법률」 제45조의2

> **제45조의2 【사회정착지원】** ① 원장은 출원하는 보호소년 등의 성공적인 사회정착을 위하여 장학 · 원호 · 취업알선 등 필요한 지원을 할 수 있다.
> ② 제1항에 따른 사회정착지원(이하 이 조에서 "사회정착지원"이라 한다)의 기간은 6개월 이내로 하되, 6개월 이내의 범위에서 한 번에 한하여 그 기간을 연장할 수 있다.

답 ②

「보호소년 등의 처우에 관한 법률」상 수용·보호에 대한 설명으로 옳은 것은? 2025년 보호직 9급

① 보호장비에는 수갑, 포승, 가스총, 전자충격기, 머리 및 발목보호장비, 보호복이 있다.

② 소년원장이 필요하다고 판단하는 경우 수갑, 포승 등 보호장비를 필요한 최소한의 범위에서 징벌의 수단으로 사용할 수 있다.

③ 소년원장은 미성년자인 보호소년이 친권자나 후견인이 없거나 있어도 그 권리를 행사할 수 없을 때에는 법원의 허가를 받아 적당한 자를 지정하여 친권자나 후견인의 직무를 행사하게 하여야 한다.

④ 20일 이내의 기간 동안 지정된 실(室) 안에서 근신하는 징계처분을 받은 보호소년에게 매주 1회 이상 실외운동을 할 수 있도록 개별적인 체육활동 시간을 보장하여야 한다.

「보호소년 등의 처우에 관한 법률」상 수용·보호

「보호소년 등의 처우에 관한 법률」 제15조 제4항

> **제15조 【징계】** ④ 원장은 제1항 제7호의 처분(→ 지징된 실 안에서 근신)을 받은 보호소년등에게 개별적인 체육활동 시간을 보장하여야 한다. 이 경우 매주 1회 이상 실외운동을 할 수 있도록 하여야 한다.

선지분석

① 「보호소년 등의 처우에 관한 법률」상 보호장비로는 수갑, 포승, 가스총, 전자충격기, 머리보호장비, 보호대가 규정되어 있다(동법 제14조의2 제1항). 따라서 '발목보호장비'와 '보호복'은 「보호소년 등의 처우에 관한 법률」상 보호장비에 해당하지 않는다.

> **제14조의2 【보호장비의 사용】** ① 보호장비의 종류는 다음 각 호와 같다.
> 1. 수갑
> 2. 포승(捕繩)
> 3. 가스총
> 4. 전자충격기
> 5. 머리보호장비
> 6. 보호대(保護帶)

② 보호장비는 징벌의 수단으로 사용되어서는 아니 된다(「보호소년 등의 처우에 관한 법률」 제14조의2 제7항).

> **제14조의2 【보호장비의 사용】** ⑦ 보호장비는 징벌의 수단으로 사용되어서는 아니 된다.

③ '원장'(소년원장 또는 소년분류심사원장)은 법원의 허가를 받아 그 보호소년 등을 위하여 친권자나 후견인의 직무를 행사할 수 있다(「보호소년 등의 처우에 관한 법률」 제23조).

> **제23조 【친권 또는 후견】** 원장은 미성년자인 보호소년등이 친권자나 후견인이 없거나 있어도 그 권리를 행사할 수 없을 때에는 법원의 허가를 받아 그 보호소년등을 위하여 친권자나 후견인의 직무를 행사할 수 있다.

답 ④

2026 대비 최신개정판

해커스공무원

노신 형사정책

단원별 기출문제집

개정 3판 1쇄 발행 2025년 9월 24일

지은이	노신 편저
펴낸곳	해커스패스
펴낸이	해커스공무원 출판팀
주소	서울특별시 강남구 강남대로 428 해커스공무원
고객센터	1588-4055
교재 관련 문의	gosi@hackerspass.com 해커스공무원 사이트(gosi.Hackers.com) 교재 Q&A 게시판 카카오톡 채널 [해커스공무원 노량진캠퍼스]
학원 강의 및 동영상강의	gosi.Hackers.com
ISBN	979-11-7404-482-2 (13360)
Serial Number	03-01-01